C. Greith

**Die deutsche Mystik im Prediger-Orden von 1250-1350**

Nach ihren Grundlehren, Liedern und Lebensbildern aus handschriftlichen Quellen

C. Greith

**Die deutsche Mystik im Prediger-Orden von 1250-1350**
*Nach ihren Grundlehren, Liedern und Lebensbildern aus handschriftlichen Quellen*

ISBN/EAN: 9783743310117

Hergestellt in Europa, USA, Kanada, Australien, Japan

Cover: Foto ©Thomas Meinert / pixelio.de

Manufactured and distributed by brebook publishing software
(www.brebook.com)

C. Greith

**Die deutsche Mystik im Prediger-Orden von 1250-1350**

# Die deutsche Mystik

im

# Prediger-Orden

(von 1250—1350)

nach ihren

## Grundlehren, Liedern und Lebensbildern

aus handschriftlichen Quellen

von

## Dr. C. Greith,

Domdecan in St. Gallen.

„Nova et Vetera."  Matth. 13, 52.

**Freiburg im Breisgau.**
Herder'sche Verlagshandlung.
1861.

Buchdruckerei der Herder'schen Verlagshandlung in Freiburg.

# Vorwort.

Nicht für geübte, sondern für andere Leser sei's zum vorbereitenden Verständniß des Ganzen gesagt, daß die christliche Mystik im Allgemeinen den Inbegriff jener verborgenen Erkenntnisse, Tugenden und Offenbarungen bezeichnet, welche besondere, von Christus begnadigte Seelen in ihrem geheimnißvollen Verkehre mit Gott aus der übersinnlichen Welt schöpften und an die dießseitige vermittelten, gerade so, wie ihr gegenüber die antike Mystik jene reelle Verbindung umfaßte, welche das Heidenthum in seinem Orakelwesen und theurgischen Kulte mit dem dämonischen Reiche unterhielt. Von der christlichen Mystik behandelt die vorliegende Schrift eine Species von nationaler Färbung, die deutsche nämlich, wie sich diese in einem bestimmten Jahrhundert des Mittelalters vorzüglich im Prediger-Orden ausgebildet hat. Darum bezeichnet der Titel mit dem Inhalte zugleich auch den Umfang unserer Arbeit, und man hat darin nur das zu suchen, was versprochen wird, weil alle weiter gezogenen Kreise absichtlich vermieden wurden, um die Schrift nicht allzusehr auszudehnen. Außer den Kreis unserer Darstellung fielen daher die mystischen Abarten der Brüder und Schwestern „vom freien Geiste" und der späteren separatisti-

schen „Gottesfreunde", deren geheime Verbindungen die neuere
Forschung gehörig an's Licht gezogen hat.  Zwar wurde nicht
unterlassen, die Irrthümer des Eckhardt'schen Systems hervorzuheben und zu beleuchten; vor Allem aber war es uns daran
gelegen, die Lichtseite der deutschen Mystik guter Richtung zu
behandeln und den daherigen Stoff zur positiven Belehrung
und Erbauung der Leser zu verwenden.  Was hierin angeboten
wird, ist „alt" und dennoch „neu", weil Vieles davon, aus älteren
Handschriften enthoben, hier zum ersten Male im Drucke erscheint.  Was aus den alten Denkmalen der Arbeit einverleibt
worden, wurde so viel als möglich der eigenthümlichen Einfachheit der ursprünglichen Sprach- und Satzform nachgebildet, und
man wird eingestehen müssen, daß durch diese Behandlungs-
weise die Schrift an Werth und Reiz keineswegs verloren hat.
Auch der Inhalt der Grundlehren, Lieder und Lebensbilder der
deutschen Mystik wird unserer in Unglaube und Materialismus
so tief gesunkenen Gegenwart zum Belege dienen, wie hoch das
verschriene Mittelalter, namentlich das deutsche, nicht nur an
Innigkeit des Glaubens, sondern auch an Tiefe des Gedankens
und an Adel der Gesinnung und der Tugend stand.  Die Fürsten und ihre kurzsichtigen Räthe haben vor sechzig Jahren über
die Klöster und Stifte der katholischen Kirche nach einem neuen
Recht verfügt, und heute entscheiden Freibeuter nach demselben
Rechte über das Dasein der Throne!  Wer wollte nicht gerne
aus einer Welt heraus sich flüchten, in der die Gerechtigkeit so
bedrängt, der Verrath und das Unrecht aber so siegreich geworden sind?  Hat leider der Kleinmuth der Zeit bereits alle
Zufluchtsstätten der Kirche zerstört, wo es früher den Berufenen
ermöglicht war, mit ungetheilter Kraft Gott und der Wissenschaft zu dienen und nebenbei mit den beiden hellenischen Weisen
über die Thorheiten der Welt entweder zu lachen oder zu wei-

nen, so gewährt es am Ende schon große Erquickung, bei den
edlen Geistern einer großen Vorzeit einzukehren und an ihrer
lehrreichen Tafelrunde sich mit ihnen zu unterhalten. Auf einem
solchen peripatetischen Gange in das Reich der Vergangenheit
ist die vorliegende Schrift entstanden; sie wird verwandten
Seelen zur heilsamen Unterhaltung und nützlichen Belehrung
dienen.

Für sie und namentlich für solche, die im heiligen Ordensstande den Weg der Vollkommenheit zum Himmel wandeln,
mag die weise Lehre hier noch eine Stelle finden, welche Schwester Maria Ludovika Büolmann aus dem Convente Maria
Opferung in Zug an ihre bekümmerte leibliche Schwester im
Convente Prediger-Ordens zu Weesen im Jahre 1807 richtete;
sie lautet: „Geliebte Schwester in Jesu! Warum doch so bekümmert, du bist ja auf dem rechten Wege; wenn er schon
nicht so trostreich und hocherleuchtet, so ist er doch der sichere
zum Heile. Die Heiligkeit oder die wahre Liebe Gottes besteht
nicht in den Verzückungen oder Offenbarungen, sondern in der
Ergebenheit in den göttlichen Willen und in der genauen Erfüllung seiner Pflichten, sie mögen klein oder groß sein. Und
je genauer man selbe erfüllt, je leichter sie sind. Wie ruhig
und zufrieden geht man schlafen, wenn man denken kann, heute
habe ich Alles gethan, was ich als Christ und als Ordens-
person schuldig war. Hier darfst du gar nicht fragen: was
oder wie? Halte du dich nur an die heilige Regel und Or-
denssatzungen, dann ist deine Liebe zu Gott thätig und hält die
wahre Probe aus. Es liegt bei den außerordentlichen
Erleuchtungen viele Gefahr und Gemüthsangst, weil
der Böse sich in einen Engel des Lichtes verstellen kann, oder
weil man durch allzu starke Einbildung sich selbst betrügt. Wahrlich, meine liebe Schwester, so groß der Trost bei einer wahren

Geisteserhebung, so niederdrückend ist eine auch entschuldigte oder schadlose Täuschung. Ich wünsche und bitte Gott, daß er dich auf dem sicheren Wege des Kreuzes, seiner Gebote und deiner heiligen Ordensregel zu sich ziehen möge. Ueberlasse dich ganz dem lieben Gott, auf welchem Wege immer er dich führet, und halte dich mit Vertrauen an deinen Beichtvater! Von dem Zukünftigen habe ich keine Offenbarungen. Meine innerlichen Erleuchtungen gehen dahin, daß ich meinem göttlichen Lehrmeister und seinem Vorbilde nachfolge und bei jeder Verrichtung und Arbeit so denke, rede und wirke, wie Jesus that und bei gleichen Umständen annoch thun würde. Ich danke dem lieben Gott, daß er mich diesen leichten Weg führet; denn ein ungewöhnlicher und außerordentlicher würde mir große Gefährde bringen. Wir wollen fortfahren, für einander zu beten, um die zur Erfüllung unserer Pflichten nothwendige Gnade, Stärke und Erleuchtung zu erlangen."

St. Gallen, 23. Juni 1861.

Der Verfasser.

# Inhaltsverzeichniß.

———

# Erstes Buch.

## Die Geschichte der deutschen Mystik im Prediger-Orden.

———

Die Blüthezeit der deutschen Mystik fällt in das tief bewegte Jahrhundert, das vom Jahre 1250 bis 1350 sich ver-
lief. Mit dem großen Papste Innocenz III. hatte die Kirche
im Abendlande ihre höchste Machtstellung nach Außen in der
Welt erreicht; unermeßliche Reichthümer und Besitzungen waren
ihr durch fromme Donatoren zugefallen, entscheidender Einfluß
und unbedingtes Ansehen in allen Fragen des öffentlichen Rechtes durch den gläubigen Sinn der Fürsten und der Völker ihr
verliehen worden. Bei dem Reichthum, den die Kirche besaß,
fand die Armuth der Gläubigen Linderung und Hülfe; unter
dem Glanze ihres Ansehens suchten und fanden die Völker
wirksamen Schutz für ihre Rechte, und die Herrlichkeit, mit
welcher der Gottesdienst in allen Landen der Christenheit gefeiert wurde, veredelte die Sitten, hob die Kunst in allen ihren
Zweigen und verschönerte das kummervolle Leben der Menschen
auf Erden. Heilig und unbemakelt auf ewig bleibt in ihrem
Wesen die Kirche, wie sie — eine neue Eva — aus der Seite
des göttlichen Erlösers am Kreuze hervorgegangen; allein sie
wird für ihre hohe Sendung in der Zeit von Menschen verwaltet und geleitet, und diese sind von jeher der Versuchung
ausgesetzt, durch die Schwere des Goldes und der Scholle von
der wahren Höhe in die falsche Tiefe herabgezogen oder durch
die Ehrsucht von der wahren Tiefe, die in der Demuth liegt,

Greith, Mystik.                                    1

in die schwindelnde Höhe des Uebermuthes hinaufgetrieben zu
werden, an deren Seite der Abgrund zum Falle sich ausbreitet.
So herrlich damals die Kirche in unzähligen Anstalten und
großen Unternehmungen, in Kunst und Wissenschaft, in frommer
Hingebung und hohen Tugenden ihr inneres Leben nach allen
Richtungen entfaltete, hatte dennoch das Verderben der Zeit,
namentlich in Frankreich, theilweise die Geistlichkeit ergriffen;
der religiöse Eifer und die Sittenzucht war in den Klöstern der
älteren Orden in Verfall, und die Nachwirkungen dieses
Uebels im öffentlichen Leben bestätigte auch damals das Wort
des Herrn: „Wenn das Auge des Leibes finster ist, wie groß
muß dann die Finsterniß im übrigen Leibe sein!" [1] Bei solcher
Auflösung der kirchlichen Zucht fand die Irrlehre der Albigenser
in Frankreich einen wohlzubereiteten Boden vor; auf die vor-
handenen Aergernisse gestützt, konnte sie mit Erfolg den Kampf
gegen die Kirche unternehmen. „Denn diejenigen," schrieb Papst
Innocenz III. an seinen Legaten in Frankreich [2], „die der heil.
Petrus zur Theilnahme an seiner Hirtensorge, das Volk Israel
zu hüten, berief, wollen nun, da die Nacht angebrochen ist, ihre
Heerden nicht bewachen; sie schlafen und ziehen ihre Hände
aus dem Kampfe zurück, während Israel mit Madian streitet.
Die Hirten sind zu Miethlingen entartet, sie weiden nicht mehr
die Heerden, sondern sich selbst. Für sich nehmen sie die Milch
und die Wolle der Schafe, lassen aber den Wolf einbrechen in
den Schafstall und denken nicht daran, den Feinden des Hauses
des Herrn wie eine Mauer entgegenzustehen. Ein Miethling
flieht vor dem Verderben, das er tilgen könnte, und wird so
durch Verrath sein Beschützer. Beinahe alle sind von der Sache
Gottes abgefallen und die Uebrigen sind zu unnützen Knechten
geworden." Während viele Wächter der Kirche ihren Sinnen
fröhnten und schliefen, wußten die Gründer und Anhänger der
neuen Irrlehre im Schafspelze eines äußerlich strengen Wandels aufzutreten und im Scheine einer prunkenden Wissenschaft
und Disputirkunst einherzuschreiten. Lag die Kirche in ihrem

---

[1] Matth. 6, 23.
[2] Epist. Innoc. III. 31. Maj. 1204.

eigenen Kreise an vielen Wunden darnieder, so wurde fortwäh=
rend im Aeußeren der erbitterte Kampf zwischen den Päpsten
und den Kaisern aus dem hohenstaufischen Hause fortgeführt, voll
schwerer Verhängnisse für beide Theile, denn, wie er die beiden
Mittelpunkte des christlichen Gemeinwesens schwächte, trug er
auch Unordnung und Verwirrung auf alle Kreise der übrigen
Christenheit über. Was aber allen Reichen dieser Welt fehlt
und für jede Ordnung einen überweltlichen Ursprung und Cha=
rakter beurkundet, das besitzt die Kirche, — jene nie versiegende
Quelle des Lebens, die von innen heraus die gestörten Verhält=
nisse wieder auszugleichen weiß. Die Aerzte, die den gehemmten
Lauf des Lebens in ihr wieder herzustellen vermögen, erscheinen
immerdar zur rechten Zeit gesendet; jenem erdgebornen Riesen
gleich, der in seinem Falle stets neue Kräfte gewann, erneuert
sie mitten in der Krankheit der Organe und der Glieder ihre
inneren Kräfte, das Unglück führt sie zu den Tugenden ihrer
ersten Zeit zurück. Raubt man ihr die Reichthümer dieser Welt,
so weiß sie an Gnaden Gottes desto reicher zu werden; verliert
sie ihre irdische Macht und Ehre, so erobert sie die Freiheit zu
unbehinderter Erfüllung ihrer göttlichen Sendung. Sie wird
durch die Verfolgung nicht gemindert, sondern gemehrt; die
Erniedrigung, die man ihr bereitet, führt sie zu neuen Trium=
phen, oder um mit dem heil. Hilarius zu sprechen: „Es ist der
Kirche eigen, daß sie siegt, wenn man sie befeindet, verstanden
wird, wenn man sie bekämpft, und neue Anhänger gewinnt,
wenn Manche sie verlassen"[1]. Die göttliche Vorsehung, die
hierin ihre besondere Macht und Weisheit offenbart, tritt bei
ihren anbetungswürdigen Fügungen im Gebiete der Kirche nie=
mals in der Weise der Welt — mit großem Schall und äuße=
rem Aufwande — auf; still und unbemerkt ihre hohen Zwecke
verfolgend, erwählt sie das, was in den Augen der Menschen
als schwach erscheint, um das Starke zu besiegen, und was Viele
als Thorheit verpönen, muß ihr dienen, die Weisheit dieser
Welt zu Schanden zu machen[2].

---

[1] S. Hilar. de Trinit. lib. VII. c. 4.
[2] 1 Kor. 1, 28.

1*

Es war im Jahre 1206, als der jugendliche Franciscus vor dem Bischofe von Assisi seinem väterlichen Erbe mit Freuden entsagte, um bei dem Vater, der im Himmel ist, das kindliche Vertrauen auf die Vorsehung als sein einziges Erbe einzulegen. Einmal im Besitze der unerkannten Schätze, welche die Armuth in sich birgt, wollte er nichts mehr auf dieser Welt besitzen, sogar das Kleid, das er auf dem Leibe trug, von seinem Vater als Almosen empfangend, vollführte er siegreich seinen Entschluß, fürderhin kein anderes Gut zu haben, außer Gott, nichts anzunehmen, als um Gottes willen, und von Niemanden etwas zu erwarten, als von Gottes Hand. Als Innocenz III. eines Tages auf einer Terrasse des Palastes im Lateran sich erging, nahte sich ihm ein Bettler in elendem Gewande und sprach ihm von der Gründung eines neuen Ordens, der die vollkommene Armuth Christi und der Apostel als Regel des Lebens befolgen sollte. Der Papst wies ihn ab. In der folgenden Nacht jedoch sah er im Traume eine Palme zu seinen Füßen emporwachsen, die sich allmählich zu einem schönen, mächtigen Baume erweiterte; er deutete die Palme auf den Armen, den er gestern abgewiesen hatte. Dieser Arme war Franciscus; zum zweiten Male erschien er vor dem Papste und rechtfertigte die Regel seines Ordens dadurch, daß er in einer einläßlichen Rede den Adel und die Schönheit der Armuth begründete [1]. Heiliger Vater! sprach er, es war einmal eine sehr schöne Jungfrau, aber sie war arm und lebte in der Wüste. Ein König, der sie sah, wurde von ihrer Schönheit so mächtig angezogen, daß er sie zur Gemahlin wählte und einige Jahre mit ihr zusammenlebte. Die Kinder dieser Ehe trugen die Züge des Vaters mit der vollen Schönheit der Mutter an sich. Endlich kehrte der König wieder an seinen Hof zurück. Die Mutter erzog die Kinder mit großer Sorgfalt und nach einiger Zeit sprach sie zu ihnen: Meine Kinder! Ihr seid von einem großen Könige geboren; suchet ihn auf, und er wird Euch geben, was euch gebührt. Und als die Kinder zum Könige kamen, erkannte er sie als seine Kinder, umarmte sie mit großer Freude

---

[1] Vita à tribus Sociis. cap. 4.

und sprach: Wenn Fremde an meinem Tische speisen, um wie
viel mehr werde ich für meine Kinder sorgen! Dieser König,
fuhr Franciscus fort, ist Jesus Christus, die schöne Jungfrau aber ist die Armuth; aller Orten verachtet und verstoßen,
wie sie war, hat der König der Könige, als er vom Himmel
herabkam, eine solche Liebe für sie empfunden, daß er schon in
der Krippe sich mit ihr vermählte; aus dieser Ehe sind viele
gute Kinder hervorgegangen, die seligen Apostel, die Einsiedler,
die Mönche und Alle, die sich der Armuth freiwillig ergeben
haben. Die Mutter sandte sie wieder dem Könige des Himmels mit allen Abzeichen ihres hohen Adels zu. Der König
nahm sie mit Liebe auf und versprach, sie zu speisen und für
Alles fürzusorgen, dessen sie nothbedürftig wären auf Erden,
und sicherte ihnen für das künftige Leben den Himmel zu.
„Fürwahr", rief nach dieser Anrede Papst Innocenz III., „dieß
ist der Mann, der durch seine Lehren und Werke die Kirche
Christi stützen wird!" Und nun erzählte er, wie er in der vergangenen Nacht im Traume einen Armen gesehen, der die
Kirche vom Lateran, welche einzustürzen drohte, mit seinen
Schultern stützte. Franciscus kniete nieder, erhielt von dem heil.
Vater den Segen und die mündliche Bestätigung der Regel, die
er für seinen Orden aufgesetzt hatte. Fünf Jahre später (1215)
wiederholte Papst Innocenz III. auf dem vierten Concilium vom
Lateran vor den versammelten Vätern in feierlicher Weise die
gleiche Bestätigung. Zur Zeit dieser Kirchenversammlung im
Lateran traf zum ersten Male Dominicus mit Franciscus in
Rom zusammen. Zwar hatte schon lange eine wunderbare
Uebereinstimmung zwischen beiden Männern stattgefunden, ihre
Lehren trugen das Gepräge gleicher Verwandtschaft und Harmonie an sich, sie selber aber kannten sich noch nicht. Als
hierauf Dominicus zu Rom eines Nachts, wie gewöhnlich, betete, sah er in einem Gesichte Christum über die Welt zürnen,
während Maria, seine jungfräuliche Mutter, ihm zwei Männer
vorstellte, um ihn zu besänftigen. In dem einen erkannte er
sich selber, der andere hingegen war ihm fremd, und da er ihn
aufmerksam betrachtet hatte, blieb ihm sein Bild gegenwärtig.
Am folgenden Morgen bemerkte er in einer Kirche unter einer

Bettlerkutte das Gesicht, welches ihm in der vergangenen Nacht war gezeigt worden, und auf den Armen zueilend, drückte er ihn im Ergusse freudiger Gefühle an seine Brust und rief: „Du bist mein Genosse, du wirst mit mir gehen, wir wollen zusammenhalten und Niemand wird gegen uns bestehen!" Von diesem Augenblicke an blieben Beide in heiliger und unwandelbarer Freundschaft vereinigt und theilten unter sich die hohe Sendung, zu der die Vorsehung sie berufen hatte, die Welt zu erretten und zu erneuern. Und sie haben die gesunkene Welt errettet und erneuert durch die Liebe und die Wissenschaft, die in der innigen Umarmung beider Männer sich versöhnten; Franciscus und sein Orden, von der Gluth der Seraphim entzündet, gossen die Liebe in mächtigen Strömen über die Welt aus, Dominicus und seine Brüder Prediger-Ordens, mit dem Lichtglanze der Cherubim umgeben, vertheidigten gegen die menschlichen Irrthümer die göttliche Wahrheit und verbreiteten das Licht der Erkenntniß und der Wissenschaft über die Erde dahin. So schildert die beiden Patriarchen das Haupt der christlichen Dichter in der Stelle [1]:

> Die Vorsicht, welche die ganze Welt regiert
> Mit jenem Rathe, darin jeglicher geschaffene
> Blick stets besiegt ist, ehe er zum Abgrunde bringt,
> Damit zu ihrer ewigen Wonne komme
> Die Braut Dessen, der am Kreuze lauten Rufes
> Sich mit ihr vermählte mit benedeitem Blute —
> Bestellte ihr zum Heile zwei der Fürsten,
> Die hier wie dort ihr blieben zum Geleite —
> Der Eine war von Inbrunst ganz seraphisch,
> Der Andere war durch Weisheit auf der Erde
> Vom Cherubglanze ein helles Wiederleuchten.

Die innige Verbindung, die von ihrem Ursprunge an zwischen dem Franciscaner-Orden und jenem des heil. Dominicus bestand und fortwährend unterhalten werden sollte, kündigten die ersten Vorstände derselben, Humbert und Bonaventura, durch ein gemeinsames Schreiben ihren Brüdern in den Worten an: „Der Heiland der Welt, der alle Menschen liebt, hat

---

[1] Dante Paradis. cant. XI. v. 28.

zu verschiedenen Zeiten verschiedene Mittel gewählt, um die ur= sprüngliche Todeswunde des menschlichen Geschlechtes wieder zu heilen. Er ist es — wir glauben es fest, — der die unzählige Menge von opferwilligen Menschen, welche die Erde mit ihrem Worte und ihrem Beispiele retten sollen, berufen und mit sei= nen kostbaren Gaben ausgestattet hat. Zum Ruhme Gottes, nicht zu unserem eigenen, sind die beiden Orden zwei große Fackeln, die mit himmlischem Glanze Jene erleuchten, die im Schatten des Todes sitzen; sie sind zwei Cherubime, von Wis= senschaft erfüllt, die in ihren Seelen dieselben Gedanken fühlen und lesen; sie breiten ihre Flügel über das Volk aus, um es zu schützen und mit heilbringender Wissenschaft zu nähren. Sie sind die zwei Söhne des Herrn auf Erden, stets bereit, Alles zu vollziehen, was er will; jene zwei Zeugen Christi, in sym= bolische Gewänder gekleidet, um zu predigen und für die Wahr= heit Zeugniß abzulegen; die zwei strahlenden Sterne, die nach dem Ausspruche der Sibylle den Anschein von vier Thieren haben und in den jüngsten Tagen die Demuth und freiwillige Armuth der Welt verkündeten. Die göttliche Weisheit, die alle Dinge nach Maß und Ziel geordnet, wollte nicht einen Orden, sondern zwei, damit sie einen gegenseitigen Verein bildeten zum Dienste der Kirche und zum eigenen Nutzen. Sie sollen und werden sich in einer und derselben Liebe erwärmen, wechselseitig helfen und ermuthigen. Ihr Eifer wird ein doppelter sein, und die Kraft des einen wird ergänzen, was dem andern ge= bricht, und das zweifache Zeugniß, das sie für die Wahrheit ablegen, wird um so eindringlicher und kräftiger sein. Seht, geliebte Brüder, welche Fülle von Aufrichtigkeit und Treue in unserer Liebe sein muß! Uns, welche unsere Mutter — die Kirche — zu gleicher Zeit geboren, uns, welche die ewige Liebe zu Zwei und Zwei gesendet hat, um für das Heil der Men= schen zu arbeiten, woran sollen sie uns erkennen, wenn nicht an unserer innigen Verbindung? Wie groß, wie kräftig muß die Liebe sein, die uns vereinigt, da sie zwischen dem heil. Fran= ciscus und dem heil. Dominicus und unseren Vätern unermeß= lich gewesen ist!"

## 1. Die Gründung des Prediger-Ordens und seine Verbreitung in Deutschland.

Als Dominicus in einem Thale Altkastiliens (im Jahre
1170) zu Calaroga das Licht der Welt erblickte, sah sein
Pathe auf der Stirne des Täuflings einen glänzenden Stern;
wie dem auch sei, alle Brüder, die später mit ihm ver=
kehrten, bezeugen, daß sein Haupt zeitlebens mit einem eigen=
thümlichen Schimmer umleuchtet war. Alexander, der gefeierte
Lehrer der Theologie zu Toulouse, sah eines Tages früh Mor=
gens im Schlafe auf seinem Arbeitszimmer sieben Sterne sich
ihm nahen; zuerst an Umfang klein, nahmen sie schnell an Licht
und Größe zu und erhellten endlich Frankreich und die ganze
Welt mit ihrem Glanze. Im gleichen Augenblicke trat Domi=
nicus mit seinen ersten Brüdern, sechs an der Zahl, in das
Zimmer ein und eröffnete dem Lehrer: daß sie Brüder seien,
die in der Gegend von Toulouse das Evangelium den Gläu=
bigen und Ungläubigen predigten und sehnlich wünschten, in
seinem Unterrichte Belehrung und Erbauung zu finden. Die
sieben Sterne, die der Meister im Gesichte sah, sind nachmals
in Dominicus und seinen Brüdern Prediger-Ordens über die
ganze Kirche weithin leuchtend aufgegangen. Schon damals,
als er zu Palencia dem Studium der Wissenschaft sich widmete,
führte ein höherer Zug ihn zu jener Weisheit hin, „die nicht
von der Erde stammt". Denn, wie Dietrich von Apolda [1], ein
geborner Deutscher, von ihm bezeugt [2], „obgleich der engelreine
Jüngling mit Leichtigkeit die menschlichen Wissenschaften sich an=
eignete, so wurde er doch von ihnen nicht mit Ungestüm hinge=
rissen. Denn vergeblich suchte er bei ihnen die Weisheit Got=
tes, die nur in Christus zu finden ist. Und wahrlich," fährt
er fort, „keiner von den Philosophen hat sie den Menschen
jemals mitgetheilt, keiner von den Fürsten dieser Welt hat sie
jemals erkannt. Darum wandte sich Dominicus, aus Besorg=
niß, die frische Blüthe und Kraft seiner Jugend in nutzlosen

---

[1] Ein Dorf in der Nähe von Weimar.
[2] Vita S. Dominic. Bolland. Tom. I. August. 4.

Anstrengungen zu verzehren, zum Studium der Theologie hin, um seinen brennenden Durst zu stillen. Christus, der die Weisheit des Vaters ist, anrufend im heißen Gebete, öffnete er sein Herz der wahren Wissenschaft, sein Ohr den Meistern der heil. Schrift, und das göttliche Wort erschien ihm so süß, daß er während seines vierjährigen Studiums die Nächte beinahe schlaflos zubrachte, weil er sogar die Zeit der nöthigen Ruhe zum Studium benützte." Die ersten zehn Jahre seiner reiferen Jugend brachte er auf der Hochschule zu; er wollte mit allem Eifer die Wissenschaft erwerben, die zur wirksamen Verkündung des Evangeliums unerläßlich ist, und die Hochschätzung, die er für die geistige Bildung in seinem Herzen trug, hinterließ er als ein Vermächtniß dem Orden, zu dessen Gründung ihn Gott berief. Die weiteren neun Jahre, die auf jene folgten, widmete Dominicus als Canoniker zu Osma den Uebungen des gemeinsamen Lebens, damit er die Triebfedern, Schwierigkeiten und Tugenden des Ordenslebens aus eigener Erfahrung kennen lerne und seinen künftigen Brüdern kein anderes Joch auferlege, als welches er selbst lange getragen. Während er seinen Leib in harter Zucht zum willigen Werkzeuge apostolischer Entbehrungen abrichtete und seine Seele durch ununterbrochene innige Andacht mit Gott auf das Engste verband, drängte ihn hinwieder die Liebe, die er von Oben empfing, Tag und Nacht, für das Heil der Menschen zu arbeiten und zu leiden, ihre Schmerzen und ihre Sünden mit reichen Thränen vor Gott mitzuempfinden. In der Ordensregel, dem treuen Abdrucke seines eigenen Lebens, suchte er die apostolische Thätigkeit im Lehr- und Predigtamte mit den Bestimmungen des Ordens- und Klosterlebens auszugleichen, indem er die Handarbeit der alten Orden durch das Studium der Wissenschaft ersetzte, die klösterlichen Uebungen milderte und für die Geistlichen, die dem Unterrichte und der Predigt sich widmeten, besondere Ausnahmen und Begünstigungen gestattete. Denn für die Predigt und das Seelenheil der Menschen sollte der Prediger-Orden gestiftet, seine volle Anstrengung auf die Belehrung [1] und Besserung des

---

[1] Vorrede zu den Constit. Frat. praedic.

Nächsten gerichtet sein. Wie ein Prophet des Herrn bestätigte Papst Honorius III. (22. December 1216) den Orden mit dem weissagenden Worte: „die Brüder dieses Ordens würden treue Kämpfer für den wahren Glauben und hellglänzende Lichter zur Erleuchtung der Welt werden." Das Wort ging in herrliche Erfüllung; wie Dominicus einst seine Brüder zu Zwei und Zwei gepaart ausgehen sah nach allen Richtungen der Welt, so verbreitete der neue Orden sich mit unglaublicher Schnelligkeit in den Ländern der Christenheit. Von den sechszehn Brüdern, die sich zuerst an der Seite des heil. Dominicus eingefunden und von ihm nachmals nach ihren Heimathlanden entsendet wurden, waren acht Franzosen, sieben Spanier und einer aus England; sie erfüllten in ihrem Vaterlande die erhaltene Sendung mit dem glänzendsten Erfolge. Ueber diese Erstlinge des Ordens und ihre Nachfolger legte Papst Honorius III. schon nach einem Jahre das schöne Zeugniß ab [1]: „Innerlich vom Feuer der Liebe entzündet, verbreitet Ihr äußerlich einen köstlichen Duft, der die gesunden Herzen erquickt und die kranken heilt. Um sie vor Unfruchtbarkeit zu bewahren, bietet Ihr ihnen als gewandte Aerzte geistige Stärkungsmittel, den Samen des Wortes Gottes nämlich, erwärmt durch eine heilsame Beredtsamkeit. Das Talent, das Euch, den getreuen Knechten, anvertraut worden, gedeiht in Eueren Händen und Ihr gebt es dem Herrn mit reichlichem Zinse zurück. Unüberwindliche Wettkämpfer Jesu Christi, tragt Ihr den Schild des Glaubens und den Helm des Heiles furchtlos vor denen, die nur den Leib tödten können, indem Ihr gegen die Feinde des Glaubens mit Hochsinn das Wort Gottes anwendet, das weiter reicht, als das schärfste Schwert, und so Euer Leben auf dieser Welt hingebet, damit Ihr es im ewigen wiederfindet. Weil aber das Ende und der Kampf selbst das Werk krönt und die Ausdauer allein die Früchte der Tugenden sammelt, so bitten und ermahnen wir ernstlich Euere Liebe, daß Ihr Euch stets mehr und mehr im Herrn befestiget, das Evangelium zu gelegener

---

[1] Bull. Honor. III. 26. Jan. 1217.

und ungelegener Zeit verkündet und ganz und vollkommen das herrliche Amt von Evangelisten erfüllet."

Begann der Prediger-Orden in Spanien, England und Frankreich schnell und segenreich emporzublühen, so sollte auch der Norden Europa's und insbesondere Deutschland, das Land von tiefem Grund und Boden, schon in der ersten Zeit fruchtbare Schößlinge aus der neuen Pflanzung erhalten. Damals (im Jahre 1218) war Ive Odrovaz, erwählter Bischof von Krakau, in Rom; bei ihm befanden sich seine beiden Neffen, zwei junge Priester aus Polen, Hyacinth, Canonifer an der Kirche von Krakau, und Ceslas, Propst der Kirche von Sandomir. Der polnische Bischof wurde bald mit Dominicus persönlich bekannt, und als er von seinem neuen Orden hörte, ersuchte er ihn, ihm einige Predigerbrüder nach Polen mitzugeben. Dominicus hatte unter den Brüdern damals noch keine, die der polnischen Sprache kundig waren, machte aber den Bischof aufmerksam, daß, wenn Einer aus seinem Gefolge das Ordenskleid annähme, dieß das sicherste Mittel wäre, den Orden in Polen und in anderen Ländern des Nordens zu verbreiten. Dazu erboten sich nun mit freudigem Willen Hyacinth und Ceslas. Eines Sinnes mit zwei anderen Gefährten ihrer Reise, die unter den Namen Heinrich von Mähren und Hermann des Deutschen bekannt sind, empfingen sie zusammen in der Kirche Santa Sabina auf dem aventinischen Hügel zu Rom das Ordenskleid aus den Händen des heil. Dominicus; mit diesem Acte wurde dem Prediger-Orden das Thor nach Deutschland geöffnet. Hyacinth und seine Genossen blieben nur noch kurze Zeit in Rom; sobald sie in den Regeln des neuen Ordens genug geübt und unterrichtet waren, kehrten sie mit dem Bischof Ive nach Krakau zurück. Zu Frisach, einer Stadt im alten Noricum zwischen der Drau und Mur, predigten sie zuerst das Wort Gottes in deutscher Zunge; die Zuhörer wurden auf's Tiefste ergriffen und in der ganzen Gegend verbreitete sich unter den Bewohnern eine religiöse Begeisterung. Sie faßten daher den Gedanken, hier ein Kloster zu gründen; in sechs Monaten war das Werk ausgeführt. Diese erste Anstalt des Prediger-Ordens auf deutschem Boden wurde schnell bevölkert und der

Leituug Bruder Hermanns des Deutschen übergeben. Nach
Krakau zurückgekehrt, gründete Hyacinth ein Kloster, Ceslas die
Convente in Prag und in Breslau; später drang der begeisterte
Hyacinth bis Kiew vor, wo er die Zelten der Predigerbrüder
unter den Augen der schismatischen Griechen und unter dem
Getöse der tartarischen Raubzüge aufschlug. — Damals stand
die Hochschule zu Paris im schönsten Flor; ihr zur Seite hatte
der Prediger-Orden das Kloster vom heil. Jacob gewonnen, worin
seit dem Sommer des Jahres 1219 dreißig Ordensbrüder in
den Wissenschaften öffentlichen Unterricht den Jünglingen er=
theilten, die aus allen Ländern Europa's sich in Paris zusam=
menfanden. Eine Menge derselben hörte neben den Lehrstun=
den an der Hochschule auch die Vorträge der Predigerbrüder
und wurden für den Orden gewonnen; unter diesen hat sich
einzig das Andenken an Heinrich von Marburg forterhalten.
Schon früher war er von seinem Oheim, einem frommen Rit=
ter, der zu Marburg saß, an die Schule zu Paris gesendet wor=
den; der Oheim starb und mahnte seinen Neffen nun im Traume [1]:
„Nimm das Kreuz zur Sühne meiner Sünden und ziehe über
das Meer. Wenn du von Jerusalem wirst heimgekehrt sein,
wirst du zu Paris den neuen Prediger-Orden finden, dem du
dich widmen sollst. Scheue die Armuth der Brüder nicht, noch
verachte ihre kleine Zahl; denn sie werden zu einem großen
Volke anwachsen und sich befestigen zum Heile Vieler!" Hein=
rich zog wirklich über das Meer, und bei seiner Heimkehr hat=
ten sechzig Predigerbrüder in Paris sich eben festgesetzt; ohne
Zögern trat er in ihre Reihen ein und wurde einer der ersten
und berühmtesten Prediger des Klosters vom heil. Jacob. König
Ludwig der Heilige hatte ihn sehr lieb; er nahm ihn im Jahre
1254 mit sich nach Palästina; Heinrich erreichte jedoch sein
Kloster nicht mehr, er starb auf der Rückreise im Gefolge des
Königs. Weit entscheidender für die Verbreitung des Or=
dens in Deutschland war der Eintritt eines andern deutschen
Jünglings.

---

[1] Gerbart de Frachet vit. frat. lib. IV. c. 13.

Als Dominicus im Jahre 1220 das Kloster St. Jacob zu Paris besuchte, traf er dort mit einem Baccalaureus aus Sachsen, Namens Jordan, zusammen; dieser junge Mann, geistreich, beredt und liebenswürdig, war in der Diöcese Paderborn geboren; er stammte aus dem edlen Geschlechte der Grafen von Eberstein und war nach Paris gekommen, um an den Quellen der heiligen Wissenschaften sich zu laben und zu stärken. Von Gott zum ersten Nachfolger des Patriarchen in der Oberleitung des Prediger-Ordens berufen, fühlte er sich sogleich zu Dominicus hingezogen und offenbarte ihm die Sehnsucht seines Herzens, in den neuen Orden einzutreten. Dominicus rieth ihm, den Dienst Gottes vorerst durch den Eintritt in das Diakonat zu versuchen und das Weitere der höheren Leitung vertrauensvoll zu überlassen. Die Entscheidung folgte jedoch schnell. Mit Jordan von Sachsen nahm auch sein Freund Heinrich von Köln das Ordenskleid der Predigerbrüder an. Kaum war Jordan von Sachsen in den Orden eingetreten, so wurde er (Mai 1220) mit drei anderen Brüdern von Paris nach Bologna gesendet, wo der heil. Dominicus das erste Generalcapitel des Ordens hielt; schon im folgenden Jahre zum Provincial der Lombardei gewählt, ward er ein Jahr später, nach dem Tode des Patriarchen († 6. August 1221), zur Würde eines Großmeisters des Prediger-Ordens erhoben. Wenige Männer der Geschichte haben wohl die Gabe, Andere an sich zu ziehen, in solchem Maße besessen, wie Jordan. Hohe persönliche Würde, die Heiligkeit des Lebens und der Glanz der Wissenschaft vereinigten sich bei ihm, diesen Einfluß auf Andere überwiegend auszuüben. Er allein soll mehr als tausend Jünglinge verschiedener Nationen auf den Hochschulen von Paris, Bologna und Padua für den jungen Prediger-Orden gewonnen haben. Viele von ihnen sind späterhin in Tugendglanz und Wissenschaft ausgezeichnete Leuchten der Kirche geworden; so der Cardinal Hugo von St. Caro, der treffliche Erklärer der heil. Schrift, und sein Gefährte Humbert, der fünfte Großmeister des Ordens, Raimund von Pennaforte, der hochberühmte Lehrer des geistlichen Rechtes, Vincenz von Beauvais, der Verfasser der „Spiegel", in welchem Werke er alle Wissenschaften

seiner Zeit niederlegte, und viele Andere mehr [1]. Ueberhaupt
nahm der Prediger-Orden unter Jordan einen außerordentlichen
Aufschwung; Ritter und Dienstmannen, Doctoren und Professoren der hohen Schulen, Hohe und Niedere eilten schaarenweise
herbei, um in die Reihen der Predigerbrüder einzutreten; schon
im Jahre 1221 besaß der Orden sechzig Klöster in acht Provinzen des Abendlandes. Bruder Jordan war unermüdet, die
neuen Klöster zu besuchen und überall den Geist der Frömmigkeit und Wissenschaft in ihnen wach zu rufen. Auf einer dieser
Reisen traf er in Apulien den Kaiser Friedrich II., der sich mit
ihm länger unterhielt. Nach einer Weile gegenseitigen Still-
schweigens richtete Jordan an den Kaiser die Worte: „Gnä-
bigster Herr! in Folge meines Amtes muß ich viele Provinzen
und Landschaften durchwandern; darum wundert mich, daß Ihr
von mir nicht erfahren wollt, was für ein Ruf über Euch in
allen Landen ergeht.“ Der Kaiser antwortete: „An allen Orten
und Enden halte ich Botschafter, die mir über Alles weitläufi-
gen Bericht erstatten, und nichts bleibt mir unbekannt, was
anderswo geschieht.“ Jordan erwiederte: „Unser Herr Jesus
Christus wußte alle Dinge, und dennoch fragte er einmal seine
Jünger: Für wen halten die Menschen mich? Gnädigster Kaiser! Ihr seid ein Mensch und viele Dinge sind Euch verborgen,
die zu wissen Euch nöthig wären. Denn man sagt von Euch,
daß Ihr die Kirche bedrücket, ihre Strafen nicht beachtet, die
Juden und Saracenen zu viel begünstiget, den Statthalter
Christi verachtet und andere Dinge mehr, die Euerer Hoheit
keineswegs zum Ruhme gereichen“ [2]. In trüber Stimmung
zog der Kaiser sich zurück. — Unter dem Ordensmeister Jordan
verbreitete sich der Prediger-Orden besonders in Deutschland;
Brüder- und Schwesternklöster wurden hier in großer Anzahl
gegründet, denn dem verständigen und gemüthlichen Wesen des
deutschen Volkes entsprach dieser Orden gar gut, und fragte
man nach dem Inhalte seiner Regel, so pflegte Jordan zu antworten: „Die Regel unseres Ordens besteht in drei Dingen:

[1] Rudolf in vita Alberti Magni.
[2] Konrad Zittard, Chronik des Prediger-Ordens S. 11.

erbaulich leben, lernen und Andere wieder lehren, wie König David sie von Gott erbat: Bonitatem et disciplinam et scientiam doce me." Und in der That, wie der heil. Dominicus als muthiger Kämpfer, den Pfaden der Gerechtigkeit und den Bahnen der Heiligen folgend, das Fleisch dem Willen, die Sinne der Vernunft unterwarf, dann durch die Uebermacht der Betrachtung darnach rang, sich in sich selbst zu vertiefen, um mit so gründlicherer Liebe in seinem Herzen und Thun das Wohl des Nächsten zu fördern [1], so hat sein Orden in der Welt auf dem Grunde der Heiligung das thätige und das betrachtende Leben wunderbar vereinigt und darum so Großes für die Rettung der Seelen und die Verherrlichung Gottes in der Kirche Christi gewirkt. Während Bruder Heinrich, Jordans geliebter Jugendfreund, zu Köln am Rheine ein Kloster stiftete, in welchem ihm zur Seite Bruder Salomon und später Albertus Magnus und Andere eine höhere Schule für Heiligkeit und Wissenschaft eröffneten, rief Bischof Konrad II. Predigerbrüder nach Hildesheim (1224) und der Bischof Heinrich II. von Veringen solche nach Straßburg, und der Reihe nach erhoben sich in beiden Städten neue Klöster. Schon im Jahre 1230 wurde das Predigerkloster zu Zürich eröffnet; zwei Jahre später das Schwesternkloster zu Unterlinden in Colmar, das über anderthalb hundert Jahre der Sitz mystischer Lehre und Lebensweise blieb. Auch in Basel zogen unsere Ordensmänner (1233) ein; ihr erster Prior, Bruder Heinrich von Westhofen, ebenso gelehrten Sinnes als heiligen Wandels, begründete unter seinen Brüdern ein Leben strenger Sittenzucht und höherer Beschaulichkeit, das seinen Einfluß über weite Umkreise verbreitete und bis zum Ende des folgenden Jahrhunderts sich forterhielt. Die Lage der Zeit und die Richtung der Geister war dem neuen Orden günstig. Mit unglaublicher Schnelle setzte er seine kerngesunden Zweige ab in den Brüderklöstern von Trier, Worms, Würzburg, Pettau, Koblenz, Eßlingen, Freiburg, Konstanz und anderen Orten, in den Schwesternklöster Unterlinden bei Colmar, zu Klingenthal, zu Töß bei Winterthur, zu Deten-

---

[1] Gregor. IX. Bulla Canonis. 12. Juli 1233.

bach bei Zürich, St. Katharinathal bei Dießenhofen, St. Ka=
tharina in St. Gallen, Silo in Schlettstadt, St. Katharina
zu Augsburg und in dem Schwesterkloster auf der Michaels=
insel zu Bern. Noch vor dem Ende des vierzehnten Jahrhun=
derts blühten in Deutschland 51 Brüderconvente; nach der
Ordnung des Alters ihrer Stiftung waren es die Klöster [1] zu
Frisach, Köln, Straßburg, Wien, Trier, Worms, Würzburg,
Regensburg, Zürich, Pettau, Laufen, Koblenz, Eßlingen, Basel,
Freiburg, Konstanz, Krems, Augsburg, Frankfurt, Antwerpen,
Mainz, Speier, Mastricht, Rotweil, Wimpfen, Bern, Neuen=
stadt, Nürnberg, Colmar, Eichstädt, Pforzheim, Löwen, Chur,
Ulm, Tullen in Oesterreich, Landshut, Weißenburg, Mergent=
heim, Hagenau, Luremburg, Gmünd, Schlettstadt, Aachen, Metz,
Herzogenbusch, Gebweiler, Bamberg, Botzen, Wallis, Brüssel
und Gratz. Die Schwesternconvente waren noch zahlreicher;
es bestanden solche zu Unterlinden, Klingenthal, Töß, St. Ka=
tharinathal bei Dießenhofen, Oetenbach, Schönensteinbach bei
Gebweiler im Elsaß, Einsteinen zu Basel, Liebenau bei Worms,
St. Katharina zu Nürnberg, St. Katharina zu Augsburg,
Himmelbronn bei Worms, St. Nicolaus zu Straßburg, zu
Tullen in Oesterreich, St. Katharina zu Colmar, St. Michaels=
insel zu Bern, St. Maria zu Pforzheim, zum hl. Grab bei
Bamberg, Hasenpfuhl zu Speier, Silo zu Schlettstadt, Adel=
hausen, St. Katharina zu St. Gallen, St. Agnes bei Freiburg,
Altenau in Bayern, St. Agnes bei Straßburg, Engelpforte bei
Gebweiler, St. Gertrud zu Köln, Medingen in Schwaben, Med=
lingen und anderen Orten. Nicht minder schnell und fruchtbar
hatte der Prediger=Orden sich in Frankreich, Spanien, Italien
und England und selbst im Morgenlande verbreitet. Bruder
Burkhard, ein geborener Deutscher, wurde mit anderen Brüdern
von dem Generalcapitel in Paris 1222 nach Palästina entsen=
det, um Predigerconvente im heiligen Lande zu errichten; auf
der Insel Cypern allein wurden 46 Convente, in Palästina 18
errichtet; bis an die Grenzen der heidnischen Kumanen in

---

[1] Reformgeschichte des Klosters Schönensteinbach. Handschr. des fünf=
zehnten Jahrhunderts, im Besitze des Verf.

Siebenbürgen und bis an die Marken der Ruthenen hatte der
Orden am Ende des dreizehnten Jahrhunderts seine Zweige ab=
gesetzt; schon im Jahre 1245 zählte er dreißigtausend Mit=
glieder.

Die Einigung so vieler Ordensmänner zu einem Geiste
und Zielbestreben, die Verbindung so vieler Klöster in den ver=
schiedenen Landen wurde durch eine Verfassung vermittelt, die
den Stempel einer höheren Erleuchtung auf ihrer Stirne trägt.
In der Verwaltung und Aufsicht sollte jeder Convent durch
einen Prior, jede Provinz, je nach den Landen, aus einer be=
stimmten Anzahl Klöster zusammengesetzt, durch einen Provincial,
der ganze Prediger=Orden aber durch ein Oberhaupt regiert
werden, das den Namen eines Großmeisters trug und von dem
Papste die höchste Bestätigung und Sendung erhielt. Die
Auctorität, von oben herabsteigend und sich selber an den hei=
ligen Stuhl Petri anschließend, sollte alle anderen Stufen dieser
großen Gliederung befestigen und stärken, während die Wahl,
von unten zum Gipfel sich erhebend, zwischen dem Gehorsam
und dem Gebote den Geist der Verbrüderung bewahrte. So
sollte eine doppelte Signatur auf der Stirne des Trägers der
Gewalt glänzen: das Vertrauen der Gemeine, beurkundet durch
die Wahl der Brüder, und die Macht und Sendung von oben,
enthalten in der Bestätigung des Stellvertreters Christi. Jedem
Convente stand die Wahl seines Priors, jeder Provinz, welche
durch die Prioren und durch einen Abgeordneten jedes Con=
ventes vertreten war, die Wahl des Provincials, dem ganzen
Orden aber, vertreten im Generalkapitel durch die Provinciale
und durch zwei Abgeordnete jeder Provinz, die Wahl des Groß=
meisters zu, während dieser nach unten die Provincialen oder
Prioren der Provinzen, die letzteren aber die Prioren der ein=
zelnen Convente ihrer Provinzen bestätigten. Die Wahl der
Provincialen und Conventprioren war temporär, die des Or=
densmeisters galt lebenslänglich. Wie jedem Prior ein Aus=
schuß beigegeben ward, um ihn in den wichtigsten Verpflichtun=
gen seines Amtes zu unterstützen, so sollte das Provincialcapitel
der Macht des Provincials als Gegengewicht dienen, die Ge=
neralcapitel, in kurzen Zwischenräumen abgehalten, die Gewalt

des Großmeisters mäßigen. Das Generalcapitel bot einen er=
hebenden Anblick dar; denn bis zur Mitte des fünfzehnten Jahr=
hunderts zählte der Prediger=Orden zwanzig Provinzen in der
ganzen Christenheit. Vom Ordensmeister zum Generalcapitel
einberufen, erschienen die verschiedenen Provinciale mit ihren
Beigeordneten an dem Versammlungsorte; die Sitzungen wur=
den im Chore der Kirche oder, wo es bequemer war, in dem
Capitelshause abgehalten. Den Vorsitz führte der Ordensmei=
ster; ihm zur Rechten saßen der Reihe nach die Provincialen [1]
von Spanien, Frankreich, der römischen Provinz, Deutschland,
England, Polen, Jerusalem, Böhmen, Provence und Dalma=
tien; auf der linken Seite des Chores die Provincialen von der
Lombardei, Toulouse, Bologna, Sicilien, Ungarn, Griechen=
land, Dacien, Aragonien, Sachsen und Trimaklien. Was diese
Versammlung beschloß und von dem apostolischen Stuhle ge=
nehmigt war, galt für den Orden als Gesetz. Man sieht,
woher später die constitutionellen Staaten die Grundzüge für
ihre Verfassungen entlehnten, ohne daß sie dabei die Auctorität
für den Regenten ebenso gut gesichert haben, wie dieß in den
alten Orden der Kirche der Fall gewesen. Die Erfahrung von
Jahrhunderten hat die Weisheit dieser Regierungsform bewährt;
durch sie haben die Predigerbrüder ungehemmt ihre Bestimmung
erfüllt und sich ebenso sehr vor der Zuchtlosigkeit, als vor der
Unterdrückung gesichert. Eine aufrichtige Hochachtung vor der
Auctorität hat sich in ihnen mit einer freien Bewegung und
natürlichen Haltung verbunden, die knechtische Furcht wurde
durch die Liebe überwunden. Während daher die meisten geist=
lichen Orden verschiedenen Reformen unterlegen sind und in
Folge dessen sich in verschiedene Nebenzweige zertheilten, haben
die Predigerbrüder [2] die Wechselfälle und Trübsale eines sechs=
hundertjährigen Bestandes überlebt und sind unter sich immer
einig geblieben. Ihr Orden hat seine mächtigen Zweige über
die ganze Welt verbreitet, ohne daß sich ein einziger jemals

---

[1] Geschichte der Reform der Klöster Prediger-Ordens im fünfzehn=
ten Jahrhundert. Handschrift.
[2] Lacordaire, Leben des heil. Dominicus S. 142.

von dem nährenden Mutterstamme abgelöst hätte. Das äußere
Baugerüste war sonach in dieser Verfassung weise eingerichtet,
um dem gesammten Orden, seinen Provinzen, Conventen und
allen ihren Gliedern es zu ermöglichen, das Haus innerer Hei=
ligung, apostolischer Thätigkeit und höherer Beschaulichkeit in
sich aufzubauen.

Der Geist, der diesen Organismus so vieler Glieder in Be=
wegung setzte, ist in dem schönen Bilde gezeichnet, das die gott=
erleuchtete Schwester Mechthild um das Jahr 1260 von einem
Klosterprior Prediger=Ordens in der Schilderung entwarf [1]:
„Bei der Gewalt, die man übernimmt, soll große Furcht lie=
gen; denn wenn man zu dir spricht: Du bist unser Prior! oder:
Du bist unsere Priorin! weiß Gott, mein Freund, damit ist
große Versuchung verbunden. Darum sollst du mit großer De=
muth deine Büßung machen, gehe sogleich an dein Gebet und
lasse dann Gott dich trösten. Mit der Würde sollst du auch
dein Herz verwandeln in der heiligen Gottesliebe, so daß du
jeden Bruder, jede Schwester, die dir befohlen sind, besonders
minnest in allen ihren Nöthen. Mit deinen Untergebenen und
deinen Brüdern sollst du minniglich=heiter und gütlich=ernst sein,
barmherzig über alle ihre Arbeiten Aufsicht halten und mit süßen
Worten sie aussenden, kräftig zu predigen und fromm Beichte
zu hören; denn Gott hat sie hiefür in diese Welt gesendet, daß
sie Erlöser und Helfer sollten sein den armen Sündern gleicher=
weise, wie Christus aller Welt Erlöser war und herniederstieg
aus dem Palaste der heil. Dreifaltigkeit in das Elend dieser
Welt. So aber sollst du in der tiefen Demuth eines reinen
Herzens zu jedem deiner Brüder sprechen: Eja, lieber Bruder,
selber unwürdig alles Guten, bin ich dein Knecht zu jedem
Dienste, den ich vermag zu leisten, und nicht dein Herr. Wohl
habe ich Gewalt über dich erhalten, aber deren fürchte ich mich
und sende dich mit herzlicher Gottesliebe in den Weinberg des
Herrn hinaus. Ich nehme Theil an deinen Mühen und freue
mich der hohen Würde, die der himmlische Vater dir bereitet
hat. Ich sende dich in jenem Namen, wie Jesus selbst von

[1] Pergamenthandschr. des Stifts Einsiedeln Nr. 277 Bl. 102.

2*

der Seite seines Vaters im Himmel ging, als er herabstieg auf die Erde, um das verlorene Schaf so lange aufzusuchen, bis er aus Minne am Kreuze starb. Die wahre Gottesliebe möge dich begleiten auf heiligen Wegen und in nützlichen Arbeiten. Ich will meiner Seele Sehnsucht und meines Herzens Gebet und die Thränen meiner sündigen Augen mit dir senden, damit dich Gott heilig und minnevoll zu mir zurücksende. — So sollst du alle deine Brüder, wenn sie ausgehen, trösten. Du sollst sie auch erfreuen, wenn sie wieder kommen, und ihnen in das Gast= haus entgegengehen und durch Gottes Milde Alles nach Kräf= ten anordnen, was für ihr Wohlbehagen nöthig ist. Eja, mein Freund, du sollst ihnen selber die Füße waschen; darum bleibst du doch der Meister oder die Meisterin, und bist ihnen in der Demuth unterthan. Bleibe nicht lange bei den Gästen, son= dern pflege des Conventes allezeit nach bester Ordnung; die Gäste sollen nicht lange wachen. Eine heilige Sache ist's: du sollst alle Tage in das Krankenhaus gehen und die Kranken salben mit den köstlichen Gottesworten und sie laben mit irdi= schen Dingen minniglich; denn Gott ist über alle Schätze reich.

Du sollst die Kranken reine machen
Und in Gott mit ihnen süße lachen;
Ihre geheime Noth, die sollst du selber tragen
Und sie zuweilen gütig fragen,
Was ihre geheime Krankheit sei.
Stand ihnen im Leiden willig bei,
Dann fließet dir zu aller Zeit
In's Herze Gottes Süßigkeit.

Du sollst auch in die Küche gehen
Und die Kost der Brüder wohl besehen,
Daß sie für den Nothbedarf genügend sei
Und deine Kargheit und des Koches Trägheit
Dem Herrn nicht stehle den süßen Sang im Chore,
Denn ein verhungerter Mönch singt nie mehr schöne,
Und ein hungeriger Mann kann nicht tief studiren,
So muß Gott durch das Aergste das Beste oft verlieren.

Im Capitel sollst du mit süßem Gemüthe gerecht sein und darin nach der Schuld gleich richten. Hüte dich sehr, deiner Gewalt zu folgen gegen der Brüder oder des Conventes Willen;

denn große Entzweiung entsteht hievon. Du sollst dich schützen
vor dem Hochmuthsgedanken, der oft dein Herz versucht und
dir sagt: Ja, du bist doch über ihnen allen Prior oder Prio=
rin; du kannst thun, was gut dich dünkt. Nein, lieber Freund,
damit brichst du den heiligen Gottesfrieden. Mit unterthäniger
Gelassenheit und minniglicher Freude sollst du sprechen: Liebe
Brüder oder Schwestern, wie behagt euch das? Und alsdann
richte dich nach ihrem besten Willen. Wenn die Brüder oder
Schwestern deines Conventes Ehre dir entbieten, so sollst du
dich innerlich fürchten mit scharfer Hut deines Herzens und
äußerlich dich schämen mit eingezogenem Benehmen. Barm=
herzig sollst du alle Klagen empfangen und Allen getreulich
deinen Rath ertheilen. Wollen deine Brüder hoch bauen, sollst
du es heilsam wenden und also sprechen: Eja, liebe Brüder,
wir wollen der heil. Dreifaltigkeit einen wonniglichen Palast in
unserer Seele bauen mit dem Holze der heil. Schrift und mit
den Steinen der edlen Tugenden. Der erste Stein des herr=
lichen Palastes, worin der ewige Gott ohne Ende die Seele
— seine minnigliche Braut — liebkosen will nach dem Wohl=
geruche ihres Sehnens, soll sein die grundlose Demuth; sie soll
uns so der süßen Begierde nach irdischer Vergänglichkeit ent=
wöhnen, daß wir nicht etwa als irdische Herren oder Frauen
bauen wollen, sondern als Fürsten des Himmels, die auf dem
Erdreich wohnen; dann werden wir am jüngsten Tage den
Aposteln gleich bei dem armen Jesu zu sitzen kommen. Liebe
Brüder, wir wollen bauen unser himmlisches Haus mit Freu=
den, unsere irdische Wohnung mit Sorgen, denn wir haben
keine sichere Frist, zu leben bis auf morgen. Du sollst ein
Adleraug besitzen und deine Untergebenen in Gott minniglich,
nicht arge beobachten und besehen. Findest du Jemanden, der
heimlich versucht ist, eja dem stehe mit aller Liebe bei, so
wird es Gott nicht anders leiten, er wird dir zum Vertrauten
werden."

Wo in diesem Geiste die Klöster des Prediger=Ordens ge=
leitet wurden, fand das mystische Leben für alle weitere Ent=
wickelung seine entsprechende Unterlage.

## 2. Die wissenschaftliche Mystik bei den Kirchenvätern und den Meistern Prediger-Ordens.

Aus der Fülle seines göttlich-menschlichen Lebens verkündete der Herr die Lehren seines heiligen Evangeliums, oder wie die Schrift sagt: er that und lehrte. Diesem hohen Vorbild folgend, hat die Kirche ihre Wissenschaft auf dem realen Grunde ihres inneren Lebens ausgebildet; was sie vorerst glaubte und übte, fand später in bestimmten Lehrbegriffen seinen entsprechenden Ausdruck und in der Wissenschaft seine tiefere Begründung. In ihrem Innern hat sich, wie der heil. Augustin schreibt [1], von jeher ein dreifaches Leben geltend gemacht, welches entweder in den Tugendübungen, oder in der Beschauung, oder dann in einer Verbindung beider Lebensweisen seine Thätigkeit entfaltete. War das thätige Leben auf die Ausübung der Tugenden gerichtet und vorzugsweise bedacht, die Seele zu reinigen und zu läutern, sittlich zu veredeln und zu schmücken, um auf diesem Wege sie zur höheren Beschauung vorzubereiten, so hielt das beschauende Leben sich möglichst abgesondert von den Sorgen der Welt und den Mühen des Kampfes, um auf den Stufen des Gebetes und der Betrachtung sich zur Beschauung Gottes und göttlicher Dinge zu erheben und in ihr die höchste Glückseligkeit zu suchen. Beide Lebensweisen haben im alten Bunde in Lia und Rachel, im neuen aber in Martha und Maria ihre symbolischen Vorbilder gefunden. Fruchtbar an Nachkommenschaft, stellt Lia mit ihren trüben und verweinten Augen das thätige (übende) Leben vor, welches, allzusehr auf das Aeußere abgezogen, das schwache Auge des Geistes noch nicht zur Herrlichkeit Gottes aufzurichten vermag, dagegen aber reich an guten Werken für die Wohlfahrt des Nebenmenschen ist. Rachel ist unfruchtbar für die äußere Welt; mit ihren hellen Augen und reizenden Blicken sinnbildet sie das beschauliche Leben, welches den Blick der Seele auf Gott heftet und sich am Abglanze seiner ewigen Schönheit ergötzt. Die heil. Väter weisen jedoch häufiger die Eigenthüm-

---

[1] S. Augustin. de civit. Dei lib. XLX. 19.

lichkeiten dieser beiden Lebensweisen in **Martha** und **Maria**
nach. Martha war gar emsig besorgt mit ihren Hausgeschäf=
ten, dem Herrn zu dienen; Maria blieb ruhig zu den Füßen
Jesu sitzen und fand im Genusse seiner süßen Lehren ihre ganze
Seligkeit. „Sie erkannte die unendliche Weisheit Gottes",
schreibt Richard von St. Victor [1], „welche im Fleische verbor=
gen war, mittelst des Gehöres, und sah sie durch die Erkennt=
niß, und indem sie auf diese Weise sah und hörte, gab sie sich
der Beschauung der höchsten Wahrheit hin. Dieß ist jener
Theil, der, wie der Herr sprach, den Auserwählten und Voll=
kommenen nie genommen wird; dieß ist jene Beschäftigung,
welche niemals ein Ende nimmt, denn die Beschauung der
ewigen Wahrheit wird in diesem Leben angefangen und in dem
zukünftigen fortwährend, ohne jemals aufzuhören, fortgesetzt."
An der Spitze aller Auserwählten des alten und neuen Bun=
des steht Maria als das höchste Vorbild des beschaulichen Le=
bens; sie behielt die Worte der himmlischen Botschaft und die
Offenbarungen Gottes, die ihr zu Theil geworden, und erwog
sie in ihrem Herzen [2]; die göttliche Entzückung, die ihr damals
zu Theil geworden, und die innigste Einigung mit Gott, die
sie in ihrer sündenreinen Seele damals feierte, fand in ihrem
Lobgesange für die Erde einen Wiederhall, der seither in Mil=
lionen frommen Gemüthern beseligend erklang. Sie ist es auch,
die nach der Auferstehung des Herrn mit den übrigen Aposteln
und frommen Frauen in inniger Verbindung der Ankunft des
heil. Geistes entgegenharrte und durch Gebet, Betrachtung und
Beschauung ihm den Weg zu ihrem Herzen bereitete [3]. Der
göttliche Geist, der über diese Versammlung der ersten Kirche in
ihrem Entstehen herniederschwebte, hat mit der Fülle der geisti=
gen Gaben und Gnaden, die er damals bleibend ihr verlieh,
auch jene des beschaulichen Lebens in ihren Schooß niedergelegt;
er hat sie wie einen lichten Sonnenstrahl im Verlaufe der Zei=
ten in ihr fortgeleitet; von ihm wurden alle religiösen Orden

---

[1] Richard. de S. Victor. lib. de contempl. l. c. 1.
[2] Luc. 2, 15.
[3] Apostelgesch. 1, 14.

durchleuchtet, und Alle, die sich an der Wärme des Gebetes, der Betrachtung und Beschauung stärkten, wuchsen in ihrem geistigen Leben und glänzten mit dem Lichte ihrer Heiligkeit nach allen Richtungen im weiten Umkreise· der Kirche dahin. Der Liebesjünger Johannes, der an der Brust des göttlichen Erlösers beim letzten Abendmahle gelegen [1], schöpfte hier jene geistige Stärkung, die ihn, dem Adler gleich, über alle endlichen Kreise bis zur Beschauung der ewigen Gottheit erhob, auf deren Strahlen er mit unverwandtem Auge seinen Seherblick heftete, um uns das ewige Wort, das von Ewigkeit bei dem Vater ist, und die verborgenen Geheimnisse der göttlichen Rathschlüsse zu verkünden. Jener gottbegeisterte Völkerlehrer Paulus, dessen Seele Christus so ganz erfüllte, daß nicht mehr er in seiner persönlichen Besonderung, sondern Christus in ihm lebte [2], wurde auf den Fittigen der Beschauung bis in den dritten Himmel emporgetragen, bis an den Thron Gottes, wo er göttliche Geheimnisse mit unverhülltem Angesichte schaute, für ihren Ausdruck aber in der menschlichen Sprache keine Worte fand. Wenn auf den Stufen der Beschauung die menschliche Seele sich zu dem Himmlischen erhob, so stiegen in den Visionen und Ansprachen die Himmlischen zu den Gottbegnadigten herab; den heiligen Aposteln erschienen wiederholt die Engel des Herrn, dem Apostel Paulus auf dem Wege nach Damascus Christus selbst. Die Schrift von Hermes Pastor gehört der apostolischen Zeit an; sie gibt im ersten Buche „die Visionen" wieder, durch welche der Verfasser Belehrungen und Offenbarungen über die christliche Sittenlehre, die triumphirende Kirche, die Reihenordnung der Verworfenen und die zukünftige Trübsal und Verfolgung der Kirche erhielt [3]. Der Schlaf war, wie er bezeugt, das natürliche Medium, in welchem ihm diese Offenbarungen zu Theil geworden [4]. Das Element des beschaulichen Lebens, in den Grundkeim der Kirche niedergelegt, entwickelte sich in

---

[1] Joh. 21, 20.
[2] Gal. 2, 20.
[3] Herm. Past. lib. I. cap. 1.
[4] A. a. O. c. 4.

ihr schon von Anbeginn an; die reiche Erfahrung, die es all=
mählich im Innern der Kirche bildete, konnte der Beobachtung
nicht entgehen und mußte zum Gegenstande der Besprechung,
der Erörterung und der Lehre werden. Schon Origenes und
die Alexandriner besprachen die Beschauung, und der allum=
faffende Geist des heil. Augustinus legte in seinen Werken von
dem Staate Gottes [1], von der Dreieinigkeit, in seinen Bekennt=
niffen, in der Auslegung der Genesis die Grundlinien zu
der wiffenschaftlichen oder doctrinellen Mystik, die ihre Lehren
auf die Erfahrungen stützt, welche gottbefreundete Seelen im
Gebiete ihres religiösen Lebens gemacht haben; sie enthält jene
verborgene Weisheit, die Gott unmittelbar im menschlichen
Geiste lehrt, wenn dieser seinerseits auf dem Wege der Tugend=
übungen und des Gebetes zu ihm hinangestiegen ist.

Die Lehre von der christlichen Mystik erhielt jedoch im Ge=
biete der Wiffenschaft ihre selbstständige Begründung erst durch
die Schriften über die himmlische und kirchliche Rangordnung,
über die göttlichen Namen und die mystische Theologie, welche
im Beginne des fünften Jahrhunderts unter dem erdichteten
Namen Dionysius des Areopagiten erschienen. Der
unbekannte Verfasser jener Schriften hat viele seiner Leh=
ren und die Darstellungsweise von der neuplatonischen Schule
entlehnt und darum auch das schillernde Gemisch zweideutiger
Lehren in manchen Punkten in seine Arbeit aufgenommen. Nichts=
destoweniger bildeten sie für alle späteren Lehrer der christlichen
Mystik die vorzüglichste Quelle, aus der sie schöpften. Nicht nur
der allgemein verbreitete Glaube, daß diese Schriften wirklich
von dem Schüler des Apostels, deffen Namen sie tragen, her=
rühren, sondern auch das geheimnißvolle Dunkel, mit welchem
der Verfaffer seine Lehre zu umgeben wußte, gaben ihnen, be=
sonders im spätern Mittelalter, einen besondern Reiz, so daß
man sie vielfach als eine Art Ergänzung und Erweiterung der
göttlichen Offenbarung betrachtete. Wir finden in ihnen wohl
eine Menge Gedanken voll Glanzes und Tiefsinnes, Wahrheiten
von ächt christlichem Inhalte, gesunde Früchte einer höhern Er=

---

[1] S. August. de civit. Dei lib. V. VII. XIX. etc.

kenntniß; aber es fehlt auch nicht an gewagten Behauptungen, unangemessenen Bildern und zweideutigen Ausdrücken, die an den Irrthum grenzen. Die endlosen Verneinungen [1] alles Realen, mit denen er den Begriff Gottes bestimmen will, führen ihn zu einer begriffslosen Unbestimmtheit des göttlichen Wesens, und er hält dieselbe einseitige Richtung ein, wenn er die Vereinigung der menschlichen Seele mit Gott bespricht und darin die natürliche und persönliche Bestimmtheit derselben aufzuheben scheint, — zwei Klippen, bei denen viele spätere Lehrer der Mystik, namentlich der deutsche Meister Eckhart, Schiffbruch gelitten haben. In dem Lichtdunkel, das über das mystische Leben schwebt, hielten die Kirchenväter sich an den Lehren der göttlichen Offenbarung und der sich nie ändernden Erblehre der Kirche fest; Gregor der Große handelt von dem beschaulichen Leben in seinen Moralbüchern [2] und in seinen Homilien über Ezechiel; Cassian gibt in seinen Collationen [3] eine Anleitung dazu, der heil. Isidor in seinem Buche über die Etymologien; der ehrwürdige Beda erzählt in seinem Geschichtswerke die Visionen und Entrückungen, die bis zu seiner Zeit († 735) in der Kirche von England stattgefunden. Endlich wurden die Schriften Dionysius' des Areopagiten von dem byzantinischen Kaiser Michael in einem griechischen Exemplare Kaiser Karl dem Kahlen übersendet, welcher dem gelehrten Scotus Erigena um das Jahr 854 den Auftrag gab, dieses Werk in das Lateinische zu übersetzen. Auf diesem Wege wurde es auch im Abendlande bekannt und verbreitet; Scotus Erigena selbst schrieb darüber eine einläßliche Erklärung, um ihm größere Würdigung und Verbreitung im fränkischen Reiche zu bereiten [4].

Die tiefere Begründung und weitere Verbreitung der mystischen Lehre in ihrer Reinheit war dem heil. Bernhard vor-

---

[1] Dionys. Ar. de myst. Theol. c. 5.
[2] S. Gregor. M. Moral. lib. V.
[3] Cassian. Collat. Coll. lib. I. c. 15.
[4] Dieser Commentar wurde von mir im Jahre 1835 zu Rom aus einer vaticanischen Handschrift abgeschrieben und später 1852 von Prof. Dr. Floß in den Op. SS. Patr. von Migne, Paris, zum ersten Male herausgegeben.

behalten; er schöpfte sie zunächst aus seinem eigenen gotterfüll=
ten Gemüthe. Im hohen Liede fand er die Grundzüge des
beschaulichen Lebens niedergelegt, und in seinen Reden über
dasselbe entwickelte er die verschiedenen Stufen, auf denen die
Seele zur mystischen Liebesunion sich emporhebt und der gött=
liche Bräutigam zur Seele herniedersteigt. Wahre Vereinigung
der Seele mit Gott war ihm auch für die Wissenschaft das
höchste Zielbestreben, die Tugend und Betrachtung aber der
Weg, der zu ihr hinführt. Das Buch von der Betrachtung,
worin er seinem einstigen Schüler, Papst Eugen III., so weise
Lehren ertheilte, schildert das thätige und das beschauende Le=
ben. Nachdem er ihm zuerst jenes in allen seinen Pflichten
vor die Augen gelegt, führt er ihn am Schlusse der Schrift in
die unsichtbare Welt und behandelt mit ihm die Wissenschaft der
ewigen Dinge, die man nicht durch die Thätigkeit der Vernunft,
sondern durch die Anschauungen einer Intelligenz erwirbt, welche
durch die göttliche Liebe geläutert und gehoben wird [1]. Im
erhabenen Fluge der Beschauung die Ordnungen der Himm=
lischen durcheilend, betrachtet er sodann die göttliche Dreieinig=
keit, die unaussprechliche Vollkommenheit Gottes, die Vereini=
gung des göttlichen Wortes mit der menschlichen Natur in
Christus, auf deren Grunde eine Wiedervereinigung unserer
Seele mit Gott erst möglich war. Doch muß die mystische
Wissenschaft auf der Liebe beruhen und ihre Schüler auf dem
Wege der Herzensreinheit und Tugend zur Erkenntniß der ewi=
gen Weisheit hinleiten. „Die Dinge über uns", sagt der heil.
Bernhard, „werden nicht durch Schulbegriffe und Worte ge=
lehrt, sondern von dem heiligen Geiste reinen Seelen geoffenbart;
was das Gebet erfleht, soll die Betrachtung aufsuchen, und
die Heiligkeit des Lebens muß in der Beschauung erreichen,
was bloße Worte nicht auszudrücken vermögen. Darum steht
geschrieben: Selig, die reinen Herzens sind, denn sie werden
Gott anschauen." Nun ist aber Gott die Wahrheit selbst, und
um sie im Schooße ihrer geheimnißvollen Tiefen zu erschauen,

---

[1] S. Bern. de consider. lib. V. cap. 1.
[2] S. Bern. l. c.

muß man einen Weg der Reinigung durchmachen, der uns
von Allem befreit, was zwischen uns und der Wahrheit, zwi=
schen unserem, von der Sünde verdunkelten Auge und zwischen
dem himmlischen Lichte liegt." Auf verschiedenen Stufen steigt
der Mensch zur reinen Gottesliebe empor, welche der Schlüssel
zur göttlichen Erkenntniß und zum Schauen der ewigen Dinge
ist. Die Seele muß ihrer Sinnlichkeit und Eigenheit ersterben
und von Tugend zu Tugend fortschreiten, um des Lichtes theil=
haft zu werden, worin sie das Licht der Gottheit zu erkennen
vermag. Denn in dem Maße, als durch das thätige Tugend=
leben angefacht, das Feuer der Liebe sie erweitert, wird auch
der Blick ihrer Vernunfterkenntniß heller und umfangreicher; sie
liebt, was sie betrachtet, und betrachtet, was sie liebt. Beide
Acte werden in der Ewigkeit in einen und denselben zusam=
menfallen; denn sobald unser Geist Gott sehen wird, wie er
ist, wird auch unser Wille mit ihm vereinigt werden und gött=
liche Werke mit ihm vollbringen. Steigt die Seele auf den
Stufen des reinigenden Lebens zu Gott empor, dann läßt sich
das ewige Wort, die Weisheit des Vaters, zu ihr hernieder
und erhöht und erweitert auf übernatürliche Weise ihre Erkennt=
niß und es wird der Seele so, als erwachte sie aus dem Schlum=
mer, in welchem das gewöhnliche Leben sie bei all' ihrem Er=
kennen gefangen hielt. „Ihr fragt mich", sagt der heil. Bern=
hard[1], „woran ich erkennen konnte, daß das Wort nahe
sei?[2] Ich antworte: Von dem Augenblicke an, da es in meine
Seele eingezogen, hat es sie von ihrem Schlafe aufgeweckt, es
hat mein hartes und versteinertes Herz erweicht, gerührt und
verwundet. In die innersten Tiefen eindringend, hat mir das
Wort seine Nähe nie durch außerordentliche Zeichen, noch durch
Stimmen und Gestalten zu erkennen gegeben; ich habe seine
Wirkung nur an der Bewegung meines Herzens wahrgenom=
men. Ich erfuhr seine thätige Macht an der Abnahme meiner

---

[1] S. Bernb. serm. 74. in cantic.
[2] Man erinnere sich bei dieser Stelle an die Lehre der deutschen My=
stiker: das Wort Gottes werde in jeder beschauenden Seele durch den
Vater geboren.

Sünden, an der Abtödtung fleischlicher Begierden, an der Bes=
serung meiner Fehler, an der Erneuerung meines Lebens, an
der allgemeinen Ueberschau der göttlichen Dinge, die mich zur
Bewunderung der Größe Gottes hindrängte." Wo soll aber
das thätige und beschauliche Leben der Seele enden? In der
geistigen Vermählung der Seele mit dem göttlichen
Worte [1]; diese beginnt schon in diesem Leben und wird im
Himmel vollendet. Wohl besteht ein unendlicher Abgrund zwi=
schen der unendlichen Substanz Gottes und dem erschaffenen
Wesen der endlichen Creatur; die Liebe jedoch·füllt diesen Ab=
grund aus, sie zieht Gott zur Creatur herab und hebt die
Creatur zu Gott hinan, um diese geistige Vermählung zu voll=
bringen, und in diesem Sinne spricht der Apostel: „Wer dem
Herrn anhängt, ist Ein Geist mit ihm!" [2] Jene Vereinigung
der Seele mit Gott besteht·aber nicht in einer Vermischung
der Naturen, sondern in einer Uebereinstimmung des
Willens beider, und während zwischen den drei göttlichen Per=
sonen eine Einheit der Wesenheit waltet, kann zwischen der Seele
und Gott lediglich von einer Einheit der Empfindung und des
Willens die Rede sein [3]. Wohl ist Gott das Wesen aller Dinge,
aber nicht so, als ob alle Dinge dasselbe wären, wie er,
sondern sie sind von ihm, in ihm und durch ihn. Derjenige,
der alle Dinge erschuf, ist zwar das Wesen der von ihm er=
schaffenen Dinge und darum das Wesen der Wesen, aber
nur insofern, als er ihr höchstes Princip und nicht ihre Sub=
stanz ausmacht [4]. Dieselbe Lehre entwickelt der heil. Augustin. „Wo
ist der Grund der Dinge", fragt er [5], „wenn nicht im Geiste des
Schöpfers selbst? Denn er sah außer sich kein Muster, das er
bei der Schöpfung hätte nachahmen können, und im göttlichen
Geiste gibt es nichts, was nicht ewig und unveränderlich wäre;
also sind die Principien der Dinge, welche Plato Ideen

---

[1] S. Bernh. serm. 85 in cant.
[2] 1 Cor. 6, 17.
[3] Serm. 71 in cant.
[4] Serm. 4 in cant.
[5] S. August. de quaest. 46.

nennt, keine leeren Begriffe, sondern ihr Wesen ist das wahre
Wesen, weil sie unveränderlich und ewig sind und weil Alles,
was ist, auf welche Art es auch sein möge, nur durch den Antheil daran zum Dasein gelangt." In diesen Ideen schauen
die Seligen im Himmel alle Dinge in Gott und darum in der
vollkommensten Weise; denn sie schauen das Wort und in dem
Worte die Dinge, die durch das Wort geschaffen sind, so daß
sie kein Bedürfniß fühlen, die Erkenntniß des Schöpfers von
den Geschöpfen zu entlehnen. Die ewige Vereinigung mit Gott
wird jedoch dem persönlichen Bewußtsein und Bestande der
Seelen keinen Eintrag thun. „Denn auf dieselbe Weise", sagt
der heil. Bernhard [1], „scheint ein kleiner Wassertropfen, wenn er
in ein Gefäß Wein fällt, nicht mehr das zu sein, was er war,
indem er die Farbe und den Geschmack des Weines annimmt;
ebenso röthet sich das Eisen, wenn es vom Feuer erhitzt wird,
und gleicht dem Feuer selbst, indem es seine frühere Gestalt
verliert; gleicherweise ist die vom Sonnenlichte erhellte Luft gewissermaßen verwandelt und leuchtet wie die Sonne. Ebenso
muß auch bei den Heiligen jede menschliche Neigung reiner
werden, muß aufhören, das zu sein, was sie war, sich auf un-
veränderliche Weise umwandeln und gänzlich in den göttlichen
Willen versenken. Die menschliche Substanz wird freilich fort-
bestehen, jedoch in anderer Gestalt, mit einer andern Ehre, mit
einer andern Macht."

Mit der Lehre entwickelte sich jederzeit im Schooße der Kirche
auch das mystische Leben, worin damals die heil. Hildegarde
eine hohe Stufe erreicht hatte. Bernhard besuchte sie im Herbste
des Jahres 1141 von Frankfurt aus in ihrem Kloster auf dem
Rupertsberge bei Bingen am Unterrhein, als er den Kreuzzug
predigte. Die gottselige Jungfrau war ihm sowohl durch den
ausgebreiteten Ruf, der über ihre mystischen Zustände ergangen
war, als auch durch ihre Schriften bekannt geworden. Ueber
ihre Offenbarungen äußerte sich der heil. Bernhard zu seinen
Gefährten, dieselben seien kein Menschenwerk, wie Viele damals
meinten; kein Sterblicher vermöge sie zu begreifen, außer der-

---

[1] S. Bern. lib. de diligendo Deo cap. 4.

jenige, welchen die Liebe wieder zu einem Ebenbilde Gottes um=
geschaffen habe. In seinen Briefen, die er fortan mit dieser
Auserwählten wechselte, gesteht er: „Ich weiß, daß das Licht des
heiligen Geistes dir die Geheimnisse des Himmels enthüllt und
dir offenbart, was den Verstand der Menschen übersteigt." Durch
die Mittel des reinigenden und gottseligen Lebens hatte sich
Hildegard auf eine hohe Stufe des Schauens und der Weissagung
erhoben, von wo aus sie wie eine Prophetin die Sünder er=
schütterte, die Vorstände der Kirche an ihre Pflichten erinnerte,
die ganze Christenheit zur Buße und Bekehrung mahnte. Es
ist merkwürdig genug, die Geschichte ihres inneren Lebens aus
ihrem eigenen Munde zu vernehmen. „Die Weisheit", so
schreibt sie selber, „unterrichtet mich im Lichte der Liebe und be=
fiehlt mir, öffentlich auszusprechen, auf welche Weise ich eine
Seherin geworden bin. O Geschöpf, sprach sie zu mir, sprich
also von dir: Vom ersten Augenblicke meines werdenden Leibes
an, da mich Gott mit lebendigem Hauche im Schooße meiner
Mutter belebte, legte er den Keim dieser Sehergabe in mir
nieder. Denn im Jahre 1100 der Menschwerdung des Herrn
fing die Lehre der Apostel unter den Christen und Dienern des
Geistes zu erkalten an; zu jener Zeit ward ich geboren, und
meine Eltern weihten mich Gott mit frommem Seufzen. Im
dritten Lebensjahre erzitterte meine Seele vor einem hellen
Lichte, das mir erschien. Damals wußte ich noch nicht, was ich
von dieser Erscheinung reden sollte, die sich bis zum Alter von
fünfzehn Jahren stets erneuerte. Zitternd schrieb ich Mehreres
von diesen Dingen auf, denn ich glaubte bisweilen äußerlich
wahrgenommen zu haben, was ich nur innerlich gesehen hatte,
und wenn ich meine Amme fragte: ob sie die gleichen Dinge
sehe? so antwortete sie mir: Nein. Ich war daher in großer
Verlegenheit und durfte Niemanden mehr von diesen Gesichten
sprechen" [1]. Sodann erzählt sie ihre inneren Leiden und auf=
fallenden Krankheiten, die mehr als einmal sie dem Tode nahe
gebracht. Die Offenbarungen dauerten bei ihr fort; allein
Menschenfurcht und Demuth hielten sie zurück, sie kundzugeben.

---

[1] Vita S. Hildegard. lib. II. c. 1. 16.

„Ich war", so fährt sie fort, „42 Jahre und 7 Monate alt, als plötzlich ein mit blendendem Glanze vom Himmel herabkommender Strahl meinen ganzen Körper durchbohrte; er entzündete meine Seele, durchrieselte mein Herz und mein Gehirn und verzehrte mich sanft, ohne mich zu brennen, oder brannte mich vielmehr, ohne mich zu verzehren. Alsobald fühlte ich mit neuer Erkenntniß mich begabt, ich verstand die heiligen Schriften, mir ward der Schlüssel Davids gegeben; das Verständniß der Psalmen, der Evangelien und der übrigen Bücher des alten Testaments war mir eröffnet; ich betrachtete die Geheimnisse, ohne den Buchstaben des Textes und die Fügung der Worte und der Sylben zu kennen." Die Stimme Gottes gebot ihr, die Offenbarungen, die ihr zu Theil geworden, niederzuschreiben; sie gehorchte, und plötzlich verschwanden ihre Krankheiten. Vom Schmerzenlager sich sodann erhebend, verkündete sie gleich dem Propheten Jonas Hohen und Niederen, den Geistlichen und den Weltlichen die Gerichte der göttlichen Gerechtigkeit [1]. Doch nicht nur über dieses Gebiet verbreiteten sich ihre Offenbarungen, sie beleuchtete darin auch die Geheimnisse Gottes, besprach die Schöpfung der Welt, die Natur des Menschen, die Geheimnisse des Lebens, die Töne und die himmlische Musik und handelte über die Eigenschaften der Steine, der Pflanzen und der Thiere. Sie sah einst in einem Gesichte den Thurm der Weisheit vor ihren Augen, sein Ausbau war noch nicht vollendet, aber unter den Händen der eifrigen Arbeiter stieg er allmählich immer höher empor; die weltlichen Meister der Verstandeswissenschaft verweilten am Fuße des Thurmes und vermochten nicht, in sein Inneres einzudringen. Die weise Hildegard ist durch die rechte Pforte hineingekommen und auf den Stufen ihres heiligen Lebens immer höher hinangestiegen, bis sie den Söller des himmlischen Gebäudes erreichte und im Sonnenschein der göttlichen Beschauung sich ergötzen konnte.

An den heil. Bernhard schloß sich Hugo von St. Victor an, von der Abtei gleichen Namens zu Paris also genannt, in

---

[1] Ihre Weissagungen sind in dem Buche enthalten, dem sie den Titel Scivias (si vis Scire vias) gab.

der er durch 25 Jahre bis zu seinem Tode (1141) das Lehramt übte. In seiner berühmten Schrift über die Seele unterschied er drei Zustände des Menschen: den der Institution, in welchem er aus der Hand des Schöpfers hervorgegangen; den der Destitution, worein die Sünde ihn geführt, und den der Restitution, in welchen er durch die Erlösung sich gesetzt gefunden. Dieser Gliederung folgend, stellt Hugo fest: daß im ersten Zustande das schauende und durchschauende Auge in seiner ungetrübten Klarheit das rein Wahre erschaut, der Wille aber, nur gegen die höchsten Güter gerichtet, in seinem Streben alle niederen jenen unterordnet. Weil aber der Mensch diesem Zustande entsunken und in jenen der Destitution übergegangen ist, hat sich ihm das höhere Auge ganz geblendet, das der Vernunft verfinstert, und nur das des Fleisches ist offen geblieben, während der Wille mit Hintansetzung der göttlichen Güter überwiegend nach den sinnlichen strebt. Durch die Gnade, die uns Christus erworben, ist die Restitution möglich geworden; sie kann aber nur durch die Sacramente, den Glauben und die guten Werke sich verwirklichen, oder in dem Zusammenwirken zweier Elemente: eines von oben, das da heiliget, erhöhet und erleuchtet, und eines von unten, das durch seine Einstimmung und Mitwirkung das andere sich aneignet. Die Liebe aber, der Einigung mit Gott zustrebend, verbindet die beiden Elemente mit einander, und auf der ansteigenden Bahn erhebt sich auch die erkennende Seele von der einfachen Thätigkeit des Denkens zur Meditation und von dieser endlich zur Beschauung des Göttlichen. Um dahin zu gelangen, ist eine edelmüthige Losreißung von allen irdischen Dingen und selbstischen Affecten unerläßlich. Allein, wie Hugo bemerkt [1], „obwohl Viele von dem Körper sich lossagen können, sagen sie sich doch nicht von ihrem Herzen los, da sie es nicht verstehen, Sabbath in Sabbath zu machen. Darum erfüllen sie nicht, was der Psalmist fordert: Lasset ab und sehet, wie süß der Herr ist! Mit dem Herzen schwärmen sie überall umher und verdienen darum auch nicht, zur Beschauung erhoben zu werden und in ihr zu sehen,

---

[1] Hugo de S. Vict. de anima lib. III. cap. 49.

wie süß der Herr ist und wie gut gegen Israel Gott denen, die eines rechten Herzens sind." Ueber den Seelenzustand der Beschauung selbst spricht er sich dahin aus[1]: „Wenn der Geist anfängt, durch die reine Erkenntniß des Schauens aus sich herauszutreten, die ganze Schönheit jenes unkörperlichen Lichtes zu schauen und aus dem, was er innerlich wahrnimmt, den Wohlgeschmack innerster Süßigkeit zu kosten, dadurch seine Erkenntniß zu würzen und in Weisheit zu verwandeln, so wird in diesem Austritt des Geistes so viel gefunden und gewonnen, daß wie im Himmel eine Weile Stillschweigen entsteht, so daß die Seele des Beschauenden durch keine sich gegenseitig bestürmenden Gedanken gestört wird und nichts findet, was sie entweder mit Sehnsucht verlangen oder das sie mit Abscheu ausscheiden sollte, sondern ganz in der Ruhe der Beschauung gesammelt wird. Sie wird in einen ganz ungewohnten Affect nach Innen vertieft, zu einer unnennbaren Süßigkeit, deren andauernde Empfindung gewiß eine große Glückseligkeit wäre. Nichts hat hier die Sinnlichkeit, nichts die Einbildungskraft zu schaffen, sondern die ganze innere Seelenkraft wird unterdessen ihrer Wirksamkeit entbunden." Doch nur der reinere Theil der Seele (der dem Göttlichen zugewandte oder der Geist) wird in jenes verborgene Gemach innerster Ruhe und in jenes Geheimniß höchster Stille mit wonnigem Ergötzen eingeführt. Seele und Geist sind zwar nicht zwei verschiedene Substanzen, sie bezeichnen nur die doppelte Kraft und Wirkung eines und desselben Wesens, deren höhere durch den Geist, durch die Seele die niedere ausgedrückt wird. Bei jener Theilung bleibt die Seele und das, was zu ihr gehört, auf der unteren Stufe, der Geist aber und was zu ihm gehört, erschwingt sich zur Höhe; er wird von dem Niedrigen geschieden, um zum Höchsten emporgetragen zu werden; er wird von der Seele gleichsam getrennt, um mit Gott vereinigt zu werden.

Richard von St. Victor, der Nachfolger Hugo's im Lehramte, übertraf seinen Lehrer durch Tiefe und Gewandtheit in der Fortentwickelung des mystischen Lehrsystems, das er in seinen

---

[1] A. a. O. lib. II. cap. 20.

Büchern über „die Vorbereitung zum beschaulichen Leben" und über „die Beschauung" selbstständig und einläßlich behandelte. Er unterschied in dem menschlichen Erkennen die Erkenntniß der sinnlichen Dinge und jene der nicht sinnlichen; über diesen beiden Arten der Erkenntniß liegt jene, welche durch das Schauen von Gegenständen vermittelt wird, die in der Region des Göttlichen liegen. Solcher Gegenstände gibt es zwei Arten, jene nämlich, die nach der Vernunft sind, wie die Einheit Gottes und die Unsterblichkeit der Seele, und andere, die über sie hinausliegen, ja ihr scheinbar entgegenstehen, wie die Trinität, die Menschwerdung, die Transsubstantiation und andere. Zur Höhe dieser Objecte kann der Mensch auf dem gewöhnlichen natürlichen Wege nicht gelangen, er muß zu ihr entrückt werden. Auf der ersten Stufe dieser Entrückung geschieht dieß unter der alleinigen Thätigkeit der Gottheit, woraus jener Zustand entsteht, den man den der Selbstentfremdung oder der Ekstase nennt. Zu ihm steigt die Seele durch willige Hingabe an Gott auf den Stufen der Sehnsucht und des Verlangens, der Bewunderung und des Entzückens empor, wird sodann sich selbst entrückt und die höchste Weisheit feiert mit der höchsten Reinheit der Seele in der höchsten Liebe ihre Vermählung. „Selten geschieht es", schreibt Richard [1], „daß Einige diesen Berg der Beschauung ersteigen; noch seltener, daß sie auf dessen Spitze stehen und dort verweilen; am seltensten aber, daß sie dort wohnen und im Geiste ruhen." Ueber die Weise, wie sich die Ekstase oder die Entrückung in der Seele bildet, drückt er sich also aus [2]: „Bald ist die Größe der Andacht, bald die Größe der Bewunderung, bald die Größe der Freude der Grund, daß der Geist sich selbst nicht mehr zu fassen im Stande ist und über sich selbst enthoben in Entäußerung übergeht. Durch die Größe der Bewunderung wird die menschliche Seele über sich selbst hinausgeführt, wenn sie von einem göttlichen Lichtstrahle erleuchtet und, von Bewunderung der höchsten Schönheit hingerissen, von einem so heftigen Staunen erschüttert wird, daß

---

[1] Richard. de S. Vict. de praepar. ad contempl. lib. I. cap. 76.
[2] l. c. lib. V. cap. 5—14.

sie ganz aus ihrem natürlichen Standpunkt hinausgebracht und
über sich selbst emporgehalten zum Höheren erhoben wird. Durch
die Größe der Andacht wird der menschliche Geist über sich
selbst erhoben, wenn er von dem Feuer himmlischen Verlangens
so sehr entzündet wird, daß die Flamme innigster Liebe auf
übernatürliche Weise wächst und er, wie Wachs geschmolzen,
von seinem früheren Standpunkte ganz abfällt und, wie Aether
verdünnt, zum Höheren und Höchsten sich erhebt und emporstrebt. Durch die Größe der Freude und des Jubels wird
der Geist des Menschen sich selbst entfremdet, wenn er, voll, ja
trunken von der Fülle innerster Süßigkeit, ganz vergißt, was
er ist oder was er war, und durch die übergroße Wonne ganz
zur Entäußerung hingeführt und überdieß in einen gewissen
göttlichen Affect im Zustande wunderbarer Glückseligkeit plötzlich
umgestaltet wird." Mit einer bewunderungswürdigen Sicherheit ergeht sich Richard in diesen hohen Gebieten, indem er
über die drei verschiedenen Grade der Vereinigung der Seele
mit Gott und über den dritten derselben oder über die trans-
formirende Liebeseinigung sich ausspricht. „Im dritten
Grade", schreibt er [1], „wird die Seele umgestaltet und der
Geist des Menschen ganz in jenen Abgrund des göttlichen Lichtes hinabgerissen, so daß er in diesem Zustande alles Aeußere
vergißt, gar nichts um sich selbst weiß und ganz in seinen Gott
übergeht. Während in diesem Zustande der Geist sich selbst entfremdet, in jenes innerste und geheimnißvolle Gemach hineingezogen, von dem Brande der göttlichen Liebe von allen Seiten umgeben, innerlichst durchdrungen und überall entzündet
wird, zieht er sich selbst gänzlich aus, nimmt einen ganz göttlichen Affect an und geht, der erkannten Schönheit nachgebildet,
ganz in eine andere Innerlichkeit über." Wenn aber in dieser
Einigung der Geist sich selbst entäußert, so geschieht dieß nicht
dem Wesen und der Persönlichkeit, sondern nur dem Gefühle und der Empfindung nach, weil er, übergehend in Gottes
Herrlichkeit, in sich nichts anderes als Gott fühlt, und in dieser
Weise wird er, ohne selbst dem Wesen nach Gott zu werden,

---

[1] De grad. viol. caritat.

vereiniget und in Gott umgestaltet durch die Liebe. Denn wenn man das Eisen in das Feuer legt, erscheint es vorerst kalt und schwarz; bleibt es länger im Feuer liegen, so fängt es an, heiß zu werden, es legt allmählich seine Schwärze ab, wird glühend und zieht die Aehnlichkeit des Feuers an sich, bis es endlich vollends flüssig wird, von sich selbst abfällt und in eine ganz andere Beschaffenheit übergeht. Gleicherweise fängt auch die Seele, von der göttlichen Feuergluth und dem Brande innigster Liebe durchdrungen und von dem flammenden Verlangen nach dem Ewigen überall umgeben, zuerst an warm zu werden, dann erglüht sie, endlich wird sie flüssig und fällt ganz von ihrem früheren (natürlichen) Zustande ab, indem sie in Gott übergeht, ohne ihr persönliches Wesen zu verlieren."

Was die früheren Kirchenlehrer und später der heil. Bernhard und die beiden Victoriner über das mystische Leben in ihren Schriften niedergelegt, fand nachmals in dem neuentstandenen Dominicaner-Orden ein fruchtbares Erdreich zur weiteren Entwickelung; der neue Orden war ohnehin schon von seinem Stifter auf das thätige und beschauliche Leben ursprünglich angewiesen. Dem Convente von Köln stand Bruder Heinrich als erster Prior vor; mit ihm vereint, förderte Bruder Salomon durch Lehre und Uebung das beschauliche Leben; zu Straßburg Bruder Voland, die Brüder Vinand und Hälger zu Frisach und späterhin die Brüder Walter der Prior und Ulrich, Lesemeister zu Straßburg, ein anderer Walter, Prior zu Basel, Bruder Konrad zu Eßlingen und zu Konstanz — sie alle lagen dem beschaulichen Leben ob und verfaßten Gebete und Erbauungsschriften; Männer und Frauen wurden vom Geiste ergriffen, in dem neuen Orden die neue Lebensweise anzunehmen. Was aber im Orden bisher nur auf dem Gebiete des practischen Lebens betrieben ward, sollte auch in der Wissenschaft seine tiefere Begründung finden. Es war im Jahre 1223, als Bruder Jordan, damals noch Provincial in Bologna, in der Dominicanerkirche zu Padua eine Predigt hielt; mit beredter Zunge schilderte er die Ränke, welche die Welt anwende, um die Menschen von der Sorge für ihr Seelenheil abzulenken. Unter seinen Zuhörern fand sich ein deutscher Jüngling aus Lauingen in Schwaben ein, der auf der Hochschule von Padua den Wissenschaften mit den glücklichsten Erfolgen sich widmete. Dieser Jüngling war derjenige, welcher im späteren Mannesalter den welthistorischen Namen Albertus Magnus trug und als ein Stern erster Größe in Heiligkeit und Gelehrsamkeit über die ganze Christenheit glanzvoll dahinleuchtete. In der gleichen Dominicanerkirche hatte er oftmals im Laufe seiner Studienzeit zu den Füßen der Madonna um Erleuchtung gefleht, daß er nach Gottes Willen den rechten Stand sich wählen möge; da vernahm er einst von ihr die Weisung: „Albertus, fliehe die Welt und trete in den Prediger=Orden ein, den ich von meinem Sohne zum Heile der Welt erfleht. Dort strebe nach der Vorschrift der Regel eifrig nach Wissenschaft, und Gott wird dich mit einer solchen Fülle von Weisheit bereichern, daß die ganze Kirche durch die Bücher deiner Gelehrsamkeit wird erleuchtet werden"[1]. Als er nun die Predigt des Bruders Jordan anhörte, ward er mehr als alle Anderen in seinem Innern erschüttert; er suchte den Prediger sogleich auf, fiel ihm vor der Klosterpforte zu Füßen und rief: „Ihr habt in mein Herz geschaut!" und bat inständig um die Aufnahme in den Orden. Sie wurde ihm sogleich gewährt. So in den Garten Gottes gepflanzt, war der berufene Jüngling voll heiligen Eifers, die Reinheit der Seele zu bewahren, sie in allen Tugenden zu üben und mit ungetheilten Kräften den Wissenschaften sich zu widmen. War er ja, wie er selbst meldet, in einem Gesichte von der seligsten Jungfrau gemahnt worden, mit den Uebungen der Andacht und der Tugend allezeit das Studium der Wissenschaften zu verbinden, wobei er die Zusicherung erhielt, daß, so groß seine Wissenschaft auch werde, sie ihn niemals vom reinen Glauben entfernen werde. Dieses sein Streben war dem Geiste des Prediger=Ordens ganz angemessen, der die Wissenschaften als eine für den Verkünder des göttlichen Wortes unerläßliche Waffe betrachtete, um gegen den Irrthum die christliche Wahrheit zu vertheidigen und gegen die Herrschaft der Sünde siegreich zu kämpfen. Darum lesen wir in einem Capitelsbeschluß

---

[1] Vgl. Sighart, Albertus Magnus S. 17.

aus der ersten Zeit des Ordens die Bestimmung: „Das Studium in den freien Künsten und Wissenschaften ist der Christenheit von großem Nutzen. Es dient zur Vertheidigung des Glaubens, welchen nicht bloß die Häretiker und Heiden, sondern oft auch die Philosophen bekämpfen. Die Bildung in den freien Wissenschaften ist daher sehr nothwendig in der Kirche.“ Gleich beim Beginne des Prediger-Ordens hatte das beschauliche Leben in den neuerrichteten Conventen einen außerordentlichen Aufschwung genommen, und von daher wurden Besorgnisse und Bedenken rege, daß man den Wissenschaften der Scholastik mit allzu großer Vorliebe sich hingebe, die doch nur den Verstand ausbilden würden, das Herz aber leer und trocken ließen. Allein der Ordensmeister Humbert de Romanis tadelte in einem Erlasse streng die Verächter jener Studien und verglich sie mit Jenen, welche, wie es im Buche der Könige heißt, nicht wollten, daß ein Eisenarbeiter in Israel geduldet werde, damit die Hebräer weder Schwerter noch Lanzen anfertigen könnten. „Das Studium der Philosophie“, schreibt er an einer andern Stelle, „ist zur Vertheidigung des Glaubens nothwendig, weil die Ungläubigen gerade sie als Waffe gegen ihn anwenden; es ist aber auch nothwendig zum Verständniß der heil. Schrift; sie vermehrt die Achtung vor dem Orden, weil die Welt unwissende Ordensmänner verachtet.“

Es dauerte nicht lange, und der junge Albertus wurde von seinen Oberen zum Lector oder Lehrer der Wissenschaften ernannt und aus Italien nach Köln, der berühmten Metropole Deutschlands, gesendet. Auf deutschen Boden verpflanzt, wuchs er allmählich zu einem hochaufstrebenden Baume der Wissenschaft und Heiligkeit aus, der nachmals seine weiten Aeste über alle Lande ausbreitete und seinem Orden und der ganzen Christenheit die Früchte der Weisheit und des Lebens bot. Begabt mit den Gaben des Geistes und der Gnade, wie sie im Laufe der Jahrhunderte in solchem Maße selten sich in einem Menschen zusammenfinden, hat Albertus im Prediger-Orden nicht nur alle natürlichen und heiligen Wissenschaften bearbeitet, gepflegt und gefördert, er vereinigte auch in seinem wunderbaren Geiste jene beiden Richtungen der scholastischen (schulmäßigen) und der mystischen (beschaulichen) Wissen-

schaft, indem er die vielen Schriften des griechischen Philosophen
Aristoteles ebensowohl, als die Sentenzen des christlichen Theo=
logen Petrus Lombardus einläßlich erklärte, die mystischen Schrif=
ten des sogenannten Dionysius Areopagita erläuterte und eine
Menge Schriften der Andacht und Erbauung zur Förderung
des beschaulichen Lebens schrieb. Unter seinen Schülern in Köln
befand sich auch seit dem Januar des Jahres 1245 der hoff=
nungsvolle Jüngling Thomas von Aquin, der nachmalige
tiefsinnige Meister christlicher Wissenschaft und heilige Kirchen=
lehrer, der sich den Titel eines **Doctor angelicus** von der Kirche
verdiente. Die Vorträge, welche Thomas von Aquin über die
Schriften des Dionysius Areopagita bei seinem Lehrer hörte,
und das beschauliche Leben, das schon damals in den Prediger=
conventen am Rheine in voller Blüthe stand, waren anregend
und reichhaltig genug, um ihn zu veranlassen, die Lehre von
der Beschaulichkeit theils in seinen Erklärungen zu den „Sen=
tenzen" zu besprechen, theils in seinem theologischen Hauptwerke
(**Summa Theologiae**) sie eigens zu behandeln. Sinnreich
schließt der heil. Thomas die Zustände der Beschauung an jene
der Prophetie an, bespricht sodann die Ekstase, die Gnaden=
gaben, das beschauende und das active Leben im Zusammenhange.
Allein Albertus lag nicht nur zu Köln am Rheine dem Lehr=
amte in verschiedenen Zeitabschnitten ob; in der langen Reihe
seiner Lebensjahre, deren er bei seinem Tode im Jahre 1280
87 zählte, finden wir ihn auf den Lehrstühlen zu Köln, Paris
und Straßburg, an unzähligen Orten als Volksprediger und
Seelenführer, dann wieder als Bischof von Regensburg von
Eifer glühend, Glaube und Sittenzucht in allen Kreisen seiner
ausgebreiteten Diöcese zu erhalten, und wieder, nachdem er die
schwere Hirtenbürde abgelegt, als einfachen Ordensmann Deutsch=
land nach allen Richtungen durchwandernd, predigend, ermun=
ternd, lehrend, ein Riese in der Wissenschaft wie in der Kunst
der Beschaulichkeit, oder — wie Rudolf, einer seiner Biogra=
phen, sich ausdrückt — im ganzen Umkreise der Kirche leuchtend
wie die hellstrahlende Lampe im Lager Israels.

Noch in seinem höchsten Alter sproßte aus seinem reichbegabten
Geiste ein einfaches Blümchen hervor voll Farbenschmuck und lieb=

lichen Geruches, das ihn und Andere auf dem Gange in die Ewigkeit stärken sollte. Hatte er in der „Summe der Theologie", die er in späterer Zeit schrieb, die höchste Wissenschaft zusammen geordnet, so wollte er in dem einfachen Büchlein zum Schlusse seines großen Tagewerkes auf Erden die höchste Kunst die Seelen lehren: wie sie Gott anhangen, ihn lieben und einst ewig besitzen können. Wirklich war die Schrift „von der Kunst Gott anzuhangen" das Schwanenlied des seligen Albertus Magnus. Er selber spricht sich im Eingange über den Grund und Inhalt dieses goldenen Büchleins also aus: „Da ich zu guter Letzt, soweit es auf dieser Pilgerfahrt und in diesem Lande der Verbannung möglich ist, noch etwas Gutes niederschreiben wollte, so wählte ich mir das zum Gegenstande: wie nämlich der Mensch sich aller Dinge möglichst vollkommen entledigen und so einzig unserm Herrn und Gott frei und ungehindert, bloß und wandellos anhängen soll. Denn das Ziel der christlichen Vollkommenheit ist die Liebe und durch diese hängen wir Gott dem Herrn an. Zu diesem Gottanhangen in Liebe sind wir Alle bei Verlust des Heiles verpflichtet, und es besteht darin, daß wir seine Gebote halten und unsern Willen gleichförmig machen dem göttlichen Willen. Die Ordensleute aber haben sich zu evangelischer Vollkommenheit entschlossen und zur Beobachtung der evangelischen Räthe, wodurch man leichter zum letzten Ziele, zu Gott, kommt; halten wir solche genau, so wird Alles ausgeschlossen, was die Gluth der Liebe hemmt, uns ganz in Gott zu versenken. Dazu gehört, daß man auf Alles verzichte, selbst auf Leib und Seele, das Ordensgelübde ausgenommen, um Allem abzusterben und Gott allein zu leben. Da Gott ein Geist ist, so müssen diejenigen, die ihn anbeten, ihn im Geiste und in der Wahrheit anbeten, d. h. in Erkenntniß und in Liebe, in Verstand und Affect und frei von allen Bildern. Das geschieht dann recht, wenn der Mensch, von allem Anderen entlediget und entlastet, sich ganz in sich zurückzieht, dort Alles, was durch die Sinne eingegangen ist, ausschließt und vergißt, und wenn dann vor Jesus Christus, während der Mund schweigt, der Geist allein sein Verlangen mit Zuversicht und Vertrauen Gott dem Herrn vorträgt und dadurch

mit der ganzen Gluth der Liebe sich in ihn mit allen Kräften
rein und vollständig versenkt, sich ausdehnt, entflammt und in
der Liebe auflöst." Von dieser Lostrennung der Seele von
aller Creatur und von ihrer Versenkung in Gott handelt Albertus im weiteren Verlaufe dieser Schrift ganz in der Weise,
Einfachheit und Kindlichkeit der späteren Mystiker, wenn auch
mit viel größerer Klarheit und Genauigkeit in der Ausdrucks-
weise. Er schildert, wie die Seele, die nach höherer Vollkommenheit strebt, ihre Erkenntniß, ihren Willen und ihr Gemüth
reinigen müsse von Allem, was nicht Gott ist, wie sie sich innerlich sammeln, sich bei allen Zufällen ganz Gott überlassen
und immer unverrückbar auf ihn blicken müsse. „Nichts darf
dich, o Seele, weiter mehr beunruhigen," spricht er, „weder die
Welt noch ein Freund, weder Glück noch Unglück, weder Gegenwart und Vergangenheit noch die Zukunft. Nicht einmal
deine vergangenen Sünden sollen dich ängstigen, sondern denke
in der Einfalt des Herzens, du seiest mit Gott schon außerhalb
der Welt, deine Seele sei schon, vom Körper getrennt, in der
Ewigkeit. Darum kümmere dich um gar nichts weiter mehr in
der Zeit, sondern suche Gott völlig gleichförmig zu werden, ihm
allein zu leben und anzuhangen." Die Beschauung Gottes
(contemplatio) stellte er als die vorzüglichste Uebung dar.
Keine Betrachtung, sei es mit dem Verstande oder mit dem einfachen Gefühle, kann vollkommener und beglückender sein, als
die Betrachtung Gottes selbst, des höchsten und wahren Gutes,
von dem, durch den und für den Alles ist, der sich in Allem
unendlich genügt, der alle Vollkommenheiten von Ewigkeit her
in sich vereinigt, in dem nichts ist, was nicht er selber ist, der
die Ursache aller vergänglichen Dinge ist, in dem die ewigen
Formen aller vernünftigen, vernunftlosen und zeitlichen Wesen
leben, der Alles erfüllt, jedem Dinge innerlicher und näher ist,
als es sich selber ist, in dem Alles ewiglich lebet." Und weil
die Betrachtung nach der Vereinigung mit Gott, als ihrem
höchsten Ziele, strebt, so darf sie nicht in einer bloßen Verstan-
deserkenntniß bestehen, sondern muß, von der Liebe durchbrungen, zu heiligen Gefühlen übergehen. Was Albertus Magnus
über die christliche Mystik in seinen scholastischen und ascetischen

Schriften niedergelegt, wurde zu einer Hauptquelle, aus wel=
cher die folgenden deutschen Meister reichen Stoff für ihre Ab=
handlungen schöpften.

### 3. Die deutschen Mystiker Prediger=Ordens.

Die deutsche Mystik bildete sich am Baume der allgemeinen
christlichen Mystik aus und wuchs in der Atmosphäre des deut=
schen Volkes und der damaligen Zeit auf, die ihr eine beson=
dere Färbung und Richtung verlieh. Der Sieg der Päpste
über die Hohenstaufen schien gesichert zu sein, als, von ihnen
gerufen, Karl von Anjou zu ihrer Vertheidigung in Italien
auftrat, Manfred in der Schlacht bei Benevent gegen Karl Krone
und Leben verlor, und zwei Jahre später (29. October 1268)
mit dem unglücklichen Konradin der Stamm der Hohenstaufen
gänzlich erlosch. Allein die göttlichen Strafgerichte ereilten auch
die Verschuldungen des andern Theiles, die kaiserlose Zeit trat
ein und mit Papst Clemens V. begann die beinahe hundert=
jährige Gefangenschaft der Päpste in Avignon, die der Kirche
so viele herbe Wunden schlug. Der oberste Lenker hatte, um
mit Dante zu reden, vergessend, den Wagen der Braut des
Herrn auf der Bahn des Kreuzes zu leiten, gleich dem über=
müthigen Wagenlenker Phaeton ihn aus dem Geleise gebracht,
und statt die Heerde auf der Weide des Heiles zu führen, in
weltlichen Kämpfen seine Kräfte aufgebraucht. War es den
beiden Habsburgern nicht gelungen, die zerrüttete Ordnung im
Reiche wieder herzustellen, so schien doch mit der Erhebung des
edlen Heinrich von Luremburg zum römischen Kaiser die Wen=
dung einer besseren Zeit für Reich und Kirche eingetreten zu
sein. Dante begrüßte sie als die Morgenröthe, die, im Osten
aufgegangen, die Finsterniß des langen Elendes zerstreuen werde;
die friedebringende Sonne werde aufgehen, und die Gerechtig=
keit, die an den äußersten Grenzen bisher im Dunkel weilte,
werde wieder walten, wenn das Licht erscheine; Italien werde
seine Thränen trocknen können; der gottesfürchtige Heinrich, der
ruhmvolle Reichsmehrer und Cäsar, werde herbeieilen, es aus
den Gefängnissen der Gottlosen zu befreien; die Vollzieher der

Bosheit werde er der Schärfe des Schwertes hingeben und sei=
nen Weinberg anderen Winzern anvertrauen, welche die Früchte
der Gerechtigkeit bringen werden zur Zeit der Buße. Doch
dieser Hoffnungsstern ging mit dem frühen Tode Kaiser Hein=
richs VII. (24. August 1313) schnell unter; ihm folgte der un=
glückliche Clemens V. acht Monate später im Tode nach. Um
die öffentliche Verwirrung zu mehren, blieb der päpstliche Stuhl
zwei Jahre unbesetzt; in Deutschland stritten die beiden Gegen=
kaiser, Ludwig der Bayer und Friedrich von Oesterreich, um
die Kaiserkrone, und zur allgemeinen Trauer der Christenheit
bestieg wieder ein Franzose aus Cahors unter dem Namen Jo=
hann XXII. (7. August 1316) den Stuhl Petri. Nun ent=
brannte, vom französischen Hofe emsig geschürt und unterhalten,
jener wilde Kampf gegen Ludwig den Bayer, der von seinem
Beginne an bis zu seinem Ende zu einem unterbrochenen Aer=
gernisse sich gestaltete und, von beiden Seiten auf das Unwür=
digste geführt, in Kirche und Reich die Bande der Ordnung
lockerte und den Glauben und die Sitten in allen Ständen
auf das Tiefste erschütterte. Unter dem Einflusse einer solchen
Zeit wuchsen die deutschen Mystiker auf; sie war durch ihr Un=
glück geeignet, die edleren Gemüther von der äußeren Welt
hinweg und auf das eigene Innere zurückzuweisen, sie zu ver=
tiefen und für eine spiritualistische Richtung zu gewinnen. Die
höhere Schwermuth, welche die Zeitereignisse in ihnen weckte,
machte sich bei der Bildung ihrer Weltanschauung geltend, sprach
sich in allen ihren Schriften aus; sie mochte auch das Bild über=
aus trübe färben, welches der Verfasser von den neun Felsen,
Nulman Merswin, ein Straßburger Bürger und Mitgenosse
der Brüder vom freien Geiste, von seiner Zeit entwirft[1]. Ist
der Hochmuth des Sectengeistes in dieser Schilderung nicht zu
verkennen, so spricht sie dennoch über die damaligen Zustände
manche ernste Wahrheit aus; der vorgebliche Prophet sah die
Gottheit zürnen über die Christenheit, ihr war seit hundert
Jahren nie so Noth gewesen, daß man sie warne, als jetzt, wo
so Viele sorglos in ihren Sünden dahinlebten. Du sollst es

---

[1] Siehe Heinrich Suso's Schriften zu Ende.

sehen und verkünden, ward ihm gesagt, wie sorglich es steht mit der Christenheit und allen Menschen bis auf sehr Wenige, wie alle christliche Ordnung verkehrt und vergangen ist und wie so Wenige in ihrem Streben die Ehre Gottes allein suchen, für die doch der Herr sein Blut vergoß und den schmählichen Tod erlitt. Ehedem waren die Päpste heiligen Lebens; besorgt, mit geistlichem und leiblichem Gut der Christenheit zu Hülfe zu eilen und nie sich selbst zu suchen, zielten sie in allen Dingen nur auf Gottes Ehre, und eher würden sie den Tod erlitten haben, wie ihrer so Viele ihn wirklich erlitten, als daß sie etwas wider Gott unternommen hätten. Nun aber ist auch bei ihnen das Licht der rechten Ordnung dem Erlöschen nahe; sie sorgen mehr, daß sie bei Macht und Ehre bleiben und ihre Verwandten zu Gut und hohen Stellen bringen, als die Ehre Gottes und das Wohl der Kirche ihnen am Herzen liegt. Ihnen gegenüber sind auch die Kaiser und Könige von ihrer hohen Stellung herabgekommen. Ward ehemals Einer zu dem römischen Reich erwählt, so hielt er in demüthiger Gesinnung sich der Ehre un= würdig und nahm sie in der Furcht des Herrn an, indem er Leib und Seele, Gut und Ehre dem Herrn opferte; als ein wahrer Gottesknecht nahm er Gott zu Hülfe und sorgte, wie er Friede und Gnade bewahre in der Christenheit; für sie trat er kühn in den Kampf und gab Gott seinen Leib und seine Seele um der Gerechtigkeit willen hin. Die hohen Fürsten der Welt minneten Gott, und in all' ihrem Thun und Lassen war ihr Wandel so beschaffen, daß Gott daran ein ganzes Wohlge= fallen hatte. Nun aber ist es anders; verwüstet und verfallen sind die Wege, auf denen sie einst gewandelt. Die Bischöfe, fährt der Strafprediger fort, sollten Tag und Nacht Sorge tragen, ihren Gläubigen mit Rath und heiliger Lehre zu helfen, daß sie im wahren Christenglauben erhalten und befestigt wür= den, und wo es ihnen daran gebricht, sollten sie ihnen Lehrer senden, die sie mit Wort und Beispiel erbauen würden. Aber diese Weise ist nun ganz vergessen; statt Gott zu minnen und zu suchen, minnen und suchen sie das zeitliche Gut, ihre Ver= wandten und weltliche Macht mehr, als sie für die Seelen sor= gen, für die Gott sein Blut vergossen und die er ihnen anbe=

fohlen hat. Ehedem mußte man die Meisten zwingen, die Last
der bischöflichen Würde anzunehmen; darum wurden sie heilig
und Gott war mit ihnen. Nun aber wird um die Bisthümer
auf unverantwortliche Weise geworben, und zur Strafe der
Gläubigen läßt es Gott zu, wie es geht. Nicht anders sieht
es bei den Herzogen, Grafen und Freien im Reiche aus. Einst
wagten sie ihr Leib und Leben Gott zu Ehren, daß Friede und
Gnade walte in der Christenheit und in ihren Landen, und sie
hatten hiefür ehrsamen heiligen Ernst; auch ihre Frauen waren
züchtigen und demüthigen Wandels, daß Jeder von ihrem Beispiel
gebessert ward und sich selbst getroffen fühlte. Nun aber leben
Herren und Frauen in ihrem Muthwillen dahin, und was sie
erdenken können, vollbringen sie in der Hoffart ihres Herzens,
drücken im Uebermuthe arme Leute wider Recht und verzehren
ihr Erworbenes zur großen Gefährde ihrer Seele. — Die Welt-
geistlichen vergeuden das Gut, das sie von Gottesgaben nehmen, im Dienste schmählicher Leidenschaften, und aus der Wolle
der Schafe, die sie weiden sollten, wirken sie sich übermüthige
Gewänder. Sie wissen ihrer Würden und Ehren nicht zu achten und werden so zum faden Salze, das von den Füßen der
Verachtung zertreten wird. Gott wird in ihren Werken nicht
gewinnet und der göttliche Ernst und Eifer ist in ihnen vergangen und vergessen. Sie verrichten den Dienst der heiligen
Handlungen, als ob er sie nichts anginge; denn sie denken nicht
daran, was sie in der Kirche thun, sondern wie sie außer der
Kirche große Kirchengülten (Einkommen) gewinnen können; nur
in der Kunst zu scheinen und zu glänzen sind sie wohl erfahren, unbekannt aber in der Kunst der Seelenleitung. Sie verkosten lieber das Lob der Menschen, als die Süßigkeit eines
Lebens in Gott und seiner inwendigen Gnade. Darum bleibt
ihr Wirken so unfruchtbar. Doch ist die Sucht des gräulichen
Geizes und des Wohllebens auch unter den weltlichen Ständen verheerend ausgebrochen; einer sucht mit Reichthümern
über den andern zu kommen. Gott, der alle Dinge weiß, ist
es bekannt, wie sie zu ihrem großen Gut gelangt sind, denn
ihr Gewissen ist gar weit geworden. Bürger und Kaufleute
waren ehedem gottesfürchtige und tugendhafte Menschen; ruhigen

Herzens in allem ihrem Thun und Lassen, begnügten sie sich mit kleinem Gut und machten nicht Theuerung mit ihrem Korn und Wein; darum wohnte Gott mit ihnen und verlieh ihnen seinen Segen. Wisse aber ein Jeder, daß Gott in ein getheil= tes und verirrtes Herz nicht kommen will, noch mag, denn nur in einem ruhigen Herzen mag er wohnen. Hätten sie so viel gewonnen, daß sie und ihre Kinder leben könnten, und dieses mit Gott und Recht erworben, so sollten sie aufhören, Reichthümer zu sammeln, und dann ordentlich und christlich leben und dem Geiz den Urlaub geben. Nun aber will Jedermann dem Andern gleich werden und mit seinem Gut über den An= dern und seine Vorfahren kommen; darum sind sie karg gegen Gott und seine Freunde und verschwenderisch für die Gelüste der Hoffart und der Sinnlichkeit. Wie sorglich steht es aber mit den Menschen, die ihr Genüge suchen in dieser Welt! — Die Klöster sind für das innere geistliche Leben auf= gerichtet worden; wie trüb sieht es aber bei ihnen aus! Wer in früheren besseren Zeiten Brüder oder Schwestern der ver= schiedenen Orden sah, wurde in sich selbst getroffen und ge= bessert. Aber es ist mit der Zeit anders geworden. Ihr Wandel ist nicht mehr so abgetödtet und behütet, daß man von ihnen gutes Beispiel nehmen könnte; sie haben den inneren Ernst größtentheils verloren. Wohl singen und beten sie viel mit dem Munde, aber das Herz Mancher ist fern von Gott. Es ist mit ihnen so weit gekommen, daß sie denjenigen unter ihnen verspotten und verfolgen, der sich mit rechtem Ernste zur ewigen Wahrheit kehren will; so treiben sie durch ihr weltliches Leben Gott aus ihrem Kloster und — was noch mehr ist — Gott aus ihrem Herzen fort. Sünden jeder Art werden von ihnen üppig begangen, denn sie haben sich von Gott weg und der Creatur in falscher Minne zugewendet. Die alten Wege der christlichen Zucht und Sitte sind zerfallen, auf denen einst so Viele in den Ordenshäusern heilig wurden. — Auch die christ= liche Familie ist vielfach aufgelöst; die Ehe wird gar häufig zu einem Mittel thierischer Lüste herabgewürdigt, man lebt darin wider alles Gesetz und wider alle christliche Ordnung. Gott hat die Ehe niemals dazu eingesetzt, daß man darin nach der schrankenlosen Lust der verdorbenen Natur lebe, sondern daß man ein ehrbares Leben in der Weise führe, wie es von Gott ist angeordnet worden. Wer die Ehe nach Gottes Ordnung und Gesetz haltet, dem ist sie eine Stärkung der Seele und des Leibes; denn Gott ist nicht ein Zerstörer, sondern ein Erhalter derselben. Weil man aber die Ehe wider Gottes Ordnung mißbraucht, darum ist die menschliche Natur so verdorben und krank, sind die Leute so voll Unkeuschheit geworden, daß ihr unreiner Strom gegenwärtig alle Ufer überfluthet, alle Stände mit sich fortreißt. Um dieser Sünden willen hat Gott schon zu Noah's Zeiten die alte Welt in der Sündfluth untergehen lassen und in diesen Tagen die Pest (den schwarzen Tod) [1] über die Christenheit entsendet; aber es half wenig. Man hält jetzt, was Sünde ist, nicht mehr für Sünde; seit vielen hundert Jahren waren die Menschen nicht mehr so schlimm, wie sie es gegenwärtig sind. Niemand gedenkt an sein Ende, und wer die Buße am nöthigsten hat, verschiebt sie bis an seinen Tod; während die Reue so klein, ist die Gefahr im Angesichte der Ewigkeit für Jeden so groß geworden!"

Dieß ist das düstere Bild, welches einer der sogenannten Gottesfreunde von den Sitten seiner Zeitgenossen entwirft; sein scharfes Urtheil zeichnet zugleich die Stimmung des Mißmuthes und der Bitterkeit, die seine Gesinnungsgenossen über den Zustand der Kirche und den Gang der Zeit theilten, und da starke Naturen gar leicht, von dem einen Pol des Gegensatzes abgestoßen, auf den entgegengesetzten sich werfen, lag für sie die Verirrung nahe, der zügellosen Weichlichkeit der Welt einen manichäischen Rigorismus gegen die sinnliche Natur, der Ueberfülle des kirchlichen Reichthums die rücksichtsloseste Armuth, der waltenden Ueberschätzung der Cultusformen die gänzliche Mißachtung aller sinnlichen Formen und Weisen, der geistlichen Machtfülle der Kirchenvorstände eine unberechtigte Gleichheit der Priester und Laien, der äußeren Kirche, wie sie in manchen traurigen Erscheinungen zu Tage trat, die innere Kirche des Geistes entgegenzuhalten und die letztere für die alleinige zu

[1] Im Jahre 1338—1340.

erklären. Diese einseitige Anschauung des Lebens rief jene
Brüder und Schwestern vom freien Geiste hervor, welche
auf dem Grunde einer pantheistischen Mystik Freiheit vom Ge=
setze predigten, in ihren unterirdischen „Paradiesen" aber alle
Unsittlichkeiten trieben. Sie nisteten sich alsbald in die from=
men Vereine der Begharden und Beguinen (Waldbrüder und
Waldschwestern) ein und zogen diese in die gleichen Irrthümer
mit sich fort. Wie Gott Alles ist, was da ist, so, meinten sie,
ist der vollkommene Mensch auch Christus von Natur aus, er
ist durchaus frei und zur Beobachtung der Gebote Gottes und
der Kirche nicht verbunden [1]. Die gleiche Richtung schlugen die
Fratricellen ein; unter der Vorgabe, den Franciscaner=Orden
zu seiner ursprünglichen Strenge zurückzuführen, verkündeten sie
eine rigoristische Sittenlehre, ergaben sich aber dabei den ärg=
sten Ausschweifungen. Bis zum Ueberdrusse wurde auch da=
mals schon die Zeit „des Geistes" verkündet und zum Aerger=
niß der ganzen Welt von den Gleichen das Werk „des Flei=
sches" geübt; sie alle riefen ungestüm nach einer Verbesserung
der Kirche, aber von Niemanden wurde die Verbesserung des
Lebens an seinem eigenen Selbst weniger betrieben, als von den
Anhängern dieser Secten. So war die Zeit beschaffen, in
welcher die deutschen Mystiker auftraten, von denen einige wohl
in einzelnen Lehren den Irrthümern jener Secten folgten, keiner
aber zum Genossen ihrer sittlichen Verirrungen sich entwürdigte.

Der deutsche Meister= und Minnegesang war noch nicht ver=
klungen, ging aber bald in die Lehrgedichte und geistlichen Gesänge
über. Für die Lehrabhandlungen der Schule wählte man bereits
ausschließlich die lateinische Sprache; seit der Mitte des drei=
zehnten Jahrhunderts kam jedoch der Gebrauch der deutschen
Sprache auch für die Lehrvorträge in Prosa immer mehr in Uebung.
Diese große Veränderung wurde durch die öffentlichen Predigten
eingeleitet, welche die Brüder des Franciscaner= und des Domi=
nicaner=Ordens damals unter rauschendem Beifalle auf Feldern
und Wiesen an das Volk hielten. Sie bedienten sich hiefür der
deutschen Sprache, deren Schönheit und reicher Gehalt auf die=

---

[1] Heinr. Denzinger, von der religiösen Erkenntniß I. S. 328.

sem Wege immer besser erkannt wurde. Von gelungenen Pre=
digten wurden Abschriften verlangt; man gewöhnte sich allmäh=
lich, Abhandlungen über Gott, die Würde der Seele, die Tu=
gendlehre, das beschauliche Leben, das Altarsgeheimniß u. A. in
deutscher Sprache abzufassen, um sie in dieser Form um so
leichter den Brüdern und Schwestern der Convente deutscher
Provinz zum Lesen und Betrachten mittheilen zu können. Zu=
erst waren es die Franciscaner, die durch ihre Feldpredig=
ten die deutsche Prosa in raschen Aufschwung und zu einer
Vollkommenheit brachten, welche der damaligen Sprache der
Poesie gleichstand. Zu diesen Meistern gehörte der berühmte
Prediger Berchtold von Regensburg, der Deutschland mit
seinen Predigten erfüllte, ganz Schwaben und die Ufer des Bo=
densee's bis nach Zürich und Basel hinab lehrend und Buße
verkündend durchwanderte und überall außerordentliche Erfolge
bei dem Volke erntete. Sein Lehrer war Bruder David von
Augsburg, der schon um die Mitte des dreizehnten Jahrhun=
derts deutsche Abhandlungen „über die sieben Vorregeln der
Tugend, den Spiegel der Tugend, Christi Leben unser Vor=
bild, die vier Fittige geistlicher Betrachtung," dann „über die
Anschauung Gottes, von der Erkenntniß der Wahrheit, von
der unergründlichen Fülle Gottes, von den sieben Staffeln des
Gebetes" u. A. für das übende und beschauliche Leben schrieb.
Er war, wie Franz Pfeiffer [1] ihn treffend schildert, ein Mann
voll Tiefe des Gemüthes, voll Hoheit der Gesinnung; überall
offenbart sich in seinen Schriften jener sittliche Ernst und jener
heilige Geist der Demuth, Sanftmuth und Liebe, die sich selbst
auf das Strengste beurtheilt, für die Fehler Anderer dagegen
ein Herz voll Schonung und Milde trägt. Die fleckenlose
Reinheit seines Lebens hat auch wesentlich beigetragen, die
Klarheit und Tiefe seines Geistes auszubilden. Wenn Bruder
David in seinen Lehren mehr auf innere, geistige Vollkommen=
heit des Herzens drang und nur im engen kleinen Kreise lehrte,
so war dagegen sein Schüler, Bruder Berchtold, mit mächtigem

---

[1] Deutsche Mystiker des vierzehnten Jahrhunderts. Leipzig 1845.
Vorr. 41.

Drange nach äußerer Wirksamkeit erfüllt, ergriffen von einer feurigen Begeisterung, den in einsamer Zelle gewonnenen Inhalt der göttlichen Lehre in die Welt hinauszutragen und dem verlassenen, nach Trost und Erbauung dürstenden Volke das Christenthum zu verkünden, unablässig zur Tugend antreibend, unnachsichtlich das Laster bekämpfend. Mit den Sitten und Gesinnungen des Volkes bis in's Kleinste vertraut, war er einer der größten Volksredner Deutschlands in der damaligen, theils tief aufgeregten, theils tief gesunkenen Zeit. Das Volk, das jetzt zum ersten Male das Evangelium in deutscher Sprache gedacht und in deutschen, wohlgeordneten Vorträgen vernahm, war mit Staunen erfüllt und nahm seine Predigten mit einem Beifalle auf, der beispiellos in der Geschichte dasteht. Wenn, wie ein gleichzeitiger Chronist berichtet, Berchtolds Wort wie eine Fackel in Deutschland leuchtete und gleich einem Schwerte in die Herzen der Zuhörer drang, so kann man Davids Rede mit einer ruhigen Flamme vergleichen, die im milden Glanze leuchtet und deren stille und tiefe Gluth das Herz und Gemüth des Lesers belebt, erwärmt und zur göttlichen Liebe entzündet. Dabei weht in seinen Reden ein warmer poetischer Hauch, der ihn als würdigen Schüler des heil. Franciscus kennzeichnet, dessen Liedern und Hymnen, voll Wohllaut und feuriger Begeisterung, wie seine Brüder melden, sogar die Vögel des Feldes und die Thiere des Waldes mit Entzücken lauschten. Bruder David eröffnet mit seinen Abhandlungen die Reihe der späteren deutschen Mystiker; in seinen „sieben Vorregeln der Tugend" gibt er die sieben Uebungen der hohen Kunst des tugendhaften Lebens an, die ewig ist und zu allen Dingen nützlich. Ohne sie mag Niemand sich bessern, in ihr ist die höchste Weisheit beschlossen, mit ihr wird das Himmelreich erworben. Im „Spiegel aller Tugend" stellt er Christus als das höchste Vorbild aller Tugenden hin, in seiner Demuth, Sanftmuth und Geduld — ganze Minne jedoch ist die höchste Tugend und die größte Seligkeit. Die geistlichen Gedanken, so lehrt er von den „vier Fittigen geistlicher Betrachtung", sollen auf vier Wege allermeist gerichtet sein, folgend den mystischen Gestalten und ihrer Antlitze, die im Gesichte Ezechiels den Wagen des Menschensohnes getragen.

Wer sich zu Gott erheben will, folge dem Löwen, der die Furcht vor der Sünde bedeutet; er richte seine Schritte nach dem Antlitze des Menschen, der den Tugendeifer sinnbildet; er werde demüthig, wie das Rind; er erhebe sich nach oben, wie der Adler; dieser ist der König der Vögel, fliegt hoch empor und schauet klar, und er ist das Sinnbild der Minne, in welcher die Seele Gottes heiß begehrt, um ihn zu haben, ihn zu sehen, ihn zu preisen, mit ihm allezeit zu wohnen. Die vier Flügel dieser Gestalten sind die Betrachtungen nach den vier Wegen, von denen der eine unter sich, der andere um sich, der dritte in sich, der vierte über sich hinausgeht. Diese vier Wege sollen wir allezeit mit den vier Flügeln durchfliegen und dadurch von der Unruhe der weltlichen Kümmernisse zu der Stille der göttlichen Wunder gelangen, wo man Ruhe und Sicherheit, Trost und reiche Wonne findet. Mit dem ersten Flügel soll man die Sünde bezähmen, mit dem zweiten soll die Betrachtung sich auf die Uebung der Tugend richten, der Flug des dritten Flügels führt zur Betrachtung seiner selbst, davon wir lernen, uns selbst verschmähen und demüthig in uns selbst werden; der vierte Flügel endlich hebt uns zur Betrachtung Gottes empor und entzündet uns zu seiner Liebe, „denn er ist so köstlich, je besser man ihn erkennet, je heißer man ihn minnet und je stärker man seiner begehrt." Von der Betrachtung aller Werke und Gaben der Güte Gottes und der Gnade, die er, Mensch geworden, in seiner Erlösung uns bereitet, hebt die minnende Seele auf den Flügeln der Betrachtung sich bis zur wonniglichen Beschauung Gottes in seiner königlichen Ehre empor, wo man ihn nicht, wie hier, nur in seinen Werken, sondern an ihm selber und alle seine Werke in ihm, wie den Fluß in seinem Ursprunge sieht. Was man in solcher Beschauung in ihm sieht, ist Gott, jedoch nicht, daß Gottes Werke alle Gott sind; allein er ist aller Dinge höchste Ursache, in dessen Weisheit alle Dinge edler erscheinen, als sie an sich selber sind, gleichwie in dem goldenen Spiegel alle Dinge golden erscheinen, die an sich selber dunkel sind. Gott ist ein Gut, in welchem alles Gute ganz und vollkommen beschlossen ist; er ist auch alle Weisheit. Wie das große Meer ein Brunnen ist, daraus und dahin alle Gewässer fließen, so ist Gott ein reicher Ursprung alles Guten, von dem alle Weisheit, alle Macht, alles Schöne, alle Tugend, alles Leben, alles Wesen fließet. Wer ihn sieht, der muß ihn minnen, und je vollkommener man ihn erkennt, je kräftiger man ihn minnet. Mit diesen Flügeln sollen wir uns erschwingen aus dem tiefen Luftkreise unserer Sinnengelüste in die Höhe der göttlichen Minne und fliegen in die Einöde der Heimlichkeit Gottes, daß wir in ihm ruhen mögen und er in uns, wozu uns Christus behülflich ist.

> „Jesu — viel süße Wonne,
> Du bist der Seel' die lichte Sonne,
> Die ihr im Herzen scheinet;
> Wenn sie der süße Jammer nach dir peinet,
> Welche Freud' sie dann gewinnet,
> So sie in deiner süßen Gottheit brinnet."

Hatten damals die Franciscaner diesen mächtigen Anstoß zur weitern Ausbildung der deutschen Prosa gegeben, so blieben die Dominicaner hiebei keineswegs zurück und überflügelten jene in kurzer Zeit; denn mit dem mystischen Leben, das in den Brüder- und Schwesternklöstern Prediger-Ordens auf das Eifrigste betrieben wurde, kam zugleich die deutsche Poesie und Prosa zu neuem Flor, und bevor noch Meister Eckhart in seiner tiefen Speculation für seine hohen und gewagten Gedanken die deutsche Sprache gefügig machte, hatte die gottselige Schwester Mechtilde Prediger-Ordens in einem Dominicanerkloster Thüringens oder Sachsens es mit großem Geschicke schon versucht, für die Offenbarungen ihrer gottminnenden Seele Wort und Satzgefüge in der deutschen Sprache der alemannischen Mundart zu finden [1]. Im Eingange des Buches ihrer Offen-

---

[1] Ihre Offenbarungen, die sie „das fließende Licht der Gottheit" nennt, befinden sich in der oben angeführten Pergamenthandschrift Nr. 277 der Bibliothek des Stifts Einsiedeln, die mir mein gelehrter Freund P. Gall Morel zur Benützung gefällig übersandte. Die Handschrift enthält 166 Blätter in klein 4., jede Seite enthält zwei Linienreihen; die Schriftart ist die schöne alemannische der Minne- und Meistergesänge, im Ganzen mit wenigen Abkürzungen. Wie hoch das Buch gehalten ward, zeigt eine

barungen ist zu lesen [1]: „Im Jahre von Gottes Geburt drei=
zehnthalbhundert Jahr (1250) und darnach während fünfzehn
Jahren ward dieß Buch von Gott zu Deutsch geoffenbaret einer
Schwester; sie war eine reine Magd, beides am Leib und am
Geiste, und diente Gott in demüthiger Einfalt und hoher Be=
schauung mehr als vierzig Jahre. Sie folgte beharrlich und
vollkommen dem Lichte und den Lehren des Prediger=Ordens
und nahm an Tugenden zu von Tag zu Tag. Das Buch
aber sammelte und schrieb ein Bruder desselben Ordens, und
viel Gutes steht in ihm, wie an der Tafel vorgezeichnet ist.
Du sollst das alles mit Glauben und Andacht neunmal
lesen.“ Der Name der Schwester wird im Verlaufe der Schrift
zum Oefteren genannt [2], sie heißt Mechtild, nennt Domini=
cus wiederholt „ihren lieben Vater, den Gott vor allen Heili=
gen liebt“; ihn und seinen Orden kann sie nicht voll genug
loben [3]; wer sie aber im Weiteren gewesen und in welchem
Kloster sie den Schleier genommen, ist aus ihren Offenbarungen
nicht zu entnehmen. Nur einmal spricht sie von einem Bruder
Heinrich als einem heiligen Manne; einen Bruder Albrecht
nennt sie einen Reuer oder Büßer; für Schwester Hildigund
will sie ihr Gebet bei Gott einlegen, und Schwester Jutta
von Sangerhausen wird als Bote Gottes an die Heiden be=

---

Zuschrift aus der Mitte des fünfzehnten Jahrhunderts: „An die Schwe=
stern in der vordern Au. Ihr sollt wissen, daß das Buch, das Euch ge=
schenkt ward von der Schwester „zum goldenen Ring“, das da heißt „das
Licht der Gottheit“, das sollt Ihr wohl benützen so, daß es dienen soll
in allen Häusern des Waldes, und soll aus dem Walde nimmer kommen
und je einen Monat in einem Hause sein, also daß es umgehen soll von
einem in das andere, wenn man seiner bedarf, und sollt Ihr sonderlich
behut sein, weil sie (jene Schwester) besondere Treue zu Euch hatte; betet
auch für mich, der ihr Beichtiger war, wiewohl unwürdig; von mir H.
Heinrich von Rumerschein von Basel zu St. Peter.“ Sonach diente das
Buch noch im fünfzehnten Jahrhundert den Waldschwestern oder Beguinen
in und um Einsiedeln zur Erbauung.

[1] A. a. O. Bl. 2 Rückf.
[2] A. a. O. Bl. 98. 100. 128.
[3] A. a. O. Bl. 28.

zeichnet, welche durch ihr Gebet und Vorbild für das Heil derselben wirken werde [1]. Neben der schon in der Einleitung zu
den Offenbarungen angegebenen bestimmten Jahrzahl von 1250
tritt die Zeit der Abfassung dieser Schrift noch weiter in den
Andeutungen zu Tage, welche die Verfasserin zuweilen in ihre
Betrachtungen mit einfließen läßt: „Denn damals war Sanct
Elisabeth noch nicht lange aus ihrem Grabe enthoben" [2] (sie
starb 1231), und „der Prediger=Orden war sehr angefochten
von falschen Meistern [3] und manchen gierigen Sündern. Sie
bat unsern lieben Herrn, daß er in ihnen seine eigene Ehre
bewahren wolle, und er sprach zu ihr: So lange ich sie
haben will, kann Niemand sie vertilgen". Es ist
hier der hitzige Kampf gemeint, den die weltlichen Professoren
an der Universität von Paris gegen die Bettelmönche, insbesondere gegen die Predigerbrüder führten. An der Spitze der
ersteren stand der leidenschaftliche Wilhelm von Saint=Amour,
der in seinem Buche „über die Gefahren der jüngsten Zeit" die
Mendicanten mit den Waffen der Verleumdung und Erbitterung
bekämpfte; die Sache der letzteren vertheidigte siegreich Albertus Magnus vor dem Papste Alexander IV. zu Agnani (5. Oct.
1256), und die Ordensmänner fanden wieder Zutritt zu den
Lehrstühlen der Universität [4]. Hat die gottselige Schwester
Mechtild ihr äußeres Leben ganz in das Dunkel der Verschwie-
genheit gehüllt, so gibt sie uns in ihrem Buche dafür ein
klares und lehrreiches Bild von der Geschichte ihres inneren
Lebens, und der Predigerbruder, der es nach der scholastischen
Weise in sieben Bücher und jedes derselben in bestimmte Kapitel eingetheilt und niedergeschrieben, verdient für seine Arbeit unsern vollen Dank. „Alle meine Lebtage", so läßt sich
die hochbegabte Schwester Mechtild vernehmen [5], „ehe ich das
Buch begann und bevor von Gott ein einzig Wort in meine

---

[1] A. a. O. Bl. 99.
[2] A. a. O. Bl. 99.
[3] Bl. 71 mit der gleichzeitigen Randglosse: Anno Domini MCCLVI.
[4] Siehe Sighart, Albertus Magnus S. 99.
[5] Bl. 53.

Seele kam, war ich der einfältigsten Menschen einer, der im geistlichen Leben je erschien. Von des Teufels Bosheit wußte ich nichts, die Krankheit der Welt kannte ich nicht, geistlicher Leute Falschheit war ich ganz unkundig. Ich muß sprechen Gott zu Ehren und auch um der Lehre des Buches willen. Ich unwürdige Sünderin ward gegrüßt von dem heiligen Geist in meinem zwölften Jahre, als ich allein war, mit so fließendem Schmerze, daß ich es nimmermehr mochte erleiden und mich zu einer täglichen Sünde nie mochte entbieten. Der vielliebe Gruß geschah alle Tage und machte mir innerlich Leid. Aller Welt Ehre und Süßigkeit wuchs noch alle Tage; das geschah über 31 Jahre. Von Gott wußte ich nicht mehr, als der Christen= glaube lehrt; aber ich rang darnach mit Fleiß, daß mein Herz rein bliebe. Gott soll dessen mein Zeuge sein, daß ich ihn nie bat mit Willen oder Begierde, daß er mir diese Dinge möchte geben, die in diesem Buche geschrieben sind. Ich dachte auch nie daran, daß solches (die mystischen Erhebungen) einem Men= schen könnte widerfahren, dieweil ich war bei meinen Tagen und bei meinen fremden Freunden, denen ich je die Liebste war; damals hatte ich von diesen Dingen keine Kunde. Früher hatte ich lange von dem Herrn begehrt, daß ich verschmäht würde ohne meine Schuld; da fuhr ich aus Liebe Gottes in eine Stadt, wo Niemand mein Freund (Verwandter) war, denn eine einzige Jungfrau. Vor ihr hatte ich Angst, daß mir die heilige Abgeschiedenheit und die lautere Gottesliebe würde ent= zwei getheilt. Da ließ mich Gott nirgends allein und brachte mich in so minnigliche Süßigkeit, in so heilige Erkenntniß und in so unbegreifliches Wunder, daß ich irdischer Mensch wenig davon genießen konnte. Da ward vorerst mein Geist aus mei= nem Gebet gebracht zwischen dem Himmel und der Luft, und ich sah mit meiner Seele Augen in himmlischer Wonne die schöne Menschheit unseres Herrn Jesu Christi, und erkannte ihn an seinem hehren Antlitze, und ich schaute die heilige Dreifal= tigkeit, des Vaters Ewigkeit, des Sohnes Arbeit (Leiden) und des heiligen Geistes Süßigkeit."

Zwar spricht sich Schwester Mechtild wiederholt und mit großer Theilnahme über „die Gottesfreunde" aus, gegen welche

die übrige Welt ihre Verfolgungen richte; allein es sind darun=
ter nicht jene „wahren Gottesfreunde“ zu verstehen, die sich
erst in der ersten Hälfte des vierzehnten Jahrhunderts auf der
Grundlage der theosophischen Mystik gegenüber den Brüdern vom
freien Geiste in besonderen Vereinen bildeten, deren zweideu=
tiges Treiben die neuere Geschichtschreibung gehörig an das Licht
gezogen hat ¹. Obwohl diese hochbegabte Jungfrau sich in ihren
Erhebungen zur Beschaulichkeit über die Zustände ihrer Zeit,
die Lage der Kirche, die tiefsten Fragen des Seelenlebens, die
höchsten Wahrheiten und Geheimnisse des Glaubens ebenso er=
haben als klar ausspricht, so ist dennoch nirgends ein Irrthum
gegen die Lehre des Glaubens oder der Sitten aufzufinden, ein
bewußter ohnehin nicht, weil sie demüthig war und im Gehorsam
das Fundament von jeder Tugend ehrte. Auch in dem Tadel,
den sie über ganze Stände und Ordnungen in der Christenheit
auszusprechen von oben sich angewiesen fühlt, herrscht nicht die
Bitterkeit der späteren „Gottesfreunde“, sondern waltet allezeit
das rechte Maß und der Edelmuth, den die reine Liebe ihrer
Seele verlieh. Im Fluge der Beschauung durcheilt sie die
Hölle, das Fegfeuer und den Himmel, entwirft über alle diese
Kreise eigenthümliche Zeichnungen, ergeht sich in hoher Andacht
und demüthigen Sinnes in der Betrachtung der Geheimnisse
des dreieinigen Gottes und schildert nach dem Spiegel ihres
Herzens den geheimnißvollen Wechselverkehr zwischen Gott und
der Seele und zwischen der Seele und dem Leibe, den die gött=
liche Minne vermittelt. Ihre Sprache darüber tönt wie Ge=
sang, und war die Verfasserin auch des Versbaues der deut=
schen Meister= und Minnelieder nicht kundig, so sind bei gar
vielen Motiven, die sie mit lyrischem Schwunge zu behandeln
wußte, die Reimpaare schon zurecht gelegt, bei anderen ohne
große Mühe aufzufinden. Erscheinen zwar die Bilder, die sie
wählt, um das Wesen, Wirken und Walten der göttlichen Minne
darzustellen, zuweilen etwas frei, so darf man nicht vergessen,
daß die Dichter der geistlichen Minne größtentheils im „Hohen=
liede“ des alten Testaments ihre Quelle fanden, auf welches

---

¹ Prof. Schmid, die Gottesfreunde. Jena 1854.

nicht nur die früheren Mystiker, sondern auch die späteren, und
namentlich der heil. Bernhard und die beiden Victoriner ihre
Lehren über das mystische Leben stützten. Schwester Mechtild
hat uns daher in ihrem Buche einen bedeutenden Schatz zur
Kenntniß der deutschen Mystik, insbesondere aber zur Bereiche=
rung der deutschen Poesie und Prosa hinterlassen; eine Aus=
wahl ihrer Gedichte wird im dritten Buche folgen.

Schon Bruder Heinrich, der erste Prior der Dominicaner
in Köln, hatte „auf dem Hofe zu Köln" Gebete und Betrach=
tungen in deutscher Sprache verfaßt [1], die schnell bei den ver=
schiedenen Predigerklöstern deutscher Lande Eingang fanden; die
Leitung der Schwesternklöster und die Predigten an das Volk
drängten von selbst hin, in der Schrift= und Mundsprache sich
immer mehr der deutschen Sprache zu bedienen. Bruder Ni=
colaus, aus Straßburg gebürtig und längere Zeit Lesemeister
der Dominicaner zu Köln, hat uns eine Anzahl seiner deutschen
Predigten hinterlassen [2]; er besuchte häufig die Convente seines
Ordens und hielt sich längere Zeit in Freiburg im Breisgau
auf, wo er den Schwestern zu St. Agnes und zu Adelhausen
durch seine Predigten Lehre und Erbauung bot. In seine Vor=
träge verwob er zuweilen die Lehren der christlichen Mystik und
gefällt sich in der Darstellungsweise, religiöse Wahrheiten, wo es
gehen mochte, in allegorische oder historische Bilder einzukleiden.
Bei ihm sind jene gewagten Ausschreitungen im Gebiete einer
dunkeln Speculation noch nicht zu finden, in denen sich der gleich=
zeitige Meister Eckhart gefiel. Bruder Nicolaus bildet in seinen
Predigten, wie Schwester Mechtild in ihren Beschauungen, den
Dienst der reinen Gottesminne für das Leben der Andacht und
der Tugend aus. Den Ordensschwestern, die er leitete, em=
pfahl er das Gebet, das er in seinen Predigten zum Oefteren
wiederholte: „O mein lieber Herr Jesus Christ, ein Fürst un=
ermeßlicher Würdigkeit, ein Zimmermann aller der Welt! Ich
bin eine laue Sünderin, mache aus mir eine hitzige Minnerin."

---

[1] Einige derselben enthält die Handschr. der Züricher Stadtbibliothek.
Nro. 178.

[2] Herausgegeben von Dr. Pfeiffer, die deutschen Mystiker I. 6.

Ueber die ansteigende Bewegung der Seele zu Gott spricht er sich also aus [1]: „Wie die bösen Engel durch ihre Abkehr von Gott böse geworden, so blieben die seligen Engel dadurch gut, daß sie ihren Adel mit Dankbarkeit wieder in Gott eintrugen; so viel sich ein Jeder von ihnen innerlich einkehrte und seinen Adel wieder in Gott eintrug, so viel ist er auch höher als der andere, und schaut Gott klarer als der andere. Nun sind die Engel von Natur edler, denn wir; allein unser Herr hat uns so viel Würdigkeit gegeben, daß wir in der Zeitlichkeit im rechten Glauben und mit Mehrung der Gnaden wachsen und zunehmen mögen in Minnen und Begierden, daß wir kommen über die Chöre der Engel; denn während den Engeln ein= für allemal nur ein Kehr zu oder von Gott möglich war, so mögen uns deren Tausende in einem einzigen Tage (durch Gemüthserhebungen) werden; der eine davon soll stärker als der andere, der letzte mehr als der letzte in der Minne und im Ernste sein, damit die Minne immer kräftiger die Seele nach Gott hinziehe und mit ihm vereinige." „Unbegreiflich hoch ist die Würde unserer Seele [2]; ihr rechter Gegenwurf (Object) ist Gott, und in ihr soll nichts als Gott allein wohnen; wir sind nicht Gottes Gethat, wie das Gefäß die Gethat des Hafners ist, wir sind Gottes rechter Gegenwurf. Er vermag die inneren Kräfte der Seele so mit göttlicher Liebe und Gnade zu erfüllen, daß sie all' das verschmähen, was die Welt zu leisten vermag, und daß die fünf äußeren Sinne, die vorher noch nach den vergänglichen Dingen hungerten und darin kein Genügen finden konnten, mit der Gnade des inneren Menschen so erleuchtet und erfüllt werden, daß ihnen Alles unlustig wird, was in der Zeit ist, und sie ganz eins mit dem inneren Menschen werden und in alle die Werke sich entbieten, die göttlich sind, überhaupt nur das wollen, was Gott will." Bei der allegorischen Behandlung einzelner Perikopen der heil. Schrift weiß Bruder Nicolaus [3] den Pharisäer Simon, der den Herrn zu

---

[1] A. a. O. II. Pred.
[2] A. a. O. V. Pred.
[3] A. a. O. VIII. Pred.

Tische geladen, und Maria Magdalena, die Büßerin, mit dem schauenden und übenden Leben zu vergleichen. „Der Pharisäer Simon ist die oberste Kraft der Seele, die da abgeschieden ist von allen äußeren Dingen; sie ladet unsern Herrn in ihr Haus und will Wirthschaft mit ihm haben; denn fromme Leute versehen sich oft in Andacht und wollen nach den schönen himmlischen Dingen denken, darin die Seligen wohnen, und von den neun Chören der Engel; in solchem Schauen wollen sie Wirthschaft halten mit den Herren. Dann kommt die Reuerin (Büßerin) ungeladen hineingeschlichen und spricht: O weh! wornach denkest du? Du bist doch noch eine Sünderin? und sagt, was der Mensch an Gebrechen noch ablegen soll. Diese mehrt den Nutzen und ist gut; denn sie legt die Fehler ab und mehrt die Minne, daß die Seele sodann zu einem viel lauterern Schauen gelangt. Zu dieser Höhe sollen wir hinanklimmen und nicht ablassen mit Minne und Begierde, ehe wir sie erreichen, d. i. wir sollen die Sinne und den Leib in allen ihren Begierden und Werken ertödten, daß sie dem Geiste gehorsam werden. So viel als dieß an uns geschieht, so viel klarer werden wir Gott in unserer Erkenntniß schauen."

Spricht in den Predigten des Bruders Nicolaus ein einfacher, christlich frommer Geist sich aus, der auch bei den mystischen Erhebungen stets das rechtgläubige und besonnene Maß zu halten wußte, so bewegte sich sein Zeit= und Ordensgenosse, Meister Eckhart, in der Höhe der theosophischen Speculation, zog die höchsten Probleme des philosophischen Denkens in den Kreis der mystischen Betrachtungen hinein und wurde so zum Stammhalter der deutschen Mystiker, deren Wirken in die erste Hälfte des vierzehnten Jahrhunderts fällt. Mit Meister Eckhart stehen Johann Tauler, Heinrich Suso und der ungenannte Verfasser der mystischen Philosophie, die im nächsten Buche folgen wird, im innigsten Zusammenhange. Sie alle haben aus den Quellen geschöpft, die Meister Eckhart in seinen geistreichen Predigten und tiefsinnigen Abhandlungen ihnen eröffnet, aber jeder hat den gewonnenen Stoff und die erhaltene Geistesrichtung in sich wieder eigenthümlich ausgebildet. Trägt Meister Eckhart mehr den reinen Theoretiker zur Schau, deſſen Fluge in die Sphären der Speculation die große Maſſe nicht zu folgen vermochte, ſo ſucht Johann Tauler die myſtiſche Lehre in gemeinverſtändlicher Sprache auf das chriſtliche Leben anzuwenden; Heinrich Suſo aber wandte ſie vor Allem auf ſich ſelber an, bildete ſich zu einem practiſchen Myſtiker aus und leitete auch auf gleichen Wegen die Ordensſchweſtern von Oeten= bach zu Zürich, von Töß bei Winterthur, von St. Katharina= thal bei Dießenhofen am Rhein und anderwärts, die ſich ſeiner geiſtlichen Führung anvertrauten. Beurtheilt man ihre Lehren nach dem Maßſtabe der rechtgläubigen Lehre, ſo nimmt man an dieſen Meiſtern eine Kreisbewegung wahr, in welcher Eckhart mit ſeinem Lehrſyſteme die größte Abweichung, Johannes Tau= ler den Punkt der Wendung und Heinrich Suſo die Wieder= kehr zur rechtgläubigen Mitte bezeichnet.

Um die Mitte des dreizehnten Jahrhunderts wahrſcheinlich in Sachſen geboren, verlebte Meiſter Eckhart ſeine Jugend zu einer Zeit, wo Albertus Magnus und Thomas von Aquin auf der höchſten Stufe ihres Ruhmes und Wirkens ſtanden. Der Prediger=Orden feierte ſeine glänzendſte Periode. Der neue Orden und ſein Streben mochte den geiſtvollen Jüngling leicht angezogen haben; wir finden ihn ſchon frühe auf dem Lehrſtuhle der Philoſophie an der Schule der Dominicaner zu St. Jacob in Paris, ſpäter von Papſt Bonifacius VIII. mit der Würde eines Doctors der Theologie beehrt; endlich im Jahre 1304 als Ordensprovincial für Sachſen nach Köln ver= ſetzt. Im Jahre 1307 zum Generalvicar des Ordens in Böh= men erwählt, lebte er in dieſem Wirkungskreiſe längere Zeit und kehrte dann in ſeinen letzten Lebensjahren an den Rhein nach Köln zurück, wo er ſeine Lebenstage vollendete. Ein ge= waltiger Geiſt, mit einer ſcharfen Denkkraft ausgerüſtet, wie er war, hatte Meiſter Eckhart ſeine Bildung auf das tiefere Stu= dium der heiligen Schriften begründet und nicht nur in den Schulen und Werken der gleichzeitigen Theologen der Schola= ſtik, ſondern auch in den Schriften Plato's und Ariſtoteles' ſowie in jenen der Kirchenväter ſich gründlich umgeſehen. In ſeinen Predigten und Tractaten, die er in deutſcher Sprache verfaßte, führt er Stellen an aus den Schriften Ariſtoteles', Plato's,

Dionyſius des Areopagiten, Origenes, Ambroſius, Auguſtinus, Gregors des Großen, Iſidors, Bernhards, Hugo's und Richards von St. Victor, Albertus Magnus', Thomas' von Aquin, Egidius', Heinrichs und anderer deutſchen Meiſter. Eckhart iſt als der erſte anzuſehen, der die deutſche Sprache zur Sprache der Wiſſenſchaft ausbildete, indem er ſie auf die Theologie und Philoſophie anwendete und durch neue Wortſchöpfungen ſie bereicherte, wenn der vorhandene Sprachſchatz ihm zur Bezeichnung ſeiner ebenſo neuen als tiefen Gedanken keine paſſenden Ausdrücke gewährte. Darin erwarb er ſich im Weitern noch das Verdienſt, daß er, von unſeren neueren Philoſophen ſich vortheilhaft auszeichnend, die Bezeichnungen für philoſophiſche Begriffe nicht in einer fremden Sprache ſuchte, ob er gleich durch ſeine ganze Bildung auf das Lateiniſche hingewieſen war, in welcher Sprache er die Philoſophie mündlich und ſchriftlich gelehrt hatte, ſondern vielmehr ſich beſtrebte, ſeiner Mutterſprache eine ganz neue Welt der Darſtellung zu eröffnen. Welche Schwierigkeiten er dabei zu beſiegen hatte, iſt aus dem Umſtande zu entnehmen, daß ihm noch Niemand auf dem wiſſenſchaftlichen Gebiete den Weg gebahnt hatte und er Alles erſt ſchaffen mußte. Keiner der früheren deutſchen Prediger und Schriftſteller konnte ihm hierin von weſentlichem Nutzen ſein, da ſie keine philoſophiſchen Gegenſtände behandelten. Um deſto größere Bewunderung verdient aber Meiſter Eckhart, da es ihm wirklich gelang, eine wiſſenſchaftliche Sprache zu begründen, die ſich in den folgenden Jahrhunderten beſonders durch ſeine Schüler zur höchſten Blüthe entwickelte. Bei aller Tiefe der Gedanken iſt ſeine Darſtellung dennoch klar und verſtändlich, ſo weit dieß bei dem eigenthümlichen Stoffe möglich iſt. Wurde er von der Gewalt und Eigenheit ſeines Geiſtes bei den Forſchungen in dem irrſalvollen Wege der ſpeculativen Myſtik vielfach auf die irrthümliche Bahn des pantheiſtiſchen Syſtems hinausgetrieben, und findet ſich überhaupt in ſeinen Schriften Manches vor, das vor der Prüfung der chriſtlichen Glaubenslehre nicht beſteht, ſo mochte das Irrige im Syſteme ſelbſt um ſo minder gefährlich ſein, als Meiſter Eckhart ſeine Anſichten in einer Gedankenhöhe vortrug, auf welche ihm die wenigſten seiner Zuhörer folgen konnten; die übrigen aber waren so von inniger Frömmigkeit und Glaubenstreue erfüllt, daß die Beilage des Irrthums in den Vorträgen des Meisters an ihrer Erkenntniß schadlos vorüberging und sie nur das Gesunde in der Lehre sich aneigneten. Die Klage über die Unverständlichkeit seiner Predigten war allgemein, und als ihm einst einer klagte, Niemand könne seine Predigten verstehen, antwortete er ganz in seiner Weise: „Wer meine Predigten verstehen will, der muß fünf Eigenschaften haben: er soll siegen im Sinnenstreit und nach dem obersten Gute ringen, und soll dem genügen, wozu ihn Gott ermahnt, und soll ein Anfänger werden im geistlichen Leben, und soll sich selbst vernichten und seiner selbst so mächtig sein, daß er keinem Zorne sich hingebe." Die allgemeine Achtung, die man ihm zollte, gründete sich nicht nur auf den Ruf seiner Gelehrsamkeit, sondern ganz besonders auf die Strenge des Lebens, die er in seinen Sitten übte. Er selbst nennt sich einfach „Meister Eckhart von Paris", von seinen Schülern Tauler und Suso aber wird er „der heilige Meister", „der selige Meister" genannt. An die Spitze seiner Tractate schrieben gleichzeitige Abschreiber: „Dieß ist Meister Eckhart, dem Gott nie etwas verbarg", oder: „Dieß ist Meister Eckhart, der lehrte die Wahrheit alle Fahrt." Bei Hohen und Niederen, insbesondere bei den Brüdern und Schwestern seines Ordens, besaß er ein unbedingtes Vertrauen. Ueberall, wo er auf seinen Reisen bei Klöstern einkehrte, wurde er in Sachen des Gewissens und des beschaulichen Lebens zu Rath gezogen. Die Nachrichten über das Leben dieses Meisters sind sehr spärlich, darum darf sein Besuch im Kloster St. Katharinathal hier um so weniger übergangen werden.

Als Meister Eckhart im Jahre 1324 auf seiner Reise nach Straßburg bei den Schwestern im Kloster St. Katharinathal bei Dießenhofen eintraf, ruhte Schwester Anna von Ramschwag [1] nicht, bis sie in seine Gegenwart kommen konnte, um ihm ihre Zustände im übenden und beschauenden Leben vorzutragen. „Meister Eckhart", so erzählt die Verfasserin, „war damals bei

---

[1] Handschr. B. S. 562.

uns zu Dießenhofen, da kam die selige Schwester Anna von
Ramschwag heimlich zu ihm vor das Beichtfenster. Darnach
fragte ich sie, was die Ursache wäre, warum sie zu ihm ging;
sie wollte mir aber davon nichts sagen, als fünf einzige Worte.
Nach langer Zeit und kurz vor ihrem Tode ging ich sie mit rech=
tem Ernste an, daß sie es mir sage, und sie fing an gar min=
niglich zu weinen, daß sie mir kein Wort antworten mochte.
Als sie dann wieder reden konnte, sprach sie: Du fragst mich
über Dinge, davon meine Seele große Begierde hatte, daß, ehe
sie von meinem Leibe geschieden werde, sie es möge begreifen;
nun bin ich nicht Willens, es einem Menschen je zu sagen."
Mit Gott zu Rathe gegangen, ob sie es der Schwester eröffnen
sollte, was sie damals mit Meister Eckhart in vertraulicher Un=
terredung abgehandelt, theilte sie ihr drei Dinge mit, die ihr
widerfuhren. An einem Freitag in der Fasten hatte sie einmal
in der Betrachtung die Marter unseres Herrn durchgegangen,
und durch ihre Minne wurde sie so tief in sich gezogen, daß
ihr alle Kraft gebrach. Das Zweite geschah ihr zu Ostern an
dem heiligen Tag; sie kniete nach der Mette vor dem Bilde
der Auferstehung des Herrn und gedachte des Wortes, das
unser Herr zu seinen lieben Jüngern sprach, als er von dem
Tode auferstanden war: „data est — mir ist gegeben alle Macht
im Himmel und auf Erden!" und sprach zu unserem Herrn:
„Herr, ich ermahne dich, daß der Vater dir gegeben hat alle
Gewalt im Himmelreich und Erdreich, und bitte dich, Herr, daß
du mir auch gebest (Gewalt)." Das Dritte geschah ihr dar=
nach. An einem schönen Maitag sah sie die Blumen so leut=
selig grünen und blühen und ging mit ihrer Betrachtung auf
die Creatur und gedachte, wie alle Dinge aus Gott geflossen
sind und wie alle Creaturen ihr Wesen und Leben von Gott
empfangen haben, und suchte so Gott in der Creatur. Was
ihr zu diesen drei Malen geschah, sagte sie mir Alles, und das
war von gar hohen unbegreiflichen Dingen, daß ich wenig da=
von verstand. Mein eigen Gebrechen war daran schuld, daß
ich leider das Licht nicht habe, in dem ihr dieses zu verstehen,
zu empfinden und zu genießen gegeben ward. Nach ihrem Tode
ging ich zu Bruder Hugo von Staufenberg; dieser war

Lesemeister zu Konstanz und ihr nahe verwandt, und sie war ihm sehr vertraut. Diesen bat ich, daß er mir etwas von ihr sage; da sprach er: Sie hat mir viel gesagt von ihren inneren Uebungen und was Gott mit ihr gethan, und in Allem, was sie mir gesagt, konnte ich niemals einen Irrthum finden, sondern mußte erkennen, daß es lauterlich Gott war, der in ihr wirkte." Offenbar knüpfte Schwester Anna von Ramschwag an die drei Beschauungen, die sie dem Meister Eckhart vorgelegt, Fragen, die sich auf sein Lehrsystem bezogen. Die Ohnmacht und Entkräftung, die sie bei der Betrachtung der Leiden des Erlösers bestand, erinnert an die Lehre „von dem Entsinken und Vernichten der Seele in Gott"; die Bitte um Ertheilung der göttlichen Gewalt stimmt mit dem Irrthume überein: „was der göttlichen Natur eigen ist, sei auch dem gerechten und göttlichen Menschen eigen, daher dann dieser wirke, was Gott wirkt, und mit ihm die Gewalt im Himmel und auf Erden besitze;" endlich bezieht sich die Betrachtung, worin sie Gott in der Creatur suchte, auf die einseitige Lehre der gleichen Schule, daß sich „die Seele von allen äußeren Bildern und allen Creaturen ab und in sich selber sich zurückziehen müsse, um Gott in seiner Bloßheit zu beschauen, oder vielmehr in dieser Seelenstille zu vernehmen, was Gott selbst in der Seele spreche und wirke." Ueber die hervorgehobenen Punkte wurde die Schwester beunruhigt und legte ihre Zweifel dem Meister Eckhart vor, um darüber beruhigende Aufschlüsse zu erhalten.

Das Lehrsystem dieses Meisters, insbesondere seine Tugendlehre für das beschauende Leben, ist in folgenden Grundzügen zu erkennen. Ausgehend von dem hohen Adel der Seele, die dem Wesen Gottes entflossen, mit dem sinnlichen Leibe und durch diesen mit der Sinnenwelt verbunden ist, behandelte Eckhart in seiner Tugendlehre die Frage: wie und auf welchem Wege mag die Seele wieder in Gott, ihren ewigen Ursprung, zurückkehren? Durch die körperlichen Sinne nach Außen zu den Creaturen und durch diese nach Unten gezogen, muß sie für das Zeitleben eine zurückkehrende Richtung von Außen nach Innen und von Unten nach Oben einschlagen. Der tiefere Grund der Seele, ihr Ansich, darin Gottes Wesen ruht, wirkt niemals nach Außen, sondern ist das innerste Innere und Gott allein geöffnet. Einzig mit ihren oberen Kräften, dem Verstande, Willen und Gemüthe, wirkt die Seele auf die Außenwelt und auf die Creaturen; in ihr Innerstes jedoch kann kein Bild der Creatur jemals bringen; dort hat die Seele weder ein Wirken, noch Versehen, noch ein Bild von ihr selber; dort ist nur ein Ruhen und ein lauteres Schweigen. Gott allein rührt diesen Grund der Seele, die Creatur aber muß draußen in den Kräf= ten bleiben, mit denen sie Bilder von den Creaturen sich ab= zieht; im Seelengrunde gebiert Gott der Vater sein ewiges Wort durch das abgründige Durchkennen seiner selbst. Dieß vermag er jedoch nur in der Seele dessen, der in den Wegen Gottes gewandelt hat und noch wandelt, und Jeder, in dem die Geburt des Sohnes vollbracht ist, wird ein vollkommenes Kind Gottes. Wie mag nun das geschehen? Erst wenn die Seele von allen zeitlichen Dingen hinweg und auf Gott hingezogen ist, dann wirkt Gott seine Werke in der Seele ohne ihr Zuthun. Nun ist Gott hoch und der Mensch sehr nieder gestellt; soll dieser in der Vollkommenheit zu Gott hinaufsteigen, so muß er sich hoch machen mit Unterlegen (Unterwerfung) alles dessen, was Gott erschaffen hat, somit muß er auch alle Kräfte des Leibes und der Seele ihm unterwerfen und nach Innen richten, in der Erkennt= niß und Minne über die Welt und über sich selbst hinaufge= zogen werden. Um Gott zu erkennen und zu minnen, bedarf es der äußeren Sinne nicht, sondern nur, daß man sich ver= berge vor allen erschaffenen Dingen und sich einschließe mit sei= nem Geiste in Gottes Geist und e in Geist mit seinem Geiste werde. Hat der Mensch einmal die Sinne überwunden, sich in sich selbst gekehrt und das Wesen aller Tugenden sich eigen ge= macht; lebt das Leben und die Lehre Christi in ihm — dann muß er r u h e n und s ch w e i g e n und Gott allein in sich wir= ken und sprechen lassen. Je mehr er so in ein Vergessen aller Dinge und ihrer Bilder und seiner selbst sich versenkt, um so klarer wird sich Gott in ihm offenbaren. In dieser Ruhe der Seele spricht dann Gott sein Wort in ihr; je freier von allen äußeren Bildern und Uebungen, desto näher ist sie Gott und desto sicherer wird in ihrem Grunde die Geburt des ewigen

Wortes vollzogen. Ist die Seele bis zu dieser Tiefe vorge=
drungen, dann lebt sie ohne äußere Bilder und Uebungen un=
mittelbar das Leben Gottes und Gott lebt in ihr sein Leben;
dann kann der Mensch in keine Todsünde fallen, viel weniger
von Gott jemals geschieden werden. Warte aber dieser Geburt
durch stetes Insichkehren von allem Aeußern nach deinem In=
nern und zu jener Ruhe, die ein Nichtwissen seiner selber ist,
dann findest du in ihr alles Gute und allen Trost, alles We=
sen und alle Wahrheit. Denn in dieser Geburt ergießt sich
Gott in die Seele so mit Licht, daß dieses Licht wieder von
ihrem Grunde aus sich auswirft, hinüber in die geistigen Kräfte
fließt und auch den äußeren Menschen und selbst den Leib durch=
leuchtet bei all' denjenigen, die der Sünde nicht fähig sind;
denn die Sünde ist Finsterniß der Seele, darin Gott weder
wohnen noch wirken mag. So muß die Seele den Weg zur
Vollendung und Einigung mit Gott durch eine Abkehr von
allem Aeußeren und Sinnlichen beginnen, alle Dinge und sich
selber vergessen und in einem tiefen Stillschweigen und Leiden
sich halten; dann wird sie schon hienieden, besonders aber im
Himmel, überformet in Gott und mit Gott. Auf dieser an=
steigenden Bahn soll man jedoch das thätige Leben mit dem
beschauenden verbinden. Die beschauende Maria erhielt zwar
das Lob, daß sie den besten Theil erwählt; dennoch war die
Uebung der thätigen Martha gar nützlich, da sie Christo und
seinen Jüngern diente. Darum spricht der heil. Lehrer Tho=
mas: hienieden sei das wirkende Leben besser, als das be=
schauende, und man solle aus Liebe Gottes das in die Wirk=
lichkeit ergießen, was man in der Beschauung eingenommen
habe; denn in der Einigung der Beschauung will Gott die
Fruchtbarkeit der Wirkung in guten Werken erzielen. Es ist
darum irrig, die Beschauung allein zu suchen, und zu meinen,
man bedürfe der Uebungen der Tugend nicht. Diese Uebungen
müssen vielmehr vorangehen, damit die Seele allmählich in das
Nichtwissen, Nichtwollen und Nichtempfinden ihrer selber über=
gehe; bis sie das oberste Ziel erreicht haben wird, welches darin
besteht, daß sie völlig in Gottes Wesen versinke und untergehe."
Der practische Quietismus und der einseitige Spiritualis=

muß, welche Meister Eckhart auf dem ethischen Gebiete fest=
setzte, waren jedoch nur die nothwendigen Folgesätze, die sich
aus den pantheistischen Irrthümern wie von selbst ergaben.
Dieser Meister hatte den reinen Begriff der Schöpfung der
Menschenseele durch Gottes freien Willen an die unklare An=
schauung einer Emanation oder Ausfließung derselben aus dem
Wesen Gottes vertauscht, eine Irrung, die er aus der neu=
platonischen oder gnostischen Schule sich angeeignet; mit dieser
irrigen Anschauung war dann aber auch der Irrthum von der
Gleichwesenheit der Menschenseele mit dem Wesen Gottes eng
verbunden, die Ueberschätzung der Menschenseele und die Ver=
kennung ihres Verhältnisses zum Körper, sowie die Unter=
schätzung des letzteren zugleich gegeben. Der Mensch soll aber
nach seiner ewigen Idee in Gott ein synthetisches Wesen von
Geist und Natur oder von Seele und Leib sein, und wenn
auch in Folge der Sünde ein Kampf zwischen diesen constitu=
tiven Principien im Wesen des Menschen waltet, ist es die
Aufgabe der christlichen Religion und des ethischen Lebens,
den Leib von der bösen Begierlichkeit durch das Mittel der Zucht
zu reinigen und ihn für eine selige Auferstehung vorzubereiten,
weil auch die Natur im verklärten Zustande eines ewigen Da=
seins sich erfreuen wird. Wird diese Wahrheit festgehalten,
dann fällt jeder einseitige Spiritualismus wie ein Nebelbild
zusammen, weil er auf eine gänzliche Mißkennung der mensch=
lichen Natur sich stützt, und das völlige Versinken der Men=
schenseele in Gottes Wesen ist schon darum ein Traum, weil
sie unzertrennlich und auf ewig mit ihrem Leibe verbunden sein
wird, der ihre creatürliche Umschreibung bildet. Wie das Ver=
hältniß des Leibes zur Seele, so wurde auch jenes der Seele
zu Gott irrig aufgefaßt. Der Begriff und der Bestand einer
selbstbewußten Creatur ist identisch mit ihrer Wesensverschieden=
heit von Gottes Wesen; denn wirklich kann sie nur werden,
wenn sie auch dem Wesen nach zu einem andern wird, als
Gott selber ist, und in diesem Sinne könnte man auf analoge
Weise von einer Transsubstantiation auch im Acte der Schöpfung
reden, in welcher durch Gottes Allmacht etwas wird, was früher
noch nicht war. Wäre aber das Wesen der Menschenseele gleich

mit Gottes Wesen, dann dürfte man mit Meister Eckhart sagen: „Der gottschauende Mensch wird Gottes Sohn und Gott selbst gebiert im Grunde der Menschenseele diesen seinen Sohn, und ohne allen Unterschied werden wir dasselbe Wesen, Substanz und Natur, die er selber ist" [1].

Solche Lehren waren wohl geeignet, große Besorgnisse und Anstände in der Kirche zu erwecken. Von seinen Kirchenoberen darüber vernommen, zeigte sich der große Denker auch noch groß in dem Siege über sich selbst durch jenen feierlichen Widerruf, den er (13. Februar 1327) kurz vor seinem Tode in der Dominicanerkirche zu Köln mit der Erklärung vollzog: „Ich Meister Eckhart, Doctor der heiligen Theologie, erkläre vor Allen, Gott zum Zeugen anrufend, daß ich jeden Irrthum im Glauben und jede Verkehrung in den Sitten allzeit, so weit mir möglich war, verabscheut habe, da derlei Irrthümer schon der Würde meines Doctorates und Ordens zuwider wären und noch sind. Wenn daher irgend etwas Irriges in Sachen des Glaubens und der Sitten von mir je geschrieben, gesprochen oder geprebigt worden, offen oder geheim, wann und wo immer es geschehen wäre, directe oder indirecte aus einem minder gesunden Verständniß, — widerrufe ich solches ausdrücklich vor euch Allen und jedem hier Gegenwärtigen, und will, daß es von nun an als nicht gesprochen und nicht geschrieben angesehen und betrachtet werde" [2]. Doch die Lehren, die Meister Eckhart ausgestreut, wirkten unabhängig von seinem guten Willen und gingen theilweise auch auf seine Schüler über, unter denen Johann Tauler durch seine Wirksamkeit und seine Schriften sich einen ausgebreiteten Namen erwarb.

Um das Jahr 1290 in Straßburg geboren, trat Johann Tauler im Jahre 1308 in den Dominicaner-Orden und widmete sich wahrscheinlich zu St. Jacob in Paris an der berühmten Schule seines Ordens den theologischen Studien, wo früher Meister Eckhart gelehrt hatte. Seinem tiefsinnigen Gemüthe mochte die scholastische Wissenschaft mit ihren abstracten Formen,

---

[1] M. Eckhart, Predigten.
[2] Fr. Pfeiffer, deutsche Mystiker. II. Bd. Vorr. S. 14.

wie sie damals betrieben wurde, wenig zusagen; er wandte sich
daher ausschließlich der Mystik zu und kam mit Meister Eckhart
selbst in mannigfache Berührung. In dieser Richtung begeg=
nete er in Köln, dieser Metropole der deutschen Mystik, bei den
Dominicanern dem Heinrich von Löwen, Heinrich Franke von
Köln und Gerhard von Sterngassen; aber auch außer dem
Umkreise seines Ordens wurde er von den sogenannten „wah=
ren Gottesfreunden" angezogen, unter denen sich der Welt=
priester Heinrich von Nördlingen, Ruysbroch, Nicolaus von
Basel, Nulman Merswin und Andere hervorthaten, die beson=
dere Vereine bildeten, zu denen auch Johann Tauler gehörte.
Ein Laie dieser Secte übte einen entscheidenden Einfluß auf die
separatistische Einkehr Taulers in sich selber aus, wie ein merk=
würdiger Bericht uns meldet, der in der Sammlung seiner
Predigten abgedruckt erscheint. Dieser Laie, ein gnadenreicher
Mann [1], wie dort erzählt wird, sei auf dreimalige Mahnung,
die er im Schlafe vernommen, gen Straßburg gereist, um
Tauler zu hören, dessen Ruf in Folge seiner Predigten damals
weithin verbreitet war. Nachdem der Laie einigemal den Pre=
diger gehört, erkannte er, daß dieser zwar ein gutherziger Mann
und der heil. Schrift sehr kundig, aber noch nicht wahrhaft er=
leuchtet sei; darum beschloß er, auf ihn einzuwirken. Er ging
zu Tauler, legte bei ihm seine Beichte ab, wiederholte dieß
während zwölf Wochen öfters und empfing ebenso oft den Leib
des Herrn aus Taulers Hand. Nach Ablauf dieser Zeit stellte
er sich wieder bei dem Meister ein und bat ihn, er möge pre=
digen, „wie der Mensch zu dem Höchsten komme, dazu er in
dieser Zeitlichkeit zu kommen vermag". Der Meister ging auf
die Bitte ein und predigte am vorausbestimmten Tage vor
einer zahlreichen Versammlung über die Nothwendigkeit, der
Welt und dem eigenen Willen gänzlich abzusterben und sich
Gott allein „in sterbender Weise zu überlassen". Diese Pre=
digt, so mystisch sie auch war, genügte dem Laien noch nicht.
Er ging zu dem Meister hin, und sich stellend, als wollte er
sich von ihm verabschieden, fand er Gelegenheit, ihm zu sagen,

---

[1] J. Taulers Predigten. Ausgabe von Augsburg 1508.

was er an seiner Predigt vermisse. Er sei eigentlich hieher
gekommen, nicht um seine Predigten zu hören, sondern mit
Gottes Hülfe selbst Rath zu schaffen. Denn der innere Mei=
ster, wenn er zu ihm komme, lehre ihn in einer Stunde mehr,
als alle Lehrer bis an den jüngsten Tag zu lehren vermöchten.
Deßwegen halte er Taulern noch für einen Buchstabengelehrten
und Pharisäer guter Art, bei dem — ihm selbst unbewußt —
Lehre und Leben nicht übereinstimmten; er hänge noch zu sehr
an creatürlicher Liebe, seine Predigt sei deßhalb mehr einstudirt,
als Sache eigener lebendiger Erfahrung; außerdem suche er
darin mehr sich selbst, als Gott allein. Getroffen von diesen
Worten, übergab sich Tauler der Leitung dieses Laien, zog sich
auf dessen Rath zwei Jahre von allem Predigen und anderen
äußeren Beschäftigungen zurück, um ausschließlich der Betrach=
tung und Tugendübung zu leben. Die vielen inneren Leiden
und Prüfungen, die hierauf folgten, ertrug er mit Geduld.
Auch die Demüthigungen, die er von seinen Brüdern erfuhr,
nahm er ruhig hin. Als er später zum zweiten Mal erschien,
war der Eindruck seiner ganz mystischen Rede so gewaltig, daß
nach dem Vortrage viele Personen todt dalagen, so tief waren
sie erschüttert worden. Tauler begann nun auf's Neue im
Jahre 1341 seine Predigtfahrten [1] und wohl auch schon früher,
verbreitete in den Klöstern seine mystischen Lehren und übte
während dem Interdicte und den Verwüstungen des schwarzen
Todes an den Kranken und Sterbenden die Werke eines barm=
herzigen Christen und die Tröstungen eines opferwilligen Prie=
sters. Taulers mystisches Lehrsystem ist ausgesprochen in seinen
Predigten und in seinem Buche von der Nachfolge des armen
Lebens Christi, insbesondere aber in seiner Medulla animae
oder in dem Büchlein von der christlichen Vollkommenheit, und
in seinen Briefen an mehrere Ordensschwestern.

Wir gehen auf seinen gleichzeitigen Ordensgenossen, Bruder
Heinrich Suso, über, über dessen Leben und Wirken uns rei=
chere Nachrichten zu Gebote stehen.

Heinrich Suso, genannt Amandus, der Liebetraute,

---

[1] Nach Spellins Straßburger Chronik.

wurde um das Jahr 1300 bei Ueberlingen geboren, trat schon im 13. Altersjahre zu Konstanz in den Prediger-Orden und starb im Jahre 1366 zu Ulm, wo seine Gebeine im Kreuzgange des dortigen Dominicanerklosters annoch ruhen. Er hatte von seiner gottseligen Mutter, Säussen, nicht nur den Namen, son= dern auch ein tiefsinniges Gemüth ererbt, mit glücklichem Er= folge zu Köln den höheren Studien sich gewidmet und den Uebungen der Frömmigkeit sich hingegeben, als im 18. Jahre seines Alters „die große Kehr zu Gott" in ihm eintrat, die auch die weitere Entwicklung seines Lebens für immer entschied. „Herr," sprach er damals, „ziehe an dich, das mir gefolgt hat von meiner Mutter Leib, das milde Herz, das ich gehabt habe alle meine Tage. Ich sah nie einen Menschen in Leid, noch in Betrübniß, ich hatte ein herzliches Mitleiden mit ihm. Alle, die je traurig oder beschwert zu mir kamen, die fanden je etwas Rathes, daß sie fröhlich und wohlgetröstet von mir schieden; denn ich weinte mit den Weinenden, trauerte mit den Trauern= den, bis daß ich sie mütterlich wiederbrachte. Das müssen mir alle meine Gesellen bekennen und gestehen, daß es von mir selten gehört ward, daß ich je eines Bruders oder eines andern Menschen Sache schlimmerte mit meinen Worten, sondern aller Menschen Sachen besserte ich, sofern ich konnte. Der Armen getreuer Vater hieß ich, aller Gottesfreunde besonderer Freund war ich; mir that je kein Mensch so großes Leid, wenn er mich nur gütlich darnach anlachte, so war es Alles dahin in Gottes Namen, als ob es nie geschehen wäre. Zwar, ich will geschweigen der Menschheit; denn selbst aller Thierlein und Vöglein und Gottes Creatürlein Mangeln und Trauern, so ich das sah und hörte, ging es mir an mein Herz, und ich bat den obersten milden Herrn, daß er ihnen helfe. Alles, was im Erdreich lebt, fand Gnade und Mildigkeit an mir." Das reichste, vollste und schönste Gemüth, schreibt Görres [1], thut sich in diesen Worten auf, und ein warmer Athem der Liebe weht

---

[1] Heinrich Suso's Leben und Schriften, herausgegeben von Melchior Diepenbrock, mit einer Einleitung von J. Görres. Regensburg 1829. S. 129.

uns in ihnen aus seinen Tiefen an. Das minnereiche Herz,
das ihm Gott gegeben, bildete er in lieblichem Verkehre mit
der ewigen Weisheit und durch ein Leben voll der schwersten
Opfer und Entsagungen zu immer höherer Weihe und frucht=
bringender Wirksamkeit aus. Die geistige Umwendung wurde
durch eine Entrückung seiner Seele vermittelt. „Als er einst=
mals allein stand im niederen Gestühle [1] des rechten Chores der
Klosterkirche zu Konstanz und Niemand bei ihm, noch um ihn
war, da ward seine Seele entzückt, und er sah und hörte, was
allen Zungen unaussprechlich ist. Es war formlos und weis=
los (begrifflos), was er sah und hörte, und hatte dennoch
aller Form und Weise freudenreiche Lust in sich; das Herz
war gierig und gesättigt, der Muth gehoben und wohlflorirt,
die Wünsche waren ihm gestillt, jedes weitere Begehren ihm
entgangen. Er starrte hin in dem reichen Wiederglast, darin
er seiner selbst und aller Dinge vergaß; ob es Tag war oder
Nacht, das wußte er nicht, es war des ewigen Lebens eine
überfließende Süßigkeit in gegenwärtig sich haltender ruhiger
Empfindung. „Ist das nicht Himmelreich," rief er, „so weiß
ich nicht, was Himmelreich ist; denn all' das Leiden, dessen man
mag gewärtig sein, kann die Freude billig nicht verdienen dem,
der sie ewig soll besitzen." Dieser überschwängliche Zug währte
wohl eine Stunde, und als er wieder zu sich selber kam, da
war ihm in aller Weise wie einem Menschen, der von einer
andern Welt gekommen ist. Diese Entbindung seiner seelischen
Kräfte hatte aber seinem Leibe so wehe gethan, daß er ent=
kräftet in Ohnmacht zu Boden sank und inniglich zu Gott er=
seufzete: „O Gott! wo war ich, und wo bin ich nun jetzt?
Ach, herzliches Gut! diese Stunde mag von meinem Herzen
nimmermehr kommen." An seinem Aeußern nahm Niemand
etwas Sonderbares wahr; allein seine Seele und sein Gemüth
waren voll himmlischen Wunders; die Richtung nach Oben und
nach Innen, die ihm hievon ward, durchdrang sein ganzes We=
sen und gab ihm eine mächtige Sehnung und Begierde nach
Gott." — Was hier und im Weitern noch Heinrich Suso über

---

[1] A. a. O. I. Bd. Kap. 3.

den Beginn und Verlauf seines mystischen Lebens erzählt, gibt
uns über die Vorübungen und Zustände des mystischen Lebens
klarere Aufschlüsse, als bloße Begriffe es vermöchten. Nachdem
diese erste Lösung vollbracht, vernahm er eines Morgens, in die
Betrachtung versunken, die Stimme: „Höre, Kind meines, den
hohen Rath deines Vaters! Willst du hoher Minne pflegen, so
sollst du zu einem holdseligen Lieb die ewige Weisheit nehmen, denn sie gibt ihrem Liebhaber Jugend und Tugend, Adel
und Reichthum, Ehre und Vortheil, große Gewalt und einen
ewigen Namen." Von Stunde an ging er dann sinnend nach
der Allerliebsten; wo sie zu finden wäre, konnte seinem minnereichen Herzen nicht lange verborgen bleiben. „Ach, Herze meines," sprach er, „von wannen her fließt Minne und alle Hold-
seligkeit? Von wannen kommt alle Zartheit, Schönheit, Herzenslust und Lieblichkeit? Kommt es nicht Alles von dem aus-
quellenden Ursprunge der reinen Gottheit? Wohlan, wohlan
denn, Herz und Sinn und Muth hin in den grundlosen Abgrund aller lieblichen Dinge! Wer will es mir wehren? Ich
umfahe dich heute noch nach der vollen Begierde meines brennenden Herzens." In dieser überirdischen Stimmung schwebte
nun fortan seine Seele, und sie verlieh seinem ganzen Leben
eine höhere Richtung. Wenn er Loblieder singen oder süßes
Saitenspiel erklingen hörte, wenn er von zeitlicher Minne hörte
klagen und sagen, so war ihm sein Herz und Muth alsbald
hingewendet zu seinem allerliebsten Lieb, der ewigen Weisheit,
von der alle wahre Liebe fließt. Wie oft da ihr minnigliches
Bild mit weinenden Augen, mit ausgebreitetem grundlosem
Herzen ward umfangen und lieblich an das Herz gedrückt, das
ist nicht auszusprechen; und so groß war die Liebe des Dieners
zu der Geliebten, daß er in der Feuergluth freiwilliger Schmerzen die Bewährung seiner Treue zu ihr suchte und fand. Denn
unter großem Weh hatte der Diener den Namen Jesus in seinen drei Consonantbuchstaben mit einem eisernen Griffel auf
sein Herz eingegraben, und er trug dieses Minnezeichen bis an
seinen Tod an sich, damit, so oft sein Herz sich bewege, dann
auch der heiligste Name auf seinem Herzen sich bewege. Allein
die Liebe zur ewigen Weisheit bewegte noch viel mächtiger seine

Seele; sie wußte allen Abschnitten des Tages, allen festlichen Merktagen des Jahres, allen Erscheinungen der Zeit eine höhere Bedeutung abzugewinnen und für den göttlichen Minnedienst sinnig zu verwenden.

Wenn der fromme Diener in sich gekehrt des Morgens nach der Mette in seiner Kapelle saß, um kurzer Ruhe zu pflegen, und der Wächter den aufgehenden Tag verkündete, da gingen ihm die inneren Augen auf, und auf die Kniee gesunken, grüßte er den aufgehenden Morgenstern — Maria, die zarte Königin vom Himmelreiche — und meinte, wie die kleinen Vögelein im Sommer den lichten Tag begrüßen und ihn fröhlich empfahen, also in der fröhlichen Begierde grüßte er die Lichtbringerin des ewigen Tages und sang dann mit einer süßen Hellung und lautem Tone: Stella maris Maria hodie processit ad ortum, — der Morgenstern Maria ist heute aufgegangen. In diesem tiefsinnigen Bezuge zum Göttlichen ward seine lieberfüllte Seele gar oft zu höheren Gesichten (Visionen) erhoben, darinnen er einmal seinen Engel bat, daß er ihm zeige, in welcher Weise Gottes verborgene Wohnung in der Seele gestaltet wäre. Der Engel sprach zu ihm: „Thue einen fröhlichen Einblick in dich selbst, und schaue, wie Gott mit deiner liebenden Seele sein Minnespiel treibt." Und er sah, daß der Leib ob seinem Herzen so lauter war, als ein Krystall, und sah mitten in dem Herzen ruhig sitzen die ewige Weisheit in lieblicher Gestalt. Bei ihr saß des Dieners Seele in himmlischer Ersehnung; sie war freundlich an Gottes Seite geneigt; von seinen Armen umfangen und an sein göttliches Herz gedrückt, lag sie also entzückt und liebetrunken in des geliebten Gottes Armen. Zogen nach alter Sitte die Jünglinge in Schwaben beim Beginne des neuen Jahres des Nachts umher, um vor den Fenstern ihrer Buhlen schöne Lieder zu singen und Sinngedichte zu sprechen, damit ihrerseits dann ihre Liebsten ihnen Kränze gäben, da ging auch der Diener in derselben Nacht vor sein ewiges Lieb, um ihm seine Lieder abzusingen. Er trat am frühen Morgen vor das Bild, da die reine Mutter ihr zartes Kind — die ewig schöne Weisheit — auf ihrem Schooße an das Herz drückt, und kniete nieder und fing an zu singen im stillen süßen

Getön seiner Seele eine Sequenze vorerst der Mutter, daß sie
ihm erlaube, einen Kranz zu erwerben von ihrem Kinde, und
ihm dazu behülflich sei. Dann kehrte er sich zu der herzlieben
Weisheit und neigte sich zu ihren Füßen nieder und grüßte sie
vom tiefen Abgrunde seines Herzens und rühmte sie mit Lob
an Schönheit, an Adel, an Tugend und Reinheit über alle
schönen Jungfrauen dieser Welt. An Unser Frauentag in der
Lichtmeß frühe, bevor sonst Jemand noch in der Kirche war,
ging er vor den Frohnaltar und wartete da in seiner geistigen
Betrachtung der hohen Gottesmutter, als würde sie zum Tem=
pel mit ihrem himmlischen Hort dahergezogen kommen. Er ging
ihr im Geiste entgegen bis vor die Thore der Stadt mit der
Schaar aller gottliebenden Herzen; er lief in der Straße vor
sie hin und bat sie, mit dem Zuge eine Weile stillzuhalten, bis
daß er ihr eines gesungen hätte. Dann hub er an und sang
mit geistlichem stillen Getön die Antiphone Inviolata; und wenn
er zu den Worten kam: O benigna, o benigna! — o Gütige,
o Gütige! neigte er sich ihr von Grunde und bat sie inniglich,
daß sie ihre milde Güte an einem armen Sünder erzeige, und
stand dann auf und folgte ihr mit seiner geistlichen Kerze in
der Begierde, daß sie die brennende Flamme des göttlichen
Lichtes in ihm nimmer erlöschen ließe. So führte er die alle=
zeit reine Mutter zu dem Tempel weiter, und ehe sie hinein=
trat und dem Simeon den Heiland übergab, kniete er vor ihr
nieder, hob seine Augen und Hände auf und bat sie, daß sie
ihm das Kind zeige und ihm es zu küssen erlaube, und da sie
ihm es gütlich bot, breitete er seine Arme in die endlosen
Theile der weiten Welt und empfing und umfing den Geminn=
ten in einer Stunde wohl zu tausend Malen, und er schien
dann voll Verwunderung in seinem Herzen, daß der Himmel=
träger so groß und doch so klein ist, so schön in dem Himmel=
reich und so arm auf dem Erdreich; und erging sich mit Sin=
gen und mit Weinen und mit geistlichen Uebungen, gab ihn
dann seiner Mutter wieder, und ging mit ihr hinein, und war=
tete, bis daß Alles vollbracht war. — Wenn dann die Faßnacht
nahte und die unweisen Leute dieser Welt anfingen, ihrer Thor=
heit nachzugehen, so fing er an, in seinem Herzen eine himm=

lische Faſtnacht zuſammenzutragen, und die war alſo: er be=
trachtete die kurze ſchädliche Luſt dieſer weltlichen Faſtnacht und
wie Viele um kurzes Lieb langes Leid davon gewinnen, und
ſprach ein Miserere dem werthen Gott für alle Unehre, die ihm
in derſelben verkehrten Zeit geſchieht. Die andere Faſtnacht
war ihm eine Betrachtung des Vorſpieles der Ewigkeit, wie
Gott mit ſeinen auserwählten Freunden noch in dieſem ſterb=
lichen Leibe mit himmliſchem Troſte ſpielet, und nahm dann
hervor mit dankbarem Lobe, was ihm beſſer geworden, und ließ
ſich mit dem allmächtigen Gott wohl ſein. — Kam der Mai
heran, da ſetzte er ihm einen geiſtlichen Strauß feſtlich auf.
Unter allen ſchönen Zweigen, die je wuchſen, konnte er nichts
Aehnlicheres finden dem ſchönen Maien, als den wonniglichen
Aſt des heiligen Kreuzes, der blühender iſt mit Gnaden und
Tugenden und aller herrlichen Zierde, als alle Maien jemals
blühten und Blumen trugen. Seine Begierde galt dem geiſt=
lichen Maien; ihm ſang er in ſeiner Innerlichkeit den Hymnus:
Salve crux sancta. „Gegrüßet“, ſprach er, „ſeiſt du, himm=
liſcher Mai der ewigen Weisheit, auf dem da gewachſen iſt die
Frucht der ewigen Seligkeit. Zum erſten dir zu ewiger Zierde
für alle rothen Roſen biete ich dir heute eine herzliche
Minne, zum andern für alle kleinen Violen einen demüthi=
gen Sinn, zum dritten für alle zarten Lilien ein lauteres
Herz; zum vierten für alle ſchön gefärbten und glänzenden
Blumen, die je Haide oder Anger oder Wald und Aue, Baum
oder Wieſe in dieſem ſchönen Mai hervorgebracht, beut dir
mein Herz eine geiſtige Umarmung; zum fünften für aller wohl=
gemuthen Vögelein Geſang, den ſie je auf einem grünen
Maienreiſe ſangen, gibt dir meine Seele ein grundloſes Loben;
zum ſechsten für alle Zierde, womit je ein Mai in ſchönſtem
Flore prangte, erhebt dich heute mein Herz mit einem geiſtlichen
Singen, und bitte ich dich, geſegneter Mai, daß du mir helfeſt,
dich in dieſer kurzen Zeit ſo zu loben, daß ich deine lebendige
Frucht ewig möge genießen.“ So wurde der Mai von ihm
begangen [1].

---

[1] A. a. O. Kap. 15.

Doch waren nicht immer derlei Tröstungen dem Diener der ewigen Weisheit beschieden; in der Fastenzeit, da er unter schweren Bußübungen die Marter des Herrn in Betrachtung zog, ward zu ihm gesprochen: „Weißt du nicht, daß ich das Thor bin, durch das alle wahren Gottesfreunde müssen einbringen, die zur rechten Seligkeit kommen wollen? Du mußt den Durchbruch nehmen durch meine leidende Menschheit, sollst du wahrhaft kommen zu meiner reinen Gottheit." Da folgte er dann der Marter des Herrn durch alle ihre Stadien, von seinem Ausführen bis an seinen Tod am Kreuze, und kam er unter das Kreuz, da bat er den Herrn, daß seinen Diener weder Leben noch Tod, weder Lieb noch Leid nimmer von ihm scheiden möchte. Er hatte in seiner Jugend eine gar lebendige Natur zu bestehen und suchte darum manche Kunst und harte Buße, wie er seinen Leib möchte dem Geiste unterthänig machen. Vom 18. bis in sein 40. Lebensjahr führte er diese Uebungen harter Abtödtungen fort; als dann seine sinnliche Natur gänzlich gebrochen war, wurde ihm gezeigt, daß diese strenge Buße als die erste Stufe anzusehen sei, die von der niedern Schule in die höhere und höchste führe, die in dieser Zeitlichkeit zu finden sei. Nun sollte er die höchste Kunst erlernen, die ihn nach schweren Leiden in den göttlichen Frieden setzen und seinen heiligen Anfang zu einem heiligen Ende bringen würde. Es wurde ihm aber kundgegeben, daß jene höchste Schule und ihre Kunst nichts anderes sei, als ein vollkommenes Verlassen seiner selbst, also daß ein Mensch stehe in einer solchen Entwerdung mit sich selbst und mit den Creaturen in Lieb und Leid, daß er nichts anderes mehr wolle und wünsche, als sich selber aufzugeben und in Allem Gottes Lob und Ehre allein zu suchen, wie sich der liebe Christus gegen seinen himmlischen Vater bewies. Das Untergehen seiner selbst war aber für ihn mit den schmerzlichsten Prüfungen verbunden, und war er in der geistlichen Miliz bisher ein Knecht gewesen, so sollte er fürderhin darin als ein Ritter sich bewähren. Zehn Jahre lang wurde er auf diesem Kampfplatze hingehalten und geübt. „Siehe über dich an den Himmel", sprach die innere Stimme; „magst du die unzähligen Sterne zählen, die am

Himmel leuchten, so magst du auch deine Leiden zählen, die dir noch künftig sind"; und sie wurden ihm in drei großen Gruppen vorgewiesen. Die eine davon war: „Du schlugst dich bisher mit deinen eigenen Händen und hörtest, wenn du wolltest, auf, und hattest Erbarmen mit dir selber. Ich will dich nun dir selber nehmen und will dich ohne alle Wehr den Fremden zu behandeln geben. Da mußt du einen Untergang deiner Ehre nehmen durch die Bosheit etlicher blinden Menschen, von dem Drucke soll dir weher geschehen, denn von dem scharfen Kreuze auf deinem verwundeten Rücken; und warst du in deinen bisherigen Bußübungen bei den Leuten groß und angesehen, so wirst du nun niedergeschlagen und zu nichte werden." Doch noch zu einer tieferen Leidensstufe sollte er herniedersteigen. „So eine zarte, minnesuchende Natur du auch hast, es wird geschehen, daß an den Stätten, wo du sonderliche Liebe und Treue suchest, dir große Untreue, Leid und Ungemach wird entboten werden." Die tiefste Stufe seiner künftigen Leiden nahm er in der Offenbarung wahr: „Hast du bisher in göttlicher Süßigkeit wie ein Fisch im Meer geschwebt, so will ich nun dich dorren und barben lassen, daß du von Gott und der Welt sollst verlassen und von Freunden und Feinden verachtet und verfolgt werden, kurz, Alles, was du anfangen wirst dir zu Lieb oder zu Trost, das Alles wird sich wider dich kehren." Als er dann bald darauf im Kreuzgange des Klosters einen Hund traf, der ein verschlissenes Fußtuch in seinen Zähnen trug, das er knurrend auf und nieder warf und Löcher darein zerrte, da wurde ihm bedeutet: Gerade so wirst du werden in deiner Brüder Mund! Da erblüht nun der Rosenbaum über ihm in wundervielen rothen Rosen, bezeichnend alle die Leiden, die auf ihn fallen sollen, und die rothen Rosen werden zu weißen — bezeichnend seine Lauterkeit — mit in den Kranz geflochten, den er als seine Signatur jenseits auf dem Haupte trägt. Nun stürmen die verkündeten Leiden der Reihe nach auf den Diener ein. Er hat schwere Zweifel wider den Glauben zu bestehen; es überfällt ihn eine Traurigkeit, als ob ein Berg auf seinem Herzen läge; er hat mit der Verzweiflung zu ringen, daß seiner Seele nimmer möge Rathes werden, er müßte ewiglich verdammt sein.

Hatte er diese inneren Leiden siegreich überwunden, so brachen nun die äußeren Leiden über ihn herein. Er wird bedroht mit falschen Anklagen vor Gericht, schwere Krankheiten überfallen ihn mitten in diesem Gedränge; die klägliche Verirrung seiner eigenen Schwestern drückt ihn so hart darnieder, daß sein über= ladenes Herz vor Leid ersteinen möchte; Gefahren von den Mördern im dunkeln Walde, Gefahren von dem Ueberfluthen des Rheinstroms auf seinen Reisen, der Undank und die Treu= losigkeit der Menschen, denen er nur Gutes erwiesen, die Härte und Lieblosigkeit seiner Ordensbrüder — alle Gewalten des Ungemachs waren wider ihn losgelassen, um ihm die Prüfung herb und schwer zu machen. Er kämpft den langwierigen Kampf mit ausdauerndem Muthe und erkämpft sich endlich die rechte Gelassenheit. Gott alle seine Leiden in rechter Weise einzutra= gen, hat er nun gelernt; er ist ein vollkommen durchgeübter Mensch geworden, und Friede und Freude in allen Dingen hat er als Krone aus diesem Streite davongetragen. Denn je em= pfindlicher Gottes Hand sein Herz in diesen Prüfungen ver= wundete, um so mehr wuchs die Gnade in seiner Seele, und je tiefer er gehorsam und standhaft in die Kreise der Erniedri= gung hinunterstieg, um so höher stieg er jetzt in den oberen Kreisen zum Schauen und Genießen der ewigen Weisheit em= por und ward selber zu einem überfließenden Gefäß der Er= kenntniß und der Gnade, das seinen Ueberfluß nach weiten Umkreisen an die Seelen überleitete, die damals in dem be= schaulichen Leben Gott dienten. So sah eine derselben in einem Gesichte einst eine unzählige Menge Kinder in und an ihm hängen; je mehr Göttliches jedes in sich hatte, so viel mehr Raumes hatte es auch in ihm, und je innerlicher es ihm lag, um so näher hatte sich Gott zu ihm gewendet. Diesen seinen geistlichen Kindern in den verschiedenen Frauenklöstern am Ober= rheine, an der Töß und an der Limmat ertheilte Heinrich Suso aus dem Reichthume seines Herzens jene Lehren von dem hohen Zwecke der menschlichen Leiden, jenen Unterricht über die falsche Minne der Welt und die treue Minne Gottes, jene Aufschlüsse über die erhabenen Geheimnisse des dreieinigen Gottes und die ernsten Wahrheiten der Ewigkeit, über das ritterliche Absterben des äußeren Menschen und das innere Leben der Seele in Gott, kurz alle jene lieblichen Unterweisungen in der mystischen Gottes- und Tugendlehre, die wir in seinen Schriften zu unserer großen Erbauung wiederfinden.

## 4. Ueber das Lehrsystem eines ungenannten deutschen Mystikers.

Mit Heinrich Suso hängt der ungenannte deutsche Mystiker zusammen, dessen Lehrsystem, aus der alten in die Sprache unserer Zeit übertragen, im nächsten Buche folgen wird. Daß er in den oberen deutschen Landen gelebt, beweist die alemannische oder hochdeutsche Mundart der mittleren Zeit, die er führt; daß er auf Heinrich Suso gefolgt, bezeugen die einzelnen Stellen, die er aus dessen Schriften seiner Arbeit beigegeben [1]. Wußte Heinrich Suso mit der Kraft und Richtung seines gottseligen Lebens den Irrungen die Spitze zu brechen, die in den Grundlehren des Eckhart'schen Systems lagen, so entging der unbekannte Verfasser jener Gefahr dadurch, daß er sich mit den Werken des Albertus Magnus und Thomas von Aquin genau vertraut machte und durch den letzteren sich über die Ideenlehre unterrichten ließ, die ihm zeigte, daß die ideelle Existenz der Creatur in Gott von ihrer wirklichen Daseinsweise in der Zeit-

---

[1] Dieses sehr interessante Werk ist in der Papierhandschrift D enthalten, die einst dem St. Katharinakloster Prediger-Ordens in St. Gallen (seit 1620 nach Wyl versetzt) zugehörte. Sie umfaßt 342 Seiten in klein Quart, jede Seite zu 22 Linien. Die Schriftart ist die sogenannte gothische zu Anfang des fünfzehnten Jahrhunderts und sehr zierlich gehalten; ein Beweis, daß das Werk selber in großen Ehren stand. Unter den angeführten Autoren werden außer den älteren noch Thomas von Aquin, der Bischof Albrecht, Meister Eckhart, der von Sternengassen, dagegen niemals weder Tauler noch Suso genannt, obwohl von dem letzteren mehrere bedeutende Stellen aufgenommen erscheinen. Eine zweite Handschrift E desselben Werkes ist in der deutschen Cursivschrift des fünfzehnten Jahrhunderts und sehr leserlich geschrieben und schließt mit den Worten: „Et sic est finis, Deo gratias anno Domini 1417 post festum Mariae assumptionis." Beide Handschriften waren Eigenthum des mehrbenannten Klosters.

lichkeit genau und scharf zu unterscheiden sei. Er suchte die
Lehren beider großen Denker zu vereinbaren, und das Bestreben,
der Richtschnur der positiven Kirchenlehre zu folgen, ohne die
kühnen Anschauungen Meister Eckharts preiszugeben, verlieh auch
seiner Schrift jenen Charakter der Zweideutigkeit und Schwan=
kung, den wir gerade bei den schwierigsten Fragen in ihr finden,
dieß vorzugsweise, wenn wir einzelne Stellen außer dem Zu=
sammenhange an und für sich und nicht im symbolischen Ver=
stande, sondern im wörtlichen Sinne nehmen wollten. Allein
während die falsche Mystik von einer Emanation der Seele aus
dem Wesen Gottes und einer Gleichwesenheit beider redet,
für das practische Leben einen einseitigen Quietismus und Spi=
ritualismus aufstellt und mit einer Vernichtung oder einem Auf=
gehen der Persönlichkeit des creatürlichen Geistes in dem Wesen
Gottes endet, weiß unser Auctor diese Hauptmomente der Phi=
losophie in den Lehren vom Ausgang der Seele aus Gott, von
ihrer Wiederkehr zu Gott und ihrer ewigen Einkehr in Gott
viel befriedigender aufzufassen; hievon ist an einigen Stellen
nur dasjenige auszuscheiden, was er wörtlich aus Meister Eck=
harts Schriften zog.

„Zwei Offenbarungen sind in Gott zu unterscheiden, wie
unser alter Meister lehrt; in der einen offenbart er sich ihm
selber in der Weise der Personen (innere Selbstoffenbarung),
in der andern in creatürlicher Weise, worin er das Bild
der heiligen Dreifaltigkeit in den geschaffenen Geist eingeistet.
Weil Gott die ganze Welt erschuf, jedoch nicht so [1], daß alle
Creaturen aus göttlichem Wesen entsprungen wären nach na=
türlicher Geburt, wie das ewige Wort des Vaters, sonst wären
alle Creaturen Gott, was keinen Sinn erhalten kann,
vielmehr verwirft die Natur der Creatur solches als
eine unmögliche Sache, — hat Gott auch alle Creaturen
durch das Wirken des Verständnisses göttlicher Wesung erschaf=
fen. Darum mußte in dem göttlichen Verständniß ewiglich eine
vorgehende Form oder ein Bild derselben Gestalt sein,
nach deren Gleichheit Gott die Creaturen erschuf. Denn wie

---

[1] Handschr. D S. 280.

das Wesen Gottes Verständniß ist und er in der ewigen Selbst=
anschauung sein Wesen versteht, so versteht er auch alle Dinge,
und wie in der Seele des Baumeisters das Bild (die Idee) des
Hauses schon vor dessen wirklichem Ausbau enthalten ist, so sind
in dem Bilde Gottes aller Dinge Bilder von Ewigkeit her be=
schlossen, und da das Bild Gottes das ewige Wort ist, kann
man sagen, Gott habe in seinem Worte alle Dinge ge=
macht. Wie haben sich aber alle Creaturen ewiglich in Gott
gehalten? Sie sind wie in ihrem ewigen Exemplar da gewesen.
Was ist das Exemplar? Es ist sein ewiges Wesen in dem
Sinne, wie es sich in gemeinsamlicher (mittheilender) Weise
der Creatur zu offenbaren gibt [1]. Denn merke, daß alle Crea=
turen ewiglich in Gott sind Gott; sie haben da keinen gründ=
lichen Unterschied gehabt, vielmehr sind sie dasselbe Leben, We=
sen und Vermögen, sofern sie ewig in Gott sind, und sind
dasselbe Eine und nicht minder. Aber nach dem Ausschlage
(dem Hervortreten in die Wirklichkeit), darin sie ihr eigenes
Wesen nehmen, hat ein jegliches (Geschöpf) sein Sonder=
wesen ausgeschieden mit eigener Form, die ihm natür=
liches Wesen gibt. Denn die Form gibt gesondertes
Wesen und ausgeschieden beide sowohl von dem gött=
lichen Wesen, als von allen anderen Wesen, wie die
natürliche Form des Steines ihm gibt, daß er sein eigenes
Wesen hat, welches nicht Gottes Wesen ist; denn der Stein ist
nicht Gott und Gott ist nicht der Stein, obwohl der Stein und
alle Creaturen von ihm sind, was sie sind. In diesem Ausfluß
haben alle Creaturen Gott gewonnen; denn wo immer eine
Creatur sich findet, ist sie vergichtig (offenbarend) ihren Gott."
So correct diese Lehrsätze über die Schöpfung, lauten auch die
Ansichten, die der alte Meister über das Wesen der Seele
uns vorlegt. „Sie ist die edelste Creatur", schreibt er, „und
ohne Mittel (unmittelbar) aus Gott geflossen. Als Gott die
Seele erschuf, griff er seinem göttlichen Herzen so nahe, daß,
hätte er seine göttliche Natur theilen können, er sie mit der

---

[1] In der Handschrift wörtlich: „wie es sich in gemeinsamer Weise zu
erfolgen gibt."

6 *

Seele würde getheilt haben. Das konnte aber nicht sein. Sie ist nicht von der Natur Gottes, sie ist von der Minne Gottes. Denn als Gott die Seele erschuf, griff er zwischen Gott und die Gottheit mitten innen und schuf die Seele von Nichts. Woher nahm er das Nichts? Als er alle Dinge machte, da nahm er nichts. Die Seele war in Gott so einfach (in der Idee), daß sie ihn nicht loben konnte; darum schuf er sie (zur gesonderten Creatur), daß sie ihn loben möchte, und schuf die Seele von Nichts, damit er durch sie gelobt werde."

„Nur mit ihren Kräften wirkt und erscheint die Seele nach Außen; der tiefere Grund der Seele, ihr Wesen und ihre innerste Innerlichkeit tritt nie hervor, sondern bleibt Gott allein zugewendet in der Tiefe. Hier ist der menschliche Geist in seiner Unerschaffenheit, was er ursprünglich und ewig in Gott gewesen ist, und in diesem Grunde erkennt sich Gott und minnet und genießt er sich, denn er ist nur Ein Leben und Ein Wesen und Ein Wirken. In diese Verborgenheit soll der geschaffene Geist im Laufe seines Lebens in der Zeit wieder zurück in seine Unerschaffenheit getragen werden, worin er ewiglich gewesen ist, ehe er erschaffen war, und hier erkennt er sich Gott in Gott und doch an sich selber als eine Creatur und als geschaffen; allein in Gott sind alle Dinge Gott, in denen sich dieser göttliche Grund findet. Gott ist der Seele innerste Innerlichkeit, darum muß ihn der Mensch im innersten Grunde seiner Seele suchen, und nicht im Aeußeren oder in den Creaturen. Wie nun die Seele dem Leibe Wesen und Leben verleiht, so gibt Gott der Seele das Leben, und wie sich die Seele in alle Glieder des Leibes ergießt, so fließt Gott in alle Kräfte der Seele und durchgießt sie. Darum spricht die Seele: Gott ist mein und das Mein minne ich, und es zieht mich in sich, und was mich in sich gezogen hat, das bin ich mehr, als was ich selber bin; wer daher Gott minnet, wird von Gnaden das, was Gott von Natur ist. Das Wesen der Seele ist das Bild Gottes in ihr; dieses ist das Etwas, in welchem Gott bloß ist; es ist namenlos und hat kein eigenes Wesen; was es ist, ist es in einem andern. Darin ist Gott allezeit innewohnend und der Seele gegenwärtig, wie er ihr (in der Idee) gegenwärtig gewesen ist, und durch dieses Eine ist der Mensch mit Gott Ein Gesinde. Die Creatur kann in diese Tiefe nicht dringen, Gott allein rührt den Grund der Seele; in dieser Stätte hat sie alle Dinge sonder Materie (ideell), wie die erste Ursache (Gott) alle Dinge sonder Materie in sich hat."

Die Wiederkehr der Seele zu Gott macht die Aufgabe ihres Lebens in dieser Zeitlichkeit aus. Soll die Seele in der Zeitlichkeit zu ihrem Bewußtsein und zur Entwicklung ihrer Kräfte kommen, so muß Gott sein ewiges Wort im Grunde der Seele sprechen, der Sohn Gottes in diesem Grunde geboren, die Seele selbst ein Sohn Gottes werden. Diese Lehre der Mystiker buchstäblich verstanden war ganz geeignet, ihnen den Vorwurf pantheistischer Irrthümer zuzuziehen. Unser Verfasser zeigt jedoch, daß ihr nur ein allegorischer Sinn beigemessen werden müsse. „Es sind zwei Worte", schreibt er, „die auf das Vollkommenste das ewige Wort in der Seele offenbaren: das eine ist das Wort Gottes und das andere, wenn die Seele das Wort ihrer selber spricht [1]. Wie spricht sie das Wort Gottes? Siehe, Gott ist in allen Dingen, und darum ist Gott auch in deinem Gedächtniß (Gehügniß), und wenn die Seele das Wort Gottes, wie es in dem Gedächtnisse liegt, in ihrer obersten Kraft, der Vernunft, gebiert, so wird Gott ein Wort deiner Seele, und wenn dieses Wort fließt in deinen Willen, wird er darin eine Minne. Nun siehe, wie Gott Vater ist in dem Gedächtniß, und Gott Wort ist in deiner Vernunft, und Gott Geist in der Minne, und doch nur Ein Gott. Und dieß hat man zu verstehen, wenn man gemeiniglich sagt, daß Gott sein einiges Wort in der Seele spreche. Denn wenn Gott sein Wort in sich selber spricht, gewinnt das Wort eine wahre Unterscheidung in der Person; wenn aber unser Herz aus dem Gedächtniß das Wort von Gott spricht, gewinnt das Wort keine wirkliche Unterscheidung nach der Wahrheit der Personen; es ist vielmehr nur ein Gleichniß und ein Bild des ewigen Wortes. So spricht also Gott sein Wort in der Seele. und das Gedächtniß der

---

[1] A. a. O. S. 20.

Seele spricht das Wort in der Vernunft, und Gott und Mensch sprechen das Wort mit einander in unser Leben." Das Alles ist um so unverfänglicher, als die Theologie der Kirche bei dem ewigen Worte gleichfalls eine dreifache Geburt unterscheidet, die ewige nämlich in Gott, die zeitliche in der Menschwerdung des Sohnes Gottes in Maria und die geistige oder mystische Geburt desselben in der Seele des Begnadigten und Gerechten. Durch ihren Ausgang aus Gott (in der Schöpfung) hat die Seele eine Richtung von Oben nach Unten und von Innen nach Außen zu den Creaturen eingeschlagen; die Religion ist ihr gegeben, damit sie sich von den äußeren Dingen sammle, in sich selber zurückziehe, sich in ihre obersten Kräfte vereinige. Dann wird sie vergeistet, und wenn der Geist mit ganzer Einigung des Willens an Gott haftet, wird er vergottet, d. i. vergöttlichet. Wer zu dieser Einigung nicht gelangt, der kann auch Gott nicht im Geiste und in der Wahrheit anbeten. „Das Reich Gottes ist in euch, sagt der Erlöser; darum müssen wir es in uns, d. i. in dem Grunde der Seele suchen, worin Gott selber wohnet, und im allmählichen Fortgange dieses Einkehres in uns selber uns nicht nur von allen äußeren und sinnlichen Dingen zurückziehen, sondern auch alle Formen und Bilder lassen und Gott rein und bloß von allen creatürlichen Beilagen suchen. So findet man viele Menschen, die mit Andachten und Uebungen der sinnlichen bildlichen Weise wohl viel können und daran große Lust empfinden; ihnen ist aber das eigene Innere verschlossen, und das kömmt ihnen davon, daß sie zu viel auf diesen sinnlichen Bildern und Weisen stehen bleiben, darauf ruhen und nicht weiter kommen, und keinen Durchbruch in den Grund der Seele thun, darin die ewige Wahrheit leuchtet. Man kann aber nicht zweien Herren dienen, nicht den Sinnen und dem Geiste zugleich; so nimmt der Mensch mitten auf dem Wege Ruhe und vergißt seines rechten Endes. Allein die Zeit sollte nicht mehr von uns haben, als einen Durchgang zu dem Ende, und Ewigkeit sollte unsere Wohnung und unser Ende sein." Wer diese Stelle lieset, wird darin einen einseitigen Spiritualismus finden, der die äußere Offenbarung der Religion mit allen ihren naturgemäßen und gegebenen Formen beseitiget, das Innere von dem Aeußern naturwidrig trennt, die Kunst in allen ihren Formen unmöglich macht und den wirklichen Menschen unberechtigt zu einem reinen Geisteswesen erhebt, während er, Geist und Natur, Seele und Leib in seinem Wesen verneinend, für die zeitliche Entwicklung seines intellectuellen, sittlichen und religiösen Lebens nothwendig an die natürlichen und sichtbaren Bilder, Formen und Weisen gebunden ist. Der alte Meister ist jedoch weit entfernt, diesen abstracten Spiritualismus aufzustellen; denn er fügt sogleich bei: „Der Mensch soll (diese religiösen Bilder, Formen und Uebungen) nicht verwerfen, sondern mit ehrwürdiger Furcht und Demuth sie nehmen; nur soll er seiner Kleinheit und Schnödigkeit zusprechen, daß diese Weise und dieser Geschmack nicht das Höchste sei, und wollte Gott, daß solcher Leute viele wären! Denn Gott zieht und reizt den Menschen mit derlei Süßigkeiten weiter im Vorgehen zum inneren Leben, und der Mensch soll mit ihnen seine Minne reizen, dann aber die Bilder fahren lassen und durch diese Bilder in die Ueberbilder dringen, und durch diese äußeren sinnlichen Uebungen inwendig in sich selber in jenen Grund gelangen, wo das Reich Gottes in der Wahrheit ist, und hier den Herrn suchen, wie er uns auch selbst dahin gewiesen hat, als er sprach: „Das Reich Gottes ist in euch." Daher soll der Mensch allen Sinnen entweichen und alle seine Kräfte einkehren und in ein Vergessen seiner selbst und aller Dinge kommen. Je mehr er dieß thut und von den Creaturen und ihren Bildern sich entfernt, desto näher und empfänglicher wird er Gott. Wenige Menschen vermögen zwar über verständige Anschauung und über vernünftige Begreifung der Bilder und Formen hinauszukommen, wer es vermag und in rechter lediger Gelassenheit und Unempfänglichkeit steht, und sich in seinem lauteren Nicht haltet und Gott läßt einen Herrn sein und sich ihm unterwirft, und ohne Bilder und Formen in rechter Ledigkeit steht, der wird aufgerichtet und kann unbehindert in seinen Ursprung einkehren und in seine Unerschaffenheit, worin er ewiglich gewesen ist, ehe er erschaffen war; und da erkennt er sich Gott in Gott und doch an sich selber als eine

Creatur und als geschaffen, allein in Gott sind alle Dinge
Gott, in denen sich dieser Grund findet."

Die ewige Einkehr der Seele in Gott oder die gegen=
seitige Vereinigung bildete von jeher für die Speculation der
Mystiker eine gefährliche Klippe. Wohl spricht zwar unser alter
Meister den gewagten Satz aus: „wir sollen nach dieser Zeit=
lichkeit mit Gott vereinigt werden wesentlich und einiglich
und gänzlich"; allein er ermangelt nicht, über diese Einigung
die beruhigendsten Erklärungen zu geben. „Sanct Paulus
spricht [1]: Wer Gott anhaftet, wird ein Geist mit Gott, und
das geschieht durch die Minne; denn die Minne vereinet
in Wahrheit die Naturen. Worin besteht aber der Unterschied
der zweien? Das merke: Einigung durch Minne macht gleich
in Gedanken und im Willen, und an dem Gleichniß verstehst
du wohl, daß sie zwei sind und zwei bleiben in der Natur.
Einigung der Naturen aber geschieht, wenn von zwei Dingen
Ein Ding in der Natur wird, wie von einem Leib und einer
Seele Ein Mensch wird. Das Wort: der Mensch werde Ein
Geist mit Gott, soll man daher nach der Einigung der Minne
verstehen, daß nämlich der Mensch nach der Wahrheit umge=
bildet werde, die Gott ist, und nicht, daß er in seiner Natur
das werde, was Gott ist; denn so wenig ein Stein ein Mensch
werden kann, so wenig kann ein Geist Gott werden in der
Einigkeit der Natur. Der Apostel spricht: er wird ein Geist
mit Gott; er sagt nicht: er wird ein Geist, der Gott ist, um
zu zeigen, daß die Einigung, welche die Minne vollbringt,
darin besteht, daß Einer nicht der Andere wird, sondern daß
Einer dem Andern in Gedanken, im Wollen und in den Wer=
ken gleich ist. Dieß ist eine nützliche Lehre; denn man spricht
oft: der Mensch werde verbildet in Gott; in diesen
Worten möchte man leicht auf einen falschen Sinn fallen, daß
man etwa dächte, die Einigung geschehe nach der Natur und
nicht lediglich nach dem Gleichniß des Willens: denn wer
das dächte, wäre gar fern von der Wahrheit. Davon sprach
Gott durch den Propheten: Ich habe gesprochen, ihr seid

---

[1] A. a. O. S. 123.

Götter und Kinder des Alleroberſten. Und weil er ſpricht „Götter" und nicht „Gott", beweist er, daß wir nicht Gott ſind von Natur, ſondern daß wir göttlich ſind von Gnaden. Darüber ſpricht Sanct Auguſtin: Hätte Gott die Seele nicht nach ſich ſelber gebildet, ſie würde nimmer Gott von Gnaden; und bei dieſer Lehre merke wohl, daß Gott darum die Seele nach ſich ſelber gebildet hat, damit ſie ihm deſto beſſer gleichen möge; denn Gott und die Seele werden Eines zu gleicher Weiſe, wie die Seele und der Leib, und ſo ungleich dieſe dem Leibe iſt, viel ungleicher iſt Gott und die Seele; dennoch hat die Seele viele Gleichheit (Aehnlichkeit) mit Gott." Dieſe und andere Stellen ſind wohl geeignet, manche gewagte und zwei= deutige Ausdrücke und Sätze in's rechte Licht zu ſetzen und demjenigen Vorſicht und Ruhe in der Beurtheilung zu em= pfehlen, der ohne Weiteres alle alten deutſchen Myſtiker als ausgemachte Pantheiſten cenſuriren und behandeln will. Unſer Verfaſſer insbeſondere iſt weit entfernt, mit ſeinen Lehren dem Chriſtenglauben irgendwie entgegentreten zu wollen, den er der Vernunft als eine unabänderliche Richtſchnur für die Erkennt= niß der Wahrheit darſtellt. „Wer es ergründen will", ſchreibt er, „wie die drei Perſonen der Gottheit weſen in der Einigkeit und die Einigkeit (Einheit) iſt in der Dreiheit, begeht eine Vermeſſenheit; daß man es aber glaubt, iſt eine Mildigkeit, und daß man es erkennt, iſt ewiges Leben. Die Spitze des Menſchengemüthes kann in die Ueberſchwänglichkeit des göttlichen Lichtes nur durch den Chriſtenglauben gekehrt werden. Denn der Chriſtenglaube iſt der allererſte Unterwurf (subjectio), wo= mit die Seele ſich Gott unterthänig macht; der Glaube neigt und beugt die Vernunft, das zu glauben, was die Sinne nicht begreifen können. Darum ſollen wir unſere Vernunft unter das Licht des Glaubens beugen ohne alles Nachgrübeln; denn Gott vermag gar Vieles, was die menſchliche Vernunft weder begreifen noch verſtehen kann." Am allerſtärkſten wird die Vereinigung der Seele mit Gott im ewigen Leben betont und hervorgehoben, wenn von ihrem Entſinken von allem Icht in das Nicht ihrer ſelber und der Gottheit die Rede iſt. „Die Seele erhält im Himmel nichts anderes, als ein luſtbares An=

staunen Gottes, in dem sie immer neue Wunder, neue Freude und neue Wahrheit findet. Sie bringt nie so nahe in die Wahrheit ein, daß ihr nicht noch ein weiteres Wollen und darum ein Ungenügen bliebe; wäre dieß nicht, so würde das Himmelreich ein Ende nehmen, und fände die Creatur je ein volles Genügen, so würde die Creatur **Gott;** denn entweder verlöre sie ihr Wesen, oder gewänne göttliches Wesen, **was doch nicht sein kann.**" Soll der Mensch überformet werden mit dem überwesentlichen Wesen, so müssen nothwendig alle die Formen von hinnen gehen, die man in den Kräften der Seele je empfing. Das Erkennen, das Wissen, das Wollen, die Wirklichkeit, die Empfindlichkeit, die Eigenschaftlichkeit und alles (rein Selbstische), worauf der Geist ruhen könnte, muß untergehen, aller dieser Formen muß er entwerden; dann wird er in Einem Blicke überformet in der Gottheit [1]. Was die Seele von Gott scheidet, ist ein Tod, und darum ist das auch gewissermaßen ein Tod, daß die Seele außer Gott geflossen ist; denn alle Beweglichkeit ist ein Sterben, und daher sterben wir von Zeit zu Zeit, und die Seele stirbt absterbend in dem Wunder der Gottheit, daß sie die göttliche Natur ewig nie begreifen kann. In diesem Nichte stürzt sie über und wird zu nichte, und wird in diesem Nicht begraben und in der Gottheit todt. Diesen Tod sucht die Seele ewiglich, und wie sie abgetödtet wird in den drei Personen, verliert sie ihr Icht (ihre selbstsüchtige Geschöpflichkeit) und wird geworfen in die Gottheit und findet da das Antlitz ihres Nichtes (ihr ursprünglich unerschaffenes Wesen, was sie der Idee nach ewig in Gott vor aller Schöpfung war). Versenkt sich die Seele in das unerkannte Gut, so wird sie eines mit demselben und wird ihr selber unerkannt und allen Creaturen. Sie weiß wohl, daß sie ist, und wie sie alles das, was ist, erkennet, dann erst kommt sie über in das unerkannte Gut. Diese Ueberfahrt ist manchem Erkenner verborgen [2]. Sanct Johannes

---

[1] A. a. O. S. 249.
[2] A. a. O. S. 301.

spricht: Selig sind die Todten, die in Gott sterben, sie werden begraben, wo Christus begraben ward; denn in Gott begraben werden, ist nicht mehr als eine Ueberfahrt in das unerschaffene Leben." Dieses Sterben in Gott im moralischen Sinne hat seine Parallele in der Lehre des Apostels, der zum Oefteren von dem Sterben des irdischen und sündigen (selbstischen) Menschen und dessen neuem Leben in Christo redet. Und wie derselbe verkündet, daß Gott Alles in Allem werden soll, so lehrt unser alter Meister: „Gott soll werden alle Dinge, weil Gott allein erscheinen soll in Allen. Die heiligen Leiber werden in der Auferstehung zur Seligkeit verklärt und in der Seele der Verstand in die Vernunft und die Vernunft in Gott erhoben, und so wird alle Natur gewandelt in Gott, wie das Eisen in dem Feuer scheint, als ob es seine Natur verloren und die Natur des Feuers gewonnen habe, obwohl der Verstand da die Natur des Eisens wohl erkennt und des Eisens Wesen bleibt. Denn wie die Luft, von der Sonne durchleuchtet, als Licht erscheint, so soll nach dem Ende der Welt alle leibliche und geistige Natur in Gott allein scheinen, und zwar so, daß **dennoch die Dinge ihre Natur behalten,** Gott unbegreiflich wird den Creaturen, jedoch ihre Natur mit unaussprechlichem Wunder gekehrt wird in Gott." Wie in der Transformation der Seele in Gott diese dennoch ihre Natur unvermischt behaltet, so bewahrt sie in dem Entsinken von ihrer selbstischen Ichheit in das Nicht das Bewußtsein ihrer Persönlichkeit, die nicht erlöscht; denn wie unser alter Meister schreibt, „wirft sich die Seele in das Nicht ihrer selber, wenn sie sich selber der hohen (selbsteigenen) Mögenheit beraubt und ansieht die Kleinheit ihres Wesens; das andere Nicht, darein sie sich auch wirft, ist das Nicht (die Namenlosigkeit und Unbegreiflichkeit, d. i. das reine Wesen) der Gottheit. Wenn die Seele an sich selber sich für Nicht erkennt, will sie nicht bleiben auf dem Jcht (ihrer einseitigen Geschöpflichkeit), sondern wirft sich in das Nicht der Gottheit, daß sie mit Nichte zu Nichte werde. Und hiermit meint sie, daß ihr geschaffenes Jcht, das sie in sich selbst erkennt, zu Nichte werde in dem Nicht, welches das Jcht (Product) seiner selber ist und darin bestehen soll in Einigkeit. Wer auf Icht bleibt, das Gott nicht ist, der kann in die Einigkeit nicht aufgenommen werden." Bedenklicher jedoch als dieses sinnreiche Wortspiel lauten, werden sie außer dem Zusammenhange an und für sich aufgefaßt, folgende Stellen: „Wirft sich die Seele in den Mittelpunkt des Zirkels, der da ist die Vermögenheit der Dreifaltigkeit, in der sie alle ihre Werke unbeweglich gewirket, dann wird die Seele allvermögend, dann wird sie geeinet mit dem unbeweglichen Mittelpunkte, so vermag sie darin alle Dinge, wird ihres eigenen Wesens entblößt und Gott allein ist ihr Wesen. Da sieht sie Gott mit Gott" (in lumine tuo videbimus lumen). Ein hoher Meister sagt: daß wir Gott sehen, erkennen und begreifen sollen mit seinem eigenen Wesen, das da wesentlich der Seele Wesen ist; da sieht die Seele und erkennet und begreifet, wie sie begriffen ist. Hievon spricht Sanct Paulus: Dann sollen wir erkennen, wie wir erkannt sind. In dieser Einigung wird der Geist formlos und wesenlos, und der Menschennatur entsinkt ihr Wesen, daß nichts bleibt, als ein einiges Ein; dieses Wesen ist die Einigkeit, die ihrer selber und aller Dinge Wesen ist." So sehr diese Sätze die endliche Auflösung und das Untergehen des Wesens und der Persönlichkeit der Creatur in Gott aufzustellen scheinen, ist dennoch aus den früheren Lehren nachzuweisen, daß unser alter Auctor nur von dem zeitlich-irdischen Wesen und der einseitigen Selbstheit ein solches Unter- und Aufgehen behauptet und aufstellt. Er folgt hierin der Lehre, die Heinrich Suso [1] in seinem Büchlein über die Wahrheit vorgetragen, worin er spricht: „Der Mensch mag (in der Idee als ewig in Gott seiend und wieder zu ihm zurückkehrend gedacht) nicht Creatur und Gott sein nach unserer Rede; Gott ist dreifaltig und eines: also mag der Mensch in gewisser Weise, so er sich in Gott vergeht, eines sein in dem Verlieren, und dennoch nach äußerlicher Weise schauend und nießend (also in sich selbstständig und bewußt) sein. Und dessen gebe ich ein Gleichniß. Das Auge verliert sich in seinem

---

[1] Heinrich Suso Bd. III. 6. Kap.

gegenwärtigen Sehen; denn es wird in dem Werke des Ge=
sichtes (in dem Acte des Sehens) eins mit seinem Gegen=
wurfe, und bleibt doch jedwedes, was es ist." Muß
die Seele in dem Nichte überformet, oder aber zu nichte wer=
den nach dem Wesen? Darauf antwortet Suso: „Die Seele
bleibt immer Creatur; aber in dem Nicht, darin sie ver=
loren ist, wie sie dann Creatur sei oder das Nicht (das reine
Wesen Gottes), oder ob sie Creatur sei oder nicht, das wird
da nicht gedacht; allein da man noch Vernunft hat (soweit die
Reflexion noch thätig ist), nimmt man es wohl wahr, und das
bleibt dem Menschen mit einander. Der Seele Seligkeit be=
steht darin, so sie Gott schauet, bloß (rein nach seinem Wesen);
so nimmt sie all' ihr Leben und Wesen und schöpfet Alles, das
sie ist, sofern sie selig ist, von dem Grunde dieses Nichtes und
weiß nach diesem Anblick zu sprechen, von Wissen nichts, noch
von Minne, noch von Nichts allzumal. Sie ruhet ganz und
allein in dem Nichts und weiß nichts, denn Wesen, welches Gott
oder das Nicht ist. So sie aber weiß und erkennt, daß sie
das Nicht weiß, schauet und erkennet, ist das ein Ausschlag
und ein Wiederschlag (Reflexion) aus diesem ersten auf
sich selbst zurück nach natürlicher Ordnung. Wie
das eigene beschränkte Wissen in Gottes Wissen untergeht, so
vergeht der Wille nach seinem selbsteigenen Wollen und wird
mit dem göttlichen Willen vereint, so daß er nichts wollend
wird, als was der Wille Gottes will." Das Alles ist jedoch,
wie Suso bemerkt, nicht zu verstehen im Sinne einer Ein=
setzung seiner selbst (der Creatur) in Gott, wie es sonst
genommen werden könnte, sondern es ist zu nehmen im Sinne
einer Entsetzung seiner selbst (einer Entäußerung von
seiner einseitigen Ichheit); denn der Mensch wird so innig ver=
einet, daß Gott dann sein Grund ist.

So hat denn das „Nichtwissen" und die „Vernichtigung der
Creatur" in dem Nichte der Gottheit, wovon die Mystiker re=
den, nichts, was bei näherer Betrachtung ernste Bedenken er=
regen könnte. Das Licht der Gottheit bleibt für die Creatur,
wenn auch vernommen, doch ewig unvernehmbar, ist daher sicht=
bar zugleich und unsichtbar, erkannt und immerdar unbegreif=

lich, leuchtend zugleich und dunkel. Darin besteht die An=
schauung im Dunkeln, die zugleich identisch mit dem höchsten
Lichte ist, zu welcher das Nichtwissen erst den Weg bereitet.
Denn, wie die Mystiker lehren, erscheint nur dem die Gottheit
ohne Hülle, der, alle creatürlichen Bilder und Weisen durch=
brechend, in das Dunkel des Nichtwissens eintritt; erst im
Strahle der göttlichen Finsternisse erkennt er die rechte Wahr=
heit, wie Moses auf Sinai, als er auf dem rauchenden Berge
in die Dunkel eingegangen, in denen Gott war. Dort findet
er mitten in der Gottesnacht den vollen Gottestag, und nicht
sehend, was sichtbar und creatürlich ist, sieht er das Unsichtbare
in einem höheren Lichte. Wie aber der Untergang in das Nicht=
wissen den Aufgang in das höchste Wissen bezeichnet, so ist
die Vernichtigung der Creatur oder ihr Eingang in das Nicht
der Gottheit gleichbedeutend mit ihrem Vorgehen zum wah=
ren und eigentlichen Sein. Zwar wird die Seele in keiner
Weise transsubstanzirt in Gott weder in der diesseitigen
Liebesunion, noch in der Union ewiger Vollendung; sie wird
nur transformirt; nicht das Wesen, nur die Affecte, Be=
wegungen und Richtungen werden gewandelt; die Seele
nimmt nicht die Natur, sie nimmt nur das Gleichniß
Gottes immer reiner an.

Nach diesen Vorbemerkungen möge nun Jeder das Lehr=
system unseres alten deutschen Meisters selber prüfen; über
den Reichthum der Gedanken, den es enthält, und die Schön=
heit seiner Darstellungsweise werden wohl alle Urtheile einig
gehen. Wir aber schließen dieses Buch mit den Worten Hein=
rich Suso's:

Ein Ausfluß der Weisheit
Ist das ewige Wort in der Gottheit,
In unbekannter Weislosigkeit
Steht ihre natürliche Reinheit.
Alle Herzen haben nach ihr ein Jagen,
Und kann doch Niemand etwas davon sagen;
Der Sonne Bild ist nicht so fein,
Sie übertrifft der Sterne Schein;
Sie ruhet in der Seele Grund
Und wird umfangen tausend Stund (mal).

Das Herze will sie Niemand lan,
Sie will es für sich selber han;
Nach ihr so soll man stellen
Und sie zum Lieb erwählen.
In allem Land ist ihr nichts gleich,
Sie haben, das ist — Himmelreich [1].

---

[1] Heinr. Suso's Schrift Briefb. Kap. 11.

# Zweites Buch.

## * Das Lehrsystem der deutschen Mystik.

---

### 1. Die Seele und ihre Kräfte. [1]

Nun höre und vernehme, wie die heilige Dreifaltigkeit ge=
sprochen hat in dem ersten Buche Mosis: wir sollen einen Men=
schen machen nach unserem Bilde und Gleichniß! Merke dieses
wohl, es ist ein Grund göttlicher Erkenntniß; denn es spricht
Richard in seinem Buche von der Dreifaltigkeit: wer das Wesen
und die Bildung, die Gott in die Seele gedrückt hat, wohl
versteht, mag in göttlicher Erkenntniß nicht geirren. Was ist
aber Gott? Gott ist ein lebender Geist, der sich erkennet und
minnet in Ewigkeit. Was ist ein Geist? Der Leib und der
Geist haben solchen Unterschied: der Leib ist groß und klein von
seinen Theilen, der Geist hat keine Theile; jener kann zertheilt
werden, zu= oder abnehmen, dieser kann kann weder getheilt,
noch größer oder kleiner werden. Der Leib nimmt je nach sei=
ner Größe eine bestimmte Stätte (Raum) ein; nicht so der
Geist; jener empfängt Farbe und Figur, dieser nicht. Willst
du daher in dir bilden (den Begriff), was ein Geist sei, so
mußt du alle Bildung der fünf Sinne lassen; denn was diese

---

[1] In der Handschrift kommen keine Titel vor; sie werden hier bei=
gefügt, um den Stoff des Ganzen übersichtlich auszuscheiden und einzu=
theilen.

eintragen (in die Seele), hat Größe und Kleine, ist von
Theilen und von Raum umschlossen, hat Farbe und Figur und
ist daher leiblich. Je mehr es (der Begriff) von dieser Weise
hat, um so ferner ist die Bildung (des Begriffes) von der
Wahrheit des Geistes. Wie soll ich denn denken und bilden
den (Begriff) Geist, wenn ich nichts Anderes wohl denken kann,
als was von den fünf Sinnen in mir gebildet wird? — Sprich
das Wort: Wer nach der Wahrheit lebt, darf sich seines Lebens niemals schämen! Du erkennest wohl, daß
dieses Wort (Satz) wahr ist, und auch, was die Scham sei;
allein was die Wahrheit sei, magst du wohl noch nicht erkennen. Nun merke auf: du erkanntest wohl, daß das Wort
wahr ist: Wer nach der Wahrheit lebt, darf sich seines Lebens
nimmer schämen! Nun kann Niemand eine Rede (Satz) noch
Wahrheit erkennen, er verstehe denn alle Worte, die in die
Rede fallen. Darum bedenke, was das Wort „Wahrheit" bedeute in deinen Sinnen, und du wirst finden, daß Wahrheit
etwas Gutes bedeute, da sich ihrer Niemand schämen mag,
denn von ihr kommt Ehre. Was ist denn das, was „wahr"
bedeutet? Es hat weder Farbe noch Gestalt, ist weder groß
noch klein, weder weit noch lang, weder kalt noch warm, weder
sauer noch süß, weder hart noch weich, nichts von dem Allem
finde ich in dem, was das Wort „Wahrheit" bedeutet. Es
bedeutet also etwas, was du nicht bilden oder formen kannst,
weder nach Farbe noch Figur, noch nach einer leiblichen Weise;
denn es ist in ihm selber ganz, hat weder Stücke noch Theile,
hat keinen Leib, der zu- oder abnehmen mag an seiner Figur,
noch ist es wandelbar; denn kein Ding kann halb wahr sein,
entweder ist es wahr oder nicht wahr. Auch ist eine Wahrheit
nicht mehr wahr, als die andere; die Wahrheit wird weder von
Stund noch Stätte (Zeit noch Raum) umschlossen, und so
sollst du dir den Geist denken. Wenn der Geist keine
(Seins) Weise des Leibes hat, warum reden denn die Lehrer
von dem obersten Geist oft in dem Gleichniß des Lichtes, oft in
dem Bilde des Wortes oder in anderen Gleichnissen, die alle
leiblich sind? Wenn die Meister dieses thun, meinen sie nicht,
daß der Geist gleich sei dem Lichte, weder nach Farbe noch

Figur, noch Weite oder Breite, Stunde oder Stätte, denn das
sind die Weisen seiner Leiblichkeit; sondern sie meinen, es sei
nach der Weise seiner Geistigkeit. Denn was leiblich ist, hat
auch geistige Weise, und die weisen Schauer verstehen, in der
leiblichen Creatur das zu nehmen, was geistig, und es zu schei=
den von dem, was leiblich ist. Was ist denn Geistiges in dem
natürlichen Licht? Das Licht offenbart sich selbst und Alles,
was in ihm ist, und das ist eine Eigenschaft des Geistes; das
Licht ist in seinem Ursprung in Genügsamkeit, fließt aus seinem
Ursprung in Emsigkeit und ist in der Luft eine Unterscheidung.
So viel Licht von der Sonne ausfließt, es mindert sich nicht in
ihr; der größte Haufen leiblicher Dinge wird dagegen kleiner,
wenn man davon nimmt. Darum ist das Licht eine geistige
Weise; denn so viel Lehre auch aus dem Geiste fließet, wird
doch die Weisheit in ihm nicht desto kleiner. Das Licht fließt
aus seinem Ursprung in steter Emsigkeit; denn sobald der Ur=
sprung ist, fließt auch von ihm das Licht. Darum ist der Ur=
sprung nicht älter nach der Zeit, als das Licht, und das ist
eine Weise des Geistes. Sobald der Geist ist, ist er auch ver=
nünftig (der Anlage nach). Das Licht ist ungesondert von der
Luft, in größter Innigkeit mit ihr verbunden; wo Luft ist, ist
auch Licht, und doch hat die Luft darum nicht enger, und das
ist wieder eine Weise des Geistes. Denn so viel auch der Geist
erkennet, wird er doch davon weder enger noch weiter; denn
die Wahrheit ist weder groß noch klein und erfüllet keinen
Raum. Das thut auch der Geist, und darum sind dieß geistige
Weisen. Jedes leibliche Ding hat zweierlei Weisen, die eine
nach seiner Leiblichkeit, die andere nach dem Geiste; und die
Weisheit besteht darin, daß der Mensch geistiger
Weise in der leiblichen Natur kann schauen den Geist
der Wahrheit.

### Von den geistigen Kräften der Seele.

So sehe nun weiter, was ein lebender Geist sei, damit du
desto besser erkennest das Bild, das Gott selber nach ihm (sich)
gebildet hat. Was ist des Geistes Leben? Leben des Geistes
ist ein Empfinden seiner selbst, und das Empfinden geschieht in

Erkenntniß und in Minne; die Thiere aber nimmt er wahr durch die Sinne, die leiblich sind. Nun der Geist keine leib= lichen Sinne hat, kann er sich anders nicht empfinden, denn in Vernunft und Minne. Wie kann dieß aber geschehen, da doch der Mensch lebt, wenn er schläft, und in dem Schlafe kein Em= pfinden weder in der Erkenntniß, noch in den Sinnen hat? Wenn der Mensch schläft, so lebt er, und dann hat die Seele ein Wirken in dem Leibe, und das geschieht zuweilen nach dem inneren Sinne, zuweilen nach der tieferen Kraft und nach den Kräften lebender Natur. Soll aber der Geist, der in keinem Leib ist, leben und ein Empfinden seiner selbst haben, so muß es in Vernunft und Minne geschehen; darum kommt Schlaf und Müde der Seele von dem Leibe; der Geist aber, der in dem Leibe nicht ist, hat keinen Schlaf und keine Müde (S. 11) [1]. Nun ist Gott der höchste Geist, der in Vernunft und Minne lebet, und er hat den Menschen gebildet nach seinem Bilde; darum ist der Mensch erschaffen ein Geist, der leben soll in Vernunft und Minne, und darum ist er ein Bild Gottes, weil er ist ein lebender Geist Gottes, nach der Seele nämlich ein Bild Gottes. Wie ist er aber ein Gleichniß Gottes, oder ist Bild und Gleichniß gleichbedeutend? Nein, die Seele ist ein Bild Gottes, insofern sie ein lebender Geist ist; sie ist aber ein Gleichniß Gottes in ihren Kräften, darin sie der göttlichen Dreifaltigkeit gleich (ähnlich) ist, und warum? Gott ist ein lebender Geist, der in Vernunft und Minne seiner selber lebet; darum ist Gott in Minne in ihm selber und in Ver= nunft. Wäre er nicht in ihm selber, so wäre er nicht in Ver= nunft; denn was nicht ist, wird auch nicht erkannt (S. 12); was in Vernunft erkannt wird, muß daher etwas in ihm selber sein. Nun ist Gott in Vernunft; denn wäre er nicht in Ver= nunft, so wäre er ihm selber nicht erkannt (bewußt) und so= dann nicht ein lebender Geist; daher ist Gott in ihm selber, weil er ist in Vernunft. Welches von beiden ist nun dem an= dern ein Anfang? Ist Gott früher in ihm selber, oder früher in der Vernunft? (Nach Menschenweise zu denken) muß, was

---

[1] Seitenzahl der Handschrift D. Vgl. oben S. 81. 82 ff.

in der Vernunft ist, vorher in ihm selber sein, sonst könnte es auch in der Vernunft nicht sein. Darum ist Gott in ihm selber und in Vernunft und in Minne; denn würde er nicht sich selber minnen, so wäre er kein lebender Geist. Was geht aber dem andern voran? Merke wohl: Niemand minnet, außer was er erkennt, und darum muß Gott vorher in ihm selber sein und in seiner Vernunft, ehe er mochte sein in seiner Minne. Wie sollen wir den Anfang heißen, da Gott in ihm selber ist? Mag es nicht wohl heißen ein Ursprung und ein Vater, von dem geflossen ist Gott in Vernunft? Und wie sollen wir heißen den lebenden Geist, als er ist von dem Vater geboren in Vernunft? Ist er nicht ein Wort und ein Sohn des Vaters? Billig heißt er ein Wort; denn Alles, was da in die Vernunft kommt, wird zu einem Worte gleich jenem, welches da fließet durch den Mund. Und heißt dann nicht der lebende Geist, insofern er ist in der Minne seiner selber, vorzugsweise der Geist, der die Erkenntniß an ihren Ursprung zurückverbindet? Darum merke: wie ein lebender Geist in ihm selber ist, und wie er ein Ursprung und ein Vater ist demselben lebenden Geist, sofern er in der Vernunft seiner selbst als ein Wort geboren ist, und wie von demselben Geist, insofern er in ihm selber ist und in seiner Vernunft Wort geworden, die Minne seiner selbst geflossen ist, und wie er ein lebender Geist und Gott ist, und doch Vater und Sohn und heiliger Geist nur Ein Gott sind. Wie ist nun die Seele in ihren Kräften ein Gleichniß Gottes, des Vaters, des Sohnes und ihres Geistes? Die Kräfte der Seele sind Gedächtniß (Gehügniß) und Vernunft und Wille, und wer dieß versteht, hat wohl einen Anfang zur Erkenntniß der ewigen Wahrheit; wer dieß aber nicht erkennt, der mag die Wahrheit Gottes nimmer leicht begreifen; denn die Seele mit ihren Kräften ist dem Menschen der höchste und der nächste Spiegel, in dem er Gott sehen mag.

Was ist Erkenntniß, und wie ist sie gleich dem Vater in der Gottheit? Das Gedächtniß der Seele ist die Kraft, darinnen die künftigen Gedanken beschlossen liegen bis zur Zeit, da der Mensch beginnt zu denken. Wenn der Mensch wachet und etwas gedacht hat in seinem Herzen, und darnach, wenn er schlafet,

verschwinden die Gedanken, — wohin kommen dann die Ge=
danken? Sie vergehen, wie mich dünkt, und wenn der Mensch
erwacht, so nimmt er dieselben Gedanken wiederum; — woher
kommen sie also? Denn wären sie vergangen, so könnte der
Mensch dieselben Gedächtnisse und Gedanken nicht wieder hervor=
nehmen. Wo mochten dann die Gedanken bleiben? Mich dünkt,
so lange sie blieben, so lange dachte ich in den Gedanken; da ich
aber nichts dachte, als ich schlief, wähnte ich, die Gedanken
wären mir ganz vergangen, weil ich den Unterschied von Ge=
dächtniß und Vernunft nicht kannte. Wenn nämlich der Mensch
wachet und etwas denkt, so sind die Gedanken in seiner Ver=
nunft offenbar, und so lange sie in der Vernunft offenbar
sind, denkt er und wachet. Wenn er aber schläft und sich von
den Gedanken kehrt, so gehen die Gedanken aus der Vernunft
in das Gedächtniß zurück, aus dem sie vorher gekommen. Nichts
geht in die Vernunft über, was nicht vorher in dem
Gedächtniß gewesen ist (S. 17). Wie kommt es aber in
das Gedächtniß? Das geschieht durch die fünf Sinne; diese
tragen in das Gedächtniß die Bilder der Creaturen, und es
empfängt und behält diese Bilder, und die Kraft des Gedächt=
nisses gebiert die Bilder in der Vernunft, und hier werden sie
zu Gedanken und zu Worten. Darum ist das Gedächtniß un=
serer Seele ähnlich dem Vater in der Gottheit; denn wie der
Vater gebiert den lebenden Geist, daß er ist in ihm selber in
seiner Vernunft als ein Wort seiner selbst, so gebiert unser Ge=
dächtniß die Bilder, die sie in ihr hat, in der Vernunft als das
Wort ihrer selber, und das Wort zeigt, was die Bilder sind,
die in dem Gedächtniß waren. Wie ist nun aber die Kraft
des Willens gleich (ähnlich) dem heiligen Geiste? Was in
dem Willen ist, das ist in der Minne; denn die Minne ist
nichts anderes, als ein großer Wille. Ist etwas in dem Wil=
len, was vorher nicht schon in der Vernunft gewesen ist? Nein,
denn was der Mensch minnet, davon muß er vorher etliche
Gedanken haben, und der Gedanke ist vorher in der Vernunft,
anders wäre er nicht ein Gedanke. Wie nun der Gedanke von
dem Gedächtniß wird geboren in der Vernunft und darinnen ein
Wort wird, so fließet dasselbe Wort in die Minne des Wil=

lens, wie in der ewigen Gottheit der lebende Geist von ihm selber ein Wort spricht und derselbe Geist in die Minne seiner selber fließet, und das ist der heilige Geist. So ist unser Geist ein Bild Gottes; denn er ist ein lebender Geist und er ist zugleich ein Gleichniß der Dreifaltigkeit in seinen Kräften, denn das Gedächtniß, welches die Bilder der Gedanken in sich hat, gebiert die Gedanken der Bilder in der Vernunft wie ein Wort und die Gedanken der Bilder fließen in den Willen wie ein Geist der Minne. Ist ein Wort besser als das andere, das der Geist meiner Seele spricht? Ja, sie sind gar ungleich; besser ist, was wahrer, und wahrer dasjenige, welches dem ewigen Worte am gleichesten (ähnlichsten) ist (S. 20). Welches Wort, das meine Seele sprechen mag, ist dem ewigen Worte am allergleichsten? Es sind zwei Worte, die auf das Vollkommenste offenbaren das ewige Wort und auch die Minne, die davon fließet, wie Sanct Augustin spricht. Ein Wort ist das Wort Gottes, und das andere, wenn die Seele das Wort ihrer selber spricht. Wie spricht sie das Wort Gottes? Siehe, Gott ist in allen Dingen und darum ist Gott auch in deinem Gedächtniß; und wenn die Seele das Bild Gottes, wie es in dem Gedächtniß liegt, in ihrer Vernunft gebiert, so wird Gott ein Wort deiner Seele, und wenn sodann dieses Wort fließet in den Willen, wird es darinnen eine Minne. So ist Gott Vater in dem Gedächtniß und Gott Wort in deiner Vernunft und Gott Geist in der Minne und nur Ein Gott. Sagt man von daher gemeiniglich, daß Gott sein einiges Wort in der Seele spreche? Ja; denn wenn Gott sein Wort in sich selber spricht, gewinnt das Wort eine wahre Unterscheidung in der Person; wenn aber unser Herz aus dem Gedächtniß das Wort von Gott spricht, so gewinnt das Wort, das von Gott gesprochen ist, nicht eine wahre Unterscheidung nach der Wahrheit der Personen, es ist nur ein Gleichniß (S. 21) und ein Bild des ewigen Wortes. Da in ihm nun wird ein Wort geboren von Gott und das Gedächtniß das Wort spricht, wie kann man dann sagen: Gott spricht sein Wort in der Seele? Sagt man: Gott spricht sein Wort in der Seele, so ist das wahr, und sagt man: die Seele spricht das Wort in der Vernunft, so ist das auch wahr, denn Gott und Mensch sprechen das Wort Gottes mit einander in unser Leben. So wie eine Frau das Kind nicht gebären kann, bevor sie kindesschwanger ist, so muß das Gedächtniß vorerst schwanger und bärhaft werden. Wie wird es das? Wenn es das Bild empfangen, wovon es das Wort sprechen wird. Wie empfängt das Gedächtniß das Bild? Leibliche Bilder empfängt es durch die Sinne und geistige Bilder empfängt es in leiblichen Bildern nach ihren geistigen Weisen. Wo hat die Seele das Bild Gottes empfangen? In dem Gedächtniß des Bildes ihrer selbst und in dem Bilde anderer Creaturen, insoweit sie geistige Weise und Eigenschaft haben; denn darum hat Gott den Menschen nach sich selber gebildet, daß der Mensch das Bild Gottes in ihm selber habe, und das Bild sein Gleichniß schwanger mache und bärhaft zu allen Zeiten, und daß es mit der Kraft der Seele sprechen möchte das Wort Gottes in der Vernunft, wenn der Mensch wollte. Nach dem Worte Gottes ist das Wort das beste, das die Seele von ihr selber spricht. Die Seele ist in ihr selber Gedächtniß und aus diesem spricht sie das Wort von ihr selber in der Vernunft und darnach fließet es in die Minne des Willens. Hier ist Eine Seele und Eine Natur und ist Ein bärhaftes Gedächtniß, wie ein Vater und ein Wort, das lebet, gleich dem Sohne, und eine lebende Minne des Willens, gleich dem heiligen Geist. Wie kann aber die Seele in dem Gedächtniß ihrer selbst wie ein Bild sein, welches von der Kraft befruchtet (bärhaft) wird? Das soll uns nicht wundern, daß die Seele in ihr selber wie ein Bild ist, welches seiner selbst schwanger ist, gleichwie Gott dieß in sich selber ist. Denn merke wohl: dein Auge sieht ein anderes Auge und sieht doch sich selber nicht, darum ist das Auge ein Bild einem andern Auge und nicht sich selber, und das ist wunderbar und dennoch wahr. Denn ein Auge, welches das andere sieht, hat ganz des Auges Bild in sich selber. Denn in dem sehenden Auge sind zwei, eines ist ein wahres Auge, das andere ist ein Bild eines Auges, das ist wahr, und könnte ein Auge sich selber sehen, so geschähe es, daß Ein Auge zwei verwese und (wie ich vorhin gesprochen habe) daß ein Auge das andere sehe, das ist leicht zu merken; denn das Auge, das sich selber sähe, wäre ein Bild in sich selber und wäre auch ein Auge, weil es das Bild sehen würde. Daran sollst du merken (S. 25), wie die Seele in sich selber ist ein Bild in ihrem Gedächtniß, wie ein Auge, das sich selber sieht, und Gott in sich selber wie ein Licht in dem Licht, das sich selber offenbart. Wie das Licht auch andere Dinge offenbart, so offenbart und bezeugt es sich selber. Darum ist es in sich selber ein Licht; denn es weiset und ist ein Bild des Lichtes. Warum kann das Auge sich selber nicht sehen, die Seele aber sich selber erkennen? Das Auge ist leiblich, und darum kann es sich auf sich selber nicht kehren (wenden), sondern es ist nur für das empfänglich, was das Licht und der äußere Gegenwurf (Gegenstand) in es bildet; allein die Seele und der Geist, weil sie eben Geist und nicht leiblich sind, offenbaren sich ihnen selber und kehren auf sich selber zurück.

Als Sanct Augustin das Bild (Gottes) wollte in der Seele suchen, suchte er es zuerst in dem äußeren Menschen und fand es da nicht; er fand es aber in dem inneren Menschen, das da entspricht dem einfachen Wesen nach seiner Einfachheit und dem Unterschied der Personen nach der Dreiheit der Kräfte. Da fand er zwei Antlitze; das eine wirkt das niedere Wort, das andere wirkt das höhere Wort. Mit dem niederen Antlitze versteht die Seele sich selber und alle äußeren Dinge. Das oberste Antlitz hat zwei Werke, mit dem einen versteht sie Gott, seine Güte und seinen Ausfluß, und davon minnet sie ihn heute, und morgen nicht mehr. Und weil ich Gott heute minne und morgen nicht mehr, liegt das Bild nicht in den Kräften (der Seele) wegen der Unstetigkeit derselben. Aber ein anderes Werk ist in dem obersten Antlitze, und dieses ist verborgen, und in der Verborgenheit liegt das Bild. Hierüber spricht ein Meister: Es ist Eines (Etwas) in der Seele, in dem Gott bloß ist; es ist namenlos, weil ohne Namen; es ist und hat kein eigen Wesen, denn es ist weder dieses noch jenes, weder hier noch dort; was es ist, ist es in einem Andern (S. 28) und jenes in diesem; denn jenes fließet in dieses und dieses in jenes. Hierin und hieraus nimmt die Seele all' ihr Leben und

Wesen; denn dieses ist zumal in Gott und das Andere hier
außen. Darum ist die Seele nach diesem allezeit in Gott, es
sei denn, daß sie dieses austrage oder in ihr erlösche. Auch
sagt ein Meister, daß dieses (innere Bild — Wesen der Seele)
Gott so gegenwärtig sei, daß es sich nimmer von Gott ab=
kehren könne, ihm ist Gott allezeit innewohnend und
gegenwärtig. Und ich sage, daß Gott ewiglich diesem ge=
genwärtig gewesen ist und durch dieses der Mensch mit
Gott ein Gesinde; denn in dem Grunde göttlichen Wesens,
darin die drei Personen Eines sind, ist auch die Seele Eines
nach dem Grunde. Weiter spricht ein Meister: die Seele
hat zwei Antlitze, das oberste schauet allezeit Gott und das nie=
dere sieht etwas herab und leitet die Sinne; das oberste Antlitz
ist das höchste der Seele, und das ist in der Ewigkeit und hat
nichts zu schaffen mit der Zeit, und weiß nichts von der Zeit,
noch von dem Leibe. In diesem liegt etwas verborgen wie ein
Ursprung alles Guten und wie ein leuchtendes Licht, das allezeit
leuchtet, und wie ein brennender Brand, der allezeit brennet,
und der Brand ist nichts anderes, als der heilige Geist. Nun
spricht ein Meister: die Seele hat eine geistige Stätte in ihr
selber, und in dieser hat sie alle Dinge sonder Ma=
terie, wie die erste Ursache alle Dinge in sich hat
sonder Materie. Denn wie die Person des Vaters von ihr
selber ist und von keiner andern Person, so ist das Gedächtniß
von sich selber und von keiner andern Kraft; und wie die Per=
son des Sohnes geboren ist von der Person des Vaters, so
wird das Verständniß (Intelligenz) geboren von dem Gedächt=
niß, und wie die Person des heiligen Geistes fließet von ihnen
beiden, so fließet der Wille von diesen zwei Kräften. Darum
spricht Hugo von St. Victor in dem Buche von den sieben
Sacramenten: wie der ewige Vater von Niemanden ist, der
Sohn aber von dem Vater und der heilige Geist von ihnen
beiden, so ist die Dreifaltigkeit besonders in die Seele gegossen,
denn der Muth (mens) ist von ihm selber, und die Vernunft
ist von dem Muthe, und die Freude ist von dem Muthe und
der Vernunft, und die Drei sind Eine Seele. So ist auch im
äußeren Menschen die Figur von ihr selber; daraus geht die

Form hervor und aus Figur und Form des Leibes Schöne, und diese Drei sind Ein Leib. So ist das Bild der heiligen Dreifaltigkeit besonders der Seele eingedrückt und auch dem Leibe, welches doch anderen Creaturen entzogen und fremd ist. Davon redet Sanct Augustin: Die menschliche Seele geht aus von göttlicher Natur nicht als ein Fußstapf, sondern als ein Bild der Dreifaltigkeit, und nach derselben Gleichheit wird die Seele eine gottförmige Tochter des Vaters und eine Schwester des Sohnes und ein Gemahel des heiligen Geistes, und wird mitförmig der Dreifaltigkeit nicht nur in dem Vermögen, sondern auch nach der Erwählung durch die Kraft der Tugend, die der Vater unserem Gedächtniß einspricht, und durch den Glast der Wahrheit, den der Sohn der Vernunft eingießt, und durch die Hitze der Minne, die der heilige Geist gemeinsammelt und gebiert in dem minnereichen Vermögen. Wie in Gott der Vater ein Schatz ist aller Vollkommenheit und aller Wesen, so ist in der Seele das Gedächtniß ein Schatz aller verständigen und vernünftigen Bilder und Gestalten und ist auch ein Gebärer aller verständigen Worte, wie der Vater ein Gebärer ist seines ewigen Wortes, und wie der Vater in seiner Ewigkeit alle Dinge gegenwärtig sieht, so wird die Seele durch das Gedächtniß vergangener und künftiger Zeit gegenwärtig unterwiesen, wie David in dem Psalter spricht: „Ich habe ewige Jahre in meinem Gemüthe gehabt." Das Verständniß ist nach dem Bilde des Sohnes; denn wie das ewige Wort in dem Verständniß Gottes des Vaters geboren wird, in welchem Wort der Vater sich selber und alle Dinge schauet, so wird das vollkommene Wort unseres Verständnisses von dem Gedächtniß geboren und in der Vernunft empfangen, darin die Seele sich selber und alle Dinge schauet. Denn, wie Sanct Augustin schreibt, wenn wir Gott verstehen in diesem Leben, so wird in unserem Verstehen etwas Gleichheit sein, das ein Wort ist, in welchem Worte uns Gott geoffenbaret wird. Der Wille ist nach dem Bilde des heiligen Geistes gemacht; denn wie der heilige Geist entspringet und ausgehet von dem Vater und dem Sohne ewiglich und ihrer beiden minnereiches Band ist, so entspringt unsere Minne, die da Werk und Wandel ist des Willens, aus dem Gedächtniß und dem Verständniß; denn wir minnen nichts, außer was von uns erkannt ist. Der Wille bindet andere Vermögen in ihren Werken durch seine Freiheit, gebietet ihnen, vereint sie und überformet sie in Gott. Darum ist der heilige Geist, wie Sanct Bernhard spricht, ein Einwandler des Willens und ein Beweger, der den Willen antreibt und bewegt, daß er ganz in dem Brunnen der Minne getauft werde.

O Gott in deiner Majestät! So wunderbar alle Dinge in deiner Gewalt sind und wunderbar geflossen aus deiner Gottheit, welche Materie empfangen haben, ist doch der Mensch noch wunderbarer geflossen aus deiner Gottheit, denn er führt das Bild der Gottheit in seine Seele eingedrückt und wie Gott in der Einigkeit ist Dreifaltigkeit und Dreifaltigkeit in der Einigkeit, so hat die Seele drei Kräfte in Einer Natur: Gedächtniß, Vernunft und Wille; und wie der Vater ein Begreifer ist aller Dinge mit der wirkenden Person seiner väterlichen Gewalt, so ist der Sohn in des Vaters ewiger Gebärung ein Erkenner aller Dinge, die in dem Vater geformet oder in ihm wesend sind. Denn von der Nähe seiner selbst und seines Vaters erkennt er alle Dinge nach ihrem ehrwürdigen Adel, die sein und des Vaters ewig gewesen sind, und so der Sohn des Vaters alle Dinge erkennt nach der Güte ihrer Vollkommenheit, ist die dritte Kraft, die Minne, dabei, und wie der Vater die Weisheit ewig gebiert, so gebiert die Weisheit mit dem Vater ewig die Minne. Gleicherweise ist die Seele eine Nachbilderin Gottes mit ihren drei Kräften und anderen, die in ihr beschlossen sind.

Mit ihrer ersten Kraft, die Gedächtniß heißt, bildet die Seele Gott in sich, soweit der Geist und das Licht göttlicher Wahrheit es ihr offenbart und erzeigt in dem Geiste der Offenbarung. Wenn die Seele spricht: wir sollen bilden in uns das Werk und den Geschmack der Edelkeit aller Dinge und dann die Kraft des Gedächtnisses in sich das Bild und die Form oder Blöße (reine Idee) Gottes empfangen hat, die ihr das Licht göttlicher Offenbarung entblößte, so gebiert dann das Gedächtniß die andere Kraft, d. i. die Vernunft, die eine Erkennerin und eine hohe Abwägerin des Bildes und der Form und des Hortes der Blöße Gottes ist, womit das Gedächtniß so vereinet ist, daß die Augen der Seele allezeit schauend sind mit der Vernunft, wie schön und wie süß Gott ist. Und wenn die Seele Gott so in sich geformet und mit der ersten Kraft ge= bildet und mit dem Verständniß erkannt hat, wie reich und wie edel, wie minniglich und übersüß Gott ist, so gebären diese zwei Kräfte die dritte Kraft der Seele, den Willen oder die Minne, wie der Sohn mit dem Vater aushaucht den heiligen Geist. Der Wille neigt sich auf das hohe Gut, das sich in der Seele so würdiglich gebildet hat, und die Seele minnet den Hort und den Reichthum der grundlosen Gottheit mit dem ganzen Vermögen ihrer dritten Kraft, sofern sich Gott in ihr übet (in ihr wirkt) mit dem Ausfluß seiner grundlosen Minne. Denn die Minne oder das Bild der fließenden Gottheit fließt in die Seele und in die Kräfte der Seele, und so minnet Gott sich selber in der Seele mit der brennenden Minne, die ein Ausfluß der grundlosen Blöße und der reichen Gottheit ist. Wenn so die Seele mit der ersten Kraft des Gedächtnisses in sich Form Gottes empfängt, weiß zuweilen der Leib nicht, was er thut, wenn er äußere Dinge wirket. So die Sinne auf das fließen, was das Gedächtniß ergriffen und geformet hat, und die Vernunft erkennt, wie gut und wie edel dieses ist, so werden die Sinne so wild und ungestüm, daß der Mensch allzumal seiner selbst vergißt und aller äußeren Dinge, so sehr ist der innere Mensch gezogen auf das hocherhabene Gut, das der Vernunft und dem Gedächtniß geoffenbaret ist. Und wenn die dritte Kraft, der Wille, suchet und minnet mit aller Kraft das Bild und die Form oder die Blöße, die die Seele empfan= gen hat mit dem Gedächtniß und es kommt in die Vernunft, so ruht die Minne nimmer, bis sie die Seele verblößet hat in das wortlose Bloß so sehr, daß die Seele vernichtet (vernichtiget) wird in das Nicht des wortlosen Bloß (S. 40). Diese drei Kräfte sind eine andere Natur, und was die Seele innerlich und geistig wirkt, wirkt die einfache Natur in diesen Kräften. Wie nun der Gedanke ein Mittel des Wortes ist, ehe es gesprochen wird, so ist ein Mittel, durch welches der Gedanke Alles begreifet, was er vernimmt und was sich bilden soll von dem Mittel in dem Gedanken; und wie alle

Worte in dem Gedanken geformt werden, so werden alle Ge=
danken geformt in dem Mittel, und das Mittel ist in ihm
selber formlos und darum kann sich Gott bilden in dem Mittel
in seiner Unendlichkeit. Das Mittel, sagt man, sei ein Wort,
ein bloßes verborgenes Wort in der Seele und von keinerlei
Sprache. Aus ihm fließen alle Worte, sie mögen in den Ge=
danken oder in der Stimme sein, und so ist der Mensch ge=
schaffen nach der heiligen Dreifaltigkeit und nach den drei Kräf=
ten der Seele, in denen Gott der Vater und der Sohn und
der heilige Geist leuchten. Die erste Kraft der Seele ist das
Gedächtniß, in der Gott der Vater nach seiner Macht wohnet
und wirket; und sie ist gebildet nach der Person des Vaters,
und das ist ein eingebornes Licht und hat eine natürliche Nei=
gung zu dem besten Gute; die andere Kraft ist die Vernunft,
in der Gott der Sohn nach seiner Weisheit wohnet und mit
Erleuchtung wirket; sie ist nach der Person des Sohnes gebildet
und hat gleichfalls eine natürliche Neigung zu demselben besten
Gut; die dritte Kraft ist der Wille, in dem Gott der heilige
Geist nach seiner Güte wohnet und mit Entzündungen der
Liebe wirket; er ist nach der Person des heiligen Geistes gebil=
det mit derselben natürlichen Neigung zu dem besten Gut. Diese
drei Kräfte (S. 45) sind an ihnen selber leer und ledig aller
guten Dinge und bedürfen wohl, daß sie erfüllt werden von
Gott; das Verständniß wird erleuchtet zur Erkenntniß der Wahr=
heit; der Wille wird entzündet von der Liebe des Guten; das
Gedächtniß wird gestärkt, zu genießen das wahre Gut und ihm
anzuhaften. Von diesen drei Kräften mag keine ohne die an=
dere vollbracht werden; denn würde das Verständniß nicht er=
kennen, so wüßte der Wille nicht, was er minnen sollte, und so
gedächte er auch des Guten nicht.

Diese Grundkräfte der Seele gehen in viele andere aus=
einander, die sich durch eine besondere Wirkungsweise von ein=
ander unterscheiden. Diese sind: die strafende Kraft, sie
rathet zum Guten und schreckt ab vom Bösen; die erkennende,
sie gibt Unterscheidung und Ordnung in allen Dingen; die
wählende, sie erwählt das Gute; die nachdenkende, sie
behält und bedenkt das, was die erste Kraft rathet, die andere

erkennet und die dritte auswählet; die wiedererinnernde, die der Gedanken wieder gedenkt; die begehrende, sie wirbt nach dem, was die anderen Kräfte verarbeitet haben; die zürnende, sie zürnt, wenn ihr das nicht werden mag, was die anderen Kräfte vorgelegt; die betrachtende, sie denkt mit guter Betrachtung über die vorgelegten Gedanken nach; die bildende, sie bildet in sich ein, was die betrachtende betrachtet hat; die bildscheidende, sie scheidet und unterscheidet die Bilder von einander; die richtende, sie richtet zwischen Gutem und Bösem und begehrt, daß das Gute geübt, das Böse aber unterlassen werde sowohl in ewigen göttlichen, als in den unteren und zeitlichen Dingen; die zwölfte Kraft der Seele ist endlich der gemeine Sinn, er empfängt Alles, was ihm von den äußeren Dingen eingetragen wird, und leitet es weiter auf die anderen Kräfte der Seele über. Darum spricht Aristoteles, daß alle unsere natürliche Erkenntniß von den sinnlichen Dingen stammt, denn alle Dinge werden durch die Sinne in die Seele eingetragen, durch den Gemeinsinn zur Einbildung; diese trägt es zur Vernunft, die Vernunft in die Erkenntniß, die Erkenntniß in die Minne; denn Niemand kann minnen, was er nicht erkennt. Die Minne aber trägt es in das Verständniß und dieses haftet in Gott über Alles, was die Seele je wirken mag.

### Von den sinnlichen Kräften der Seele.

Sanct Augustin spricht: die Seele ist geschaffen wie für einen Ort zwischen Zeit und Ewigkeit; mit den niederen Sinnen nach der Zeit gewendet, wirkt sie zeitliche Dinge; mit den obersten Empfindungen aber empfindet sie sonder Zeit ewige Dinge; darin besteht das Licht des Verständnisses, durch das wir von allen Thieren unterschieden sind. Das innere Leben liegt in den Kräften, die dem Menschen allereigenst sind; aber die Kräfte, die zu den äußeren Dingen dienen, wie das sinnlich-verständige Erkennen, das da nach Gleichniß und Unterscheidung ist, sind nach Außen gerichtet, und so ist des inneren Menschen Leben nach den göttlichen, das äußere dagegen nach den menschlichen Dingen gekehrt. Wie versteht aber die Seele? Die Meister lehren: Wie die Materie das niedrigste unter allen natürlichen Dingen, so ist der Seele Verständniß das allerniederste unter allen verständigen Creaturen; und wie die Natur ohne Materie nicht wirken kann, sie habe denn eine Form, die ihr Wesen habe und durch sie wirke, so kann der Seele Verständniß kein Ding verstehen und selbst ihr eigenes Wesen nicht, so nahe es ihr auch liegt, sie habe denn die Formen der äußeren Bilder. Darum versteht die Seele in der Weise: zuerst versteht sie das Ding, dessen Bild sie hat, und darnach die Wirkung, und zuletzt versteht sie ihr Wesen, von dem diese Wirkung fließt, also versteht sie ihr Wesen nicht ohne Mittel, sondern mittelst fremder Bilder kommt sie zum Verständniß des Wesens ihrer selbst. Wenn die Seele nämlich eingegossen wird dem Leibe, ist sie aller Bilder und Formen entblößt, und so lange sie bloß ist, kann sie auch nicht verstehen. Darum muß sie Bilder schöpfen von den Sinnen, und Bild ist ein Ding, das die Seele schöpfet mit den Kräften von den Dingen nach der Gestalt, wie sie ihr durch die Sinne eingetragen wird. Was es immer sei, das sie erkennen will, nimmt sie das Bild hervor, das sie vorher eingezogen hat. Denn wenn die Kräfte der Seele die Creaturen berühren, so nehmen und schöpfen sie Bilder und Gleichnisse von den Creaturen; das ziehen sie in sich, und von diesem erkennen sie die Creaturen. Näher in die Seele kann die Creatur nicht kommen, noch die Seele einer Creatur nahen, sie habe denn vorher ihr Bild völlig in sich empfangen, und von dem gegenwärtigen Bilde nahet sie den Creaturen und kann sich dann mit ihnen vereinen. Wenn man das Wort mit der Stimme bindet in der Luft, so führt diese es zu den Ohren, und wenn das Ohr etwas hört und das Auge etwas sieht, so empfängt die Bildnerin (Einbildungskraft) es sogleich, gibt es weiter und führt es zu der Seele. Das Gleiche gilt von den anderen Sinnen. Empfängt der Mensch auf diese Weise ein Bild, so muß es nothwendig von Außen hinein durch die Sinne kommen, darum ist der Seele kein Ding so unerkannt, als sie sich selber ist. Darüber spricht ein Meister: weil die Seele kein Bild von sich selber schöpfen noch einziehen kann, so kann sie sich selber mit Nichten erkennen; denn die Bilder kommen durch die Sinne hinein, und da sie kein Bild von sich selber haben kann, weiß sie wohl andere Dinge, sich selber aber nicht, und thut Niemand grundrühren in der Seele, denn Gott allein; denn die Creaturen können nicht in den Grund der Seele bringen, sie müssen hier außen in den Kräften bleiben, daran sieht sie wohl ihr Bild, mit dem sie eingezogen ist und Herberge empfangen hat.

Nun merke: es sind fünf äußere Sinne und sie erkennen ein jegliches Ding mit ihren eigenen Bildern; das Gesicht die Farbe mit dem Bilde der Farbe, das im Bilde der Augen ist, und so ist es mit den anderen Sinnen. Die verständigen Creaturen verstehen die Dinge nur mit den Gleichnissen der Dinge, die sie in ihrem Verständnisse haben, auf die sich das Verständniß hinkehret. Darum bedarf ein jegliches Verständniß Bilder jener Dinge, die es verstehen soll. Nun sind fünf andere innere Sinne, die empfangen diese Bilder von den äußeren Sinnen, und einer empfängt sie geistiger als der andere. Wenn dann diese Bilder in den obersten Sinn — Phantasie — kommen, so hat die Seele eine Kraft, das wirkende Verständniß, welches die Bilder nimmt, sie von aller Natürlichkeit entblößt und sie verständlich macht. Darum heißt auch diese Kraft ein wirkendes Verständniß; nicht daß sie etwas verstehe, sondern weil sie diese Bilder verständlich macht. Wie thut sie dieß? Jeder Sinn hat seine besondere Stätte in dem Leib, das Gesicht die Augen, das Gehör die Ohren und so die übrigen, und was sie darum empfangen, muß ein solches Ding sein, welches Stätte besitzen kann. Und weil die Sinne zeitlich sind, muß auch, was sie empfangen, zeitlich sein, und aller Sinne Gegenwurf (Gegenstand) sind Zufälle (Accidenzen) und kein Sinn kann eines Dinges Wesen begreifen. Dagegen ist das Verständniß erhaben über Zeit und Stätte (Raum), denn es hat in dem Leibe keine besondere Stätte, wie die Sinne alle haben, sein Gegenwurf ist nicht Zufall, sondern des Dinges Wesen und Natur. Darum muß nothwendig in der Seele eine Kraft sein, welche die sinnlichen Bilder in den obersten Sinn nimmt; sie von Zeit und Stätte entblößet und von aller Natürlichkeit, und des Wesens Bild nimmt, das unter dem der

Zufälle verborgen ist und der Zufälle Bilder laſſe und das reine Bild des Weſens faſſe, welches dann empfangen wird von dem möglichen Verſtändniß der Seele; mit dieſem verſteht ſie ihren eigenen Gegenwurf — des Dinges Weſen. Dieſe Bil= der, die in unſerem Verſtändniß ſind und von den Sinnen ge= ſchöpft werden, ſind nur Bilder der Natur und nicht der Ma= terie oder des Zufalles, und weil alle Dinge, die einer Natur ſind, Gemeinſchaft haben in der Natur und Unterſchied in der Materie und in dem Zufälligen, kann unſer Verſtändniß mit Bildern nicht alle Dinge beſonders verſtehen, ſondern was es verſteht, verſteht es in einer Allgemeinheit [1] (S. 56). Gleich= wie mit dem Bilde (Begriffe) menſchlicher Natur, das in mei= nem Verſtändniß von den Sinnen abgezogen iſt, mein Ver= ſtändniß dieſen beſondern (beſtimmten) Menſchen nicht verſtehen kann, ſondern nur durch ein Wiederbringen des Verſtändniſſes auf die Phantaſie, in welcher Materien=Bilder und zufällige Bilder ſind, durch welche dieſer Menſch ein beſonderer Menſch iſt; mit dem eigenen Bilde aber vermag das Verſtändniß die menſchliche Natur nur in der Allgemeinheit zu verſtehen. — Die Bilder unſeres Verſtändniſſes ſind in zwei Dingen unter= ſchieden von den Bildern, die in dem Verſtändniß der Engel ſind; einmal ſind ſie abgezogen (abſtrahirt) von den Sinnen, jene ſind gefloſſen von den Bildern, die in Gott ſind; dann kann man mit dieſen die Dinge nur in einer Allgemeinheit verſtehen, mit jenen aber ein jedes beſonders und alles das, was an den Dingen iſt. Die Seele nun erkennet die Dinge in einer Allgemeinheit mit dem Verſtändniß und erkennet ein jegliches Ding beſonders mit den Sinnen; wird ſie geſchieden von dem Bilde, ſo bleiben ihr die Sinne nicht, ſo lange ſie von dem Leib geſchieden iſt. Und wie mag ſie beſondere Dinge verſtehen? Gott richtet in die Seele ſolche Bilder, wie er in die Engel goß und noch gießt, und dadurch gewinnt ſie all' die Weiſe zu verſtehen, welche die Engel haben, und bleiben ihr auch die Bilder, die ſie hier gewonnen hat, aber mit denen verſteht ſie dort. Etliche Heiden ſprachen, daß die Seele mit

---

[1] Handſchr. — Gemeinde.

dem Leichnam vergehe. Wohl hat die Seele in dem Leibe mit
dem Gemeinschaft, was mit der Länge der Zeit abnimmt und
verdirbt, das ist mit der Materie und den fünf Sinnen, die
abnehmen und mit dem Leibe verderben; allein die oberen Kräfte
der Seele wirken ohne leibliche Bezüge und nehmen zu, wenn
der Leib abnimmt; denn je älter sie werden, desto stärker wer=
den sie, und je mehr sie wirken, desto mehr sie es gelüsten, und
je mehr der Mensch mit Vernünftigkeit wirkt, je besser er ver=
steht, desto mehr er minnet und besser es ihn gelüstet, denn
keine Krankheit ist so groß, daß der Mensch nicht wohl noch
minnen könnte.

### Von den inneren Sinnen.

Der inneren Sinne sind zweierlei, die obersten und die nie=
dersten; die niedersten sind zwischen den obersten und äußeren
Sinnen gestellt und ganz nahe den äußeren; denn wenn das Ohr
etwas höret oder das Auge etwas sieht, so empfängt die Be=
trachtung es sogleich und die Begehrung nimmt es, daß es lust=
bar ist; dann kommt die Beschauerin und besieht es mit Vor=
sicht, und ist es geordnet, so übergibt sie es den obersten Kräf=
ten. So wird es geläutert von einer Kraft zur an=
dern, ehe daß es kommt zu den obersten; diese nehmen es so=
dann und tragen es in die oberste Kraft ohne Gleichniß, weil
diese weder Form noch Bild empfängt. Diese heißt Synthe=
sis [1] und ist ganz eins mit der Seele Natur und ein
Funke göttlicher Natur, denn sie kann nicht leiden, was
nicht gut ist, sie will ohne Flecken sein in vollkommener Lau=
terkeit, zumal erhoben sein von der Zeitlichkeit und will wohnen
in unwandelbarer Stetigkeit gleich der Ewigkeit. Was hierein
kommen soll, muß zuerst geschieden sein von Mannigfaltigkeit in
Einfachheit, daß alle Kräfte der Seele darin gesammelt sind
äußerlich und innerlich. Was da in die obersten Kräfte kommt,
wird so getragen und geläutert von einer Kraft zur andern,
und dieses Werk haltet sich nach der Ewigkeit und geschieht so
schnell, als ob es ohne Zeit geschehen würde. Die äußeren

---

[1] Handschr. — Sinteresis.

Sinne aber sind gar äußerlich, denn das Auge kann keine Unterscheidung haben zwischen Weißem und Süßem, sondern nur
zwischen Weißem und Schwarzem. Aber die Bildnerin (Einbildungskraft) bildet es in sich und es wird so durch die Kräfte
getragen in die obersten Kräfte, und da wird es behalten in
dem Gedächtniß und verstanden in der Vernünftigkeit und erwählt in dem Willen. Diese drei Kräfte sind eine andere
Natur, und was die Seele innerlich und geistig wirkt, das
wirkt die einfache Natur in diesen Kräften. Nun sind aber
fünf andere Kräfte der Seele in dem Menschen, die leiblich sind
und zu äußeren Dingen dienen, und sie heißen „untere Kräfte",
als: das Gesicht, Gehör, Verkostung, Greifen, Geruch. Nun
sieht die Seele durch die Augen, hört durch die Ohren, riecht
durch die Nase, greift durch die Hände und geht mit den Füßen.
Durch diese Sinne können wir gar viel verdienen oder verschulden. Darum soll sie der Mensch unter dem Bande der Verständigkeit (Bescheidenheit) halten, ihnen nur den Nothbedarf
gewähren und sie zu göttlicher Ehre gebrauchen und nicht zur
Wolluſt des Leibes. Denn unser Herr will Rechnung haben
von unseren fünf Sinnen; darum sollen wir sie nützlich an-
legen. Hüte daher die begierliche Kraft vor den Gelüsten und
Begnügen äußerer sinnlicher Reichheit der gegenwärtigen schei-
nenden, betrügenden und wandelbaren Dinge; denn sie blenden
dem Menschen seine Vernunft, kränken die Minne, bedecken ihm
den Abgrund seiner eigenen Krankheit und hindern den Einfluß
göttlicher Gnade. Viele lustbare Gegenwürfe (Objecte) haben
gar bald eine vollkommene Seele umgestoßen und versehret;
denn es ist gar selten, daß Jemand in den Weltfreuden unver-
maßget (unbemakelt) bleibe, weil die Gegenwärtigkeit der Zeit
dem Menschen seine Vernunft blendet, daß er der immerwäh-
renden Freude und Süßigkeit vergißt, die Gott denen bereitet
hat, die ihn minnen. — Nun spricht Meister Eckhart, daß
der Wille und die Vernunft des Menschen gefangen werden von
den Lüſten der fünf Sinne und geneigt werden zu Gebrechen,
wenn sie ihnen folgen, weil das alles ihnen ihre Freiheit benimmt. Darum soll keine Kraft noch ein Glied sein Werk wirken (S. 64), es sei denn aus rechter Erkenntniß der Vernunft

und aus Gebot des freien Willens. Deßwegen spricht Aristo=
teles: Wo der Wille ein Fürst und ein Herr ist in dem Reiche
seiner Seele, soll er allen Kräften der Seele und allen Glie=
dern des Leibes gebieten, das Gute zu vollbringen und das
Böse zu lassen, so daß das Fleisch unterthänig sei dem Geiste,
wie ein Knecht seinem Herrn. Denn das Auge des Gemüthes,
welches die Vernunft ist, soll nach göttlichen Dingen gekehrt
sein und mit Unterscheidung erkennen, was zu thun oder zu
lassen nützlich und gut ist; die Weisheit sieht den Anfang, die
Mitte und das Ende an. So sollen denn alle Sinne und alle
sinnlichen Lüste gezäumt werden mit dem Zaume der Gerechtig=
keit, damit sie nicht außer den Weg treten, in den sie geschaffen
sind; denn die Bildnerin geht oft durch die Thore der fünf
Sinne aus auf das Bild der Creaturen und sucht in allen
Dingen ihre Lüste, bleibt darauf unordentlich und läßt die Er=
kenntniß allein stehen. Darum soll der Mensch seine fünf Sinne
von weltlicher Wollust und sein Herz von fleischlichen Gedanken
und Begehrungen abziehen, wie das Evangelium spricht: Irret
dich dein Auge, so stich es aus, und irret dich deine Hand, so
schlage sie ab, und irret dich dein Fuß, so hau' ihn ab, —
worunter nichts anderes verstanden wird, als alle Ursachen der
Sünden fliehen und andere sinnliche Kräfte ertödten, in der
hörenden Kraft das schädliche Hören, in der riechenden die sinn=
lichen Wohlgerüche, in der empfindenden die Verkostung mate=
rieller Süßigkeiten.

Nun sind fünf Sinne auch in der Seele geistig, wie in dem
Leibe leiblich, nämlich der Wille, mit diesem folgt die Seele
Gott nach; die Begierde, mit dieser sucht sie Gott; die
Furcht, mit dieser bewahrt sie Gott; die Vernunft, mit der
sie Gott schauet, und die Minne, mit der sie mit Gott ver=
einet wird. Ein Meister spricht: Heiligkeit besteht darin, daß
man sich aufwärts kehret und zu seinem Ursprung richtet in
einem Nun, dann kommt eine jede Kraft der Seele über sich
selber, die fünf Sinne werden gezogen in die weite Kraft; die
Kraft ist so weit, daß sie über tausend Meilen so schnell ist,
als wäre sie hier gegenwärtig, und Vernunft und Wille kom=
men über sich selber unter der Seele Grund — der hohen

Tugend Hort. Die Seele, die dahin kommen soll, muß sich brechen mit all' ihrer Kraft in ihrem Eigenlicht, denn das ist so klar und hoch, daß es rühret englische Naturen, und es ist so gram den niedersten Kräften, daß es ihnen nimmer leuchtet, sie seien denn wohl geordnet nach den obersten Kräften, so daß eine jegliche Kraft der andern unterthänig sei und streiten helfe, auf daß ein lauterer Friede und eine ganze Ruhe in der Seele werde. Denn wenn die unteren Kräfte in der Seele ungeordnet sind, so ist die Vernünftigkeit gezäumt, so daß sie die Wahrheit nicht erkennen kann, und dann kann ohne Erkenntniß auch der Wille nimmer minnen. Der Wille hat zwei Werke (Wirkungen), Begehren und Minnen; aber das Werk des Verständnisses ist einfach und darum besser; sein Werk ist Erkennen und es ruhet nimmer, bis es erkannt hat; es geht dem Willen voran und kündet ihm, was er minnet. So kann die Minne nur in der Erkenntniß haften, und die Erkenntniß ist besser, denn sie leitet die Minne. Wille und Minne fallen auf Gott, weil er gut ist, und wäre er nicht gut, so möchten sie seiner nicht. Sie minnen das, was gut ist; das Verständniß aber minnet das, wovon es gut ist. Die Minne minnet Gott, weil er süß ist; das Verständniß dringt höher und minnet Gott, weil er Wesen ist. Die Minne ist in dem Willen und die Erkenntniß in der Verständigkeit oder Vernünftigkeit; die Minne minnet in einem Ausfließen, die Erkenntniß streift ab und hört nicht auf, bis sie Gott klar und rein findet. Die erste zieht das in die Seele, was sie minnet; die Erkenntniß zieht alles Zufällige ab und bringt in die Wahrheit ein; die Vernünftigkeit ringet darnach, die Wahrheit und das Wesen zu begreifen, denn sie kann nicht eher erfüllt werden, bis sie die erste Wahrheit hat, in welcher alle Wahrheit begriffen ist, und diese ist Gott selber. Auch der Wille wirft sich auf das Gute und begnügt sich nicht, er habe denn all' das Gute des Reichthums und der Armuth; denn alle Seligkeit liegt in dem Willen; er ist so frei durch seinen Adel, daß er von keinen leiblichen Dingen nehmen will, sondern von seiner Freiheit allein. Die Vernünftigkeit dagegen nimmt wohl von den leiblichen Dingen, doch geschieht dieß mit einem Herniedersehen, und hierin ist der Wille edler. Nun hat die

Vernünftigkeit zweierlei Aemter; mit dem einen formt sie Bilder von den leiblichen Dingen, mit dem andern sammelt sie sich innerlich von der Mannigfaltigkeit und fügt sich unter das göttliche Licht nach der Einfachheit und kehrt sich zu der obersten Wahrheit. Da müssen alle anderen Kräfte in sie vereinet sein, und dadurch ist die Vernünftigkeit edler. So hat die Erkenntniß den Schlüssel und schließt auf, bringt und bricht durch und findet Gott bloß (in reiner Idee) und sagt sodann ihrem Gespielen, dem Willen, was sie besessen habe; denn sie ist ihm vorgegangen, und ist eine Fürstin und suchet Herrschaft in dem Höchsten und in dem Lautersten, und theilt es vor der Seele und die Seele theilt es vor der Natur und die Natur vor allen leiblichen Sinnen. Die Seele ist bildlich in ihren vier Kräften; die Minne dagegen vereinigt die Kräfte der Seele und wirkt unbildlich. Und nach dieser Zeit wird der Wille zur Minne und das Gedächtniß zum Wissen und das Gemüth zur Offenbarerin wesentlicher Freude und die Vernunft zum vollkommenen Genuß göttlichen Gutes. Die einen Meister rühmen die Minne, weil nichts so sehr wie die Minne die Seele mit Gott vereine; die anderen sprechen, dieß thue die Erkenntniß; die dritten sprechen, dieß thue die Gebrauchung (Anwendung, Genießung). Die Erkenntniß adelt die Seele zu Gott mit Gleichheit, die Minne einiget die Anwendung (Gebrauchung) und vollführet das Werk nach Vollkommenheit, so daß die Seele spricht: Gott ist mein und das Mein minne ich, und es zieht mich in sich, und was mich in sich gezogen hat, das bin ich mehr, als was ich selber bin, und darum wird derjenige, der Gott minnet, von Gnaden das, was Gott von Natur ist [1]. Vier Dinge muß man wohl unterscheiden, das Gemerken (Wahrnehmen) und Erkennen, Verständniß und Wissen. Das Gemerke läuft mit der Natur nach der Sinnlichkeit im Bedünken und im Wähnen; das Erkennen läuft mit der

---

[1] Diese Stelle findet sich vor bei Meister Eckhart „über den Adel der Seele ꝛc.", der jedoch statt des letzten rectificirenden Satzes unseres Verfassers die sehr zweideutigen Worte beifügt: „Darum minnet Gott, so werdet ihr Gott mit Gott."

Seele natürlich in Zuversicht und Vertrauen; das Verständniß läuft mit der Seele geistlich in Sicherheit und Ganzheit; das Wissen läuft mit dem Geiste wesentlich im empfindlichen Genießen und Gebrauchen göttlicher Minne. Welches läuft dem andern voran, das Verständniß oder die Minne? Darüber ist ein großer Krieg unter den Meistern. Das Verständniß spricht zur Minne: Wie könntest du minnen, was du nicht verständest? Die Minne spricht: Was hilft dir, daß du viel verstehest, wenn du es nicht minnest? Denn hättest du die Minne nicht, du kämest nie zur ewigen Seligkeit. Nun spricht das Verständniß: Ich bin geboren in dem klaren Licht, darin ich mich selber verstehen kann. Die Minne spricht: Wenn du auch viel verstehest und hast mich nicht, so hilft dir dein Verstehen nichts. Das Verständniß: Du mußt herab, denn du bist nicht mehr, als mein Knecht; du hilfst mir auf und bleibst selber unten. Die Minne: Ich bin das Gute, das Gott selber ist. Das Verständniß: Du machst dich selber gar hoch; wo ich nicht bin, kannst du nichts schaffen. Ich bin höher gezogen, mir leuchtet eine lautere Erkenntniß; deiner bedarf ich nicht; denn ich habe, was ich will, dieweil ich das erkenne, was ich bisher erkannt habe, darein ich nun geflossen bin in einer lauteren Vereinigung, worin ich ewig bleiben soll; darum stehe ich über dir, o Minne, und über allen deinen Werken. Mein wahres Wissen dessen, was ich jemals glaubte, ist nun mein wahres Empfinden; Glaube und Hoffnung und alle Kräfte der Seele müssen bleiben; sie können nicht weiter. Die wahre Minne spricht: Ich muß bei dir bleiben, denn ich bin ewig; billig sollen unsere Schwestern draußen bleiben, denn sie sind unsere Knechte und haben uns geleitet zu den wahren Empfindungen der ewigen Seligkeit. Hierauf kömmt die oberste Vernunft, die von Gott alle Dinge rein (blößlich) empfängt, und spricht: Ich habe vernommen das oberste Gut, das nur in der Einheit bestehen mag. Die Erkenntniß spricht: Ich soll bleiben, du sollst mich bei dir lassen. Die Vernunft spricht: Erkenntniß und Minne müssen bleiben. Die Erkenntniß: Billig soll ich benützen, was ich erkannt habe. Die Minne: Billig soll ich benützen, was ich geminnet habe. Die oberste Vernunft spricht: Zu dem ihr mich geleitet und den ich bisher erkannt habe, der erkennt sich nun in mir, und den ich bisher geminnet habe, der minnet sich nun in mir. Also habe ich vernommen, daß ich Niemanden mehr bedarf, alle geschaffenen Dinge müssen (außen) bleiben und Alles, was je gewerfet (geschaffen, in Werfe gefaßt) ward, ich stehe vor meinem Ursprung (S. 76).

## 2. Gott und die Bestimmung der Seele.

Ist der Sohn Gottes schon geboren, oder wird er nun ge= boren, oder soll er noch geboren werden? Daß drei Personen in Gott sind, beweiset, daß der Sohn geboren ist; denn jegliche Person hätte nicht ihre Sondereigenschaft, wenn der Sohn nicht geboren wäre. Was aber der Vater gethan, das thut er nun und das hat er je gethan; bei ihm ist weder etwas künftig, noch vergangen. Wer mich fragte, spricht ein Meister, was Gott in dem Himmel thue, dem würde ich sagen: er gebiert seinen Sohn, das ewige Wort, ohne Unterlaß, und das be= weist, daß der Sohn nicht geboren sei, sondern daß er jetzt geboren werde, und dieses Jetzt ist ein ewiges Werden, wie der Vater selber spricht: Ich habe dich heute geboren. Dieses Heute ist ein ewiges Jetzt und in diesem Jetzt geschieht die Ge= burt des Sohnes. Man mag von dem ewigen Wort sagen, es sei geboren und es sei ungeboren. Nimmt man das ewige Wort nach der Person, so ist es geboren; nimmt man es aber in dem Wesen, so ist es kein Wort. Sofern nämlich das Wort fließet von dem Vater als eine Geburt, beweist es seine Geborenheit und den Vater als gebärend; sofern aber das Wort von dem Vater fließet als ein Licht, welches ein Bild des Vaters ist, beweist es den Vater formlos, weil es die Form des Vaters hat, wie er selber spricht: Wer mich sieht, der sieht meinen Vater. So offenbart das Wort den Vater in seiner eigenen Form und beweist den Vater formlos, und wenn das Wort fließet von dem Vater als ein Verständniß, fließt es wie in einem Innenbleiben und tritt nicht hervor, wie das Ver= ständniß nicht aus dem Herzen herauskommt, und doch denjeni= gen ihm selber offenbart, in dem es bleibet. So hat man ein

Wort in dem ewigen Fluß des Vaters, wie es fließet als von einem Verständniß, und doch kommt das Verständniß nicht heraus, sondern es bleibt drinnen. In diesem Flusse hat man das Wort in dem Innenbleiben des Verständnisses ungeboren, und so mag man das ungeborne Wort verstehen. Dann aber ist das Wort auch noch in einem steten Fluß als von einem Verständniß geboren, und soll noch geboren werden, und wird jetzt geboren. Dabei bemerken wir seine Ewigkeit, denn diese ist ohne Anfang und ohne Ende. Und so hat der Vater seinen eingebornen Sohn ohne Anfang ewiglich geboren in seinem göttlichen Herzen und gebiert ihn immer ewiglich. Wir sagen: was in mir ist, geht hervor aus mir; wenn ich aber bedenke, was in mir ist, offenbart sich mein Wort und bleibt doch innen, und in gleicher Weise spricht der Vater den Sohn ungesprochen und bleibt doch innen.

Wie wird der Sohn wiedergeboren in dem Vater, aus dem er geflossen ist? Der Vater begreift das Licht seines Selbstverständnisses und trägt es in dem Grunde seines Wesens, und da leuchtet der Erkenner wieder (zurück) in das Licht des Herzens seines Vaters. So liegt Gottes Seligkeit in der einwirkenden Vernünftigkeit, darinnen das Wort geblieben ist, und soll da die Seele ein Werk wirken mit Gott in der einschwebenden Erkenntniß, ihre Seligkeit zu nehmen in dem, darinnen Gott selber selig ist. Weil das Verständniß das Leben der Seele ist, und zwar ein vernünftiges Leben, wird in diesem Leben der Mensch geboren Gottes Sohn und zu dem ewigen Leben.

Wie empfing Maria das ewige Wort? Sie empfing es, wie es persönlich und wesentlich ist, in dem ewigen Ausfluß von dem Vater als von einem Verständniß, da es in der Geburt ist. In diesem Ausfluß empfing Maria das ewige Wort in einem Punkt der Zeit persönlich und wesentlich in dem Innenbleiben, wie es ist in dem Vater, und dennoch von dem Verständniß ausfließt. So blieb es in dem Schooße des Vaters nach dem innenbleibenden Verständniß persönlich und wesentlich. Es blieb allkommend und nicht allbleibend in dem ewigen Flusse. Eja, was Lichtes und was Gnaden einer reinen Seele zukommt

von sotanem lichten Unterscheiden, die sich minniglich dazu
füget. Nun merke wohl, wie das Verständniß oder das innere
Gemüth heimlich und verborgen ist und nicht gesehen wird, bis
es von außen her angethan wird mit der Stimme; dann wird
es verstanden durch den Sinn des Gehöres, was vorher ver=
borgen war. Weil nun der Sohn Gottes gleich ist dem Vater
in dem göttlichen Wesen, aber uns heimlich und verborgen
war, bis daß er sich von außen geoffenbart hat in menschlichem
Fleische, so spricht Sanct Bernhard: er ist herabgestiegen von
seiner Klarheit, damit er ein grobes Kleid an sich nehme, um
sich uns zu offenbaren; und wie der Gedanke sich offenbart mit
einer leiblichen Stimme ohne Aenderung seiner selbst vor der
Stimme oder nach der Stimme, so hat Gottes Sohn mensch=
liche Natur angenommen, ohne daß er gemindert oder getheilt
worden ist in das Fleisch. Auch Sanct Augustin sagt, warum
Gottes Sohn ein Wort genennet werde. Durch die Worte
nämlich werden die Meinungen (Absichten) erkannt, und so ist
die Meinung, die Gott der Vater in seinem Herzen zu uns
gehabt hat, durch die Menschheit seines Sohnes uns bekannt
worden. Darum spricht Sanct Augustin: der Sohn wird billig
das Wort Gottes genannt; denn wie durch die Worte die ver=
borgenen Dinge des Herzens offenbar werden, so ist uns durch
die Menschheit Jesu Christi die Heimlichkeit, die im Herzen des
Vaters war, geöffnet worden. Wie nun der Sohn Gottes ist
in dem Herzen des Vaters, ist er unerschaffen, wie er ist im
Leibe seiner Mutter, ist er Mensch geworden, wie er ist im Ge=
müthe eines jeglichen guten Menschen, ist er gegeistet.
Dieses dreifache Wort wird kundbar verstanden in den Worten
des Evangeliums: Das Wort war bei Gott, und das Wort ist
Fleisch geworden, und es wohnte in uns.

Wie mag der göttlichen Personen Dreifaltigkeit
in Eines Wesens Einigkeit bestehen? Niemand kann
das mit Worten vollbringen, so viel man davon sprechen mag.
Sanct Augustin spricht: der Vater sei ein Ursprung der Gott=
heit des Sohnes und des Geistes, beides persönlich und wesent=
lich. Ebenso sagt auch Sanct Dionysius, daß in dem Vater
ein Ausfluß sei oder eine Runse der Gottheit, und die Runse

ergießt sich natürlich in das ausrinnende Wort, das ein natür=
licher Sohn ist; sie ergießt sich auch nach der minnereichen Milde
des Willens, und das ist der heilige Geist [1]. Diesen verbor=
genen Sinn erschließt uns das klare Licht Sanct Thomas,
der liebe Lehrer, welcher spricht: Bei der Ergossenheit des Wor=
tes aus des Vaters Herzen muß Gott mit seiner lichtreichen
Erkenntniß nothwendig auf sich selber blicken mit einer Wieder=
beugung (reflexio) auf sein göttliches Wesen. Denn wäre in
der Vernunft des Vaters der Gegenwurf (Object) nicht das
göttliche Wesen, so könnte das empfangene Wort nicht Gott
sein, sondern es wäre eine Creatur, und das wäre falsch. In
dieser Weise aber ist es göttliches Wesen aus Wesen, und der
Wiederblick des göttlichen Wesens in der Vernunft des Vaters
muß geschehen mit der nachbildenden Weise einer natürlichen
Gleichheit, sonst wäre das Wort nicht Sohn. Hier hat man
Einigkeit des Wesens mit Anderheit der Personen. Zu guter
Unterscheidung dieser Urkunde sprach der hoch geflogene Adler
Sanct Johannes: Das Wort war in dem Anfang bei Gott.
Von der Entgossenheit des Geistes ist jedoch zu wissen, daß die
Substanz der göttlichen Vernunft ist in Erkenntniß, und diese
muß auch Neigung haben nach der Form, die in der Vernunft
empfangen ist nach ihrem Endziel; diese Neigung ist der Wille,
und sein Begehren ist Lust (Seligkeit) suchen.

Unser Herr Jesus Christus spricht: Mein Vater wirket bis
jetzt und ich wirke. Was wirket Gott im Himmelreich? Er
gebiert seinen eingebornen Sohn, das ewige Wort, ohne Unter=
laß, und hat an dem Werke so große Lust, daß er nichts an=
deres thut. Denn der Vater wirket in seinem Sohne alle seine
Werke, und der heilige Geist hängt darinnen und ist die Se=
ligkeit, und hierinnen hängen auch alle Creaturen; denn Gott der
Vater minnet nur seinen eingebornen Sohn, und so viel er die
Creaturen begründet findet in der Minne seines Sohnes, so
viel werden sie auch geminnet in dem Sohne. Der Vater sprach
ein Wort, und das war sein Sohn, und in dem ewigen Worte

---

[1] Diese Stelle ist nachgebildet dem 55. Kapitel I. Buch von Heinrich Suso.

sprach er alle Dinge. Das Wort des Vaters ist nichts ande= res als sein Selbstverständniß, und das Verständniß des Va= ters versteht das Verständniß (intelligentia), und dieß ist das Licht in dem Lichte; denn Gott ist ein Licht, in sich selber schwe= bend in einer stillen Stille. Das ist das einige Licht, das einige

● Wesen seiner selbst, das sich selber versteht und erkennt. Das Wort ist das einige Verständniß seiner selbst, und in dem eini= gen Verständniß verstand er alle Dinge und verstand sie schöpfend von Nichts, und das sind sie an sich selber. Was sie aber ewig= lich in Gott gewesen sind,. das waren sie an sich selber, und was sie waren, war er selber; denn in Gott ist nichts, es sei denn Gott. So sind alle Creaturen ein Licht, wenn sie in der Einigkeit verstanden werden, und darum fließen alle Creaturen aus wie ein Licht, um das verborgene Licht zu offenbaren. Nun spricht ein Meister: Gott der Vater sieht auf sich selber mit einer einfachen Erkenntniß und sieht in die einfache Lauterkeit seines Wesens, und darin sieht er gebildet alle Creaturen. Da spricht er sich selber, und das Wort ist eine klare Erkenntniß, und diese ist der Sohn. Ebenso sprach Sanct Dionysius: Gott sieht sich selber an und sieht alle Dinge in ihm selber und sieht sich selber in allen Dingen; darum gefällt Gott sich selber, und so ist Gottes Natur Klarheit und seine Natur beugt sich auf sich selber, und das ist der Vater, und er wiederbeugt sich in sich selber in die Erkenntniß seiner selber, und das ist der Sohn, und er will sich selber, und das ist der heilige Geist. — Die Vernunft wird nicht geursprunget, denn sie ist die vä= terliche Person, und diese ursprunget den Kenner aus der All= vermögenheit der Person ihrer selbst, und da geschieht die ewige Geburt allgeschehend, und dieß sind zwei Eigenschaften (Per= sönlichkeiten). In diesem Herauskommen des Sohnes von dem Vater kehrt der Kenner wieder ein und schlägt in die Allver= mögenheit seines Vaters zurück, allwo er ursprünglich ist, und in diesem Ursprunge erkennen sich die zwei Eigenschaften mit Einem Erkennen, und was das Erkennen ist, dasselbe ist der Kenner selber und erkennen in ihnen selber eine Minne in der ․ Allvermögenheit des Vaters, darin der Kenner ursprünglich ist. Die Minne ist ihr beider Geist, in der Minne sind sie Eines, und dieß ist die dritte Eigenschaft. Diese ist ursprünglich in der Wiedergeburt, wo der Kenner schwebet in der Herzlichkeit der Allvermögenheit des Vaters. Hievon sprechen die heiligen Lehrer: in dem Vater sei Mögenheit (potentia) und Gleichheit in dem Sohne und Einigung in dem heiligen Geist. Darum, wenn der Vater dem Sohne zumal gegenwärtig ist und der Sohn ihm zumal gleich ist, erkennet Niemand den Vater als der Sohn, und daher nannte Sanct Paulus ihn auch die Bärhaftigkeit des Vaters, weil er mit dem Vater wirket und auch die Person gebiert (S. 90).

Was ist Gott? Du sollst wissen, alle die Meister, die je wurden, können das nicht aussprechen, weil er über alle Sinne und Vernunft ist, wie Sanct Johannes von goldenem Munde spricht: Wir haben einen solchen Gott, der unser aller Vernunft übertrifft und über alle unsere Gedanken ist; Niemand kann von ihm vollsprechen noch denken, der unbegreiflichen Würde wegen, die in ihm liegt; denn er ist tausendmal besser, als ein Herz betrachten, der Mund reden, die Vernunft verstehen oder Kräfte begreifen können. Hierüber spricht Sanct Dionysius: Alles, was wir erkennen oder theilen oder dem wir Unterscheidung geben können, das ist Gott nicht; denn in Gott ist weder dieß noch das, was wir abziehen (abstrahiren) oder mit Unterscheidung begreifen mögen. Was man begreifen kann in Figuren und in Formen, das ist nicht Gott. Gott ist ein Geist und unsichtbar und über alle Bilder und Formen erhaben, weil die göttliche Natur weder Bild noch Form ist, daß man sie verstehen möchte; und was man nicht verstehen mag, das kann man auch mit keiner Rede darstellen. Denn alle Dinge werden in Bildern und in Gleichnissen erkannt, aber kein Bild öffnet uns die Gottheit oder ihr Wesen, weil Gott über Weise und über Wort und über alle Gleichnisse erhaben ist; und darum kann man ihn weder bilden noch formen oder Jemand von ihm vollsprechen. Hievon spricht ein Meister: Wenn ich von Gott reden muß, so spreche ich, daß Gott etwas ist, was kein Sinn noch Vernunft weder begreifen noch verstehen, nóch erlangen kann; anderes weiß ich nichts von ihm, denn die Gottheit ist eine geistige Substanz, die unergründlich ist, so daß Niemand davon sprechen kann, wie Sanct Bernhard spricht: Die Dinge, die über uns sind, werden nicht mit Worten gelehrt, sondern von dem heiligen Geiste geoffenbart, denn Alles, was man davon reden kann, geschieht in Bildern; aber göttliche Wahrheit ist über Bilder in einer Abgeschiedenheit von allen Bildern, davon Niemand reden kann noch mag. Hierüber spricht auch Sanct Dionyſius: Was man von Gott sprechen kann, das iſt Gott nicht; denn er ist über alles Sprechen und über all' das, was das menschliche Herz gedenken oder der Mund ausſprechen mag. Wer da spräche, daß Gott irgend etwas wäre, das wäre mehr gelogen, als es wahr wäre; wer aber spricht, daß Gott Nichts sei, das iſt eher Gott, als daß er „etwas" sei. Darum spricht Sanct Dionyſius: Gott iſt Nicht, und meint damit, daß Gott so unbegreiflich sei, als das Nicht; und hierin merke wohl, daß der Geiſt das Nicht der Einigkeit (Einheit) meint. Die Einigkeit heißt deßwegen ein Nicht, weil der geschaffene Geiſt keine zeitliche Weise finden kann, was er sei, sondern er empfindet wohl, daß er werde enthalten (durchbrungen) von einem andern, als er selber iſt; darum iſt das, was ihn enthaltet, eigentlicher Icht als Nicht, es iſt aber dem Geiſte wohl Nicht in der Weise, was er iſt. Hierüber spricht Sanct Dionyſius, daß die Gottheit allen Kräften der Seele zu Nicht geworden sei und daß Gott ein Nicht-Wesen oder ein Nicht sei. Und dieß iſt nach all' dem Wesen und der Ichtigkeit zu verſtehen, das wir ihm nach creatürlicher Weise zulegen mögen; denn was man ihm in solcher Weise zulegt, iſt immer in gewiſſer Weise falsch und die Läugnung (Verneinung) davon iſt wahr [1]. Darum könnte man ihn nennen ein ewiges Nicht, nicht von seinem Nichtsein, sondern von seiner übertrefflichen Unbegreiflichkeit, weil ihn kein Verſtändniß mit Bildern oder Formen je erlangen kann. Darum kann man davon auch nicht reden; was man davon redet, wird doch durchaus nicht das ausgesagt, was es iſt, so viele Lehrer und Bücher auch da wären. Denn wie könnte man Bildeloses bilden und Weiseloses beweisen, das über alle menschlichen Sinne und Vernunft

---

[1] Vgl. Heinrich Suso Buch III. Kap. 2.

ift? Welche Gleichnisse man ihm auch gibt, es ist dennoch tau=
sendfach ungleicher, als es den Dingen gleich ist, die man er=
sinnen oder geworten kann. Darum verstummet die Seele und
will ihm die Schmach nicht entbieten, von ihm etwas auszu=
sagen, was ihm so ungleich ist; denn welche Namen man ihm
auch gibt, sie sind ihm nicht eigen nach dem, wie die Namen
sich bilden in der Creatur, und darum ist es kund allen wohl=
gelehrten Pfaffen, daß das weiselose Wesen auch namenlos ist.
Unser Herr spricht zu seinem Vater: Dieß ist das ewige Leben,
dich zu erkennen, den allein wahren Gott, — und er spricht
nicht: weiser Gott, noch guter Gott, noch gerechter Gott,
noch gewaltiger Gott, sondern nur: wahrer Gott, und das
bedeutet, daß die Seele mit Vernünftigkeit Alles abscheiden soll,
was man Gott im Denken oder Verstehen zulegen kann, und
daß man Gott bloß nehme, wie er lauter Wesen und deßhalb
wahrer Gott ist. Deßwegen gehört das Wort „erat" Gott
allereigenst zu, wie denn Johannes in seinem Evangelium es
oft ausspricht, erat, womit er sagen will: es war, und deu=
tet damit das bloße Wesen an. Denn alle Dinge legen etwas
zu, das Wesen legt nichts zu, als in einem Gedanken, und
nicht in einem zulegenden, sondern in einem abnehmenden Ge=
danken; Güte und Wahrheit legt zu dem Mindesten in einem
Gedanken etwas zu, erat dagegen bedeutet das bloße (reine)
Wesen Gottes, dem nichts zu= (bei=) gelegt ist. Darum merke
wohl, daß Gott nicht das Alles ist, was man von ihm erken=
nen oder nehmen kann, denn er ist weit mehr, als ein Ver=
ständniß begreifen oder verstehen kann, es mag hoch oder nieder
sein, und dieß ist wegen seiner gründlichen Tiefe. Je tiefer die
Seele sieht, je mehr sie vor sich hat und je mehr ein Mensch
erkennet, desto mehr er findet, was ihm noch unbekannt ist, und
je tiefer er darein kommet, desto minder er versteht. Darum
spricht ein Meister: Wer die Wahrheit begreifen will, der jaget
das Gevögel, denn je mehr man in die Wahrheit kommt, desto
mehr wird sie offenbar, und je mehr sie offenbar wird, desto
mehr erweitert sie sich, und je mehr sie sich erweitert, desto
mehr ist sie bleibend. Darum, wer Gott am allermeisten er=
kennt, den wundert am allermeisten, was Gott sei; denn er ist

so wunderbar, daß sich ein Mensch nicht wohl verwundern kann, was er sei. Und in dem Wunder (Verwunderung) der Gottheit stirbt der Geist und lebt absterbend, und daran liegt sein Sterben, daß er keinen Unterschied haltet nach der Dreiheit der Personen. Hierüber spricht ein Meister: Was nicht ist, das erkennet man auch nicht, und was am allermeisten Wesen hat, das erkennet man auch am allermeisten. — Weil also Gott ein überschwebendes Wesen hat, entflieht er allem Erkennen menschlichen und engelischen Verstehens. Denn Sanct Augustin spricht: Gott ist ein Nicht, in welchem da hanget alles Icht. Alles, was Wesen hat, hanget an dem Nicht und dieses Nicht ist ein unermeßliches Icht, das die Geister, die im Himmelreich oder auf dem Erdreich sind, mit ihrem vernünftigen Erkennen weder begreifen, noch verstehen, noch erfahren oder vollkommen erkennen können. Wenn sich aber die Seele verredet wegen der unbegreiflichen Größe des göttlichen Lichtes, wird sie in ihrer Erkenntniß zu Nichte, weil Gott ihrer Erkenntniß unbegreiflich ist, so daß sie ihn weder mit ihrem Erkennen, noch mit ihren Worten erlangen kann; denn je tiefer sie geht, desto mehr schlägt der Glast der Gottheit sie zurück in seiner Unbegreiflichkeit und führt sie zur Unerkenntniß. Daher heißt Gott ein Unwissen; denn alle Creaturen können ihn nicht wissen, wie er sich selber weiß, da er sich selber offenbar ist; denn da ist er unwissend allen Creaturen, weil kein Verständniß mit natürlicher Kraft dazu gelangen mag; aller Creaturen Verständniß ist gemessen (beschränkt), und darum hat es Grund, kann daher die grundlose Verständniß Gottes nicht begreifen. Da Gott seine eigene Natur anschaut, die grundlos ist, kann sie nur begriffen werden von einem grundlosen Verständniß, und dieses ist nichts anderes, als seine Natur selbst. So begreift sich Gott selber in seiner eigenen Natur, und dieses Begreifen ist ein Verstehen, in welchem Gott sich selber offenbar ist und sich in einem Lichte vernimmt, darein Niemand kommen kann, wie Sanct Paulus spricht. Das Licht, darin Gott wohnet, ist Niemanden bekannt, als ihm selber, und dieß ist der hohe Weg, auf dem nie eine Creatur wandelt. Das bewährt Gott selber durch Jesaias den Propheten, da er spricht: Wie der Himmel erhöht ist über der

Erde, so sind meine Wege erhöht über euere Wege und meine Gedanken verschieden von eueren Gedanken. Darum spricht Sanct Dionysius: Die erste Ursache ist über alle Namen; Gott ist überwesentlich, übervernünftig, übernatürlich; er kann daher von keiner Creatur erkannt werden, und soll er das, so muß er in einem Lichte erkannt werden, das über die Natur ist. Wir können Gott nicht anders erkennen, als durch die Bilder, soweit es uns möglich ist in dieser Zeit. Daher müssen wir das Bild Gottes vorher erkennen lernen, dann lernen wir den Bildner=Gott erkennen, so weit es uns möglich ist in dieser Zeit; denn Niemand kann hienieden Gott recht erkennen. So ist es kundig, daß des vorgenannten einfachen Wesens Natur endlos und unermeßlich ist und unbegreiflich aller Creatur in ihrer Vernünftigkeit; denn es übertrifft die engelische Vernunft und alles menschliche Erkennen und vernünftige Begreifen.

Was ist nun aber Gott in Wirklichkeit? wie beschreibt man ihn? welche Kundsame hat man von ihm und woran erkennt man ihn? Sanct Dionysius schreibt von dem natürlichen Licht der Seele, wie weit sie in göttlicher Erkenntniß damit kommt. Zum Ersten hat sie das von Natur, daß sie verstehen kann, daß alle Dinge, die da sind, nicht von sich selber sind, sondern von einer ersten Ursache sein müssen, die da aller Ursachen eine wesentliche Ursache ist und daß die oberste Ursache, die Alles erschaffen hat, Gott ist. Von Natur kann sie auch verstehen, daß all' das Gute, das in den Dingen verbreitet ist, allzumal wesentlich und vollkommen in der ersten Ursache gründet, die Gott ist. Von dem Wesen der Dinge, die da sind, wird Gott als Wesen erkannt, von der wunderbaren Ordnung der Dinge als ein weises Wesen, und von der Bewegung der Dinge als ein lebendiges Wesen, und so wird an der Hand der Creaturen Gott gefunden. An der wesentlichen Masse der Creaturen wird offenbar des himmlischen Vaters Allmacht und des Sohnes unergründliche Weisheit an der wohlgeordneten Zahl der Creaturen, und so gewinnt ein vernünftiger Mensch mit emsigem Suchen etwas Kundsame von Gott, allein in gar ferner

Weise [1], woran des Menschen oberste Seligkeit liegt. Nach
dieser Weise suchten ihn ehevor etliche tugendhafte heidnische
Meister und besonders der vernünftige Aristoteles; denn dieser
grübelte in dem Laufe der Natur nach, wer derjenige wäre, der
da ein Herr ist der Natur; er suchte ihn emsig und fand und be=
währte es aus dem wohlgeordneten Laufe der Natur, daß noth=
wendig ein einiger Fürst und Herr aller Dinge sein müsse, in
dem und von dem Alles ist, was da ist, sein und werden kann
und in dem alle Dinge bestehen und erhalten werden. Wenn
daher die Seele anschauet und vernünftig betrachtet die All=
macht Gottes und seine grundlose Weisheit, durch welche alle
Dinge so adelich und wohlgeordnet geschaffen sind, und seine
getreue Güte, die er allen Creaturen im Himmel und auf Er=
den so mannigfaltig erwiesen und geoffenbaret hat mit seinen
milden Gaben, mit denen er sie so reich begabet und versehen
hat für allen ihren Nothbedarf, so spürt sie Gott in seiner all=
mächtigen Kraft, grundlosen Weisheit und überfließenden Güte
und kommt so in seine Erkenntniß durch die übernatürlichen
Wunderwerke Gottes, die er so weit ausgebreitet und ausge=
gossen hat in alle erschaffenen Dinge, die dennoch gar unbe=
greiflich sind allen Creaturen in ihrer Vernünftigkeit. Darum
soll man in dem Verwundern bleiben; denn wer göttliches
Wunder durchgründen will, der wird in Zweifel versetzt. Wie
wollen wir Gott verstehen, der über uns ist, da wir unsere
Seele nicht verstehen, die in uns ist? Denn die Seele ist von
Gott so edel und so lauter erschaffen, daß sie in ihrer Eigen=
schaft die Weisheit und das Licht erkennen kann, das je in
diese Welt kam, wiewohl sie weder die Engel noch Gott an sich
erkennen kann, sie werden aber von ihr verstanden in dem Aus=
fluß und in ihren Werken. Denn wie Sanct Paulus spricht,
sind die Creaturen wie ein Spiegel, darin Gott wiederleuchtet,
und darum, wenn auch Gott an sich selber unvernehmbar ist, so
nehmen wir ihn doch in seinen Werken wahr, durch die Werke
loben wir seine Größe, und dadurch wird Gott erhöht, wenn

---

[1] Diese Darstellung ist aus Heinrich Suso's Buch I. Kap. 53 ent=
hoben, jedoch in erweiterter Fassung wiedergegeben.

der Mensch ansieht und vernünftig betrachtet das wunderbare Wunder göttlicher Weisheit, die Gott mannigfaltig erzeigt hat im Himmel und auf Erden und in allen Creaturen.

Dessen habe Acht in seiner Schöpfung und schaue über dich und um dich nach den vier Enden der Welt, wie weit und wie hoch der schöne Himmel ist in seinem schnellen Lauf, und wie adelich ihn sein Meister gezieret hat mit den sieben Planeten, deren jeglicher, der Mond ausgenommen, viel größer ist als die ganze Erde, und wie geziert er ist mit der unzähligen Menge der lichten Gestirne; und wie die klare Sonne unbe= wolket in der Sommerzeit mit ihrem heiteren und lichten Schein so fröhlich aufbricht und allen Creaturen leuchtet und mit ihrer Kraft in dem Erdreich reiche Genüge und Früchte bringt; und wie Alles blühet und grünet zu Berg und Thal und voll Got= tes ist; wie Laub und Gras so minniglich hervorbringt und wie so mancherlei schöne Blumen aufgehen mit schmucken Far= ben, wohl geziert nach edlem Geschmacke!. Und wie die Wälder und auch die Auen von der kleinen Vögelein süßem Gesange wiederhallen, und wie alle die Thierlein, die von dem argen Winter vertrieben waren, sich fröhlich. hervormachen und sich zweien, und in der Menschheit Jung und Alt von wonnebären= der Freude fröhlich neugeboren werden! Ach, zarter Gott! bist du in deiner Creatur so minniglich, wie mußt du dann in dir selber so gar schön und wonniglich sein! Darum sollen wir, wie Richardus spricht, ansehen und mit Fleiß betrachten die Zierde der Creaturen, wie der schöne hohe Gott darinnen leuch= tet und uns zu ihm mit der Schönheit winket und uns zu ver= stehen gibt, daß wir ihn minnen und loben sollen, weil er doch Alles um unser willen geschaffen hat; denn die Zierde und die Schöne und auch die Ordnung der Creaturen mahnen uns zu betrachten, wie gar weise und schön der Herr sein müsse, der die Ursache von dem Allem gewesen ist. Gleicherweise spricht Sanct Augustin: Alle Creaturen, die Gott je erschuf, sind nichts anderes, als ein Winken, womit Gott uns zu ihm locken und reizen will, daß wir daran ihn erkennen und uns wieder zu ihm kehren; und Gott hat uns die creatürlichen Bilder nur darum gelassen, damit sie uns weiter zu dem hinweisen, der sie schuf.

Darüber spricht auch Sanct Bernhard: Was ist die Mannig=
faltigkeit der geschaffenen Dinge nach ihrer Zahl, nach ihrer
Form und nach ihrer Gestalt? Nichts anderes, als ein göttlich
Gelüste, das uns zu dem höchsten und obersten Gute hinweiset,
woraus die Dinge geflossen sind. Sie weisen uns von den
niederen Dingen zu den oberen, von den sichtbaren zu den un=
sichtbaren und von den zeitlichen zu den ewigen. Denn wie
die äußeren Dinge geschöpft (erschaffen) sind, so sind sie wie=
dersichtig (reflectirt) inwendig in den Bildungen der Seele.
Darum werden die unsichtbaren Dinge und die ewige Kraft
Gottes vernünftig angesehen in den sichtbaren Dingen und Ge=
schöpfen dieser Welt, weil sie gegenwärtig und mannigfaltig
erzeigen ihren Schöpfer.

Die Wiedergeburt gehört dem Menschen allein zu, und diese
ist ein Wiederlenken eines jeglichen Dinges, das gefallen, in den
Ursprung zurück ohne alles eigene Ansehen. Denn Alles, was
in uns kommt, von wannen es auch ist, wird es in uns nicht
anders geboren, so ist es uns nichts nütze. Nun hat doch der
Mensch alle Dinge von Gott empfangen, es sei inwendig oder
auswendig, damit er es Gott wieder auftrage mit Lob und
Dankbarkeit und ihn allein minne und anstrebe über allen Din=
gen, weil das Höchste in allen Dingen Gott und sein Wille ist.
Darum sollen wir Gott erkennen und minnen als das höchste
Gut über allem Gut, zu dem alles Gute geordnet ist. Denn
das ist recht, daß, was das Höchste in dem Adel ist, auch das
Höchste in der Minne sei, und um der Minne willen ist der
Mensch geschaffen. Hiefür war dem Menschen in seiner Schöpfung
die Vernunft und der Wille gegeben, damit er mit der Ver=
nunft in sich die ewige Wahrheit bilde und in der Wahrheit
aus der Zeit herausgezogen werde. Darum spricht Sanct Gre=
gor: Gott gibt uns darum sein Lob zu erkennen, daß wir ihn
hören, und mit Hören ihn erkennen und minnen, und mit Minne
ihm nachfolgen, und ihm nachfolgend seiner begehren und mit
Begierde ihn genießen. Willst du wissen, o Mensch, warum du
Gott nicht kräftiger lieb hast? Das kommt daher, weil du nicht
erkennst, wie viel er dir zu lieb gethan hat. Würdest du dieß
recht erkennen, du würdest ihn von ganzem Herzen minnen;

denn wenn du betrachteſt, wie Gott den Menſchen aus ſo grund=
loſer Minne und Liebe und Treue ſo väterlich geſucht und ihn
begabet, ihn geladet und ſeiner gewartet hat; wie unſere Sünde
Gottes Minne gegen uns nicht erlöſchen kann, wenn wir in
Sünden ſind, ſondern wie er uns lehret, daß wir Reue und
Leid haben ſollen und erbitten die Nachlaſſung unſerer Sünden,
die er uns aus Gnade und Erbarmen vergeben will, worin
wir ſeine Treue und Liebe erkennen, und daß er für uns Menſch
geworden und gelitten hat und ſein Leben und ſeine Seele und
ſich ſelber für uns eingeſetzt und zu welcher unausſprechlichen
Nähe ſeiner ſelbſt er uns geladen hat, und wie die hochheilige
Dreifaltigkeit unſer gewartet und gebeitet hat und uns ihre
weſentliche Seligkeit ewig zu genießen geben will, — ſo ſollen
wir hiefür Gott loben und ihm dankbar ſein für die Güte, die
er ſelber iſt, und erkennen, daß wir Alles, was wir ſind und
haben, von ihm haben. Denn der Menſch ſoll alle Dinge von Gott
empfangen; Alles, was er innerlich und äußerlich hat — Güter
der Natur, Güter der Gnade und Güter des Glückes — das Alles
hat er darum empfangen, daß er es Gott wieder auftrage mit
lobſamer Dankbarkeit. So wird die Begierde der Minne durch
den Gedanken und durch das Betrachten der göttlichen Güte
entzündet. Denn Gott hat die Vernunft der Minne zu Dienſt
gegeben, damit die Vernunft eine Unterſcheidung und Ordnung
geben ſoll in allen Dingen. Wie die Vernunft in der Unter=
ſcheidung in den Dingen das ſucht, was gut und mehr gut
und das allerbeſte iſt, ſo ſoll es die Minne minnen; denn das
iſt die wahre Minne, welche die Dinge minnet, inſoweit ſie gut
ſind. Darum ſoll der Menſch mit der größten Minne Gott
minnen, weil er dafür erſchaffen iſt. Hiebei merke wohl, daß
die Erkenntniß die Minne weiſet, was ſie minnen ſoll. Denn
die Dinge, die man nicht ſieht, kann man wohl minnen, aber
die man nicht erkennet, kann man nicht minnen; Unkunde ma=
chet Unminne; denn von Natur begehren alle Dinge Gutes,
und darum iſt das Gute der Begierde Gegenwurf und auch
der Gegenwurf des Menſchenwillens iſt das Gute. Denn ſo
viel als ein Ding gut iſt, ſo viel will man es und ſo viel be=
gierdet man darnach; was nicht gut iſt, mag Niemand weder

wollen noch begehren. So minnet der Mensch auch natürlich
ein jegliches Ding nach dem, als es gut ist, und von dieser Er=
kenntniß entspringt eine natürliche Minne zu der ersten Ursache,
die Gott selber ist. Nun ist die vernünftige Creatur darum
von Gott erschaffen, wie Anselmus spricht, daß sie die höchste
Istigkeit über alle guten Sachen minnen soll, und nichts an=
deres als sie und durch sie; denn sie ist ganz gut von ihr sel=
ber, und was gut ist, das ist gut aus ihr. Darum spricht ein
Meister: daß kein natürliches Gut gut ist ohne Gott, sondern
Alles, was gut heißt, heißt gut wegen seiner Theilhaftigkeit an
dem obersten Gute, das Gott ist. Daher ist das Gut, das
durch sich selber gut ist und durch das alle Dinge gut sind, be=
gierlich und minniglich und über alle Dinge zu minnen und
um keines andern Dinges als um sich selber willen. Die Seele
mag Gott mit nichte so bald begreifen, als mit Erkennen und
Begierden; denn mit dem Erkennen in Weisheit findet man die
Wahrheit, die Gott selber ist, und mit der Begierde der Minne
umfängt sie die Kraft Gottes, darinnen sie sich selbst verliert
und Eins mit Gott wird. Was man aber währlich als gut
erkennt, das hat man auch währlich lieb, und was man währ=
lich lieb hat, begehrt man auch und nach dem arbeitet man
auch, daß es ihm werde, und wornach man fleißig arbeitet, das
wird dann einem zu Theil, und wenn es gewonnen, wird es
mit unendlicher Liebe besessen. Sanct Augustin spricht: Ganz
wie du minnest, so bist du; minnest du die Erde, so wirst du
irdisch, und minnest du Gott, so wirst du göttlich. Die Seele,
sagt Origenes, ist ein Mittel zwischen Fleisch und Geist; wenn
sie sich dem Fleische entbietet, wird sie Eins mit dem Fleische;
fügt sie sich aber dem Geiste zu, so wird sie Eins mit dem
Geiste; da aber Gott der alleredelste und lauterste Geist ist, so=
bald sie sich dem erbietet, wird sie Eins mit Gott.

Von dieser Einigung mit Gott spricht ein Meister, daß
eine jegliche Sache den Namen von dem empfängt, von dem sie
ergriffen wird; denn von der Sünde wird ein Mensch genannt
ein Sünder und von der Tugend ein Tugendhafter. Wer da=
her sündiget, ist ein Knecht der Sünde, und dabei merkst du,
daß solche sich mehr gelassen haben der Natur nach Genuß, als

der göttlichen Ermahnung nach Entziehung. Hievon spricht Sanct Paulus: Wer Gott anhaftet, der wird ein Geist mit Gott, und das geschieht durch die Minne, denn Minne vereinigt in Wahrheit der Natur. Woran liegt aber der Unterschied der Zweien? Einigung der Minne macht gleich in Gedanken und im Willen, und an dem Gleichniß verstehst du wohl, daß sie Zwei sind und bleiben in der Natur; aber Einigung der Naturen ist, wenn von zweien Dingen Ein Ding in der Natur wird, wie von einem Leibe und einer Seele Ein Mensch wird, der in der Natur Ein Mensch ist und nicht zwei Menschen. Das Wort, das da spricht: der Mensch werde ein Geist mit Gott, soll man nach der Einigung der Minne verstehen, so daß der Mensch nach der Wahrheit umgebildet werde, die Gott ist, in Gedanken und im Willen, und nicht, daß er in der Natur das werde, was da Gott ist. Alle die Worte, die da gesprochen werden **von der Einigkeit Gottes mit der Seele,** soll man in dieser Weise verstehen. Denn so wenig ein Stein ein Mensch werden kann und dennoch ein Stein bleibe, so wenig kann ein Geist Gott werden in Einigkeit der Natur. Der heilige Apostel meint in seinen Worten die Vereinigung der Minne; denn er spricht: er wird ein Geist mit Gott, und nicht: er wird ein Geist, der Gott ist. Bei der Einigung, welche die Minne vollbringt, ist Einer nicht der Andere; sie macht aber, daß Einer dem Andern gleich ist in den Gedanken und in dem Willen und in den Werken. Dieß ist eine nützliche Lehre einem ungelehrten Menschen; denn man spricht oft: der Mensch werde verbildet in Gott, und bei diesen Worten möchte man leicht in einen falschen Sinn fallen, daß man gedächte, die Einigung geschehe nach der Natur und nicht lediglich nach Gleichniß des Willens; wer das gedächte, wäre gar fern von der Wahrheit. Der Herr spricht durch den Propheten David: Ich habe gesprochen, ihr seid Götter und Kinder des Alleròbersten. Er spricht „Götter" und nicht „Gott", um zu beweisen, daß wir nicht Gott von Natur sind, sondern göttlich sind von Gnaden. Hätte Gott die Seele nicht nach ihm selber gebildet, sie würde nimmer Gott von

Gnaden; denn er hat sie nach ihm selber gebildet, damit sie ihm desto mehr gleichen möge. So werden Gott und die Seele Eines gleicherweise, wie die Seele und der Leib, und so ungleich sie dem Leibe ist, viel ungleicher ist Gott und die Seele, dennoch hat sie viele Gleichheit mit Gott. Wie Gott einfach ist in der Natur und dreifach in den Personen, so ist die Seele einfach in der Natur und dreifaltig in ihren Kräften, und wie kein Raum Gott eingrenzen kann, so auch die Seele nicht; denn sie ist so subtil in ihrer Natur, daß sie so wenig Raum einnimmt, als wäre sie Nichts, und gleichwie für Gott alle Stätten Eine Stätte sind, so sind geistig alle Stätten der Seele Eine Stätte, denn die Seele ist in dem Leibe an jeder Stätte allzumal, und wie Gott ungezwungen ist von eigener Freiheit, so hat er der Seele eine Freiheit gegeben, daß Niemand sie bezwingen kann, und wie Gott unergründliche Weisheit hat, so sind, wie ein Meister spricht, alle Künste in der Seele natürlich, und so viel wir hienieden Kunst und Weisheit gewinnen, so viel ist uns offenbar der verborgene Schatz der Seele; und wie Gott allmächtig schöpfet alle Dinge, so hat die Seele eine Mögenheit und eine Kraft, in der sie geistig schöpfet alle Dinge, ja sie schöpfet ihren Gott, der doch unerschaffen ist, und sie gibt demjenigen Form und Bild, der an ihm selber nie weder Form noch Bild gewann. Sie ist in freier Minne dem heiligen Geiste gleich und dem Sohne in der Weisheit und dem Vater in dem Vermögen ihrer schöpferischen Kraft. Auch ist Gott über Zeit und Raum, und dessen hat die Seele eine Gleichheit (Aehnlichkeit), denn sie mag so leicht denken und minnen über tausend Meilen wie über eine, und tausend Jahre so schnell als einen Tag. So edel ist jede Seele von Natur, daß sie leben kann, wenn sie auch an sich selber todt ist, und wie die Seele ist des Leibes Leben, so ist Gott der Seele Leben, und was der Tod dem Leibe thut, das thut die große Sünde auch der Seele. Und dieser Geist gleichet Gott äußerlich und innerlich, wie er mag. Gott ist erhaben und gesondert von leiblichen Dingen und von allen Materien; so scheidet sich auch der Geist, wenn er will und mag, von den leiblichen Dingen und füget sich zu Gottes Heimlichkeit. Gott ist unbedürftig, und auch darin gleichet ihm der Geist, denn weſſen er entbehren kann, mit dem will er nichts zu thun haben. Gott iſt unbeweglich in ſanftmüthiger Stetigkeit; auch der Geiſt hal=tet ſich darnach. Alles, was erſchaffen iſt, es ſei geiſtig oder leiblich, beide ſind im Menſchen vereinigt, ſo daß er eine Gleich=heit mit allen Creaturen hat. Er hat ein Weſen mit den Sternen und ein Wachſen mit den Bäumen und durch die äußeren fünf Sinne Gemeinſchaft mit den Thieren, und iſt auch den Engeln gleich in ſeiner geiſtigen Natur; was alle Creaturen in ſich haben, das iſt in dem Menſchen ausgebildet. Wenn darum die Seele dieß Alles mit einer minniglichen Anſicht und innerlichen Betrachtung wohl durchgeht und ſich ſelber anſchauet in ihrer Edelkeit, wie Gott ſie von Nichte zu Ichte geſchaffen hat und wozu er ſie geſchaffen hat, nur zu ihm allein, und wie ſie nach ihm gebildet ſei, wird davon in ihr geboren große innere Freude und lobſame Dankbarkeit zur gött=lichen Güte, und wenn die Seele ſo in die Erkenntniß der Wahrheit kommt und mit lichter Unterſcheidung jegliches Ding betrachtet, ſieht ſie, daß das alles leibliche Dinge ſind, vergäng=lich und tödtlich und umgeben mit Sünden und Schnödigkeit der Welt, und erkennet im Lichte des Glaubens, daß ſie ewig iſt. Denn der Geiſt iſt ein Icht, geſchaffen aus Nicht, das ewiglich bleibt, und wir nennen den Geiſt eine vernünftige Seele, die ewiglich bleibt vor dem Adel ihrer gottförmigen Kräfte; denn Gott iſt eine überweſentliche Vernunft, nach der ſie vernünftiglich gebildet iſt. Deßwegen kann der Geiſt nicht zu Nichte werden wie der tödtliche Leib, der zu Nichte wird. — Wenn nun das ein vernünftiger Menſch beginnt zu merken, daß er eine Creatur von Leib und Seele iſt und daß der Leib tödtlich, die Seele aber ein ewiger Geiſt iſt, dann gibt er dem Leibe und all' ſeiner Viehheit Urlaub und hält ſich zu dem Geiſte und macht den Leib dem Geiſte unterthänig, und iſt all' ſein Wirken inwendig mit Betrachtung zu dem überweſentlichen Geiſte gerichtet, wie er den finde und wie er den begreife und ſeinen Geiſt mit jenem Geiſte vereine. Dann kehrt er ſich von dem Leibe zu Gott und von der Zeit zur Ewigkeit, und mit der Begierde, welche die Seele zu Gott hat, zieht ſie die ſinn=

lichen Begierden an sich und vereiniget sie mit sich, so daß dann
die Sinne nichts anderes begehren mögen, als was die Seele
will, und das ist die rechte Vereinigung, wenn sich der Leib
dem Geiste läßt und der Geist sich Gott unterthänig macht nach
Gottes Willen (S. 131).

### 3. Die Religion oder die Rückkehr der Seele.

Unser Herr Jesus Christus spricht im heiligen Evangelium:
„Die wahren Anbeter beten den Vater an im Geiste und in der
Wahrheit, und solche sucht der Vater, die ihn also anbeten."
Wer da den Vater anbeten will, muß sich Ewigkeit mit seiner
Begehrung und Zuversicht vorsetzen. Meister Eckhart spricht:
daß die heilige Christenheit deßwegen das Gebet des Mundes
eingesetzt habe, damit die Seele von den äußeren Dingen ge=
sammelt werde, in denen sie sich zerstreut hat auf die Mannig=
faltigkeit vergänglicher Dinge; wenn sie dann gesammelt ist in
die obersten Kräfte, die da sind Verständniß, Wille und Ge=
dächtniß, so wird sie vergeistet, und wenn der Geist haftet an
Gott mit ganzer Einigung des Willens, so wird er ver=
gottet, und erst dann ist er in der wahren Anbetung, wenn
er zu seinem Ziele gekommen, dazu er erschaffen ist. Denn
wir sind einzig zu Gott erschaffen, und darum sind wir nach
ihm gebildet, und wer zur Einigung des Geistes mit Gott
nicht kommt, der ist kein rechter geistiger Mensch. Nun spricht
das Evangelium weiter: Gott ist ein Geist, und die ihn an=
beten, müssen ihn im Geiste und in der Wahrheit anbeten.
Hiebei merkst du wohl, daß alle Mannigfaltigkeit davon muß
ausgeschieden werden. Auch die Menschheit unseres Herrn wird
nach besonderer Gegenwart ausgeschieden, wie Christus selber
zu seinen Jüngern sprach: Es ist euch gut, daß ich von euch
gehe; denn wenn ich nicht von euch gehe, kommt der Tröster,
der heilige Geist, nicht zu euch, der Geist der Wahrheit, den
der Vater in meinem Namen senden wird. Darin hindern sich
gute geistliche Leute in rechter Vollkommenheit, daß sie mit ihres
Geistes Gelüste auf dem Bilde der Menschheit unseres
Herrn Jesu Christi bleiben und sich zu viel an Visionen lassen

und bildliche Dinge in ihrem Geiste sehen, es seien dieß Men=
schen oder Engel oder unseres Herrn Jesu Christi Menschheit.
Die Jünger unseres Herrn müssen die allerminniglichste Gegen=
wart lassen, die ihnen sonst so tröstlich und so lustlich und so
wonniglich und so übergroß und so göttlich war, wenn sie mit
dem höchsten Wesen überformet werden sollen. Davon
haben wir eine Figur an unserer lieben Frau. Denn ob=
wohl sie ihren Gott und Schöpfer in ihrem Schooße trug und
in ihren Armen und in den allerbegreiflichsten und lustigsten
Weisen hatte, die über alle Sinne waren, und sie kein Haar
daran zweifelte, sondern sicher war, daß er ihr Gott war und
sie sich mit ihm gebahren mochte, wie sie wollte, und er wie ihr
Kind mit ihr wandelte, so hat doch ihr Herz bei ihrem ganzen
Leben keinen Augenblick darauf mit Genüge geruht, sondern ihr
Gemüth ging ohne Unterlaß auf und ging über in den inneren
göttlichen Abgrund, in dem allein ihre Ruhe und ihre Wohn=
stätte war. Hierüber spricht ein Meister: Wollte ein Mensch
an keinen Dingen Genüge nehmen, so könnte er auch
nicht Sünde thun; denn so lange ein Mensch Genüge nimmt
an den Dingen, die Form haben, kann er die Wahrheit nicht
begreifen noch erkennen, wie der Weissager spricht: wer kommen
will auf den Berg der Höhe des Wesens und des Geistes, der
soll ohne Mittel und geschieden sein von allen bildlichen Din=
gen und alle Kräfte der Seele übergehen, und in den obersten
Kräften soll er wohnen, und dadurch wird er gebogen in
das höchste Wesen. Sollen wir zur Erkenntniß der unsicht=
baren Dinge kommen, so müssen wir über die sichtbaren uns
erheben.

Was soll ich nun von denen sagen, die ihre alte
Weise nicht lassen wollen und an ihrer Wirklichkeit äußer=
lich mit den Sinnen kleben an Psalter und Vigilien und der=
gleichen, und was an ihnen etwas sein soll, sind ihre Aufsätze
und ihre Weisen, die sie nach ihrem Gutdünken gestiftet und
gesetzt haben. Allein sie kehren sich nicht in den Grund und
suchen nicht weiter; denn wenn sie ihre Dinge gethan haben
nach den Weisen, die von Außen her durch die Sinne einge=
tragen wurden, so genügt ihnen gar wohl, aber es gefällt

Gott an ihnen durchaus nicht. So legen sie sich nieder und schlafen und des Morgens heben sie ihre alte Weise an, und so gehen sie mit dem Sinne um und kommen nicht in sich selber, und ihre Inwendigkeit bleibt ihnen verschlossen. Dieß ist nun der gemeine Lauf aller geistlichen Leute, sich mit äußerlichen, gutscheinenden sinnlichen und bildlichen Weisen und Uebungen abzugeben, und diese Leute wähnen, wie gar wohl sie daran seien. Ihre Weise ist aber so sinnlich und so bildlich, sie können viel denken an den süßen Menschen Jesu, wie er geboren ward und wie sein Leben und sein Leiden und sein Tod beschaffen war, und es fließt mit großer Lust und mit Thränen durch sie, gerade wie ein Schiff auf dem Rhein; — das Alles ist aber sinnlich und heißt in der Homilie eine fleischliche Minne, wir wollen es aber eine sinnliche Minne heißen, und zwar darum, weil sie Alles an unserem Herrn betrachten von dem Haupte bis zu den Füßen in bildlicher Weise nach den Sinnen. Diese Leute zieht oft mehr die Lust und das Wohlbehagen, denn die wahre göttliche Minne, und sie sehen mehr auf die Werke als auf denjenigen, in welchem die Werke enden. Sie minnen und suchen mehr ihr Genügen und ihr Wohlsein, als denjenigen, den sie suchen sollten. Darum ziehen sie mehr auf den Zufall als auf das Wesen, mehr auf den Weg als auf das Ende, mehr auf das Aeußere als auf das Innere. So findet man manche Menschen, die mit der sinnlichen, bildlichen Weise wohl viel können und daran große Lust empfinden, denen aber das eigene Innere beschlossen ist, und das kommt ihnen von Unübungen und auch davon, daß sie zu viel auf diesen sinnlichen Bildern bleiben, darauf ruhen und nicht weiter kommen, und keinen Durchbruch thun in den Grund, darin die ewige Wahrheit leuchtet. Man kann nicht zweien Herren dienen, nicht den Sinnen und dem Geiste zugleich; so nimmt der Mensch Ruhe auf den Weg und vergißt seines rechten Endes; die Natur ist so schleckerig geworden, womit sie umgeht; darauf fällt sie und will da ihre Ruhe nehmen, es sei geistig oder leiblich, innerlich oder äußerlich. Allein die Zeit sollte nicht mehr von uns haben als einen Durchgang zu dem Ende, und Ewigkeit sollte unsere Wohnung und unser Ende sein. Der Mensch sollte aber dieß nicht verwerfen, sondern mit ehrwürdiger Furcht und Demuth es nehmen und soll es seiner Kleinheit und Schnödigkeit zusprechen, daß diese Weise und dieser Geschmack nicht das Höchste sei, und wollte Gott, daß solcher Leute viele wären; denn Gott zieht und reizt den Menschen mit solcher Süßigkeit weiter in dem Vorgange zum inneren Leben und der Mensch soll hiemit seine Minne reizen, dann aber die Bilder bald fahren lassen und durch diese Bilder in die Ueberbilder bringen und durch die äußeren sinnlichen Uebungen inwendig in sich selber in jenen Grund, wo das Reich Gottes in der Wahrheit ist, und hier den Herrn suchen, wie er uns auch selber dahin gewiesen hat, als er sprach: Das Reich Gottes ist in euch. Wer das Reich finden will, d. i. Gott mit allem seinem Reichthum und in dem eigenen Wesen seiner selbst und seiner Natur, muß es suchen, wo es ist, d. i. in dem innersten Grunde, wo Gott der Seele näher und innerlicher, als sie ihr selber ist. In diesen inneren Grund mußt du gehen und den Sinnen entfallen und Allem, was mit den Sinnen zu- und eingetragen wird von Bildern und Formen und von allem dem, was die Phantasie und Einbildungskraft je eintrugen in eigener Weise und sogar über die vernünftigen Bilder und die Wirkungen der Vernunft dich erheben und mit Vernunft überschreiten die geschaffenen bildlichen sinnlichen sichtbaren Dinge, und die Gestaltniß aller Beschaffenheit verlieren, worauf dein Gemüth fallen möchte mit Lust, Gunst und Begierde, so daß es an den genannten Dingen nicht mehr haftet. Du sollst dich mit einem aufgehobenen, ledigen, ruhigen Gemüthe frei über Zeit und über Raum und über alle Unterscheidung geschaffener sinnlicher Dinge erschwingen und verfließen in dem grundlosen Abgrund deines ersten Bildes (Urbildes), das Gott selber ist.

Wie sollst du hiezu kommen? Du sollst dein Gemüth in ewige Dinge einkehren. Wie du vorher Alles in bildlichen Weisen gedachtest, es betreffe die Geburt oder die Weisen und Werke, so kehre dich nun zu den inneren Weisen und Werken und zu der ewigen Geburt; wie das ewige Wort geboren werde in dem väterlichen Herzen, herausgeboren und innen bleibend sei, wie der heilige Geist austrage und in einer unaussprech=

lichen Minne und in einem süßen Wohlgefallen blühe, wie das göttliche Wesen in drei Personen einfach und lautere Einigkeit ist, darein gehe, und dann zieht sich die Minne höher auf in eine Abgeschiedenheit und kommt so durch die Bilder über die Bilder und über alle Formen und Gleichnisse hinaus. Dann wird die Seele nach Gott gezogen; denn schauendes Leben ist nichts anderes, als ein vernünftiges Wahrnehmen der ewigen Dinge, wie Sanct Hieronymus spricht. Auf diesem Wege sollst du aller Bilder unwissend (bewußtlos) werden und in ein Unwissen und Vergessen derselben kommen, wie Sanct Paulus geschah, als er sprach: Ob ich in dem Leibe war oder nicht, das weiß ich nicht. Denn da hatte der Geist die Kräfte so sehr in sich gezogen, daß er des Leibes vergaß, und da wirkte weder Gedächtniß noch Verstand, noch Sinn, noch auch die Kräfte, die ihren Einfluß in der Weise haben sollten, daß sie den Leib zieren und führen mögen. Allein der Brand und die Hitze hatte ihn aufgehalten, und davon nahm der Leib nicht ab, dieweil er in den drei Tagen weder aß noch trank. Das geschah auch Moses, als er vierzig Tage auf dem Berge fastete und dennoch davon nicht kränker ward. So soll der Mensch allen Sinnen entweichen und alle seine Kräfte einkehren und in ein Vergessen seiner selbst und aller Dinge kommen. Je mehr du deine Kräfte einwärts ziehen kannst in ein Vergessen aller Bilder, die du jemals in dich zogest, und je mehr du dich von den Creaturen und ihren Bildern entfernst, desto näher und empfänglicher du diesen bist. Nun spricht ein Meister: Viele Menschen kommen zum klaren Verständniß und zu vernünftiger Unterscheidung der Bilder und Formen, allein der Menschen findet man gar wenige, die da über verständige Schauung und über vernünftige Begreifung der Bilder und Formen hinauskommen, und doch wäre ein Mensch Gott lieber, der da ohne alle Begreifung bildlicher Formen stände, wie vernünftig auch die Bildung wäre, als hunderttausend, die ihrer selbst in vernünftiger Weise gebrauchen; denn Gott kann nicht in sie kommen noch wirken vor der Gebundenheit ihrer vernünftigen Wirkung, wie Sanct Dionysius spricht: Das Licht des Glaubens will den Menschen über alle vernünftige Begreifung

führen, und in einem solchen findet Gott seine Ruhe und seine
Weite, zu wohnen und zu wirken wie er will und wann er
will und was er will, und weil Gott kein Hinderniß in ihm
findet, wirkt er in ihm sein allerliebstes Werk. Es geht aber
hart, wie Sanct Bernhard spricht, daß man den thierischen
Menschen mit seinen sinnlichen Lüsten von den Dingen abziehen
möge, die er mit Lust besessen hat; nicht minder schwer ist es,
den äußeren Menschen in den inneren einzuziehen und von dem
sichtbaren zu dem unsichtbaren emporzurichten. Dieß geschieht
nicht an einem Tag, noch geschieht es in kurzer Zeit; denn vorerst fällt das stete Wahrnehmen seiner selbst etwas hart, darnach
aber, wenn sich der Mensch darein gewöhnt, wird es ihm zuletzt
gar leicht und wonniglich. So muß man sich darein brechen
und gewöhnen mit emsigem Fleiße, wenn es dabei soll ein
Bleiben haben.

Wenn nun so der Mensch sein Gemüth ganz zu ihm selber
sammelt und, so viel er mit göttlicher Hülfe vermag, sich aller
menschlichen Sachen entblößet, soll er sodann sein Gemüth aufrichten und vernünftig suchen, sehen und prüfen, erforschen und
verstehen, was süßer, besser, lustiger und fröhlicher sein möge
als Gott, von dem und durch den und aus dem Alles ist,
was da ist oder sein oder werden kann, und da betrachten, wie
gar hoch und wie edel der Schöpfer sei über allen Creaturen
und über Alles, was er gemacht hat, und wie unendlich mehr
er ist, als Alles, was er erschaffen hat. Und so soll die
vernünftige Seele erkennen und ansehen die göttliche Zartheit
und Schönheit und Allvermögenheit seiner herrlichen hohen Majestät und prüfen die Gewalt des Vaters und erspüren die
Weisheit des Sohnes und minnen die Güte des heiligen Geistes und mit ganzer Liebe umfangen die Kraft Gottes mit in-
niglicher Freude des göttlichen Wohlgefallens. Dieses Eingehen
besteht nicht darin, daß man zuweilen eingehe und dann wieder
mit den Creaturen herausgehe; denn wenn der Mensch Gott
erkriegen (erstreben) will, muß er einen steten unabänderlichen
Fleiß haben; nicht etwa, daß er heute anfange und morgen
ablasse, sondern er muß stete (beständig) in der Uebung sein
alle Stunden und alle Tage, wenn er zu seinem Besten kom-

men will, und nicht heute Gott loben und morgen den Creaturen oder der Natur dienen. Kinder, die sich so ließen und Allem entfielen, woran die Natur sich halten könnte oder wollte, und recht vor sich ein in den Grund drängen ohne alles Anhangen und Festhalten des Ichtes, und sich in der Armuth und Bloßheit in wahrer Demuth hielten und in ihrem Nicht und in Gottes allerliebsten Willen mit rechter Gelassenheit, kehren in den Ursprung zurück. Wie der Mensch dann in rechter lediger Gelassenheit und Unempfänglichkeit steht und sich in seinem lautern Nicht hält, und Gott läßt einen Herrn sein und sich ihm unterwirft, und ohne Bilder und Formen in rechter Ledigkeit steht, wie in einer Düsterheit ohne Unterscheidung über Bilder und Formen, dann wird er allzumal aufgerichtet und bleibt ungehindert, und mag sich in seinen Ursprung einkehren und in seine Unerschaffenheit, was er ewiglich gewesen ist [1]. Also gehe hinein immer näher, immer tiefer versinke in den unerkannten und ungenannten Abgrund über alle Bilder und Weisen und Formen und über alle die Kräfte bis zum Sichselberverlieren und allzumal Entbilden, und in diesem bleibt in solcher Verlorenheit nichts als ein Grund, der wesentlich auf ihm selber steht, ein Leben, ein Wesen, ein Ueberall. Außerdem kann man sagen, daß man erkennlos und minnelos und werkelos und geistlos werde, und dieß nicht aus natürlicher Eigenschaft, sondern durch Ueberformung (Transformation), die der Geist Gottes dem geschaffenen Geiste gegeben hat von seiner freien Güte. Von dieser grundlosen Verlorenheit des geschaffenen Geistes und seiner grundlosen Gelassenheit kann man sagen, daß sich Gott darin erkenne und minne und genieße; denn er ist nur Ein Leben und Ein Wesen und Ein Wirken. Hierin wird der Mensch näher geboren und sieht die göttliche Finsterniß an, die durch Ueberfluß der Unerkanntheit allen geschaffenen Verständnissen der Engel und aller Creaturen finster ist. Wie nun der Mensch das innerlich schmeckt, versinkt und verschmilzt er in sein eigenes Nicht und in seine Kleinheit; je klarer und bloßer ihm die

---

[1] In der Idee.

Größe Gottes einleuchtet, um so kenntlicher wird ihm seine Kleinheit und Gottes Milde. Denn Gott ward nie einem Menschen weder hoch noch groß, dem irgend ein Ding hoch und groß sein kann, das minder ist als Gott. Wem aber die Hoheit Gottes schmecket, dem geht das Gemüth so hoch auf in Minne und in Dankbarkeit und in hoher Würdigkeit, daß nichts ihm schmecken mag, was unter Gott ist. — Willst du dazu kommen, so thue, wie Abraham that; er ließ den Esel und den Knecht unten an dem Berge, auf dem er Gott opfern sollte, und ging allein auf die Höhe des Berges mit seinem Sohne. Gleicherweise lasse den Esel des thierischen Menschen, der wohl ein Esel ist, und den Knecht, d. i. die natürliche Vernunft, die wohl ein Knecht ist, unten; denn sie hat dazu gedient, den Menschen an den Berg des Aufgangs zu leiten, wo sie bleiben soll; du aber sollst beide unten lassen und mit dem Sohne allein aufsteigen, d. i. mit dem Gemüth in das Heimliche, in das Sancta Sanctorum. Verrichte da dein Opfer, gib dich allzumal da auf, gehe hinein und verberge dein verborgenes Gemüth, was Sanct Augustin die Verborgenheit des göttlichen Abgrundes nennt. Darüber spricht der Prophet: Herr, du sollst sie verbergen in der Verborgenheit deines Antlitzes! In dieser Verborgenheit wird der geschaffene Geist wieder getragen in seine Ungeschaffenheit, worin er ewiglich gewesen ist, ehe er geschaffen war, und erkennt sich Gott in Gott, und doch an sich selber als eine Creatur und als geschaffen, allein in Gott sind alle Dinge Gott, darin (in denen) sich dieser Grund findet. Dieser innere Grund muß nothwendig denjenigen verborgen bleiben, die mit ihrer Wirklichkeit in dem äußeren sinnlichen Menschen bleiben, weil der zu bäuerisch und zu grob zu diesem edlen grundlosen Grunde ist. Darum soll dein Gemüth aufschwimmen in die Höhe der Ueberwesentlichkeit und alle niederen sinnlichen Dinge überklimmen in einer Erhebung des Gemüthes über alle Bilder und Formen, in einem Erschwingen über alle geschaffenen Dinge. Thut der Geist das nicht und bleibt er in den Sinnen und Creaturen, so muß er jetzt und ewig darin bleiben, wie Sanct Thomas spricht: Den großen äußeren Werken, wie groß sie auch sind, sofern sie nur Werke sind, entspricht nur ein zufälliger Lohn. Allein in der Einkehr des Geistes innerlich zu Gottes Geist aus dem Grunde ohne allen Zufall, wenn man Gott allein bloß und lauter suchet über alle Werke oder Weisen und über alles Denken und alle Vernunft, liegt der rechte wesentliche Kehr, und diesem muß jedenfalls der wesentliche Lohn entsprechen, in welchem Gott mit sich selber belohnet. Ein anderer Kehr kann auch in einer allgemeinen Weise wesentlich heißen, d. i. in allen jenen Kehren, darinnen der Mensch Gott lauter und bloß suchet und keinen andern Zweck, als Gott durch sich selber in ihm selber. Allein der erste Kehr ist in einer inneren unförmlichen Gegenwärtigkeit, in einem substanzlichen Eintragen des geschaffenen Geistes in den ungeschaffenen Geist Gottes. Wenn der Mensch darein kommt, spricht Proklus, was dann auch auf den äußeren Menschen fallen mag, es sei Armuth oder Leiden oder Gebresten oder welcher Art es sei, das achtet er durchaus nicht, wie auch der Prophet spricht: Du sollst sie verbergen vor den Betrübnissen der Welt oder der Leute. Diese folgen unserem Herrn, der da spricht: Ich bin in dem Vater und der Vater ist in mir und ich in euch und ihr in mir. Halte dich hierin wie ein schlafender Mensch zu Allem, was dir leuchten oder schmecken mag, oder sich in dir entdecken kann, wie gut es auch immer sein oder scheinen mag, es sei formlos, weislos, überwesentlich, es sei vernünftig, empfindlich, genießbar, und Alles, was fliegen oder stieben (stäuben) mag, daran kehre dich nicht in Ruheweise, sondern lasse es ganz sein, wie es ist, und befasse dich nicht mit ihm, und frage auch nicht darnach. An allem diesem soll man sich nicht lassen, sondern eingehen in ein demüthiges Entsinken in rechter Gelassenheit und, was immer zufallen mag, ganz stehen in einer verläugnenden Weise aller der Vorwürfe (Objecte), die sich je entbieten mögen; denn Falschheit kann mit Bildern eindringen, weil der böse Geist sich in Bilder vermischen, dem Menschen ein böses Bild für die Wahrheit vorhalten und ihn sodann betrügen kann. Darum sehe man sich vor; wer sich Visionen annimmt und mit viel Bildern umgeht, der wird oft betrogen. Denn was man begreifen kann in Figuren und Formen, das ist nicht Gott; Gott ist ein Geist, unsichtbar und über alle Bilder und Formen. Wenn daher das Gesicht ein Sinn ist, so sind alle sichtbaren Dinge sinnlich, und dieß nimm von allen anderen Sinnen; denn wo immer der Mensch Ichte sieht, da sieht er Gottes Nichte als so viel Gottes das Ding an sich trägt. Darum muß die Vernunft ihre Bilder sein lassen und muß ruhen und müßig sein, und darin begreift man dann das Nächste. Der Mensch mag die Sachen nicht begreifen, außer er sei müßig; dann begreifen die Sachen ihn, denn der Sinne Untergang ist der Wahrheit Aufgang. Darum spricht ein Meister: Alle unsere Seligkeit liegt darin, daß wir Gott erkennen ohne Mittel der Creaturen; daher soll man Gott erkennen ohne Gleichniß, und ihn minnen ohne Materie, und ihn genießen ohne Eigenschaft. So lange noch etwas in unserer Wahrnehmung ist, haben wir Gott nicht, und was etwas ist, ist Creatur und creatürlich. Darum soll man bildliche Dinge übergehen und der Materie ledig sein und der Gestalt, die an ihr haftet. So viel der Mensch auf die Dinge zerfließt, so viel minder versteht er die Wahrheit. Wenn das etwas ist, was du weißt und erkennst, bist du noch nicht bloß; denn das höchste Wissen und Erkennen ist, daß man wisse und erkenne im Unwissen und Unerkennen. — Nun möchtet ihr sagen: Herr, ihr setzet all' unser Heil in ein Unwissen, und das dünkt uns ein Gebrechen; denn Gott hat den Menschen gemacht, daß er wisse, wie der Prophet bedeutet: Herr, mache, daß sie nicht wissen; denn wo ein Unwissen, da ist ein Gebrechen und Eitelkeit, ein unwissender Mensch ist ein thierischer Mensch und ein Affe und ein Thor. Das ist wahr, sofern es bei dem Unwissen bleibt. Allein man soll zu einem überformten Wissen kommen, und das Unwissen darf nicht von einem Unwissenden herrühren, sondern von einem Wissenden. So kommt man vom Erkennen und vom Wissen in das Unwissen; denn Gott ist ein Gut, das mit Unerkenntniß erkannt wird. Darüber spricht ein Meister: Unser Unwissen und Unerkennen von Gott wird geadelt und geziert mit dem übernatürlichen Wissen und Erkennen; denn obwohl es ein Unwissen und ein Unerkennen heißt, hat es doch mehr innen, als alles Wissen und Erkennen außer diesem;

10*

denn das Unwissen und Unerkennen reizt und zieht dich von allen äußeren Dingen und von dir selber weg und in ein Wunder hin, und macht, daß wir diesem nachjagen, von dem wir wohl wissen, daß es ist, aber nicht wissen, was es ist. Wenn der Mensch der Dinge Ursache weiß, so ist er sogleich der Dinge selber müde und sucht wieder anderes zu erfahren und zu wissen, und quält sich und jammert immer als wissend, und hat doch kein Bleiben; denn die oberste Kraft der Seele ist so gewöhnt, daß sie auf keinen niederen wißbaren Dingen bleiben mag, und so übersteigt der freie Wille alle Wissenheit und haftet an dem, was er nicht weiß. Davon spricht Sanct Paulus: Ich weiß es nicht, sondern Gott weiß es. Wenn nämlich die Seele mit ihrem Verständniß gezogen wird über das Vermögen ihres Verständnisses, um über allen Dingen das ewige Gut zu verstehen, so versteht sie, daß es aller Creatur unverständlich ist. Deßwegen kehrt sie herab wegen ihrer Kleinheit, die sie an sich erkennt, und stirbt der Tugend und wirft sich in das Nicht ihrer selbst. Da entfallen dem Geiste alle Wunder, wenn er sieht, daß er des Wunders an kein Ende kommen kann. Er schweigt und befiehlt Gott alle Dinge. Wenn ihm nun hierin recht geschieht und er sich darin lange Zeit geübt hat, und der überwesentliche Geist ihm allezeit vorspielt und ihm doch der Begriff davon abgeht, dann beginnt der creatürliche Geist das Unvermögen seiner selbst einzusehen und mit einer Entsunkenheit seiner Selbstheit sich der ewigen göttlichen Kraft zu Grunde zu lassen und sich von sich selbst zu diesem zu kehren in einer Verachtung der Sinnesheit bei des obersten Wesens Unermeßlichkeit, wie Sanct Paulus spricht: Ich lebe nicht mehr, sondern Christus, der lebt in mir. So bleibt der Geist nach seiner Wesenheit und wird entgeistet nach seiner besitzlichen Eigenschaft der Sinnesheit. Nun spricht Sanct Augustin: Die Dreifaltigkeit ist ein Herz göttlicher Natur, davon fließt die Seele mit einer steten Minne in die heilige Dreifaltigkeit zurück; kommt sie aber über die persönlichen Unterschiede (in Gott), so versinkt sie immer mehr hinein in den Abgrund, wo sie nimmer Grund findet, und dieses Hinüberkommen tritt ein, wenn die Seele im Unterschiede der Personen das einfache

Wesen begreift und mit dem Wesen den Abgrund und sich in den Abgrund wirft ohne Materie und ohne Form. Und in der dreifaltigen Einigkeit verliert man Materie und Form, Verständniß und alles bildliche Wesen; denn die Seele ist geworfen in die äußere Finsterniß der bloßen Gottheit. Hier ist nichts anderes als Griesgramen, und dieß Griesgramen besteht darin, daß die Seele mit einem versinkenden Nichtsuchen den grundlosen Grund der Gottheit sucht, den sie aber nicht finden kann, und dieses Nichtfinden ist ihre oberste Seligkeit, und in dem Nichtsuchen versinkt sie tiefer als in dem Suchen. Davon spricht Christus: Ihr werdet mich suchen und findet mich nicht. Wer daher den Sohn — das ewige Wort — finden will, muß ihn finden in dem Vater in der Einigkeit der Gottheit; denn Christus sprach: Ich und der Vater sind Eins; und zu Philippo: Glaubst du nicht, daß ich in dem Vater bin und der Vater in mir ist? Darüber spricht Sanct Augustin: Die da suchen und finden, die finden nicht; aber die suchen und nicht finden, diese allein finden. Darum sollst du dich auf nichts neigen innerlich ·oder äußerlich, als auf das bloße, einfache, göttliche, weiselose, unerkannte göttliche Wesen allein, und an deinen heiligen Glauben mit einer göttlichen Zuversicht. In diesen unerkannten Gott setze deine Ruhe und suche weder Geschmack noch Erleuchtung, sondern entsinke in dein Nichtwissen; wolle weder wissen noch erkennen, sondern halte dafür, daß du der Mensch nicht seiest, der den großen, unerkannten, verborgenen Gott etwa erkennen sollte, denn Gott ist all' das nicht, was du von ihm erkennen oder nennen kannst, er ist weit mehr, als ein Verständniß — es sei hoch oder nieder — begreifen kann. Hierüber spricht Sanct Bernhard: Wenn sich geistliche Leute zu Gott kehren mit minniglicher Betrachtung, so können sie der Heiligkeit seiner göttlichen Höhe mit ihrer sinnlich=natürlichen Erkenntniß nicht näher kommen, außer daß sie begreifen, daß er eine Tiefe ist ohne Grund, eine Breite ohne Ziel, und weiter erkennen, daß ihn keine Creatur begreifen kann.

Wo ist Gott oder von wannen? Die Meister sprechen: Gott habe kein Wo, denn er sei All in All. Hievon redet Richard in seinem Buche vom schauenden Leben und spricht: Gott

ist ob allen Dingen, darum ist nichts Tieferes als er; Gott ist
neben allen Dingen, darum ist nichts Breiteres als er; Gott
ist an allen Stätten, darum ist nichts Gegenwärtigeres als er.
Daher spricht Meister Eckhart: Wäre Gott nicht in allen
Dingen, die Natur würde weder wirken noch etwas in den
Dingen begehren. Deßgleichen spricht Sanct Augustin: Gott
erfüllet Himmelreich und Erdreich mit der Gegenwart seiner
Gewalt und seiner Allmacht. Und Meister Eckhart lehrt: Wer
mich fragt, wo Gott wäre, dem sage ich: er ist überall; und
wer mich fragt, wo die Seele wäre, dem antworte ich: sie ist
überall, denn Gott ist die Minne, und die Seele, die in der
Minne ist, die ist in Gott und Gott in ihr. Weil nun
Gott überall und sie in Gott ist, so ist sie nicht halb in Gott
und das andere Halb nicht, sondern weil Gott in ihr ist, muß
die Seele nothwendig überall sein; denn der ist in
ihr, welcher überall ist, also ist sie in ihm überall,
und Gott ist ein All ohne All und sie mit ihm ein
All ohne All. Darüber spricht Sanct Augustin: Gott hat
alle Dinge geschaffen, nicht daß er sie fahren lasse und seinen
Weg gehe, sondern er ist in ihnen geblieben; und so spricht
auch Sanct Gregorius: Alles Wesen der Creaturen ist von
Gott geursacht und wird erhalten von dem göttlichen Wesen,
und wenn sich das göttliche Wesen den Creaturen entzöge, wür=
den sie zu Nichts, wie sie auch von Nichts geschaffen sind. Deß=
gleichen spricht ein Meister: Der Vater gebiert seinen Sohn
ohne Unterlaß in allen Dingen, und entzöge sich Gott mit sei=
ner Geburt einen Augenblick, daß er sich ohne Unterlaß nicht
gebäre in allen Dingen, so würden sie zu Nichts. Hierüber
spricht auch Sanct Augustinus: Gott ist alle Dinge; und da=
mit will er sagen, daß er aller Dinge Kraft in ihm adelicher
hat, als er sie je den Creaturen gab. Als daher einmal ein
Mensch von Gott begierdete zu wissen: was Gott wäre und
wie er wäre, hörte er eine Stimme von Gott, welche sprach:
Ich bin Alles, was deine Ohren hören und deine Augen sehen.
Deßwegen spricht Sanct Thomas der Lehrer: Wenn du Gott
nur anbetest wie er im Himmel ist, und sonst nirgendwo, so bist
du nicht rechtgläubig; denn Gott ist in allen Dingen uneinge=

schlossen und a u ß e r allen Dingen unausgeschlossen und ist ü b e r alle Dinge unerhoben und u n t e r allen Dingen uner= niedrigt.

Was ist d e r M e n s c h? Der Mensch ist n i c h t s; denn das ist nichts, was nicht eigenes Wesen hat. Darum ist in Wahrheit Gott allein, der sein Wesen von sich selber hat, was aber der Mensch ist, das ist Gott in ihm, und alle Dinge sind nichts, denn Gott ist das wahre Wesen in allen Dingen, er ist der Erhalter aller Dinge, und wird dem Dinge das benommen, was sein Wesen ist, so wird es zu Nichte in sich selber, und würde Gott das Seine an sich ziehen, so fielen alle Dinge auf ihr erstes Nichts, und darum ist der Mensch nichts. Begehrt der Mensch, daß er sei, was er nicht ist, so begehrt er, daß er sei ein Etwas. Gott hat aber alle Wesen in sich, darum sucht er nichts außer ihm, als vielmehr in der Fülle, wie Gott es in sich trägt. So hat Gott in die Seele eine göttliche Er= kenntniß der ewigen Weisheit gegossen; denn sie erkennt in dem Spiegel der Wahrheit alle Creaturen in Gott mit Gott. Da= rum soll man die Dinge adeln in ihrem höchsten Adel als in dem göttlichen Fluß, was sie sind in Ewigkeit; denn es spricht ein Lehrer: Alles, was je ausfloß oder je noch ausfließt, hat ewiges Leben und Wesen in Gott, und da wird es recht in der Einheit erkannt. Alles Gute ist in der Einigkeit (Einheit) be= schlossen und leuchtet aus in der Dreiheit. Nach der Dreiheit sind alle Creaturen ausgeflossen und kehren zurück nach der Ei= nigkeit. Alle Vollkommenheit liegt in der Einigkeit, und wer die Dinge erkennen will, wie sie an sich selber sind, erkennt sie nicht; wer sie recht erkennen soll, muß sie in der Einigkeit nach ihren ersten Ursachen erkennen, wo die Dinge in größerer Voll= kommenheit sind, als sie an sich selber sind; denn was eine Ur= sache des Anderen ist, muß nothwendig über demjenigen sein, das von ihm geursacht ist. Er ist ein Behalter aller Dinge; alle sind von ihm und durch ihn geworden, geschaffen und ge= macht, und ohne ihn ist nichts gemacht, und wie er sie in ihm behaltet, so bleiben sie in ihm. Daher ist alles Gute allgemein und allzumal in der ersten Ursache, die Gott selber ist, und in diesem Sinne spricht Sanct Augustinus: Alle Dinge sind Gott.

Er meint (will sagen) damit, daß sie ewiglich in Gott gewesen sind und wieder in Gott zurückkehren sollen. Wie haben sich aber die Creaturen ewiglich in Gott gehalten? Sie sind wie in ihrem ewigen Exemplar da gewesen. Was ist das Exemplar? Es ist sein ewiges Wesen in dem Sinne, wie es sich in gemeinsamlicher (mittheilender) Weise der Creatur zu erkennen und zu begreifen gibt [1]. Denn merke, daß alle Creaturen ewiglich in Gott sind Gott; sie haben da keinen gründlichen Unterschied gehabt, als wie gesprochen ist: sie sind dasselbe Leben und Wesen und Vermögen, sofern sie in Gott sind und sind dasselbe Ein und nicht minder; aber nach dem Ausschlage, darin sie ihr eigenes Wesen nehmen, hat ein Jegliches sein Sonderwesen ausgeschieden mit eigener Form, die ihm natürliches Wesen gibt; denn die Form gibt gesondertes Wesen und ausgeschieden beide sowohl von dem göttlichen Wesen, als von allen anderen Wesen; wie die natürliche Form des Steines ihm gibt, daß er sein eigenes Wesen hat, welches nicht Gottes Wesen ist; denn der Stein ist nicht Gott und Gott ist nicht der Stein, obwohl er und alle Creaturen von ihm sind, was sie sind. In diesem Ausfluß haben alle Creaturen ihren Gott gewonnen; denn wo immer sich eine Creatur findet, ist sie vergichtig (offenbarend) ihren Gott.

Was hindert nun den Menschen und beraubt ihn der Seligkeit? Das allein, wenn der Mensch den Auskehr nimmt von Gott auf sich selber, da er doch wieder einkehren sollte und sich selber nach dem Zufalle durch Blindheit das zueignet, was Gottes ist, und zielet von ihm weg und verfließt mit der Zeit in Gebresten. Woher kommt Sünde oder Bosheit oder Hölle oder Fegfeuer oder Teufel und dergleichen? Weil die vernünftige Creatur ein entsinkendes Wiedereingehen in das Eine haben sollte, aber herausgekehrt bleibet mit unrecht angesehener Eigenschaft (Eigenheit) zu der Sinnesheit, von daher kommt Teufel und Hölle und alle Bos

---

[1] Diese ganze Stelle ist in Heinrich Suso's Buch III. Kap. 4 zu finden.

heit. Ein Lehrer, der heißt Damascenus, spricht: daß der Name Wesen der erste Name Gottes sei [1], lehre deine Augen zu dem Wesen in seiner lauteren Einfachheit, so daß du dieß und das getheilte Wesen fallen lassest. Nimm einzig das Wesen an ihm selber, das unvermischt sei mit Nichtwesen; denn wie Nichtwesen läugnet (verneint) alles Wesen, so läugnet alles Wesen das Nichtwesen. Ein Ding, das noch werden soll oder gewesen ist, ist jetzt nicht in wesentlicher Gegenwart. Nun kann man vermischtes Wesen oder Nichtwesen nicht wohl anders erkennen, als mit einem Gemerke des Allwesens. Dieses ist nicht ein getheiltes Wesen dieser oder jener Creatur; denn das getheilte Wesen ist allzeit vermischt mit etwas Anderheit einer Möglichkeit, Icht (Etwas) zu empfangen. Daher muß das namenlose göttliche Wesen in sich selber ein alliges Wesen sein, das alle getheilten Wesen haltet (erhält) mit seiner Gegenwart. Es ist eine sonderbare Blindheit menschlicher Vernunft, daß sie gerade das nicht merken (wahrnehmen) mag, ohne das sie doch weder erkennen noch sehen kann. Ihr geschieht hierin wie dem Auge dessen, dem es Ernst ist, die Mannigfaltigkeit der Farben zu sehen; das Auge nimmt das Licht wahr, durch das es alles Andere zusammen sieht; aber sieht es auch das Licht, so nimmt es selbes doch nicht wahr. So ist es mit dem Auge unseres Gemüthes, denn wenn es auch ein Sehen hat auf dieses oder jenes Wesen, so mißachtet es das Wesen, das da überall ein lauter einfach Wesen ist, und das Auge unserer Erkenntniß verhaltet sich in seiner Blindheit zu dem Wesen, das an sich selbst das allererkenntlichste ist, wie die Augen einer Flebermaus zu dem klaren Lichte der Sonne. Die getheilten Wesen zerspreiten und blenden das Gemüth, daß es die göttliche Finsterniß nicht sehen kann, die da an sich selber die allerlichteste Klarheit ist. So thue nun deine inneren Augen auf und siehe, ob du das Wesen in seiner einfachen Lauterkeit fassen kannst, dann siehst du geschwind, daß es von Niemanden ist und weder ein Vor noch ein Nach hat, und daß es weder von Innen noch von Außen einer Wandelbarkeit unterworfen

---

[1] Die folgende Stelle findet sich bei Heinr. Suso Schr. 1. Kap. 55.

ift, es ist ein einfaches Wesen. Und du begreifst, daß es das
allerwirklichste ist, das allergegenwärtigste und das allervollkom=
menste, in dem weder Mangel noch Anderheit ist, sondern daß
es ein einfaches Ein ist in einfacher Bloßheit. Diese Wahrheit
ist erleuchteten Menschen so kundig, daß sie nichts anderes den=
ken können; denn Eines beweist und bringt hervor das Andere,
um darzuthun, daß es ein einfaches Wesen ist. Darum muß
es auch das Erste sein und von Niemanden sein und ewig und
somit auch das Gegenwärtigste sein. Dieses einfache lautere
Wesen ist die bloße Gottheit und die erste oberste Ursache aller
sächlichen Wesen, und mit seiner besondern Gegenwart umfließt
es alle zeitliche Gewordenheit als ein Anfang und ein Ende
aller Dinge, es ist in dem Dinge allzumal. Darum spricht
ein Meister: Gott ist wie ein Zirkelring, dessen Mittelpunkt al=
lenthalben und dessen Umschwank (Umkreis) nirgends ist. Das
Haus Gottes, spricht ein Meister, ist die Einigkeit seines We=
sens. Was allein ist, haltet sich allerbestens allein; die Einig=
keit haltet Gott zusammen und legt ihm keinen Namen bei, und
da sitzet er in seiner Verborgenheit. Wenn er aber schmelzend
ist, fließt er aus, und sein Ausfluß ist seine Güte. Aber
W e s e n ist das, was sich zu sich selber hält, und es schmilzt
nicht heraus, es schmilzt hinein; die Güte dagegen ist, wenn
Gott ausfließt und sich gemeinsamet allen Creaturen. Ein Mei=
ster spricht: Je mehr Gott als Ein erkannt wird, desto mehr
wird er als All erkannt, und je näher und tiefer man Gott
erkennt, desto mehr erkennt man die Wurzel, aus der alle Dinge
entsprungen sind; und je mehr man die Wurzel und den Kern
und den Grund der Gottheit erkennt als Ein, desto mehr er=
kennt man — All. Und fürwahr, Einigkeit hat Gott allein,
sie ist Gottes Eigenschaft, in ihr nimmt er wahr, daß er Gott
ist, anders wäre er nicht Gott; denn Alles, was Zahl hat,
hängt von Ein ab, das Ein aber hängt von Nichts ab. Got=
tes Reichthum, Weisheit und Wahrheit sind in Gott Eines.
Gott ist nicht Ein, er ist Einigkeit. Alles, was Gott hat, hat
er in dem Ein. Was bedeutet: Gott ist Ein? Ein Meister
spricht: Gott ist ein versagendes Versagen; und wenn ich spreche,
Gott ist gut, so lege ich ihm etwas bei; Ein aber ist ein Ver=

sagen alles Versagens und ein Verneinen alles Verneinens. Was bedeutet denn Ein? Es bedeutet etwas, dem nichts zugelegt ist. Und die Seele nimmt die Gottheit, wie sie in der Seele zumal geläutert und ihr nichts zugelegt ist. Alle Creaturen haben ein Versagen in sich selber, denn eine versagt, daß sie nicht die andere sei,. ein Engel versagt, daß er nicht ein anderer sei; Gott hat dagegen ein versagendes Versagen, er ist Ein und versagt alles Andere und bedeutet eine Fülle; in dem Ein ist vollbracht Gottes Gottheit. Denn ich sage: Gott möchte nicht gebären seinen eingebornen Sohn, wenn er nicht Ein wäre, und weil er in sich Ein ist, wirkt er Alles, was er in den Creaturen und in der Gottheit wirkt.

Die Meister sprechen, daß aus der obersten zwei Kräfte fließen, der Wille und die Vernünftigkeit; der Kräfte Vollkommenheit liegt in der obersten Kraft, in der Vernünftigkeit, die nimmer ruhen kann; denn sie will Gott nicht, sofern er der heilige Geist oder der Sohn ist; sie will auch nicht Gott, sofern er Gott ist und Namen hat; sie bricht tiefer durch und will ihn, wo er keinen Namen hat, sie will etwas Edleres und Besseres als Gott, sofern er noch Namen hat. Was will sie denn? Sie will ihn, sofern er Vater ist, wie Philippus sprach: Herr, zeige uns den Vater, so genüget uns; sie will ihn, sofern er ein Mark ist, von dem die Güte urspringet; sie will ihn, sofern er ein Kern ist, von dem die Güte ausfließt, und da ist er nur Vater. Diese Kraft der Vernünftigkeit begnügt sich an all' dem nicht, was Gott je erschuf oder noch schaffen kann; ja ihr genügt an Gott selber nicht, noch an seiner Weisheit oder an seiner Güte und Wahrheit, noch an seinem Wesen. Der Wille dagegen bleibet in Gott, sofern er gut ist, und ihm genügt damit; aber die Vernünftigkeit geht darüber hinaus und schöpfet über Weisheit und über Güte und über Allem, was Jemand empfangen kann, ehe als es einen Namen gewinnt in dem Grunde und in der Wurzel, darin Gott sich selber ergründet; denn so edel ist die Seele, daß sie nirgends ruhen kann, als in dem Ursprunge, welcher da das Gute heraustropfet und die Güte machet. Hierüber spricht ein Meister: Die Seele, die Gott minnet, minnet ihn unter dem Schleier der Güte. Die

Vernünftigkeit dagegen zieht Gott diesen Schleier der Güte ab und nimmt ihn bloß, wie er entkleidet ist von Güte und von Wesen und von allen Namen; denn Güte ist ein Kleid, darunter Gott verborgen ist. Der Wille nimmt Gott unter dem Kleide der Güte; wäre diese Güte nicht an ihm, so könnte ihn der Wille nicht wollen; er minnet ihn, weil Gott gut und minniglich ist. Diesem widerspricht die Erkenntniß und schälet und löset von Gott alle Weise ab, die man ihm gibt, und ruhet nicht, bis sie dessen verkostet, worin er nichts ist. Die Minne wird zur Thorin in der Güte und in der Gelust, und wäre ohne die Erkenntniß blind. Denn ein Stein hat auch Minne, und seine Minne sucht den Grund. Bleibe ich daher an der Pforte in dem ersten Schmelzen (Fließen) und nehme ich Gott nur, als er gut ist, so minne ich die Porte und nicht Gott. Deßwegen ist die Erkenntniß besser und edler; denn sie leitet die Minne. Die Minne bleibt in Gott, weil er gut ist. Die Erkenntniß dagegen tritt näher und suchet das, wovon er gut ist; sie bringt auf das Wesen und minnet ihn, inwiefern er Wesen ist. Denn Gott ist weise ohne Weisheit, gut ohne Güte und gewaltig ohne Gewalt.

## 4. Die Offenbarung Gottes in der Seele und die Vereinigung der Seele mit Gott.

Gott ist ein Zirkel, spricht ein Meister, von dessen Punkte alle Creaturen erfüllt sind und dessen Weite nirgends endet. Der Zirkel ist die Unbegreiflichkeit der heiligen Dreieinigkeit und der Mittelpunkt die Einheit göttlichen Wesens, das aller Dinge Wesen und ihr Aufenthalt (Erhaltung) ist. Gott ist auch an allen Stätten ungehindert und allzumal an jeglicher Stätte mit allmächtiger Kraft in unergründlicher Weisheit, in überfließender Güte. Gott ist ein oberstes Gut und in keiner Natur beschlossen, davon hat er alle Naturen und hat doch nicht eigene Natur (mit einpersönlicher Beschränkung), denn wenn er Eigennatur hätte, so könnte er nicht alle Natur haben, weil Gott ein Wesen in der Einfachheit bloßer Wahrheit ist; er hat nicht etwas Leben in sich selber, sondern er ist das Leben; denn

was hat, muß Creatur sein, und was gut ist, das hat die
Creatur von ihm. Die Creaturen sind weise, Gott aber ist die
Weisheit, er ist in sich selber eine lautere Vernünftigkeit in
Unermeßlichkeit, und den Creaturen, die dazu gefügt sind, ist er
lustbar und wohlgefällig und genügend in begierlicher Freude
reicher Wonne nach dem Maße der Minne. Nun spricht Sanct
Augustin: Weil Gott ein wahres Licht ist und ein Inhalter der
Seele, und ihr näher ist, als sie sich selber, so muß, wenn die
Seele sich selber von allen Dingen abkehrt, die
nicht Gott sind, nothwendig Gott in ihr glänzen
und leuchten. Denn göttlich Licht leuchtet ohne Mittel und
Bilder der Creaturen in der ledigen Seele, wenn er sich ihr
offenbart in einer neuen Weise. Wenn nämlich Gott in die
Seele kommt, so offenbart er sich mit einem neuen Licht, welches
der Mensch vorher nie empfand, und das Licht bricht mit Hitze
auch in dem Leibe aus, so daß der Mensch auch leiblich des
göttlichen Lichtes gewahr wird und ihm zu erkennen gibt, daß
er von Gott ist. Hierüber spricht Meister Eckhart: Wollt ihr
wissen, wann der himmlische Vater seinen Sohn in
der Seele gebiert? Er thut es dann, wenn ohne sein Zuthun im Menschen ein Haus brinnender Begehrung entsteht.
Da wird der Sohn geboren in der Seele ähnlich, wie in dem
himmlischen Vater. Denn es ist eine Eigenschaft der göttlichen
Geburt, daß sie allezeit mit neuem Lichte geschieht und großes
Licht in die Seele bringt. Gottes Gebären in der Seele ist
nichts anderes, als daß Gott sich in der Seele erzeigt
und offenbart in einer neuen Erkenntniß und mit einer
neuen Weise. Denn in dieser Geburt ergießt sich Gott in die
Seele mit solchem Licht und das Licht wird so groß in dem
Wesen und in dem Grunde der Seele, daß sie sich auswirft
und überfließet in die Kräfte und auch in den äußeren
Menschen. Wenn Gott in die Seele kommt, so durchfließt er
alle Kräfte der Seele, von den oberen in die niederen herab
und von dem niederen in den äußeren Menschen heraus, und
erhebt ihn von diesen niederen Dingen allzumal. Darum spricht
unser Herr: Die das Wasser trinken, das ich euch gebe, von
deren Leib sollen lebendige Wasser fließen, die da überspringen

in das ewige Leben. Dieses lebendige Wasser ist das Licht, das da in der Seele scheinet, und es bricht in den Leib aus und macht ihn flüssig für alle Tugenden. Wer also Licht und Unterschied aller Wahrheit wissen will, warte dieser Geburt und nehme ihrer in sich und in dem Grunde wahr, so werden alle Kräfte und auch der äußere Mensch erleuchtet werden; denn sobald Gott inwendig den Grund rührt, kommt und wirft sich das Licht in die Kräfte, und dann wird der Mensch mehr unterwiesen, als ihn der Weiseste lehren kann. Dieses Lichtes wird der Mensch gewahr, wenn er sich zu Gott kehret; sogleich gläset und glänzet es in ihm und gibt ihm zu erkennen, was er thun und lassen soll, und viele andere gute Unterweisungen. Dabei merkest du es wohl: war dein Herz oft gerührt und bewegt von der Welt, so wird durch diese Einleuchtung alles anders; denn sie ist so zart und lustlich, daß dir Alles überdrüssig wird, was nicht Gott oder göttlich ist. Sie reizet dich zu Gott und du wirst vieler guten Weisungen gewahr, von denen du nicht weißt, woher sie dir kommen. Denn das innere Neigen kommt nicht von einer Creatur, weil es nicht von Außen kommt, sondern der Grund allein wird gerührt von diesem Werke, und je lediger du dich hältst, desto mehr Licht und Wahrheit du findest. Wo und wann immer Gott dich bereitet findet, muß er wirken und sich in dich ergießen, gleicherweise wie die Sonne sich nicht enthalten kann und sich in die Luft ergießen muß, wenn die Luft rein und lauter ist. Ist die Seele aber finster und durch ihre Sünden von Gott ferne, so kann sie das göttliche Licht nicht empfangen, wie Sanct Johannes spricht: Die Finsternisse begriffen nicht das Licht. So ist es auch mit der Seele. Ist sie von leiblichen und sündhaften Wollüsten ergriffen und mit äußerer und innerer Mannigfaltigkeit beladen und vermittelt, so kann das göttliche Licht sie nicht erleuchten; denn die Gnade ist ein Ausfluß aus Gott und fließt nur in eine Seele, die da leer und arm ist aller Dinge, die Gott nicht sind. Darum spricht ein Meister: Gott kann nicht in der Seele Grund kommen nach Wesentlichkeit, ehe daß ausgeworfen wird alle Natürlichkeit. Hat der Mensch einen Willen, der von allen zeitlichen Dingen abgekehrt ist, so kommt das göttliche Feuer in

ihn und verzehrt in ihm alle äußeren und inneren Dinge, und
verläßt er diesen Willen nicht, so verläßt ihn auch die göttliche
Gnade nicht, wie ein Lehrer spricht: Die Hand Gottes ist nie=
mals leer zu geben, wenn die Arche des Herzens·voll guten
Willens ist. Im Ausgang des Eigenwillens wird der Mensch
geschickt, alle göttlichen Gaben zu empfangen, mit denen er ge=
stärkt wird, jeglichem Dinge zu widerstehen, das Gott nicht ist.
Denn Gott tödtet in ihm alle Anderheit und macht ihn einfach,
und in der Einfachheit wird er zur Höhe hinaufgeführt, um die
göttlichen Wunder zu begreifen, und durch die Wunder gelangt
er in das wunderbare Wunder, das Gott ist, an dem er sich
nicht satt verwundern kann. Was darum der einfachen gött=
lichen Wahrheit ungleich ist, dem soll man allzumal widerstehen
und absterben. Einfache göttliche Wahrheit ist aber ein lau=
teres Anstarren (Anstaunen) des Geistes in das gött=
liche Wesen, was den Geist daran hindert, dem ist abzuster=
ben. So gebiert das göttliche Licht manche wunderbare Wun=
der und mancherlei Wahrheit in dem Verständniß und macht sie
übermäßig wonniglich, so daß kein Herz voll davon denken, kein
Mund genug davon sprechen kann. Diese Wonne empfand
Sanct Paulus, als er sprach: Ich habe solche Dinge gesehen,
die nicht auszusprechen sind, d. i. er hat solche Wahrheiten
in sich erkannt, die er mit leiblichen Worten nicht ausdrücken
konnte.

Unser Herr spricht: Suchet das Reich Gottes, das in euch
ist. Wer Gott finden will, muß sich einkehren und inwendig
suchen; denn Gott ist ein solches Wesen, das in dem Allerinner=
sten wohnt. Wer also das Reich finden will, d. i. Gott mit
all' seinem Reichthum und in seinem selbsteigenen Wesen und
Natur, muß ihn in dem innersten Grunde der Seele suchen.
Hievon spricht Sanct Augustinus: Viele sind ihrer, die ihn
suchen, aber immer außerhalb, wo Gott nicht ist. O Herr, wie
Viele sind wohl außer sich selber herausgegangen, die Wahrheit
zu suchen, die doch noch nie zu sich selber kamen; darum haben
sie die Wahrheit nicht gefunden, denn Gott ist der Seele
innerste Innerlichkeit. Und Sanct Bernhard spricht: Ach,
warum verlassen wir uns selber und wollen Gott nur in äuße=

ren Dingen suchen, der doch in und bei uns ist? Und für=
wahr, er ist in und bei uns im Glauben, bis daß wir ihn
sehen mögen in der Gestalt von Angesicht zu Angesicht, wie
auch Sanct Paulus spricht: Wir erkennen, daß Gott wohnet in
eurem Herzen durch den Glauben, denn Christus ist im
Glauben, und der Glaube in dem Gemüthe, und das Gemüth
in der Seele, und die Seele in dem Herzen, und das Herz in
der Brust. Ja, durch den Glauben ehre ich meinen Schöpfer
und bete an meinen Erlöser und warte meines Behalters, und
glaube, daß ich ihn sehe in allen Creaturen und ihn in´mir
habe. Sanct Bernhard spricht: O lieber Mensch, brauche dich
selber als den Tempel Gottes, darum, weil in dir das Bild der
hochheiligen Dreifaltigkeit ist. Und Sanct Augustin spricht:
Wenn ich dich anrufe, rufe ich mich selber an; denn ich wäre
gar nichts, wenn du nicht in mir und ich in dir wäre; du bist
in mir, denn in meinem Gedächtniß bleibst du, aus dem ich
dich erkenne und dich in ihm finde, wenn ich deiner eingedenke
und mich in dir erlustige. Bist du bei mir nicht mit deiner
Gnade und Tröstung, so bist du da mit deiner Strafe und
Züchtigung. — Wenn aber Gott in uns ist und an allen Stät=
ten, warum finden wir ihn nicht? Gott ist innerlich und ein
Geist, wir aber sind leiblich; er ist entblößt von allen Creatu=
ren, wir sind mit ihnen behangen. Diese Ungleichheit macht,
daß wir Gott nicht finden. Sollen wir ihn finden, so müssen
wir ihn mit Gleichheit suchen, und das geschieht, wenn der
Mensch in rechter Ledigkeit sich einkehrt und seines Herzens wahr=
nimmt und Gott darinnen sucht, entspringt in ihm Alles, was
ihn Gott gleich macht. Ist er äußerlich, so wird er innerlich;
ist er leiblich, wird er geistig; ist er noch mit den Creaturen
beladen, wird er entlediget der Creaturen; ist er finster, so wird
er erleuchtet; ist er in göttlicher Minne kalt, so wird er vom
göttlichen Minnefeuer ergriffen; das Alles muß der Mensch in=
nerlich suchen, will er den rechten Hort finden, der ihn reich
macht an allen Gaben Gottes. Darüber spricht Sanct Augu=
stin: Wer sich selber in ihm selbst nicht minnet und die äußeren
Sinne nicht einzieht, der kann nicht in sich selbst gezogen wer=
den und zu der vernünftigen Wirkung nicht emporklimmen, Gott

zu erkennen und zu minnen. Nun sind zweierlei Uebungen, womit man Gott suchet, die äußerliche in den Creaturen und die innere in Gott. Wer ihn in der äußeren sucht und dabei stehen bleibt, findet Gott in den Creaturen; allein darin liegt nicht die nächste Seligkeit; er muß ihn außer allen Creaturen in sich selber in seinem einfachen Wesen suchen, darin liegt die nächste Seligkeit. Darüber spricht Sanct Augustin: Herr, als ich dich zuerst erkannte, erkannte ich, daß du ein Gut bist, das in alle Creaturen ausgeflossen ist, und da gab ich mich zu Diensten allen Creaturen, damit ich dich in allen Creaturen finden möchte, und dieweil das Suchen währte, war mein Herz in steter Un= ruhe. Als ich dich aber darnach besser erkannte, erkannte ich, daß du ein Gut bist, das außerhalb allen Creaturen ist, und da gab ich den Creaturen Urlaub, um dich entblößt von ihnen zu finden, und alsdann ward mein Herz ruhig. Denn du hast meine Seele zu dir allein geschaffen, und sie ist immer in Un= ruhe, bis daß sie kommt zu dir. In allen erschaffenen Dingen, die ich in meinem Verständniß überlaufe, finde ich für meine Seele keine sichere Stätte, als in dir allein, mein Gott. Denn keine Begierde mag jemals Ruhe gewinnen, als in dem Ge= genwurfe, der alles das in sich besitzt, was die Begierde for= dern und begehren kann; und das ist Gott allein, der das Gute -aller Gegenwürfe nach dem Besten in sich schließt. So ruhet denn das Herz, wenn es alle geschaffenen Dinge läßt und sich zu dem ungeschaffenen Gute allein kehrt; denn in Gott ist Frie= den, und wenn der Geist entbildet wird von allen geschaffenen Bildern und sich in das unerschaffene Bild Gottes eindrückt, findet er darin allein Ruhe und Begnügde. Wenn aber die Vernunft des Menschen mit geschaffenen Bildern umgehet, die Gott nicht in die Seele bringet, wird der Geist betrübt; denn seine Seligkeit liegt nicht in den geschaffenen Dingen, noch in Bildern und Formen, darum kann er darinnen nicht Ruhe ha= ben nach Geistes Art; geschieht es aber doch, so thut die Ver= nunft es deßwegen, damit sie bei den geschaffenen Dingen er= kenne einen unerschaffenen Gott.

Weil man kein Bild hat, als von dem, was von Außen her durch die Sinne hineingezogen wird von den Creaturen und

jedes nach dem hinweiset, deſſen Bild es iſt, ſo wäre es un=
möglich, daß du jemals von einem Bilde könnteſt ſelig werden;
denn das Bild kann weder wiſſen noch ſich ſelber minnen, aber
es zieht und weiſet nach dem hin, deſſen Bild es iſt. Allein
wir haben die Creaturen, die uns Gott gegeben hat, zu einer
Handleitung uns nach Gott hinzuweiſen, uns ſelber zu einer
Saumſal gemacht und ſind in ihr auf dem Wege ſtehen geblie=
ben, der uns zur Herberge bringen ſollte. Darum ſagt Sanct
Auguſtin: Alle Creaturen ſind uns ein Weg zu Gott, und ver=
flucht iſt der Menſch, der an dem Wege Gottes irre wird. Die
natürliche Luſt verhindert Viele, daß ſie durch die geſchaffenen
Dinge nicht zu Gott kommen; dieſe verblendet ſie, daß ſie die
göttliche Wahrheit nicht erkennen, und von dieſer Luſt ſoll man
abſtehen, ſelbſt wenn ſie als eine Luſt von Gnaden erſchiene.
Denn die rechte Vernunft entfernt ſich von allen Creaturen, ſie
ſeien geiſtig oder leiblich, und wer zu dieſer Vernunft gelangt,
iſt ein rechter vernünftiger Menſch, deſſen Vernunft mit gött=
lichem Lichte durchgläſtet iſt, darin man Gott wahrhaft erkennt
und aller Creaturen vergißt. Was ſich dann wieder darin ge=
biert, iſt ein wahrer Geſchmack und eine wahre Luſt des ewi=
gen Lebens (S. 210); nach dieſer Luſt jagt die Vernunft vor
allen creatürlichen Lüſten und nimmt darinnen ihre Luſt. So
iſt es der Vernunft viel natürlicher, daß ſie ſich zu Gott kehre,
als zu den Creaturen; denn alle Creaturen können ſie nicht er=
füllen, ſondern Gott allein. Davon ſpricht Sanct Auguſtin:
Herr, mein Gott, ob du mir Alles gäbeſt, was du erſchaffen
haſt, ſo begnügte mich nichts, außer wenn du mir dich ſelber
gibſt. Denn das göttliche Weſen allein iſt des Geiſtes Be=
gnügde; je mehr er es anſchaut, je mehr es ihn gelüſtet, und
je mehr er Gott anſtaunet mit dem Auge ſeiner Vernunft, je
lauterer ſein Auge wird und je klarer er Gott erkennet; denn
er ſtarret Gott an nach dem bloßen (reinen) Weſen, und mit
dieſem Anſtarren dringt er in Gott ein und vereinigt ſich mit
ihm, und Gott führt den Menſchen mit ſich ſelber. Welchem
das Auge ſeiner Vernunft lauter und geſchieden iſt von allen
Dingen, die Gott nicht ſind, der kann anſchauen göttliches We=
ſen; weſſen Auge aber unlauter iſt und vermiſcht mit zeitlichen

unb äußeren Dingen, der kann nicht anschauen göttliches We=
sen. Darum ist Armuth nichts anderes, als ein Darben und
ein Mangeln und ein Müßigstehen alles dessen, was Gott nicht
ist; ist man dessen ledig und aller Mittel bar, so hat man Gott
gegenwärtig und schauet man Gott an; und so viel die Seele
sich von den Dingen abscheidet, so viel kann sie innerlich die
Gegenwart Gottes und seine heilige Klarheit schauen. Darum
soll man den Gedanken hinein in die Einfachheit der ersten
Wahrheit zwingen, und was Anderes in uns aufsteht, dem soll
man widerstehen und seiner nicht achten, sondern man soll bei
der Wahrheit ein Genüge finden und sich in den Gedanken von
keinen Dingen beirren lassen, die vergangen oder zukünftig sind,
wie Sanct Paulus spricht: Alles, was ich gewesen bin, habe
ich vergessen, und was mir nun gegenwärtig ist, dem gebe ich
mich hin. Nun spricht ein Meister: Gott ist ein solches Wesen,
das in dem Allerinwendigsten wohnet, und das göttliche Werk
in der Seele geht dahin: wenn die Vernunft alle Bilder der
Creaturen abgeschnitten, so daß sie entbildet wird von allen ge=
schaffenen Bildern, so kommt Gott in die Seele und setzt
sich an die Stelle der wirkenden Vernunft und wir=
ket sein Werk. Alsdann heißt die Vernunft eine leidende
Vernunft; denn sie leidet, was Gott wirket, und die Vernunft
kann nach bildlicher Weise das Werk nicht verstehen, und als=
dann heißt sie Uebervernunft. Aber die Vernunft merkt
wohl, daß es ein Werk ist, welches über alle geschaffenen Dinge
geht, und das allerbeste Werk ist, in dem der Geist allein
selig ist. Darum jagt die Vernunft ihm immer mehr nach, da=
mit sie es erkenne und begreife, kann es aber in der Zeit nim=
mer begreifen; könnte sie es, so wäre Himmelreich in der Zeit.
Dennoch, wenn sie es auch in der Zeit nicht begreifen kann,
läuft sie ihm allzeit nach und höret nimmer auf bis in den
Tod; und das Nachlaufen, das die Vernunft nach dem göttlichen
Werke thut, besteht darin, daß sie sich von allen geschaffenen
Bildern entblößt und mit einem ungeschaffenen Lichte eindringt
in die Düsterheit der verborgenen Gottheit; denn in dem Aus=
gang aus sich selbst und allen Dingen kommt der Geist in Gott
und zieht ihn zumal an sich und vereinigt ihn mit sich, daß er

11*

ein Geist mit ihm wird. Daher ist ein Ausgang aus allen
zeitlichen Dingen ein Eingang in die ewigen Dinge, und wenn
des Menschen Geist umgriffen wird von dem göttlichen Geiste,
so bezwingt er ihn mit dem Bande der göttlichen Minne, daß
er ihm zumal anhangen muß. Das Band der göttlichen Minne
ist in ihm so lustlich, daß ihn aller irdischen Dinge verdrießt;
denn der Geist ist erhoben über alle Zeit und alle zeitlichen
Dinge, und da wird ihm geoffenbart die Freude und Wonne
ewiger Dinge, und das wird in dem Geiste so mächtig, daß es
herausbricht in den Leib und die Seele einen Vorgeschmack
ewigen Lebens empfindet. Von dieser Süßigkeit spricht David
in dem Psalter: Verkostet und sehet, wie süß der Herr ist.
Wenn nun die Kräfte schmecken, wie süß Gott ist, so werden
sie davon gelockt, daß sie allezeit Gott nachjagen, wie ein Jä=
gerhund dem Gewild nachläuft, wenn er die Spur ergriffen.
So laufen die Kräfte der Seele, wenn sie gewahr werden, daß
Gott in dem Wesen der Seele ist, und richten ihre Betrachtung
auf das Wesen der Seele, worin Gott ist. Dann wird Alles,
was im Menschen ist, Gott nachjagen und ihn suchen; denn
aller Creaturen Wesen und Leben liegt darin, daß sie Gott
suchen und ihm nachjagen, von dem sie ihr Wesen und Leben
haben, und Gott offenbart sich und gibt seine Speise zu ver=
kosten. Durch das Empfinden göttlicher Gnade wird der Geist
mehr und mehr zu Gottes Heimlichkeit gereizt, und wie der
Leithund den Hirsch schmeckt und auf den Fußstapfen ihn er=
spürt, so thut der Geist, von der Empfindlichkeit göttlicher
Gnaden angereizt. Hierüber spricht ein Meister: Wenn wir
in uns empfinden, daß wir Gottes begehren, so hat Gott die
oberste Kraft berührt, und von dieser Berührung wird sie
bewegt außer sich selber in Gott; daß wir seiner nicht em=
pfinden, kommt daher, weil wir geneigt sind zu den niederen
Dingen.

Wie kann man erkennen, ob der Mensch von Gott empfinde
vernünftiger und süßer Dinge Gelust, die den Menschen ent=
fremden aller geschaffenen Dinge Gelust? Wird dem Menschen
nicht benommen aller creatürlichen Dinge Gelust und Freude,
so ist er noch nicht vollkommen göttlicher Süßigkeit gewahr ge=

worden. Denn weil Gott unermeßlich ist, alle Creaturen aber Zeit, Raum und Maß haben, so überwieget Gott besitzen aller geschaffenen Dinge Lust und Freude. Was Gott geben kann ohne sich selber, tröstet die Seele nicht; denn die Seele hat einen Funken, einen Grund in sich, eine unersättliche Begierde, die mit keinen irdischen Dingen kann erfüllt werden. Sie ist so groß, daß Gott, der Alles vermag, ihren Durst mit nichts Anderem löschen kann, als mit sich selber, wie Sanct Augustin spricht; denn Niemand kann sie satt machen, als derjenige, der sie auch erfüllen kann, und das ist Gott; ihr schmecket nichts, denn die bloße (reine) Gottheit. Dieß beweist Meister Hugo und spricht: Alle Freude und alle Gewalt und alles zeitliche Gut und alle Gezierde der Welt können eines Menschen Herz nicht erfüllen, so daß er weiter nichts Anderes mehr begehre; denn die Vernunft strebet [1] allezeit zu begreifen die Wahrheit und das Wesen, und ruhet nicht eher, bis sie die erste und oberste Wahrheit begreift, in der alle Wahrheit begriffen ist, und das ist Gott selber. So wirft sich auch der Wille auf das Gute, und er begnügt sich nicht, er habe denn alles Gute und allen Reichthum. Des Menschen Seele, spricht Sanct Gregorius, ist geschaffen, daß sie ihre Begierde allein soll in Gott haben, und was sie Anderes unter Gott begehret, darinnen hat sie kein vollkommenes Genügen; darum hat dir Gott ein solches Verständniß gegeben, daß kein zeitlich Ding deiner Begierde genugthun kann, und das beweist Sanct Paulus, da er spricht: Unser Genügen ist in Gott allein, dessen würdige Diener wir sind. Wenn der Mensch dazu kommt, daß keine Creatur seinem Herzen Wollust bringen mag, auf denselben Punkt (Augenblick) hat er alles das begriffen, was er begehrte, und so spricht ein Lehrer: Gott ist in des Menschen Seele, wenn der Mensch in seinem Herzen nichts empfindet, was ihn verdrießt, und außerhalb seiner selbst nichts empfindet, was ihn gelüstet; denn dieß sind die allerbesten Menschen, die außer sich selber nicht das Geringste suchen. Hierüber spricht Seneca: Es ist ein Zeichen eines verdorbenen Magens, dessen Mund viel zu verkosten ge-

---

[1] Handschr. — krieget.

lüstet, — womit die Leute bezeichnet sind, die in vielen vergänglichen Dingen ihren Trost suchen. Ist dir aber der Welt Trost und Freude eine Bitterkeit geworden, dann bist du ihr erstorben. Wenn aber der Mensch in die Wahrheit kommt und von der Wahrheit begriffen wird und die Frucht der Wahrheit schmecket, so ist in ihm die Wahrheit so lustlich und tröstlich, daß er alle anderen Dinge läßt und der Wahrheit anhanget; und dieß geschieht deßwegen, weil die Vernunft allzeit neue Wunder und neue Wonne und neue Freude und neue Wahrheit empfindet. Diese Wonne empfand Sanct Augustin, als er sprach: Ach, wie süß ist, was mein Herz berührt und meiner Seele Begierde so gar über allem Honigseim schmeckt; denn wenn ich an meinen Herrn gedenke, so werde ich mir selber entfremdet und werde entzücket, ich weiß selbst nicht wohin. Ich werde zur Stunde erneuert und ganz verwandelt, und mir wird also wohl, daß ich es nicht aussprechen kann. Ich weiß nicht, was es ist, und begehre doch aus allen Kräften meiner Seele, wie ich es behabe lustlich und begierlich. Und mein Gemüth strebt und gelüstet es allzeit zu umfangen, als ob es alle Lustlichkeit und Begierlichkeit darin erlangt und begriffen habe, da es sich unsäglich freut; es sucht nichts Weiteres und begehrt nichts Anderes, es wollte immer also sein. Kann mir Jemand das sagen, ob es etwa mein Gemahl sei? Ja wahrlich, es ist mein Gemahl, der mich heimgesucht hat mit der Gnade seines heiligen Geistes, nicht daß er sich mit einander eingieße, sondern er gibt sich nur zu verkosten, nicht daß er erfüllen wolle die Begierde meiner Seele, sondern daß er die Begierde über sich ziehe zu dem vollen Ursprung hinan. Von diesem seligen Aufzug spricht die ewige Weisheit: Die mich essen; die hungern noch, und die mich trinken, die dürsten noch. Und das ist von dem Verkosten göttlicher Gnade zu verstehen, wovon Sanct Augustin spricht: O wie recht süß ist dein Angedenken; denn je mehr ich an dich gedenke, je mehr mich gelüstet anzusehen in dem lautern Gesichte meines Gemüthes deine Gaben und Gutthaten; darum will ich nach meinem Vermögen, so lange ich in der Stätte dieses Pilgerlebens und in der Blöde meiner Glieder bin, dich betrachten und an dich gedenken und dich loben in dem Geist und frei loben in dem Gemüth und mit allen meinen Kräften dich, meinen Schöpfer und ganzen Erhalter, ehren und preisen und mit meinem Gemüthe die Himmel durchbringen und mit der Begierde bei dir wohnen, so daß ich nur meinen Leichnam im Thale der Thränen zurückhalten werde. Denn mein Herz hat keine andere Süßigkeit, als: von dir denken, von dir reden, von dir hören, von dir schreiben, von dir disputiren, mit dir kosen und deine Glorie aus dem Grunde meines Herzens öffnen, damit mir dein süßes Gedächtniß oft eine Hülfe und ein Ergötzen sei in dem Gewühle und dem Ungestüm dieser Welt; denn in deinem süßen Gedächtniß erlustige ich mich ganz. Siehe, wenn mein Gemüth zu dir erseufzet und deine unaussprechliche Güte betrachtet, so beschwert mich die Menschheit und Alles, was in der Zeit ist, desto minder, und die Anfechtungen des Feindes weichen von mir und die bösen Gedanken hören auf, die Bürde der Tödtlichkeit wird mir geringert, alle Dinge schweigen und wird Alles still. Aber das Herz brennet und das Gemüth frohlocket und das Gedächtniß grünet und das Verständniß leuchtet und der ganze Geist wird aus großer Begierde seiner Heimsuchung von der Liebe zu den unsichtbaren Dingen aufgezogen in eine solche nie erfahrene Süßigkeit; und ist es, daß ewiges Leben besser ist, so weiß ich doch davon nichts zu sagen. Weil daher Niemand das Geistliche mit dem Leiblichen erfüllen kann, sprach Christus: Wer von diesem Wasser trinkt, den wird dürsten; wer aber von dem Wasser trinkt, das ich gebe, den wird ewiglich nimmer dürsten. Denn billig mag aller weltliche Durst in dem erlöschen, der von dem Bache des himmlischen Paradieses verkostet hat, davon ein Tröpflein größer ist als das weite grundlose Meer, das ein Ursprung aller zeitlichen Wasser ist. Bischof Albrecht lehrt, daß wir allzeit auf uns selber sehen und unser ewig Leben in uns selber besitzen sollen; denn das ewige Wesen ist gut zu besitzen. Der Mensch, der es besitzt, hat alle Tage in sich ein Himmelreich, ein neues Neu, ein ewiges Neu, und in dem ewigen Neu soll er aufgehen.

Nun ist eine Frage: was die Seele enthalte im Himmelreiche? Sie enthaltet nichts anderes, denn ein lustbares An-

staunen [1] Gottes; denn darin findet sie allzeit neues Wunder
und neue Freude und neue Wahrheit. Fände sie nicht immer
Neues in Gott, so nähme die Ewigkeit ein Ende und hörte das
Himmelreich auf. Ein Meister spricht: Das ewige Leben ist
nichts anderes, denn ein Gottschauen. Was beschauet aber die
Seele, wenn sie Gott beschauet? Sie sieht, wie Sanct Dio=
nysius spricht, eine einige Kraft und die einige Kraft macht sie
eines mit sich. Sie sieht an ihm auch ein Gut über allem Gut,
das alles Gut in sich beschlossen hat. Was ist aber die Ur=
sache, daß die Creatur nimmer so nahe in die Wahrheit ein=
bringt, sie habe denn doch allzeit auch ein weiteres Wollen und
ein Ungenügen in sich? Die Antwort: Nähme weiteres Wol=
len ein Ende, so würde das Himmelreich auch ein Ende neh=
men, und fände die Creatur ein volles Genügen, so würde die
Creatur Gott; denn entweder verlöre sie ihr Wesen,
oder gewänne göttlich Wesen, was doch nicht sein
kann. Nun spricht Christus: Ihr werdet mich suchen und fin=
det mich nicht; — worüber Anselmus bittet und spricht: Eja,
mein Herr und mein Gott, lehre mein Herz, wo und wie ich
dich suchen soll; denn bist du nicht hier, wo finde ich dich denn?
Bist du aber an allen Enden, so lehre mich dich suchen und er=
zeige dich dem Sucher; denn Niemand kann dich finden, außer
du erzeigest dich ihm, wie du bist. Nun spricht Salomon:
Alles, was unter der Sonne ist, das altert und nimmt ab;
aber dort in der Ewigkeit, da ist nur ein immerwährendes Neu.
Was die Sonne überscheinet, ist in der Zeit. Die Zeit gibt
zweierlei Dinge, d. i. Alter und Abnehmen; wenn aber die Zeit
an ihr Ende kommt, und das kommt sie in der Ewigkeit, da ist
weder vor noch nach, sondern alles gegenwärtig und neu, was
da ist. Was in der Ewigkeit ist, macht keine Zeit alt; da ist
ein selig Leben in einem Immerwähren, wo kein Zufall, son=
dern ein lauter Wesen ist. Da hast du in einer gegenwärtigen
Ansicht Alles, was je geschah und was je geschehen sollte; denn
da ist Alles gegenwärtig, und in diesem gegenwärtigen Ansehen
habe ich alle Dinge besessen und Alles, was je geschah, vor

[1] Handschr. — Anstarren.

taufend Jahren, das ist in der Ewigkeit nicht entfernter, als
diese Stunde, darin ich jetzt lebe, oder der Tag, der über tau=
send Jahre kommen soll, und so viel du zählen kannst, das ist
in der Ewigkeit nicht entfernter, denn die Stunde, darinnen ich
jetzt spreche. Dort ist weder Zeit noch Stätte, weder Vor noch
Nach; denn in Gott ist keine Zeit, weder Gegenwärtiges, noch
Vergangenes, noch Künftiges, sondern eine bloße Gegenwart
ohne alle Zeit. Vielmehr ist Alles gegenwärtig einbeschlossen
in einem neuen grünenden Nun; was gegenwärtig und was
verfahren und was künftig, das Alles ist ein Tag in seiner
Ewigkeit. Davon spricht der Weissager: Tausend Jahre sind
wie ein Tag vor deinen Augen; denn das ewige Leben ist ohne
Zeit und ohne Stätte und ohne Hier und ohne Nun. Nehme
ich ein Stücklein der Zeit, so ist es weder der Tag von heute,
noch der Tag von gestern; nehme ich aber „Nun", das begreift
in sich alle Zeit; denn das Nun, darinnen Gott die Welten
machte, ist so nahe dieser Zeit, als das Nun, darinnen ich nun
spreche, und der jüngste Tage ist so nahe diesem Nun, als der
Tag, der gestern war. Darüber spricht ein Meister: Der Vater
spricht in einem Worte Alles aus, was er erkennt, und Alles,
was er leisten kann in einer Stunde, und die Stunde ist ewig;
denn in Gott ist weder gestern noch morgen, alle Zeiten sind in
ihm heute und nun, die Zeit dagegen ist ein fließendes Nun, die
Ewigkeit aber hat weder Anfang noch Ende, weder Vor noch Nach,
alle Creaturen sind nun und sind von Gott. Allein dort, wo sie in
Gott sind, sind sie so ungleich dem, wie sie hier sind,
als die Sonne gegenüber dem Monde und noch viel ungleicher.
Nun spricht Meister Eckhart: Wäre weder Zeit noch Stätte
(Raum), so würde Alles Ein Wesen sein. Mit Gott und dem
Himmelreich ist es ganz anders nach der Wahrheit, als Jemand
wissen kann. Es sagt die Schrift: Vor der geschaffenen Welt
bin ich, und das ist, wenn der Mensch erhoben wird über die
Zeit in die Ewigkeit, da wirkt er Ein Werk mit Gott.
Etliche fragen, wie der Mensch die Werke wirke, die Gott vor
tausend Jahren und nach tausend Jahren gewirket hat, und sie
verstehen es nicht. In der Ewigkeit ist weder Vor noch Nach;
darum ist, was Gott vor tausend Jahren und nach tausend

Jahren wirkte und was er nun wirket, alles Eins in der Ewig=
keit, und was Gott vor und nach tausend Jahren gethan und
geschaffen hat und was er nun thut, ist alles nur Ein Werk.
Deßwegen wirket der Mensch, der über die Zeit in die Ewig=
keit erhoben wird, mit Gott das, was Gott vor tausend Jah=
ren und nach tausend Jahren gewirket hat. Dieß ist weisen
Leuten zu wissen und groben (rohen) Leuten zu glauben.

Eine Frage: was die Seele sei? Ein Meister, der von der
Seele am allerbesten gesprochen hat, sprach, daß alle menschliche
Kunst nimmer dahin kommt, daß man wissen kann, was die
Seele in ihrem Grunde sei; dazu gehört übernatürliche Kunst.
Denn wenn die Kräfte von der Seele ausgehen in diese Welt,
wissen wir nichts davon. Wir wissen wohl ein Weniges, aber es
ist sehr gering, was wir davon wissen. Was dagegen die Seele
in ihrem Grunde sei, weiß Niemand, und was man davon
weiß, muß übernatürlich und von Gnaden sein. Ueber den Adel
der Seele spricht Sanct Augustin: Erkennete ich den Adel meiner
Seele, so würde ich auch Gott erkennen; denn die Seele ist eine
Tochter des Vaters und eine Schwester des Sohnes und eine
Gemahlin des heiligen Geistes. Sie ist auch eine auftragende
Kraft in der Gewalt des Vaters und ein wiederglänzender
Schein in der Weisheit des Sohnes und ein Wohlgefallen der
Süßigkeit des heiligen Geistes und ohne Mittel (unmittelbar)
aus Gott geflossen, und ist die edelste Creatur, deren in Gott
je gedacht ward. Als Gott die Seele erschuf, griff er seinem
göttlichen Herzen so nahe, daß, hätte er seine göttliche Natur
theilen können, er sie mit der Seele würde getheilt haben, das
konnte aber nicht sein. Sie ist nicht von der Natur Got=
tes, sie ist von der Minne Gottes; denn als er die Seele
erschuf, griff er zwischeninnen Gott und die Gottheit und schuf
die Seele von Nichts. Woher nahm er das Nichts? Als
er alle Dinge machte, da nahm er nichts. Die Seele war in
Gott so einfach, daß sie ihn nicht loben konnte; darum schuf er
sie, daß sie ihn loben möchte, und griff zwischeninnen Gott und
die Gottheit und in sein eigenes Wesen, und schuf die Seele
von Nichts, damit er durch sie gelobt werde. Sehet, dahin geht
alle göttliche Kunst, daß Gott gelobt werde von des

Menschen Seele! Von wannen aber die Seele gekommen sei, lehrt Sanct Augustin und spricht: Die Seele ist gekommen von dem himmlischen Lande des göttlichen Herzens und ist gemacht von der edlen Materie der göttlichen Minne, und ist geboren von dem hohen Geschlechte der heiligen Dreifaltigkeit, und ist ein Erbe Gottes und eine Gebieterin aller Creaturen und eine Besitzerin aller Güter und Freuden, die der allmächtige Gott geleisten mag in seiner Ewigkeit. Ein Heiliger spricht: Das sei Heiligkeit, daß wir erkennen, was wir waren vor der Zeit, und was wir sind in der Zeit, und was wir werden nach der Zeit. Von diesen drei Worten hat der von Sternengassen [1] gesprochen und spricht im Ferneren: Er hat uns geformet sich mit sich und in sich, und wie er uns geformet habe, sollen wir merken. Wir sind ein Licht in seiner Lauterkeit und ein Wort in seiner Verständigkeit und ein Leben in seiner Innigkeit; so hat er uns an sich geformet vor der Zeit. Was wir nun sind in der Zeit? In uns ist eine Lauterkeit, in die ohne Unterlaß das Licht der Gottheit leuchtend ist; in uns ist eine Verständigkeit, in die ohne Unterlaß leuchtend ist das Werk der Dreifaltigkeit, und eine Innerlichkeit, in der ohne Unterlaß wirkend ist das Leben der Ewigkeit. Zum Dritten: was wir werden nach der Zeitlichkeit? Wir sollen mit Gott vereinigt werden wesentlich und einiglich und gänzlich; und davon spricht auch Christus: Dich, Vater, zu erkennen und deinen Sohn Jesum Christum — das ist das ewige Leben. Nun spricht ein Meister: Der Kern des ersten Begriffes und ewiger Seligkeit liegt in der Erkenntniß. Wenn das Erkennen unrecht, davon ist auch die Minne unrecht, die daraus entspringt, und davon lohnt ihr Gott nicht, als wenn sie recht wäre; denn die Minne ist nur gut, soviel sie mit göttlichem Lichte erleuchtet ist; so viel ihr aber dessen gebricht, so viel ist sie nicht gut. Deßgleichen hat der Mensch

---

[1] Gerhart von Sternengassen wird von Hermann von Fritzlar in der Predigt über den heil. Antonius angeführt; derselbe war Dominicaner und Lesemeister zu Köln und Straßburg. Siehe Fr. Pfeiffer, die deutschen Mystiker Buch I. S. 423.

nur so viel rechten Glauben, als er mit göttlichem Lichte er=
leuchtet ist; wem es noch an Licht gebricht, dem gebricht es auch
noch am Glauben; denn wer am meisten göttliche Wahrheit
versteht, hat auch am allermeisten Glauben, und Niemand hat
den Glauben recht, als wer da steht in wesentlicher Wahrheit.
Wer also aus dem vollkommenen Lichte des Glaubens minnet,
deß Minne ist am allernützlichsten und lohnbarsten. Gott gibt
keinen Lohn für den unrechten Glauben; denn wenn ein Mensch
ein Ding glaubt, das nicht ist, so ist das mehr von Gebrechen
als von Vollkommenheit. Darum gibt Gott keinen Lohn für
die Minne, die aus dem unrechten Glauben entspringt. Wer
ein Scheingut minnet und glaubt, ihm sei recht, ist das ein
Zeichen, daß dem nicht recht ist, der es glaubt; wer schnell
glaubt, hat ein thörichtes Herz. Nun möchte man sprechen:
das Licht des Glaubens ist über alles Erkennen, und darum
bedarf man zum Glauben nicht, daß man ihn mit Unterschei=
dung erkenne, weil er über aller Unterscheidung steht. Wenn
ein Mensch zur Erkenntniß kommt, so fängt er erst an recht zu
glauben und ist erst dann sicher, daß sein Glaube recht ist. Un=
vernünftige Menschen wissen daher nicht, ob sie recht oder un=
recht glauben, weil sie vom Hörensagen glauben; darum ist ihr
Glaube nicht vollkommen, und die Menschen können fehlbar
werden im Glauben, und da ihr Glaube unvollkommen, ist auch
ihre Minne unvollkommen.

Wenn unser Herr spricht: Wer glaubt und getauft wird,
der wird selig! so ist es dahin zu verstehen: der Glaube wird
empfangen von der Vernunft und nicht von den Sinnen; das
Gehör hört die Weise des Glaubens und die Vernunft em=
pfängt das Leben des Glaubens, und nicht die Sinne. Darum
sind die erleuchteten Menschen allein die gläubigen Menschen,
und so kommt die Liebe nicht einzig aus dem Erkennen, son=
dern auch aus dem Glauben, und aus dem Glauben sollen sie
minnen. Nun spricht Sanct Hieronymus: Der Mensch kann
wohl einen rechten Glauben haben ohne die Liebe, aber er kann
nicht zur ewigen Seligkeit kommen ohne die Liebe; denn die
Liebe ist so groß an sich selber, daß sie keiner Pein noch Mar=
ter achtet um des ewigen Lebens wegen, das ihr nach dem

Streit gegeben wird. Doch soll der Mensch Gott nicht darum lieb haben, weil er ihm sonst nicht das ewige Leben gäbe, sonst hätte er ihn nur lieb seiner Gaben wegen, sondern der Mensch soll Gott darum lieb haben, weil er das oberste Gut ist; denn die rechte Minne sucht nicht das Ihrige, sondern das Lob des Herrn. Darum soll die Seele mit inhitziger Begehrung und mit ganzer Innigkeit und Kraft sich in Gott ergießen und soll weder ewiges noch vergängliches Gut in Gott suchen, sondern Gottes allein begehren wegen seiner wesentlichen angebornen Güte und Edelkeit, Heiligkeit und Vollkommenheit; denn die weise Seele begehrt Gottes selber und nicht in Lohnes Weise, und dieß lernet die Seele von Gott, wenn er sich in die Seele gießet mit aller seiner Kraft und durchaus keinen Nutzen von ihr erwartet, sondern er begehrt, ihr seine angeborne Seligkeit [1] mitzutheilen. Weil nun göttlich Wesen so grundlos ist, daß es keine Creatur ergründen kann, so sollen wir nicht zu hoch sinnen, noch zu tief ergründen Gottes Heimlichkeit; denn Sanct Gregorius spricht: Uns ist geboten zu glauben und verboten zu ergründen. Und Sanct Bernhard lehrt: Die Klarheit des Verständnisses liegt in dem Subtilsten des Glaubens und das Licht des Glaubens will den Menschen über alles vernünftige Begreifen heben. Unser Glaube ist ein hohes Licht über die Natur; wie ein Gott sei und drei Personen in Einem Wesen, dazu kann das natürliche Auge nicht gelangen, wie Sanct Bernhard spricht: Wer es erfahren will, wie die drei Personen wesen in der Einigkeit und die Einigkeit ist in den drei Personen, begeht eine Vermessenheit; daß man es aber glaubt, ist eine Mildekeit, und daß man es erkennt, ist ewiges Leben. Darüber spricht auch Sanct Augustin: Die Spitze des Menschengemüthes kann in die Ueberschwänglichkeit des göttlichen Lichtes nur durch den Christenglauben gekehrt werden; denn der Christenglaube ist der allererste Unterwurf (Subjectio), womit die Seele sich Gott-unterthänig macht; der Glaube neiget und biegt die Vernunft, das zu glauben, was die Sinne nicht begreifen können.

---

[1] Handschr. — Selbe.

Darum sollen wir unsere Vernunft unter das Licht des Glaubens beugen ohne alles Nachgrübeln; denn Gott vermag gar Vieles, was die menschliche Vernunft weder begreifen noch verstehen kann.

Nun ist aller Menschen Natur dahin geneigt, daß sie haben und daß sie wissen, und das sind die Werke der Kräfte. Hier sollen wir sechs Dinge merken, von denen drei in den niederſten Kräften und drei in den oberſten sind. In den niederſten Kräften liegt Demuth und Sanftmuth und Geduld, in den oberſten Glaube und Zuverſicht (Hoffnung) und Minne (Liebe). Nun geht der Glaube her und benimmt der Vernunft all' ihr Wiſſen und macht sie blind, und deſſen muß sie sich verläugnen; denn die vernünftige Kraft muß da herab, und so kommt die Zuverſicht und benimmt die Sicherheit und das Haben, und so kommt die Minne und beraubt den Willen aller Eigenſchaft und alles Besitzes. Dann kommen jene, die in den niederſten Kräften wohnen, die Demuth und die Sanftmuth und die Geduld, und diese antworten jenen dreien. Die Demuth entſinkt allzumal in einen Abgrund und verliert den Namen (Eigenheit), und steht auf ihrem lautern Nicht, und da weiß sie nichts von Demuth; die Sanftmuth hat die Minne ihrer Eigenſchaft beraubt, und da sind ihr die Dinge alle gleich und hat kein Wider (Gegenſatz); darum iſt sie sich der Tugend nicht bewußt (S. 249), sie hat die Dinge in dem gleichen Frieden, die Tugend hat ihren Namen verloren und iſt Weſen geworden. Und so iſt es auch mit der Geduld. Die Menſchen, die minnen, dürſten nach Leiden, und darum wiſſen sie nichts von Geduld, und darum ſpreche ich hier: soll der Menſch überformet werden mit dieſem überweſentlichen Weſen, so müſſen alle die Formen nothwendig von hinnen gehen, die man in allen Kräften je empfing. Das Erkennen, das Wiſſen, das Wollen, die Wirklichkeit, die Vorwirklichkeit, die Empfindlichkeit, die Eigenſchaftlichkeit und Alles, darauf der Geiſt ruhen könnte, das alles muß untergehen, und all' dieſer Formen muß er entwerben, dann wird er in Einem Blicke überformet, und so mußt du einen Vorgang haben, und so muß ein gelaſſener Menſch entbildet werden von der Creatur und gebildet werden mit Chriſto und überbildet werden

in der Gottheit. Darum muß man nach dem Allernächsten alle
leiblichen und geistlichen Materien und alle Bilder und Formen
abscheiden, die sich offenbaren. Bischof Albrecht spricht: Wenn
Gott in allen Creaturen ist und er mir näher ist, als ich mir
selber bin, warum finde ich ihn denn nicht? Weil seine Gnade
in mir nicht wirkt. Warum wirkt seine Gnade nicht in mir?
Weil ich sie nicht mit demüthigem Herzen begehre. Warum be=
gehre ich sie nicht? Weil ich sie nicht minne, und ich minne
sie nicht, weil ich sie nicht erkenne, und ich erkenne sie nicht,
weil ich sie nicht besehe, und ich besehe sie nicht, weil die Augen
meines Verstandes in mir verblendet sind. Warum sind sie
verblendet? Weil sie voll Gestrüppe sind; denn alle leiblichen
und vergänglichen Dinge heiße ich Gestrüppe. — Die rechte
Gotteserkenntniß bringt Heimlichkeit zu Gott, Heimlichkeit
bringt Minne, Minne bringt Treue, Treue bringt Sicherheit,
Sicherheit bringt Ruhe, Ruhe bringt Frieden, Friede bringt
ganze Freude und neue Begehrung zu unserem Herrn Jesum
Christum.

Etliche Leute wollen arm sein ohne Gebrechen, demüthig
ohne Verschmähung, geduldig ohne Betrübniß, keusch ohne Ab=
tödtung des Fleisches, andächtig ohne des Leibes Arbeit, gut=
thätig und den Leuten wohlgefällig ohne gute Sitten, und diese
sind betrogen. Wer zu rechter Bescheidenheit kommen will, muß
der Welt Weise fliehen; denn so viel rechte Bescheidenheit in
mir ist, so viel bin ich Gott gehorsam; so viel ich Gott gehor=
sam bin, so friedlich ist mein Herz und so weise sind meine
Sinne und so lauter ist mein Wesen; und so lauter mein We=
sen ist, so viel erkenne ich Gott, und so viel ich Gott erkenne, so
viel minne ich Gott, und so viel ich ihn minne, so viel halte ich
seine Gebote und so viel behüte ich mich vor Sünden, und so
viel ich mich vor Sünden behüte, so viel bin ich bei mir selber
und so viel verschmähe ich mich selber und so wenig achte ich
der Ehre und der Güter dieser Welt und so willig bin ich arm;
und so willig ich arm bin, so wenig beklage ich meine Ge=
brechen und so geduldig bin ich und so demüthig bin ich; und
so demüthig ich bin, so wenig verschmähe ich meine Feinde, die
mich verschmähen; und so wenig ich diese verschmähe, so viel

bin ich arm des Geistes, und so arm des Geistes ich bin, so wenig begehre ich von der Welt, und so wenig ich von der Welt begehre, so wenig bin ich meiner selber und so viel bin ich Gottes; und so viel ich Gottes bin, so viel will ich, was Gott will; und so viel ich will, was Gott will, so viel will Gott, was ich will; dazu verhelf uns Allen Gott. Amen. Bischof Albrecht spricht: Gott fließt auf drei Wegen in alle Creaturen, und das ist mit Wesen und mit Leben und mit Licht; besonders aber fließt er in die vernünftige Seele in der Möglichkeit aller Dinge in der Wiederkehr der Creaturen zu ihrem ersten Ursprunge. Darüber spricht ein Meister: Wie die Seele dem Leibe Wesen und Leben gibt, so gibt Gott der Seele Leben, und wie sich die Seele in alle Glie=der des Leibes gießt, so fließt Gott in alle Kräfte der Seele und durchgießt sie. Gott fließt alle Zeit, d. i. über Zeit in der Ewigkeit und in dem Leben, darinnen alle Dinge leben. Auch spricht ein heidnischer Meister: natürliches Leben ist ein stetes Wirken der Seele in dem Leibe, und so ist auch gnadenliches Leben ein stetes Wirken Gottes in der Seele ohne Unterlaß; denn was der Leib hat von der Seele, das hat diese von Gott, und wie der Leib nicht leben kann ohne die Seele, so kann die Seele nicht leben ohne die Minne; denn die Minne ist die eigentliche Eigenschaft der Seele, oder wie Meister Hugo spricht: es ist so unmöglich, daß der Mensch ohne Minne zu irgend einem Dinge lebe, als daß er ohne die Seele lebe. Entweder sucht die Seele ihren Trost in Gott, oder aber in den Creatu=ren; denn des Menschen Seele ist so von Gott geschaffen, daß sie ohne Minne nicht sein kann, entweder muß sie den Schöpfer minnen oder die Geschöpfe. In dem Maße, als sie den Schöpfer minnet, geht das Geschöpf aus von ihr, und je mehr sie das Geschöpf minnet, geht Gott aus ihr heraus mit seinen Gnaden. Nun spricht Sanct Dionysius: Gott hat allen Dingen Stätte gegeben, dem Vogel die Luft und dem Fische das Wasser und dem Feldthier die Erde und der Seele die Gottheit; wenn ein Ding außer seiner natürlichen Stätte kommt, so verdirbt es; denn würfe sich der Fisch in die Luft, er würde verderben, weil er im Wasser geboren ist; und willst du außerhalb Gott bleiben, so verbirbst bu, denn außerhalb Gott ist nichts als Sterben und ewiges Verderben. Darum stirbt die Seele in allen Formen, nur in Gott allein besteht sie, daß sie keine Vorfahrt mehr hat. Darum soll man nicht rasten auf äußeren Dingen, denn wo das Herz minnet, da ist seine Stätte, und minnet es Gott, so ist seine Stätte in Gott und nicht auf Erdreich. Dieß bewährt Sanct Bernhard und spricht: Eines rechten Minners Geist ist viel mehr da, wo er minnet, als da, wo er dem Leibe Leben gibt, denn er lebet der Minne mehr als sich selber. Wer daher Gott minnet, ist nicht in dieser Welt, wie Sanct Augustin spricht: Die Vernunft, die Gott anhaftet, ist höher, als die ganze Welt; denn wenn wir unsere Vernunft mit ewigen Dingen beschäftigen, sind wir nicht in dieser Welt. Nun spricht Sanct Dionysius: Die Seele naht sich Gott über sich selber, wenn sie durch andächtige Betrachtung sich aufrichtet und von üppigen leiblichen Gedanken abscheidet; denn in den guten Gedanken öffnet sich Gott der Vater der Seele und macht sich ihr gegenwärtig, daß er von ihr sonderbarlich und geistlich gesehen und erkannt werde.

## 5. Das gottschauende Leben.

Willst du ein gottschauender Mensch werden und sein, so mußt du der Zeit wahrnehmen, die dazu gefällig ist, und diese ist besonders vor Mette, wenn alle Creaturen schlafen. In der Stille mache dich auf mit deinem Gemüthe und gedenke, wie Gott allen Creaturen ewiglich gewacht hat mit dem Anbild seines Willens, in dem er sie beweglich gemacht hat von nichts, und daß das Nicht und das Icht ihre Geschaffenheit in dem ewigen Nun ist und ein Bild (Idee), und diese Bilder sind Licht und Leben der ewigen Vernunft, und sind die Bilder, in denen die Creatur geschaffen ist nach dem, was sie war und ist und noch künftig sein wird. Zum andern gedenke, wie Gott wandelt in allen Creaturen nach dem, wie die Creatur in der Zeit ist nach Zahl und Maß in der Mannigfaltigkeit der Weise, welche die Creaturen erzeigen in ihren Werken, in Gnaden oder in Gebrechen. Gedenke auch, wie das lautere einfache

Wesen in der Offenbarung der Mannigfaltigkeit der Creaturen unverwandelt ist und bleibt in seiner lautern wesentlichen Einigkeit; denn all' diese Mannigfaltigkeit ·ist in dem Grund und Boden eine einfache Einigkeit, wie sie auch in dem Spiegel der Gottheit in Unterscheidung geoffenbart werden. Zum dritten siehe an, was Gott ist in allen Creaturen, und willst du dieß erkennen, so lasse dieß und das und siehe auf das, was da ist, dann siehst du, was Gott ist; denn er ist allein lauter das, was er ist. Und hier erkenne Gott in dir und dich in ihm in einer jeglichen Tugend, die ihr vorgehendes Bild ewiglich in Gott gehabt hat und nun in der Zeit durch dich fließet nach der Erwählung, wie du ewiglich in Gott dazu bist angesehen, daß sich Gott in dir gebrauchen (erfreuen) will und dich durch das Gebrauchen in ewigem Genusse mit sich vereinen will, und sprich sodann: Herr, ich ermahne dich deines grundlosen allmächtigen Vermögens, in dem du mich von nichts beweglich gemacht hast zu all' dem Guten, das du selber bist, und ich bitte dich, minniglicher Herr, daß du mich von dem Nichts meiner creatürlichen Gebrechlichkeit beweglich machest und ziehest zu all' dem Guten, zu dem du deine Auserwählten ewiglich vorgesehen und vorbereitet hast. Ich lobe dich, Herr, daß du die Klarheit deiner ewigen Vernunft in mich gegossen und mich nach dir selber gebildet hast, und ich bitte dich, milder Gott, daß du mir das Wort deiner ewigen Vernunft gebest zu einem solchen Gegenwurf, in dem ich wiedergebildet (umgebildet) werde nach dem ersten Exemplar deiner göttlichen Gleichnisse. Ich lobe dich, Herr, daß du mich aus **Freiheit deines göttlichen Willens** in einem jeglichen Nun der Zeit minnen und erkennen machest in der Vollkommenheit, zu der du mich ewiglich geminnet und erkannt hast, und ich bitte dich, minniglicher Herr, daß du mir gebest, daß ich mich in einem jeglichen Nun der Zeit nehmen und gebrauchen könne in der vollkommenen Seligkeit, in der uns die Menschheit Jesu Christi den Weg der Wahrheit vorgewiesen und vorgetragen hat.

Zum Ersten gedenke, wie Gott ewiglich die Ursache seiner selber gewesen ist und wie er fließt in die Vernunft seiner selbst wie ein Licht, in welchem er sich selber zu Grunde erkennt und

in die Minne seines Willens als ein lebender Geist, der
da lebet in Vernunft und Minne. Und wie er Rath nahm
zu seinen eigenen Werken in ihm selber, indem er sich
ihm selber offenbarte in der Weise der Person. Zum
Andern gedenke, wie Gott Rath gab sich selber in den Per=
sonen zu der Offenbarung, in der er sich in creatür=
licher Weise offenbaren wollte, und wie er das Bild der heili=
gen Dreifaltigkeit geistet in den geschaffenen Geist, so daß der
geschaffene Geist das Bild der Dreifaltigkeit in den Wer=
ken der Kräfte trägt. Die Eingeistung der Dreifaltigkeit in
den geschaffenen Geist besteht darin: wie Gott der Vater in der
Gottheit ein Enthalter seiner selbst und aller Creaturen ist, so
steht sein Bild in dem geschaffenen Geist als ein Enthalter aller
der Gedanken, Worte und Werke, die der Mensch wirkt in der
Zeit, und dieß heißt die Gehügde (Gedächtniß); so wenig der
Vater in der Gottheit jemals vergeht, so wenig kann sein Bild
in dem geschaffenen Geiste zu Nichte werden, und wie Gott
Vater in der Gehügde ist wie ein Enthalter all' der Werke,
die der Geist wirkt in der Zeit, damit die Werke im Bilde
Gottes ewiglich genossen werden, so ist Gott das Wort der
Ewigkeit in der Vernunft wie ein Licht, das sich im Bilde des
Geistes zeiget und erkläret wie ein Licht, das sich selbst ewiglich
in einem jeglichen Werke gegenwärtiglich genießt von jeher und
immerdar. Zum Dritten bedenke, wie Gott seine Werke heiliget,
damit sie gereinigt bleiben; denn wie Gott der Vater in der Ge=
hügde ist als ein Enthalter der Werke, damit sie ewiglich ge=
nossen werden, und der Sohn das Licht in der Vernunft, daß sie
erkannt werden, so ist der heilige Geist in dem Willen als ein
Leben der Minne, welche alle die Werke des Menschen in verein=
ter Gleichheit ewiglich erhaltet. Denn wie nichts als ein na=
türliches Leben ist, in welchem Leben Alles lebt, was in dem
Menschen ist, so ist auch nichts als ein gnadenreiches Leben, in
welchem alle gerechten Werke ewiglich leben; und wie das na=
türliche Leben gleich gegenwärtig ist allen Gliedern, so ist in
dem Leben des Geistes, in dem er ein Empfinden seiner selbst
hat, ein gegenwärtiges Nießen in einem jeglichen Nun aller der
tugendreichen Werke, die er in der Zeit jemals wirkte. Dieses

nießen (Genuß) ist in den Kräften das Bild der Dreifaltig=
keit und in dem Geiste die vereinte Gleichheit und in Gott das
Leben der Ewigkeit. Nach dieser Anschauung gedenke, wie
Müßigkeit (Zurückziehung von der äußeren Thätigkeit in die
Stillheit der Seele) allen Tugenden dienet, denn ihre Stätte
ist in allen ihren Werken, und müßige dich in allen deinen
Werken, damit das Bild Gottes seine Gleichheit mit Kraft er=
zeige in allem deinem Thun. Gedenke ferner, wie Gott sein
Bild aus allen seinen Creaturen zieht, gerade wie die Sonne die
Frucht aus dem Samen zieht. Denn alle die Werke, die Gott mit
den Creaturen wirkt, sind nichts anderes als ein Erwecken und
ein Vorbringen der Gnade, die in dem Geiste geistig gebildet
und in ihn eingedrückt ist in dem Nun seiner ersten Erschaffung.
Und wenn die Gnade Gottes blicket in den Geist, so offenbart
sie das Bild Gottes in ihm, dessen Bild doch der Geist selber
ist, und bringt nichts Neues in den Geist; denn was neu her=
zukommt, ist nicht Gott selber, sondern es sind seine Gaben,
und weil der Geist in seiner ersten Schöpfung empfing, daß er
Gottes Bild ist, so kann er nichts Neues empfangen nach we=
sentlicher Art; aber nach wirklicher Weise ist er ohne Unterlaß
neu in Kräften und in Sinnen und auch im Grunde seiner
selbst, gerade wie der Same, der im Grunde des Erdreichs liegt,
nach der Wahrheit die Frucht schon in sich trägt, aber verbor=
gen. Wirkt die Sonne mit ihrer Kraft in dem Samen, so
thut sie ihr Werk neu, aber sie wirkt mit dem, was sie in dem
Samen findet, nach seiner Art und offenbart der Creaturen Kraft
nach der Weise, wie sie sich in dem Samen findet, und ist doch
nur Eine Sonne, die so mancherlei Farben und Naturen aus
dem Erdreich ziehet. In gleicher Weise verhält es sich mit Gott
und dem Geiste; Gott hat ihn zwar nach seinem Bilde gebil=
det und das Bild ist der Geist selber, allein er ist also ge=
naturt, daß Gott wesentlich sein Grund und sein Enthalter und
sein Gegenwurf ist. Wie aber der Same ohne Frucht bleibt,
wenn die Sonne ihn mit ihrer wirklichen Kraft nicht aus seinem
eigenen Sein in eine andere Form hinüberzieht, so bleibt der
Geist ohne alle Frucht der Tugenden, die doch in seinem Grunde
eingebildet stehen ohne sein Wissen, wenn die Sonne der gött=

lichen Gnade den Geist nicht erleuchtet und ihm seinen Selbst=
grund nach der Weise Gottes nicht offenbart; denn die Offen=
barung Gottes ist ein Ausziehen des Bildes in die Frucht der
Werke. So kommt nach der Nacht der lichte Tag, der da die
Frucht offenbart, die sich in bärender Wonne erzeigt; geh' über
die wonnigliche Heide der gottbärenden Fruchtbarkeit und siehe,
wie ungleich sich die Frucht der Tugend erzeigt in so manchen
lauteren reinen Herzen, und diese ungleich scheinende Fruchtbar=
keit wird doch nur von der Sonne der einen wahren Gerech=
tigkeit gewirkt, die in einem jeglichen lauteren Geiste wirkt, je
nachdem er sich in Ledigkeit ihr entbietet.

Unser Herr Jesus Christus spricht: Mein Vater wirket bis
jetzt und auch ich wirke. Gott ist eine lautere Wirkung, und
dieser Wirkung Gegenwurf ist nichts anderes, als das Wesen
seiner selbst, und darum ist seine Wirkung ein Verstehen. Ist
sonach göttlicher Wirkung Gegenwurf nichts anderes, denn sein
Selbstwesen, so ist sie nichts anderes, als ein Unterbiegen sei=
ner selbst auf sich selbst, und weil keine Kraft sich auf sich selber
biegen kann, als das Verständniß, so muß göttliches Wir=
ken ein Verstehen sein. Nun möchte Jemand sprechen: Ver=
steht Gott nichts anderes als sein Selbstwesen, so versteht er
keine Creatur; wie ist dann die Behauptung wahr, daß Gott
alle Dinge wisse? Darauf sage ich: Versteht Gott sich selber
als sein Selbstwesen, so versteht er auch alle Dinge; denn in
ihm sind alle Dinge adelicher, als sie an sich selber sind, wie
das Haus in dem Gemüthe oder in der Seele des Zimmer=
mannes ist. Darum spricht der Philosoph: Weil Gott das erste
Wesen ist, mit seinem Verständniß sich allzumal begreifend, da=
rum ist er auch die erste Güte, mit dem Willen sich allzumal
umfangend; denn wenn zwei Kräfte zwei Gegenwürfe haben,
die Eines in dem Wesen sind, so sind auch die zwei Kräfte
selber Eines in dem Wesen; die Einigkeit in den Gegen=
würfen bewährt die Edelkeit in den Kräften. So ist des Ge=
sichtes Gegenwurf die Farbe, des Gehöres Gegenwurf der Ton;
wären nun Farbe und Ton Ein Ding, so wären auch Sehen
und Hören Ein Ding. Gleicherweise sage ich hier: des Ver=
ständnisses Gegenwurf ist das Wesen; denn so viel ein jegliches

Ding Wesen hat, so viel kann es verstanden werden; und des Willens Gegenwurf ist das Gute, denn so viel ein jegliches Ding gut ist, so viel will man es und begehrt man es; was aber nicht gut ist, mag man weder wollen noch begehren. Die erste Ursache ist also eine erste Verständerin, die sich selber schauend die ewige Weisheit geboren hat; denn die Weisheit ist ein Begriff des Verständnisses von dem verständlichen Ding, so wie es ist; dieser Begriff heißt auch Wahrheit und heißt auch ein Wort des Verständnisses. Weil wir daher nicht immer ein jegliches Ding so verstehen, wie es ist, sind wir nicht allzeit weise, sondern nur dann, wenn wir ein Ding so verstehen, wie es ist, heißen und sind wir weise in der Erkenntniß des Dinges. Nun ward früher gesagt, daß Gott eine lautere Wirkung sei und sein Wesen eine lautere Wirkung und dieses ein Verstehen. Gleichwie sein Wesen ewig ist, so muß er auch ewiglich Verstand sein; denn sein Verstehen ist sein Wesen, und wenn dieses göttlichen Verständnisses Gegenwurf nichts anderes als das göttliche Wesen ist, weil Gott nichts anderes als sich selbsten versteht, muß er sich selber ewiglich mit seinem Verständniß allzumal begreifen und umfangen. Dieser ganze vollkommene Begriff des ewigen göttlichen Wesens (S. 274) ist das ewige Wort und die Wahrheit und ewige Weisheit. Darum ist Gott eine Verständerin (intelligentia), die sich selber schauend die ewige Weisheit geboren hat, und dieses Wort heißt auch ein Bild des Vaters. Warum sind aber in Gott nicht mehr als drei Personen? In der Gottheit sind nicht mehr als zwei Ausflüsse; der erste der des Verständnisses, und dieß ist der Ausfluß des Sohnes, und der andere der des Willens, und dieß ist der Ausfluß der ewigen Minne des heiligen Geistes. Der erste Ausfluß stammt von Einem, der andere von Zweien; darum sind nicht mehr als drei Personen. Warum heißt das Wort in der Gottheit ein Sohn und nicht die Minne? Hierauf antworte ich: In der Geburt ist bei natürlichen Dingen allzeit der Sohn von Natur gleich dem Vater, der ihn gebiert; gleicherweise ist in der Gottheit das Wort des Verständnisses auch ein Bild des Dinges, welches verstanden wird, und da Gott der Vater nur sein Selbstwesen und

nichts anderes versteht, ist das Wort in der Gottheit ein vollkommenes Bild des Vaters, und heißt das Wortsprechen in
der Gottheit eine Geburt und das Wort selbst ein Sohn. Das
gilt aber nicht von dem heiligen Geist, denn dieser ist eine
Minne zwischen zwei Personen, und daher heißt die Minne ein
Geist und nicht ein Sohn. Nun merket: Gott ist ein Licht, in
dessen Schein allen Dingen das Wesen gegeben ist und in dem
sie in ihrem Wesen bestehen; gerade so vergleiche ich ihn einem
Scheine und sein Wort einem Scheine; denn wie das Licht der
Sonne in dem Scheine allen Dingen, die der natürlichen Bewegung unterworfen sind, das natürliche Wesen gibt, so hat
Gott in seinem Worte allen Dingen Wesen gegeben. Nun hat
Gott alle Dinge gemacht, wie der Zimmermann ein Haus.
Dieser kann aber nur bauen nach dem Bilde des Hauses, das
er in seiner Seele trägt; denn hätte er des Hauses Bild nicht
in seiner Seele, er könnte das Haus nicht bauen. Wie nun
Gott sein Wesen versteht, so versteht er auch alle Dinge und
so sind in dem Bilde Gottes aller Dinge Bilder beschlossen,
und wie der Zimmermann ein Haus oder eine Arche baut oder
wirkt nach dem Bilde der Dinge, die er in seiner Seele hat,
so soll das Bild Gottes des Vaters nichts anderes sein, als
das ewige Wort; daher muß man sprechen, daß Gott alle Dinge
gemacht hat in seinem Worte.

Nun stellen die Meister drei Fragen von den vorgehenden
Bildern (Ideen) in Gott, in denen gar schöne Lehre und
wonnigliche Wahrheit liegt. Die eine Frage ist: ob aller Creaturen vorgehende Bilder ewiglich in der göttlichen Natur gestanden seien oder nicht? Die andere Frage ist: ob der vorgehenden Bilder mehr seien als eines der Zahl nach? Die
dritte Frage: ob das göttliche Verständniß ein vorgehendes Bild
aller Dinge habe, die Gott erkennt, oder ob er sie erkenne ohne
die Bilder: Auf die erste Frage antwortet Meister Thomas
Prediger-Ordens und spricht, daß in der göttlichen Vernunft
nothwendig die vorgehenden Bilder aller Creaturen ewiglich
müssen gewesen sein, und er bewährt dieß also: die drei Worte
Bild, Form und Gestalt sind Ein Ding. Daß nun eines Dinges Bild, Form oder Gestalt in meiner Seele sei, wie das

Bild einer Rose, das geschieht aus zwei Ursachen; die eine Ursache ist, daß ich nach Gestalt der Bilder entwerfen oder malen will eine Rose ohne leibliche Materie, und aus dieser Ursache ist der Rose Form in meiner Seele ein Bild. Die andere Ursache ist, daß ich in dem inneren Bilde der Rose, das ich in meiner Seele habe, die äußeren Rosen einfach erkenne, wenn ich sie auch nimmer entwerfen oder malen will, wie ich eines Hauses Gestalt in mir trage, das ich doch nicht wirken oder bauen will. In diesen beiden Weisen muß das vorgehende Bild in Gott sein; denn allen natürlichen Geburten ist es gemein, daß die natürliche Form oder das Wesen, das geboren wird, seinesgleichen hat in einem vorgehenden Bilde derselben Gestalt in einer natürlichen Art, wie bei dem Menschen, wo die bärende Kraft des Vaters Menschheit sich vergleicht an des Sohnes geborener Menschheit; dem Löwen geht der Löwe, der Rose die Rose im Bilde voran, und so ist etwa ein vorgehendes Bild des Werkes in der wirkenden Kraft, aber nicht nach natürlicher Art, sondern in der Vernünftigkeit, wie das Haus von Steinen sein vorgehendes Bild in des Meisters wirkender Vernunft hat, nach welchem Bilde er das äußere Haus gleich macht, so viel er kann. Weil nun Gott die ganze Welt erschaffen hat, jedoch nicht so, daß alle Creaturen aus göttlichem Wesen entsprungen seien nach natürlicher Geburt, wie das ewige Wort des Vaters, sonst wären alle Creaturen Gott, was keinen Sinn erhalten kann, sondern die Natur der Creatur verwirft es als eine unmögliche Sache, — hat Gott alle Creaturen geschaffen mit dem Wirken des Verständnisses göttlicher Wesung. Darum mußte in dem göttlichen Verständniß ewiglich eine vorgehende Form oder ein Bild derselben Gestalt sein, nach deren Gleichheit Gott die Creaturen erschuf. Die andere Frage ist: ob der vorgehenden Bilder mehr als eines seien nach der Zahl? Und auf die Frage antwortet der Meister und spricht, daß in allen Dingen das jüngste Ende des Werkes eigentlich in des Werkes erster Ursache schon vorbeabsichtet [1] ist. All' der Welt

---

[1] Handschr. — vorgemeinet.

jüngstes Ende ist ihr Gutes, und das ist die Ordnung aller Creatur zu Gott. Daher muß die Ordnung der Welt ewig vorher in Gott sein, der die erste Ursache davon ist, und er muß ewiglich das Eigenbild oder die Ordnung in sich selber tragen und zugleich ein Sonderbild von jeder Creatur haben, wie der Meister nicht in ihm haben mochte ein vorgehendes Bild des ganzen Hauses, wenn er in sich selber nicht ein Eigenbild jeglichen Theiles an dem Hause hätte. Und so muß es auch in Gott sein. So manches Bild, so mancher Grad der Creatur geschaffener Dinge aus ihm geflossen ist, wie die Rose, hat jedes ein Sonderbild in Gott, und die Viole ein anderes und der Mensch ein anderes, und so von allen Dingen. Dieß ist wunderbar, daß die Mannigfaltigkeit der Bilder bestehen mag in der Einigkeit des göttlichen Wesens, in dem doch alle wesentlichen Dinge durchaus Eines sind. Nun aber ist dieß nicht gegen die Einfachheit des göttlichen Verständnisses, daß es mehr Dinge als nur Eines versteht und anschaut als einen Gegenwurf, sondern das wäre vielmehr gegen seine Einfachheit, wenn es mit manchen Formen gegenwärtiglich gestellt und geformet würde in sich selber. Nun verstehet, wie die unzähligen Bilder im göttlichen Wesen bestehen mögen, daß sie im Wesen Gottes sind und ihrer auch mehr sind der Zahl nach, obwohl das Wesen Gottes nur eines ist. Verstehet dieß also: in den vorgehenden Bildern nehmen wir das Wesen Gottes nicht rein in ihm selber, sondern so weit das Wesen Gottes vor der Schöpfung gleicht dem Creaturen-Wesen, und wie man in dem Einen Wesen Gottes aller Dinge vorgehende Gleichung versteht, ist der Bilder zwar manches und doch das Wesen nur eines, wie in einem Spiegelglas mancherlei Bild wiederscheinet (S. 284). — Die dritte Frage ist: ob Gott aller Dinge, die er erkennt, vorgehende Bilder in sich habe, oder ob er etwas erkenne ohne die Bilder? Darauf antwortet Meister Thomas Prediger-Ordens und spricht: Die vorgehenden Bilder sind ein Ursprung oder ein Anfang der Schöpfung aller Creaturen, daher heißen sie Bilder und gehören zur wirkenden Erkenntniß. Sodann sind die Bilder ein Anfang aller Erkenntniß der Creaturen, und also heißen sie eigentlich ein Wiederschein des Wesens, und daher hat Gott von Allem, was er erkennt, ein vorgehendes Bild; denn Gott hat in dem Spiegel seiner Wirkung Verständniß aller Creaturen natürlich und geistig, und erkennt daher in den vorgehenden Bildern alle einfachen Wesen.

Nun ist eine Frage: ob in Gott kein Ausfluß sei? Die Antwort: Ja, denn unser Herr Jesus spricht: Ich bin ausgeflossen von Gott. Darum sage ich: ein jeglicher Ausfluß ist eine Wirkung, aber es sind zweierlei Wirkungen; die eine ist eine ausgehende Wirkung, denn was von dem andern fließt mit einer sotanen Wirkung, ist natürliche Unterscheidung von dem, von welchem es fließt, und der verursachten Dinge von ihrer Ursache und mit Schöpfung, die da ist eine solche ausgehende Wirkung, und so sind die Creaturen von Gott ausgeflossen: Die andere Wirkung aber heißt und ist eine innenbleibende Wirkung, wie Wollen und Verstehen. In den Creaturen sind zwei Wirkungen: die eine muß innen bleiben, besonders die Wirkung, die da heißt Verstehen; denn die verständigen Creaturen verstehen die Dinge mit dem Gleichniß der Dinge, die sie in ihrem Verständniß haben, auf die sich das Verständniß kehrt, und es kehrt sich nicht heraus. So sind die zwei Wirkungen in Gott viel mehr innebleibend; denn was er versteht, ist sein Wesen, und was da versteht, das ist sein Wesen, und die Wirkung, womit es versteht, ist wieder sein Wesen. — Nun frage ich: ob in Gott etwa ein Ausfluß sei, der eine Geburt heißen mag? Die Antwort: In Gott ist eine wahre Geburt und ein Ausfluß eines wahren Sohnes, und diese Geburt ist das göttliche Wortsprechen und das ewige Wort ist der Sohn. Dieses Wort ist nichts anderes, als ein vollkommener Begriff des Dinges, das da verstanden wird von dem Verständniß; denn wenn das Verständniß ein Ding vollkommen begreift, so spricht es: das Ding ist so; und das Wort, das wir mit dem Munde sprechen, heißt darum ein Wort, weil es ein Zeichen des Wortes ist, welches das Verständniß ausspricht. Nun ist uns geboten Gottes Liebe von ganzem Herzen, so daß unsere Liebe zu keines Dinges Liebe mehr geneigt sei, als allein zur Gottesliebe. Nun spricht Sanct Thomas: Willst du wissen, ob du ab= oder zunehmest in der Liebe Gottes, so merke es daran: so viel dir die Liebe zu den Creaturen ausgeht, so viel nimmst du zu an göttlicher Liebe, und so viel dir die Dinge in dem Gemüthe aufgehen, gerade so viel geht in dir die gött= liche Liebe unter. Hierüber spricht Sanct Bernhard: Der= jenige Mensch minnet Gott, dem die göttliche Süßigkeit alle andere Süßigkeit benommen hat; denn gleichwie Feuer und Wasser sich mit einander nicht vertragen, so kann auch geist= liche und weltliche Freude mit einander nicht bestehen. Wie haben aber diejenigen ihre Minne und ihren Willen zu Gott gekehrt, die ihr Herz und ihre Lust mit freiem Willen zu den Creaturen kehren, von denen sie wissen, daß sie die Stätte ausfüllen, darin Gott wohnen sollte? Willst du einen recht guten Menschen erkennen, so erkenne ihn daran, wenn er alle Dinge zum Besseren kehrt und begütet und keine bösert. Mei= ster Eckhart spricht: Ich bin dessen gewiß, was immer der Gute sieht, davon wird er gebessert; denn sieht er böse Dinge, so dankt er Gott, daß er ihn davor behütet hat; sieht er gute Dinge, so begehrt er, daß sie an ihm vollbracht werden. Deß= gleichen spricht ein Lehrer: Alles, was ein gottminnender Mensch sieht, entzündet in ihm mehr die göttliche Minne; denn sieht er Gutes, so reizt ihn das zu minnen; sieht er Böses, so merkt er daran Gottes unermeßliche Güte, daß er langmüthig es er= trägt, und das reizt ihn zur Minne; und sieht er die Creatu= ren, die wirken in ihm und mahnen ihn an ihre erste Ursache, die da in ihnen leuchtet, und das reizt ihn auch zur Minne. Es spricht ein Meister: Der Kern des ersten Begriffes und ewiger Seligkeit liegt in der Erkenntniß; denn die Seele hat nichts, darein Gott sprechen kann, als die Erkenntniß; das Verständ= niß gibt Unterscheidung mit Erkenntniß; sie geht von der Seele und die Vernunft vom Geiste und der Glaube von ihnen bei= den aus. Vernunft erleuchtet des Menschen Bescheidenheit, und die Vernunft ist nichts anderes, als daß der Mensch nach Un= terscheidung alle Dinge erkenne. Die Seele gedenkt mit der Gehügniß und versteht mit der Vernunft und minnet mit dem Willen. Der Sinn wird gestärkt durch das Gemerke und das Gemerke erleuchtet mit dem Lichte des Verständnisses. Alle Kräfte der Seele sind Eines in dem Innigsten der Vernünftigkeit. Vernünftigkeit ist der Mann in der Seele und ist das oberste in der Seele; der ewige Sohn der Seele ist der Wille. Der erste Ausbruch von der Seele ist Vernünftigkeit, und Verständniß bricht zum ersten aus der Vernünftigkeit, der Wille aber geht darnach aus ihnen beiden hervor. Das ist geistliches Werk: an Gott gedenken und ihn lernen erkennen und minnen und darin Wollust haben.

### 6. Das ewige Leben und Sterben der Seele in Gott.

Sanct Paulus spricht: Ihr sollt weise und vorsichtig sein und sollt wachen in euerem Gebete, so könnet ihr den heiligen Geist empfangen; denn wer den heiligen Geist empfangen soll, muß reich des Geistes sein. Nun ist ein unerschaffener und ein geschaffener und ein redlicher (vernünftiger, sprechfähiger) Geist. Der ungeschaffene Geist ist das einfache Wesen Gottes, das sich selber lichterweise begreift; denn der Vater kehrt das Auge seines grundlosen Herzens in sein eigenes Wesen und sieht sich selber an, und da er sich selber ansieht, sieht er in sich alle Welt und alle Genüge und alle Edelheit zumal. In dem reichen Ansehen, darin er sich selber so reich ansieht, formt er ein Wort und spricht sich selber mit aller Edelheit allzumal in das Wort, welches ist der Sohn, und indem der Vater in dem Sohne und der Sohn in dem Vater sich so reich sieht, empfinden sie beide Gelust und fließt von ihnen beiden in dieser freudenreichen Anschauung die dritte Person — der heilige Geist als eine Minne aus. Wollen wir daher würdig werden, daß wir den heiligen Geist empfangen, so sollen wir uns gleich halten in der Weise, wie sich der ungeschaffene Geist haltet. Wir sollen die Augen unserer Vernunft in uns selber kehren und anschauen den Reichthum unseres Wesens, wie wir nach Gott gebildet sind und wozu wir geschaffen sind; denn wir sind dazu geschaffen, daß wir von Gnaden geeinigt werden sollen in dem ungeschaffenen Geist. Wenn wir dann die Reichheit unserer selber erkennen, wie uns Gott so edel erschaffen hat, daß wir uns seiner göttlichen Güte mit ihm erfreuen [1] sollen, soll uns hievon große Wollust und Freude werden, daß wir nimmer weder Ruhe noch Genüge, weder innerlich noch äußerlich an sterblichen Dingen suchen würden und hierin dem ungeschaffenen Geiste gleichen, der auch alle Wonne in sich selber sucht. Der andere Geist ist ein geschaffener Geist, fließt aber von dem ungeschaffenen Geiste, und das ist der Engel, nach dem wir uns auch bilden sollen; denn der Engel staunet ohne Unterlaß in den Spiegel der Gottheit, und was uns von der Wahrheit geoffenbart würde, sollten wir wahrnehmen und mittheilen den Menschen, die es nicht so rein empfangen haben; so sollen wir den Engeln gleichen. Der dritte Geist ist ein redlicher Geist, d. i. die Seele, nach der wir uns auch halten sollen, sowie Gott den ersten Menschen schuf in der Würdigkeit, daß er weder Predigens noch der Lehre bedurfte, weil er stand und sah in das Licht der Wahrheit ohne alles Mittel.

Nun spricht Sanct Paulus: Viele sind, die nach der Krone laufen, und doch wird nur Einem die Krone zu Theil. Alle Kräfte der Seele laufen nach der Krone, und sie wird dem bloßen (reinen) Wesen der Seele allein zu Theil. Der Lauf ist nämlich nichts anderes als ein Abkehren von allen geschaffenen Dingen und ein Sichvereinen in die Ungeschaffenheit. Wie die Seele dazu kommt, daß sie vereint wird in die Ungeschaffenheit, so verliert sie ihren Namen; denn Gott hat sie in sich gezogen, daß sie an sich selber nichte ist, wie die Sonne das Morgenroth in sich zieht, daß es zu Nichte wird. Das spricht Sanct Dionysius: Freund, wirst du des Geistes der Wahrheit gewahr, so gehe ihm nicht nach mit menschlichen Sinnen; denn er ist sehr geschwind und kommt rauschend einhergezogen. Sanct Johannes spricht: Gott ist die Minne, und wer in der Minne ist, ist in Gott und Gott in ihm. Eja, Herzensfreund mein, merke, was ich meine mit Fleiß, denn ich getraue meine Meinung über Verständniß nicht zu schreiben. In den drei Personen ist die göttliche Natur ein Spiegel,

---

[1] Handschr. — genieten.

darein nie Erkenntniß kam. Sofern sich die Seele über
Verständniß werfen kann, sofern gleicht sie sich dem Spiegel;
in dem Spiegel einigt nichts als Gleichniß, das Gleichniß aber
ist Unverstandenheit. Als ich, o Herr, in dir war, da war ich
unnothbürftig in meinem Nicht, dein Angesicht, daß du mich
ansiehest, macht mich nothbürftig und ist es ein Tod, was die
Seele von Gott scheidet, so ist das auch ein Tod, daß sie
außer Gott geflossen ist, denn alle Beweglichkeit ist —
Sterben, darum sterben wir von Zeit zu Zeit. Und die Seele
stirbt absterbend in dem Wunder der Gottheit, daß sie die gött=
liche Natur nicht begreifen kann; in diesem Nichte stürzt sie über
und wird zu Nichte. In diesem Nichtsein wird sie begraben
und mit Unerkenntniß wird sie vereinet in dem Unerkannten,
und mit Ungedanken in dem Ungedachten, und mit Unminne in
den Ungeminnten. Was der Tod ergreift, kann ihm Niemand
nehmen; er scheidet das Leben von dem Leibe und die Seele
von Gott und wirft sie in die Gottheit und begräbt sie da,
daß sie allen Creaturen unbekannt ist, wo wir ihrer vergessen
wie derjenigen, die in den Gräbern wandeln, und sie wird
unbegreiflich allen Begreifern, wie Gott unbegreiflich ist. Und
so wenig man die Todten begreifen kann, die hier in diesem
Leibe sterben, so wenig kann man die Todten begreifen, die
in der Gottheit todt sind. Diesen Tod sucht die Seele
ewiglich, und wie die Seele abgetödtet wird in den drei
Personen, verliert sie ihr Icht und wird geworfen in
die Gottheit und findet da das Antlitz ihres Nichtes.
Nun spricht Sanct Dionysius: der Blick, der aus Gott her=
vorgeht in die Seele, ist ein Anfang des Glaubens, daß ich
das glaube, was mir nie geoffenbaret ward, und sofern sich
die Seele mit Glauben in das unerkannte Gut versenken kann,
sofern wird sie eines mit dem unerkannten Gut, und wird ihr
selber unerkannt und allen Creaturen. Sie weiß wohl, daß
sie ist, und wie sie alles das erkennt, was zu erkennen ist;
dann erst kömmt sie über in das unerkannte Gut; diese Ueber=
fahrt ist mancher Erkennerin und manchem Erkenner verborgen
(301). Sanct Johannes spricht: selig sind die Todten, die in
Gott sterben; sie werden begraben, wo Christus begraben ward.

Denn in Gott begraben werden — ist nicht mehr als eine Ueberfahrt in das unerschaffene Leben.

Warum spricht Sanct Paulus: dann sollen wir ihn sehen, wie er ist, von Angesicht zu Angesicht; und anderswo sagt die Schrift: Niemand hat Gott je gesehen, und wenn des gött=lichen Wesens Angesicht hoch selbst die lautersten engelischen Naturen übersteigt, wie kann dann menschliche Natur Gott sehen, da doch dem Menschen nichts weiter verheißen ist, als gleich zu sein den Engeln? Die Meister, die höchst gelehrten von Gott, Dionysius und Gregorius und Maximus, sprechen und bewähren, daß das göttliche Wesen an sich selber in keinem Sinne begreiflich sei, weder der Unterscheidung menschlicher Ver=nunft, noch der engelischen; denn Sanct Jacob spricht, daß Gott allein Untödtlichkeit habe und in einem Lichte wohne, dahin kein Zugang ist. Allein mit sinnlicher Weise, die da göttliche Offenbarung heißt, die Gott in uns wirkt, sollen wir Gott sehen, und die Engel nach diesem Leibe, und gute Leute in diesem Leibe, Diejenigen nämlich, die verzückt werden, wie Sanct Paulus, in denen sich Gott formt nach jegliches Men=schen Würdigkeit, jedoch daß er eine Form sei, nach welcher alle Dinge begehren, die da Gottes Wort heißt. Und dieses Wort spricht: in meines Vaters Haus sind mancherlei Woh=nungen. Gottes Weisheit ist ein Haus des Vaters und dieser allein ist unwandelbar, und doch mannigfaltiglich wird er von denen angesehen, bei welchen er wohnt. Denn ein Jeder soll des eingebornen Wortes Gottes Erkenntniß in sich selber be=sitzen nach dem Maße der Gnade, die ihm gegeben ist. Die Zahl der Auserwählten ist die Zahl der Wohnungen und die Mannigfaltigkeit göttlicher Offenbarung nach der Zahl der See=len. Aber sage mir, ob göttliche Offenbarung inner oder außer den Menschen entstehe? Maximus der Lehrer spricht: Wie göttliche Weisheit zu menschlicher Natur mit Gnaden sich neigt und der Mensch mit Minne zu göttlicher Weisheit em=porsteigt, so geschieht Gottes Offenbarung; denn so viel die menschliche Vernunft mit Minne aufsteigt, so viel neigt sich die göttliche Weisheit mit Barmherzigkeit herab — das ist die Ur=sache aller Tugend; Gottes Offenbarungen sind Tugenden, die hienieden in gerechten Leuten anfangen und dorten vollendet werden, nicht außerhalb, sondern inwendig, und das geschieht von Gott und von ihnen zugleich. Denn wie Maximus spricht, was die Vernunft begreifen kann, das wird die Vernunft, und so viel die Seele die Tugend begreift, so viel wird sie die Tugend, und in diesem Sinne versteht man, daß das göttliche Wesen unbegreiflich sei. In der Vernunft jedoch gesammelt, erscheint selbes in einer wunderbaren Weise, so daß es in der Vernunft allein scheinet, denn sein unaussprechlicher Ueber= schall [1] überwindet alle Natur, die seiner theilhaft wird, so daß nichts anderes in den Dingen und Vernunften begegnen kann, als das göttliche Wesen, obwohl es an sich selber Nie= manden erscheinen kann. Sanct Augustin spricht: mit den Lei= bern, die wir tragen, sollen wir Gott sehen in allen Leibern, und damit will er sagen: mit den Leibern in den Leibern und nicht an sich selber wird er gesehen, mit Vernünften in Ver= nünften und mit Unterscheidung in Unterschieden erscheint das göttliche Wesen an sich selber, denn seine große übervolle Tu= gend wird geoffenbart in dem zukünftigen Leben allen Würdigen, so daß nichts anderes den Leibern und den Vernunften scheinen soll, als sie, denn Gott soll werden alle Ding, weil Gott allein erscheinen soll in Allen. Der Jünger fragt: welche Würdigkeit wird denn der Seele, wenn dem Leibe so große Glorie und Ehre verheißen ist? Der Heiligen Leiber werden in der Auferstehung zur Seligkeit verklärt und in der Seele der Verstand in die Vernunft und die Vernunft in Gott erhoben, und so wird alle Natur gewandelt in Gott, wie das Eisen in dem Feuer scheint, als ob es seine Natur verloren und die Natur des Feuers gewonnen habe, obwohl der Ver= stand da die Natur des Eisens wohl erkennt und des Eisens Wesen bleibt. Wie die Luft von der Sonne durchleuchtet als Licht erscheint, so soll nach dem Ende der Welt alle leibliche und geistige Natur in Gott allein scheinen, und zwar

---

[1] Der Ueberschall, d. i. Wiedereinkehr aller Creaturen in Gott. — Siehe M. Eckhart, XII. Traft. Fr. Pfeifer, die deutschen Mystifer II. S. 516.

so, daß dennoch die Dinge ihre Natur behalten, da Gott unbegreiflich wird den Creaturen, jedoch ihre Natur mit unaussprechlichem Wunder gekehrt wird in Gott.

Was ist die Freude der Geister in der Ewigkeit, finden sie allzeit Neues in Gott? Fänden sie nicht immer Neues in Gott, so nähme die Ewigkeit ein Ende; denn wäre etwas in Gott, das die Creatur ergründen könnte, so nähme die Ewigkeit ein Ende und hörte das Himmelreich auf. Darum ist Gott unbegreiflich, wie ein Meister spricht: alle Meister von Paris können mit allen ihren Kräften und Künsten nicht begreifen, noch die von Bologna oder Padua, was Gott in der mindesten Creatur sei, noch kann die ganze Welt es begreifen; denn alles, was man von Gott denken kann, ist nicht Gott, wie er an sich selber ist. Dazu kann Niemand kommen, er werde denn in das Licht emporgerückt, das Gott selber ist; denn wo Gott wohnt in der Erkenntniß, fällt alle natürliche Sinnlichkeit ab. Nun ist es dem Willen von Natur eigen, daß er sich in die Unwissenheit (Unwißbarkeit) wirft, die Gott ist, und darum heißt Gott eine Unwißbarkeit, weil alle Creaturen ihn nicht wissen können, wie er sich selber weiß, und wie er sich selber offenbar, — ist er doch allen Creaturen unwissend (unwißbar). Nun ist die oberste Kraft der Seele gewöhnt, daß sie auf den niederen und wißbaren Dingen nicht bleiben mag, der freie Wille geht daher über alle Wissenheit hinaus und haftet an dem, was er nicht weiß. Davon spricht Sanct Paulus: ich weiß es nicht, Gott weiß es. Denn wenn die Seele mit ihrem Verständniß über die Vermögenheit ihres Verständnisses und über alle Dinge gezogen wird, um das einige Gut zu verstehen, so versteht sie, daß es jeder Creatur unverständlich ist, darum kehrt sie wegen ihrer Kleinheit zurück und herab mit ihrem Verständniß. Die umgewandte Seele bleibt mit ihrem Verständniß nicht auf den benannten Dingen, sondern fließt in das ungenannte Nicht, und sie entfließt auch ihrer Eigenschaft, wo sie ihres eigenen Ichtes ledig ist. Das Nicht, in das sie sinket, ist eine Unerkenntniß; diese Unerkenntniß heißt eine Düsterniß, da die Seele geschlagen wird in das bloße Nicht. Das kann nicht anders geschehen, außer sie werde

aller Erkenntniß entblößt und es bleibe ihr da kein Erkennen
oder Verstehen des Nichtes, in das sie geschlagen ist, was ihr
eine Pein wäre. Darum endet alles Erkennen und Verstehen
in der Düsterniß des Nichtes; diese ist die Unbegreiflichkeit
Gottes. In den Abgrund des Nichtes sinkt sie immer mehr,
sie sinket und entsinket ihrem eigenen Icht und sinket
zu Nicht. Das Nicht, in das sie sinket, kann sie nimmer=
mehr begreifen; darum spricht die Seele: Nun kann ich Gott
weder vollkommen loben, noch minnen, darum muß ich der Tu=
gend sterben und mich in das Nicht der Gottheit werfen, daß
ich ewiglich versinke von Nichte zu Nichte! Wenn daher die
Seele auf das Höchste loben und minnen will das höchste Gut,
so kann sie das nicht löblicher thun, als damit, daß sie erkennt,
daß alles Loben und Minnen, das sie geleisten kann, Gott nicht
zu erlangen (erreichen) vermag, darum kehrt sie herab um ihrer
Kleinheit willen, die sie an sich erkennt und stirbt der Tugend
und wirft sich in das Nicht ihrer selber. Sie wirft sich in das
Nicht ihrer selber, wenn sie sich selber der hohen Mögenheit
beraubt und allzeit ansieht die Kleinheit ihres Wesens. Das
andere Nicht, darein sie sich auch wirft, ist das Nicht der Gott=
heit. Wenn die Seele an sich selber sich für Nichts erkennt,
darum will sie nicht bleiben auf dem Icht, sondern wirft sich
in das Nicht der Gottheit, daß sie mit Nichte zu Nichte werde.
Und hiemit meint sie, daß ihr geschaffenes Icht, das
sie in sich selbst erkennt, zu Nichte werde in dem Nicht,
das das Icht seiner selber ist und darin bestehen soll in
Einigkeit. Die Seele verstehet wohl, daß man mit nichts
mehr minnen und loben kann, als wenn man erkennt, daß alles
Loben und Minnen da gebricht. Weil nun die Dreifaltigkeit
ein Ursprung aller Dinge ist und auch alle Dinge unter ihnen
sich darin enden, so fließt menschliche Natur mit ihrer Minne
in die Dreifaltigkeit wie in ihren Ursprung zurück, der alle
Dinge enthält. Die Einigkeit der Dreifaltigkeit ist grundlos,
ergreift die Einigkeit der Gottheit die Bloßheit der Seele, so
sinket diese immer mehr und findet dennoch nimmer einen Grund.
Eja, dieß soll die Seele wohl von allem dem scheiden, was
Icht ist; denn wer auf Icht (Persönlichkeit) bleibt, das

Gott nicht ist, der kann in die Einigkeit nicht aufgenommen werden. Die Einigkeit ist ohne Grund, vielmehr gründet sie sich selber; sie ist ein Abgrund der grundlosen Tiefe, und der endlosen Höhe ein Dach, und der unbeschriebenen Breite und Länge ein Umkreis. Wir sollen uns selber erkennen, so weit es möglich, dieß ist Gottes allerliebster Wille; wenn wir uns aber selber erkennen wollen·, sollen wir erkennen, daß wir nichts sind als ein Abbild Gottes, darin die heilige Dreifaltigkeit ihr Werk wirket; zum anderen sollen wir Gott erkennen; darum sollen wir aller Dinge und unser selber uns entblößen, damit wir das oberste Gut in uns vernehmen können. Gott ist eine einige Kraft, in allen Dingen ungetheilt und ein einig Gut, das alle Dinge enthaltet, und wenn ihr ihn wahrhaft wollet erkennen, ist er eine Unerkanntheit, wie Sanct Dionysius spricht.

Nun [1] spricht die Seele: Herr, mein Heil steht daran, daß du meiner nimmer gedenkest, und ich freue mich, daß meine Kraft nimmer vor dein Antlitz kömmt, du sollst allen Creaturen verbieten, mich zu trösten. Nun merke, was die Seele mit ihren wunderbaren Worten meint, mit denen sie sagt: ihre Seligkeit liege daran, daß Gott ihrer nimmer gedenke; sie weiß wohl, daß sie nie aus seinem Wissen kam, und wenn sie sich freut, daß ihre Kraft nicht vor sein Antlitz komme, so merke, was das Antlitz Gottes sei. Das, woran der Mensch sich selber am alleroffenbarsten ist, heißt sein Antlitz, und also ist es das, wo Gott sich selber offenbar ist in der verborgenen Stillheit seines eigenen Wesens. Die Offenbarung heißt das Antlitz der Gottheit. So erkennt die Seele wohl, daß sie mit ihren Kräften nicht gelangen mag in die bloße Stillheit, darin er sich selber offenbar ist, darum freut sie sich, daß ihre Kräfte nimmer vor sein Antlitz kommen, welches die Offenbarung seiner selber ist, da besteht der Geist in dem Wiederschlage der Dreieinigkeit und genießt der Dreiheit in Einigkeit. Darüber spricht ein Meister: wo Blöße und Bloßheit Eines sind, da enden alle Kräfte des Geistes, und so meint die Seele, daß sie wohne

---

[1] Die folgende Darstellung ist dem Tractate M. Eckarts: von der Ueberfahrt der Gottheit, l. c. S. 495, nachgebildet.

13 *

über ihre Kraft in der Bloßheit seiner Einigkeit. Hievon spricht Sanct Paulus: wer an Gott haftet, wird ein Geist mit Gott. Nun spricht die Seele in der Minne Buch: Ich habe den Umkreis umlaufen und konnte nie zu seinem Ende kommen. Dieser Zirkel, den die Seele umlaufen, ist Alles, was die heilige Dreifaltigkeit je wirkte. Warum heißt das Wort der heiligen Dreifaltigkeit ein Zirkel? Die drei Personen haben ihr Eigenbild in allen Creaturen gewirkt, die verständig (redelich) sind; daher ist die Dreifaltigkeit ein Ursprung aller Dinge, und alle Dinge eilen wieder in ihren Ursprung zurück. Wenn sie bedenkt, was Gott alles erschaffen hat, und daß er tausendmal mehr geschaffen könnte, wenn er wollte, dann hat sie den Zirkel umlaufen und kann doch nicht zu seinem Ende kommen. Und hat sie alle Dinge durchgangen, so wirft die Seele sich in den Mittelpunkt des Zirkels — der ist die Vermögenheit der Dreifaltigkeit, in der sie alle ihre Werke gewirket unbeweglich, darin wird die Seele allvermögend. Die drei Personen sind eine Allvermögenheit, dieß ist der unbewegliche Mittelpunkt, und die Einigkeit der Dreifaltigkeit ist das Wesen des Mittelpunktes, und wie die Seele geeint wird mit dem unbeweglichen Mittelpunkt, vermag sie darin alle Dinge; mit den Kräften aber, in denen sie nach der Dreifaltigkeit gebildet ist, kann sie die Einigkeit nicht begreifen. Darum spricht sie: Herr, wenn ich dir gleich bin, so gib mir, daß ich dich sehen möge in der Gewalt deiner Kraft, in der du mich erschaffen hast, und daß ich dich erkenne mit der Weisheit, in der du mich erkannt hast, und daß ich dich begreifen möge, wie du mich begriffen hast. Weil die Seele erkennt, daß sie geschaffen ist von Nichte, begehrt sie, Den zu sehen, der sie geschaffen hat, und wenn sie spricht: daß ich sehen möge, wie du mich geschaffen hast, meint sie, daß sie die Treue und die Minne empfinden möge, in der er sie erschaffen hat; da sieht sie Gott und durchsieht ihn doch nicht; da soll sie Gott erkennen und soll ihn doch niemals zu Grunde erkennen; da soll sie Gott begreifen und kann ihn doch niemals begreifen. Hievon spricht Sanct Paulus: dann sollen wir erkennen, wie wir erkannt sind. Denn wenn die Seele ihres eigenen Wesens entblößt wird und Gott allein ihr Wesen ist, da sieht sie Gott mit Gott und begreifet Gott mit Gott. Ein hoher Meister spricht, daß wir Gott sehen und erkennen und begrei= fen sollen mit seinem eigenen Wesen, das da wesent= lich der Seele Wesen ist, da sieht die Seele und erkennet und begreifet, wie sie begriffen ist [1].

Nun merket: das Nicht, mit dem die Seele zu Nichte geht, ist ein Abkehren von allen Bildern und Formen, auf denen sie nicht bleiben soll. Göttliche Natur ist weder Bild noch Form, und ist die Seele einmal davon geschieden, so ist sie gleich der formlosen Natur Gottes. Dieß ist der heimliche Eingang, den die Seele in die göttliche Natur hat. Wenn die Seele nichts hat, auf dem sie ruht, gelangt sie mit Nichte zu dem Nichte, welches die göttliche Natur ist, zu der Niemand kommen kann, er sei denn entblößt von allen geistlichen Materien. Eja, wie sehr sich diejenigen an dem heimlichen Eingang hindern, die so leicht auf leiblichen Dingen bleiben. Willst du kommen in die verborgene Heimlichkeit der Kundschaft Gottes, so mußt du alles übergehen, was du begreifen kannst mit Verständniß, denn Gott hat nichts so Verborgenes, daß es der Seele, die so weise wäre, unmöglich sei, daß sie es mit Fleiß suchen könnte. Dieß ist schwer zu vernehmen. Aller Dinge Kraft liegt im Wesen Gottes; so hat die Seele eine Vermögenheit, in ihr alle Dinge zu erkennen in ihrer höchsten Kraft und wirft sich in einen Winkel allzumal. Wenn die Seele also entblößt wird von allen Dingen, so wird ihr entblößet die Verborgenheit seines Wesens, so wird sie mögend (fähig) gemacht, die Vermögenheit seiner (Gottes) Verborgenheit zu empfangen, wie Sanct Paulus spricht: ich vermag alle Dinge in dem, der mich da tröstet. Eja, edle Seele, suche keine Stätte in der Stätte als das unbe= dürftige Nicht, das dich erschaffen hat. Wenn die Seele mit aller Kraft und Vermögenheit sich erhebet über sich selber, zu minnen das höchste Gut, so weiß sie wohl, daß sie das gött= liche Icht mit aller ihrer Vermögenheit niemals erlangen kann,

---

[1] Diese Stelle aus Eckhart lautet allerdings pantheistisch und muß nach den übrigen Lehren unseres Verfassers milder gedeutet werden.

darum kehrt sie wieder auf sich selber herab, und in diesem Sinne bleibt dann das göttliche Ich ungeminnet. Dieß soll man aber dahin verstehen: Gott minnet nichts als sich selber in allen Dingen, oder das Gleichniß seiner selbst in den Dingen; wo aber weder Minne noch Genanntheit (Bewußtsein) ist, da kann er weder minnen, noch geminnet werden. Dieß meinte Sanct Dionysius, als er sprach: er wohnt in einer unberühr= lichen Stille, und dieß spricht die Seele in der Minne Buch: Ich habe alle Berge und die Vermögenheit meiner selber bis an die düstere Kraft meines Vaters überklommen, da hörte ich ohne Laute, da sah ich ohne Lichter, da roch ich ohne Bewe= gung, da schmeckte ich, obwohl nichts da war, und da empfand ich, was kein Bleiben hatte. Hierauf ward mein Herz grund= los, und meine Seele minnelos, und mein Geist form= los, und meine Natur wesenlos. Die Seele hat alle Berge überklommen, in dem sie über alles Verständniß sich erhob bis an die Düsterkraft des Vaters, wo alles Verständniß (Redlich= keit) endet. Da hörte ich ohne Laut in einem inwendigen Ver= nehmen und in einem ursprünglichen Gefühl, da sah ich ohne Licht in einem bloßen düsteren Empfinden in dem Nicht; da roch ich ohne Bewegung in einem Eindruck der Einigkeit, da= rinnen alle Dinge stille sind; da schmeckte ich, was da nicht war, d. i. alles, was man empfinden kann, darüber schwebet diese düstere Einigkeit. Da empfand ich, was kein Bleiben hatte, das ist die Entfremdung des unvermengten Wesens aller Creaturen, das doch aller Wesen Wesen ist. Hierauf ward mein Herz grundlos — das ist das überwundene Wunder all' meiner Vermögenheit; und meine Seele ward minnelos — das ist die Entblößung all' ihres Sinnes; und mein Geist ward formlos — das ist das Eindrücken des Geistes in die unge= formte Form, die Gott ist; und meine Natur ward wesenlos — das ist, meiner Natur entsinkt ihr Wesen, daß nichts bleibt, als ein einig Ein; dieses Wesen ist die Einig= keit, die ihrer selber und aller Dinge Wesen ist. Hievon spricht Sanct Dionysius: das einige Ein ist das Leben der Lebenden und das Wesen der Wesenden und die Vernunft der Vernünftigen (Rede der Redenden) und die Natur der Natur, und ist das Licht der Lichter. Die erste Ursache ist über alle Namen; Gott ist überminniglich, er ist überwesentlich, er ist übervernünftig, er ist übernatürlich; die erste Ursache ist weder Licht noch Düsterniß. Eja, so ist sie entfremdet allen verursachten Sachen.

Nun spricht die Seele in der Minne Buch: mir ist Niemand Gott und ich bin Niemand Seele, Niemand ist ihr Gott, das ist nichts von dem, was Icht ist oder Genanntheit empfangen mag oder empfangen hat, ist ihr Gott und Niemand ist sie Seele, denn sie ist ihrer selber so ganz entblößt, daß sie an sich nichts mehr hat, was Jemand mit Icht sein könnte. Dieß ist auch das rechte Wesen, was die Seele haben soll — aller Dinge entblößt zu sein. Die Seele spricht in der Minne Buch: er mir und ich ihm — sie hätte besser gesprochen: Er mir nicht und ich ihm nicht. Denn Gott ist es sich selber in all' dem, was er in Allen ist; darum minnet sie nicht, weil sie all' das verloren hat, was Jemand sein kann mit Ichte. Also ist ihr Niemand Gott und sie Niemand Seele — und darum spricht sie: Flieh' von mir, mein Lieb, flieh' von mir auf den Federn der Winde. Die Federn der Winde, darauf die Seele wohnt, sind — der Chor der Seraphim, die Winde sind ihr klares Verständniß, darüber wohnt die Seele. Dieß mag der Seele nicht werden, sie sei denn entgangen allen Bildern und Formen und bleibe nicht mehr auf diesen. Sie muß auch ihrer eigenen Beweglichkeit entsinken. Wenn sie so aller Geschaffenheit entblößt wird, hat sie keinen Halt mehr in sich und sinkt in das bloße Nicht, darinnen sie allen Creaturen verloren ist. Das Nicht vermögen die Seraphim mit ihrem Verständniß nicht zu erreichen, in dem Nicht wohnt die Seele über den Seraphim und all' ihrem Verständniß. So ist der Seele Wohnung auf den Federn der Winde. Eja, wie adelich muß der Mensch leben, der dazu kommen soll, wie sehr muß er ertödtet werden aller Art von Beweglichkeit! Davon spricht Sanct Johannes: selig sind die Todten, die in Gott sterben. Darum muß der Mensch aller Wahrnehmung und aller Sinnlichkeit lebig und bloß sein, weil Gott alles dessen lebig und bloß ist, um die Verborgenheit des göttlichen Geheimnisses zu verstehen. An

der bilderreichen Form Gottes, die einfach aller Dinge Bild in
sich beschlossen hat, leuchtet das Bild aller Dinge in Einfach=
heit. Diese Form leuchtet einfach als ein Licht in alle Geister
unterscheidbar; den obersten Geistern nach ihrer Stätigkeit ohne
Wiederschlag, und den übrigen in diesem Leben, je nachdem sie
dazu in der Wandlung dieser Zeit geordnet und bereitet sind.
Wie aber die Seele das bilderreiche Licht, das sie von dem
Gleichniß empfangen hat, über den Punkt der Zeit dieser Wan=
delung gleich den obersten Geistern in die Ewigkeit auftrage,
sollt ihr merken. Wenn einmal der Mensch mehr eine haftende
Einwohnung hat mit Freuden seines eigenen Bildes, das Gott
ist, als er ein Bleiben in sich selber hat, so leuchtet das
bilderreiche Licht in das ewige Bild des Geistes hinein, und
dann wird der Geist erhoben über die Wandelung dieser mannig=
faltigen Dinge, die in dieser Zeit sind, und ist darin mehr
wohnhaft, als er es ist in sich selber, das ist in seinem geist=
lichen Werk, nicht aber in seinem Wesen. Nun spricht Sanct
Bernhard von den Leuten, die in dem Fleische ein engelisches
Leben führen, in diese fließt das Gemüth Gottes wie in die
Engel. O du verwandter Gott in dem zeitlich vereinten Ge=
müth, o du eingegeisteter Geist in der Einigung Gottes, steh'
auf und wirke dein erstes Werk. Der Geist soll aufstehen auf
die zwei Füße des Verständnisses und der Minne und über alle
zergängliche Dinge sich erheben, daß seine Füße von ihnen nicht
befleckt, noch seine Kniee auf sie herab gebogen werden. Des
Geistes erstes Werk aber ist ein Anstaunen des obersten Gutes,
das Gott ist, und eine reiche Ergießung des göttlichen Lichtes
in den Geist hinein mit einer empfindlichen Empfindung; kurz
gesagt: alles, was die Seele leisten mag, soll in die einfache
Einheit des Willens gesammelt sein, der Wille soll sich werfen
in das oberste Gut und an ihm stätiglich haften.

Nun spricht Sanct Dionysius: Gott sah sich selber an und
sah alle Dinge in sich selber und sah sich selber in allen Dingen.
Darum gefällt Gott sich selber, denn Gott ist ein einfaches Ein,
daher die Seele ihr einfaches Bild in Gott ansehen soll, das
nie außer ihm kam, die Vollmacht des Geistes liegt darin, daß
das Icht, das Gott geschaffen hat, zu seinem Nicht komme,

das sein ewiges Bild ist, und wie Gott dem Geiste Nicht ist,
so ist ihm auch das Bild Nicht, an dem wir jedoch erkennen,
wie wir ewiglich in Gott gewesen sind ohne unser Selbst (ohne
Selbstbewußtsein). Darüber spricht Sanct Dionysius: die meiste
Würde, die der Geist hat, besteht darin, daß er in das Nicht
seines Bildes verfließe, und ist er darin seiner Selbst verloren,
so verliert der Geist sein Werk, aber nicht sein Wesen;
jedoch hat das Wesen der Gottheit das bloße Wesen des Geistes
aufgezogen von ihm in sich selber und sich gleich gemacht, daß
da nur Ein Wesen erscheint. So verliert der Geist sein
Werk und nicht sein Wesen und hat das bloße Wesen der
Gottheit den Geist in sich verschlungen. Nun möchte man fra=
gen, warum in Gott nicht eine Person, wie ein Wesen sei?
Merket: alle Dinge, die da sind, sind nicht von sich selber,
sondern geursprunget in der Ewigkeit von einem Ursprung, der
der Ursprung seiner selber ist, und sie sind in der Zeit erschaf=
fen aus Nichts von der heiligen Dreifaltigkeit. Ihr ewiger
Ursprung ist der Vater, und aller Dinge Urbild in ihm ist der
Sohn, und die Minne zu diesem Urbild ist der heilige Geist.
Hätte darum der Bildner aller Dinge nicht ewiglich geschwebet
in dem Vater, so möchte der Vater nicht gewirkt haben, und
dieß ist von der Mögenheit des Vaters gesprochen. Daher
müssen mehr Personen in Gott sein, als nur eine; denn in dem
ewigen Fluß, daraus der Sohn geboren, sind auch aller Dinge
Bilder geflossen, und so ist der ewige Fluß ein Ursprung aller
Dinge in ihrer Ewigkeit; aber in der Zeit sind sie vom Nicht
geschaffen und dadurch Creaturen geworden. In dem ewigen
Flusse jedoch, in dem sie geflossen sind ohne sich selber, sind sie
Gott in Gott. Darum merket den Unterschied des Ausflusses
in der Ewigkeit und in der Zeit; was ein Ausfluß ist, ist ein
Gefallen seines Willens mit einem lichten Unterschied. So sind
wir ausgegangen in der Zeit in der Nöthigung seiner Minne;
der ewige Ausfluß aber ist eine Offenbarung seiner Selbst in
ihm selber. Diese Offenbarung fließt in eine reine Erkenntniß
ihrer selbst, worin der Erkenner dasselbe ist, was erkannt ist.
Dieß ist der ewige Fluß, daraus nie ein Tropfe in die Ver=
nehmung einer Creatur kam, und dieß ist die Geburt des

Sohnes von dem Vater. In dem zeitlichen Ausfluß fließen alle Dinge aus mit Masse (Maß?), in dem ewigen Flusse aber sind sie ohne Masse geblieben. Eja, wohl dem edeln Geist, der hinaufgenommen ist in das Reich des bloßen (reinen) Erkennens, das allen denen unbekannt ist, die nicht entblößt sind ihrer selber und aller Dinge."

# Drittes Buch.

## Die Poesie der deutschen Myſtik im Prediger-Orden.

———

### 1. Ueber die Poesie der deutſchen Myſtik im Prediger-Orden.

Das reiche Geiſtesleben, welches der Prediger-Orden in Deutſchland auf dem Gebiete der Wiſſenſchaft in ſo bedeutenden Werken offenbarte, bildete ſeine weiteren Blüthen auch im blumenreichen Garten der deutſchen Dichtkunſt aus. Die Myſtik hat ihrer Wiſſenſchaft zur Seite eine Poeſie, welche, die eigenthümliche Richtung der erſteren verfolgend, damals mitten unter den ſchönen Gebilden des deutſchen Minne- und Meiſtergeſanges in einem beſonderen Farbenſchmuck ſich geltend machte. Denn zu gleicher Zeit, als Schweſter Mechtild in einem Predigerkloſter Sachſens oder Thüringens in die Harfe griff, um die ſtillen Laute der Gottesminne wiederzugeben, die ſo mächtig ihre Seele bewegten, hatte der Prediger-Orden zwei Sänger in den deutſchen Dichterhain entſendet — den Bruder Eberhard von Sar und Konrad von Würzburg, denen ſpäter Ulrich Boner in ſeinen Fabeln, Johann Tauler in ſeinen geiſtlichen Geſängen, und die Schweſtern von St. Katharina in St. Gallen und in Villingen in ihren Sinngedichten folgten. Was die Kirche in dem unerſchöpflichen Borne ihrer Erblehren, Vorbilder und Geheimniſſe darbot, was die Seele in ihrem Liebesverkehr mit Gott erfuhr, oder was ſie aus ihren

lebendigen Beziehungen zur äußeren Natur auf der Grundlage
einer chriftlichen Erotif fchöpfte — wußten die genannten Meifter
und in ihnen die deutfche Myftif in das Bereich der Dichtfunft
hinüberzuziehen.

Ift von Bruder Eberhard von Sar lediglich befannt,
daß er, wie fein Wappen bezeugt, aus dem Gefchlechte der
Freiherren von Sar ftammte, deren Burg im oberen Rheinthal
unweit von Montfort und Werdenberg am Fuße der Appen=
zeller Alpen fich erhob, fo reiht ihn doch die Ueberfchrift des
einzigen Gedichtes, das uns von ihm die fog. Maneffifche
Handfchrift aufbewahrt, dem Dominicaner=Orden an, wie er
auch an gleicher Stelle in dem Initialgemälde als Prediger=
Bruder dargeftellt wird. Bruder Eberhard mag zu Zürich oder
Bafel in den Prediger=Orden eingetreten fein, der in beiden
Städten fchon vor dem Jahre 1230 fefte Size gewann. Nach
Zürich famen die Dominicaner fchon 1225, bauten in der Vor=
ftadt Stadelhofen ein fleines Oratorium, und auf die Bitten
ihrer Ordensbrüder von Straßburg wurden ihnen bald darauf
in der Brunnengaffe und an der Stadtringmauer ein geräu=
miger Plaz zum Baue eines Klofters angewiefen [1]. In der
bilderreichften Sprache und im vollfommenen Versbau befingt
Bruder Eberhard die heilige Jungfrau, die, felber das höchfte
Ideal und der reinfte Ausdruck der Gottesminne, für jede
Kunftdarftellung den nie erreichten Gipfel bildet. Der hohe
Schwung der Begeifterung, die tiefe Innigfeit des Gemüthes
und die Fülle der Gedanken, die fein Gedicht auszeichnen, er=
innern daran, daß der fromme Bruder die Schule der deutfchen
Myftif durchgemacht, die mit der Tiefe der Wiffenfchaft auch
jene der religiöfen Andacht in fo fchönem Ebenmaße zu verbin=
den wußte. Seinen Lobgefang auf Maria leitet er mit den
fchönen Strophen ein:

> Könnt' ich doch mit Worten fchöne
> Wirfen vollen Lobes Krone
> Würdiglich im füßen Tone,
> Gezieret nach dem Willen mein,

---

[1] Salomon Vögelin, das alte Zürich, 1829.

Gar nach Ehren, wie ich meine,
Wollt' ich sie der Mägde reine,
Welcher niemals gleich war eine,
Schmieden ohne falschen Schein.

Nun hat mir den Sinn bestürzet,
Daß ihr Lob noch steht gekürzet,
Und doch gar oft hat gewürzet
In so kunstereichem Sinn.

Du bist gar vor allem Ruhme
Keuscher Scham die blühend' Blume,
Gib von deinem Gnadenthume
Mir zum Lobe den Beginn.

Was die Vorbilder der patriarchalischen Zeit angedeutet, was
die Gerte vorgebildet, die in der Hand Aarons wieder aufge-
grünt, der Dornbusch auf Horebs Höhen, der mitten im Feuer
Gottes unverletzbar sich erwies, die Heldinnen des Volkes Israel, die großen Bilder der Propheten, mit denen sie die heilige Jungfrau vorverkündet, die Schilderungen des hohen Liedes,
die im Gewande der irdischen Liebe die himmlische dargestellt, kurz
den ganzen Schmuck des alten und des neuen Bundes — weiß
Bruder Eberhard in der Weise eines sinnigen Künstlers zu verwenden, um daraus der Jungfrau Mutter unseres Herrn die
Lobeskrone auszuwirken. Er schließt das Ganze mit der rührenden Erhebung:

Mutter der viel schönen Minne,
In dem Dunkel Leuchterinne,
Zünd', entbrenne meine Sinne
In der wahren Minne Gluth,

Wo ich wieder werde reine
Und mit Gott auf immer eine,
Was ich anders auch da meine,
Das bedecke Fraue gut.

Frau erbarm' zu allen Stunden,
Denn du hast Genad' gefunden,
Gottes Zorn hat überwunden
Dein viel tugendreicher Muth.

Konrad von Würzburg hat zwar den größeren Theil
seines Lebens als wandernder Sänger dem Dienste der Welt

sich hingegeben, zog aber in seinem vorgerückten Alter sich in
den Dominicaner=Orden zurück und starb im Predigerkloster zu
Freiburg im Breisgau (30. Januar 1287). Neben seinen
größeren epischen Gedichten, zu denen „das Leben des heiligen
Alexius" und der versreiche „trojanische Krieg" gehören, war
Konrad als lyrischer Dichter besonders durch die Künstlichkeit
seiner „Töne" berühmt und wandte mit großem Geschicke in
einem größeren „Leich" die allegorische Auffassung an, die
wir zuweilen auch bei den geistlichen Minneliedern und Be=
trachtungen der Schwester Mechtild wiederfinden. In dem Ge=
dichte Konrads haben „Herr Maß und Frau Wankelmuth"
(Zwietracht) durch Raub und Mord den „Gott Amur" ver=
trieben, der sein Reich wieder gewinnen und mit „Frau Minne"
wieder Freude bringen soll. Eine große Anzahl seiner Gedichte
enthalten Klagen über den Verfall der Kunst und deren Miß=
achtung von Seite der Mächtigen und Reichen. In einer
größeren allegorischen Darstellung führt „Frau Wildigkeit"
(Abenteuer) ihn in einen Wald zur „Gerechtigkeit", die, von
Ehre, Milde und Minne umgeben, auf einem Throne sitzt. Die
Kunst, in elendes Gewand gekleidet, erhebt ihre Klage gegen
die falsche Wilde, welche die Kunstlosen bereichert. Die Ge=
rechtigkeit fällt das Urtheil, daß, wer den Kunstlosen Gut und
Ehre gebe, von der Minne gemieden werden soll. — In seinem
didactischen Gedichte „der Welt Lohn", worin er unter dem
Bilde eines trügerischen Weibes die innere Fäulniß der rein
sinnlichen Welt bei allem äußeren Flitterglanze darstellt, hat
Konrad wohl die Geschichte seines eigenen Lebens geschildert,
das er mit seinem Eintritt in das Kloster nach Außen hin ab=
schloß. Denn der Ritter, dem „Frau Welt" sich in ihrer gan=
zen Häßlichkeit entschleiert, erkennt nun, wie nichtig die Welt
sei, wendet sein Herz von dem Irdischen ab, verläßt Frau und
Kinder, nimmt das Kreuz und findet in Palästina im Kampfe
gegen die Ungläubigen einen seligen Tod. Daraus soll man,
wie unser Dichter mahnt, die Lehre ziehen, daß der Welt Dienst
und Lohn nichtig seien, man sie daher fliehen und sich zu Gott
wenden solle, der uns allein wahres Glück und ewige Seligkeit
verleihen kann. In den Prediger=Orden eingetreten, fand

Konrad noch in seinem hohen Alter jene Feuerwärme mystischer
Gottseligkeit, die ihm in seiner „goldenen Schmiede" die dich=
terische Begeisterung beigebracht, mit der er der heiligen Jung=
frau eine so reichgezierte Lobeskrone ausgearbeitet hat. Wirklich
gehört dieses Gedicht sowohl seinem reichen Inhalte als seiner
vollendeten Kunstform nach zu den schönsten Denkmalen der
deutschen Literatur.

Schwester Mechtild hat ihre geistlichen Minnelieder und
didactischen Betrachtungen vorerst in einzelnen fliegenden Blät=
tern aufgezeichnet [1], die nachmals ihr Beichtiger in dem Buche
„das fließende Licht der Gottheit" zusammenstellte. Sie ist
wohl die erste, die das geistliche Minnelied in deutscher
Sprache angetönt, welches die eigenthümliche Poesie der Mystik
ist. Sie hat sich dabei an keinen bestimmten Versbau gehalten,
sondern, wie die Begeisterung sie leiten mochte, ihre höhere
Prosa zuweilen in die Poesie hinübergeleitet, was uns nicht
wundern darf, da das innerste Wesen der Mystik — der Wech=
selverkehr nämlich zwischen Gott und der Seele im Gebiete der
Gnade, der Tugend und Beschauung — religiöse Lyrik aus=
athmet. Ueber die Heimath und das Predigerkloster, wo Schwe=
ster Mechtild über vierzig Jahre gelebt, scheinen folgende Stel=
len nach Thüringen oder Sachsen hinzuweisen. Wir lesen [2]
„von der not eins urloges." mir wart bevolhen mit eine
heligen ernste, daz ich bete vir die not, die nu ist in
Sachsenlanden vnd in Duringenlanden. Da ich
mich zu bot mit lobe vnd mit gerunge, do wolte mich
unser herre nit enpfan vnd schweig mit ernster stille.
das mueste ich vertragen sibenzehen tage mit minniclicher
gedult. Da sprach ich, fährt sie fort, zu unserm lieben Herrn:
Eja, lieber Herr, wann soll die behagliche Stunde kommen,
wo du willst, daß ich bitten soll für diese Noth? Da wies
mich unser Herr und sprach: Das wonnigliche Morgenroth
mit seinen mannigen Farben sind die Armen, die nun leiden

---

[1] Handschr. F. Bl. 128: „Die Schrift, die in diesem Buche steht, ist
geschrieben mit ihren (Mechtild) Händen."
[2] Bl. 145 R.

große Noth. Darnach aber soll ihnen die Sonne aufgehen
des ewigen Lichtes und nach dieser Noth sie in der ewigen
Freude bescheinen. Damit werden sie jetzt geheiligt und geklärt
wie die Wolken von der spielenden Sonne, wenn sie gegen
Mittenmorgen aufbringt und in die Höhe steigt. Andere sind
in dem Heere, wo sie nothgedrungen sind und mitfochten; diese
lasse ich gefangen und leiblos werden, auf daß sie zu mir kom=
men mögen. Die aber die Ursache dieses Krieges sind, an ihnen
selbst gräulich sind und grimmig in ihren Werken, daß sie
Bilder meines Gotteshauses anzugreifen wagen, und ich
erkannte dann, daß der ewige Tod ihnen folge. Die aber zu
Fuß auf den Straßen rauben, würden als Diebe und falsche
Leute angesehen, wenn kein Krieg wäre. So machen je die
Bösen die Guten selig, und Gott muß mit Peinen die Seinen
minnen, er kann sie anders nicht gewinnen. — In einer
andern Betrachtung [1] spricht sie von den Boten, die Gott zur
Rettung der gesunkenen Christenheit entsendet habe, und nennt
unter diesen: Sanct Elisabetha, die ein Bote Gottes war
an die unkeuschen und hoffärtigen Frauen, die auf den Burgen
saßen; den Sanct Dominicus, der als ein Lehrer an die
Ungläubigen und Unwissenden (Dumen) gesendet worden;
Sanct Franciscus, der zum Bußprediger der gierigen Geist=
lichen und hoffärtigen Laien bestimmt war; Sanct Peter, den
ersten Martyrer aus dem Prediger=Orden; endlich die Schwester
Jutta von Sangerhausen [2], über welche ihr in der Be=
schauung eröffnet worden: „die han ich den heidenne gesant
ze botten mit irme heligen gebete vnde irme gutem bilde,“
wahrscheinlich gegen das Jahr 1260, als der deutsche Orden
unter dem Hochmeister Anno von Sangerhausen einen neuen
Kreuzzug gegen die heidnischen Preußen unternahm.

Den Stoff für ihre Lieder, Betrachtungen und moralischen
Lehren zog sie aus dem Christenglauben und den selbsteigenen
Erfahrungen ihrer mystischen Zustände. Sie feiert darin die

[1] A. a. O. Bl. 99.
[2] Stadt und Landschaft in der Provinz Sachsen (Königr. Preußen),
zu jener Zeit der Sitz des Hochmeisters des deutschen Ordens.

innigen Bezüge Gottes und der Seele, welche die Minne ver=
mittelt, und nach unten das Wechselverhältniß zwischen Seele
und Leib (Sinnlichkeit, Leichnam), welches durch die Begier=
lichkeit der Sünde zu einem gegenseitig feindseligen sich ausge=
bildet. Ihre didaktischen Sinnsprüche verbreiten sich über die
Tugenden und Laster, die Vollkommenheiten und Mängel der
Seele auf ihrem Pilgerzuge nach oben, und mit besonderer
Vorliebe wählt sie zuweilen die Form des Zweigespräches, das
sie zwischen Gott und der Seele, der Minne und der. Seele,
der Minne und der Erkenntniß und zwischen der Erkenntniß und
dem Gewissen mit Gewandtheit zu führen weiß, um ihre reiche
Gedankenfülle am Faden der Rede und der Gegenrede abzu=
spinnen. Allein die „Offenbarungen“, die sie in den Stunden
ihrer Beschaulichkeit empfangen, verbreiten sich auch noch über
die jenseitigen Regionen der Hölle, des Fegfeuers und des Him=
mels mit eigenthümlicher Zeichnung; sie beklagt wiederholt und
nicht ohne eine gewisse Schärfe in der Weise der seligen Hilde=
gard den gesunkenen Zustand der Christenheit in Kirche und
Reich, bei der Geistlichkeit und bei der Laienschaft, was, ver=
bunden mit einigen gewagten Lehren, ihr auch die Mißkennung
von Seite ihrer Mitschwestern mag zugezogen haben, über die
sie zum Oefteren Klage führt. Die Erleuchtung, die ihr zu
Theil geworden, will sie keiner Schule menschlicher Weisheit
verdanken, „mit der man, wie sie irgendwo so schön sagt, viel
gewinnen und auch viel verlieren könne“; sie bezeugt gegen=
theils, selbe von oben herab erhalten zu haben. Schon als sie
— ein unschuldiges Mädchen von zwölf Jahren — unter den
Ihrigen weilte, trat dieser „Kehr“, wie Heinrich Suso sich aus=
drückt, bei ihr ein; ihr Geist war auf den Flügeln der Be=
schauung emporgetragen, daß er zwischen dem Himmel und der
Luft zu schweben kam [1]. Sie sah mit dem Auge ihrer Seele
in himmlischer Wonne die schöne Menschheit unseres Herrn
Jesu Christi und erkannte ihn an seinem hehren Antlitze; sie
schaute die heilige Dreifaltigkeit, und neben dem guten Engel,
der in der Taufe ihr gegeben ward, auch den bösen, der jenen

---

[1] Handschr. F Bl. 53.

auf dem Kampfplatze ihres Herzens bekämpfen sollte. Der
Herr nahm ihr den schützenden Engel weg und gab ihr dafür
zwei andere Geister an die Seite; der eine war ein Seraph,
der ihr die Minne und die Erleuchtung brachte, der an=
dere ein Cherub, der ihr die Weisheit verlieh. Diesen traten
zwei arge Dämonen — große Meister aus Lucifers Schule
— entgegen, Betrüger ausgesuchter Sorte, aber einherschleichend
unter der freundlichsten Umhüllung. Der eine derselben war
ein Geist des Hochmuthes und des Unglaubens; ein Geist
der Zwietracht und der unreinen Lust der andere. Von
beiden arglistig versucht, bestand sie die Versuchungen glänzend
und gewann darauf die erforderliche Ruhe, um ihr Auge auf
sich selber und auf Gott zu kehren. „Als ich dann“, so berichtet
sie selbst [1], „zum geistlichen Leben kam und von der Welt Ur=
laub nahm, sah ich meinen Leib an; er war stark bewaffnet
gegen meine Seele mit großer Fülle der starken Macht und
mit voller Naturen Kraft. Ich sah es wohl, daß er mein
Feind war, und sah auch ein, daß, sollte ich dem ewigen Tod
entgan, ich ihn müsse darniederschlan (schlagen). Darum
mußte es an ein Streiten gan. Ich sah auch meiner Seele
Waffen an; sie waren die hehren Marter unseres Herrn Jesu
Christ, damit wehrte ich mich mit Kraft und List. Ich mußte
beständig in großer Furcht stan und auf meinen Leib harte
Schirmschläge schlan. Das war ein Seufzen, Weinen, Beich=
ten, Fasten, Besinnen, Schlagen und Beten, womit meine Seele
den Leib überwand, daß ich bei zwanzig Jahren nie müde oder
krank war, als nur von Reue und von Leid. Darnach mit
guter Gehrung und geistlicher Arbeit und mancher Krankheit
von Natur kam die gewaltige Minne daher und bedachte
mich so sehr mit diesen Wundern, daß ich es nicht mehr ver=
schweigen durfte, woran mir in meiner Einfalt gar leid war.
Eja, milder Gott, sprach ich, was hast du an mir gesehen, du
weißt doch wohl, daß ich ein Thor und sündiger Mensch bin.
Diese Dinge (mystische Erleuchtungen) solltest du weisen Men=

---

[1] Bl. 55.

ſchen geben, ſo möchteſt du dafür gelobet werden. Da zürnte unſer Herr gar ſehr über mich Arme und fragte mich um mein Urtheil: „Nun ſage mir, biſt du nicht mein?" „Ja, Herr, das begehre ich an dir." „Kann ich denn mit dir nicht thun, was ich will?" „Ja, Herzliebſter, gar gern, ſollte ich auch zu Nichte werden." „Du ſollſt mir in dieſen Dingen folgen und vertrauen. Lange wirſt du krank darniederliegen, und ich ſelber will dich pflegen, und weſſen du an Leib und Seele bedarfſt, ich will dir Alles geben." Da ging ich Arme in demüthiger Scham zu meinem Beichtiger und erzählte ihm dieſe Rede und begehrte auch ſeine Belehrung. Er ſprach: ich ſollte fröhlich vorwärts fahren; Gott, der mich gezogen, werde mich wohl bewahren, und er hieß (befahl) mir das zu thun, deſſen ich mich oft weinend ſchäme, da meine Unwürdigkeit mir oft vor Augen ſteht, und das war, daß er einem ſchnöden Weibe be= fahl, das Buch zu ſchreiben aus Gottes Herzen. So iſt dieß Buch minniglich von Gott gekommen und nicht aus menſch= lichem Sinne genommen."

Durch die Offenbarungen, die ihr ſodann in ihren myſtiſchen Zuſtänden zu Theil geworden, ſollten voll ſinniger Bedeutung fünf Lichter dahinleuchten [1]: Moſes vorerſt; er hatte ja, eben weil Gott ihn auserwählte, beſondere Schmähung ohne alle eigene Verſchuldung zu erleiden, ihm wurde aber das hohe Minnereden mit Gott zu Theil, das er auf den Höhen des heiligen Berges mit ihm unterhielt. Er zog mit ſeinen Freun= den durch das rothe Meer; o weh, wie ſind Pharao und alle Feinde Moſes in den Fluthen jämmerlich ertrunken! Eja, er= barme dich, lieber Herr, daß unſere Feinde ſich bekehren. König David ſoll in ihrem Buch als das andere Licht mit ſeinem Pſalterium ſtrahlen, worin er uns lehret und klaget, bittet und Gott lobet. Auch Salomon ſoll darin leuchten, nicht mit ſei= nem Werke (Vielweiberei und Götzendienſt), weil er ſelber da= durch verfinſtert ward. Er leuchtet in dem Buche canticis, wo die Braut ſo kühn und ſo verwundet iſt und der Bräutigam

---

[1] Bl. 47.

so nothlich zu ihr spricht: Du bist schön, meine Freundin, und kein Flecken ist an dir. Jeremias ist das vierte Licht, denn er sprach von unserer Frauen Geheimniß, und Gott hat mir gesagt, daß er die lautere Keuschheit und die Höhe der Minne besaß und im Christenglauben den Martyrtod erlitt. Endlich leuchtet auch Daniel darin in wunderbarer Weisheit; denn aus Gnade hat ihm Gott mitten unter den Feinden Speise für Leib und Seele gegeben. Gleicherweise ist auch mir in mei= nen Nöthen geschehen; das haben meine Feinde ein wenig gesehen, und mögen das eben nicht leiden; darum plagen sie mich mit mannigen Peinen." Die Wissenschaft und insbeson= dere die Poesie der christlichen Mystik hat zu aller Zeit in dem hohen Liede ein analoges Ideal für das gefunden, was sie über den übersinnlichen Verkehr, der zwischen Gott und der Seele in der Minne waltet, auszusprechen versuchte. Die inni= gen Bezüge der Liebe, die in jenem Liebe der göttliche Geist zwischen Gott und der auserwählten Synagoge Israels, zwi= schen Christus und der Kirche und zwischen dem menschgewor= denen Logos und jeder begnadigten Seele unter der äußeren Schale der irdischen Liebe, die den Bräutigam gegen die Braut und diese gegen jenen erfüllt, abgeschildert hat, boten der Be= schaulichkeit überraschende Motive dar, um an jener Analogie den Weg, die Uebungen, Lehren und Genüsse der Liebeseinigung Gottes und der Seele zu entwickeln. Wie die Reinen in der Anschauung des ewigen Geheimnisses, das in jenem Liebe der Lieder seinen rein menschlichen Ausdruck gefunden, an den üppi= gen Bildern desselben keinen Anstoß nehmen, weil, wie der Apostel lehrt, den Reinen Alles rein, den Unreinen aber Alles unrein erscheint, so erregte es auch in der tiefsinnigen Zeit des deutschen Mittelalters selten ernsteres Bedenken, wenn die My= stiker in ihren Darstellungen eine Freiheit übten, wie solche in unserer Zeit schwer verletzen müßte. Dabei ist keineswegs zu läugnen, daß diese Verfahrungsweise auch noch in dogmatischer Beziehung sehr gefährliche Klippen für diejenigen darbot, welche entweder die keusche Scham oder die schuldige Ehrfurcht vor den ewigen Geheimnissen nicht gehörig zu hüten wußten. Gegen derlei Abirrungen bildete von jeher der zwiefache Gehorsam der

Erkenntniß und des Willens die sicherste Schutzwehr, der sich im treuen Glauben und in voller Unterwürfigkeit unter die Leitung der rechtmäßigen Auctorität in der Kirche offenbarte. Zum Verständniß der christlichen Mystik ist der richtige Begriff von dem ewigen Bräutigam der Seele von großer Bedeutung; dieser ist Jesus Christus selbst, d. i. der ewige Sohn des Vaters, der zur Erlösung der menschlichen Seele Mensch geworden ist und diese seine angenommene Menschheit mit Leib und Seele nach erstandenem Leiden und Tode in seiner Himmelfahrt mit sich hinaufgenommen hat, wo sie, mit dem Sohne Gottes ewig vereint, an seiner Verherrlichung Antheil nimmt. Darum ist nach der Anschauung der christlichen Mystik nach dieser ewigen Einigung der menschlichen Natur mit dem Logos die menschliche Seele viel tiefer und inniger mit Gott verbunden, als sie es vor derselben war, und von diesem Gesichtspunkte aus spricht sich die Mystik zuweilen über den Verkehr der menschlichen Seele mit der Seele Christi und die Verbindung unseres Leibes und Blutes mit dem glorifizirten Leibe und Blute Christi in der ewigen Verherrlichung aus. Es ist einleuchtend, daß bei solcher Höhe der Speculation der Abgrund zum Falle allzeit nahe liegt, und wir finden auch in den Offenbarungen der Schwester Mechtild da und dort einzelne Anlaute theosophisch-pantheistischer Irrungen, die sie indessen nicht weiter auf der abschüssigen Bahn der Verneinung fortzutreiben vermochten; denn der positive Christenglaube der Kirche war der sichere Boden, auf dem sie stand, war das Dreigestirn am Himmel, an dem sie sich bei ihren Erhebungen orientirte. In ihren Tugendübungen durch den Gehorsam gegen ihre Oberen geleitet, war sie gegen Maria mit kindlicher Verehrung erfüllt; sie suchte und fand in den heiligen Sacramenten Christi die reichste Gnadenquelle für ihre Seele. — Dieß ist die Signatur des Geistes, dem sie während ihren mystischen Wanderjahren im Gebiete des Unendlichen folgte. Ihre geistreichen Gebete und frommen Empfindungen, die sie bisweilen ihren Schilderungen beifügt, dürfen als ebenso viele Beweise für ihre glaubensreine Gesinnung sowohl als für ihre ungeheuchelte Demuth gelten.

Als ihre Mitschwestern bei ihr Belehrung suchten [1], wie sie auf den Empfang des Herrn Frohnleichnams sich würdig vorbereiten könnten, gab Schwester Mechtild ihnen die Lehre: „Wenn ich Arme muß zum Tische des Herrn gehen und seinen heiligen Leichnam empfangen soll, dann besehe ich das Antlitz meiner Seele in dem Spiegel meiner Sünden, und sehe darin, wie ich gelebt habe, wie ich jetzt lebe und wie ich künftig leben will. In diesem Spiegel sehe ich nichts als o weh, o weh. Dann werfe ich mein Antlitz auf die Erde nieder und klage und weine so viel ich vermag, daß der ewige Gott sich neigen möge in den unreinen Pfuhl meines Herzens, und denke dann, daß es billig wäre nach Rechten, man würde meinen Leib zum Galgen hinziehen wie einen Dieben, der seinen guten Herrn bestohlen hat. Den theuren Schatz der Lauterkeit [2], den Gott mir in der heiligen Taufe gegeben hat, wollen wir, so lange wir leben, beklagen. Hat der Mensch aber eine Sünde nicht gebeichtet oder will er sie nicht beichten, so soll er Gottes Leichnam nicht empfangen. Ich danke Gott, daß dieß mir nie geschah. Nun will ich mit Freuden zu Gottes Tische gehen und will das blutige Lamm empfangen, das am heiligen Kreuze unverbunden stand mit seinen heiligen fünf Wunden. Wohl uns, daß es geschah; in seinem heiligen Leiden will ich beklagen all' mein Ungemach. Gehen wir denn mit Freuden und mit herzlicher Liebe und mit einer offenen Seele, und empfangen unsern Lieben, unsern herzallerliebsten Lieben, und legen ihn in unsere Seele wie in das Wiegelein eines süßen Kinderbettes, und singen ihm dann Lob und Ehre für das erste Ungemach, das er leiden wollte, als er in der Krippe lag!

Wohin soll ich dich legen?
Wie soll ich deiner pflegen?
Ich will dich in mein Bettlein legen,
Das ist das Herze mein,
Und will bei deiner Kripp' erwägen,
Wie deine Liebe groß muß sein.
Ich geb' dir auch ein Wangenkissen,
Das ist die Reue mein,

---

[1] Bl. 142.
[2] D. i. die Verunreinigung desselben.

Es soll dich nimmermehr verdrießen,
Zu kommen in mein Herz hinein.
Zum Bettlein ich die Decke finde,
Die ist die heilige Begier,
Vergebe mir, o Herr, die Sünde
Und bleibe stets bei mir.

Ich habe dich empfangen, fährt Schwester Mechtild fort,
wie du vom Tode auferstanden bist. Herzliebes Lieb, o tröste
mein Gemüth, daß ich ohne Unterlaß lauter bei dir stehe; dann
wird mir große Süßigkeit zu Theil. Erlöse die Seelen aus
dem Fegfeuer, das Lösegeld für sie war ja gar theuer. Ich
habe dich, Herr, empfangen, wie du zum Himmel aufgefahren
bist; nun halte mich nicht lang im Elend dieser Welt zurück.
Ich müßte ja sterben vor Minne; du kannst mich, Herr, nicht
anders stillen. Gib mir, o Herr, und nimm mir, o Herr,
Alles, was du willst, und laß mir den Willen, daß ich sterben
möchte vor Minne in der Minne."

Ebenso tiefe Innigkeit ist den Gebeten und Betrachtungen
eigen, deren Gegenstand die seligste Jungfrau ist, und Schwe=
ster Mechtild hat auch an diesem Prüfstein die Probe glau=
bensreiner Gesinnung weit besser bestanden, als Eckhart und
Tauler hierin sich rühmen konnten. Der Meinung einiger „ge=
lehrten Leute" [1], die Sünde rühre lediglich von der menschlichen
Schwäche her, es sei menschlich, daß man sündige, weiß sie zu
begegnen: „In all' der Versuchung meines sündigen Leibes und
in allen Gefühlen meines Herzens und in all' der Erkenntniß
meiner Sinne und in all' der Edelkeit meiner Seele konnte ich
nie anders finden, als daß es teuflisch sei, wenn man sündigt.
Mag die Sünde klein sein oder groß, der Teufel ist je ihr
Genoß. Unsere angenommene Sündhaftigkeit aus freiem Wil=
len ist allein uns schädlich. Menschlich ist es, Hunger, Durst,
Hitze, Frost, Pein, Jammer, Versuchung zu leiden; das sind
Dinge, die auch Christus an sich litt, der ein wahrer Mensch
war wegen uns. Wäre die Sünde menschlich allein, so hätte
er wohl auch gesündigt, weil er ein wahrer Mensch war in

---

[1] Bl. 85.

dem Fleische, und ein gerechter Mensch in der Weisheit, und
ein steter Mensch in der Tugend, und ein vollkommener Mensch
in dem heiligen Geiste, und darüber ein ewiger Gott in der
ewigen Wahrheit, und nicht ein Sünder. Wollen wir ihm
gleich werden, so müssen wir auch ihm gleich leben, oder durch
wahre Reue errettet werden." Einem Gottesgelehrten, der über
einzelne ihrer Offenbarungen seine Verwunderung aussprach,
antwortete Schwester Mechtild [1]: „Meister Heinrich, es wun=
dert euch über einige Sätze, die in diesem Buche geschrieben
sind. Mich wundert, wie euch das wundern kann, mehr noch,
mich jammert es von Herzen sehr, daß ich sündiges Weib schrei=
ben muß und ich die wahre Erkenntniß und die heiligen herr=
lichen Beschauungen nur mit so schwachen Worten schildern
kann, sie sind gegenüber der ewigen Wahrheit allzuklein. Ich
fragte den ewigen Meister, was er dazu spreche, und er ant=
wortete mir: Frage ihn, wie es geschehen mochte, daß die
Apostel zu so großer Kühnheit nach so großer Schwäche kamen,
als sie den heiligen Geist empfingen? Frage ihn weiter, wo
Moses damals war, als er auf dem Berge nichts als Gott an=
sah? Frage noch weiter, wovon das war, was Daniel in
seiner Kindheit sprach?" An ihren Bruder, der im Prediger=
Orden war [2], schrieb Schwester Mechtild auf einen Pergament=
zettel folgenden Brief: „Die allergrößte Freude im Himmel=
reich ist der Wille Gottes, daß Unwille Wille sei, davon
kommt göttliche Freude in das betrübte Menschenherz. Einem
geistlichen Menschen ist es Sünde, wenn er die Gaben ver=
schmäht, die von Gott kommen. Peinliche Gaben sollen wir
mit Freuden empfangen, tröstliche Gaben sollen wir mit Furcht
empfangen; so mögen wir uns alle Dinge zu Nutzen machen,
die über uns ergehen. Lieber Buhle, sei einträchtig mit Gott
und freue dich allzeit seines Willens."

Wie dieß bei den damaligen deutschen Minnesängern öfter
der Fall war, hat Schwester Mechtild bei ihren geistlichen
Minneliedern sich an keinen geordneten Versbau gehalten; darum

---

[1] Bl. 84.
[2] Bl. 128.

bleibt deren Werth nicht minder bedeutend, denn sie zeichnen sich nicht nur durch hohen Schwung, tiefe Innigfeit und reiche Ge=
dankenfülle, sondern auch durch ihr Alter aus, und sind für die deutsche Literatur schon in dieser Rücksicht bemerfenswerth, weil sie zwischen den Jahren von 1250—1270 verfaßt, somit viel älter als die bekannten geistlichen Gesänge [1] Johann Taulers und die wenigen allegorischen Gedichte Heinrich Suso's sind [2], welche Schwester Elsbeth Stagel in deutsche Reime brachte [3].

_____

●

[1] Abgedruckt in Taulers Werke, herausg. von Kaffeder 1823 u. a. O.

[2] In dem Briefbüchlein Kap. 7.

[3] Um den größeren Theil meiner Leser zu befriedigen, mußten die Lieder und Betrachtungen der Schwester Mechtild im Kleide der neueren Sprache und Fassung hier erscheinen, das ursprüngliche Gebilde nach Ge=
danke und Ausdruck wurde jedoch möglichst genau wiedergegeben. Um die Kenner der mittelbeutschen Sprache und Literatur hierüber zu ver=
ständigen, folgen hier zwei Lieder im ursprünglichen Terte, die später unter den Aufschriften „die flagende Minne" und „die reine Minne" im neuen Sprachgewande den übrigen eingereiht werden.

„Von einer klage."

Dis ist der minnenden sele klage. die si nit alleine nit mag getragen. si mûs es gottesvrunden sagen. auf daz inen minnen-
dienst bebagen. Minnen siech vnd libes krank, pine not vnd har-
ten twang, das machet mir den weg ze lang. zû minen liben herren. wie sol ich dich lieb alsust lange enberen. ja bin ich dir lei-
der alze verre. Wiltu berre mine clage nit enpfan. so mûs ich wider in min truren gan. vnd beiten vnd liden. beide stille vnd offenbar. Du weist daz lieber herre wol. wie gerne ich mit dir were. Unser herre: wenne ich kume. so kume ich gros. es wart nie ungemach so gros. ich möge es wol geheilen. Du mûst noch me beiten. ich wil dich bas bereiten. eb ich dich bringe vir minen vatter. uf daz du vns deste bas behagest. Ich höre noch gerne dinen minnen klang. swenne vinster werdent vnser menschliche sinne. so erweken wir mit der clage in vnserem herzen die göt-
lichen minne.

„Alsust sprichet die minnende sele ze irme lieben herren."

Were alle die welt min vnd were si luter guldin. vnd solte ich hienach wnsche eweklich sin die alleredelste dio allerschöneste die allerrichste keyserin. daz were mir iemer vnmere. also vil gerne sehe ich Jesum christum minen lieben herren in siner himel-
schen ere. Pròvent was si liden, die sin lange beiten.

Wie die Mystik die Wechselbeziehung Gottes und der Seele
nach oben und jene der Seele und der Sinnlichkeit behandelt,
so suchte sie auch nach unten über die Verbindung der Seele
mit der äußeren Natur sich zu verständigen. Man würde
sich sehr irren, wollte man ihr eine manichäische Verachtung der
Natur oder eine pantheistische Ueberschätzung derselben beimessen,
sie wußte gegentheils die religiöse Seite der Natur gar wohl
hervorzuheben. Auch die sichtbare Schöpfung bot in ihren zahl-
losen Geschöpfen der Seele ebenso viele „Fußstapfen" dar, um
zu Gott, dem ewigen Urheber aller Schöpfung, emporzusteigen.
Und wahrlich liegt allen Dingen der Welt ein göttliches Leben
zu Grunde; selbes ist, wie Gügler bemerkt [1], der eigentliche
Lebensinhalt aller Wesen, vom Geiste des Herrn ist der ganze
Erdkreis voll, das ewige Wort liegt als Licht und Leben allen
Dingen zu Grunde. Gott hat Alles gebildet, die Himmel sind
das Werk seiner Hände, den Mond, die Sonne, die Sterne
hat er geordnet, sein unbegreifliches ewiges Wort hat Alles
in's Dasein gerufen, und von ihm durchdrungen und getragen
sind alle Dinge so schön! Um aber die Natur selbst in ihrer
Wahrheit zu erfassen, dürfen weder die Beschränkungen der Geschöpfe aufgehoben, noch die Geschöpfe selbst an die Stelle der
Gottheit gesetzt werden, was eine Verneinung der Creatur und
Gottes zugleich wäre. Frei von diesen Irrthümern wußte die
wahre Mystik die nothwendige und lebendige Beziehung zwischen
Gott und den Creaturen aufzufassen; sie wollen im Lichte Gottes besehen und erkannt werden; alle deuten und weisen auf
Gott als ihren ersten Anfang und ihr letztes Ziel hin; alle
offenbaren in verschiedenen Formen und Weisen das Göttliche,
das durch sie hervorleuchtet. So bricht selbst durch die Natur
ein höherer Lichttag, die höchste Fülle und Schönheit der ewigen Weisheit. Mit lauten Stimmen verkündet Alles Gottes
Herrlichkeit [2], seine Wahrheit und Güte, sein Licht und geistiges
Wesen reichen sichtbar und vernehmbar so weit, als die Gewölbe
des Himmels; die Erde ist von seiner Milde erfüllt und alle

[1] Gügler, die heilige Kunst I. Thl. S. 15.
[2] Pf. 19, 2.

Welt von seiner Glorie voll [1]. Von dieser inneren Fülle erregt
und getrieben, möchte jedes Wesen die Wunder Gottes aussprechen und Alles in sein volltöniges Lob ausbrechen; das
Einzelne vermag jedoch von der unendlichen Harmonie des Lebens nur einen schwachen Laut und Ton zu fassen und nachzu-
ahmen, aber dieser ist der Grundton seines Wesens. Anders
lautet der zerschmetternde Blitz, anders tönt der dröhnende
Himmel, anders hallt wieder der erhebende Jubel der Sterne.
Anderes bedeutet die Zierde der Himmel, die Flügel des Win-
des, das Rauschen der Wogen des Stromes, das Brausen des
Meeres. Diese Weltansicht, schon in der Offenbarung des alten
Bundes niedergelegt, hat das Christenthum festgehalten und
tiefer begründet. Das Unsichtbare an Gott [2] ist seit Erschaffung
der Welt in den erschaffenen Dingen erkennbar und sichtbar geworden; die ganze Natur nahm sodann Theil an dem Ver-
derbniß, welches ihr sichtbares Oberhaupt — der Mensch —
durch seine Sünde über sie gebracht, aber mit der einstigen
Offenbarung der erlösten Menschheit wird auch eine Verklä-
rung der ganzen Natur des Himmels und der Erde verbunden
sein. Die sichtbare Schöpfung harret daher auf diese Enthül-
lung [3] des verborgenen Lebens der Kinder Gottes zur Herrlichkeit und weiset sie jetzt schon an, aus der Sclaverei der
Sünde auszutreten und den Weg der Tugend zum Himmel in der Liebe Gottes zu wandeln, daher die innige Beziehung der Heiligen zur Natur und ihren Geschöpfen und die
vertrauliche Anhänglichkeit der Thiere zu denselben, wie wir es
in den frühesten Zeiten des Christenthums in dem Leben der
Altväter in der Wüste, in der mittleren Zeit im Leben des hei-
-ligen Franciscus, Antonius und seiner übrigen Ordensbrüder
wahrnehmen. Die deutsche Mystik im Prediger-Orden hat diese
tiefen Bezüge zwischen dem Menschen und der Naturwelt wohl
erkannt und gepflegt; Meister Heinrich Suso insbesondere hat
sie in seinen Schriften in rührenden Schilderungen besprochen

[1] Pf. 33, 5.
[2] Röm. 1, 20.
[3] Röm. 8, 19.

und hervorgehoben. In der ganzen Schöpfung sollte das Sursum corda — aufwärts die Herzen — vollen Wiederhall
finden; alle Creaturen sollten einstimmen in das Lob Gottes,
das von des Menschen Herzen aus zum Himmel hinaufdringt [1].
In solche Betrachtung vertieft, nahm er vor seine inneren Augen
sich selber, was er nach Leib und Seele und allen seinen Kräften war, und stellte um sich alle Creaturen, die Gott je im
Himmel und auf Erden und in allen Elementen schuf, jedes
Geschöpf besonders mit seinem Namen, es wären Vögel der
Luft, Thiere des Waldes, Fische des Wassers, Laub und Gras
der Erde und das unzählige Gries in dem Meere und all' das
kleine Gestäube, das in der Sonne Glanz erscheinet, und alle
Wassertropfen, die von Thau, von Schnee oder Regen je fielen
oder immer fallen, und er wünschte dann, daß deren ein jegliches ein süß aufbringendes Saitenspiel hätte, wohlbereitet aus
seines Herzens innerstem Safte und also aufklingend ein neues
hochgemuthes Lob brächten dem geminnten zarten Gott von
Ende zu Ende. Dann zerdehnten und zerbreiteten sich in sehn-
süchtiger Weise die minnereichen Arme seiner Seele gegen die
zahllose Zahl aller Creaturen, um sie alle aufzumahnen, fröhlich
zu singen und ihre Herzen emporzuheben: Sursum corda. —
Kam der blühende Mai herangezogen, konnte der Diener der
ewigen Weisheit unter allen schönen Zweigen, die je wuchsen,
keinen schöneren Minnestrauß finden, als den wonniglichen Ast
des heiligen Kreuzes, der mit himmlischen Tugenden und
Gnaden in der schönsten Zierde blüht. Von diesem geistlichen
Maien sang er dann den Hymnus: Sei gegrüßt, du himmlischer Maibaum der ewigen Weisheit, auf dem die Frucht unserer Seligkeit gewachsen ist. Die Blumen der Gärten und
der Auen waren ihm Sinnbilder der Tugenden, der Gesang
der Vögel klang ihm wie ein Gebet und Lobgesang, den sie in
den Schattenkapellen blühender Bäume Gott darbringen. Der
schöne Mai im geistigen Sinne, der die Frucht des Lebens uns
gebracht, war ihm Maria, die Himmelskönigin; ihr zu einer
ewigen Zierde entbot er für alle rothen Rosen eine herzliche

---

[1] Heinrich Suso's Schriften B. I. Kap. 11.

Minne, für alle kleinen Violen einen demüthigen Sinn, für alle zarten Lilien die Lauterkeit des Herzens, für alle schön gefärbten und glänzenden Blumen auf der Heide und dem Anger, auf Wiese und Weide die reine Liebe, für aller munteren Vögelein Gesang, die je auf einem Maienreise fröhlich sangen, ein gründliches Loben, und für alle Zierden, womit je ein Mai geschmückt war, erhob er die heilige Gottesbraut und Mutter mit einem geistlichen Singen, und bat dann um die Gnade, sie in dieser kurzen Pilgerzeit auf Erden so zu loben, daß er ihre lebendige Frucht einst im Himmel nießen möge. Diese herrliche Naturanschauung machte sich in den Lehrabhandlungen und Gedichten der Dominicaner geltend, hatte schon früher den heiligen Franciscus bei seinem Sonnengesang und in seinen übrigen geistlichen Minneliedern geleitet und leuchtet auch aus dem „Edelsteine" des Dominicanerbruders Ulrich Boner sowie aus den Sinngedichten aus dem Reiche der Fische und Vögel hervor, welche die Schwestern von St. Katharina in St. Gallen von den Klarissinnen zu Villingen im Laufe des fünfzehnten Jahrhunderts empfangen haben. — Der religiöse Fabeldichter Ulrich Boner, zwischen 1324 und 1349 Predigerbruder im Kloster der Michaelsinsel in Bern, vereinigte seine hundert Fabeln und Erzählungen unter dem Namen „Edelstein" zu einem Ganzen; durch die Beischaften oder Beispiele, die er aus dem Leben der Pflanzen und der Thiere enthebt, will er religiöse Gesinnungen und gute Sitten den Menschen verkünden. „Es mag, wie er in seiner gereimten Vorrede erklärt, dieß Büchlein mit Recht den Namen „Edelstein" tragen; denn es trägt in sich Beispiele mancher Klugheit und erzeugt auch gute Gedanken, wie der Dorn ja die Rose hervorbringt. Wer nicht wohl erkennet den Stein und seine Kraft, dessen Nutzen ist klein; wer obenhin die Fabel ansieht und inwendig nicht erkennt, der hat auch nur sehr kleinen Nutzen davon." Die ganze Thier- und Pflanzenwelt sollte ihm zur Versinnlichung religiös-sittlicher Wahrheiten dienen. Darum sagt er in seinem Vorworte: „Unbegreiflicher Gott, verleihe uns, daß wir dein Gebot halten nach dem Willen dein und frei von allen Sünden seien, und wir erkennen die Gethat (Schöpfung), die deine Hand erschaffen hat, die du uns, o Herr, zu einem Spiegel hast gegeben, daß wir unser Leben richten auf den hohen Grat (Kante, Gipfel) der Tugenden und auf der Ehren Pfad. Denn uns lehrt jede Creatur, sie sei gut oder bös, daß man dich, o Herr, minnen soll." Von dieser lichten Anschauung geleitet, hat Boner die beinahe ganz abstracte Form der äsopischen Fabel zu einem lebensvollen Gemälde voll sittlicher Beziehungen entwickelt und dadurch diese Dichtungsart für das christliche Gemüth des deutschen Volkes zubereitet. Die Sinngedichte endlich der Schwestern von St. Gallen und von Villingen sind als verkürzte Fabeln anzusehen; sie enthalten für die Schwestern moralische Lehren und religiöse Verheißungen, welche ihnen die Fische und die Vögel vortragen je nach der eigenthümlichen Beschaffenheit, die der Schöpfer einem jeden derselben verlieh. Sie erscheinen in ihrer ursprünglichen Form in der Handschrift in ziemlich vernachlässigtem Gewande, sind aber ihres Inhaltes und eigenthümlichen Wesens wegen dennoch besonderer Beachtung werth.

### 2. Geistliche Minnelieder und Sittengedichte der Schwester Mechtild Prediger-Ordens.

#### A. Geistliche Minnelieder.

#### Die Seele und die Minne.
##### (Zwiegespräch.)

Die Seele kam zur Minne
Und grüßte sie mit holdem Sinne:
Gott grüße euch, Frau Minne!
„Gott lohne euch, Frau Königinne!"
Frau Minne, wer mag euch ziemend loben?
Gott hat euch über alle Ding erhoben,
Und mannig Jahr habt ihr gerungen,
Eh' ihr die hohe Majestät bezwungen,
Daß sie sich allzumal ergoß
In Maria's mägdlichen Schooß.
„Frau Königin, daraus erwuchs euch Ehr' und Heil."
Frau Minne, ihr nahmt mir in der Welt den besten Theil.
„Frau Königin, ihr habt einen seligen Tausch gethan;
Für ein vergänglich Gut nahmt ihr Gott selber an."

Frau Minne, ihr habt mir benommen meine Kindheit.

„Frau Königin, dafür gab ich euch himmlische Freiheit."

Frau Minne, ihr habt mir benommen alle meine Jugend.

„Frau Königin, dafür gab ich euch heilige Tugend."

Frau Minne, ihr habt mir benommen gute Freund' und Mage [1].

„Eia, Frau Königin, das ist eine schnöde Klage."

Frau Minne, hin ist die Freud' und Ehre dieser Welt.

„Frau Königin, ich gab dafür euch ein Entgelt."

Frau Minne, durch euch verwundet, that mein Leib erkranken.

„Frau Königin, dafür gab ich euch hohe Erkenntniß und Gedanken."

Frau Minne, ihr habt verzehrt mein Fleisch und Blut.

„Frau Königin, um euch zu ziehen zu dem höchsten Gut."

Frau Minne, ihr seid eine Räuberin, gebt mir Entgelt.

„Frau Königin, nehmt mich nur selber, ich habe euch erwählt."

Frau Minne, nun habt ihr mir vergolten hundertfach auf Erden.

„Frau Königin, und dort wird euch das Himmelreich zum Lohne werden."

### Die Seele in der Beschauung [2].

Der wahre Gottesgruß
Kommt von dem himmlischen Fluß;
Aus dem Brunnen der Dreifaltigkeit
Ergießt er sich herab in die Zeit.
Er hat so große Gewalt und Kraft,
Daß er dem Leibe nimmt all' seine Macht;
Er macht die Seele ihr selber offenbar,
Den Heiligen gleich schaut sie Gott rein und klar.

Hat die Seele den Gruß vernommen, dann scheidet sie vom Leibe mit all' ihrer Macht, Liebe und Begehrung; nur der mindeste Theil ihres Lebens bleibt noch bei dem Leibe wie in einen süßen Schlaf gewiegt. Dann in die Höhe erhoben, sieht sie einen Gott in drei Personen, und erkennt die drei Personen in Gott ungetheilt. Er grüßt sie mit der Hofsprache, die man in den tieferen Schichten nicht vernimmt, und kleidet sie mit Kleidern, die man sonst zum Palaste trägt, und gibt ihr hohe Gewalt; sie mag bitten und fragen, was sie will, es wird ihr da gewährt. Oft wird ihr nichts gewährt. Dann zieht er sie weiter in die geheimnißvolle Höhe, wo er allein will mit ihr

---

[1] Verwandte.
[2] Bl. 3.

spielen das Spiel, von dem der Leib nichts weiß, so wenig als der Bauer [1] an dem Pfluge oder der Ritter am Turniere. So schwebt sie empor an die wonnereiche Stätte, von der ich nicht viel sprechen will, weil ich ein sündiger Mensch bin. Wenn der endlose Gott die grundlose Seele in die Höhe bringt, so verliert sie das Erdreich vor dem Wunder und fühlt nicht mehr, daß sie je auf dem Erdreich war. Ist das Gnadenspiel am allerbesten, so muß man es lassen, und der blühende Gott spricht: Jungfrau, ihr müßt wieder tiefer steigen! Sie erschrickt und spricht: Herr, du hast mich so hoch aufgezogen, daß ich hier in meinem Leibe in keinem Orden leben kann, sondern Elend leide und wider den Leib streite. Dann aber tröstet er sie: Eja, du liebe Taube, deine Stimme ist meinen Ohren ein Saitenspiel, deine Worte sind meinem Munde ein süßes Gewürze, deine Begehrung ist meiner Gaben ein milder Wiederschein. Die Seele spricht: Lieber Herr, es muß ja sein, wie der Wirth gebietet. Und sie erseufzet mit aller Macht, daß der Leib erregt wird, der dann spricht: Eja, Frau, wo bist du nun gewesen? Du kommst so wonniglich schön und kräftig wieder zurück; doch mir hat deine Wanderung alle Ruhe, Farbe und Macht genommen. Sie aber spricht: Schweig', du Thor, lasse deine Klagen sein, ich will mich immer vor dir hüten; daß mein Feind verwundet sei, das irret mich nicht, vielmehr freue ich mich darob. Dieß ist ein Gruß, der mannige Adern hat; er bringt aus der fließenden Gottheit in die dürre Seele allzeit mit neuer Erkenntniß und in neuer Beschauung und im besondern Genuß der neuen Gegenwart.

Eja, süßer Gott, feurig von innen, blühend von außen,
Weil du mir, dem Mindesten, dieß gegeben,
Möchte ich erfahren das Leben,
Das du deinen Höchsten hast gegeben.
Diesen Gruß kann Niemand empfangen,
Er sei denn hinaufgezogen und zu Nichte worden.
In diesem Gruß will ich lebendig sterben,
Das mögen mir die blinden Schauer nicht verderben,
Die zwar minnen, aber nicht erkennen.

----

[1] Handschr. — Dörper.

## Die Seele und der Minne Schlag.

(Zwiegespräch.)

Die Seele in süßem Bangen klagt der Minne ihre Noth.

**Die Seele:** Eja, allerliebste Jungfrau,
Lange warst du meine Kammerfrau,
Sage mir, wie bin ich daran?
Du hast mich gejagt, gefangen und gebunden,
Ich bin versehrt mit vielen Wunden,
Du hast mir in meinem armen Leben
Mannigen kühlen Schlag gegeben;
Würd' ich nicht getödtet von deiner Hand,
Dann wäre mir besser, ich hätte dich nie gekannt.

**Die Minne:** Daß ich dich jagte, belustigte mich;
Daß ich dich fing, begehrte ich;
Daß ich dich band, deß freute ich mich;
Als ich dich machte krank und wund,
Wurdest du mit mir geeint und gesund.
Wenn ich dir kühle Schläge gebe,
Dann werd' ich deiner ganz mächtig.
Ich habe den allmächtigen Gott
Vom Himmel getrieben in die irdische Noth.
Ich habe ihm benommen sein menschlich Leben
Und ihn mit Ehren seinem Vater wiedergegeben;
Wie wähnest du, schnöder Wurm, von mir zu genesen?

**Die Seele:** Meine Kaiserin, ich fürchte eine heimliche Arznei —
Gott hat sie mir gar oft gegeben,
Daß ich davon möchte genesen.

**Die Minne:** Will man die Gefangenen nicht haben todt,
So gibt man ihnen Wasser und Brod;
Die Arznei, die dir Gott öfter gegeben,
War eine Erfrischung in das menschliche Leben.
Wenn aber kommt dein Ostertag [1]
Und dein Leib empfängt den Todesschlag,
Dann will ich dich ganz umfah'n
Und will dich ganz durchgan;
Ich will dich deinem Leibe stehlen
Und dich zu Gott empor erheben.

**Die Seele:** O Minne, diesen Brief hab' ich geschrieben
Aus deinem Munde; nun gib mir dein Insiegel.

---

[1] D. i. der Tag beschaulicher Entrückung.

Greith, Mystik.                    15

Die Minne: Wer je Gott über sich selber liebgewann,
Weiß wohl, wo er das Siegel nehmen kann.
Es liegt zwischen uns zwei'n,
Die minnende Seele findet es allein.

Die Seele: Schweig', o Liebe, sprich nicht mehr —
Gehuldigt sei dir, Jungfrau schön,
Von allen Creaturen und von mir.
Sag' meinem Lieben, das Bette sei bereit
Und ich minnekrank nach ihm.
Ist dieser Brief zu lang, so liegt die Schuld daran:
Ich war in der Matten, wo ich mancherlei Blumen fand,
Zu einem Kranze ich sie wand.
Dieß ist eine süße Jammerklage —
Das Lied von dem Minneschlage.

## Die Qual der Minne.

Mein Leib, der liegt in langer Qual,
Die Seele mein in hoher Wonne,
Beschaut hat sie die hehre Sonne
Und ist hinauf zu Gott gegangen,
Hat da mit ihrem Arm umfangen
Ihren Lieben allzumal,
Von ihm, ach, hat die Arme ihre Qual.
Zieht er sie an, so fließet sie;
Es kann ihr hier genügen nie,
Bis er sie bringet zu sich selbst.
Sie spräche gern und kann es nicht,
Sie ist versenkt in das Wunderlicht
Der heiligen Dreifaltigkeit,
Bei der sie schwebt in Einigkeit.
Er läßt sie dann begehren,
Und sie begehrt nur das Lob ihres Herren.
Das kann sie in allen Dingen
Nach ihrem Willen nimmer finden.
Sie wünschte, daß er sie zur Hölle sende,
Daß er auch da gelobt würd' ohne Ende.
Sie sieht ihn an und spricht:
Herr, gib mir deinen Segen,
Daran ist Alles ja gelegen.
Dann zieht er sie mit seiner Gnade an
Und gibt ihr von Hulde einen Gruß,
Dem der tödtliche Leib nicht antworten muß.

Zur Seele spricht der Leib:
„Wo bist du gewesen?
Ich kann nicht länger ohne dich leben."
Die Seele spricht: Schweig', du Thor,
Ich will bei meinem Lieben wesen [1],
Solltest du auch nimmermehr genesen.
Ich bin seine Freude und er ist meine Qual.
Dieß soll ihre Qual wesen.
Nimmer möge sie daran genesen.
Diese Qual müssest du bestehen,
Nimmer sollst du ihr entgehen.

### Gottes Fluch [2].

Ich fluche dir:
Dein Leib müsse sterben,
Dein Wort müsse verderben,
Deine Augen müssen sich schließen,
Dein Herz müsse zerfließen,
Deine Seele müsse steigen,
Dein Leib müsse bleiben,
Deine Sinne müssen vergehen,
Dein Geist müsse vor der Dreieinigkeit stehen.

### Lob Gottes.

O du brennender Berg und auserwählte Sonne,
O voller Mond und tiefer Born der Wonne,
O nie erreichte Höh' und Licht unendlich groß,
O Weisheit nie erschöpft, Erbärmde schrankenlos,
O Stärke nie besiegt und Krone aller Ehren,
Dich will in diesem Lobe ehren
Die Mindeste, die du erschuffst.

### Der dreifache Sieg der Seele.

Welcher Mensch die Welt besieget,
Dem Leib unnützen Willen nimmet
Und den Teufel überwindet,
Das ist die Seele, die Gott minnet.

---

[1] Sein.
[2] A. a. O. Bl. 7.

Thut die Welt ihr einen Stoß,
Davon wird ihr die Noth nicht groß,
Thut ihr das Fleisch auch einen Wank,
Davon wird doch der Geist nicht krank.
Thut ihr der Teufel einen Blick,
Der schlägt die Seele nicht zurück.
Sie minnet und will immer minnen,
Und sie kann anderes nicht beginnen.


### Die Biere im Streite Gottes.

O Taube ohne Galle, o Mägdlein ohne Schmerz,
O Ritter ohne Wunden, o Dienstmann ohne Zagen,
Dieß sind die Biere,
Die Gott in seinem Streite wohl behagen.


### Wechselgruß Gottes und der Seele.

O Kaiser aller Ehren, o Kron' ob allen Fürsten,
O Weisheit aller Meister, o Geber aller Gaben,
O Erlöser aus aller Gefängniß!

„Ich komme zu meiner Lieben,
Von der ich lange fern geblieben,
Wie im Maien auf Anger und Au
Zur Blume fließt der Morgenthau.“

O fröhliches Schauen, o lieblicher Gruß,
O minnigliche Umhalsung sehnender Begehrung,
Dein Wunder, o Herr, hat mich verwundet,
Deine Gnade hat mich erdrücket!
O hoher heimlicher Fels,
Du bist so wohl durchgraben,
In dir mag Niemand nisten zu Berg und Thal,
Als die Turteltaube und die Nachtigall.

„Sei willkommen, liebe Taube,
Du bist so gut geflogen auf dem Erdreich,
Daß die Flügel dir wuchsen in's Himmelreich.
Du schmeckest wie die Traube,
Du riechest wie der Balsam,
Du leuchtest wie die Sonne.“

O gießender Gott in deiner Gabe,
O fließender Gott in deiner Minne,
O brennender Gott in deiner Gehrung,

O ruhender Gott in meiner Brust,
Du allein gibst Ruhe mir und Lebenslust.

„O schöne Rose in dem Dorne,
O fliegende Biene auf dem Anger,
O reine Taube in deinem Wesen,
O schöne Sonne in deinem Schimmer,
O voller Mond in deinem Glanze,
Ich will dich adeln und dich ehren,
Du sollst dich niemals von mir kehren!"

Du bist mein Spiegelberg und meine Augenweide,
Ein Verlieren meiner selbst,
Ein Sturm meines Herzens,
Und in dieser argen Zeit
Meine ganze Sicherheit.

### Die Hofreise der Seele. [1]

Wenn die Seele kommt zu Hof,
Ist sie weis' und wohlgezogen
Und sieht ihren Gott fröhlichen an.
Eja, wie lieblich wird sie da empfangen,
Wie herzlich da von ihm umfangen!
Sie schweigt und begehrt nur sein unermeßlich Lob.
Mit großer Gehrung zeigt er ihr sein göttlich Herz,
Wie wird sie davon entzückt, die Holde!
Es ist gleich dem rothen Golde,
Das in dem Kohlenfeuer schmelzt.
Er thut sie in sein glühend Herz,
Benimmt ihr allen menschlichen Schmerz.
O wie da der hohe Fürst und das kleine Kind
In wonniglicher Umhalsung vereinet sind!
Wie Wasser sich vermischt mit Wein,
Mag die Verbindung beider sein!
Sie wird zu Nicht und kommt ganz außer sich,
Er zieht sie an sich minniglich.
„Herr, spricht sie, du bist mein Traut,
Und ich bin deine geistlich' Braut,
Du bist ein fließender Brunnen meiner Wonne,
Meine Sehnsucht und meine leuchtende Sonne,
Meines minnevollen Herzens Siegel,
Und ich bin deines Angesichtes Spiegel."

[1] A. a. O. Bl. 6.

Dieß ist der Seele Hofereise in der Minne,
Die beide weder Nacht noch Tag
Ohne ihren Lieben leben mag.


## Erkenntniß und Genuß in der Minne.

Minne ohne Erkenntniß
Dünkt der Seele Finsterniß,
Erkenntniß ohne Genuß ist ihr nur Schein,
Und auf Erden Höllenpein,
Genuß ohne geistlichen Tod
Hält sie für die höchste Noth.


## Die Seele und Sancta Maria. [1]

Der süße Thau der unbeginnlichen Dreifaltigkeit
Ergoß sich aus dem Brunnen der ewigen Gottheit
Auf die Blume der auserwählten Magd;
Der Blume Frucht war ein Mensch und Gott,
Beide tödtlich und dennoch ohne Tod.
Der lebendige Trost des ewigen Lieb
Und unsere Erlösung ist Bräutigam geworden,
Von dem Schauen des Antlitzes Gottes
Ward trunken die reine Gottesbraut.
In der größten Stärke kommt sie [2] von sich selber,
In dem schönsten Licht ist sie blind in sich selber,
In der größten Blindheit sieht sie am klarsten;
In der größten Klarheit, die sie hat in Gott,
Ist sie in sich beides, lebend und todt.
Je länger sie todt ist, je fröhlicher sie lebt;
Je fröhlicher sie lebt, je mehr sie erfährt;
Je reicher sie wird, je ärmer sie ist;
Je tiefer sie wohnt, je weiter sie ist;
Je mächtiger sie ist, je tiefer ihre Wunden werden;
Je höher sie schwebt, je schöner sie leuchtet
An dem Gegenblick der bloßen Gottheit;
Je mehr sie arbeitet, je sanfter sie ruht;
Je mehr sie begreift, je stiller sie schweigt;
Je mehr Wunder sie wirkt in seiner Macht,
Je mehr seine Lust nach ihr wächst;

---

[1] Das Geistreiche dieser Parallele zwischen der Erschaffung der Seele und Maria's wird dem Theologen nicht entgehen.
[2] D. i. die Gottesbraut und die Seele in der Beschauung.

Je minniglicher beide sich ansehen, je schmerzlicher ist ihr Scheiden;
Je mehr er ihr gibt, je mehr sie verzehrt;
Je demüthiger sie Urlaub nimmt, je eher sie wiederkömmt;
Je heißer sie bleibt, je mehr sie entfunkelt;
Je mehr sie entbrennt, je schöner sie leuchtet;
Je mehr Gottes Lob verbreitet wird,
Je größer ihre Sehnsucht bleibt.
Eja, woher fährt unser Erlöser-Bräutigam
Im Jubilus der heiligen Dreifaltigkeit?
Als Gott nicht mehr allein wollte in sich selber sein,
Da schuf er die Seele und gab sich ihr
Von großer Liebe ganz zu eigen.
Wovon bist du gemacht, o Seele, daß du so hoch
Hinaufsteigst über alle Creaturen
Und dich in die höchste Gottheit mengest,
Und dennoch ganz bleibst in dir selber?
Du hast gesprochen: „Von meinem Anbeginne",
Und ich sage dir: wahrlich, ich war in jener Stätte
Einst erschaffen von Gottes Minne;
Darum mag auch nach meiner edlen Natur
Nie mich trösten eine Creatur;
Nichts auch hab' ich in der Welt gemein,
Mir genügt die Minne allein.
Frau Sancta Maria, dieses Wunders du eine Mutter bist,
Sag', wann geschah dir diese hohe List?
„Als unsers Vaters Jubilus betrübt war mit Adams Fall
Und er mit mir empfing den Zorn,
Erwählte er mich zu einer Braut, daß er etwas zu minnen hätte,
Denn groß war da die Noth,
Die edle Seele, seine liebe Braut, war todt.
Da erkor der Sohn mich zu einer Mutter,
Der heilige Geist mich zu seiner Braut;
Ich wurde das Lied der Dreifaltigkeit
Und zur Mutter der waisen Menschen.
Ich trug sie hinauf vor Gottes Augen,
Daß sie nicht gänzlich versänken,
Wie dennoch Vielen geschah.
Als ich dann Mutter war manches edlen Kindes,
Wurden meine Brüste mir so voll
Der reinen Milch milder Erbärmde,
Daß ich säugte die Altväter und Weissager,
Ehe Gott geboren ward nach eines Menschen Art.
Dann in meiner Kindheit säugte ich Gottesbraut
Die Christenheit an dem Kreuzesstamm,

Und ward so jammervoll und dürre,
Daß das Schwert seiner leiblich' Pein
Mir geistlich schnitt in die Seel' hinein."
In dem großen Leiden stunden
Offen ihre Brüste, seine Wunden,
Die Wunden gossen, die Brüste flossen,
Daß in jener Todesstund die Seele ward gesund.
Als er den blanken rothen Wein
Ihr goß in den rothen Mund hinein,
Und sie aus den off'nen Wunden ward gebor'n,
Wie rein sie ward, wie jung und auserkor'n!
Sollte sie nach Jesu Tode voll genesen,
So mußte Gottes Mutter auch ihre Mutter und Amme wesen.
Das war wohl billig und recht;
Gott ist ihr Vater und sie ist seine Braut.
Durch ihn ist sie an Gnaden reich
Und ihm an allen Gliedern gleich [1].
O milde Frau, in deinem Alter säugtest du
Die Apostel mit Lehre und mit kräftigem Gebete,
Daß er seinen Willen an ihnen thäte.
Frau, so säugtest du und säugst noch
Die Martyrer an deinem Herzen
Mit starkem Glauben in ihren Schmerzen,
Die Beichtiger mit Schirm an ihren Ohren,
Die Mägde mit deiner Keuschheit,
Die Wittwen mit Stetigkeit,
Die Gerechten mit Milde, die Sünder mit deines Schutzes Schilde.
Frau, auch uns mußt du noch säugen,
Denn deine Brüste sind so voll;
Wolltest du uns nicht säugen mehr,
So thäte dir die Milch gar weh.
Ich habe sie so voll gesehen,
In meinem Schauen ist es mir geschehen,
Daß sieben Strahlen von jeder flossen
Und über Seel' und Leib sich mir ergossen.
Zur Stunde benahmst du mir alle Arbeit,
Die kein Gottesfreund trägt ohne Herzeleid.
Noch ferner mußt du sie ernähren,
Du hast deine Kinder gewöhnt und ihnen Milch gegeben,
Bis sie ausgewachsen sind zum ewigen Leben.
Eja, darnach sollen wir erkennen und sie sehen
Die Milch und auch die Brust, die Jesus so oft hat geküßt.

---

[1] Aehnlich.

## Das Gebet der minnenden Seele.
#### (Zwiegespräch.)

Eja, Herre, minne mich innig und minne mich oft und lang;
Je inniger du mich minnest, je schöner ich werde;
Je öfter du mich minnest, je reiner ich werde;
Je länger du mich minnest, je heiliger ich werde.
„Daß ich dich innig liebe, hab' ich von meiner Begierde,
Denn auch ich begehre, daß man mich innig liebt;
Daß ich dich öfter minne, hab' ich von meiner Natur,
Denn ich bin selber die wahre Minne;
Daß ich dich lange minne, kömmt mir von der Ewigkeit,
Denn ich bin ohne Ende und habe keine Zeit."

## Der Leidensweg der Minne.

Gott leitet seine Kind, die von ihm erwählet sind,
Gar wunderbare Wege auf dieser Erde.
Er ist sie selbst in Angst und Bangen
Auf Erden einst für uns gegangen.
Wohl edel und heilig sind die Wege,
Daß ein Mensch Peinen leidet und Schläge,
Ohne Sünden und große Schuld,
Einzig nur durch Gottes Huld.
Im Leiden freut die Seele sich,
Die nach Gott begierig ist;
Denn sie mag anders nicht begehren,
Als den Willen ihres Herren,
Der durch seine Wohlthat so manche Pein erduldet hat
Und Marter litt von beiden, von Juden und von Heiden,
Mit hoher Geduld, ohne alle Schuld.
Den hohen Weg hält auch die treue Seele inne
Und leitet nach ihr die wilden Sinne,
Wie der Sehende thut dem Blinden,
Daß er den rechten Weg mag finden.
So bleibt die Seele frei und lebt ohn' Herzeleid,
Denn sie ist zu Anderem nicht bereit,
Als was ihr Herr will weise und gut,
Der ob allen Dingen je das Beste thut.

## Das Sterben in der Minne.

Ich freue mich, den zu minnen,
Der mich minnet und begehrt,

Daß ich ihn ohne Maß
Minnen soll ohne Unterlaß.
Freu' dich, Seele, denn dein Leben
Hat sich für dich in Tod begeben,
Und minne ihn so sehr,
Daß du sterben magst für ihn.
So brennst du immer mehr und unverlöscht,
Wie ein lebendiger Funke steht
Im großen Feuer der hohen Majestät,
Da wirst du Minnefeuer voll!
„Du darfst mich nicht mehr lehren,
Ich mag mich von der Minn' nicht kehren,
Ich muß nun ihr Gefang'ner sein,
Anders mag ich gar nicht leben,
Wo sie wohnet, muß ich schweben,
Beide im Tode und im Leben;
Das ist der Thoren größte Thorheit,
Die leben wollen ohne Herzeleid.“

### Der Bräutigam zur Braut.
#### Vide me Sponsa.

Sieh, wie schön meine Augen sind,
Wie recht mein Mund und wie feurig mein Herz,
Wie klein meine Hände, wie schnell meine Füße,
Folge mir, o Braut! du sollst mit mir gemartert werden,
Verrathen von dem Neid, versucht in der Einsamkeit,
Gefangen von dem Hasse, gebunden von dem Ohrenblasen,
Vor Gericht gezogen in der Beichte, geohrschlagt mit der Buße,
Zu Herodes gesandt mit dem Spotte, gegeißelt mit der Armuth,
Gekrönt mit der Verachtung, angespieen von der Schmähung,
Dein Kreuz tragen im Hasse der Sünden,
Gekreuzigt mit dem Tod des eigenen Willens,
Genagelt an das Kreuz mit den Tugenden,
Verwundet mit der Minne, Sterben am Kreuze mit Geduld.
In das Herz gestochen mit steter Einigung,
Vom Kreuz gelöst mit dem Siege über alle Feinde,
Begraben werden in der Verachtung der Welt,
Vom Tode erstehen nach einem seligen Ende,
Zum Himmel fahren in einem Zuge des göttlichen Athems.

### Die sieben Tagzeiten der Minne.

Mette: Minne voll ein süßes Wohl.
Prim: Minne Begehre eine süße Schwere.

Terz:    Minne Luft ein füßer Durft.
Sext:    Minne Fühlen ein füßes Erkühlen.
Non:    Minne Tod eine füße Noth.
Vesper:    Minne Fließen ein füßes Gießen.
Complet: Minne Ruh', was Süßeres findeft du?

### Wechselloben.

Meine Seele fprach zu ihrem Lieben:
Herr, deine Milde ift für meinen Leib ein Erquicken,
Deine Barmherzigkeit für meine Seele ein Troft,
Deine Minne ift die Ruhe für mein Wefen ewiglich.
„Du bift mein Lamm in deinen Peinen,
Meine Turteltaube in deinem Weinen,
Meine Braut in deinem Harren und Beiten.“

### Die Einöde der Seele.

Du follft minnen das Nicht
Und follft fliehen das Icht;
Du follft alleine ftehen
Und fonft zu Niemanden gehen;
Du follft dich ftille halten,
Von allen Dingen dich enthalten;
Du follft die Gefangenen entbinden
Und die Freien mit der Minne bezwingen;
Du follft die Siechen laben,
Doch fie bei dir nicht haben;
Du follft das Waffer der Peine trinken,
Die Minneglut mit Tugendholz entzünden,
Dann wohnft du in der wahren Einöde.

### Verheißung und Lob.

„Mit der Bosheit deiner Feinde follft du geziert werden,
Mit den Tugenden deines Herzens follft du geehrt werden,
Mit deinen guten Werken follft du gekrönt werden,
Mit unfer Zweier Minne follft du erhöht werden,
Mit meinem luftbaren Wunder follft du geheiligt werden.“

O mein Lieber, unfchuldige Schmach beluftigt mich,
Tugend des Herzens begehre ich,
Guter Werke leider entbehre ich,
Unfer Zweier Minne verderbe ich,
Deines fchönen Wunders bin gar unwürdig ich.

Unser Herr rühmt sich im Himmelreich
Seiner minnenden Seele auf dem Erdreich:
„Seht, wie schön kommt sie hinangestiegen,
Die mein Herz verwundet hat!
Sie hat den Affen der Welt von sich getrieben,
Den Bären der Unkeuschheit überwunden,
Den Löwen des Hochmuthes unterworfen,
Dem Wolfe der Gier den Ranzen zerrissen,
Und kommt wie ein gejagter Hirsch gelaufen
Nach dem Brunnen, der ich selber bin;
Von der Tiefe hinauf zu mir sie bringet,
Wie der Aar zur Höh' empor sich schwinget.

### Das Kleinod der Seele.

#### (Zwiegespräch.)

„Du jagst gar hitzig in der Minne,
Was bringst du mir, o Königinne?"
   Herr, ich bringe dir mein Kleinod,
   Das ist größer als die Berge,
   Breiter als die Welt, tiefer als das Meer,
   Höher als die Wolken, schöner als die lichte Sonne,
   Mannigfaltiger als die Sterne,
   Es wiegt mehr als die ganze Erde.
„O ein Bild meiner Gottheit,
Geehrt mit meiner Menschheit,
Geziert mit meinem Geiste —
Wie heißt dein Kleinod?"
   Herr, es heißt: meines Herzens Lust,
   Ich trag' sie geborgen in meiner Brust;
   Der Welt hab' ich sie entzogen,
   Mir selber vorenthalten und allen Creaturen versaget;
   Nun mag ich dieß Kleinod nicht länger alleine tragen.
   Herr, wohin soll ich es legen?
„Leg' nirgends, o Traute, deines Herzens Lust
Als in mein göttlich Herz und in meine menschlich Brust;
Da allein wirst du getröstet und von meinem Geist geküßt."

### Die Jahrwoche der heiligen Geschichte.

Der Tag der Sehnsucht und seliger Freude in der Vorverkündung Christi,
Der Tag der Ruhe und leiblicher Zartheit in der Geburt Christi,
Der Tag der Treue und minniglicher Einigung am hohen Donnerstag,
Der Tag der Milde und herzlicher Liebe am stillen Freitag,

Der Tag der Gewalt und fröhlicher Freude an der Auferstehung,
Der Tag des Glaubens und sehnenden Jammers am Auffahrtstage,
Der Tag der Wahrheit und des fließenden Trostes am Pfingstfest,
Der Tag der Gerechtigkeit und strengen Vergeltung am jüngsten Gericht;
Dieß ist die heilige Woche für uns alle. —
Sieben Tage davon sollen w i r begehen,
Einen will der H e r r mit uns am jüngsten Tage feiern.

### Die Sehnsucht der Minne.

Ich stürbe gern vor Minne, möcht' es mir geschehen,
Ihn, den ich minne, habe ich gesehen
Mit meinen lichten Augen in meiner Seele stehen.
Die Braut, die ihren Liebsten liebt
Und ihm in ihrem Herzen Herberg gibt,
Sie darf nicht ferne gehen,
Die Minne kann nicht wohl vergehen.
Wenn die Jungfrauen dem Jüngling nachgehen,
Ist seine edle Natur so bereit,
Daß er sie wieder gern empfängt
Und sie seinem Herzen nahe legt.
Das mag den Dummen leicht entgehen,
Die ungern nach dem Lieben streben.

### Die Wehmuth der Minne [1].

O edler Aar, o süßes Lamm, o Feuergluth,
Entzünde mich nach dir, mein einig Gut;
Wie lange soll ich so dürre sein?
Eine Stunde ist mir allzuschwer,
Ein Tag mir tausend Jahr vor Pein,
Wenn du mir wolltest fremde sein;
Sollte es acht Tage währen,
Ich wollte lieber zur Höll' begehren,
Darin ich dennoch bin,
Wenn du mir wolltest fremde sein.
Das ist Pein über den menschlichen Tod
Und geht über alle bittere Noth.
Es muß ja singen die Nachtigall,
Ihre Natur spielt von Minnen all;
Wer es ihr benähme, so wäre sie todt;
Eja, großer Herre, bedenke meine Noth.
„Edle Jungfrau, euer Lieber will kommen;
Bereitet euch vor." Sie sprach: Traut' Bote, käme er doch bald!

---

[1] A. a. O. Bl. 17.

Ich bin so böse und gar so ungetreu,
Ohne meinen Lieben kann ich nirgends sein;
Und wenn ich von seiner Minne Kühlung empfinde,
So wird mir an allen Enden weh,
Und jammernd muß ich nach ihm gehen.
„Ihr sollt wünschen, spricht der Bote, und begießen,
Und beten und Blumen streuen von den Wiesen,
So wird eure Traurigkeit von hinnen gehen.“
Wenn ich wünsche, so muß ich mich schämen;
Wenn ich begieße, so muß ich weinen;
Wenn ich bete, so muß ich hoffen;
Wenn ich Blumen breche, so muß ich minnen.
Wenn dann mein Herr naht, komm' ich von mir selber,
Denn er bringt mir so manchen süßen Saitenklang,
Der mir benimmt all' meines Fleisches Wank;
Sein Saitenspiel ist voll von aller Süßigkeit,
Das mir vertreibet all' mein Herzeleid.

### Das Schauen in Gott. [1]

Die Zunge der Gottheit hat zu mir gesprochen gar manches
kräftige Wort; ich habe es empfangen mit den schwachen Ohren
meiner Schnödigkeit; das allergrößte Licht hat sich gegen die
Augen meiner Seele aufgethan. Darin sah ich die unaus=
sprechliche Ordnung und erkannte die unergründliche Ehre, das
unbegreifliche Wunder, das Sonderliebkosen (Gottes und der
Seele) mit voller Unterscheidung, die Genügde auf das Höchste
und die große Zucht in der Erkenntniß, den Genuß mit dem
Abbruch nach der Macht der Sinne, die ungemengte Freude in
der Einigung der Heiligen und das lebendige Lieb der Ewig=
keit, wie es nun ist und ewig bleiben wird. Da sah ich auch
vier Strahlen; sie schossen allzumal aus der edelsten Armbrust
der überhohen Gottheit von dem göttlichen Throne durch die
neun Chöre der Engel und der Seligen herab. Da ist Nie=
mand weder so arm, noch so reich, daß ihn die Armbrust nicht
treffe. Der Strahl der Gottheit durchschießt sie mit einem un=
begreiflichen Lichte, die minnende Menschheit des Sohnes grüßet
sie brüderlicher Gesellschaft, der heilige Geist rührt sie mit dem

---

[1] Schließt sich in der Handschrift unmittelbar dem Obigen an.

Durchfluß der wunderbaren Schöpfung ewiger Wonne, der un=
getheilte Gott speist sie mit dem Blicke seines hehren Antlitzes
und erfüllt sie mit dem Lebensathem seines fließenden Mundes.
Und wie sie gehen ohne Mühen gleich den Vögeln in der Luft,
wenn sie keine Federn rühren, und wie sie fahren mit Leib und
Seele, wohin sie wollen, und doch in ihrer Satzung bleiben
unvermischt! Und wie die Gottheit klinget, die Menschheit
singet, der heilige Geist die Leier des Himmelreiches schwinget,
daß alle die Saiten müssen erklingen, die da gespannt sind in
der Minne! Da sah ich auch die hehre Gottesarche, darinnen
Christus neun Monate saß, mit Seele und mit Leib. Da sah
ich auch, wie schön unsere Frau an dem Throne stand zur Lin=
ken des himmlischen Vaters in aller möglichen Erschaffung
unverborgen, und wie ihr Leib ist verklärt und geformt nach
der edlen Erleuchtung der Seele, und wie die Brüste voll sind
der süßen Milch und die Tropfen fließen den Menschen zu lieb,
so daß der Mensch über alle Creaturen geadelt ist und die
hohen Fürsten, die Erzengel, sich verwundern, daß andere Für=
sten, die Menschen, über sie hinaufgekommen sind; darum es
wohl billig ist, daß Maria vor Gott als unser voller Zeuge
da sei. Zur Rechten Gottes steht Jesus, unser Erlöser, mit
offenen Wunden, blutig und unverbunden, des Vaters Gerech=
tigkeit zu überwinden, die manchem Sünder gar nahe liegt.
Denn so lange die Sünde auf dem Erdreich währet, sollen
Christi Wunden offen bleiben, blutig — aber ohne Schmerz;
dann aber nach dem Gerichte wird Christus ein neues Kleid
anziehen, das nie gesehen ward. Die süßen Wunden werden
heilen, als ob ein Rosenblatt gelegt wäre an der Wunden
Stelle. Dann sieht man das fröhliche Minneleben, das nimmer
soll vergehen; dann wird der unerschaffene Gott seine ganze
Schöpfung erneuern und so verjüngen, daß sie nicht mehr altern
kann. Nun gebricht mir das Deutsche, lateinisch kann ich nicht.
Was hierin Gutes liegt, daran bin ich nicht Schuld; denn nie
war ein Hund so bös, lockte ihn sein Herr mit einer weißen
Semmel, er käme dann sehr gerne.

### Der Wechselgesang. [1]

Du leuchteſt in die Seele mein,
Wie auf das Gold der Sonne Schein;
Kann ruhen ich in dir, o Herr,
Iſt meine Wonne mannigfalt.
Du kleid'ſt dich mit der Seele mein,
Ich bin nach Leib und Seele dein;
Du biſt der Seele nächſtes Kleid,
Soll da ein Scheiden je geſchehen,
Ich fänd' nie größer's Herzeleid.
Wollteſt du mich ſtärker minnen,
Sicher käme ich von hinnen,
Wo ich dich ohne Unterlaß
Nach Wunſche möchte minnen.
Nun hab' ich dir geſungen,
Doch iſt's mir nicht gelungen,
Willſt du mir wieder ſingen,
Das müßte dir gelingen.

„Wenn ich ſcheine, mußt du leuchten;
Wenn ich fließe, mußt du wachen;
Wenn du ſeufzeſt, ziehſt du mein Herz in dich;
Wenn du nach mir weineſt, nimm ich dich an meinen Arm
Wenn du wieder minneſt, werden wir zwei Eins.
Dann kann kein Scheiden mehr geſchehen,
Nur ein wonnigliches Beiten
Waltet zwiſchen uns beiden."

Herr, ſo will ich beiten mit Hunger und mit Durſt,
Mit ſehnendem Jammer und mit minnender Luſt,
Bis an die ſpielende Stunde,
Wann von deinem göttlichen Munde
Fließen die erwählten Worte,
Die noch Niemand hörte,
Als die Seele allein,
Die, entkleidet von der Erde Schein,
Legt ihr Ohr an deinen Mund, —
Nur die begreift der Minne Fund.

### Wieder ein Wechselgesang.

„Du biſt ein Licht der Welt,
Die Kron' der Mägde auserwählt,

Eine Salbe für die Wunden,
Eine Treue der Gesunden,
Eine Braut, gesendet in die Zeit,
Um mich zu minnen in Ewigkeit.
„Du bist das Licht in allen Sonnen,
Die Blume schön ob allen Kronen,
Die Salbe auch ob allen Wunden,
Die Treue rein in den Gesunden,
In jeder Herberg stets der beste Wirth,
O selig, wer nach dir begierd't."

### Verwundung und Heilung durch die Minne.

Wer jemals wird zu einer Stund
Von rechter Minn' im Herzen wund,
Der wird wohl nimmermehr gesund,
Er küsse denn denselben Mund,
Von dem die Seel' ist worden wund.

### Die Freiung in der Minne.

„Eja, liebe Taube, deine Füße sind roth,
Deine Flügel sind eben, dein Mund ist recht,
Deine Augen sind schön, dein Haupt ist schlicht,
Dein Wandel ist lustlich, dein Flug ist schnell,
Doch fliegst du allzu schnell zur Erde nieder."

Herr, meine Füße sind gefärbt von der Erlösung Blut,
Meine Flügel geebnet von deiner Erwählung gut,
Mein Mund ist gerichtet von deinem heiligen Geist,
Meine Augen sind geklärt von deinem Lichte allermeist,
Mein Haupt ist gerade von deines Schirmes Stabe,
Mein Wandel lustlich von deiner milden Gabe,
Mein Flug ist schnell von meiner Lust an dir,
Mein Sinken kommt von meinem Leibe mir;
Je größere Erlösung du mir gibst im Leben,
Je höher kann ich in dir schweben.

### Trost der Seele bei Christus und den Heiligen. [1]

Eja, Herr Jesus Christ, deine unschuldige Pein tröstet
mich, weil ich selber an allen meinen Peinen schuldig bin; dein

---

[1] Bl. 27.

heiliger Tod haltet meine Gedanken lebendig bei dir und dein auswallendes Blut hat meine Seele durchflossen. Maria, liebe Mutter, ich stehe bei dir am Kreuze mit meinem ganzen Christenglauben, und das Schwert des heiligen Jammers schneidet mir durch die Seele, weil sie so wandelbar ist, die geistlich scheinet. Johannes Baptista, ich bin mit dir gefangen, die ungetreue Dirne der Falschheit hat Gottes Wort in meinem Munde getödtet. Johannes Evangelist, ich bin mit dir entschlafen in herzlicher Liebe auf der Brust des Herrn; da habe ich so hohe Wunder gesehen und vernommen, daß mein Geist oft ist von sich selber kommen. Petrus, ich bin mit dir die Vertraute Gottes, denn mir wird nimmer menschlich wohl, aber öfters wehe nach dem Lobe Christi. Paulus, ich bin mit dir wunderbar verzückt und sehe ein selten Haus; o möchte ich immer darin sein! Der himmlische Vater ist da der Mundschenk der Seligen, Jesus der Krug, der heilige Geist der lautere Wein, die Minne der gewaltige Keller; wie gerne nähme ich es an, wenn die Minne mich in's Haus erböte. Nun aber will ich auf Erden gerne Galle trinken. Eja, lieber Jesus, lohne es Allen leiblich, die mir hienieden Bitterkeit einschenken, denn sie machen mich gnadenreich. Mir kam ein Krug mit Galle, der so kräftig war, daß der Trank mir durch Leib und Seele ging, und ich bat Gott sonderlich für meinen Schenken, er wolle ihm dafür einschenken den himmlischen Wein. Er that es auch und sprach: „Jungfrau, gehab dich wohl; die Größe meines Wunders soll über dich ergehen, die Löwen sollen dich fürchten, die Bären sollen dich sichern, die Wölfe sollen vor dir fliehen und der Schenk soll dein Geselle sein." Ich bin deß gewiß, wie mir bisher geschehen, daß ich noch manchen Krug mit Galle austrinken soll; denn leider hat der Teufel unter geistlichen Leuten gar viele Schenken, die des Giftes so voll sind, daß sie es nicht selber trinken mögen; sie müssen den Gotteskindern bitterlich davon einschenken. Stephanus, ich knie bei dir vor den Judenherzen unter den scharfen Steinen nieder, denn sie fallen auf mich groß und klein. Die von außen gute Leute scheinen, steinigen mich im Rücken und fliehen, und wollen nicht, daß ich es etwa wisse, daß es mir von ihnen sei geschehen; doch hat es Gott gesehen. Laurentius, ich bin mit dir gebunden mehr denn zwanzig Jahr auf einem gräulichen Rost, aber Gott erhielt mich unverbrannt und hat in mir nun mehr denn sieben Jahre das Feuer gelöscht. Martinus, ich wohne mit dir in der Unachtbarkeit; allein die wahre Gottesminne hat mich gemartert mehr als alle Arbeit. Dominikus, lieber Vater mein, ich habe ein wenig Theil an dir; denn wohl manchen Tag habe ich begehrt, daß meines sündigen Herzens Blut möge fließen unter der Ungläubigen Füßen. Katharina, ich geh' mit dir zum Streit; denn die Meister der Hölle wollten mich fällen, als ihrer einer zu mir kam, schön wie ein Schein, der von der Sonne fließt, damit ich meinen sollte, er sei ein Engel. Er brachte mir ein leuchtendes Buch und sprach: „Nimm doch das Peize (Pax), wenn du nicht zur Messe kommen kannst." Mit eingezogener Weisheit sprach meine Seele: „Wer selbst den Frieden nicht hat, kann auch keinen Frieden geben." Da fuhr er hin, verwandelte sich und kam als ein armer kranker Mann daher, dem das Gedärm austreten will; er sprach: „Eja, du bist so heilig, so mache mich gesund." Die Seele sprach: „Wer selber krank ist, der kann Niemanden heilen." „Es steht geschrieben, fuhr er fort, wer besser steht, soll dem Andern helfen." „Es steht auch geschrieben: man soll Niemanden gegen Gottes Willen helfen." „Was man wohl thut, ist nicht gegen Gottes Willen." „Woran nichts Gutes ist, sprach die Seele, daran kann Niemand etwas Gutes thun. Du hast ein ewiges Siechthum; willst du genesen, so fahre hin und zeige dich einem Priester oder Bischof oder dann dem Papste. Ich selber habe keine Gewalt, als daß ich sündigen kann." Da sprach er mit Grimm: „Das werd' ich nimmer thun!" Und ward gleich einem schwarzen Rauch, benahm sich ungezogen und fuhr von hinnen. Ich fürchte mich dennoch nicht vor ihm. Maria Magdalena, ich wohne mit dir in der Wüste; denn elend sind mir alle Dinge dieser Welt, außer Gott allein. Herr, himmlischer Vater, zwischen dir und mir geht ohne Unterlaß ein unbegreiflicher Athem, darin ich viele unaussprechliche Wunder sehe, aber leider wenig Nutzen davon empfange; denn ich bin so schnöde, daß ich den mindesten Feuer-

16*

funken nicht erleiden mag. Die ungebundene Minne wohnt in
den Sinnen; sie ist gemengt mit den irdischen Dingen, so daß
der Mensch rufen mag: In der Gnade ist die wahre Minne,
in den Sinnen ist sie ungebunden. Sie soll steigen über die
Sinne und dem Leibe keinen Willen gestatten; dann wird sie
aufgezogen und gar stille, sie läßt ihre Flügel nieder und hört
auf die unaussprechliche Stimme, und sieht in das unbegreifliche
Licht, und wirft mit großer Begierde nach dem Willen ihres
Herrn. Mag dann der Leib auch federnschlagen, so kann doch
die Seele das Höchste, was geschehen kann, nimmer erfahren.
In dieser gebundenen Minne wird die verwundete Seele gar
reich und werden gar arm die äußeren Sinne; denn je größe=
ren Reichthum Gott in ihr findet, je tiefer sie im wahren Adel
der Minne sich demütigt. Welcher Mensch so gebunden wird
mit der Grundrührung der kräftigen Minne, der mag kei=
nen Fall zu Hauptsünden finden; denn die Seele ist in Gott
gebunden und muß ihn minnen. Gott möge uns alle so
binden [1]!

### Klage und Tröstung. [2]
#### (Wechselgesang.)

O unschätzbarer Hort in deinem Reichthum,
O unbegreifliches Wunder in deiner Mannigfaltigkeit,
O endlose Ehre in der Herrschaft deiner Herrlichkeit,
Wie weh mir nach dir sei, so lang du fern mir bist,
Möchten alle Creaturen dir nicht voll gesagen,
Wenn sie müßten für mich klagen;
Denn ich leide unmenschliche Noth,
Mir thäte viel sanfter ein menschlicher Tod.
Ich suche dich in den Gedanken,
Wie die Jungfrau verholen ihr Lieb;
Davon muß ich schwer erkranken,

---

[1] Diese Lehre, die nur in Beziehung auf die schon Vollendeten im
Himmel eine Geltung hat, wurde irrig auf die Gläubigen, die auf Erden
noch immer in der Prüfung und im Streite sind, angewendet und von
den späteren „Gottesfreunden" zum formellen Irrthum ausgebildet.

[2] Bl. 29.

Und verwirrt ist mir mein Sinn,
Weil ich von dir gebunden bin.
Ich fühle, daß das Band viel stärker ist als ich,
Kann von der Minne Macht, ach! nicht befreien mich.
Ich rufe dir mit voller Gehre,
Ich beite dein mit großer Schwere;
Ich kann nicht ruhen, was ich auch beginne,
Ich brenne voll in deiner heißen Minne,
Ich jage dich mit aller Macht,
Und hätt' ich eines Riesen Kraft,
Sie wäre bald von mir verloren,
Käm' ich dir nahe auf die Spuren.
Eja, Herre, nimm Alles, was ich von dir habe,
Laß mir aus Gnade nur noch jene Gabe,
Die von Natur du jedem Hund gegeben,
Daß ich dir t r e u e sei im ganzen Leben,
Und treu ohn' Widerspruch in jeder Noth,
Damit ich deines Reiches sicher sei, mein Gott!


„Liebe Taube, nun höre mich,
Meine Weisheit führt so gütig dich,
Daß ich jede meine Gabe
So für dich geordnet habe,
Daß sie dein armer Leib ertragen mag.
Dein heimlich Suchen wird mich finden,
Dein Herzenjammer kann mich zwingen,
Dein süßes Jagen machet mich so müde,
Daß ich in deiner Seel' mich gern erkühle,
Darinnen ich gebunden bin.
Sieh deines Herzens seufzendes Erbeben
Hat mir Barmherzigkeit zu dir gegeben,
Das ist dir nützlicher als mir.
Ich mag nicht einsam von dir sein,
Wie weit wir auch zertheilet sind,
Wir können dennoch nicht geschieden sein.
Gäb' ich mich dir ganz nach deinem Gehren,
Müßt' ich der Herberge in dir entbehren;
Denn tausend Leiber möchten nicht ertragen,
Was eine einzige Seele will erjagen;
Daher thut hohe Minne je
Dem armen Leibe harte weh."


O Herr, du schonest allzusehre
Meines pfuhligen Leibes Schwere;

Ich trinke hier den Wassertrunk der schnöden Welt,
Er ist so bitterlich für·meine Seel' bestellt.
Ich esse unter großem Jammer
Den Aschenkuchen weinend in der Kammer,
Ich bin verwundet auf den Tod
Von deinen feur'gen Minnestrahlen;
So groß auch ist meiner Leiden schwere Noth,
Du läßt mich ungesalbet in den Qualen.

„Herzliebe Königin mein,
Wie lang willst du so ungeduldig sein?
Wenn ich dich allertiefst verwunde,
Salb' ich dich minniglichst in gleicher Stunde.
Die Größe meines Reichthums ist alleine dein,
Und über mich selbst sollst du mächtig sein.
Dir bin ich inniglich von Herzen hold,
Hast das Gelöthe du, ich hab' das Gold.
Was du für mich gethan, gelassen und gelitten,
Will ich dir wieder reich entbieten,
Und mich selber dir im ewigen Leben
Nach deinem ganzen Willen geben.“

Herr, ich will dich zweier Dinge fragen,
Erklär' sie mir nach deinen Gnaden:
Wenn mein Auge sich zur Trauer neiget
Und mein Gemüth vor Kummer schweiget,
Und meine Zung' von Jammer ist gebunden,
Und meine Sinne mich fragen von Stund' zu Stunden,
Was mir sei? — dann, o Herr, geht
All' mein Sehnen nur nach dir.
Das Fleisch mir entfällt, das Blut mir vertrocknet,
Das Gebein mir verdorret, die Adern mich krämpfen,
Das Herz mir schmilzt in deiner Minne,
Die Seele brennt und ruft
Mit eines hungrigen Löwen Stimm' —
Wie mir dann sei, wo du dann bist,
Das sag' mir, Herre, wie es ist.

„Dir ist wie einer jungen Braut,
Der in der Nacht entging ihr Traut',
Den sie in allen Treuen sich wollte freien.
Sie mag es nimmer leiden,
Wenn er nur eine Stund' will von ihr scheiden.
Ist sie erwacht, kann sie von ihm nur so viel haben,
Als ihr Gedächtniß mag davon getragen;

Dann hebt sie Klagen an in schwerem Bangen,
Dieweil ihr Jüngling ist nicht heimgegangen,
Und muß gar oft allein und ferne von ihm sein.
Ich komm' zu dir, so oft ich will;
Halt' eingezogen dich und still,
Verbirg den Kummer, wo du magst, .
Dann mehret sich in dir der Minne Kraft.
Wo ich dann sei, das sag' ich dir,
Ich bin an allen Stätten und in mir,
Ich werde auch in deinem Herzen sein.
Im grünen Minnegarten harr' ich dein,
Da brech' ich dir die Blumen süßer Einigung
Und mach' ein Bette dir im Grase der Erkenntniß.
Die lichte Sonn' des Himmels dich bescheinet,
Im Wunder meiner Wonn' wirst du geeinet,
Zu dir neigt sich der Baum der Fruchtbarkeit,
Davon brichst du die Früchte meiner Menschheit.
Des Geistes Schatten schirmet dich vor Traurigkeit;
Du denkest nimmer an dein Herzeleid,
Wenn du den heiligen Baum umfängst.
Dann lehr' ich dich der Mägde Sang,
Ein schönerer noch nie erklang;
Wer ihn verstehen will und singen,
Muß einen süßen Wandel mit sich bringen.
Liebe, nun singe an und laß mich hören,
Wie du es kannst."

O weh, Herzlieber, ich bin heiser in der Kehle,
Doch deine süße Einkehr hat sie gestählet schnelle,
Daß ich nach meiner langen Klag'
Nun also singen mag:
Herr, dein Blut und das meine ist Ein Umwallen;
Deine Minne und die meine ist Ein Ungetheiltes;
Dein Kleid und das meine ist Ein Unbeflecktes;
Dein Mund und der meine ist Ein Minnegruß!
Dieß sind die Worte vom Gesang
Der Minne; ihre Stimm', ihr süßer Saitenklang,
Der möge immer bleiben,
Ihn kann nicht Menschenhand beschreiben.

### Verzückung in den Himmel.

So spricht die Seele zur Begehrung: Eja, fahre hin und
siehe, wo mein Geliebter ist, und sage ihm, ich wolle minnen.

Sogleich ging die Begehrung hin, denn sie ist von Natur aus
schnell, kam bald zu Hof und rief: Großer Herr, mach' auf
und lasse mich hinein. „Was willst du, sprach der Wirth,
daß du so sehr entbrennest?" Herr, ich künde dir, meine Frau
mag nicht länger also leben; wolltest du fließen, so würde sie
schweben, denn der Fisch kann nicht lange auf dem Sande
leben und frisch bleiben an der Luft. „Fahre zurück, ich lasse
dich nicht ein; bring' mir die hungernde Seele selber, nach der
mir vor allen Dingen lustet." Als der Bote zurückkam und
die Seele ihres Herrn Willen vernahm, eja, wie minniglich
sie es da bekam! Sie hob sich auf in einem sanften Zug
und schwebte empor in einem fröhlichen Flug. Ihr kamen,
von Gott gesandt, zwei Engel entgegen, und sprachen liebevoll
zur Seele: „Was wollt ihr in so hoher Ferne? Ihr seid ja
noch gekleidet mit der finstern Erde." Sie sprach: Ihr Herren,
schweiget still und grüßet mich ein wenig besser — ich will
minnefahren. Je näher ihr zur Erde sinket, je mehr ver-
berget euere süßen Himmelsblicke; je höher ich steige, je klarer
ich scheine. Da nahmen sie die Seele zwischenein und führten
sie fröhlich hin. Als die Seele sah der Engel Land, ward ihr
der Himmel aufgethan; sie erhob ihr Herz und sah ihren Lieben an, und sprach: O Herr, wenn ich dich sehe, so muß ich
dich in deiner wunderbaren Weisheit loben. Von wannen bin
ich gekommen, ich bin in dich verloren, ich mag nicht mehr der
Erde noch meines Herzeleides gedenken. Ich wollte dir wohl
Vieles über die Erde klagen, wenn ich dich einmal sähe;
aber dein Angesicht hat mich geschlagen, und du hast mich
über meinen Adel hoch erhoben. Sie kniete vor ihm nieder,
nahm ihre Krone vom Haupte, legte sie auf die rosenfarbenen
Narben seiner Füße und begehrte, daß sie ihm nahe kommen
dürfe. Da nahm er sie unter seine göttlichen Arme, legte seine
göttliche Hand auf ihre Brust und sah sie in das Antlitz an.
In dem Minnegruß ward sie entrückt in die höchste Höhe über
alle Engelchöre. Die mindeste Wahrheit, die ich da sah, hörte
und erkannte, übertrifft alle Weisheit, die auf Erden je genannt
wird. Ich sah da nie gehörte Dinge, wie meine Beichtiger
mir sagen; denn ich selber bin unkundig der Schrift. Nun

fürchte ich aber Gottes in Beidem, wenn ich davon schweige oder wenn ich vor unerfahrenen Leuten davon rede. Was vermag ich aber dessen, daß mir dieß geschieht und schon oft geschehen ist? In der Einfalt und Armuth meines Herzens hat Gott mir seine Wunder kundgethan.

Ich sah die Schöpfung und die Ordnung des Hauses Gottes, das er selbst mit seinem Munde hat gebaut. Er setzte darein das Liebe, das er mit seinen Händen schuf. Die Schöpfung des Hauses heißet der Himmel, die Chöre, die darin sind, das Reich; darum spricht man zusammen — Himmelreich. Das Himmelreich hat ein Ende in seiner Satzung, allein in seinem Wesen wird nie ein Ende gefunden. Der Himmel geht um die Chöre, und zwischen dem Himmel und den leiblichen Chören sind geordnet die weltlichen Sünder beinahe gleich hoch den Chören, daß sie sich da läutern und zu Gott kehren. Die Chöre sind so klein und heilig, daß ohne Keuschheit, ohne Minne und Entsagung aller Dinge Niemand darein mag kommen; denn sie waren alle heilig, die daraus fielen, und müssen darnach wieder heilig sein, die wieder hineinkommen wollen. Alle Westbaren [1] und die Kinder von sechs Jahren füllen den Bruch nicht höher, als bis zum sechsten Chor; darnach bis zu den Seraphim sollen die Mägde den Bruch ausfüllen, die sich mit jugendlichen Begierden beunreinigten, nicht aber mit der That, und sich darnach mit der Beichte reinigten. Sie mögen dessen doch sich nicht ganz erholen, daß sie die Lauterkeit verloren. Die da lautere geistliche Mägde sind, sollen nach dem jüngsten Tage über den Seraphim den Bruch erfüllen, von wo Lucifer und seine Nächsten verstoßen wurden. Denn Lucifer beging zumal drei Hauptsünden: Haß, Hoffart und Geiz; sie schlugen den Chor so geschwind in den ewigen Abgrund, als man sprechen kann Alleluja. Da erschrack das ganze Reich und es erbebten des Himmelreiches Säulen. Da fielen auch noch etliche der Anderen. Die Einöde [2] ist noch leer und ledig; darin ist Niemand, sie ist ganz lauter in sich selber und spielt von

---

[1] So die Handschrift.
[2] Die Handschrift hat: „das Elend" — die Fremde — der Limbo?

Wonne Gott zu Ehren. Ueber der Einöde ist der Gottesthron
gewölbet mit der Gotteskraft in blühend leuchtender feuriger
Klarheit und geht hernieder bis zur Himmelsgegend der Che=
rubim, so daß der Gottesthron und der Himmel Ein herrliches
Haus sind, und darin sind die Einöde und die neun Chöre be=
fangen. Ueber dem Gottesthron ist nichts mehr als Gott;
Gott, Gott, unermeßlicher großer Gott! Oben an dem Throne
sieht man den Spiegel der Gottheit, das Bild der Menschheit,
das Licht des heiligen Geistes, und man erkennt, wie die Drei
Ein Gott sind und wie sie sich in Eines fügen. Mehr kann
ich davon nicht sprechen. Lucifers Bruch muß Johannes Bap=
tista erfüllen und dessen Ehre besitzen in der süßen Einöde über
den Seraphim, und alle lauteren geistlichen Mägde mit ihm
sind noch behalten gegen der Einöde an dem Throne unserer
Frauen Sancta Maria; sie allein soll keinen Bruch ausfüllen,
denn sie hat mit ihrem Kinde aller Menschen Wunden geheilt,
die ihnen selber die Gnade Gottes gönnten und sie behalten
wollten. Ihr Sohn ist Gott und sie ist göttlich; ihr mag Nie=
mand gleich werden. Die Apostel wohnen allernächst bei Gott
an dem Throne und ·haben die Einöde und Seraphim zum
Lohne, je nachdem sie rein waren. Johannes Baptista ist auch
an dem Throne ein Fürst. Die Engel wohnen nicht höher als
bei Seraphim; alle da oben müssen Menschen sein. Die heili=
gen Martyrer und Gottes=Prediger und geistlichen Minner
kommen in die Chöre; da habe ich unbegehrt der Prediger
Lohn gesehen. Ihre Stühle sind wunderbar und ihr Lohn ist
sonderbar. Die vordersten Stühle sind zwei brennende Lichter;
sie bezeichnen die Minne und das heilige Beispiel, die unter
ihnen leuchten; die Lehnen der Stühle sind zu wonniglicher
Ruhe sanft, zum süßen Lohne für den Gehorsam eingerichtet,
dem sie hienieden unterthänig sind. Ihre Füße sind mit man=
cherlei kostbaren Steinen geziert zum Lohne für die Arbeit, die
sie mit ihren Füßen bestanden haben. O ihr Prediger, wie
regt ihr so ungern euere Zunge und neigt ihr euere Ohren so
nothlich an des Sünders Mund! Ich habe vor Gott gesehen,
ein Athem soll im Himmel aus euerem Munde scheinen; er soll
ausgehen aus den Chören vor dem Throne und den himmlischen

Vater loben um der Weisheit willen, die er euerer Zunge
gab, und grüßen den Sohn für seine hehre Gesellschaft, da er
selber ein Prediger war, und danken dem heiligen Geiste, der
aller Gaben ein Meister ist. So sollen die Gottes-Prediger
und die heiligen Martyrer und die minnenden Mägde sich erheben; ihnen ist die größte Ehre gegeben in wunderbarem Gewande und lieblichem Gesange und in den schönen Kronen, die
sie Gott zu Ehren tragen.

> Der Mägde Gewand ist lilienfar,
> Das der Prediger feurig und sonnenklar,
> Die Martyrer sind leuchtend rosenroth,
> Mit Jesu litten sie den blutigen Tod.
> Der Mägde Kränze sind mancherleifar,
> Der Martyrer Kronen ganz offenbar,
> Der Prediger Kranz ist blumenvoll,
> Was ihre Gottesworte bedeuten soll.

So gehen diese drei Reihen aus, vor Gottes Angesicht zu
spielen einen süßen Reigen, und es fließt ihnen entgegen dreier-
lei spielende Fluth, die ihr Gemüth ganz erfüllt, daß sie ohne
Mühe die Wahrheit singen, wie Gott sie gelegt hat in sie. Die
Prediger singen: O auserwählter Herr, wir sind deiner milden
Güte in williger Armuth gefolgt und haben deine weislosen
Schafe auf den rechten Weg getrieben, welche die Miethlinge
von Hirten gehen ließen! Die Martyrer singen: Herr, dein
unschuldig Blut hat erfüllet unseren Muth, daß wir wurden
deiner Marter Genossen! Die Seligen, die in dem Himmel
schweben und da so wonniglich leben, sind von einem Licht
umfangen und von einer Minne durchflossen und in einem
Willen vereinet; doch sind sie noch nicht würdig der Ehre, die
an den hehren Stühlen liegt:

> Sie ruhen in der Gotteskraft und fließen in die Wonne,
> Und halten sich im Gotteszug wie die Luft in der Sonne.

Aber an dem jüngsten Tag, wenn Gott sein Abendessen will
halten, wird man die Bräute gegenüber ihren Bräutigamen
bestuhlen; dann soll Lieb zu Lieb und der Leib zur Seele wieder kommen und volle Herrschaft besitzen in der ewigen Ehre.
O du lustliches Lamm und wonniglicher Jüngling Jesu, des

himmlischen Vaters Kind! Wenn du dich dann erhebest und
durch alle Chöre fährst und minniglich den Mägden winkest, so
folgen sie dir, wohin du gehst, und genießen deiner ewigen
Minnelust; sie ist voll Süßigkeit und innigster Einigung. Auch
die Wittwen sollen in herrlicher Freude folgen und ihr Ge=
nügen in der süßen Anschauung finden, wie das Lamm sich zu
den Mägden füget. Alle Chöre haben eine besondere Beleuch=
tung in ihrem Scheine und der Himmel die seine. Die Be=
leuchtung ist überaus herrlich, und den Chören und dem Him=
mel ist jedem seine eigene Verherrlichung gegeben. Wollte ich
von jedem nur ein Wörtlein sagen, es wäre kaum so viel, als
eine Biene Honig aus einem vollen Stock an ihren Füßen
möchte davontragen. Im ersten Chore wohnt die Freude, die
Sanftmuth im andern, im dritten die Minne, im vierten die
Süßigkeit, im fünften die Fröhlichkeit, im sechsten die edle
Ruhe, im siebenten die Fülle, im achten die Würde, im neun=
ten der Minnebrand. In der süßen Einöde wohnt die lautere
Heiligkeit, das Höchste in dem Throne ist die gewaltige Ehre
und die kräftige Herrschaft; das Höchste, was je im Himmel
war, ist die Verwunderung, darin die Seligen sehen, was da
ist und immer noch geschehen soll. Eja, die herrliche Wohnung
und die süße Ewigkeit und das kräftige Durchschauen aller
Dinge und die verborgene Gemeinschaft, die zwischen Gott und
jeder Seele ohne Unterlaß waltet! Darin liegt so innige Zart=
heit, hätte ich zu aller Menschen Weisheit noch aller Engel
Stimme, ich könnte sie dennoch nicht zu Worte bringen. Die
ungetauften Kinder wohnen in einer eigenen Würdigkeit,
die ihnen Gott in seinem Reiche hat bereit; weil sie nicht
Christen waren, tragen sie keine Kronen, denn Gott kann an
ihnen nichts belohnen; doch hat er ihnen von seiner Güte
gegeben, daß sie in großer Gemächlichkeit leben; die Fülle
der Gnaden ist das Höchste, was sie haben. Sie singen: Wir
loben den, der uns erschaffen hat und den wir leider niemals
sehen. Würden wir Peinen leiden, so wollten wir es immer
klagen, nun sollen wir uns wohl behaben.

Nun je höher meine Seele im Schauen ist gestiegen, je
minder Lob gebührt dem Leibe; man soll ihn wie einen Pfründ=

ner halten, der nicht mit am Hofe dienen mag. Man gibt
ihm Almosen aus Gottesliebe, und dieß ist wahrlich nützlich;
denn je edler der Hund, je fester das Halsband. Nun, lieber
Herr, diese Rede will ich befehlen deiner milden Güte und bitte
inniglich mit seufzendem Herzen und weinenden Augen und mit
verlassener Seele, daß sie kein Pharisäer jemals lese, deine
Kinder sie aber so vernehmen, wie du, o Herr, sie uns in der
rechten Wahrheit hast gegeben!

### Austausch in der Minne.

#### (Zwiegespräch.)

O süßer Jesu, allerschönste Form,
Unverborgen in Nöthen und in Liebe meiner Seele,
Ich lobe dich in der Minne, in Nöthen und in Liebe
Mit der Gemeinschaft aller Creaturen;
Das lustet über alle Dinge mich.
Du bist die Stimme aller Worte und die Kraft aller Tapferkeit,
Du bist die Lehre aller Weisheit und das Leben in allem Leben,
Du bist die Ordnung aller Wesen!
„Du bist ein Licht vor meinen Augen, eine Leier vor meinen Ohren,
Eine Stimme meiner Worte, eine Ehre meiner Weisheit,
Ein Lied in meinem Leben, ein Lob in meinem Wesen!"
Herr, du bist allzeit minnekrank nach mir,
Das hast du wohl bewiesen an dir;
Du hast mich geschrieben in das Buch deiner Gottheit,
Gemalt in deine reine Menschheit,
Gegraben in deine Hände und Füße;
Eja, mein Lieber, darf ich dir die Wunden salben?
„Wo wolltest du, Herzliebe, wohl die Salbe nehmen?"
Herr, ich wollte meiner Seele Herz entzwei reißen
Und dich in dieses Bette legen.
„Nimmer könntest du mir so liebe Salbe geben,
Als wenn ich allzeit in deiner Seele müßte schweben."
Herr, wolltest du mich mit dir nach Hause nehmen,
So wollte ich immerdar deine Arztnerin bleiben.
„Ja, ich will! Meine Treue heißt dich beiten,
Meine Minne lehrt dich arbeiten,
Meine Geduld mahnt dich zu schweigen,
Mein Kummer heißt dich Armuth leiden,
Meine Schmach heißt dich vertragen,
Meine Begehrung heißt dich Noth klagen,

Mein Sieg heißt dich die Tugenden vollführen,
Mein Ende heißt dich Vieles tragen,
Und darin hast du hohe Ehre,
Wenn ich dich deiner großen Last entlade."

### Der Nutzen der Versuchung. [1]

Würde dir ein Ritter wohl behagen,
Der mit vollen Waffen und mit edler Kunst,
Und dazu angethan mit ganzer Manneskraft
Und ausgerüstet mit gewandten Händen,
Gar leidig und furchtsam wäre
Und versäumte seines Herren Ehre,
Verlöre auch den reichen Sold
Und den edlen Lobesschall,
Den beide, der Herr und der Ritter,
Im ganzen Land behaben sollen?
Wo aber ein unritterlicher Mann wäre,
Der thatenlos niemals zum Streite kam,
Wollte der zum Fürstenturnier kommen,
Dem wäre bald sein Leib benommen.
Darum will Gott der Leute schonen,
Die so leicht zum Falle kommen;
Solche läßt er mit den Kindern streiten,
Wo sie kleine Kränzlein zum Lohn gewinnen.

### Die Macht der Sehnsucht.

Herr, die Kraft der Sehnsucht hat mir benommen
Meiner Stimme Worte. Da sprach der Herr:
„Jungfrauen können nicht wohl freien,
Denn ihre Scham ist von Natur gar edel."
O weh, sprach sie, du bist mir allzulange fremde,
Könnte ich, o Herr, dein Herz nicht so gewinnen,
Daß du nirgends möchtest ruhen, denn in mir allein?
Eja, wie ging es an ein Minnen!
„O du umwallende Taube, gönne mir,
Daß ich dich aufspare, es kann nicht lange währen,
Die Erde kann deiner jetzt noch nicht entbehren."
Eja, Herre, möchte mir das einmal geschehen,
Daß ich nach Herzenswunsch dich könnte sehen

---

[1] Bl. 46.

Und mit meinen Armen dich umfangen —
Wie müßt' zu Freud' sich wandeln all' mein Bangen,
Und deine Minnelust mir durch die Seele gehen,
Wie es doch nie auf Erden mag geschehen;
Ach, tausend Tode wären mir dafür zu leicht,
So ist, o Herr, nach dir mir weh!
Nun will ich fest in deiner Treue stehen;
Magst du, o Herr, es leiden,
So laß mich länger jammernd nach dir gehen;
Ich weiß es wohl, bei dir
Muß die erste Lust nach mir bestehen.


## Das Feuer und das Wachs der Minne.

Lebt die Seele in heiliger Gesinnung ihres Wesens,
Dann kommen in ihr zusammen zwei Naturen —
Das reine Feuer Gottes und das Wachs der minnenden Seele.
Ist der Demuth reiner Docht bereit,
So entzündet sich ein Licht, das man von ferne sieht.
Dann, o minnende Seele, wirst du so reich,
Daß durch Niemanden du verarmen kannst;
Und wärest du auch die allerärmste,
Durch Demuth wird man reich und wohlgezogen,
Durch gute Sitten edel und hochgeboren,
Von Minne wird man schön und lobesam,
Von unverdienter Schmach gar hoch zu Gott erhoben!


## Die Hut der Unschuld.

Willst du die Unschuld nicht verlieren,
Dein Mägdethum stets wahren und verzieren,
Das Gott so sehr geehret hat,
Daß er ein Sohn der Jungfrau ward,
So sollst du stets demüthig schweigen.
Und minniglich den Kummer leiden,
Und alle Tage deinen Fleiß d'ran legen,
Mägdlicher Schame wohl zu pflegen,
Dann kannst du in der Keuschheit leben.
O Jungfrau, was wird Gott dir geben?
Er selbst will dir zum schönen Jüngling werden,
Und dort mit dir den Himmelsreigen treten!
O ich unselig armer Hund, ich hülp' dir nach —
Nun rath', wie ich das meine,
Der reinen Mägde Zahl ist kleine!

## Die Wehmuth der Minne. [1]

Herr, die Schuld, womit ich dich verloren,
Sie steht vor meinen Augen wie ein hoher Berg;
Er hat Finsterniß gesetzet zwischen dir und mir
Und weite Fernen zwischen mir und dir;
Eja, Lieb vor allen Lieben, zieh' mich wieder an!
Ach, der künftige Fall, der kommen mag,
Steht vor meinen Augen wie ein Drachenmund,
Er kann verschlingen mich zu jeder Stund'.
Eja, mein einig Gut, begnade mich,
Daß unbefleckt ich fließen mag in dich.
Herr, sieh, mein irdisch' Wesen steht vor mir,
Gleich einem Acker, drauf gar wenig Gutes wuchs.
Eja, lieber. Jesu, sende mir den süßen Regen dein
Und deines Vaters milden Sonnenschein,
Und des heiligen Geistes sanften Thau,
Daß ich dir klagen kann mein Herzeleid.
Herr, dein ewig Reich steht vor mir offen,
Gleich der Braut geht nach dir all' mein Hoffen,
Wie lange denn soll ich noch deiner harren?
Eja, so hör' mein Flehen, Herzenstraut,
Und nimm zu dir die minnevolle Braut.
Herr, alle deine edle Gabe,
Die ich von dir empfangen habe,
Ist längst zu einem Ohrschlag mir geworden,
Ich hab' verschwendet hier dein Brautgeschenk.
„Dein Berg, o Traute, wird schmelzen im Minnen,
Kein Feind soll jemals Theil an dir gewinnen,
Auf deinen Acker wird die milde Sonne scheinen,
Und deine Frucht wird unverdorben bleiben.
In meinem Reich wirst du zur neuen Braut mir werden,
Da will ich dir den Kuß der Minne geben,
Ich werde ganz durch deine Seele schweben,
Mein Auge soll in deinem Auge spielen
Und ewige Wonne wirst du bei mir fühlen —
Wo ist dein Trauern dann geblieben?

## Der Tausch.

Weil ich Urlaub nahm von allen Creaturen,
Zogst du mich über alle Dinge hoch zu dir,

---

[1] Bl. 59.

Und weil ich keinen irb'schen Schatz mehr habe,
Hab' ich kein irdisch' Herze mehr;
Denn du, o Herr, bist jetzt mein Schatz,
Und darum bist du auch mein Herz.
Ja, du bist mein unwandelbares Gut,
Und ich — wie wandelbar in meinem Muth!

## Minnegruß.

Gegrüßt seist du, lebendiger Gott,
Vor allen Dingen bist du mein;
Endlose Freud' gewährt es mir,
Daß ich so reden darf mit dir.
Wenn mich jagen die Feinde mein,
Dann flieh' ich in die Arme dein.
Ich darf da immer wagen,
Dir all' mein Leid zu klagen,
Weil du dich neigst zu mir.
Du weißt wohl, wie du rühren kannst
Die Saiten in der Seele mein;
Eia, beginn' es allzuhand,
Daß immer ich muß selig sein.
Wohl bin ich keine edle Braut,
Doch bist du ja mein ehlich Traut,
Deß will ich allzeit freuen·mich.
Gedenke, wie du minnen kannst
Die reine Seel' in deinem Schooß;
Vollbringe es an mir zuhand,
Wiewohl ich bin dein' ungenoß'.
Eia, Herr, zieh' mich auf zu dir,
Dann werd' ich rein und klar;
Läß'st du mich aber in mir selbst,
So bleib' ich finster immerdar.
Der Herr spricht zu ihr: „Sieh mein Gruß,
Der ist ein großer Himmelsfluß;
Sollt' ich mich nach meiner Macht dir geben,
Du verlöreft bald dein menschlich Leben;
Darum ich mich meiner Macht enthalte
Und dich auf Erden noch zurückbehalte.
Doch übergeh'n wird deine Süßigkeit
Zur lichten Höh' der holden Würdigkeit,
Die Saiten werden süß dir klingen,
Die treue Minn' wird reichen Lohn dir bringen,

Zuvor noch ſtimm' ich in dir rein die Saiten,
Daß du auf Erden länger mögeſt beiten;
Denn hohe Bräut' und edle Ritterinnen,
Die man will frei'n mit treuen Minnen,
Muß man mit theuren Koſten vorbereiten.

### Hymnus des Vaters [1]
#### an Chriſti Himmelfahrt.

Sei willkommen, mein herrlicher Sohn,
Meine Hand iſt in deinem Werke, meine Ehre in deiner Gewalt,
Meine Kraft iſt in deinem Streite, mein Lob in deinem Siege,
Mein Wille iſt in deiner Wiederkunft, mein Wunder in deiner Auffahrt,
Mein Zorn in deinem künftigen Gericht.
Die unbefleckte Braut [2], die du mir bringſt,
Soll dein und mein und ewig ungeſchieden ſein.
Meine Gottheit iſt meine Krone,
Deine Menſchheit iſt meine Sonne,
Unſer beider Gott iſt ohne Beginnen
Ein Wille, Kraft und That in allen Dingen,
Deine Seele iſt unſer Dreien nächſte Braut.
O wie wonniglich ſie in unſerer Gottheit ſpielet,
Gleich dem wunderbaren Blitzen, das in der Sonne ſchwebt,
Das Niemand ſieht, als wer da ſchöne Augen hat.

### An die Minne.

Eja, liebe Gottesminne, behalſe du die Seele mein,
Denn es wär' mein Tod ob allem Weh,
Sollt' ich bleiben von dir frei.
Eja, ſorge Minne, daß ich nicht erkühle,
Meine Werk' ſind alle todt,
Schwer iſt meiner Seele Noth,
Wenn ich dich in mir nicht fühle.
O Minne, wie macheſt du ſo ſüße Pein,
Gibſt Lehr' und Troſt den Gotteskindern;
O Minne, dein gar ſüßes Band in deiner Hand
Hat die Gewalt, ſie bindet beide, Jung und Alt.
O Minne, große Bürde machſt du leicht
Und kleine Sünde dünkt dich ſchwer.

---

[1] Bl. 95.
[2] D. i. die Seele der Menſchheit Chriſti.

Du dieneſt gerne ohne Lohn,
Biſt allen Menſchen unterthan.
Eja, ſüße Gottesminne, wenn ich ſchlafe allzulang,
Sei ſo gut und wecke mich mit deinem Sang,
Du rührſt die Seele wie mit Saitenklang.
Eja, Fraue, wirf mich unter dich,
Gerne werd' ich ſiegelos und füge mich,
Wenn du mir auch nimmſt mein Leben.
O milde Gottesminne, du ſchoneſt meiner allzuſehr,
Dieſe Huld beklag' ich ſehr.
Minne, dein gar edler Gruß hat erfüllt mein Herz.
Minne, dein gar edles Quälen läßt mich keine Sünde wählen.
Minne, deine ſtete Andacht hat mir ſüße Pein gebracht.
Minne, dein Scheiden und dein Kommen
Iſt der Seele gleich willkommen.
Minne, deine edle Lauterkeit
Schwebt zwiſchen Zeit und Ewigkeit,
Steht wie ein ſchöner Spiegel helle
Vor Gott in jeder keuſchen Seele.
Du zündeſt in der Mägde Bruſt
Zu Jeſus reine Minnenluſt.
Sie minnen tiefer, weil ſie Mägde ſind,
Es ſind die Jungfrauen von Seraphim.
Minne, deine heilige Barmherzigkeit,
Die thut den Teufeln mannig Leid;
Minne, dein viel ſüßer Friede
Bringet Sanftmuth dem Gemüthe.
Minne, dein heiliges Genügen
Will ſich gern der Armuth fügen.
Minne, deine Geduldigkeit
Klagt nicht gerne über Leid.

### Die Hoheit der Gottesminne.

O Minne, wie breit wird dein Licht in meiner Seele,
Wie iſt dein Schimmerglanz in mir ſo helle,
Wie unbegreiflich iſt dein Wunder,
Wie feurig zum Entflammen iſt dein Zunder,
Wie ſchnell zum Geben deine Hand,
Wie ſtark und kräftig iſt dein Band,
Wie leuchtend iſt dein Weſen, wie ſanft dein Fluß,
Wie hoch dein Werth, wie koſtbar dein Genuß!
Hebt ſich die Seele mit dir auf,
Beginnt ſie im Fluge ihren Lauf

Zu den ewigen Hügeln auf ihrer Tugend Flügeln
Mit des Adlers Gierde nach ihrer hohen Würde,
So folgt sie der Hitze zum Himmel,
Denn es dünkt sie Alles kalt und alt,
Was vergänglich hier auf Erden ist.
Herr, die Begierd' zu dir in diesem Zuge,
Herr, die Weisheit, die mir wird im Minnefluge,
Herr, die Einigung, die ich mit dir habe,
Herr, die Stetigkeit, die ich empfang' von deiner Gabe,
Herr, das süße Angedenken, wenn ich dein gedenke,
Herr, die hohe Minne, die ich zu dir lenke,
Die in sich selber ist so groß und reich,
Wüßtest du es nicht, wie groß und reich sie ist —
Herr, so möchten es alle Sandkörner und Wassertropfen,
Alles Gras und Laub und Feld und Wald,
Die todten Creaturen und alle, die da leben,
Fische, Vögel, Thiere, Würmer und was da kriecht und fliegt,
Die Teufel und die Heiden, die Juden und alle deine Feinde,
Auch alle deine Freunde nicht,
Menschen und Engel und Heilige des Himmels —
Könnten sie alle sprechen und riefen sie
Ohne Unterlaß bis an den jüngsten Tag, —
Wahrlich, Herr, das weißt du wohl —
Sie möchten alle dir nicht halb verkünden, noch erzählen
Die Meinung meiner Gehrung und die Noth meiner Quälung
Und die Tiefe meines Schmerzens und das Jagen meines Herzens
Und das Entrücken meiner Seele
Nach dem Zuge des Geruches deiner Salbe.
Ja, Maria, Muttergottes, wie würd' es dir ergehen,
Solltest du deinem Sohne verkünden
Die Liebe, die eine Seele in wahrer Einigung
Schon hier auf Erden in der Gottheit hat?
Und das Rühren, womit Gott sie liebkost —
Solltest du es uns verkünden,
Frau, du möchtest müde werden,
Denn der Gottesminne feurige Kraft
Geht über alle menschliche Macht.

### Der gute Wille ohne Thatkraft. [1]

Manchen Jammer habe ich getragen,
Daß ich guten Willen nicht zum Werk mag bringen;

---

[1] Bl. 117.

Niemand will mir rathen, selber darf ich es nicht wagen,
In der Ohnmacht will mir nichts gelingen.
Auf der Höh' der Wonne war ich so entzücket,
Daß ich nicht der Dinge End' konnt' finden,
Als die starke Minne mich mit Feuerflamme
Ueber alle Welt gar hoch hinaufgezogen.
Nun hat sie mich in einen Sumpf gedrückt,
Wo ich keinen Grund mehr finde.
Doch Alles, was ich leide, heiße ich nicht Pein,
Ich würde gern die tiefste Stätt' mir wählen,
Wo ich, verworfen wie ein toller Hund
Und Menschenfreunden völlig unbekannt,
Bei armen Leuten wär' in fremdem Land;
Doch will ich ohne Gehorsam gar nicht leben,
Weil der Gehorsam aller Tugend Spiegel ist.
Der gute Wille, den der Mensch hat
Und ihn nicht bringen kann zu guter That,
Der gleicht den edlen schönen Blumen —
Voll süßen Geruches, sind sie dennoch ohne Frucht.
Dein guter Wille wird Blumen ewiger Wonne treiben,
Daraus wird Gott zur Hochzeit dir einst Kränze flechten;
Die Auserwählten sollen solche tragen,
Getreulich gehen sie über die Lande
Mit mannigfachem gutem Willen,
Den sie nicht können zu gutem Werke bringen.
Eja, milder Gott, so reich' mir deine Vaterhand
Und führ' mich in der Minne Land!
Leider hab' ich lang die schöne Zeit verloren;
Ich wollt' mich gern dafür bei dir erholen!
Denn des Leibes Gemächlichkeit, der Sinne Trost
Muß man hienieden stets mit Furcht empfahn,
Will man auf dem rechten Wege gan.

•

### Trauer um die Christenheit. [1]

O weh' Krone der heiligen Christenheit,
Wie bist du gesunken in dieser Zeit,
Die Edelsteine sind dir entfallen,
Dein Gold ist befleckt im Pfuhle böser Lust,
Du bist verarmt und wahrer Minn' entblößt,
Verdunkelt ist der heilige Christenglaube,

---

[1] Bl. 118.  •

Die Wahrheit verfolgt von der Lüge dieser Welt,
Die Blumen der Tugenden sind welk geworden.
O weh' Krone der Geistlichkeit, wie falb bist du!
Mit deiner geistlichen Gewalt
Wie magst du wider Gott und seine Freunde streiten?
So spricht unser Herr:
Ich will dem Papst von Rom das Herz mit Jammer rühren,
Und will ihm in seinem Jammer klagen,
Daß meine Schafhirten zu Wölfen sind geworden,
Vor meinen Augen tödten sie die weißen Lämmer.
Die alten Schafe sind krank geworden,
Sie mögen nicht mehr essen auf der gesunden Weide,
Die auf den hohen Bergen der wahren Minne grünet.
Wer den Höllenweg nicht weiß, sieht nur auf böse Pfaffen hin,
Geraden Schrittes geht ihr Weg der Hölle zu.
Darum ist's nöthig, daß die jüngsten Brüder kommen [1],
Denn ist der Mantel alt, so ist er dann auch kalt.
Ich muß meiner Braut, der Kirche, einen neuen Mantel geben,
Den sollen ihr die jüngsten Brüder weben;
Sohn Papst, dieß sollst du bald vollbringen,
Dann wirst du lange noch dein Leben fristen
Und trösten die betrübten Christen.

### Der Urlaub vor dem Tode [2].

Wenn ich sterbe, will ich also Urlaub nehmen von Allem, von dem ich scheiden muß. Ich nehme Urlaub von der heiligen Christenheit und danke Gott dafür, daß ich ein Christenmensch war. Ich bin zum wahren Glauben gekommen und bliebe ich länger am Leben, ich wollte nicht ermangeln nach Kräften ein Helfer zu sein der Christenheit, die jetzt in so vielen Sünden steht. Ich nehme Urlaub von allen armen Seelen, die nun im Fegfeuer sind, und bliebe ich länger hier, ich wollte euere Schuld bezahlen helfen, ich danke Gott dafür, daß Ihr Gnade gefunden. Ich nehme Urlaub von Allen, die in der Hölle sind und danke Gott, daß er seine Gerechtigkeit an ihnen wirkt, bliebe ich länger hier, ich würde nimmer ihnen Gutes wünschen. Ich nehme Urlaub von

---

[1] Die Mendicanten — Franciscaner und Dominicaner.
[2] Bl. 120.

allen Sündern, die in Hauptsünden darniederliegen und
danke Gott, daß ich nicht ihr Geselle bin, bliebe ich länger
hier, ich wollte gerne ihre Bürde vor Gott tragen. Ich nehme
Urlaub von allen Reumüthigen, die in ihrer Buße stehen
und danke Gott, daß ich ihr Geselle bin, bliebe ich länger hier,
ich würde sie innig lieben. Ich nehme Urlaub von allen mei=
nen Feinden und danke Gott, daß ich von ihnen nicht über=
wunden ward, bliebe ich länger hier, ich wollte mich ihnen
unter die Füße legen. Ich nehme Urlaub von allen irdischen
Dingen und klage es Gott, daß ich sie nicht gebrauchte nach
seiner heiligen Ordnung. Ich nehme Urlaub von allen meinen
lieben Freunden und danke Gott und ihnen, daß sie in der
Noth meine Hülfe gewesen sind, bliebe ich länger hier, ich
müßte meiner Mängel mich immer schämen, die sie an mir
wohl erkannten. Ich nehme Urlaub von aller meiner Bos=
heit und klage Gott, daß ich seine heilige Gabe an meiner
Seele so verdorben habe, daß kein Gebrechen so klein war, er
habe es dann im Himmel an meiner Seele erkannt, denn wie
es auch gewandelt ward, so ist der Schaden doch dabei. Ich
nehme Urlaub von meinem leidigen Leib und danke Gott, daß
er mich an manchem Ort vor mancher Sünde bewahrt, und
bliebe ich auch länger hier, seine Bosheit ist so mannigfalt, ich
würde ihm nimmer hold.

### Die Stimme am Tage der Auferstehung.

Gottes Stimme ward gehört, sie sprach zur Seele:
„Seht, sie kömmt herangezogen, sie hat die Welt verschmäht,
Die Lüge überwunden und die Wahrheit geliebt,
Man soll sie mit hoher Ehre empfangen,
Sie sättigen in der Wahrheit, sie kleiden mit Schöne,
Sie krönen mit Würde, sie erhöhen auf den Thron,
Sie grüßen mit allen Zungen, sie bewirthen mit allen Gaben,
Sie erfreuen mit allen Schätzen".
Die selige Seele spricht zum Leib:
Steh' auf, mein Vielgeliebter, erhole dich von allen Peinen,
Von all' reinen Wehklagen, von deiner Schmach und Trauer,
Von all' deinem Schmerz und deiner langen Noth.
Die Sonne, Christus, hat ihren Schein entsendet,

Der Mond soll immer ſtäte ſein,
Oftmalen lag all' mein Heil bei dir,
Nun aber liegt all' dein Troſt bei mir.
Wäre ich zu dir nicht wiederkommen,
Du würdeſt aus der Aſche nie genommen,
Der ewige Tag iſt beiden aufgegangen,
Wir ſollen beide unſeren Lohn empfangen.

### Die Sehnsucht beider [1].

Ach der Begierde, die mein Herz erfüllt,
Vermag ich nicht zu ſteuern,
Ich wäre aus dieſer Erdenferne
Bei dir, o Herr, ſo gerne!
„Dein hab' ich begehrt vor aller Welt Beginne,
Und ewig bleibt dir meine Minne,
Ich gehre dein, du gehreſt mein,
Wo zwei Begierden heiß zuſammenkommen,
Da iſt der beiden Einigung vollkommen".

### Gebet der minnenden Seele [2].

Empfang', o Herr, deine Braut,
Geh' ihr entgegen, grüß' ſie laut,
Biet' ihr die Lilien keuſcher Minne,
Halt' ſie in deiner Gnade inne.
Empfang', o Herr, deine Braut,
Die in dein Auge hoffend ſchaut,
Biet' ihr der Andacht rothe Roſen,
Laß ſie ganz nahe mit dir koſen.
Empfang', o Herr, deine Braut,
Sie hat bisher auf dich vertraut;
Geh' ihr entgegen mit Violen,
Um in dein Brautgemach ſie abzuholen,
Umfange ſie in deinem Minnefrieden,
Und bleib' von ihr ſtets ungeſchieden.

### Klage der minnenden Seele.

Ich mag die Klage nicht alleine tragen,
Ich muß ſie allen Gottesfreunden ſagen,

[1] Bl. 139.
[2] Bl. 146.

Daß Minnedienst ihnen mag behagen:
Minneschmerz und leiblich Weh, Peine, Noth und herben Zwang
Machen mir den Weg zu lang
Zu meinem lieben Herren —
Wie lange soll ich seiner noch entbehren?
Ja, bin ich leider dir zu ferne,
Bei dir ach wollt' ich sein so gerne,
Wolltest du meine Klage nicht empfahn,
Müßt' ich zurücke in mein Trauren gan,
Und beiten da und leiden immerdar
Beides stille und auch offenbar.
Das weißt du, Herr, gar wohl, wie gern' ich bei dir wäre!
„Wirst kommen bald in meinen Schooß,
Kein Ungemach war je so groß,
Ich konnt' es wohl geheilen.
Jetzt sollst du noch auf Erden weilen
Und in der Fremde länger beiten,
Will besser dich noch zubereiten.
Dann dich vor meinen Vater bringen,
Daß du ihm desto baß behagest.“
Ich höre gerne deinen Minneklang,
Wenn finster werden meine Tage
Und trostlos meine menschlichen Sinne,
Erweck' ich dann mit meiner Klage
Im Herzen mir die göttliche Minne.

### Der geistliche Minnetrank.

Ich leide Schmerz, denn ich bin minnekrank,
Mich dürstet nach gesundem Trank,
Den Trank einst Jesus selber nahm,
Als er vom Himmel in die Krippe kam.
Er nahm so viel von diesem Tranke klar,
Daß er recht minnefeurig und betrunken war,
Der gab ihm Tugenden und stete Freud'
Und die Geduld in seinem schweren Leib.
Nach dem gesunden Trank gelüstet mich,
Er scheint gar bitter zwar und trübe
Und heißet — Pein durch Gottes Liebe.
Willst du der Peinen bitterstes vermeiden,
So mahl' dazu die Wurzel — Gerne leiden.
Ist diese noch zu bitter, dann begehr' von Gottes Huld
Die andere Wurzel — die Geduld,
Gemischet mit der heiligen Innigkeit,

Versüßet sie die Last bei aller Arbeit;
Die dritte Wurzel heißt — in Peinen lange beiten
Auf des ewigen Lebens Seligkeiten.
Ist diese auch zu bitter, so mahl' dazu
Die letzte Wurzel — bewahr' im Leiden Freud' und Ruh'.
Würd' dieser Trank mir oft gegeben,
Dann könnt' ich freudenreich im Leiden leben,
Ihn will ich drum von meinem lieben Herrn begehren,
Gern will ich dann für eine Weil' des Himmelreichs entbehren;
Das gib mir, Herr, nach deinem liebsten Willen
Und allen, die es dir zu Lieb' von dir begehren.

### Die reine Minne [1].

Wäre die ganze Welt auch mein,
Und wär' sie ganz von Golde,
Und wären alle Menschen mir recht holde,
Und wär' ich auserwählt darin
Die allerschönste Kaiserin —
Das wäre mir allzeit unmäre [2].
Ob mir auch Wunsches Macht gegeben wäre,
Viel lieber will ich Jesus sehen, meinen Herren,
Und gern dafür der ganzen Welt entbehren.
Prüfet, was sie leiden, die lange auf ihn beiten.

### Das Licht und der Leuchter.

Eja, lieber Herr, womit soll ich dich ehren?
„Du sollst mich loben für meinen treuen Schutz,
Du sollst mir danken für meine milden Gaben,
Du sollst begehren meines hohen Wunders,
Du sollst bitten um ein seliges Ende.“
Viel Lieber — welches Wunder soll ich begehren?
Dieß muß ich fürbas weinend schreiben,
Gott helf mir allerärmsten Menschen,
Daß ich bei Jesus mög' verbleiben.
„Ich will das Licht auf den Leuchter setzen
Und allen Augen, die es von ferne sehen,
Soll ein Strahl der Erkenntniß entgegen leuchten.“
Wer soll der Leuchter und das Licht dann sein?
Und es sprach der Herr: „Ich bin das Licht, der Leuchter ist dein
Herz.“

---

[1] Bl. 152.
[2] unlieb.

## Die Stufen der Beschaulichkeit [1].

### (Zwiegespräch.)

„O minnende Seele, ich seh' dich an,
Du bist sehr wunderbar gethan;
Ein Licht ward mir hiefür verliehen,
Daß ich dich möchte genau besehen,
Du bist dreifaltig in dem Wesen dein
Und magst wohl Gottes Bilde sein.
Du bist ein mannbar Mann, in deinem Streit bewährt,
Die schöne Jungfrau auch in dem Palast geehrt,
Und in dem Minnebette geziert mit reicher Wäte [2],
Du bist zum Streit gewaffnet mit großer Kraft,
In der Sammlung des Gemüthes liegt deine Macht.
Die ganze Welt, das Fleisch und auch der Teufel Schaar
Von Gott dich nicht zu scheiden vermag.
Niemand kann sich dessen rühmen,
Du wehrst dich nur mit Blumen.
Die edle Rose Jesus Christ zum Schwerte dir gegeben ist,
Dein Schild ist die Lilie Maria, sie hilft dir im Streite da.
Wer lauterlich in diesem Streit wird stan,
Der wird vom Kaiser reichen Sold empfahn.
Eja, o Seele, in Gottes herrlichem Palast,
Worinnen du so schön gezieret stehst,
Sag' mir doch mit welchen Ehren
Du geziert seist von unserem Herren?"
Frau Erkenntniß, Ihr seid weiser als ich,
Warum denn fraget Ihr mich?
„Frau Seele, Gott hat Euch erwählt ob allen Dingen,
Ihr seid meine Frau und Königin."
Frau Erkenntniß, ich bin edel und freigeboren
Und bin geehrt von dem, den ich minne,
So muß ich gewinnen den, der mich minnet,
Der den Himmel und die Erde trägt in seiner Hand,
Ist der Minne selber unterthan.
Ich laß der Minne Gewalt über mich ergehen,
Und geb' ihr Raum in meinem Herzen,
Sie soll mich binden mit der heiligen Geduld,
Daß ich nicht mehre meine Schuld.
Sie soll mich leiten zur edlen Sanftmüthigkeit,

---

[1] Bl. 23.
[2] Gewand.

Daß ich sei zu guten Dingen stets bereit,
Sie soll mich spannen in des Gehorsams Joch,
Daß ich mit fröhlicher Miene
Gott und allen Kreaturen diene.
„Eia, Frau Braut, wollt Ihr mir ein Wortzeichen sagen
Von der unaussprechlichen Heimlichkeit,
Die zwischen Gott und Euch waltet?‟
Frau Erkenntniß, das thue ich nicht,
Die Bräute müssen nicht alles sagen, was ihnen geschieht.
Beschauung und Anwendung sollt Ihr von mir haben,
Doch soll Euch und allen Kreaturen
Die hohe Empfindung von Gott verborgen bleiben.
„Frau Seele, Euer Wunderschauen und Euere Wort,
Und was Ihr von Gott gesehen und gehört,
Wenn Ihr mich zwingt es ein wenig vorzutragen,
Setz' ich des Kaisers Licht in einen finstern Stall.‟
Die Rinder essen doch wohl ihr Stroh —
Manche, die scheinen Gottes Kinder,
Stoßen sich wie ungebundene Rinder
Im finstern Stall und sagen:
Was ihnen solches deutsch Gerede soll.
Es sei doch nur vom Aberwitz erdacht
Und in falscher Heiligkeit vorgebracht.
„Sant Paulus war geführt in den dritten Himmel,
Wie man es findet in der Schrift geschrieben,
Das wäre nie geschehen, wäre er Saulus geblieben.
Und hätte er die Wahrheit erkannt im ersten und im zweiten,
Er wäre in den dritten Himmel nie gestiegen.‟
Ein Himmel hat der Teufel selbst gemacht
Mit seinen täuschenden und bösen Listen,
Darinnen wandeln die Gedanken mit traurigem Sinne.
Die Seele hält sich da still, denn sie fühlt keine Minne,
Sie bleibt ungetröstet und findet keine Ruh.
Auch erscheint darin der Teufel einem Lichtengel gleich
Und äfft sogar Gott in seinen fünf Wunden nach,
Einfältige Seele, hüte dich.
Den anderen Himmel hat die heilige Gehrung gemacht,
Darin ist kein Licht und von Gott erkennt die Seele nichts,
Sie schmeckt nur eine unbegreifliche Süßigkeit,
Die durch alle ihre Glieder geht.
Sie hört auch eine Stimme von Dingen, die sie gern will,
Denn sie ist noch mit irdischem Sinn gemenget.
Ist da die tiefe Demuth nicht,
So bietet der Teufel dar sein Licht,

Und was da geschieht, ist nicht von Gott.
Ist die Demuth aber da, dann muß die Seele höher fahren,
Im dritten Himmel wird ihr das wahre Licht gegeben.
Dann sprechen die Sinne: die Seele hat geschlafen,
Nun ist sie im Licht der offenen Minne erwacht,
Sie sieht sich um, wer der wäre, der sie weiset,
Und was es sei, das man zu ihr spricht;
Dann sieht sie wahrlich und erkennet,
Wie Gott sei — alle Dinge und in allen Dingen.
Nun leg' ich allen Kummer nieder,
Und fahre mit Sant Paulus in den dritten Himmel,
Wenn Gott minniglich schlägt meinen Sündenleib darnieder,
Der Himmel ist gewölbt, geordnet und erleuchtet schöne,
Gott unsere Seele darin kröne.

### Die Seele Christi in der Gottheit [1].

Wenn ich erwache in der Nacht,
Versuche ich vorsichtig meine Macht,
Ob ich Arme etwa beten möge
Für diese ungetreue Christenheit,
Die meinem Lieb anthut so mannig Leid.
Derweilen zieht mich Gott einen anderen Weg,
Der geht nicht über Brücken oder Steg,
Darinnen ich ihm folgen muß bloß und barfuß
Und ledig von irdischen Dingen.
Wer mag die Menschheit so sanft bezwingen,
Wer mag die Seele so leicht aufrücken,
Wer die Sinne so hoch aufrichten,
Als Gott allein, der sie erschuf?
Er wirkt in uns die Wunderthat!
So gedachte ich in jener Nacht der heiligen Dreifaltigkeit,
Im süßen Flusse meiner Seele ohne Arbeit
Sah ich in der Höhe der ganzen Gottheit
Ungesucht die Seele unsers Herren Jesu Christ,
Der ewig Gott, für uns auch Mensch geworden ist.
Seine Seele wohnt stäte in der Dreifaltigkeit,
Darin sie befangen ist und wunderbar geeint.
Sie leuchtet herrlich über alle Kreaturen schöne

---

[1] Die bezeichnete Handschrift F enthält noch eine Menge anderer Dialoge, allegorische Deutungen, Betrachtungen und Gebete aus dem Gebiete des beschaulichen Lebens von derselben Verfasserin.

Durch die heiligen drei Personen.
Da begehrte ich mit großer Eingezogenheit,
Wie man es bei Hofe pflegt zu thun,
Daß ich möchte sprechen in hohen Ehren
Mit der Seele unseres Herren,
Weil mich däuchte, daß sie besondere Wunder wirke.
Und ich schwebte ihr so nahe, daß ich sie also grüßte:
Gebenedeit seist du, viel Liebe,
Was Wunder wirkest du in jenem Spiegel,
Worin sich alle Seligen so wunderbar beschauen?
Du hast wohl süße Arbeit in wonniglicher Unruhe.
Zu der Schnöden sprach die Seele unsers Herren:
„Sei — mein Gleichniß — mir willkommen!
Denn ich bin auch eine Seele, wie du es bist,
Und hab' getragen aller Seelen Bürde
Mit meinem unschuldigen Leib.
Dieß ist mein Amt: ich rühre
Ohn' Unterlaß die grundlose Gottheit
Und mahne Gott den Vater der höh'ren Liebe,
Die er auf ewig trägt zu des Menschen Seele.
Ich grüße auch meine glorreiche Menschheit,
Und mahne Christum an seine Gesellschaft,
Weil er selbst ein irdischer Mensch gewesen,
Daß er gedenke, von wannen er gekommen,
Wie groß und wie edel der Menschen Sippe in ihm sei.
Laß darum den Menschen nicht verloren gehen,
Denn Niemand hat sich selbst gezeugt noch geboren,
Darum hast du alle deine Noth ohne Sünde überkommen!
So mahne ich Gottes Menschheit zu besonderer Barmherzigkeit,
Und daß er gedenke, wie krank der Mensch,
Und wie er nicht von Feinden frei geboren sei.
Denn er muß immer fechten wie ein gewaffneter Mann,
Dem die Augen im Streit verbunden sind.
Gedenke, edler Gottessohn, wie jämmerlich ich auf Erden war,
Und stehe gnädig allen Menschen bei,
Die mein Gleichniß in sich tragen,
Weil ich deine Seele bin!
Auch den heiligen Geist muß ich bewegen,
Daß er die Seligkeit dem Menschen bringe.
Schiebst du, o Vater, den Grendel deines Zornes,
An der Himmelspforte so fest vor,
Daß darein die armen Sünder nicht mögen kommen,
So klage ich es, Herr, deinem lieben Sohn.
Er hat den Schlüssel deines Reichs in seiner menschlich' Hand

Mit deiner allmächtigen Gewalt versehen.
Der Schlüssel ward geschmiedet in demselben Land
Beim Tode des Herren von der Juden Hand.
Wenn Jesus den Schlüssel thut umwenden,
So muß der Zorn des Vaters sich zur Gnade wenden.
Dieß ist des himmlischen Vaters Wort:
Meine Seele mag es nimmer leiden,
Daß ich den Sünder von mir weise;
Darum folg' ich Manchem so lange nach,
Bis daß ich ihn ergreifen und erretten kann."
Nun sprach weiter unseres Herren Seele also:
„Das ist meine Würdigkeit und Zier,
Die Gottheit ist meine Krone,
Die Menschheit hab' ich zum Lohne;
Der heilige Geist hat mich umfangen
Und mein Wesen so wonniglich durchgangen,
Daß mir keine Creatur mag gleichen,
Noch mich in meiner Höhe je erreichen.
Ich aber trage ohn' Unterlaß aus dieser Zeit
Alle Sünden vor die heilige Dreifaltigkeit
Zur Sühne der Menschen zu jeder Stund',
Daß Gott sie entreiße dem ewigen Abgrund.
Doch die Jungfrau, in deren Leib ich zur Herberg war,
Als ich von der Gottheit herauskam
In die Menschheit ihres lieben Sohnes,
Ist eine Schirmerin der Keuschen
Und eine Trösterin der Bekehrten,
Die sich mit Reue fürchten;
Denn hier vor Gottes Majestät
Das Gericht annoch in ihren Händen steht."

## B. Sittengedichte.
### Werth der Demuth.

Die Höhe der Seele liegt in der Minne,
Die Zierde des Lebens in der heiligen Taufe;
Denn über die Minne geht keine Höhe
Und außer der Christenheit gibt's keine Zierde.
Darum bethören Alle sich gar sehr,
Die mit gräulich unmenschlichen Bußen
Glauben die Höhe ersteigen zu können,
Denn sie haben die Demuth der Heiligen nicht;
Sie allein kann die Seele zu Gott leiten.

Wo sie nicht wohnt, stuhlt gern die falsche Heiligkeit,
Weil Eigenwille die Meisterschaft im Herzen führt.

## Lebensregel.

Bietet man dir Ehren, so sollst du dich schämen;
Wirst du gepeinigt, so sollst du dich freuen;
Thut man dir gut, so sollst du dich fürchten;
Handelst du wider mich, so bereue es von Herzen;
Kannst du die Reue nicht finden, so betrachte mein Leiden.

## Die sieben Stufen der rechten Minne.

Die fröhliche Minne tritt auf den Weg,
Die fürchtende Minne empfängt die Arbeit,
Die starke Minne kann viel thun,
Die liebende Minne sucht keinen Ruhm,
Die weise Minne hat der Erkenntniß Klarheit,
Die freie Minne lebt ohne Herzenleid,
Die gewaltige Minne ist immer mehr gemeit.

## Die Abscheidung.

Zwischen Gott und dir soll immer voll die Minne sein;
Zwischen irdischen Dingen und dir soll Angst und Furcht sein;
Zwischen den Sünden und dir soll Haß und Streit sein;
Zwischen Himmelreich und dir soll stetes Hoffen sein.

## Sieben Vollkommenheiten.

Gerne ungeehret, gerne ungefürchtet,
Gerne alleine, gerne stille,
Gerne nieder, gerne hoch, gerne gemeine.

## Die Quellen der Mängel.

Bitterkeit des Herzens kommt von der Menschheit,
Beschwerde des Leibes kommt von dem Fleische,
Angst vor der Pein kommt von der Schuld,
Krankheit des Leibes kommt von der Natur,
Elend und Noth kommen gar oft von Muthwillen,
Seltener Trost kommt von der Unruh' des Herzens.

## Die Eigenschaften der Seele.

Die Seele ist grundlos in der Begehrung,
Brennend in der Liebe, minnesam in der Gegenwart,

Ein Spiegel der Welt, gering an Größe,
Getreu in der Hülfe, gesammelt in Gott.

### Die falschen Tugenden.

Die Weisheit ohne Festigung des heiligen Geistes
Wird am Ende ein Berg des Hochmuthes;
Der Friede ohne das Band des heiligen Geistes
Wird gar schnell eine leere Taubheit;
Demuth ohne Minnefeuer wird zuletzt eine offene Falschheit;
Rechtschaffenheit ohne Demuth wird bald ein gräulicher Haß;
Armuth mit steter Habgier wird in sich selbst ein sündhafter Ueberfluß;
Die gräuliche Furcht mit wahrer Schuld bringt ängstliche Ungeduld;
Schönthun mit Wolfes Sinne werden die Weisen bitter inne;
Heilige Gehrung in ganzer Wahrheit erreicht man nicht ohne Arbeit;
Gütlich leben ohne Bangen macht zu guten Dingen viel zu träg;
Vermessene Tugend ohne Gottes Gnade kommt durch den Hochmuth zum
Falle;
Schöne Gelübde ohne treue That ist Falschheit und des Teufels Rath;
Guter Trost ohne Sicherheit der Seele führt zum unseligen Tod;
Große Geduld ohne Hingabe an Gott ist eine heimliche Schuld;
Alle, die in allen Dingen nicht an Gottes Wahrheit hängen,
Werden dem ewigen Gott mit Schanden entfallen;
Die Minne ohne die Mutter Demuth und ohne den Vater
Der heiligen Furcht ist von allen Tugenden verwiesen.

### Der Nutzen der Versuchung.

Niemand weiß, wie fest er steht,
Er werde denn zuvor geflossen von der Prüfung;
Niemand weiß, wie stark er sei,
Er werde denn zuvor von der Bosheit der Welt versucht;
Niemand weiß, wie gut er sei auf Erden,
Bevor ihm mag ein gutes Ende werden.

### Tugendlehre.

Willst du dein Herz ganz zu Gott kehren,
So acht' in allen Dingen auf die Lehren:
Du sollst dich fürchten stets vor allen Sünden,
Dich willig und bereit zu jeder Tugend finden,
Dann magst du dein Leben zum guten Ende bringen;
Willst du dich ernstlich dazu zwingen,
So kannst du es mit Gottes Hülf' vollbringen.

Bitt' Gott darum bei jedem Hinderniß,
Dann trägst du still all' deine Kümmerniß;
Bitt' reinen Herzens, diene Gott mit Fleiß,
Dann wirst du schnell an Freude und an Tugend reich.

## Die Züge der Tugenden und der Laster.

Der Reichthum irdischer Dinge ist ein ungetreuer Gast,
Die heilige Armuth vor Gott eine kostbare Last.
Die Eitelkeit denkt nicht an ihren Schaden,
Die Beständigkeit ist mit Tugenden beladen.
Der Dummheit behagt es für sich ganz allein,
Die Weisheit kann niemals Alles lernen.
Der Zorn bringt in die Seele Finsterniß,
Die Sanftmuth ist aller Gnaden ganz gewiß.
Die Hoffart will als die beste gelten nach dem Schein,
Die Demuth allen Creaturen gern zu Dienste sein.
Die eitle Ehre ist vor Gott taub und blind,
Schuldlose Schmach heiliget die Gotteskind.
Die Falschheit hat den schönsten Glast,
Von der Tugend du bei hohen Leuten Schmähung hast.
Die Habgier hat immer einen grellen Mund,
Die Mäßigkeit hat allzeit einen süßen Grund.
Die Trägheit versäumt gar manches Gut,
Der Fleiß gewinnt den Schatz mit frohem Muth.
Die Untreue gibt dir falschen Rath,
Die Treue übt im Unglück gute That.
Die wahre Frömmigkeit will sich an Niemand rächen,
Das unerbaute Herz will stets den Frieden brechen.
Die gute Andacht mag Böses nicht begehen,
Der böse Wille mag Niemand' zum Gehorsam stehen.
Die Arglist hat von Natur aus einen bösen Grund,
Die Milde ist heiter und hat einen süßen Mund.
Die Lüge ist von Außen schön, gräulich von Innen,
Darum verkehret sie das Herz und die Sinnen.
Die Wahrheit ist verstoßen und bleibt unbeachtet,
Und alle, die sie minnen, sind mit Jesus verachtet.
Der Haß grimmet ohne Unterlaß,
Die Minne brennt ohne Schmerzen, bei allem Jammer ist ihr bas.
Der böse Neid haßt Gottes Mildigkeit,
Das reine Herz voll Minne freut sich aller Seligkeit.
Die Hinterrede schämt sich vor der Welt und nicht vor Gott,
Der doch alle Dinge höret und sie sieht.

Der Unglaube ist ein gräulicher Fall,
Die wahre Hoffnung hält sich überall.
Der falsche Trost wird nimmer froh,
Die wahre Schuld betrübt ihn so.
Wer es bedenkt, wie gut Gott sei,
Schließt sich ihm an und ist von Sorgen frei.

### Einblick in das Herz.

Blick' in dein Herz zu aller Zeit
Mit des heiligen Geistes Wahrheit,
Dann wird dir jede Lüge klar gelegt;
Die Gottesminne treibt sie aus der Seele
Und reiniget in dem Gemüthe
Die mit Haß und Grimme überdeckten falschen Sinne.

### Was ein Kloster erbauen oder zerstören kann.

In der Armuth die Habgier,
Die Lügenhaftigkeit in der Wahrheit,
Die Trägheit zu barmherzigen Werken,
Hohnsamer Spott in der Gegenwart,
Verwirrung in der gesetzten Ordnung —
Wo diese Dinge im Kloster sich erheben,
Da machen sie grundkrank das geistliche Leben.

Wahrheit ohne Falsch, offene Minne unter einander,
Gottesfurcht bei Allem, was man thut,
Verborgene Liebe zu Gott, die nur dem Herzen offenbar,
Steter Fleiß zu allen guten Dingen —
Wo diese Tugenden in allen Herzen schweben,
Da machen sie gesund das geistliche Leben.

### Das Kloster der Minne. [1]

Ich sah ein geistliches Kloster, es war mit Tugenden gebaut;
Aebtissin ist die wahre Minne, sie hat gar heilige Sinne,
Womit sie treu die Schwestern bewahrt an Leib und Seele,
Alles für Gottes Ehre, gibt sie ihnen manch' heilige Lehre,
Daß immer Gottes Wille geschehe, davon wird sie selber selig.
Der Minne Kaplan ist die göttliche Demuth,
Sie ist stets der Minne unterthan, die Hoffart muß von hinnen gan.

---

[1] Bl. 149.

Priorin ist der schöne Gottesfriede, ihr ist die Geduld gegeben,
Den Schwestern die Weisheit zu lehren und das gute Leben.
Unterpriorin ist die Liebenswürdigkeit,
Sie liest die kleinen Brocken zusammen zur rechten Zeit
Und tilget sie mit mütterlicher Mildekeit.
Was man auch missethut, soll man nicht lang tragen im Gemüthe,
Damit mehret Gott des Menschen Güte.
Das Capitel der Frauen ist in der Heiligkeit zu schauen,
Die sich im Dienste Gottes offenbart;
Der Schwestern stille Arbeit thut den Feinden vielfach Leid,
Hütend sich vor eitlen Ehren, sucht jede das Heil der andern zu mehren.
Sangmeisterin ist die Hoffnung, erfüllet mit der Andacht,
Ihres Herzens Chorgesang so schön klinget,
Daß Gott der Töne Schall minnet, der aus dem Herzen dringet.
Schulmeisterin ist die Weisheit, die gütig die Armen lehret;
Dafür wird das Kloster geheiliget und von den Leuten geehret.
Kellnerin ist der Ausfluß helfender Gabe,
Daß sie mit Freuden die Dürstenden labe;
Wenn sie es aus Liebe thut,
Gewinnt sie durch die Gabe ein göttlich Gemüth;
Die von ihr begehren die Gabe, sollen genügsam sein ohne Klage.
Kämmerin ist die Mildekeit, die gerne wohlthut im rechten Maß,
Davon wird sie von Gott viele Gaben gewinnen;
Was sie gibt, dafür danken die Armen Gott mit Innigkeit.
Wohlthun schmeckt im Herzen ohne Unterlaß,
Wie der Edeltrank im reinen Faß.
Krankenmeisterin ist die thätige Barmherzigkeit;
Sie ist den Kranken zu allen Diensten bereit
Mit Hülfe und mit Reinlichkeit, mit Labung und mit Fröhlichkeit,
Mit Tröstungen und mit Liebenswürdigkeit;
Dafür gibt Gott ihr sein Vergelt und stärkt ihr den Muth,
Daß sie es aus Liebe zu ihm immer gerne thut.
Portnerin ist die heilige Hut, die fröhlich immer thut
Mit heiligem Gemüth, was ihr ist anbefohlen;
So bleibt ihre Arbeit unverloren,
Sie kann darum doch zu Gott kommen.
Denn wenn sie beten will, ist Gott bei ihr zu jeder Zeit,
Sie kann ihm klagen allerorts ihr Herzeleid;
Fällt sie was schwer, Gehorsam macht es leicht,
Von dem sie in keinen Stücken jemals weicht.
Zuchtmeisterin ist die heilige Gewohnheit,
Wie eine Kerze soll sie brennen in himmlischer Freiheit;
So tragen wir sanft all' unsere Plage
Bis zu unseres Lebens letztem Tage.

Der Propſt iſt der Gehorſam in rechten Dingen,
Zu böſer That darf Niemand dich je zwingen.
Dem Gehorſam ſind alle Tugenden unterthan,
Ohne ihn mag kein Kloſter lang beſtan.
Wer ſich in dieſes Kloſter will begeben,
Wird immerdar in göttlicher Freude leben
Und Gott im ewigen Leben minnen;
Wohl denen, welche bleiben gern darinnen!


3. Die Sinngedichte der Schweſtern von St. Katha=
rina in St. Gallen und in Villingen. [1]

### A. Aus dem Reiche der Fiſche.

#### Unſer lieben Frauen Fiſchlein.

Ich heiße „unſer lieben Frauen Fiſchlein“
Und will dein lauter eigen ſein.
Bring' ein keuſches Herz der Mutter Gottes dar,
So führt ſie dich zu ihrer reinen Mägde Schaar
Und ſetzt dir auf den goldenen Kranz,
Du wirſt vorangeh'n beim himmliſchen Tanz,
Jeſus gibt dir den Fingerring der Treue,
Hei, wie wirſt du da Freuden nießen mancherleie!

#### Die Schleie.

Eine Schleie bin ich genannt, deiner Andacht gar wohl bekannt.
Zähmſt du die Zunge dir mit Schweigen,
Wird ſich das höchſte Gut ſelbſt zu dir neigen;
Du wirſt Gott loben mit fröhlichem Muth,
Er wird dich halten in ſchirmender Hut;
Ein koſtbar Kleinod wird er dir dann ſchenken,
Dich aus der Quelle ſeines Herzens tränken;
Dann wird die Seele ſein der Freuden alſo voll,
Daß ſie es nimmer kann verkünden wohl.

#### Der Karpf.

Ein ſchöner Karpf bin ich, fett und gut,
Schmeck' auf dem Tiſch gar wohlgemuth;

---

[1] Handſchr. G. aus dem fünfzehnten Jahrhundert.

Du wirst einst freuen dich am Himmelstisch,
Wenn du hier mäßig und auch dankbar bist.
Der Engel Speise wird dir dort gegeben,
Sie schließet Freud' in sich und ew'ges Leben,
Und ist zu nießen gar so wonniglich,
Daß du nichts And'res gehrst ewiglich.
Wahrlich, sie ist gar süße und gesund
Und macht dir allzeit einen guten Mund.

### Der Waldfisch (Forelle).

Ein Waldfisch bin ich genannt, deiner Andacht gar wohl bekannt;
Hast du Gerechtigkeit geübt im Leben
Und Jedem das Seine stets gegeben,
Wird einst des Himmels Sonne dich verklären von Außen und von Innen,
In der ewigen Freude wirst du Christum loben und minnen.

### Die Grundel.

Eine Grundel bin ich genannt, deinem mitleidigen Herzen gar wohl
bekannt;
Dort in der ewigen Freude und Seligkeit
Ist der grundlose See göttlicher Erbärmde dir bereit,
Tausendfach wird dann dein barmherziger Sinn ergötzt,
Wenn sich freundlich zu dir neigt Jesus der Allerbest;
Begierlich wirst du an seinem Herzen hangen,
Er hält mit seinen Armen dich umfangen
Und zartet dir so minniglich und fein,
Als habe er sonst Niemanden, denn dich allein.

### Der Aal.

Als ein Aal komm' ich zu dir mit guter Mähre, glaube mir:
Den Abgestorb'nen hast viel Psalter du gelesen,
Drum wirst auch du durch sie an deinem End' genesen;
Fröhlich werden die Sel'gen dich einst empfangen,
Lieblich wird dich Jesus dort umfangen
Zum Lohne, daß so manche Seele du gesandt
Aus dem Fegfeuer in das bess're Vaterland.
Die Seelen werden sich vor dir neigen,
Ihre Hütlein ziehen und Ehre dir erzeigen;
Sie werden vor dir von ihren Sitzen sich erheben
Und ewige Liebe dir zum Gruße geben.

## Der Fisch des Herrn.

Ich bin der Fisch, der aus der Meereswag
Nach der Auferstehung auf der Gluth lag [1];
Durch Wachen und Fasten deine Wangen erbleichet sind,
Die Buße hat dich gemacht zu einem Gotteskind;
Für dein strenges Leben gibt Gott dir zum Lohn
Die Fülle der Freude und die himmlische Kron';
Die Engel werden dich zu Christus führen,
Rosenroth wird er mit seinem Blute dir die Wangen zieren,
Und kommst du zum König der Ehre gegangen,
Wie zärtlich wird dich dein Bräutigam empfangen;
Mit ihm wirst du am Hochzeitmahle essen und trinken
Und in seine Süßigkeit wonnevoll versinken.

## Das Logelin.

Ich heiß ein Logelin und will ganz dein eigen sein.
Laß dich im Gottesdienste nicht verdrießen,
So wirst du Gottes einst am Himmelstisch genießen.
Da wird der süßeste und klarste Wein,
Voll Wonnelust und Freude, dein Getränke sein;
Aus Jesu minnereichem Herz' ist er entsprungen
Und in die Seelen aller Sel'gen eingedrungen.

## Das Preßlin.

Ein Preßlin bin ich genannt, deiner Andacht gar wohl bekannt;
Weil du Almosen hast gegeben,
Wirst du Erbärmde finden im künftigen Leben;
Dem Borne gleich wird Gottes Milde fließen,
Zu voller Gnüge sich in dich ergießen.

## Das Speisfischlein.

Ein Speisfischlein bin ich genannt, deinem Herzen gar wohl bekannt;
Hab' lieb das heilige Sacrament auf Erden,
So wird dir unverdeckt der Engel Speis' einst werden;
Am himmlischen Bürgertisch gibt es viel bessere Fisch',
Denn dort hat alle Süßigkeit Gott seinen Lieben bereit.

---

[1] Joh. 21, 9.

### Der Hecht.

Ich bin ein schöner Hecht und schmecke gut für die Gäst';
Kleine Fische sind meine Speis';
Nach Gottes Weisheit werde weis',
Seine unermeß'ne Güte mag Niemand nennen,
Dort wirst du sie in seinen Heiligen erkennen
Und freuen dich im tiefen Meer der Herrlichkeit,
Die nimmer enden wird in Ewigkeit.

### Das Kresseli.

Ich heiß' ein Kresselein und füge mich wohl dem Herzen dein;
Hast du gehorsam den Eigenwillen aufgegeben,
Wird Jesus mit seinen Gnaden immer in dir leben;
Du magst ihn allenthalben bei dir tragen,
Kannst mit ihm kosen und dein Leid ihm klagen,
Hier in der Zeit mehren seine Gnaden
Und im Himmel einst im Meer der Freuden baden.

Die übrigen Sinngedichte derselben Ordnung führen weiter
noch vor: „die schöne Nase"; sie mahnt, das Wohl der Con-
ventgemeinde mit allem Fleiße zu fördern; — „den gedörrten
Gangfisch", wie er am Rauch ist gebiegen worden, so soll in
der Seele der Auserwählten alle zeitliche Freude im göttlichen
Minnefeuer versiegen, dann wird die abgedörrte Natur wieder
grünen und der Geist frei und ledig werden; — „der Brachs"
sodann; er mahnt, in aller Tugend zu wachsen und bereiten
Willen zu allen guten Dingen zu haben, dann könne nichts
mißlingen. „Der feine Häring" deutet auf die subtile Vernunft; er bleibt frisch, wird ihm viel Salz gegeben; so bleibt
die Seele von der Wollust der Welt unbemakelt, wenn sie das
Salz der Weisheit schmecket. „Die Trische", im reinen Brunnenwasser geboren, ist das Sinnbild eines reinen Herzens und
eines freien, unbekümmerten Muthes; wer beide bewahrt, wird
Gott schauen in seiner Klarheit. „Der Rheinlanke", stark,
mächtig und groß, ermuntert, in allen Leiden tapfer und groß-
müthig zu sein; er wächst geistlich im bodenlosen See der göttlichen Allmacht, wo alle Augenblicke der Seele neue Wonnen
und Freuden werden; denn da sieht sie, daß ihr Herr alle

Dinge weiß und vermag, und wird darob fröhlich und wohl= gemuth. „Das Hegnerli" lehrt, um der Liebe Gottes willen arm zu sein; denn die Armuth auf Erden führt zur Schatz= kammer im Himmel, die zeitliche Dürftigkeit zur ewigen Ge= nüge. „Der Celebrant, ein herrlicher Meerfisch", mahnt an die schwesterliche Treue und Liebe, welche, von Gott ausgegangen, die Seele wieder zu Gott zurückführt; denn allen treuen Herzen ist ewiger Lohn verheißen. „Die Blaufelke" sinnbildet mit ihrem schnellen Lauf den Fortschritt in der Tugend und die Ausdauer im Guten bis an das Ende. „Der Glürling" verheißt: wer hienieden um des Friedens willen den kürzeren zieht, wird dro= ben im Himmel den größten Theil gewinnen; denn wer hier untergeht, wird dort aufgehen, und wer um Gottes willen Elend trägt, wird dort tausendfach dafür ergötzt. „Das Aescher= fischle" ist ein Sinnbild bußfertiger Selbsterkenntniß; wer sie übt, wird in den Spiegel der Gottheit schauen, und alle Wünsche werden ihm in Erfüllung gehen. „Der Heuerling" ist sehr klein und fügt sich dem demüthigen Herzen wohl; wer sich erniedrigt, wird zum Lohn von dem Herrn erhöht auf den himmlischen Thron. „Die Barbe" deutet auf willige Geduld im Leiden; Jesus hält es mit dem, der willig duldet, und beschirmt ihn mächtig, daß ein solcher Niemanden fürchten muß; wer diesen Kämpfer in dem harten Streit zu seiner Seite hat, ist guten Soldes und seines Sieges sicher. „Das Rothäuglein" drückt die Andacht der Seele aus; wenn deine Augen in der Andacht von den Minnethränen roth geworden, wird Christus dich lösen und retten aus aller Noth, freudige Ostern wirst du mit ihm halten und fröhlich mit ihm auferstehen. „Der Lachs wird in dem rauschenden Rhein gefangen", und dieser Rhein ist der süße Gna= denstrom des heiligen Geistes. Wenn du zeitlichen Trost ver= lassest, will der Tröster von Oben in deinem Herzen Wohnung nehmen und dich mit dem glänzenden Gewande der göttlichen Klarheit zieren, daß du von Gott nimmermehr geschieden wer= dest. Aehnliche Sinnsprüche werden über „das Gröpple", „den Alant" und „den Blatis" vorgetragen.

### B. Aus dem Reiche der Vögel.

#### Der Distel.

Ich bin ein Distelvögelein, mein Gesang ist lieblich und fein;
Geistliche Freud' sollst du im Herzen haben,
Dann wirst du alle Arbeit leichter tragen;
Der süße Jesus ist deine Hülf' in jeder Noth,
Den fröhlichen Dulder minnet Gott.

#### Der Grünfink (Cäcilia Bayer). [1]

Grünfink werd' ich genannt,
Bin geistlichen Kindern gar wohl bekannt;
Mein Gesang thut dich lehren,
Zucht und Tugend täglich in dir mehren,
Dann wirst du grünen in der Jungfrauen Reihen,
Wie die blühende Blume im schönen Maien.

#### Das Blauelein (Juliana Bürge).

Ein Blauelein werd' ich genannt,
Bin ersterbenden Seelen gar wohl bekannt;
Mein Gesang will dir jehen,
Dir selbst absterben und von dir ausgehen;
Unwerth ist Manchen mein Getön,
Der Seele aber nützlich und schön;
Wer ihr folget, wird von Gott geehret,
Sein Lohn im Himmel einst gemehret.

#### Der Spar (Anna Bruhi).

Ein Spar bin ich genannt, Einsamkeit ist mein Gesang.
Der Herr Jesus hat mich in Liebe umfangen,
Als er allein und trostlos am Kreuze gehangen;
Halt allzeit innig und einig deinen Muth,
Dann wirst gelangen du zum höchsten Gut
Und dringen in der Ewigkeit in Gottes Heimlichkeit.

---

[1] Die Personennamen bezeichnen Schwestern im Kloster St. Katharina zu St. Gallen im fünfzehnten Jahrhundert, denen je nach der besondern Tugend, die sie übten, das bezügliche Sinngedicht gewidmet war.

### Die Eule (Ursula Funk).

Eine Eule bin ich genannt, meine Kinder sind mir wohl bekannt;
Mit meiner Stimm' möcht' ich dich lehren,
Alle Dinge auf Erden zum Besten kehren,
Dann kommen sie dir alle zu gut
Und du bewahrest stets den reinen, freien Muth.

### Das Bruströthele (Apollonia Brugger).

Ein Bruströthele ich bin, nehm' alle zeitliche Sorge dahin;
Mein Gesang thut dich lehren
Nußloser Sorgen dich erwehren,
Niemals schweren Kummer fassen,
Gott wird die Seinen nicht verlassen.

### Der Aecher (Vronel von Ribegg).

Ein Aecher ist mein Nam', Verträglichkeit mein Gesang;
An dem geistlichen Kind wird gern gesehen,
Wenn es verträglich ist und sich selbst läßt untergehen;
Wer allzeit weiß den Kürzeren zu ziehen,
Erträgt mit leichtem Sinne alle Mühen.

### Das Zaunschlüpflein (Elsbeth Stierli).

Zaunschlüpflein bin ich genannt, Demuth ist mein Gesang;
Ich lehre das Gemüth niederbiegen
Und zu den Füßen Christi liegen;
Denn der lustbare Born göttlicher Barmherzigkeit
Fließt abwärts in das Thal der Demüthigkeit.

### Das Fädemli (Zilge Falk).

Ich bin ein Fädemlein, mein Gesang soll Gottesfurcht sein;
Die kann dich besser als alle Welt lehren
Die Weisheit unseres Herren;
Drum fürchte Gott und übe Tugend,
Sie führet dich zu ew'ger Jugend.

### Die Taube (Barbara Stökli).

Ein Täublein ist mein Nam', Sanftmuth mein Gesang;
Ohn' alle Galle will ich leben,
Niemanden mag ich widerstreben,

Die Sanftmuth ist so hold und fein,
Sie lehret dich ein Lehrkind Christi sein.


## Der Wannenwecker (Klara Wittenbach).

Ein Wannenwecker ich bin, Barmherzigkeit ist mein Gesang;
Wirst du diese wohl üben und lehren,
So wird Gott seine milden Augen zu dir kehren,
Besonders an dem jüngsten Tag,
Wo Niemand über dich klagen mag;
Der Herr wird dich empfangen gnadenreich
Und führen dich in seines Vaters Reich.


## Der Sperber (Magdalena Bröli).

Der Sperber ist mein Nam', doch künd' ich Milde dir an;
Thu' allzeit Milde üben,
Deine Schwestern nie betrüben,
Der Herr ist süß und mild,
Diese Tugend sein besonderer Schild,
Ihn sollst du an dir tragen,
Dann wirst du große Gunst erjagen.


## Der Schalm (Anna Humpiß).

Ein Schalm bin ich genannt, Sanct Francisco gar wohl bekannt;
Als er sein wollte ein Prädicant,
Lehrte er mich meinen Gesang,
Der nachmals in viele Herzen drang;
Halt' überall das Schweigen gleich,
Es macht an Tugend und an Gnaden reich,
Es lehret in dich selbst dich kehren
Und Gottes Einsprach' in dir hören.


## Die Amsel (Kleopha Weinzürnle).

Eine Amsel ist mein Nam', willige Armuth mein Gesang;
Freue dich allzeit, arm zu sein,
Gott legt großen Reichthum darein;
Hast du auch viel Leiden und Arbeit,
Denke dann: dort in der Ewigkeit
Wird mein süßes Ruhekisselein
Das göttliche Herz Jesu sein.

### Die Lerche (Brida Forster).

Eine Lerche ist mein Nam', andächtig Gebet mein Gesang;
Es will hinauf zum Himmel dringen,
Vor Gottes Thron gar süß erklingen,
Ich lehr' den Herrn zu mir biegen
Und mag nie leer von ihm zurückefliegen,
Und was mein Gesang von ihm begehrt,
Hat er mir allzeit noch gewährt.

### Das Wächteli (Ursula Hemer).

Ein Wächteli bin ich genannt, geistliche Zucht ist mein Gesang;
Wer sich mit mir thut zieren,
Der mag in rechter Weiß' psaliren,
Die Engel helfen ihm im Chore singen
Und der Gesang wird in den Himmel dringen;
Dann ist das geistlich Kind den Engeln gleich
Und wird mit ihnen einst singen im Himmelreich.

### Der Auerhahn (Magdalena Wagner).

Der Auerhahn ist mein Nam', Geduld im Leiden mein Gesang;
Uebe im Leiden die Geduld,
Mit ihr gewinnst du Gottes Huld,
Wer gelitten hat in schwerer Kümmerniß,
Wird in Allem geführt zur rechten Verständniß;
Nimmst die Leiden du geduldig hin,
Wird Christi Schatz sein dein Gewinn.

### Der Renk (Agnes Blum).

Ich bin ein Renk, klug und fein,
Und lehr' dich Gott und den Menschen dankbar sein.
Mein Gesang ist Gott Dank sagen,
In allen Dingen ein Begnügen haben,
Damit schließ' ich die milde Hand Gottes auf
Und verfolge ohne Kummer meinen Lauf.

### Der Geier.

Ein Geier ist mein Nam', Ausharrung bis an's Ende ist mein Gesang;
Wer mich nicht hält zum Ziel des Strebens,
Uebt alle Tugend ganz vergebens;

Kein Lohn wird ihm gegeben,
Weder hier noch in dem anderen Leben.
So hab' mich lieb bis an dein Ende,
Daß Gott den heiligen Engel zu dir sende,
Der führet dich zu Gottes Thron,
Wo du empfängst den ewigen Lohn.

### Der Hüel (Katharina Oeler).

Der Hüwel bin ich genannt,
Deiner Andacht ist mein Gesang bekannt.
Betracht' das Leiden unseres Herren,
So wirst du die Andacht in dir mehren,
Und nimmst du Theil an seinen Leiden,
Wird er dich nießen lassen seine Freuden.

### Das Sprinzli (Benedicta Bücheler).

Ich bin ein Sprinzli genannt,
Betrachtung der ewigen Freude ist mein Gesang;
Wer sie übt, wird seine Seel' erquicken,
In jedes Leid sich ruhig schicken,
Schon auf Erden verkostet er die ewige Wonne,
Bis er von Angesicht sieht die himmlische Sonne.

### Der Falk (Anna Falk).

Ein Falk bin ich, klug und fein,
Behutsamkeit soll mein Gesang sein.
Willst du dein Auge in dich selber kehren,
Wird Gottes Gnad' sich in dir mehren
Und in dir aufgehen wie das Morgenroth;
Gott hilft dir hier und dort aus aller Noth,
Und läßt dich in den himmlischen Auen
Das ewige Wort in seiner Klarheit schauen.

### Der Adler (Katharina Roschach).

Ein Adler bin ich genannt,
Den himmelspähenden Menschen wohl bekannt;
Ich bin ein Vogel, der gewaltig singt,
Mein Ton zum Rad der Gottheit dringt,
Wo den schauenden Menschen ist bereit
Wonne, Freud' und ewige Süßigkeit.

## Der Guger (Agnes Richati).

Der Guger bin ich genannt, Fürsichtigkeit ist mein Gesang;
In deinem Thun und Lassen sollst Vorsicht du bewahren,
Dann gehst du unverletzt durch die Gefahren;
Hast du vor Augen Gott in allen Dingen,
Wird nichts dir schaden, Alles dir gelingen.

## Der Phönix (Agnes Büßli).

Phönix ist mein Nam', göttliche Liebe mein Gesang;
Sieh, ich verjüng' mich in der Liebe Gluth,'
Die göttliche Liebe macht alle Werke gut;
Ich binde, den sonst Niemand binden mag.
Hast du mich, so lebst du ohne Klag',
Du sollst mit Gott vereinet sein,
Wie wohlgefällig wirst du dann dem Herren dein!
Du darfst dich ihm vertraulich nahen,
Und Jesus wird dich süß umfahen.

## Das Rebhühnlein (Agnes Sattler).

Ein Rebhühnlein bin ich genannt,
Dem Liebesjünger Johannes gar wohl bekannt;
Er nahm mich auf die gnadenreiche Hand
Und lehrte mich meinen zarten Gesang.
Wer rechte Verständigkeit halten will,
Gibt jeder Tugend Maß und rechtes Ziel,
Daß ihr nie werde zu wenig noch zu viel;
Laß meinen Sang dir wohlgefallen,
Dann wirst du in kein Uebermaß verfallen.

## Das Turteltäublein (Klara Zomler).

Ein Turteltäublein ist mein Nam',
Jungfräulichkeit mein Gesang;
Ich will ein neues Liedlein singen,
Vor Gottes Thron wird's schön erklingen;
Gottes unvermaßgetes Lämmlein
Wird im Himmel mein Gemahel sein,
Mit allen reinen Jungfrauen
Werd' ich ihn in Entzückung schauen
Und einen goldenen Rosenkranz
Im Jubel tragen am himmlischen Tanz.

### Der Greif (Katharina Stöfli).

Ein Greif ist mein Nam', Großmuth ist mein Gesang;
Du sollst dich selber männlich überwinden,
Dann wirst du Gnad' und Friede finden,
Das Himmelreich erstreiten ritterlich,
Der Siegeskrone dich erfreuen ewiglich.

### Die Wasserstelze (Barbara Hufeisen).

Ein Wasserstelzlein ist mein Nam',
Die Mäßigkeit ist mein Gesang;
Ich will dich lehren nüchtern sein,
Zuweilen Wasser trinken für den Wein;
Doch sollst du es zu streng nicht machen,
Daß du zuweilen noch magst lachen,
Und geht die Andacht nicht, wie du gedacht,
So denk': aus Wasser hat ja Jesus Wein gemacht.

### Die Dohle (Anna Liesi).

Eine Dohle ist mein Nam', aufrichtige Beichte mein Gesang;
Mach' dein Gewissen lauter und reine,
Daß die göttliche Sonne klar darein scheine;
Werde in allen Tugenden weiß,
So laufst du nach dem Paradeis;
Sei innig andächtig und bescheiden,
Dann wirst du ewiges Weh vermeiden [1].

---

[1] Aehnliche Sinngedichte werden noch über den „Hal", über das „Retholter-Vögelein", über das Vögelein, „Cereli" genannt, und über den „Pelikan" vorgetragen. Für die Schwestern des beschaulichen Lebens hatte sonach jede Blume auf dem Felde, jeder Fisch im Wasser, jeder Vogel in der Luft eine Stimme, um irgend eine Tugend zu verkünden und die Berufenen stets an ihr ewiges Ziel und Ende zu mahnen. — Am Schlusse derselben wird bemerkt: „Die ehrw. Frauen Klarissinnen von Villingen haben uns diese Fischli und Vögeli geben. Gott well sie dafür ewiglich segnen." Ob alle die genannten Fisch- und Vogelarten, die im vierzehnten und fünfzehnten Jahrhundert in den oberen deutschen Landen vorkamen, gegenwärtig bei uns noch zu finden oder aber manche derselben in Folge unserer Hyperkultur und industriellen Wälderverheerung ausgestorben sind, mag der Naturforscher näher untersuchen.

# Viertes Buch.

## Das beschauliche Leben nach der deutschen Mystik.

---

### 1. Die Verbreitung des beschaulichen Lebens in den deutschen Frauenklöstern Prediger=Ordens.

Bevor noch die christliche Mystik im Gebiete der Wissenschaft zu einem abgerundeten Lehrsystem sich ausgebildet, wurde sie in den verschiedenen Conventen des Prediger=Ordens eifrig geübt und sorglich gepflegt; nicht nur über die Häupter der Männer, die schaarenweise zum Dienste des Herrn und der Seelen sich in dem neuen Orden einfanden, schwebten die Feuerzungen der höheren Erkenntniß und Liebe herab, sie erfüllten in noch höhe= rem und intensiverem Maße auch das Gemüth der deutschen Jungfrauen jener Zeit, von deren Begeisterung für das be= schauliche Leben Bruder Thomas Cantimpré aus Brabant [1] be= zeugen konnte: „Wir sahen viele hochgeborne edle Jungfrauen, Töchter von Fürsten, Grafen und Freiherren, Frauen und Wittfrauen aus allen Ständen, die sich in unseren Orden be= gaben, ihren Vätern und Müttern und aller Herrlichkeit und Lust der Welt entsagten und sich den himmlischen Bräutigam, den Sohn Gottes erwählten, um ihm in williger Armuth, har= ter Buße und vollkommenem Gehorsam ihr Leben zu weihen." Wie für die magnetischen Zustände im Gebiete des tieferen

---

[1] Thom. Cantimpré lib. de opere apum.

Lebens, bot für jene höheren das weibliche Wesen mit der star=
ken Intensität seiner Affekte und allseitigen Bezüge schon von
Natur aus eine geeignete Unterlage, die durch die christliche
Ascese gereinigt und durch die Gnade aufwärts gezogen, zum
Medium diente, die Einwirkungen der höheren Welt zu em=
pfangen und für die diesseitige zu vermitteln. Unter den vielen
Tausenden, die in die christlichen Freistätten der Klöster einge=
kehrt und bei deren überwiegenden Mehrzahl schon ein innerer
Trieb zum beschaulichen Leben geführt, mußten nothwendig, wie
Görres bemerkt [1], gar manche sich befinden, in denen dieser
Trieb, aller anderen Kräfte sich bemeisternd, mit aller Gewalt
eines genialen göttlichen Instinktes wirkte. Einmal in den
Orden eingetreten, fanden diese nun Alles vor, was jene An=
lage in ihnen entwickeln und ausbilden konnte — ein abge=
schlossenes, alle Zerstreuung abwehrendes Leben, das, alle Kräfte
zur steten Einkehr in sich selber zurücklenkend, sie in großer
Energie gesammelt hielt, eine Disciplin, die als Resultat viel=
jähriger Erfahrung sich gebildet und die nun, indem sie das
übertretende Leben mit einer Art von äußerer Nothwendigkeit
umhegte, ihnen viele unnütze Kämpfe ersparte, eine fortgesetzte
Folge von frommen Uebungen, die, mit Eifer und Geist getrie=
ben, die gebundenen Schwingen der Seele in ihnen immer
mehr lösen und befreien mußten. So bald wärmer und wär=
mer erglühend, mußte Feuer an Feuer, wie in ihnen, so um
sie her sich zünden, und selbst die Gleichgültigen mochten sich
nicht ganz der anregenden Einwirkung entziehen. Hinter der
Umfriedung der Klostermauern von dem Getöse und den Wir=
ren des Weltmarktes abgegrenzt, durch den Gehorsam von jeder
Abirrung des Eigenwillens zurückgehalten und an der Hand
ihrer Beichtväter auf sicherem Wege dem Ziele entgegengeführt,
mußten die Begabteren und Berufenen aus ihnen in die höhe=
ren Zustände des mystischen Lebens übertreten, von deren Er=
scheinungen wir durch gleichzeitige Sammlungen von
Monographien benachrichtigt werden. Solche Sammlungen be=
fanden sich in den Schwesterconventen zu Unterlinden in Col=

---

[1] J. Görres, die christliche Mystik I. S. 290.

mar ¹, zu Adelhausen bei Freiburg im Breisgau, zu Töß bei
Winterthur, zu St. Katharinathal bei Dießenhofen ² und in
vielen anderen Frauenklöstern des Dominicaner-Ordens. Sie
wurden meistentheils von Ordensschwestern verfaßt, die, was sie
erzählen, entweder selbst beobachtet oder von ihren älteren Mitschwestern erzählen gehört hatten. Neben dem Reichthum von
sehr interessanten Lebensbildern aus dem Gebiete des beschaulichen und ekstatischen Lebens, die sie vorführen, sind diese Berichte zugleich geschichtliche Belege von den gewaltigen Strö-
mungen eines neuerwachten Geistes in der Kirche, dem der
Prediger-Orden, mit jugendlichen Kräften ausgerüstet, damals
zum Werkzeug diente.

In Mitte der zahlreichen Fraueninnungen, die damals unter
der weithin schattenden Palme des Dominicaner-Ordens Erquickung und Ruhe fanden, bildeten sich einzelne derselben zu
besonderen Stammsitzen aus, in denen das mystische Leben mit
dem glänzendsten Erfolge geübt und getrieben wurde. Mit dem
Jahre 1232 hatten sich zu Unterlinden, in einer Vorstadt von
Colmar, Schwestern Prediger-Ordens zusammengefunden, welche
der in der Wissenschaft und Kunst der Beschaulichkeit wohlerfahrene
Bruder Reinherr 43 Jahre lang auf dem Wege der Vollkommenheit leitete. Dort lebte Schwester Agnes von Ochsenstein; schon in
früher Jugend in das Kloster eingetreten, brach sie die Sinnlichkeit
unter dem Kelter strenger Abtödtungen und erhob sich auf den
Stufen der Gottseligkeit zur Höhe der Beschauung, worin sie
in einem ihrer Gesichte die geistige Vermählung ihrer Seele mit
der Gottheit im Reiche der Engel und der Heiligen betrachtete
und feierte. Ihrer Mitschwester Gertrud von Bruck ward durch
das Mittel der Beschauung eine andere Gnade zu Theil. Als
sie eines Tages vor dem Bilde der seligsten Jungfrau betete,
mit Weinen und mit Seufzen sie anflehend, daß sie von ihrem
allerliebsten Sohne ihr die Vergebung ihrer Sünden und das
Heil ihrer Seele erwerben wolle, ward sie in ihrem Gebete

---

¹ Herausgegeben in Petz Bibl. ascet. Tom. VIII.
² Theilweise benutzt von Heinrich Murer in der Helvetia Sancta
1646 und von Steil.

aufgezogen und sah sodann, wie das Bild des Kindleins Jesu, sitzend im Schooße der Jungfrau, seine Hand erhob, sie ihr entbot und mit süßer Stimme zu ihr sprach: „Nimm meine Treue dir zum Unterpfande, daß du von mir und meiner Mutter nimmer sollst geschieden werden; ich will deiner Sünden gnädig sein und ihrer nimmermehr gedenken." Schwester Mechtild von Deitenheim lag in dieser Schule der Vollkommenheit der Uebung steter Innigkeit und Abgeschlossenheit von allem Verkehre mit der äußeren Welt ob; sie hielt das Stillschweigen so strenge, daß ein einziges Wort, das ihr etwa entfallen mochte, ihr zartes Gewissen sehr beschwerte. Ihren Weihel zog sie tief über ihr Angesicht herab, um die Sicht ihrer Augen zu beschränken und die äußeren Bilder fern zu halten, welche die Sammlung des Geistes hätten stören können. Oft blieb sie Stunden lang ohne alle Bewegung in Gott vertieft stehen, war im Geiste häufig verzückt und sah dann verborgene Dinge und himmlische Bilder, die sich meistens auf das heiligste Kind Jesu bezogen. Ihre Mitschwestern sahen sie oftmalen in solcher Entrückung wohl ein Klafter hoch über der Erde schweben; die göttliche Gnade zog durch den Affect der Liebe ihre Seele, die Seele aber ihren Leib mit solcher Kraft nach Oben, daß die Gegenwirkung der körperlichen Schwere aufgewogen und überwunden ward. War Schwester Adelheid Epfig neben ihren gottseligen Uebungen besonders noch bestrebt, „Bücher zur Erbauung der Schwestern zu schreiben", so ergab sich ihre Mitschwester Gertrud von Jungholz ganz den Uebungen eines strengen und bußfertigen Lebens; sie errang darin so vollkommen den Sieg über sich und die Welt, daß sie auf ihrem Todbette ihren Mitschwestern bezeugen konnte: „Gehabt Euch wohl, ich gehe in Frieden aus dieser Welt zu Christus meinem Bräutigam heim, dem ich mich nun zwanzig Jahre hier auf Erden zur endlichen Vermählung im Himmel vorbereitet habe; denn alle Tage meines Lebens habe ich meine Werke so geordnet und verrichtet, als wenn ich des andern Tages sterben müßte." Nicht minder edelgeboren als jene war Schwester Anna von Wineck; der Biene gleich, die von einer Blume zur andern fliegt, um mit dem gewonnenen Safte ihren Honig zu bereiten, sah sich diese edle

Jungfrau im Garten der Heiligen Gottes um und ging von
einem Vorbilde zum andern, um überall sich einen Zug der Tu=
gend zur eigenen Vervollkommnung von ihnen anzueignen;
darum stieg sie auch von Tugend zu Tugend hinan und wurde
für alle ihre Mitschwestern zum leuchtenden Spiegel eines gott=
geweihten Lebens. Von dem Wohlgeruche angezogen, den diese
heilige Stätte gleich einer Narde in weitem Umkreise verbreitete,
verließ Katharina Ortalf ihre glänzende Stellung in der Welt
und trat noch im späteren Lebensalter in das Kloster zu Unter=
linden ein. Als sie noch in der Welt lebte, war ihr Wandel
so heilig und ihr Rath so erleuchtet, daß sie in ihrer Umgebung
als eine Säule der Kirche geachtet wurde. In das Kloster ein=
getreten, leuchtete sie in genauer Befolgung aller Vorschriften
allen übrigen Schwestern voran und hielt das Stillschweigen so
unverbrüchlich, daß sie nur das redete, was sie aus Gehorsam
reden mußte. Baten die Schwestern sie: „Liebe Schwester Katha=
rina, sage uns doch ein erbauendes Wort von Gott", so pflegte
sie zu sagen: „Von Gott reden ist zwar gut; aber darein mischen
sich leicht andere unnütze Reden, und das Gespräch — im Guten
angefangen, endet nur zu oft im Bösen; darum will ich lieber
von beiden schweigen." Unter dem Priorate der schwergeprüften
Hedwig von Gundelheim, die den unmenschlichsten Mißhandlun=
gen zum Trotze, die ihr Oheim über sie verhängte, ihrer Nei=
gung folgend im Kloster Unterlinden ihre Friedensstätte fand,
lebten die Schwestern Hedwig von Gebwyler, Heliadis von
Horburg im Elsaß, Hedwig von Lanzenheim, Adelheid von
Rheinfelden, Mechtilde von Wangenheim, Elisabeth von Rufach
und viele Andere, bei denen mystische und ekstatische Erscheinun=
gen sehr häufig eintraten.

Doch nicht nur unter den Schwestern zu Unterlinden war
das Licht des beschaulichen Lebens aufgeglommen, die mystische
Lebensweise wurde auch von den Schwestern des Klosters Abel=
hausen bei Freiburg im Breisgau angenommen und mit aus=
gezeichnetem Erfolge geübt. Hier fanden sich besonders die
Jungfrauen des damaligen Adels zahlreich zusammen; unter
diesen lebte Kunigunda, die leibliche Schwester König Rudolfs
von Habsburg. Durch ihre hohe Bildung des Geistes und die

Heiligkeit der Sitten, die sie zierten, wußte sie ein ganz neues Leben unter den Schwestern anzufachen, so daß ihr Lob über alle deutschen Lande erschallte und von ihrem Convente viele andere Klöster mit Ordensschwestern versehen wurden, welche die Uebungen des beschaulichen Lebens überallhin verpflanzten. Wir finden zu jener Zeit in dem Kloster Herzogenthal in Brabant die Priorin Johanna, die Tochter des Herzogs Gebhard von Limburg, Schwester Gutta von Blankenheim, Beatrix, geborne Gräfin von Horn, und viele Andere, von denen die gleichzeitigen Berichte mystische Zustände zu erzählen wissen. Im Convente Frauenthal bei Luxemburg führte Schwester Margaretha [1], die Schwester des Grafen und nachmaligen römischen Kaisers Heinrich VII., ein gar heiliges Leben; von ihrem Beispiel angezogen, suchte auch die edle Joleide aus dem Hause Luxemburg in die Reihen der dortigen Schwestern einzutreten, denn die Predigten Bruder Walters hatten den Beruf und die Liebe zum Ordensleben in ihr wach gerufen; doch der Wille der Eltern war mit aller Entschiedenheit dagegen. Was ihre kindlichen Bitten nicht erreichen konnten, sollte eine fromme List vollbringen. Um diese auszuführen, hatte sie mit den Schwestern von Frauenthal das Nöthige verabredet und eingeleitet. Als sie dann eines Tages an der Seite ihrer Mutter mit dem Hofgesinde in der Nähe des Klosters sich erging, wußte sie sich plötzlich der Gesellschaft zu entziehen, eilte zur Klosterpforte hin und wurde von den Schwestern mit Jubel empfangen. Ohne weiteres Bedenken führte man sie in das Capitelhaus, und sogleich wurde die Einkleidung an ihr vollzogen. Joleide empfing das Ordenskleid, gelobte ewige Keuschheit und ließ sich ihr reiches schönes Haupthaar scheeren. Darauf stimmte sie mit fröhlichem Herzen die Antiphone an: Regnum mundi et omnem ornatum Saeculi, — das Reich der Welt und alle Gezierde dieser Zeit habe ich verschmäht um der Liebe meines Herrn Jesu Christi willen! Die übrigen Schwestern fielen mit ihren vollen Stimmen ein und führten den Chorgesang zu Ende. Die

---

[1] K. Zittard, Chronik berühmter Klosterfrauen Prediger-Ordens. Dillingen 1596.

Fürstin, ihre Mutter, hatte im Schiff der Kirche diesen feierlichen Gesang mit angehört, wußte aber nicht, was er zu bedeuten habe. Bald jedoch wurde sie mit der Nachricht überrascht, das gnädige Fräulein habe soeben das Ordenskleid angezogen und den Orden angenommen. Die Fürstin drang darauf selbst in das Kloster ein, nahm ihre Tochter mit Gewalt heraus und führte sie unter bitteren Vorwürfen nach Luremburg heim; später wurde sie nach Wien gebracht und dort auf der herzog= lichen Burg in strenger Gewahr gehalten. Allein auch da lebte sie wie eine Nonne, hielt, so weit sie konnte, genau die Satzun= gen des Ordens ein und war nie zu bewegen, die ausgesuchten Speisen und Getränke zu verkosten, die ihr geboten wurden. Solche Standhaftigkeit reizte den Zorn ihrer Mutter noch mehr; mit Gewalt ließ sie ihrer Tochter das Ordenskleid wegnehmen, das sie bis daher getragen hatte, und troß ihres Widerstrebens wurde ihr ein weltliches Kleid angezogen. „Der Gewalt", sprach sie, „kann ich mich nicht erwehren; allein wenn ihr mir auch das Ordenskleid vom Leibe reißet, den heiligen Orden selbst, den ich in meinem Herzen trage, könnt ihr mir doch nicht nehmen." Vergebens wandten die Bischöfe und Prälaten des Hofes alle Mühe an, die junge Fürstin zu einem andern Entschlusse zu bringen; vergeblich wurden drei volle Jahre lang alle Mittel versucht, um sie für das weltliche Leben zu gewin= nen; sie antwortete mit dem heiligen Paulus: „In der Be= rufung, worin mich Gott berufen hat, will ich verbleiben bis in den Tod." Endlich wurde das Herz der Eltern erweicht; sie erhielt von ihnen die Einwilligung, in das Kloster Frauen= thal bei Luremburg zurückzukehren und dort in den Orden ein= zutreten, wo sie bis an ihr Lebensende durch das Beispiel ihrer Demuth und Gottseligkeit ihre Mitschwestern erbaute.

Am Oberrhein war das Kloster St. Katharinathal bei Dießenhofen im Thurgau von seinem Beginne an eine berühmte Schule für das beschauliche Leben; hervorgegangen aus der Wurzel rechter Armuth [1], wuchs es zu einem großen Baume aus, der die reichsten Früchte trug. Die Stelle, worauf das

---

[1] Handschr. B. S. 1.

Kloſter zuerſt gebaut worden, war veröbet und mit vielem Ge=
ſtrüppe überwachſen; doch wie die alte Chronik melbet, ſahen
Leute, die in der Nacht den Rhein auf und ab fuhren, dort
zuweilen ſchöne Lichter brennen, zuweilen ſchneeweiße Lämmer
graſen. Der ehrwürdige Prieſter Hug pflegte damals der Ar=
men und Kranken im Spital der Stadt Dießenhofen; ſein Herz
war rein und zu allen Tugenden geneigt. Er nahm jener ein=
ſamen Stelle wahr und faßte den Entſchluß, darauf Gott zu
Lob und St. Katharina zu Ehren ein Frauenkloſter zu bauen.
Von einem Vereine frommer Jungfrauen, die in großer Armuth
zu Winterthur den Uebungen der Gottſeligkeit oblagen, erhielt
der neue Convent bei Dießenhofen die erſten Schweſtern und
Williburga von Hünikon trat an die Spiße derſelben. Nach=
dem das neue Kloſter mit Hülfe guter Menſchen erbaut war,
kamen die Predigerbrüder von Konſtanz herab, vereinigten die
Schweſtern in dem neuen Kloſter und kleideten ſie mit dem
geiſtlichen Gewande des Dominicaner=Ordens. Konrad Kloter,
Bürger von Winterthur, brachte es mit Beihülfe der Prediger=
brüder von Konſtanz dahin, daß das neue Kloſter vom heiligen
Stuhle zu Rom beſtätigt wurde. Papſt Innocenz IV. verlieh
ihm im Jahre 1245 alle Rechte und Privilegien des Prediger=
Ordens. Noch war die neue Kirche nicht eingeweiht; dann
„fügte es aber Gott, daß der hohe Lehrer und Biſchof Albrecht
(um das Jahr 1268) [1] zu ihnen kam, der ein Licht der Chri=
ſtenheit und ein Bruder Prediger=Ordens war; er weihte die
Kirche und zugleich den Chor und Frohnaltar zu Ehren unſerer
Frauen der Himmelskönigin und des geliebten Jüngers Sanct
Johannes des Evangeliſten, die in dem Gotteshaus beſonderer
Weiſe verehrt wurden." Das Leben voll Tugenden und Gna=

---

[1] Albertus Magnus wurde zum Biſchofe von Regensburg geweiht
am 30. März 1260, verwaltete das Bisthum nur zwei Jahre und ver=
zichtete darauf 1262. Allein auch nach erfolgter Reſignation nahm Alber=
tus Magnus noch biſchöfliche Acte vor; er weihte neue Kirchen zu Baſel
und zu Colmar um das Jahr 1268; im gleichen Jahre ertheilte er jun=
gen Clerikern zu Straßburg die Ordination. S. Sieghart, Albertus
Magnus S. 204.

ben, das die Schwestern hier führten, trat in einer Menge
außerordentlicher Erscheinungen zu Tage. Eine Schwester schrieb
sie in einer Sammlung zusammen, die sie mit den Worten ein=
leitet: „Dieß Buch habe ich von den seligen Schwestern ge=
schrieben, die von unserem Convent des Klosters zu Dießen=
hofen abgeschieden sind. Wie gering es auch ist, was mir zu
schreiben noch übrig blieb, gehalten an das große Gut, das
unseren Schwestern widerfuhr, so schien mir doch besser, es
bleibe uns davon wenigstens etwas, als daß wir dessen ganz
vergessen, und wie lützel es auch ist, was ich überliefere, so
habe ich es doch mit Arbeit zu Stande gebracht und zur Bes=
serung derjenigen, die es hören werden.“ Ihre Arbeit schildert
meistens sehr kurz gefaßt die mystischen Erscheinungen im Leben
der Schwestern Elsbeth von Villingen, Katharina Brumsi, Diet=
muth von Lindau, Adelheid Otwies, Anna Hetti, Adelheid von
St. Gallen, Adelheid von Geilingen, von Holderberg, Hüller,
Ludwig, Schwins, von Ossingen, von Randeck, Ritter, von
Schellenberg, von Spiegelberg, Wehrle, Zieger, Agnes von
Wangen und Anna von Konstanz, Anna Hetti, von Ram=
schwag, von Stoffeln, von Tettikon; Bertha von Herten, Cä=
cilia von Winterthur, Katharina Brumsi, von Stein, von
Ueberlingen; Elsbeth Haimburger, von Stoffeln, Gertrud von
Hertlingen, Gutta Möst, Gertrud Haimburger, Ritter, Hedwig
von Legelau, Hilti Brumsi, Irmina von Fürstenberg, Ida von
Kloten, von Hallau, Luci von Stein, Mia von Konstanz,
Goldast, Nettershofen, Mechtild von Esenz, Hüser, Lörberz,
Ritter, von Tettikon, von Wangen, Richmuth von Winterthur,
Williburga von Trossingen, Williburga, die alte Priorin. Die
fromme Verfasserin dieser Sammlung unterließ es leider, uns
über das äußere Leben dieser Schwestern etwas nähere Nach=
richten mitzutheilen; sie geht an der Abstammung, den Fami=
lienverhältnissen, den weiteren Geschicken und Erlebnissen der=
selben schweigend vorüber und faßt aus ihrem Leben nur das=
jenige von wunderbaren Offenbarungen und Erscheinungen auf,
was ihr ein geeigneter Stoff zur Erbauung ihrer Mitschwestern
zu sein schien. Nur das Leben der Schwester Elsbeth Haim=
burger von Villingen wurde von ihr einläßlicher behandelt und

darum wird es später in der Reihe der mystischen Lebensbilder
folgen.

Wie im Weichbilde der Stadt Dießenhofen, hatten sich süd=
westlich von Winterthur in der alten Grafschaft Kyburg auf
einer hervorstehenden Fläche, welche die rauschende Töß um=
fließt, fromme Schwestern zum gemeinsamen Leben eingefunden
und ein Schwesternhaus „in der Widen oder an Tößbruggen"
gegründet, in dessen Nähe sie nachmals das Kloster Töß ge=
baut, welches den Ruf einer berühmten Pflanzschule des mysti=
schen Lebens lange bewahrte. Dort stand eine Mühle, den
Grafen von Kyburg zugehörig, die ein Müller als ewiges
Lehen inne hatte. Dieser war sehr ungeduldig, daß er den
Schwestern die Mühle zu einem Bauplatze überlassen sollte, und
widersetzte sich dem Ansinnen, so viel er konnte [1]. Als ihm
dann aber im Traume eine Stimme bedeutete: „Was irrest du
mich, an der Stätte zu ruhen, die ich mir auserwählt?" und
die Leute ihm erzählten, wie sie zuweilen wonnigliche Lichter an
jener Stelle hätten leuchten sehen, schied er willig von dannen
und räumte die Stelle den Schwestern zum Baue ihres Klosters
ein. „Mit diesen Lichtern wollte der Herr offenbaren, wie die
Chronistin erzählt, daß er die heiligen Personen an diese Stätte
verordnet habe, in denen er mit dem Lichte der Tugenden und
Gnaden ewig leuchten wollte. Darnach im achtzehnten Jahre,
nachdem der Prediger=Orden bestätigt worden, als von Gottes
Geburt waren 1233 Jahre, an Sanct Markus des Evangeli=
sten Tag, der damals auf den Dienstag nach Ostern fiel, ward
das Kloster Töß angefangen. Wie selig diese Schwestern leb=
ten, wäre wohl gut und angenehm zu hören, aber es ist nicht
möglich, Alles von ihnen zu erzählen; denn ihr Herz brannte
und ihr Leben leuchtete so kräftig, daß es offenbar zeigte, wie
kräftig das Wort des Herrn in ihrem Herzen wirkte: Seid
vollkommen, wie euer Vater im Himmel vollkommen ist." Die
Nachrichten, die wir über diese Schwestern von Töß besitzen,
berührt diejenigen, deren Leben zwischen den Jahren 1233 und
1350 verlaufen ist; denn die Schwester Beli von Lieben=

---

[1] Handschr. A. S. 2.

berg [1] kam nach Töß, „als die Schwestern noch in dem alten
Häuslein an der Tößbrücke wohnten, bis das Kloster erbaut
war, sonach zwischen 1233—1240 [2]; Schwester Elsbeth von
Kölliken trat in ihrem sechsten Altersjahre zu Töß in den Or=
den, als das Kloster schon 18 Jahre gestanden, somit um das
Jahr 1251, wurde über 90 Jahre alt und mochte sonach im
Jahre 1330 noch am Leben sein. Die Verfasserin der interes=
santen Tößersammlung schrieb das Leben dieser Schwester nach
ihrer eigenen mündlichen Erzählung; die Sammlung wurde
daher um das Jahr 1330—1335 verfaßt. Nimmt man diesen
Zeitpunkt an, dann starb eine andere merkwürdige Schwester,
Anna von Klingnau, um das Jahr 1292—1294"; denn es
waren wohl 38 Jahre seit ihrem Tode damals verflossen [3].
Schwester Elsbeth Bächlin, aus einem alten Zürchergeschlechte,
war zu gleicher Zeit 73 Jahre alt; sie trat schon in ihrem
eilften Altersjahre in das Kloster Töß, somit um das Jahr
1273. Schwester Jützi Schulteß von Zürich lebte zur Zeit,
„als der Streit vor Winterthur geschah," womit das Treffen
vom Jahre 1292 gemeint wird, in welchem Graf Hugo von
Werdenberg an der Spitze der Truppen der Herzoge von Oester=
reich die Heerhaufen der Zürcher zurückschlug. Königin Els=
beth von Ungarn nahm um das Jahr 1309 in Töß den Orden an
und starb daselbst im Jahre 1337. Die Schwestern, deren Leben
in der Sammlung beschrieben wird, sind: Adelheid von Frauen=
berg (S. 57), Adelheid von Lindau (131), Anna von Kling=
nau (37), Anna Mansaseller (51), Beli von Liebenberg (26),
Beli von Lütisbach (129), Beli von Schalchen (127), Beli
von Sur (45), Beli von Winterthur (43), Katharina Platin
(48), Elsbeth Bächli (133), Elsbeth von Elgau (26), Els=
beth Schäfli (13), Elsbeth, Königin von Ungarn (150), Els=
beth von Kölliken (141), Elsbeth Zoller (145), Gertrud von
Winterthur (56), Gutta von Schönenberg (35), Jda Sulzer
(10), Jda von Tengen, Jda von Wetzikon (5), Jützi Schul=

---

[1] So hieß ein Schloß „im Brand" bei Grüningen, Kanton Zürich.
[2] Handschr. A. S. 26.
[3] A. a. D. S. 37.

teß (101), Margaretha Fink (31), von Hünikon (84), von
Zürich (35), Willi (19), Mechtilde von Stanz (84), von We=
bischwyl (130), Metzi von Klingenberg (50), Metzi Sibwibri
(23), Offmia von Münchwyl (29), Sophia von Klingnau
(71), Willi von Konstanz (55). Die Verfasserin dieser Leben
ist die geistig so reichbegabte Schwester Elsbeth Stagel, die,
von einem alten Geschlechte der Stadt Zürich herstammend, zu
Töß den Schleier nahm, dort von Meister Heinrich Suso auf
dem Wege des beschaulichen Lebens geleitet wurde, die Schriften
dieses ihres geistlichen Vaters sammelte und um das Jahr 1360
zu Töß starb. Was sie über die ältesten Schwestern von Töß
entweder in fragmentarischen Berichten vorfand oder von älte=
ren Schwestern erzählen hörte, oder was sie selbst an ihren
gleichzeitigen Mitschwestern beobachtete und von ihnen erfuhr,
trug sie mit gewandter Feder in der Sammlung jener Mono=
graphien zu einem Legendarium zusammen. Die Absicht, die
sie dabei leitete, spricht sie in den Worten aus [1]: „Mich hat zu
unserem Herrn begierdet, daß ich ihm in seinen Freunden die=
nen könnte, und er gab mir dann in den Sinn, der guten und
seligen Schwestern heilige Uebungen und besondere Offenbarun=
gen der Gnaden aufzuschreiben, die unser Herr ihnen verlieh,
von denen ich oft viel vor mir hörte sagen. Und als ich eines
Tages saß und davon schrieb, wie man in diesem Buche wohl
lesen wird, fügte es sich durch Schickung, daß die tugendhafte
Schwester Elsbeth Bächli zu mir kam. Nun hätte ich gerne
etwas (von ihrem inneren Leben) von ihr gewußt und brachte
es mit bedächtigen Worten dazu, daß sie mir von ihren jungen
Jahren her anfing zu erzählen." Elsbeth Stagel versichert
uns im Weiteren: „was sie über die Königin Elsbeth von
Ungarn berichte, habe sie oft von einer Schwester erzählen ge=
hört, die 24 Jahre lang deren Wärterin gewesen sei [2]. Ueber
Schwester Elsbeth von der Metzi meldet sie [3]: sie sei Kellnerin
gewesen, wie eine alte Schwester ihr gesagt, die zu ihrer Zeit

---

[1] Handschr. A. S. 133.
[2] A. a. O. S. 176.
[3] A. a. O. S. 31.

gelebt habe; und von der Schwester Gertrud von Winterthur[1] berichtet sie: „So schreiben wir von ihr ein klein, dabei man erkennen mag, wie rein ihr Leben war; denn die, so bei ihren Zeiten lebten, sahen wohl, wie mannigfaltig sie sich übte und wie großen Fleiß und Minne sie zu dem Convent und zu dem Orden hatte.“ Doch lebte unsere Verfasserin mit den älteren Schwestern zusammen und hatte sonach Gelegenheit, über die Vorgänge des inneren Lebens bei denselben Näheres zu erfahren, wie dieß bei Schwester Elsbeth von Köllifon[2] und anderen der Fall war, von welchen die Verfasserin schreibt: „Als sie krank war, fragte die Schwester, die dieß von ihr schrieb, wie ihr wäre.“ Die Schreiberin nennt aber ihren Namen in der Stelle: „Da sie nun von Alter und Krankheit abzunehmen begann, bat sie die selige Schwester Elsbeth Stagel, die dieß Alles von ihr schrieb.“ Oft hatte unsere Verfasserin große Mühe, von ihren Mitschwestern solche Mittheilungen über my= stische Zustände zu erhalten, denn sie scheuten Alles, was Auf= sehen erregen konnte, und verschoben ihre Mittheilungen oft bis an ihren Tod. So schreibt sie unter Anderem: „Die Schwe= ster (Jützi Schulteß)[3] sagte uns zur Zeit, da sie meinte, sie müsse sterben, daß Gott mannigfaltige Wunder mit ihr beging, deren wir hier einen Theil aufschreiben wollen, so weit wir können; allein nach der rechten Wahrheit, wie Gott vollkommen sich oft und viel ihr zu erkennen gab, vermag Niemand es zu Worte zu bringen, wie es ist; denn, sprach sie, wer alles das schreiben sollte, was Gott Wunderbares mit ihr gethan, beson= ders seit sieben Jahren, das Mettebuch könnte es nicht Alles fassen.“ Als Schwester Elsbeth Bächli Manches aus ihrem übenden Leben ihr mitgetheilt, bat Schwester Elsbeth Stagel „sie gar ernstlich[4] und wollte von ihr nicht ablassen, sie müßte ihr denn noch mehr sagen. Kannst du mir sagen, fragte sie, wozu es gut sei? Die Stagel sprach: Ja, es beginnt in dieser

---

[1] A. a. O. S. 57.
[2] A. a. O. S. 172.
[3] A. a. O. S. 101.
[4] A. a. O. S. 134.

Zeit die göttliche Minne an vielen Orten zu erlöschen in der
Menschen Herzen, und wird irgend Einer früher oder später
von diesen Mittheilungen etwas hören, und mag er dann ge=
denken: Wie lebst du so, und willst doch auch in das Himmel=
reich? Warum stellest du nicht darnach, daß auch dir Gott
seine Gnade gebe? Die alte Schwester sprach hierauf: So
will ich es Gott zu einem Lobe sagen, aber du sollst es ver=
schweigen so lange ich lebe." Ihrer eifrigen Nachforschung
ungeachtet war es unserer Verfasserin nicht mehr möglich, Alles
aufzuzeichnen, was sich Merkwürdiges im Leben ihrer Mitschwe=
stern von Töß ereignet; die ältesten von ihnen waren schon
gestorben, als sie ihre Sammlung begann; viele wollten ihr
von dem, was sie in sich selbst erfahren, nichts mittheilen, da=
mit keinerlei Lob ihnen daraus werde, und die mündlichen
Ueberlieferungen verliefen sich immer mehr in den Sand der
Vergessenheit. „Manches von dem (sind ihre Worte) [1], wie sich
Gott in hohen und wunderbaren Offenbarungen den Schwestern
erzeigte, ist uns leider entgangen bis auf gar Weniges, wie
uns eigentlich dünkt, daß es nach der rechten Wahrheit wäre;
denn ihrer eine jede war da mit ihrer eigenen geistlichen Vollkom=
menheit bekümmert, daß sie nicht gedachte, von den Denkwürdig=
keiten einer andern Schwester zu schreiben. Weil aber der Herr
durch seine Güte uns zur Besserung noch einen kleinen Theil
(der Nachrichten) erhalten hat, so schreiben wir davon von Et=
lichen, die vor uns waren, und von Anderen, die bei unse=
ren Zeiten gewesen sind. Doch glauben wir, daß noch so
Viele waren, mit denen der Herr durch seine Gnade in beson=
derer Weise wirkte, die in diesem Buche nicht genannt sind,
als deren sind, von denen hier geschrieben ward. Wer nun
dieses Büchlein lesen hört, soll nicht nach seinem eigenen Sinn
verkehren, was darin steht. Will er sich davon nicht bessern,
so ist doch billig, daß er sich hüte, davon nicht schlimmer zu
werden. Wir haben in diesem Buche Vieles weggelassen, was
dennoch gut zu hören wäre, und haben überdieß hier etwas

---

[1] A. a. O. S. 5.

geschrieben, was zwar klein scheint; allein oft ist vor Gott größer, was klein scheint, als was sehr groß scheint" [1].

So bildeten damals auf deutscher Erde die Schwesterklöster Prediger-Ordens zu Unterlinden und Schönensteinbach im Elsaß, zu Adelhausen bei Freiburg im Breisgau, zu St. Katharinathal bei Dießenhofen, zu Töß bei Winterthur und anderwärts ebenso viele Pflanzschulen für das beschauliche Leben, „welche — um mit Schwester Elsbeth Stagel zu sprechen [2] — Christus, die ewig lebendige Sonne, von welcher das Herz des heiligen Dominicus in Liebe und Weisheit entbrannte, angelegt und gepflegt hat. In ihnen wuchsen die hohen und edlen Bäume auf, die mit den Blüthen der süßen himmlischen Lehre und mit ihren vollkommenen Früchten der ganzen Christenheit einen kräftigen göttlichen Wohlgeruch und Genuß gaben und noch immer geben, gleichwie der fröhliche Mai alles Erdreich erneuert und fruchtbar macht."

## 2. Das beschauliche Leben.

### (Nach Heinrich Suso.)

Das beschauliche (mystische) Leben, das in den Klöstern Prediger-Ordens in Deutschland eingehalten wurde, hatte zwei Seiten, die als ebenso viele Hauptstufen auf dem Wege der Wiederkehr der Seele zu Gott angesehen wurden; die erste bezeichnete man als das übende, die andere als das schauende Leben, und beide Lebensweisen, innigst mit einander verbunden, wurden von dem religiösen Leben oder dem Gottesdienste durchdrungen und gehalten. Ueber das übende und schauende Leben geben uns die Predigten und Abhandlungen der deutschen Mystiker reichen und sehr ausgedehnten Unterricht, dessen Grundlehren jedoch bei allen beinahe dieselben bleiben. Statt ein Summarium aus ihren Werken vorzutragen, wird es anziehender sein, die Lehre von dem übenden und schauenden Leben an einem lebendigen Beispiele kennen zu lernen, und

---

[1] Der letzte Satz ist aus Eckharts Schriften gezogen.
[2] Handschr. A. S. 1.

dieses hat uns Heinrich Suso in der Schwester Elsbeth
Stagel von Zürich aufgestellt, welche er mit Auszeichnung
seine „geistliche Tochter" nennt. Sie war auch dieses Namens
würdig; denn mit den Gnadengaben und Tugenden, die ihr
auf dem Wege der Vollkommenheit zu Theil geworden, vereinigte sie in seltenem Ebenmaße die Vorzüge eines gebildeten
und reichbegabten Geistes. Bei den inneren Kämpfen und Versuchungen, die sie zu bestehen hatte, suchte sie Rath und Trost bei
ihrem geistlichen Vater, und wenn er von Zürich oder Konstanz
her zu ihr nach Töß kam, holte sie ihn mit vertraulichen Fragen aus über den Anfang und die Fortschritte im beschaulichen
Leben, und da sie bei ihm in diesen Dingen Weisung und Belehrung fand, schrieb sie sich und anderen Menschen zu einem
Behelf Alles auf, und that das verstohlen vor ihm, daß er
darum nicht wußte. Als er aber darnach dieses geistlichen Dieb-
stahls inne ward, strafte er sie darum; sie mußte ihm ihre
Schriften herausgeben; davon verbrannte er einen Theil, und
gleiches Schicksal hätte das Uebrige getroffen, hätte ihn nicht
eine innere Warnung davon zurückgehalten. In dieser Weise
blieb ein Theil von dem erhalten, was sie größtentheils mit
eigener Hand dem Meister nachgeschrieben und wir nun in den
verschiedenen Büchlein Heinrich Suso's wiederfinden. Von seiner geistlichen Tochter konnte er bezeugen [1]: „Sie hatte einen
sehr heiligen Wandel auswendig und ein engelgleiches Gemüth
inwendig. Der edle Kehr, den sie mit Herz und Seele zu Gott
nahm, war so kräftig, daß alle üppigen Dinge ihr entfielen,
mit denen sonst mancher Mensch seine ewige Seligkeit versäumt.
All' ihr Fleiß war nach geistlicher Lehre gerichtet, mit der sie
wünschte gewiesen zu werden zu einem seligen, vollkommenen
Leben, darnach all' ihre Begierde rang. Sie schrieb auf, was
ihr etwa Schönes werden mochte und sie und Andere zu göttlichen Tugenden fördern konnte. Sie that wie die gewerbigen
Bienlein, die den süßen Honig aus den mannigfaltigen Blumen
eintragen. Im Kloster Töß wohnte sie unter den Schwestern
als ein Spiegel aller Tugenden und brachte bei ihrem kranken

---

[1] Heinrich Suso's Schriften B. I. Kap. 35.

Leibe ein gutes Buch zuwege, darin sie unter anderen Dingen
von ihren vergangenen heiligen Schwestern berichtet, wie seliglich
sie lebten und wie große Wunder Gott in ihnen wirkte, was gar
reizend ist zur Andacht gutherziger Menschen." Als Schwester
Elsbeth Stagel über das beschauliche Leben bei Heinrich Suso
nähere Belehrung suchte, war sie schon beim Beginne versucht,
mit einem Fluge die Höhe der Beschauung zu erreichen, und
gefiel sich allzusehr in Fragen über die reine Gottheit und der
Dinge Nichtigkeit, über das gänzliche Lassen seiner selbst, über
aller Bilder Bildlosigkeit und andere Lehren Meister Eckharts,
die, wie Suso sagt, zwar mit schönen Worten bedeckt waren,
aber für einfache Menschen etwas verborgenen Schadens in sich
trugen, insbesondere wo die nöthige Unterscheidung mangelte,
da man die Worte jener Lehren hin- und herziehen mochte auf
Geist und Natur, je nachdem des Menschen Gemüth beschaffen
war. Darum richtete der Lehrer an sie die warnenden Worte:
wenn sie aus bloßer Neugier nach der Erkenntniß so hoher
Dinge strebe, möchte sie leicht in schädlichen Irrgang kommen.
„Rechte Seligkeit, schrieb er ihr, liegt nicht in schönen Worten,
sie liegt in guten Werken. Fragst du aber nach den Dingen,
die du im Leben üben sollst, so laß die hohen Fragen noch
bei Seite und nimm Fragen hervor, die dir gemäß sind. Du
bist eine junge, in der Vollkommenheit noch ungeübte Schwester, und darum ist dir und deinesgleichen nützlicher, zu wissen,
wie man in dem übenden Leben soll anfangen und die heiligen Vorbilder nachahmen; wie dieser und jener Gottesfreund
sich zuerst in der Nachfolge von Christi Leben und Leiden übten;
was Alles sie starkmüthig erlitten und wie sie sich innerlich und
äußerlich hielten, wenn sie Gott durch Süßigkeit oder Härte
zog, und wann und wie ihnen die äußeren Bilder abfielen und
wie sie sich in ihrem inneren Leben verhielten. Diesen Weg der
Tugendübung nach dem Vorbilde Christi und seiner Heiligen muß der Mensch vorerst wandeln und allmählich sich zur
Höhe der Beschauung erheben, und — wiewohl Gott
diese in einem Augenblicke verleihen könnte — so pflegt er es
gewöhnlich nicht zu thun; sie muß erstritten und erarbeitet werden." Die Tochter gelobte ihm nun willigen Gehorsam und

Gelehrigkeit für Alles, was sie auf dem Wege des übenden Le=
bens werde zu ertragen haben, und bat ihn, die Lehren, die er
ihr darüber mitzutheilen habe, nicht in der Ferne zu suchen,
sondern sie aus seinem eigenen Herzen zu schöpfen, da er sie
in längerer Uebung selber erprobt habe. Der Lehrer gab ihr
dann über den Anfang und Fortgang eines heiligen Lebens
und über die Uebungen, mittelst welcher der Mensch dazu ge=
langen könne, folgende Lehren.

### Ueber das übende Leben.

„Der Anfang eines heiligen Lebens, sprach Heinrich Suso [1],
ist verschieden; wer aber damit beginnt, thut wohl daran, sein
Gewissen gleich im Anfange mit einer ganzen (kindlichen) Beicht
zu reinigen und seine Sünden einem verständigen Beichtiger vor=
zulegen [2], daß alle Sünden ihm vergeben werden, wie Maria
Magdalene geschah, da sie Christo mit reuigem Herzen und
weinenden Augen seine göttlichen Füße wusch und Gott ihr
alle Sünden vergab. Ist die Beichte vollzogen, dann mag der
Anfänger im geistlichen Leben sich hinter drei Kreise zu geist=
licher Hut beschließen. Der erste Kreis umfaßt die Zelle, die
Kapelle und den Chor; der andere das ganze Kloster bis zur
Pforte; der dritte die Pforte selbst, die der größten Behüte be=
darf, denn außer ihr soll dem geistlichen Menschen wie einem
wilden Thierlein sein, das außer seinem Loche weilt und von
Jägern umstellt ist. In der Abgeschlossenheit nun beginnt das
übende Leben und sucht nach dem Vorbilde der Altväter in
strenger Abtödtung die sinnliche Natur zu bekämpfen." Als
dann aber die Tochter anfing sich selbst abzubrechen an Speise
und an Schlaf und sich zu peinigen mit härenen Hemden, gräu=
lichen Seilen und durch mit Nägeln gespickte Bande, ließ ihr
der Diener sagen: „Liebe Tochter! willst du dein geistliches
Leben nach meiner Lehre richten, so laß solche unnöthige Strenge
unterwegen, weil es deiner weiblichen Schwachheit und deiner

---

[1] A. a. D. K. 36.
[2] A. a. D. K. 36.

wohlgeordneten Natur nicht zugehört. Der liebe Herr Jesus
sprach nicht: Nehmet mein Kreuz auf euch; er sprach: Jeder
Mensch nehme sein Kreuz auf sich. Weder die Strenge der
Altväter noch die harten Uebungen deines geistlichen Vaters
sollst du befolgen, sondern aus dem allem dir einen verständi=
gen Theil nehmen, so daß zwar die Untugend in dir sterbe, du
aber mit gesundem Leibe lange lebest; eine solche Uebung allein
ist würdig und angemessen." Man sieht hieraus, wie Heinrich
Suso, der an sich die strengste Abtödtung übte, in der Leitung
Anderer hierin das rechte Maß zu halten wußte. „Einige Hei=
lige, schrieb er seiner geistlichen Tochter, haben sehr strenge gelebt,
daß es weichlichen Menschen ein Gräuel wäre, nur davon zu
hören, weil sie keine Ahnung haben, was ein inbrünstiger Ernst
mit göttlicher Kraft zu thun und zu leiden vermag um Gottes
willen; Andere dagegen befolgten eine mildere Lebensweise — und
doch wollten beide auf ein Ziel enden. Sanct Peter und Sanct
Johannes wurden ungleich erzogen, und da der Herr wunder=
bar in seinen Heiligen ist, will er von ihnen auch auf mancher=
lei Weise gelobt werden. Darum soll man nicht etwa glauben,
daß ein Mensch, der solche Strenge nicht geübt, nicht zum voll=
kommenen Leben gelangen möge; noch soll man über Andere,
die strenger leben, lieblos aburtheilen. Jeder schaue auf sich
selbst und merke sich, was Gott von ihm haben wolle, und
lasse alle anderen Dinge bleiben. Allgemein zu sprechen, es ist
viel besser, eine verständige Strenge zu üben, als eine unver=
ständige, und es ist rathsamer, hierin minder zu thun, als
Uebertriebenes zu versuchen; denn es geschieht oft, daß man
der Natur zu viel abbricht und darnach genöthigt wird, ihr
wieder zu viel zuzugeben. Das strengere Leben und die Vor=
bilder desselben mögen Solchen nützlich sein, die sich selber allzu
zart halten und ihre sinnliche Natur zu muthwillig gehen lassen;
das gehört aber nicht dir und deinesgleichen zu. ¯ Gott hat
mancherlei Kreuz, womit er seine Freunde kasteit, und ein sol=
ches sollen wir dann geduldig ertragen, wenn es uns zuge=
schickt wird."

Das Kreuz der äußeren Leiden ließ nicht lange auf sich
warten; die geistliche Tochter wurde von einer langwierigen

Krankheit befallen und blieb kränklich bis an ihren Tod. Heinrich Suso jammerte darüber, weil er nun Niemanden mehr
habe, der ihm mit solchem Fleiß und göttlicher Treue hülfreich
sei, seine Büchlein zu vollbringen, wie sie bisher gethan, als
sie noch gesund war, und wollte darüber mit Gott rechten. Es
ward ihm aber in einem Gesichte kundgethan, daß Gott die
Krankheit über Schwester Elsbeth nur des Allerbesten wegen verhängt habe, damit sie durch dieses Kreuz große Gnade hier und
mannigfachen Lohn im Himmelreich sich erwerbe; — so mahnte
er sie zur Geduld. Als er sie dann in ihrer Krankheit besuchte,
bat sie ihn, ihr etwas von göttlichen Dingen zu erzählen, das
keine große Anstrengung, aber vielen Trost ihr bieten möchte,
und der Diener erzählte ihr verschiedene Vorfälle seines Lebens
und die göttlichen Tröstungen, die er dabei empfing. Als das
Kosen ein Ende hatte, schrieb sie Alles heimlich auf und legte
es, zu behalten und zu verbergen, in eine geheime Lade.
Nicht nur mündlich, sondern auch schriftlich in Briefen suchte
der Diener seine geistliche Tochter in ihrer Krankheit aufzurichten und ihr das gnadenvolle Ziel der Leiden an das Herz zu
legen. Er zog hiefür seine eigenen Erlebnisse hervor und erzählte ihr, welche Leiden er nach Gottes Verhängniß an seiner
eigenen Ehre zu bestehen hatte; wie viele Menschen, die er den
Fallstricken des Teufels entreißen wollte, ihn schalten und ver-
leumdeten und ihm für seine Liebesdienste die persönliche Ehre
rauben wollten; allein sie vermochten nichts wider den Diener,
da Gottes Hand ihn schützte. „Gott ist mit dir, ward ihm
gesagt, und will dich in keiner deiner Nöthen verlassen; darum
lasse nicht ab, die weltlichen Herzen zur göttlichen Minne hin-
zuziehen!" Er fuhr als getreuer Seelenjäger in seinem Eifer
fort und rettete eine Menge verhärteter Sünder vom Verderben. Von allen Seiten strömten sie her, um bei dem Diener
Rettung und Trost zu suchen. Doch dieser Liebeseifer trug
ihm das schwerste Leiden ein. Längere Zeit hatte er alle seine
Mühen angewendet, eine gefallene Person auf den Weg der
Tugend zurückzuführen; sie hatte als Frucht ihres schlechten
Wandels früher schon ein Kind geboren und klagte den Diener
als den Urheber ihres Falles an. Davon kam er bei Hohen

und Niederen in Verruf, wurde von seinen Freunden verlassen und von seinen Ordensbrüdern mit Schimpf und Spott verfolgt. Mitten in den ärgsten Stürmen kehrte er sich zu Gott und sprach: „Mag es anders nicht sein — fiat voluntas tua — so geschehe dein Wille!" Doch Gott wollte sich bald für seinen Diener rächen, seine Gerichte traten gegen die Verfolger ein: das schlechte Weib starb eines jähen Todes, viele und gerade seine ärgsten Feinde raffte der Tod gleichfalls dahin, etliche ohne Beicht und ohne den Genuß von Gottes Frohnleichnam. Diese auffallenden Strafen öffneten endlich den Leuten die Augen, daß sie sprachen: „Gott ist mit diesem Manne, er ist unschuldig." Das schwere Unwetter ging vorüber und oft darnach gedachte der vielgeprüfte Diener: „Ach, Herr! wie wahr ist das Wort: wem Gott wohl will, dem kann Niemand schaden mit Uebelwollen." Er wurde all' des Leidens von Gott entgolten mit innerlichem Herzensfrieden und lichtreicher Gnade. Nun lobte er Gott für die Leiden, die er erstanden, und sprach: er nähme die ganze Welt nicht dafür, daß er das Alles nicht erlitten hätte. So konnte Heinrich Suso an dem Schicksale seines Lebens seine geistliche Tochter am besten lehren, wie durch Gelassenheit und Geduld die äußeren Leiden ertragen werden sollen.

Sie wünschte aber auch über das Verhalten der Seele bei inneren Leiden seine Lehren zu vernehmen [1], und er führte ihr nun Beispiele aus dem Gebiete der Seelenleitung vor: wie er hier einem armen Bruder Muth und Vertrauen wieder aufgerichtet, der in Trauer und Betrübniß versunken war; dort einen weltlichen Herrn den Stricken der Verzweiflung entrissen habe, der schon den Anlauf genommen hatte, sich in's Wasser zu stürzen, und gab ihr dann zu erkennen, welche Leiden Gott das meiste Lob und dem Menschen den größten Nutzen eintrügen. „Gott, fuhr er fort, verhängt Leiden über den Menschen ohne dessen Verschulden; sei es, daß er seine Treue prüfen will, wie einst bei Job, sei es, daß er seine göttliche Ehre beabsichtet, wie bei dem Blindgebornen. Andere Leiden aber sind

---

[1] A. a. O. K. 41.

selbstverschuldet, wie jenes des Schächers am Kreuze, den
Christus selig machte, weil er in Folge dieses Leidens sich zu
Gott kehrte; viele sollen nach Gottes Absicht den hochmüthigen
Sinn des Menschen herabdrücken und ihn zur Erkenntniß seiner
selbst bringen. Etliche Menschen aber leiden von inbrünstiger
Minne, wie die Martyrer, die durch ihr mannigfaltiges Erster=
ben im Leibe und im Gemüthe dem lieben Gott gern ihre
Minne bewähren wollten; Anderen sendet Gott Leiden zu, um
sie an sich zu ziehen, nachdem sie der Welt sich lange hingegeben;
gar Viele endlich, und namentlich empfindsame Menschen, stel=
len in ihrer Einbildung sich Leiden vor, wo keine Leiden sind.
Das edelste und beste unter allen Leiden ist aber ein christ=
förmiges Leiden, das Leiden nämlich, das der himmlische
Vater seinem eingebornen Sohne übertrug und noch über seine
auserwählten Freunde verhängt. Denn wie Christus sich ge=
duldig erzeigte und in seinem Leiden wie ein sanftes Lämmlein
mitten unter den Wölfen sich verhielt, so sollen wir bei Leiden
dieser Art Alles mit Geduld ertragen und mit einem süßen
Herzen das Böse mit Güte überwinden. Woher immer das
Leiden komme, wir sollen es willig auf uns nehmen, es in
Gott zurücktragen und mit ihm überwinden. Wie soll aber ein
sündenbeladener, gebrechlicher Mensch die Leiden mit Gott über=
winden? Wer unreine Kleider hat, geht zum klaren Brunnen
und macht sie rein. Ein solcher Brunnen der Gnade und des
Trostes ist uns in dem kostbaren Blute aus den Wunden un=
seres Herrn ausgeflossen; der wascht alle Makel ab und alle
Schuld und stärkt das verzagte Herz mit unaussprechlichem
Troste. Die Bächlein dieses Brunnens fließen so oft über die
leidende Seele dahin, als sie all' ihr Leiden in das bittere Lei=
den Jesu Christi wirft und bei dem Gekreuzigten und seiner
zarten Mutter unter dem Kreuze Labsal suchet. Die Summe
der Lehren über die menschlichen Leiden sah der Diener in einem
Gesichte, worin ihm der Gekreuzigte im Bilde eines Seraphs
erschien; an seinen Flügeln konnte er die Worte lesen: Em=
pfange Leiden willig, trage Leiden geduldig; zu oberst
aber stand: Lerne leiden christförmig. Wohl ist die Uebung
der Geduld in den Leiden eine schwere Uebung, aber was muß

der tapfere Ritter auf dem Kampfplatze Alles dulden [1], bis er die Krone der Ehre empfängt? Am ersten fecken Anreiten ist's noch nicht genug, der Ritter muß im Turniere ausharren, und würde er geschlagen, daß ihm das Blut zu Mund und Nase ausbräche, das muß er Alles leiden, soll er die Ehre und den Fingerring gewinnen. Ach, müssen die Ritter dieser Welt solche Leiden empfangen für so kleinen Lohn, ist es denn nicht billig, o Herr, daß man um den ewigen Preis noch viel mehr Arbeit erleide? Eja, schöne göttliche Weisheit, deren Gnadenreichheit nichts gleich ist in allen Landen, möchte meiner Seele ein Fingerring von dir werden, dafür wollte ich leiden, so viel du immer wolltest!

Allein es reicht nicht hin, von der Welt weg und zu Gott sich zu kehren und willig die Leiden zu ertragen, die von Gott oder der Creatur dem Menschen werden: um in das höhere Leben in Gott überzutreten, muß noch eine dritte Stufe errungen werden, und sie besteht darin, daß man das Leiden des Gekreuzigten in sich bilde und die süße Lehre, den sanften Wandel und das vollkommene Leben Christi, das er uns vortrug, in treuer Nachfolge vollbringe [2] durch alle jene hohen Tugenden, deren der Mensch mit der göttlichen Gnade fähig ist. Auf diesem Wege steter Vervollkommnung hat er seine Blicke auch auf die Vorbilder der reinen jungfräulichen Mutter Gottes und aller lieben Heiligen zu wenden und darnach sein Leben einzurichten. Als sodann die geistliche Tochter nach der guten Lehre [3] ihres geistlichen Vaters wohl geformet war, wie das Wachs bei dem Feuer, das der Form des Siegels ist empfänglich worden, und sie durch das vorbildliche Leben Christi, welches der sicherste Weg ist, lange Zeit gezogen war, da schrieb ihr der Diener: „Es wäre nun wohl Zeit, o Tochter, daß du weiter in das Höhere fortschreiten würdest und einem jungen Adler gleich aus dem alten Neste bisheriger Tugendübungen dich mit den Fittigen der obersten Kräfte deiner Seele in die Höhe des

---

[1] A. a. O. Kap. 47.
[2] A. a. O. Kap. 47.
[3] K. 50.

schauenden Adels eines seligen vollkommenen Lebens erschwin=
gest. Dazu waren deine früheren Uebungen eine gute Vorbe=
reitung, um einzugehen aus der Wüste in das verheißene Land
eines ruhigen lauteren Herzens, in welchem die Seligkeit hie=
nieden anfängt und in jener Welt ewiglich bleibet." Der Leh=
rer ermangelte jedoch nicht, seine Schülerin auf die Irrthümer
aufmerksam zu machen, die besonders in jener Zeit über das
schauende Leben früher von den Begharten und Beguinen und
später von den s. g. Gottesfreunden zum Verderben vieler
Seelen ausgeheckt und festgehalten wurden. Denn zweierlei
Menschen wandeln im Gebiete des schauenden Lebens: die Einen
auf rechtläufiger Bahn mit rechter Verständigkeit nach der Lehre
und im Gehorsam der heiligen Kirche zum Lobe Gottes und
zur Erbauung der Menschen. In ihrer Vernunft leuchtet die
göttliche Vernunft wieder, wie der Himmel in seinem lichtreichen
Gestirn in unser Auge leuchtet. Die Andern jedoch laufen den
Irrweg, da sie, ihrem eigenen Licht und Willen folgend, von
sich behaupten, sie hätten das vollkommene Leben errungen und
derjenige, der gerecht geworden, habe kein Mittel, d. i.
keine Sünde zu scheuen, was falsch ist und gegen alle
Vernunft streitet. Denn der wirkliche Mensch, wie er aus Leib
und Seele und Persönlichkeit besteht, ist nicht derjenige, wie er
ewig in Gott ist; hier ist er sterblich, dort ist er ewig, darum
muß er hier nach seiner menschlichen Gebrechlichkeit alle schäd=
lichen Mittel meiden. Wollte er aber in seiner Vernünftigkeit
zu Nichte werden und sich selber, wie er wirklich ist, nicht wis=
sen wollen, und so in irriger Vermengung seiner selbst
mit Gottes Wesen alle wirklichen Werke so wirken, als ob
Gott, das unerschaffene Wesen, sie wirkte, das wäre ein Ge=
brechen über allen Gebrechen. Wohl kommt im Weitern
der Mensch, nachdem er Fleisch und Blut dem Geiste und sei=
nen Geist Gott unterworfen hat, in eine florirende Vernünf=
tigkeit, daß er sich fröhlich aufschwinget über Zeit und Raum
und eine wonnige Lust verkostet am Erkennen der ewigen Wahr=
heit, am Genusse der göttlichen Seligkeit, an dem Einblick in
das gegenwärtige Nun der Ewigkeit und anderer Dinge. Dann
beginnt die geschaffene Vernunft in sich selber einen Theil der

ewigen und unerschaffenen Vernunft zu verstehen; aber auf diefer Höhe öffnet sich zu seinen Füßen ein tiefer Abgrund des
Irrthums, wohinunter ihn der Stolz der Selbstüberhebung
stürzen kann. Folgt er diesem, dann bildet er sich ein, in sei=
nem bisherigen Leben der Tugendübung sei er noch ganz fern
von Gott gewesen und blind in seinem Erkennen, und es dünkt
ihn, erst jetzt sei er voll Gottes geworden, und nichts sei, das
Gott nicht sei. Er wird in diesem Zustand der Selbstüberhe=
bung wie ein gährender Most, der noch nicht zu sich selbst ge=
kommen, will alle Tugendübungen und Anbachten liegen lassen
und die Nachfolge des Lebens Christi und seiner Heiligen hint=
ansetzen, und meint dann in seiner ungeregelten Vernunft Gott
als das Alles in Allem zu schauen. Allein derlei Ueberhebung
kommt entweder aus der Einfalt oder aus ungebrochenem Aber=
witz, daß er meint, wenn er nach seinem eigenen Sinn die
Bilder und Uebungen abgestreift, so sei er dann schon in einer
vollkommenen Gelassenheit, worin er mit Gott und Gott mit
ihm unmittelbar verkehre und wirke, da er doch erst über die
Vorgräben der Festung sich eingeschlichen hat, die erst noch zu
erstürmen ist. Er hält sich lediglich hinter einer Schirmmauer
versteckt, ist aber noch nicht in sich selber untergegangen und
seinem eigenen Geist entworben und in eine wahre Armuth
des Geistes eingegangen, worin die immerwesende einfache
Gottheit antwortet in des Menschen stiller Muße und Ruhe.
Wie ist nun aber diese Gelassenheit (das Sichlassen an
Gott) und die Vergangenheit (das Eingehen und Vergehen in
Gott) zu verstehen, dahin die Seele auf der höchsten Stufe
ihres vollkommenen Lebens gelangt? [1] Nicht wie das körper=
liche Ding oder der Schatten vergeht und dann nicht mehr ist,
vergeht des Menschen Geist oder seine vernünftige Seele in
seiner Ausfahrt [2]. Sie bleibt ewiglich wegen dem vernünftigen
Abel ihrer gottförmigen Kräfte, denn Gott ist eine überwesent=
liche Vernunft, nach der sie gebildet ist, und darum ist es un=
möglich, daß sie zu Nichte werde, wie der tödtliche Leib zu

---

[1] Kap. 52.
[2] D. i. Ueberfahrt, Eingang in Gott.

Nichte wird. Ein theilweises Untergehen und Vergehen findet bei den Menschen statt, die, wie Sanct Paulus, in die reine Gottheit verzückt werden und sich selber entwerden und vergehen. Als aber Sanct Paulus wieder zu sich kam, fand er sich als denselben Paulus und Menschen wieder, wie zuvor. Ein drittes Untergehen und Vergehen der Seele besteht darin, daß der Mensch mit einem Aufgeben seines freien Willens sich Gott ganz überläßt in einem jeglichen Augenblick, wo er sich findet, so, als ob er sich selber nicht wisse und Gott allein der Herr sei. Dieses Vergehen kann aber kein vollständiges sein, so lange Leib und Seele beieinander sind. Denn wenn der Mensch wähnt, er habe sich jetzt ganz Gott gelassen und sei vergangen in Gott nach der Sinnesheit, und brauche nach der Sinnlichkeit nicht mehr zu sich selber zurückzukehren, so kömmt augenblicklich seine selbstische Ichheit auf sich selbst wieder und er ist derselbe, der er zuvor war, und wollte er aus dieser kranken Gelassenheit wirken, so würde er sich selbst betrügen. Wohl ist es wahr: so viel sich der Mensch sich selber entfremdet und ein Vergangensein in Gott eingeht, so viel besteht er auch in rechter Wahrheit. Wohl ist es das höchste Streben der wahren Gottesfreunde, daß sie sich gerne zu Grunde ließen und in dem Sichlassen an Gott stete blieben, ohne wieder auf ihr eigenes Selbst zurückzukommen, so viel dieß nach menschlicher Schwäche möglich ist; aber das können sie nicht erreichen, und daher ihre Klage. Vermag der Mensch auch in den Zustand der Gelassenheit (des Sichlassens an Gott) zu gelangen, so findet er schnell sich als ein Mensch wieder und muß sich Gott zum Lob als einen gebrechlichen Menschen leiden und ertragen. Diese Weise der Gelassenheit und des Wiederzusichkommens ist nützlich, da sie uns zur Selbsterkenntniß führt. Das Wesen des Menschen ist eine Verbindung von Leib und Seele; Leib und Seele sind keine zufällige, sondern wesentliche Bestandtheile, von denen er keines — auch den sinnlichen Leib nicht — ganz abstreifen kann. Darum, wie nahe der Mensch auch sich an Gott zu lassen und sich wiederzunehmen vermag, er trägt in sich noch immer die Fähigkeit, Tugend oder Gebrechen zu üben. Denn die Vernichtigung des Geistes und sein Vergehen in die einfache Gottheit und all' sein Adel und seine Vollkommenheit darf man nicht so nehmen, als würde jemals sein erschaffenes Wesen in das, was Gott ist, verwandelt werden, so daß er Gott werde und seine eigene Wesenheit (Persönlichkeit) zu Nichte gehe; sondern vielmehr besteht dieses Sichlassen an Gott und dieses Vergehen des Geistes in Gott lediglich in einem Entgehen und Verachten seiner selbst nach augenblicklicher Weise. In diesem Entnehmen vergeht ihm gleichsam sein selbstisches Wesen, und ihm ist gerade so zu Muthe, als ob Gott alle Dinge geworden, und alle Dinge sind ihm gleichsam Gott geworden; denn ihm antworten alle Dinge in der Weise, wie sie in Gott ewig sind, und bleibt doch ein jegliches Ding in seiner natürlichen Wesenheit das, was es ist. Nur unverständige Blindheit will diesen wichtigen Unterschied nicht merken."

## Ueber das schauende Leben.

Nachdem die geistliche Tochter in dem Einleiten des äußeren Menschen in den innern alle die Mittelstufen des übenden Lebens durchgemacht und die innere Stille und Gelassenheit der Seele errungen, wünschte sie an der Hand ihres Vaters und Lehrers in das Gebiet des **Schauens** geführt zu werden und hohe Erkenntnisse von Gott und göttlichen Dingen zu erhalten. Der Lehrer gewährte ihre Bitte und hob über das schauende Leben also an [1]: „Du fragest, was Gott sei, aber alle Meister, die je waren, konnten es nicht erklären, denn er ist über alle Sinne und Vernunft. Wer aber nach ihm fleißig forscht, erhält von ihm etwelche Kunde, aber in gar ferner Weise, und an dieser Erkenntniß liegt des Menschen oberste Seligkeit. Schon die heidnischen Meister und insbesondere der vernünftige Aristoteles suchte ihn und fand ihn, denn an dem Laufe der Natur forschte er darnach, wer derjenige wäre, der da ist ein Herr der Natur, und da dieser Naturlauf so wohlgeordnet ist, erkannte er bald, daß nothwendig auch ein einiger Fürst und Herr aller Creaturen sein müsse, und das heißen wir Gott. —

---

[1] Kap. 54.

Von diesem Gott und Herrn haben wir von unserer Vernunft
aus so viel Kunde, daß er ewig, einfach, unwandelbar und ein
wesentlicher Geist ist, dessen Wesen Leben und Wirken ist, des=
sen Vernunft alle Dinge erkennt in sich selbst und mit sich selbst,
der seiner selbst und Aller, die ihn im Schauen genießen, eine
unaussprechliche Seligkeit ist. Allein sein Wesen mag Niemand
schauen, was es an sich ist, wohl aber in dem Spiegel der
Creaturen, die er erschuf. Und darum heißt dieses Erkennen
ein Spekuliren oder ein Erspiegeln. Hast du in den Creaturen
Gott gefunden, den dein Herz lange gesucht, dann sieh auf=
wärts mit aufspringendem Herzen, und sieh ihn an und um=
fange ihn mit den endlos ausgestreckten Armen deiner Seele
und deines Gemüthes, und sage ihm Dank und Lob, dem edlen
Fürsten aller Creaturen. Siehe, von dieser hohen Erkenntniß
wird sodann in einem empfänglichen Menschen bald ein herz=
licher Jubel aufdringen, ein Jubel, dessen Freude die Zunge
nicht gesagen kann, und die doch Herz und Seele so kräftiglich
durchgießt. Von dieser einschwebenden Gnade will ich dir ver=
borgene Erlebnisse aus meinem eigenen Leben offenbaren. Wohl
zehn Jahre lang, fuhr der Lehrer fort, ward mir alle Tage,
am Morgen und am Abend die Gnade, daß ich ganz in Gott,
die ewige Weisheit, versank. In diesem Zustande hatte ich oft=
malen ein minnigliches Einreden mit Gott, dann ein jammer=
volles Seufzen, dann ein sehnliches Weinen, oft auch ein still=
schweigendes Lachen. Mir war oft, als ob ich in den Lüften
schwebte und zwischen Zeit und Ewigkeit in dem tiefen Wag
(Meere) der grundlosen Wunder Gottes schwämme. Davon
ward mein Herz so voll, daß ich zuweilen meine Hand auf das
aufgeregte Herz legte und sprach: O weh, Herz meines, wie
will es dir heute ergehen! Eines Tages kam mir vor, wie
das väterliche Herz Gottes in geistlicher Weise ohne alles Mit=
tel an mein Herz zärtlich geneiget wäre, und däuchte mich, wie
das väterliche Herz, die ewige Weisheit, minniglich in meinem
Herzen spräche. Ich hob nun an und sprach fröhlich in dem geist=
lichen Jubel: Nun her, mein liebliches Lieb, ich entblöße mein
Herz, und in der einfachen Bloßheit von allem Geschaffenen
umfange ich deine bildlose Gottheit. O weh, du übertreffliches

Lieb alles Liebes! Die größte Liebe zeitlichen Liebes leidet mit ihrem Lieb dennoch Liebes und Liebes getheilten Unterschied, du aber, aller Liebe grundlose Fülle, du zerfließest in Liebesherzen, du zergießest dich in der Seele Wesen, du reines All im All, von dessen Liebe nichts ausbleibt; es wird Alles lieblich mit Lieb vereinet. Doch so hoch diese Gnade der Verzückung ist, ist sie dennoch nicht die höchste; diese wird dem wesentlichen Menschen zu Theil, der mit steter guter Uebung die Tugenden so erstritten hat, daß sie ihm nach dem höchsten Adel bleibend innewohnen, wie der Schein der Sonne bleibend der Sonne innewohnt. Der Lehrer führte nun die wißbegierige Schülerin noch höher in dem Kreise der Beschauung.

Das Wesen Gottes an sich hält von sich ausgeschieden alles Nichtwesen oder vermischtes Wesen, darum muß das namenlose göttliche Wesen ein alliges Wesen in sich selber sein, das alle getheilten Wesen mit seiner Gegenwart erfüllt. Deffnen wir die innern Augen, so erkennen wir, daß Gottes Wesen das allerwirklichste und allervollkommenste Wesen ist, in welchem weder Gebrechen noch creatürliche Anderheit ist, weil es ein einiges Ein ist in einfacher Einheit. Darum, weil es ein einfaches Wesen ist, muß es das allererste und ewige sein und das allergegenwärtigste in Allem sein. Dieses lautere einfache Wesen ist die oberste Ursache aller sächlichen (geschaffenen) Wesen, und mit seiner besondern Gegenwart umschließt es alle zeitliche Gewordenheit als ein Anfang und ein Ende aller Dinge, und wie es in allen Dingen ist, so auch außer allen Dingen — ein Cirkel, dessen Mittelpunkt überall, dessen Umfreis nirgends ist. Wenn aber Gott ein einfaches Wesen ist, wie mag es dreifach in den Personen sein? Je einfacher ein Wesen ist, um so kräftiger ist es in seiner kräftigen Vermögenheit. Was nichts hat, kann nichts, was viel hat, kann Vieles geben. Nun ist Gott selbst das überfließende höchste Gut; seine grundlose übernatürliche Güte nöthigt ihn selbst, daß er das nicht allein für sich haben will, er will es auch fröhlich in sich und aus sich mittheilen. Nun muß das höchste Gut nothwendig die höchste und nächste Entgießung seiner selbst haben, und diese muß substanziell, innerlich, persönlich sein. Alle andern Entgießungen, die in der Zeit oder in der Creatur sind, kommen von dem Wiederblick der ewigen Entgießung der grundlosen ewigen Güte. In dem Ausfluß der Creatur aus dem ersten Ursprung ist ein Wiederbiegen des Endes auf den Anfang, und wie das Ausfließen der Person in Gott ein förmliches Bild des Ursprunges der Creatur aus Gott, so ist es auch ein Vorspiel des Wiedereinfließens der Creatur in Gott. Allein es liegt ein großer Unterschied zwischen dem Werden der Creatur aus Gott und der Entgießung Gottes in Gott. Denn die Creatur ist durch ihr Werden ein getheiltes Wesen geworden; die göttliche Entgießung aber ist viel inniger und edler nach der Weise der Größe des Gutes, das Gott selber ist, und da er grundlos alles andere Gut übertrifft, so muß auch nothwendig seine innere Entgießung dem Wesen gleich sein, und das mag nicht sein ohne Entgießung seines Wesens nach persönlicher Eigenschaft und Eigenthümlichkeit. Wie nun das oberste Gut sich selber minnet, so können wir darin die übernatürliche Entgießung des Wortes aus dem Vater erkennen, von dessen Gebären und Sprechen alle Dinge hervorgesprochen und gegeben werden, und so ist von Ewigkeit das oberste Gut in seiner höchsten Entgossenheit, die göttliche Dreifaltigkeit, Vater, Sohn und heiliger Geist, und da die höchste Entgossenheit von dem obersten wesentlichen Gute bringet, so muß in der heiligen Dreifaltigkeit die allernächste und höchste Mitwesenheit, die höchste Gleichheit und Selbstheit des Wesens sein, das die göttlichen Personen haben in jubilirender Ausgegossenheit, nach ungetheilter Substanz und ungetheilter Allmacht in der Gottheit. Manche nun geben sich dem Irrthum hin und meinen: wer zum Höchsten gelangen wolle, dem sei das Schauen Gottes ein schädliches Mittel, er müsse vielmehr entgottet und entgeistet werden, daher sie alle Vision zurückstoßen und sich zu der einleuchtenden Wahrheit kehren, die der Mensch selber sei. Diese Ansicht ist jedoch falsch. Es ist ganz recht und gut, Gott als einen Bestrafer der Sünde zu fürchten und als einen Belohner alles Guten zu erkennen. Wer aber der Sünde sich vollständig entschlagen hat, der minnet Gott in seinem Herzen, nicht gerade um seiner Gerechtigkeit und der Belohnung willen,

die er den Guten bereitet, und in diesem Sinne ist er Gott
wohl entgottet, denn er minnet ihn als ein herzliches, minnig=
liches Lieb; von ihm ist die knechtische Furcht abgefallen, und
so bleibt dem göttlichen Menschen Gott wahrhaft Gott und
Herr, und doch ist er seiner, d. i. der knechtischen Furcht ledig
geworden. Wie soll aber der Mensch entgeistet werden?
Dieß findet in folgender Weise statt. Wenn der Mensch im
Beginne seines übenden Lebens bemerkt, daß er eine Creatur
von Leib und Seele ist, der Leib tödtlich, die Seele aber ein
ewiger Geist, so gibt er dem Leibe und aller thierischen Sinn=
lichkeit Urlaub und hält sich zu dem Geiste, macht den Leib dem
Geiste unterthänig und all' sein Wirken ist inwendig mit Be=
trachtung gegen den göttlichen Geist hingerichtet, wie er diesen
finde, diesen begreife und sich mit ihm vereine. Wenn er sich nun
darin recht geübt hat und einsieht, daß ihm der überwesentliche
Geist wohl allzeit vorspielet, ohne daß er ihn je begreifen könnte,
dann beginnt der creatürliche Geist das Unvermögen seiner selbst
einzusehen und mit einem Entsinken seiner Selbstheit sich der
ewigen göttlichen Kraft zu Grunde zu lassen und sich von sich
selbst zu kehren und mit einer Verachtung seiner Sinnlichkeit in
des obersten Wesens Unendlichkeit einzukehren. In dieser Ein=
genommenheit kommt der Geist oft in ein Vergessen und Ver=
lorensein seiner selbst, wie Paulus sprach: Ich lebe nicht mehr,
Christus ist, der in mir lebet [1]; und Christus sprach: Selig
sind die Armen des Geistes. So bleibt der Geist wohl in sei=
ner persönlichen Wesenheit, wird aber entgeistet nach seiner per=
sönlichen Eigenschaft der Sinnesheit. In solchen Zustän=
den wird die Seele oft zum Schauen erhoben. Es waltet aber
ein großer Unterschied zwischen der reinen Wahrheit und den
zweifelhaften Visionen. Die rechte Wahrheit ist in einem un=
mittelbaren Schauen der reinen Gottheit zu finden, und
jede Vision ist um so sicherer, je vernünftiger und bildloser sie
ist, und um so edler, je mehr sie der reinen Schauung gleich
steht. Dagegen werden die Visionen in Bildern manchen Got=
tesfreunden, wie einst den Propheten, bald wachend bald schla=

---

[1] Gal. 2, 20.

senb in stiller Ruhe und Abgeschiedenheit der äußeren Sinne
verliehen. So kommen Engelserscheinungen öfter im Schlafe
denn im Wachen vor, deßwegen, weil der Mensch im Schlafe
von dem äußeren Wirken in die Mannigfaltigkeit mehr abge=
zogen ist in sich selber, als im Wachen. Die Mutter des hei=
ligen Augustinus erkannte jedesmal, wenn ihr etwas im Schlafe
vorkam, innerlich, ob es ein gewöhnlicher Traum wäre, der
nicht zu achten ist, oder aber eine bildliche Vision, daran man
sich zu kehren hat. Doch bestimmte Weisung hierüber kann
Niemand dem Andern wohl mit Worten geben; nur der ver=
steht es, der es empfunden hat."

Zum Schlusse des ganzen Unterrichtes wünschte die Schüle=
rin nun von dem Lehrer noch zu vernehmen: wo und wie die
Verständigkeit eines wohlgeübten Menschen in dem höchsten
Ziele enden solle, daß sein hohes Streben auch mit der Lehre
der heil. Schrift übereinstimmte? Der Lehrer gab in Antwort [1]:
„Jedermann kennt das Wort, das der ewige Sohn sprach: wo
ich bin, da soll auch mein Diener sein" [2]. Wer nun
das Wo, das der Herr in seinem Leiden und Tod am Kreuze
nahm, und das strenge Wo in der Nachfolge seines Lebens
nicht gescheut, dem ist wohl billig, daß er das Wo seiner sohn=
lichen reinen Gottheit in Zeit und Ewigkeit nieße, so weit dieß
möglich ist. Wo ist nun aber das Wo der reinen göttlichen
Sohnheit? Das ist in dem Lichte der göttlichen Einigkeit, und
dieses Licht ist, weil es namenlos ist, eine Nichtigkeit; weil es
in sich gezogen ist, eine wesentliche Stille; weil es innerlich sich
selber offenbar wird, Ein Wesen der Dreipersönlichkeit, und
weil es sich selber fasset, ein Licht seiner Selbstheit, nach seiner
ungeschaffenen Ursachlichkeit, eine alle Dinge erschaffende Macht,
in deren verborgener Weislosigkeit alle Mannigfaltigkeit vergeht
und der Geist seine Selbstheit verliert und seiner eigenen Selbst=
thätigkeit nach vergeht. Und das ist das höchste Ziel und das
endlose Wo, darin aller Geister Geistigkeit endet; darin sich
allzeit verloren haben, ist ewige Seligkeit. Die Einigkeit Got=

---

[1] A. a. O. S. 56.
[2] Joh. 12, 26.

tes hat ihre Wirklichkeit in der Dreiheit, und die Dreiheit hat ihre Vermögenheit in der Einigkeit. Der Vater ist ein Ur= sprung des Sohnes, und von dem Vater ist als Auswall der Sohn ewig geflossen nach der Person und innebleibend nach dem Wesen; der Vater aber und der Sohn entgießen ihren Geist, und die Einigkeit, die das Wesen des ersten Ursprunges ist, ist dasselbe Wesen ihrer aller dreien Personen. Wie aber die Dreiheit Eins sei und in der Einigkeit der Natur Eins sei, und doch die Dreiheit aus der Einigkeit sei — mag Nie= mand aussprechen wegen des tiefen Grundes der Einfachheit. Hieher nun in dieses vernünftige Wo erschwinget sich der Geist im Schauen, und von endloser Höhe wird er fliegend, dann von grundloser Tiefe wird er schwimmend in den hohen Wun= dern der Gottheit. Und dennoch bleibet da der Geist in der Geistesart im Genusse der gleich ewigen, innebleibenden und ausfließenden göttlichen Personen abgeschieden von allem Ge= wölk und Gewerbe der niederen Dinge, anstarrend die göttlichen Wunder. Denn was mag wunderbarer sein, als die reine Einigkeit, darin sich der Personen Dreiheit einsenkt und alle Mannigfaltigkeit der Sinnesheit aufgehoben ist? Denn die Personen kehren ewig wieder in des göttlichen Wesens Einigkeit zurück und gehen ewig aus ihm hervor, und auch alle Crea= turen sind nach ihrer in Gott ewig beschlossenen Idee und Wesenheit, ewiglich in dem Einen, wie Johannes schreibt: „Was geworden ist, das ist ewiglich in ihm gewesen, das Leben." Diese Einigkeit in Gott ist eine dunkle Stille und Ruhe, die Niemand verstehen mag, außer derjenige, in dem sie leuchtet mit ihrer Selbstheit. Aus dieser Ruhe leuchtet rechte Freiheit ohne alle Bosheit, und die Wahrheit ohne alle Falschheit, denn da wird unser Geist entkleidet von dem düstern Lichte, das ihm nach menschlicher Weise aus dem sinnlichen und selbstischen Le= benskreise gefolgt ist, und er findet sich da als einen Andern, eigentlicher als er sich zuvor verstand in der Weise des frühe= ren, gewöhnlichen Lichtes, wie St. Paulus sprach: ich lebe, aber nicht mehr ich; denn er wird entkleidet und entwußt in der Wißlosigkeit des göttlichen einfachen Wesens, das da sich einleuchtet in alle Dinge in einfacher Stille. Denn die drei

Perſonen, beſtehend in Einigkeit des Weſens, iſt die Seligkeit. Und was das Weſen den Perſonen von Natur verleiht, gibt es den Creaturen aus Gnaden, denn es hat aller Dinge Bild (Idee) in ſich beſchloſſen.“

„Wie nun dieſes bildreiche (ideenreiche) Licht als Weſen be= ſteht, ſo die Dinge in ihm nach der Weſenheit ihrer ſelbſt, aber nicht nach ihrer zufälligen Seinsweiſe, und weil es ſich in alle leuchtet, ſo leuchten alle Dinge in dem Weſen in einſchwebender Stille nach der Einfachheit des Weſens. Daſſelbe vernünftige Wo, darin der bewährte Schauer mitwohnen ſoll dem ewigen Sohn, kann man auch die namenloſe Nichtheit nennen, denn der Geiſt kann weder erkennen noch ausſprechen, was es ſei, und darum iſt es ein Nicht, weil es nicht ein beſtimmtes Dieß oder Das iſt. Wenn nun der Geiſt in dieſer glanzreichen Dü= ſterheit ſeiner ſelbſt unbewußt wird, ſo verliert er alle Mittel und ſelbſtiſche Eigenſchaften, wie Sanct Bernhard ſpricht, und das geſchieht minder oder mehr, je nachdem der Geiſt in dem Leibe oder von dem Leibe aus ſich ſelbſt in Gott eingegangen iſt. Dann verliert der Geiſt ſeine Selbſtheit nach göttlicher Art, aber in dieſer Entſunkenheit vergehet er doch nicht gänzlich. Er nimmt wohl Theil an Gottes Eigenſchaft, aber er wird doch nicht in natürlicher Weiſe — Gott; was ihm geſchieht, geſchieht ihm von Gnaden, denn der Geiſt iſt ein Etwas, geſchaffen aus Nichts, das ewiglich blei= bet. Wohl wird er der ſelbſtiſchen Ichheit enthoben und in ein Unwiſſen ſeiner ſelbſt geführt; er erlangt aber damit eine höhere Ichheit und ein lichteres Wiſſen ſeiner ſelbſt. Denn der Geiſt wird alsdann mit der Kraft des göttlichen Weſens über ſein natürliches Vermögen in die reine Einfachheit Gottes ge= rückt, wo er aller creatürlichen Weiſen bloß iſt; aber in ſich ſelber behält er ſeine Weiſe eigentlich nach ſeiner Weſenheit. So er aber ſich ſelber vergangen und entworben iſt und ſich von ſich ſelber kehrt und von allen creatürlichen Dingen ſich wegwendet zur Nichtheit des reinen, einfachen und unerſchaffenen Weſens, dann gelangt er in dieſem Gebirge des übergöttlichen Wo zu einer wonnereichen, allen reinen Geiſtern ſich offenba= renden Abgründigkeit, wo Gottes Weſen und der Urſprung aller Creaturen ruht, der nur sich selber ergründlich ist, aber verborgen allem dem bleibt, was er nicht selber ist, jenen ausgenommen, denen er im Schauen durch seine Gnade sich mittheilen will, und diese müssen ihn mit einem Lassen ihrer selbst suchen und in gewisser Weise mit und durch ihn selber erkennen, wie die Schrift sagt: Wir werden da erkennen, wie wir erkannt sind [1]. Diese Erkenntniß, die Gott im Schauen gibt, hat der Geist nicht von seiner Selbstheit, denn die Einigkeit zieht ihn in der Dreiheit an sich in seine rechte übernatürliche Wohnstätte, wo er über sich selbst in dem wohnet, das ihn gezogen hat. Und in diesem Sinne mag man von einem Ersterben des Geistes reden. Dieses Ersterben besteht nämlich darin, daß er in seiner Versenkung in Gott keinen Unterschied mehr an der eigentlichen Wesenheit wahrnimmt; aber nach der Selbstoffenbarung Gottes faßt er den Unterschied nach der Dreiheit der Personen und läßt jegliches Ding unterschiedlich sein, was es ist. Wird dann das Licht von den drei Personen in die Lauterkeit des Geistes geleuchtet, dann entsinket der Geist sich selber und aller seiner Selbstheit; er entsinket auch der Wirksamkeit aller seiner Kräfte und wird in dieser Weise nach seiner selbstischen Eigenheit entwirket und entgeistet. Und das liegt in dem Wiedereinkehren, da er aus der selbstischen Seinsweise ausgetreten und verloren ist in die Stille des verklärten Dunkels und der reinen einfachen Einigkeit Gottes. In diesem entwußten Wo liegt die höchste Seligkeit. Und um in diese Verborgenheit zu gelangen, muß man festen Schrittes aufwärts schreiten, fallen lassen die äußeren und inneren Sinne und das eigene Werk der Vernunft und Alles, was sichtbar ist und unsichtbar, und Alles, was creatürliches Wesen und Nicht-Wesen ist, und hinansteigen zur einigen Einfachheit. In diese sollst du bringen ohne Wissen, in das Schweigen, das da über allen Wesen ist und über aller Meister Kunst, mit einem reinen Abziehen des grundlosen einfachen Gemüthes hinein in den Wiederglast des göttlichen Dunkels. Hier muß alle Haft enthaftet, müssen alle Dinge gelassen werden; denn in der überwesentlichen

---

[1] 1 Cor. 13, 12.

Dreifaltigkeit der ewigen Gottheit, in dem überglänzenden aller=
höchsten Gipfel, da hört man mit stillsprechendem Schweigen
Wunder, man empfindet da abgeschiedene, unwandelbare Wun=
der in dem überlichten Dunkel, das ein überreicher Lichtschein
ist, in dem da wiederleuchtet das All und mit dem die Vernunft
überfüllet wird mit überglänzendem Lichte."

Das beschauliche (mystische) Leben umfaßt somit nach dem
Unterricht, den Heinrich Suso seiner geistlichen Tochter Schwe=
ster Elsbeth Stagel gab, zwei Kreise: in den ersten fällt das
übende (in Tugenden thätige), in den zweiten das schauende
Leben. Eintretend in den ersten Kreis, wendet sich der Mensch
auf der ersten Staffel von den Lüsten der Welt und allen sünd=
haften Gebrechen weg, macht in besondern Bußübungen den
Leib dem Geiste unterthänig und kehrt sich zu Gott mit emsi=
gem Gebet, voller Abgeschiedenheit und steten Tugendübungen.
Zur zweiten Staffel sich erhebend, bietet er sich willig dar, die
unzähligen Widerwärtigkeiten geduldig zu leiden, die ihm von
Gott und der Creatur zufallen mögen; vordringend endlich auf
die dritte Staffel, soll er das Leiden des Gekreuzigten in sich
bilden, dessen süße Lehre, sanften Wandel und lauteres Leben
in treuer Nachfolge sich aneignen und darin immer weiter vor=
wärts schreiten. Darnach entfällt er dem äußeren Wirken, setzt
sich in eine Stille des Gemüthes und sucht nirgends und in
Nichts mehr sich selbsten, sondern überall und in Allem die
Ehre Gottes des himmlischen Vaters, indem er sich gegen alle
Menschen, Freunde und Feinde, demüthig hält. Darnach kömmt
ein übender Mensch in ein Entwirken der äußeren Sinne, die
früher allzu sehr nach Außen gezogen waren, und der Geist in
ein Entsinken seiner obersten Kräfte nach ihrer florirenden Na=
türlichkeit bis in den Kreis der ewigen Gottheit, wo er zur
ganzen geistigen Vollkommenheit gelangt. Hier liegt der Kreis
des Schauens, und die oberste Reichheit des Geistes besteht
darin, daß er, der gebrechlichen Schwere entbunden, sich mit
Hülfe der göttlichen Kraft in die lichtreiche Vernunft erschwinget,
wo er den Einfluß des Himmlischen empfindet. Da kann er
dann die Dinge verborgen ansehen und nach ihrem guten Un=
terschied erklären, und steht freigemacht durch den Sohn in dem

Sohne. Dieß mag heißen: des Geistes Ueberfahrt, denn er ist da über Zeit und Raum und mit minnereicher inniger Anschauung in Gott eingegangen. Wer sich nun noch weiter lassen kann und dem Gott hiezu besondere Gnade verleiht, mit einem kräftigen Abziehen von Unten nach Oben und von der Creatur zu Gott, wie es Sanct Paulus that und auch Andere thun können, wie Sanct Bernhard lehrt, der wird in seinem Geiste von dem überwesentlichen Geiste ergriffen und in das hinaufgezogen, wohin er aus eigener Kraft nicht kommen könnte. Dann entfallen ihm alle Bilder und Formen und alle Mannigfaltigkeit, und er kömmt in eine bewußte Unwissenheit seiner selbst und aller Dinge, und er wird gesenket in den Abgrund der göttlichen Einfachheit, wo er seiner Seligkeit in der höchsten Wahrheit genießet. Dann ist weiter kein Ringen und kein Werben mehr, denn der Anfang und das Ende sind Eines, und der Geist ist aller Selbstsucht entgeistet und, sein wahres Selbst bewahrend, mit Gott Eins geworden.

Die Lehre Heinrich Suso's von dem beschaulichen Leben ist sonach, richtig verstanden, dem Wesen nach die alte Lehre, wie sie von jeher in der Kirche von den bewährtesten Meistern vorgetragen und von dem heiligen Bernhard und den Victorinern in ihren Schriften ist ausgesprochen worden. Was der deutsche Meister darin aus den Schriften Eckharbs aufgenommen, wußte er dem kirchlichen Lehrbegriff gemäß umzubilden, indem er sowohl die vorweltliche Existenz der Creatur in der göttlichen Idee als auch die ewige Fortdauer der geistigen Persönlichkeit der Creatur bei deren Vereinigung mit Gott festhielt. Das Mittelalter war noch nicht lange abgelaufen, als die Lehre H. Suso's von einer edlen Jungfrau aus dem schwäbischen Abel, Katharina von Remchingen, Abtissin von Frauenalb, im Jahre 1518 in dem schönen Liede ausgesprochen wurde, das sie ihrem Gebetbuch angefügt [1]:

O Phönix aller Minne,
Jesus mein höchstes Gut,
Entzünd' mir Herz und Sinne
In deiner Liebe Gluth,

---

[1] Handschr. H.

Daß ich mir selbst entwerde
Und dein Gefang'ner sei;
So schwebt der Geist auf Erde
Ohn' alles Mittel frei.

Als du vergoß'st dein edles Blut,
Da branntest du in Minne
Recht, wie der edle Phönix thut,
Der liegt mir in dem Sinne.

Wie du dein junges Leben
In Marter und in Tod
So willig hast gegeben,
Wie dir die Lieb' gebot,

Daran will ich gedenken,
Jesus, der Freuden Glanz,
Mein junges Herz dir schenken
Und mich damit so ganz,

Daß weder Lieb' noch Leiden
Mich ohne dich besitzen soll,
Die Creatur muß scheiden,
An dir begnügt mir wohl.

Wer Creatur will lieben,
Der gibt den Schöpfer auf,
Von Außen und von Innen
Irrt er in seinem Lauf.

Sein Herz bleibt ihm verworren
Von falschem Lieb' und Leid,
An Gottes Gnad' verdorren —
Gibt falschen Unterscheid.

Ich sollt' mich lernen lassen,
Es wär' wohl an der Zeit,
Gott ruft auf allen Straßen
Und schickt mir schweres Leid. .

Das soll ich willig tragen
Und halten für das Best',
Nach zeitlich' Trost nicht jagen,
Bald hätt' mich Gott ergötzt.

Das kann ich nicht bekommen,
Ich fahr' als wider ihn;
Wär' ich mir selbst benommen,
So möcht' ich ledig sin.

Wenn ich dann oft will wähnen,
Mein Vorsatz sei jetzt gut,
Betrüg' ich mich; in Thränen
Kränk' ich mir Herz und Muth.

Laß alle Ding' gewerben
Und laufen bis an's Ziel,
Und lerne dir absterben
Und wollen, was Gott will.
Denn wo ich auch hinkehre
Das Herz, Gemüth, die Sinne mein,
Gibt Alles mir die Lehre,
Daß ich mir selbst sollt' ledig sein.
Ich wollt', ich wär' gestorben,
So lebt' ein ander Ich
In meinem Grund verborgen;
Es will nicht lassen sich
Verdrücken noch verkleinen,
Das schafft mein stolzer Sinn,
Dieweil ich mich thu' meinen,
So bleib' ich, die ich bin.
Du hast die Ros' gepflücket,
Jesus, mein Herzenstraut,
Und hast auf mich gedrücket
Voll Leiden ein gar bitt'res Kraut.
Soll ich das Kraut auch däuen,
Du mußt mein eigen sein;
Was möcht' mich Höh'res freuen,
Als — du mein und ich dein!

### 3. Das religiöse Leben.

Wie das beschauliche Leben von dem religiösen getragen
und gehalten ward, so ruhte hinwiederum dieses auf dem Ge=
bet und Gottesdienste der Kirche, als auf seinem festen
Grunde. Das Geheimniß von dem Leiden und Sterben unse=
res Herrn bildete für die beschauliche Seele die geistige Sonne,
um welche sich alle ihre religiösen Gebete und gottesdienst=
lichen Uebungen bewegten; die tägliche Betrachtung und Feier
seines Opfertodes am Kreuze sollte ihr ununterbrochener Got=
tesdienst im Geiste und in der Wahrheit sein. Schon am frü=
hen Morgen begannen in allen Klöstern die sieben Tagzeiten
der Kirche im gemeinsamen Chor=Gebet und Gesang mit der
Mette (Matutinum); mit dem lateinischen Officium wurden
deutsche Gebete und Betrachtungen verbunden, die nach ihrer
edlen Einfachheit, tiefen Gemüthlichkeit und ihrem hohen Sinne

auch jetzt noch für uns zum Muster dienen können. Denn was sind die dürren Verstandesphrasen der einen, was die breitgeschlagene Gehaltlosigkeit der andern, was die krankhaften Empfindeleien der dritten Sorte mancher Gebetbücher unserer Zeit, gehalten an die Gebete und Andachten der Vorzeit? Die deutsche Mystik guter Richtung bietet hiefür die reichste Ernte dar. Hier ist der Raum leider nur für gar Weniges gegönnt. Wir lesen in einem alten Andachtsbuche jener Zeit das Morgengebet [1], das vor der Mette verrichtet wurde: „Nun gesegne mich Gott der Vater, der mich erschaffen hat, und behüte mich Gottes Sohn, der für mich am heiligen Kreuz gelitten hat, und erleuchte mich der heilige Geist, der mir in der heiligen Taufe eingegossen ward. Herr, sei heute ein Anfang aller meiner Werke und ein Vollbringer in dir selber; Herr, sei heute ein Wort in meinem Munde und ein Lob in meinem Herzen, ein Leben in meiner Inwendigkeit, ein Licht in meiner Finsterniß, eine Kraft in allen meinen Werken, eine Entzündung mit den Gaben des heiligen Geistes. Lehre mich Geduld und Demuth, erfülle meine Seele mit deiner Gnade, gib mir deinen kostbaren Tod im Gemüthe zu einem steten Angedenken mit Liebe in meinem Gebet. Schreibe mit deinem Blute in mein Herz deine Liebe und die Schmerzen deiner Liebe, daß ich wegen dir alle Dinge lasse und Alles, was mich von dir scheiden mag. O mildeste, reine Jungfrau Maria, ich befehle unter deinen mütterlichen Schirm jetzt und zu aller Zeit meinen Leib und meine Seele. O getreue Mutter und milde Frau, verlaß mich nicht in meinen Nöthen, erlöse mich von allem Uebel nun und in der Stunde meines Todes, und nach diesem Leben leite mich zur Stätte der ewigen Ruhe und Freude, wo meine Seele den Herrn loben möge in Ewigkeit. O heiliger Engel, in dessen Obhut der König Himmels und der Erde meine Seele und meinen Leib befohlen hat, ich bitte dich innigst, daß du mich behütest und bewahrest auf allen meinen Wegen und mich schirmest in allen Anfechtungen und Gefahren. Komm' mir sanftmüthig zu Hülfe in aller Angst und Betrübde, insbesondere in

---

[1] Handschr. I. aus dem 14. Jahrhundert.

der Stunde meines Todes, damit meine Seele erlöst werde von der Gewalt des Feindes und von den Peinen der Hölle und ich verdiene zu kommen in die Stätte der ewigen Ruhe." Nach der Mette begann das kirchliche Officium im Chor mit der Mette. Ueberreich an göttlichem Inhalt und unerschöpflicher Gedankenfülle, die es aus den heiligen Schriften, aus den Homilien und Hymnen der Väter und den Legenden der Heiligen zog, erhielt es noch eine weitere Bedeutung dadurch, daß man die sieben Tagzeiten mit den Hauptmomenten des Leidens und Sterbens unseres Herrn in Verbindung brachte [1]. Die Mette nach Mitternacht sollte die Stunde der Gefangennehmung Christi in Erinnerung bringen, als er von den bewaffneten Schaaren mit tobenden Stimmen und wüthenden Herzen im Garten aufgesucht, von Judas verrathen und von seinen Feinden gebunden ward, womit er dem Sünder das Gefängniß der Sünde und des ewigen Todes vor die Augen halten wollte. Zur Primzeit wurde der Herr zu Pilatus geführt und unschuldig angeklagt; da stand der Schöpfer vor dem Richterstuhle des Geschöpfes und setzte dem Wuthgeschrei derjenigen, die seinen Tod forderten, unermeßliche Liebe und Demuth entgegen. Wer sollte bei diesem Bilde seine eigene Zunge vor böser Nachrede nicht behüten und unverdiente Unbild nicht demüthig hinnehmen! In die Stunde der Terz fiel die Marter der Geißelung und Krönung; da ward der Herr an die Säule gebunden, an seinem ganzen zarten Leibe wundgeschlagen, mit dem rothen Kleide angethan, mit der Dornenkrone tief in das Haupt verwundet und zum Tode verurtheilt. Weit beweinungswürdiger ist der Sünder an die Säule seiner bösen Gewohnheiten angekettet, er geht der Verurtheilung zum ewigen Tode entgegen, wenn keine Besserung und Buße folgt. Zur Sert wurde der Herr zum Tode ausgeführt, auf der Richtstätte seiner Kleider entblößt und an das Kreuz genagelt. Wer sollte bei diesem Anblick nicht seine Sünden beweinen, nicht alle seine Leiden, die Gott ihm zusendet, mit Geduld ertragen lernen! Zur Stunde der Non starb der Herr für uns am Kreuze; empfehle auch

---

[1] Handschr. a. a. O.

du für dein letztes End deinen Geist in die Hände der grundlosen Barmherzigkeit, deren Quelle im Tode Christi für alle
sündigen Menschen flüssig wurde! Zur Vesperzeit wurde der
Leichnam des Herrn vom Kreuze genommen und in Mariens
Schooß gelegt; in der Abendstunde der Complet ward er begraben. Wohl der Seele, die den Herrn mit allen seinen heiligen Wunden tief in das Herz niederlegt und ihn mit zarter
Innigkeit da pflegt. Stirb auch du der Sünde ab, damit du
nicht in das Dunkel der ewigen Finsterniß begraben wirst, sondern einer seligen Auferstehung dich erfreuen mögest. In diesen innigen Bezügen zum Leiden und Tode des Herrn und zu
den Zuständen der Seele wurden die Tagzeiten abgehalten.

„Gott hatte aber, um mit Meister Tauler zu sprechen [1],
seiner Braut, der Kirche, als sein eingeborner Sohn sich mit
ihr vermählte, noch eine weit reichere Morgengabe gegeben,
und sie ist in dem Opfer der heiligen Messe zu finden,
worin der Erlöser die Geheimnisse seines Lebens, Leidens und
Todes immerdar erneuert. Diese von Gott dem Vater so reich
beschenkte Braut bittet in dem Opfer des Altares täglich durch
den Mund der Priester um Vermehrung und Wachsthum der
Gaben des heiligen Geistes in uns, damit wir in Freud und
und Leid in Christus übergehen und mit ihm innigst vereinigt
werden." Dieses Opfer war daher der Mittelpunkt aller got-
tesdienstlichen Uebungen; von ihm aus strömte den Schwestern
der reichste Born der Gnaden zu, darin sollten sie in die fünf
offenen Wundmale der Liebe Christi sich versenken, in den höchsten Tugenden sich üben und die geringsten Fehler und Mängel
vor Gott beweinen. In einer großartigen Vergleichung wußte
die deutsche Mystik das Opfer des Altares aufzufassen; den
ersten Theil desselben bis zum Offertorium brachte sie mit der
vorbereitenden Zeit des alten Bundes, den zweiten bis nach
der Wandlung mit der wirklichen Welterlösung, den dritten
endlich mit der Vollendung des Reiches Gottes in den letzten
Dingen in sinnvolle Verbindung [2], und bei dieser welthistori-

---

[1] M. Tauler, 16. Brief.
[2] Handschr. K. der Züricher Stadtbibl. C. 127.

schen Auffassung mangelte die moralische Rückbeziehung auf die Zustände und Bedürfnisse der Seele nicht. Führte die Vormesse die Altväter und Gerechten des alten Bundes vor die Betrachtung hin, welche mit großer Begierde der Ankunft des Sohnes Gottes harrten, so bezog sich das begleitende Gebet der Andächtigen auf das eigene Elend und die eigene Armuth und flehte zu Gott: „Komme zu mir, o Herr, begnade mich und übergieße die Wunden meiner Seele mit dem Oele deiner Erbärmde! Ewiges Licht, erleuchte mein finsteres Herz, tilge die große Schuld meiner Sünden und führe mich aus dem Gefängniß des Bösen zur Freiheit der Kinder Gottes." Den Hochpunkt des zweiten Theiles bildete die Wandlung; wie gegenwärtig in der heiligen Hostie, ward Christus an dem Kreuze einst erhöht, und wie er durch des Priesters Mund das Brod in seinen Leib, den Wein in sein Blut verwandelt, so hat er in der ganzen Welt durch seinen Opfertod die Ungerechtigkeit in Gerechtigkeit, den Fluch in Gnade verwandelt, und für die Andächtigen lag die Bitte nahe: „O allmächtiger Gott, erzeige an mir deine göttliche Kraft, damit ich von meiner Schuld verwandelt werde in deine Gnade, und tödte in mir den Tod deines Fluches, damit ich ewig in dir leben möge!" Der dritte Theil schließt die Vereinigung Christi mit der Seele, die Vollendung der Menschheit durch und in ihm ein; dessen soll die Seele gedenken und beten: „O ewiger Gott, wie du alle zerbreiteten Dinge in die Einigkeit zurückziehest und alle Erkenntnisse in deiner ewigen Wahrheit wieder sammelst, gib mir, o Herr, daß ich zerstreuter Mensch wieder in mir selber gesammelt und mit dir ewig vereinigt werde, und bin ich auch nicht würdig, daß du in mein Haus kommest, so bin ich deiner doch am nothbedürftigsten!" Und wie in der Communion der Leib des Herrn dem leiblichen Auge entschwindet, so ward er einst den Augen seiner Jünger entrückt, als er zum Himmel fuhr, von dannen er am Ende der Tage wieder kommen wird, um die Welt zu richten. Auch du, o Mensch, hast hienieden keine bleibende Stätte; der Himmel ist dein wahres Vaterland! „O ewiges Vaterland, wie bist du mir so ferne, wann werde ich dich besitzen? Ihr lieben Engel, helfet mir den Herrn bitten, daß ich in euere Zahl und Gesellschaft einst am Tage des Gerichtes aufgenommen werde!"

In den übrigen Andachten, die das Feuer der göttlichen Liebe in den Herzen der Schwestern unterhielten, nahm die Verehrung des heiligen Liebesjüngers Johannes eine besonders hervorragende Stellung ein; er war der bevorzugte Heilige im weiten Umkreise des ganzen Ordens. Diese Vorliebe für Sanct Johannes begründet Schwester Elsbeth Haimburg von Villingen [1] ihren Mitschwestern von Sanct Katharinathal mit folgenden Worten: „Sanct Johannes hat sich unter dem Kreuze Christi dazu verbunden, für uns ein Fürbitter in jeder Noth zu sein. Die Fülle der Gnaden ward ihm zu Theil, als er am Abendmahle auf Gottes Herzen lag. Er war eine reine lautere Magd von einem süßen Herzen, und mehr als die übrigen Jünger mit göttlicher Minne erfüllt. Darum war ihm die Rede so süß und so minniglich, die unser Herr redete, und sein Geist von Minne und Süßigkeit so ganz durchgossen, daß er sich legen mußte auf Gottes Herz, und mochte ihn zu jener Stunde nichts aufrecht halten als der zarte Leib unseres Herrn, und da trank er dann den hohen Sinn und den edlen Cypernwein der göttlichen Süßigkeit und der himmlischen Wonnesame. Anders hätte er es nicht vermocht, am morgigen Tage unter dem Kreuze des Herrn zu stehen. Dort starb er mit Gott, denn er stund mit unserer lieben Frauen unter dem Kreuz und hielt sie mit seinen Armen, und als das Schwert Simeons durch ihr reines Herz drang, ging es durch sie beide und durchschnitt auch Sanct Johannes Herz und Seele, und beide wurden davon so durchwundet und versehrt, daß, hätte die göttliche Kraft sie nicht gehalten und gestärkt, sie in jener Stunde eines leiblichen Todes gestorben wären. Denn das Blut, das aus den Wunden des Herrn rann, und das Blut und Wasser, das aus seinem Herzen floß, hat sie beide reich begossen, und Gott selbst drückte das Insiegel seiner heiligen Marter in ihre Herzen und Seelen, so daß sie eine jede Wunde besonders empfanden; so starb Sanct Johannes mit Gott. Darum hat der Herr sich

---

[1] Handschr. B. S. 22.

sammethaft in sein Herz gesenkt, und was da geschah, hat Gott selbst in ihm gewirkt. Und Gott zog ihn wieder aufwärts zu sich selber und ließ ihn die volle Süße seiner Heimlichkeit ge= nießen." Diese Lehre nahm Schwester Katharina Brumsi [1] wohl zu Herzen; ihre Begeisterung für den heiligen Johannes legte sie in die folgende Sequenze nieder:

Das ewige Wort, aus Gott gebor'n,
Weder erschaffen, noch gemacht,
Von des Himmels Höh' herabgekommen,
Das sah, berührte und kündete
Sanct Johannes den Menschen.

Der ersten Bäche einer,
Aus dem Urborne der ewigen Weisheit
Ist er entsprungen;
Von dem obersten Thron fließet herab
Der selige Fluß, nahend der ganzen Welt.

Durch die Himmel gegangen,
Hat er geschaut der ewigen Sonne
Ganzes Rad; mit seiner Augen Schärfe
Sah er — ein hoher Erkenner — das Antlitz Gottes,
Den Seraphim gleich von ihren Flügeln bedeckt.

Bei dem Stuhl der Majestät hört er,
Was man singt beim Harfenspiel
Der vierundzwanzig Alten;
Das Zeichen der hohen Dreieinigkeit
Hat er gedrückt auf unserer Seele Bild.

Johannes ist's, dem Christus der Hochgelobte
Die Jungfrau-Mutter in Liebe befahl;
Dem Reinen gab er die reine Lilie zur Hut,
Der Mutter ihn dann zum Sohne,
Daß beiden Trost werde, von beiden
Uns Allen Labsal und Hülfe.

Der Jungfrau jungfräulicher Hüter schrieb
Der verborgenen Gottheit Ursprung,
Wohin des Menschen Gedanke nie gedrungen;
Das Licht der Welt hat er erzeigt,
Das im Evangelium uns Allen leuchtet.

---

[1] A. a. O. S. 30.

Er trank tödtliches Gift, der reine Johannes,
Und lebte dennoch bis in's höchste Alter;
In das siedende Oel gesetzt,
Verjüngte sich sein reiner Leib —
Ihn belebte die Kraft des Glaubens.

Er gebot den Naturen, und sieh!
Schlechtes Gestein wurde zu Edelstein;
Auf sein Geheiß verwandelte
Die Gerte sich in rothes Gold.

Das Höllenthor schloß er auf, erquickend
Die beiden Todten, die an Gift erstarben;
Die Lüge Cerinthus' und Ebions
Verscheucht' er mit dem Licht der Wahrheit.

Ein Vogel ohne Gleichen — wie ist er so hoch geflogen,
Kein anderer Seher je höher gestog;
Nie hat der reinen Menschen einer
Die Geheimnisse Gottes klarer geschaut.

Er ist Ezechiels Adler,
Vom Bräutigam aus dem Himmel entsendet,
Der wieder hinauf sich schwang
Zu den Bergen der Ewigkeit.

O Sanct Johannes, sage uns
Von dem einig Lieben,
Wie er sei von allen Lieben der Bräutigam;
Verkünde es der reinen Braut.

Sag' uns, was die Speise sei der Engel
Und die Hochzeiten der Seligen,
Wenn bei ihnen gegenwärtig
Der hohe Bräutigam im Himmel wandelt.

Biete der hungernden Seele
Das Brod des Verständnisses,
Das, hingeneigt auf Christi Herz,
Du am heiligen Mahle genossen;

Daß wir singen von dem Hausherren,
Der die Mahlzeit wohl bereitet,
Vor dem Lamme auf dem Thron
Lob dem Herren über dem Himmel.

Hochfliegender Adler Johannes,
In die Höhe des Himmels versetzt,
Bitt' für uns Arme;
Wir weilen im Thal der Thränen.

Neben dem heiligen Johannes stand Maria, die jung=
fräuliche Mutter des Herrn, unter dem Kreuze; die Andacht
zu ihr wurde im Prediger=Orden als ein besonderes Erbgut
des heiligen Dominicus in allen Klöstern hochgehalten; sie bil=
dete auch einen Grundzug des religiösen Gemüthes unseres
deutschen Volkes. Wie in der übrigen Christenheit, konnte in
Deutschland der Schritt des Wanderers sich nicht weit ergehen,
ohne daß er Klöstern, Spitälern, frommen Anstalten in großer
Menge begegnete, welche zu Ehren „unserer lieben Frauen"
errichtet worden; unsere alten „Frauenmünster" sind noch immer
lautsprechende Denkmäler dieses frommen Sinnes der Väter.
Alles, was die sinnige Kunst zu schaffen vermochte, sollte zur
Verherrlichung Mariens dienen, und neben Bruder Eberhard
von Sar und Konrad von Würzburg erschienen an der Tafel=
runde des deutschen Meistergesanges der Marner, Walter
von der Vogelweide, Meister Frauenlob, Bruder Werner
von Tegernsee, Bruder Philipp und Andere, um der Him=
melskönigin eine Krone des Lobes zu flechten. Herr Walter
von der Vogelweide [1] will auch „das Lob gesagen der reinen
süßen Magd, von der des Lebens Sonne uns erschien. Sie
ist das Thor des Morgens und des Aufgangs Pforte, durch
die der Himmelskönig ein= und ausgegangen. Wie die Sonne
strahlet durch gewirktes Glas, so gebar die Reine, die Jung=
frau=Mutter ist, den Christus, der uns von der Sünde Schuld
erlöste. Wohl ihr, daß sie ihn im reinen Schooße trug, der
unsern Tod getödtet und mit seinem Blut abwusch die Schuld,
die Eva's Sünde uns gebracht." Auch Meister Frauenlob „sah
vor seinen Dichteraugen die hehre Maid erglänzen; die Wunder=
krone mit zwölf Edelsteinen trug sie herrlich strahlend auf dem
Haupte. Auf diesen Anger Gottes ist der große Himmelsthau
gefallen und auf ihm die Blume höchster Schöne aufgewachsen,
die uns die Frucht des Lebens brachte. Lange schwirrten und
harrten die Turteltauben auf den blühenden Mai, den sie her=
beigeführt, und Gottes Weinberg trug nur diese Rebe, die
würdig war, die Traube des Himmels auszubilden." Zahllos

---

[1] Von der Hagen, Sammlung der deutschen Meistersänger.

sind die Marienlieder, die in noch früherer Zeit und später in Kirchen und Klöstern, in frommen Innungen und Familien zum Lobe der seligsten Jungfrau erklangen.

Diese Liebe zu Maria erfüllte auch das fromme Gemüth Heinrich Suso's und begeisterte ihn zu den erhebendsten Betrachtungen und Gebeten. „O hoher Reichthum der gött=lichen Kunst und Weisheit, ruft er aus [1], wie sind deine Ge=richte so unbegreiflich und deine Wege so unerkannt! Wie hast du so manchen fremden Weg, die Seelen wieder zu dir zurück=zuführen! Kein sündiger Mensch hätte hoffen dürfen, in sei=nen ewigen Ursprung wieder einzukehren, hätte Gott ihm nicht seinen einigen Sohn, die ewige Weisheit, zu einem Führer ent=gegengesendet, und kein sündiger Mensch hätte die Kühnheit ge=wonnen, vor der ewigen Lauterkeit seine Unreinigkeit zu zeigen, hätte er nicht die Mutter aller Erbärmde zu einem Schirm erhal=ten. Durch sie ist die ewige Weisheit — Christus — unser Bruder und zugleich unser Herr geworden, der, wie er ist wahrer Gott, auch wahrer Mensch ist, und darum auch in seiner Gerechtigkeit ein wahrer Richter aller Menschen sein wird. Darum, da wir in dem engen Nothstalle unserer Missethaten und Leiden weder hin noch her uns bewegen können, was bleibt uns übrig, als daß wir unsere trüben Augen aufrichten zur auserwählten Kö=nigin im Himmelreich? Sie ist ja der reine Spiegel, der den hellen Glast der ewigen Sonne wiederglänzt, der verborgene Hort der grundlosen göttlichen Barmherzigkeit, die auserwählte Herzensbraut des heiligen Geistes, die goldene Krone der ewi=gen Weisheit. Vor diese Mutter aller Gnaden hingestellt, fühlt der sündige Mensch sogleich, daß er keines Urlaubes oder Mitt=lers bedürfe, um der Mutter zu nahen; sie ist das mittellose Mittel aller Sünder, die gnadenvolle Mittlerin zwischen ihm und dem Sohne Gottes, der in dem Schreine ihrer jungfräulichen Schöne so süße ruhte und sie zu einer Mutter Gottes und einer Mutter der Barmherzigkeit machte. Und sollte sie gegen uns nicht barmherzig sein, da unsere Armuth sie bereichert und unsere Gebrechen sie über alle Creaturen geadelt haben?

----

[1] H. Sus. Buch der Weish. II. 16.

Wenn ich deiner gedenke, o Himmelskönigin, so fährt der Mei=
ster fort, so möchte mein Herz mit weinenden Augen vor Freu=
den zum Munde hinaufspringen, um dir volles Lob zu sprechen;
dein Name zerfließt in meiner Seele wie Honigseim. Nie er=
klang ein Saitenspiel so beruhigend für das wilde Herz, als
der Name Maria thut im reuevollen Herzen. Diesem hohen
Namen sollen billig alle Häupter sich neigen, alle Kniee sich
beugen. Wie oft hat sie die feindliche Macht der bösen Geister
von uns flüchtig gemacht, wie oft des zürnenden Richters strenge
Gerechtigkeit aufgehalten, wie oft uns Gnade und Trost von
ihm erworben! Wenn alle Zungen der Engel, alle lauteren
Geister und Seelen, wenn Himmel und Erde und Alles, was
darin ist, ihre Würde, ihre Gnade, ihre Ehre und Wonne nicht
vollloben können, wie mögen es sündige Herzen dann versuchen?
Verflucht war die erste Eva, daß sie der Frucht je entbiß; ge=
segnet ist die andere Eva, daß sie uns die süße himmlische Frucht
brachte. Niemand beklage mehr das Paradies, das wir ver=
loren, wir haben zwei Paradiese dafür gewonnen. Oder ist sie
selber nicht ein Paradies, in der da wuchs die Frucht des le=
bendigen Baumes, darin alle Lust und Freude beschlossen war?
Und ist das nicht auch ein Paradies ob allen Paradiesen, in
dem die Todten wieder lebend werden, wenn sie seiner Frucht
genießen, von deren Händen, Füßen und Seite die lebendigen
Brunnen fließen, die da alles Erdreich begießen, die Brunnen
unerschöpflicher Barmherzigkeit, grundloser Weisheit, überfließen=
der Süßigkeit, inbrünstiger Minne und der Brunnen des ewi=
gen Lebens? Wahrlich, wer diese Frucht verkostet und aus
diesem Brunnen getrunken hat, der weiß, daß diese zwei Para=
diese das irdische Paradies weit übertreffen. — Maria ist das
Thor der Gnade und die Pforte der Erbärmde, die nie zuge=
schlossen ward. Himmelreich und Erdreich mag zergehen, ehe
daß sie Jemanden, der sie im Ernste suchet, ungeholfen von
sich gehen ließe. Und wie könnte der himmlische Vater ihr je
etwas versagen? Sie kann wohl zu ihm sagen: mein Gelieb=
ter mir und ich ihm! Und weil sie Gottes ist und Gott sich
ihr ergibt, so ist sie die gnadenvolle Mittlerin zwischen uns und
ihrem zarten Kinde, der ewigen Weisheit, und wie wir dem

ewigen Vater den Sohn vorhalten, so halten wir dem Sohne
die Mutter vor. Wir erinnern ihn an ihre milden Augen,
die ihn oft so gütig angesehen, an die schönen Wänglein, die
sie so oft an ihr Antlitz minniglich gedrückt, an den süßen
Mund, der ihn so zärtlich geküßt, an die reinen Hände, die
ihn so oft bedient, wie würd der Sohn ihr etwas versagen?"
Was Heinrich Suso hier in seiner süßen Weise ausgesprochen,
hat ein anderer Prediger=Bruder mit rührender Einfachheit
in dem Marienliede vorgetragen [1]:

O Frau ob aller Frauen Schaar,
O Kron', in deinem Glanze klar,
An Schönheit kommt dir keine gleich,
Du bist an allen Gnaden reich.
Ob aller Zierde wonnesam,
Zur Freud' der Welt ein blühend Stam;
Du sitzest auf dem Himmelsthron,
Dich preist der Engel Jubelton,
Und die im Feuer leiden Pein,
Sie hoffen auf die Gnade dein.
Du bist der wahre Meeresstern,
Für uns die leuchtende Luzern;
Denn nie bleibt Gnade dem versagt,
Der seine Noth dir trauend klagt.
Kein Leiden auch ist je so groß,
Du machst davon ihn frei und los.
Laß mich nach deiner Ehre streben,
Laß mich nach deinem Willen leben.
Maria, hilf mir von den Schmerzen,
Erfreue mich in meinem Herzen.

Die Andacht zu Maria hatte damals in dem Rosenkranze
ihren angemessenen Ausdruck gefunden, den der heilige Domi=
nicus neu geordnet und mit dem betrachtenden Gebete verbun=
den hatte. Der Rosenkranz bestand aus fünfzig Ave Maria,
die in fünf Reihen, jede Reihe zu zehn Ave, abgetheilt waren.
Jede Decade begann mit einem Pater noster und jedes Ave
mit einem Geheimniß, genommen aus dem Leben, dem Leiden
und der Verherrlichung des Herrn und seiner Mutter. Die

---

[1] Handschr. L. 15. Jahrh.

Geheimnisse der erften Decade lauteten [1]: „Jefus Chriftus, den
du, reine Jungfrau, vom heiligen Geifte empfangen, — mit dem
du gingft zu Elifabeth in das Gebirg, — den du, reine Jung=
frau, zu Bethlehem geboren in einem Stalle mit großer Freude
ohn' alles Weh, — den du in Tüchlein wandeft und in die
Krippe legteft, — den die heiligen Engel lobten mit füßem
himmlifchem Gefang, — den die Hirten fuchten und fanden zu
Bethlehem in der Krippe, — der am achten Tage befchnitten
und Jefus genannt ward, — dem die heiligen drei Könige
Gold, Weihrauch und Myrrhen opferten, — den du, o Jung=
frau, im Tempel Gott feinem himmlifchen Vater opferteft, —
mit dem du nach Aegypten flobeft und nach f i e b e n Jahren
wieder heimzogeft." In diefer Weife wurden mit den übrigen
vierzig Ave die weiteren Geheimniffe der Reihe nach bis zur
Wiederkunft des Herrn zum Weltgerichte und deffen ewiger
Herrfchaft mit dem Vater und dem heiligen Geift im Himmel
verbunden und zur Betrachtung vorgeführt. Wurde diefe ein=
gehalten, fo war das Rofenkranz=Gebet wohl kein bloßes Lip=
penwerk, fondern reich an Inhalt und anregenden Motiven.

Bot die Würde der göttlichen Mutter die ftärkften Gründe
für ihre Verehrung dar, fo erfchloß das Leiden der f ch m e r z =
v o l l e n M u t t e r u n t e r d e m K r e u z e allen bedrängten und
gebeugten Seelen eine Quelle des reichften Troftes. Damals,
als in Folge großer öffentlicher Bedrängniffe eine allgemeine
Schwermuth die Chriftenheit darniederdrückte, wurde auch die
Andacht zur „fchmerzhaften Mutter" überall verbreitet und er=
klang zum erften Male in den Kirchen jenes rührende Stabat
mater, das fo vielen beängftigten Herzen auch feither zum
Ausdruck ihrer eigenen Wehmuth diente:

> Stand die Mutter, Qualen tragend,
> An dem Kreuze, und erklagend,
> Wo der Vielgeliebte hing;
> Deren Seele, bang erftrebend,
> Angftbeladen und erbebend,
> Tief ein fcharfes Schwert durchging.

---

[1] Handfchr. I. S. 8.

O wie trauernd in dem Leibe
Stand die hochgebenedeite
Mutter in des Sohnes Noth.
Wie sie zagte und erklagte
Und verzagte, weil sie dachte
Des Geliebten bittern Tod [1].

Unter dem Kreuze fand die minnende Seele Johannes und
Maria; der Liebesjünger führte sie zur Mutter, die Mutter
aber zu demjenigen hin, der über beiden am Kreuze erhöht die
Schuld der Welt gesühnt. Die Andacht zum Gekreuzigten
und seinen heiligen fünf Wunden wurde von den Or=
densschwestern vorzüglich geübt, und sie waren hiefür von ihren
Lehrern eindringlich angewiesen. „Wer das Leiden Christi,
schreibt Tauler [2], ernstlich und aufmerksam betrachtet, dem wird
von Gott eine besondere Kraft gegeben, dem Vergänglichen zu
entsagen und seine Leiden in Geduld zu tragen. Diese Kraft
reißt ihn gleichsam mit Gewalt zu Gott und zur Vereinigung
mit ihm hin. Das ist die große Frucht, welche die ernstliche
Betrachtung des Leidens Christi hervorbringt. Wie ein gewal=
tiger Strom Alles um sich her ergreift und mit sich fortreißt,
so führt der göttliche Gnadenfluß aus dem Innern eines in
das Leiden Christi versenkten Herzens alles Unreine hinweg,
entreißt den Menschen sich selber und führt ihn wieder in sei=
nen ersten Ursprung ein, von dem er ausgegangen ist. Die
inbrünstige Liebe zu dem leidenden Christus macht den Menschen
gleichförmig dem Leben Christi, und die Liebe einiget beide.
Das Leiden Christi ist die Thüre, die zu Christus führt; denn
wie es keine Erlösung [3] für uns gibt, außer in dem Leiden
Christi, so kann auch weder Vollkommenheit noch Seligkeit er=
rungen werden, wenn wir unser Leben nicht nach dem Vorbilde
der Leiden unseres Herrn führen. Je mehr wir uns darin
üben, desto größer ist unsere Seligkeit, desto sichtbarer unsere
Aehnlichkeit mit ihm, denn Christi Leiden ist aller Süßigkeit
voll, ist die Summe aller Vollkommenheit. So neige denn
dein Gemüth auf den wirkenden und leidenden Christus hin;

[1] Fr. H. Schlosser, die Kirche in ihren Liedern. I. Bd. S. 178.
[2] Nachfolge des armen Lebens Christi § 65.
[3] A. a. O. § 55.

er ist jene köstliche Feldblume, die der emsigen Biene den süße=
sten Honig spendet; je emsiger du dort suchest, desto mehr köst=
lichen Honig wirst du sammeln. Die Wunden Jesu sind süße
liebliche Blumen; bei ihnen kehre ein, sauge den köstlichen Saft
daraus; reich beladen mit ihm wirst du heimkehren und von gött=
licher Süßigkeit überfließen; nichts wirst du ferner kosten wollen
als Güte — göttliche Güte. Einen Schatz wirst du nach Hause
bringen voll göttlicher Ehre; du wirst davon ausspenden an
Alle, die du liebst, an alle Werke, die du verrichtest; sie alle
werden zur Ehre Gottes geschehen; du wirst sie verkünden durch
dein ganzes Leben, wie Christus die Ehre seines Vaters ver=
kündete; denn du hast gekostet die göttliche Gnade aus den
Wunden des Herrn, die von allen Gnaden überfließen; die er=
haltenen Gnaden gehen dann ein und über in alle deine Werke,
in dein ganzes Thun und Lassen, und sie werden Gottes Ehre
verkünden.“

„Welches ist aber, fragt Heinrich Suso [1], das größte und
das lieblichste Minnezeichen, das du, o schöne Weisheit, in dei=
ner angenommenen Menschheit erzeigtest außer dem grundlosen
Minnezeichen deines bitteren Todes? Offenbar kann einem
liebenden Herzen nichts erfreulicher sein, als der Geliebte selbst
und seine freundliche Gegenwart. Damit seinen Geliebten
nichts abgehe, was zur rechten Liebe gehört, zwang ihn die
grundlose Minne, als er von dieser Welt scheiden wollte durch
seinen bittern Tod, daß er sich selbst und seine minnigliche Ge=
genwart am Tische des letzten Abendmahles seinen lieben Jün=
gern gab und noch alle Tage seinen Auserwählten gibt, weil
er schon vorher wohl den Jammer wußte, den manches min=
nende Herz nach ihm einst haben werde. So haben wir ihn
in dem Sacramente vor uns und bei uns so wahrhaft und
wirklich Gott und Mensch nach Leib und Seele, mit Fleisch
und Blut, so wahr ihn seine reine Mutter trug auf ihren
Armen und so wahrhaft er im Himmel ist in seiner vollkomme=
nen Klarheit. Wie aber sein glorifizirter Leib und seine Seele
nach ganzer Wahrheit in dem Sacramente sei, das mag keine

---

[1] H. Suso, Büchlein von der Wahrheit K. 23.

Zunge sprechen, kein Sinn jemals begreifen, denn es ist das
Werk seiner Allmacht. Darum sollen wir es in der Einfalt
des Herzens glauben und nicht viel darin grübeln. Oder dann
sage mir, wie mag es sein, daß ein großes Haus sich abbildet
in einem kleinen Spiegel und in jedem Stücklein, so viel ihrer
sind, und wie drückt sich der hohe Himmel so geringfügig in
das kleine Auge ab, obwohl doch beide an Größe einander so
ungleich sind? Wenn nun solches schon die Natur zu thun
vermag, warum vermöchte denn der Herr der Natur nicht noch
viel mehr Dinge übernatürlich zu thun? Oder ist das nicht
ein ebenso großes Wunder, Himmelreich und Erdreich aus Nichts
zu erschaffen, als wenn der Herr das Brod unsichtbar in sei=
nen Leib verwandelt? Ist es ihm nicht ebenso gut möglich,
etwas in ein Anderes zu verwandeln, als aus Nichts etwas zu
schaffen? Fünftausend Menschen hat er einst mit wenigen
Broden gespeist, die er wunderbar vermehrte; wo war die ver=
borgene Materie, die da seinen Worten diente? Wir sehen
unsere Seele nicht, und wissen dennoch, daß sie ist, und un=
zählige unsichtbare Dinge bestehen, wenn wir sie auch mit un=
seren leiblichen Augen nicht sehen; wie mag daher ein Mensch
nur das für wahr halten wollen, was er mit seinen groben
Sinnen begreift? Würde ich dich fragen, wie sind beschaffen
die Eingänge des Abgrundes, oder wie sind gestellet die Wasser
über dem Himmel, — du sprächest vielleicht: es ist mir zu tief
und zu hoch, ich gehe ihm nicht nach, ich kann weder in den
Abgrund hinab, noch über den Himmel hinauf. Wenn du sonach
irdische Dinge nicht begreifst, die du siehst und hörest, wie woll=
test du dann das begreifen, was alles Erdreich und alle Himmel
und alle Sinne übertrifft? Wahrlich, so bleibt uns nur der
Glaube übrig an Gottes Wort, der uns erleuchtet, und du, o
Herr, bist die Wahrheit, die nicht lügen mag; du bist die oberste
Weisheit, die alle Dinge kennt; du bist der Allmächtige, der
alle Dinge vermag."

Waren die Schwestern von dem Glauben durchdrungen,
welchen ihr Meister, Heinrich Suso, in jenen Worten nieder=
legte, so konnte ihre Andacht keine höhere Erhebung finden,
als wenn sie vor dem heiligsten Sacramente sich im Chore

einfanden, um dem dort immer gegenwärtigen göttlichen Heiland ihre Gebete und Gesänge, ihre Andachten und Betrachtungen aufzuopfern. Wie dieses Geheimniß der höchste Gegenstand ihrer Anbetung, so war es auch im Genusse das Band der tiefsten Vereinigung ihrer Seele mit dem göttlichen Bräutigam. Die Gefühle der gottgeweihten Jungfrauen spricht ihr Lehrer aus der Fülle seines Herzens in der anmuthigen Betrachtung aus [1]: „Oft, o minniglicher Herr, habe ich von Herzen begehrt, daß ich dich mit dem gerechten Simeon in dem Tempel möchte leiblich empfangen haben auf meine Arme, um dich mit meinen Armen in meine Seele und in mein Herz gedrückt zu haben. Herr, nun sehe ich, daß ich dich so wahrlich empfange, als er, und so viel adeliger, so viel dein zarter Leib nun glorifizirt und leidensunfähig ist. Hätte darum mein Herz aller Herzen Minne, mein Gewissen aller Engel Klarheit und meine Seele aller Seelen Schönheit, so wollte ich dich heute so minniglich empfangen und in den Grund meines Herzens und meiner Seele versenken, daß mich von dir weder Lieb noch Leid, weder Leben noch Tod nimmer scheiden möchte. Ach, süßer Herr, hättest du, mein auserwähltes Lieb, mir nur deinen Boten gesandt, ich wüßte in aller Welt nicht, wie ich es ihm freundlich genug sollte erboten haben. Wie soll ich mich denn verhalten gegen den, welchen meine Seele liebt? Du bist das einige Ein, in dem beschlossen ist Alles, was mein Herz in Zeit und Ewigkeit begehren mag. Du bist den Augen der Allerschönste, dem Munde der Allersüßeste, der Berührde der Allerzarteste, dem Herzen der Allerminniglichste. Nichts, o Herr, siehet meine Seele, noch höret, noch empfindet sie in dem, was da ist; sie findet ein jegliches tausendmal minniglicher in dir, meinem auserwählten Lieb. Ach, ewiger Herr, wie soll ich mich gegen dich halten vor Wunder und vor Freuden? Deine Gegenwart entzündet mich, aber deine Größe erschrecket mich. Mein Verstand will Gott den Herrn ehren, aber mein Herz will sein einiges Lieb minnen und zärtlich umfangen. Du bist mein Herr und mein Gott, so bist du auch mein Bruder und mein Freund,

[1] A. a. O. S. 100.

und ob ich es sprechen darf, mein geminnter Gemahl. O was Liebes, was Wonne und was große Freuden, was Würdigkeit habe ich in dir allein! Wäre mir die Gnade widerfahren, o süßer Herr, aus deinen offenen Wunden von deinem Herzen ein einziges Tröpflein Blutes zu empfangen in meinen Mund, ich hätte Wunschesgewalt erhalten. Nun habe ich, o Wunder, nicht allein von deinem Herzen, noch von Händen und Füßen oder von allen deinen zarten Wunden einen oder zwei Tropfen, — ich habe all' dein rosenfarbenes heiliges Blut durch meinen Mund zu meinem Herzen und zu meiner Seele empfangen. Sollte nicht um dieses Minnezeichen mein ganzes Wesen und Alles, was in mir ist, umgewandelt werden? Herr, was ist noch in all' der Welt, das mein Herz erfreuen und begehren möge, so du dich mir so inniglich zu nießen und zu minnen gibst? Wohl heißt dieß das Sacrament der Minne; denn wo war je Minniglicheres gesehen oder gehört, denn die Minne selber empfangen, von Gnaden selber umgewandelt werden? Sieh an, mein süßer Herr, die große innigliche Begierde meines Herzens nach dir. Nie ward ein König, noch ein Kaiser so würdiglich empfangen, nie ein fremder lieber Gast so freund- lich umfangen, nie ein Gemahl so schön und so zärtlich nach Hause geführt noch so ehelich gehalten, als meine Seele begehrt, dich, meinen allerwürdigsten Kaiser, meines Herzens allersüße- ster Gast, meiner Seele allerminniglichster Gemahl, heute zu empfangen und einzuführen in das Inwendigste und in das Beste, das meine Seele und mein Herz dir geleisten mag und dir es zu entbieten so würdiglich, als es dir je von einer Crea- tur entboten ward." Und was bringet der Bräutigam, wenn er in der Communion dieses Geheimnisses sich mit der Seele vermählet? Schon Meister Eckhart hatte „von den zwölf Nutzen unseres Herrn Frohnleichnams" [1] in einer einläß- lichen Abhandlung gesprochen, welche der inwendige Mensch davon empfängt, und Meister Tauler gab dessen Lehren in seinem Büchlein von der Vollkommenheit [2] aller Tugenden wie-

[1] Fr. Pfeiffer, die deutschen Mystiker II. b. Tractate Eckharts S. 373.
[2] Tauler, Medulla animae c. 38.

ber. Diefe Frucht des Lebens gibt dem Menfchen, der würdig
fie genießt, eine Verachtung alles Irdifchen und verleiht ihm
weitere und höhere Fortfchritte zu den ewigen Dingen. Sie
erhebt die Seele über Alles, was Gott nicht ift, und befeftiget
fie in allem Guten. Sie erleuchtet das Verftändniß und die
Vernunft in der Erkenntniß Gottes und der Dinge in dem
Spiegel der Ewigkeit und entzündet in uns die göttliche Liebe;
fie leitet zur vollendeten Seligkeit und ift ein unaufhörlicher
Jubel der Seele; fie befeftiget den Glauben, verleiht in der
Zuverficht voller Hoffnung den Frieden und endigt mit der
unzertrennlichen Vereinigung mit Gott in der ewigen Liebe.
„Diefe Einigung, fpricht Meifter Eckhart [1], welche die Seele
in diefem Sacramente findet, ift ein Vorgefchmack aller Selig=
keit in der Zeit der Gnade, die fie einft genießen foll, erhaben
über Zeit und Maß, in der Ewigkeit, die Gott felber ift, und
ein Beginn der göttlichen Einigung, die fie ewiglich haben foll
mit Gott. Alle Menfchen können nicht voll fprechen noch fchrei=
ben den Nutzen und die Seligkeit, welche die Seele empfängt
in dem Frohnleichnam unferes Herrn." Darum, wie Sufo in
feiner blüthenreichen Sprache redet [2], „foll die Seele, die ihn
genießen will, vorher von Untugenden gereinigt, mit Tugenden
geziert, mit Freiheit umfangen, mit rothen Rofen inbrünftiger
Liebe gefchmückt, mit fchönen Violen demüthiger Erniedrigung
und mit weißen Lilien rechter Reinigkeit beftreuet fein; fie foll
dem Herrn ein Bett bereiten im Frieden ihres Herzens, ihn
umfchließen mit ihren geiftigen Armen und von fich ausfchließen
alle falfche Liebe. Sie foll ihm fingen den Gefang von Sion
und ihre volle Liebe zu ihm wenden; dann wird ihr ein ftilles
Ruhen, ein reines Schauen, ein ungewöhnlicher Genuß, ein Vor=
gefchmack ewiger Seligkeit, ein Empfinden himmlifcher Süßigkeit
zu Theil. Das Alles wirkt in ihr der verborgene Gott; wahrlich,
er ift das heimliche Gut, das Niemand erkennen kann, der fei=
ner nicht empfunden hat." Wie diefe Lehren von den Schwe=
ftern im Leben ausgebildet und angewendet wurden, werden uns

---

[1] A. a. O. S. 382.
[2] Sufo, Buch der Weisheit Kap. 37.

die folgenden Lebensbilder aus dem Gebiete der deutschen My=
ſtik lehren.

## 4. Myſtiſche Lebensbilder.

### a. Die ſelige Schweſter Elsbeth Heimburg in St. Katharinathal [1].

In der zweiten Hälfte des dreizehnten Jahrhunderts zu
Villingen geboren, trat Schweſter Elsbeth Heimburg schon als
ein Mädchen von 14 Jahren in das Kloſter von St. Katha=
rinathal bei Dießenhofen ein und wurde darin „gar geiſtlich
und ſtreng erzogen, wie man Novizen im Prediger=Orden zu
rechter Vollkommenheit ziehen ſoll“. Sie übte das vollkommene
Leben 32 Jahre lang mit ſolchem Eifer, daß ſie durch ihre Tu=
genden zu einem Vorbild und Spiegel für alle Anderen wurde.
Allein „auch Gott übte ſich oft ſüßiglich in ihr mit ſeiner Gnade
und wirkte an ihr Wunderbares vor unſeren Augen. Dieß
ſuchte ſie zwar ſorgſam zu verbergen, zuweilen aber vermochte
ſie es nicht; denn die Gnade, die ſie ergriff, that dann ihrem
Leibe ſo wehe, daß ſie da lag wie ein Menſch, der mit dem
Tode ringet, während ihre Seele voll der Süßigkeit des Him=
mels war. Wenn dann die Gnade ſo ſich in ihr übte, das
eine Mal mehr als das andere, was man ſie dann fragte,
darauf antwortete ſie treffend, und wiewohl wir ihr vollkomme=
nes Leben ſahen und erkannten, wendeten wir doch beſonderen
Fleiß daran, von ihr zu erfahren, wie und womit ſie zu
dieſer Gnade gekommen wäre, damit wir es deſto ſicherer
nach der Wahrheit ſchreiben könnten. Darüber offenbarte ſie
uns zuweilen gar viel, und wir nahmen daraus, was uns
werden mochte, und ſchrieben es in dieſes Buch zur Beſſerung
der Menſchen. Unter anderen Dingen gab ihr Gott in dieſem
gnadenreichen Zuſtand zu erkennen, was ſie von ihm erlitten
und wie ſie ihr ganzes Leben einrichten ſolle, um es
zur oberſten Vollkommenheit zu bringen; darüber ertheilte ſie
uns folgende Lehren:

---

[1] Handſchr. B. S. 4.

Ihr wiſſet wohl, was Tugend iſt, man muß es aber an einem äußeren Gleichniß zum Lichte bringen. Nehmet das Gleichniß an einem Baume. Der Baum, der vollkommen iſt, hat einen großen Stamm und runde Aeſte; er iſt hoch an ihm ſelber und hat einen ſpitzigen Dolder. In dem Dolder iſt die Edle des Baumes beſchloſſen, in der Mitte des Dolders liegt die Süße. Der Baum iſt rund um ſich, und in dem innerſten Punkte ruht das Mark; von der Kraft der Sonnenhitze wird das Mark flüſſig und gießt die Süße durch den Baum herab in die Wurzel, und wenn der Fluß die Wurzel durchdringt, wird ſie geſaftet von der Feuchte des Erdreichs und von dem Thaue des Himmels, und der Saft trägt ſich wieder hinauf in den Baum. Das Nächſte an dem Mark iſt das Holz; es empfängt zuerſt die Süße und beginnet dann zu grünen, und darauf wirft es den Saft und die Grüne um ſich, die ſogleich weiter durch die Aeſte dringen; dann wirft der Baum die Blätter und die Bollen aus und wird blühend; iſt die Blüthe vorüber, ſo bildet ſich eine vollkommene Frucht aus, die dem Menſchen zum Genuſſe dient. Spitzig iſt der Dolder des Baumes, fuhr Schweſter Elsbeth Heimburg fort, darum muß auch der Sinn kleinfügig und ſpitzig ſein, der dieß begreifen will. Die Höhe des Dolders iſt die Edle der Ewigkeit; die Süße in dem Dolder iſt die Seligkeit, die von Anbeginn in Gott beſchloſſen war; die Hitze und der Schein der Sonne ſinnbildet das Feuer inbrünſtiger Minne, die je in Gott wohnte, ehe daß ihrer noch eine Creatur empfänglich war. An der Runde des Baumes mag man die Ewigkeit erkennen, die weder Ende noch Anfang hat; das Mark im Baume iſt die Kraft der göttlichen Süße, die flüſſig wurde im Anbeginn, als uns Gott bildete nach ſeinem ewigen Gleichniß, denn mit dem Eindrücken ſeines Gleichniſſes machte er uns theilhaft, mit ihm ewiglich zu nießen all' das Gute und die Süße, die in ihm beſchloſſen iſt. Der Anfang iſt das Ave, das der Engel empfing von der Ewigkeit, mit dem er die reine Magd grüßte, als ſie den Einfluß der Gnade empfing mit der Wirkung des heiligen Geiſtes. Da wurde geſaftet die Wurzel des Erdreiches von dem ſüßen Ausfluß der Gottheit; die Wurzel war der mägdliche Leib unſerer

Frauen, die Feuchte des Erdreichs ihre willige Demuth, der Thau des Himmels die Kraft des heiligen Geistes, womit vollbracht ward die Menschheit unseres Herrn. Wie nun der Saft von der Wurzel wieder hinaufgetragen wird durch den Baum in die Spitze des Dolders, so ist Gott ausgegangen aus der reinen Jungfrauen Leib und schwang sich wieder zum Himmel hinauf; und wie das Holz bei dem ersten Grünen von der Süße des Markes empfängt, so erbot sich der Wille unseres Herrn, an seiner Menschheit alle Leiden um unserer willen zu empfangen, und diese Erbietung des Willens war die Süße der Minne, in der dieser Baum vollkommen geworden ist. Die Edle dieser Minne war der Dolder, von dem die Süßigkeit in die Aeste floß, wie die Aeste die Leiden waren, die er empfing. Den Ausbruch der Blumen sehen wir in dem Ausfluß seines rosenfarbenen Blutes von allen seinen Wunden, als er erhöht wurde an dem edlen Baume des heiligen Kreuzes. Dort sind die Rosen aller Tugenden entsprungen und ward die Frucht vollbracht, von der uns wiedergegeben ist das ewige Leben. Sind wir eingezweihet in diesen Baum, dann trägt unsere Seele die lieblichsten Blumen der mannigfaltigen Tugenden, und die Blumen, die an ihm erblühen, heißen Minne, Zuversicht (Hoffnung), Glaube, Demuth, Armuth des Geistes, Geduld, Milde, Klugheit, Sanftmuth, Abtödtung des Leibes, Mäßigkeit, Gerechtigkeit, Erbarmung, Weisheit, Gehorsam und Reinigkeit des Herzens. Eja, wie schön die Seele ist, wenn sie im Blumenschmucke dieser Tugenden erscheint! Die Frucht dieses Baumes ist uns zum Nutzen, denn sie ist uns zum Genießen gegeben und unsere Speise geworden in dem heiligen Sacrament; denn wenn wir unseres Herrn Frohnleichnam empfangen, so empfängt unser Geist mit dem Leibe auch die Menschheit und Gottheit Christi in der Vereinigung, so daß Gottes Geist und unser Geist mit einander in der Liebe vereiniget werden. Er empfängt die Süße mit der Sehnsucht, daß er empfänglich und theilhaft wird der Süßigkeit, die in Gott ist, und wird durchflossen von den Gnaden, die Gott ihm verleihen mag. So empfängt unsere Seele die Reinigkeit mit der Seele unseres Herrn, daß sie geläutert wird von allen ihren Sünden; sie empfängt mit dem

Blute unseres Herrn die Minne, daß sie zunimmt und aufgeht
in göttlicher Minne; sie empfängt die Kraft, daß sie kräftig
vermeiden und von sich werfen mag Alles, was wider Gott ist.
Gleicherweise empfängt unser Leib den Leib unseres Herrn, daß
er gestärkt wird, zu widerstehen den Sünden und sich zu üben
in guten und tugendlichen Werken. Solchen Nutzen bringt diese
edle Frucht allen denen, die ohne Hauptsünde sind; jenen aber,
denen alle vergänglichen und äußeren Dinge zu Nichts geworden sind, und in denen alle menschlichen Dinge todt sind, und
die einen sehnenden Jammer allzeit nach Gott haben, wird der
Nutzen der Gnade in dieser süßen Frucht in zwei Dingen vollkommen zu Theil. Zum Ersten kommt der Mensch von sehnen-
dem Jammer in so große Begierde nach Gott, daß der Leib
all' seine Kraft verliert und der Geist mit Gottes Geist vereinet
wird, so daß er in dem Leibe nicht mehr bleiben mag, und
würde ihm zu der Stund' des Herrn Frohnleichnam nicht gegeben, so müßte er vor Sehnsucht sterben; wird er ihm aber
gegeben, so wird Alles mit einander vereinet, der Leib wird
vereinet mit dem Leibe unseres Herrn, die Seele wird vereinet
mit seiner Seele und der ganze Mensch erquicket, daß ihm das
Leben wieder wird. Zum Andern wird der Menschen Leben
verlängert von dem Frohnleichnam unseres Herrn, wenn sie
allen Dingen todt sind und in Gott allein leben."

Allein die gottselige Schwester Elsbeth wußte nicht nur diesen Baum der höheren Tugend und Vollkommenheit so sinnreich
in ihren Worten zu schildern, sie hat ihn auch in ihrem Leben
von der Gnade und der Süße ihres Herzens gezweihet, er ist
ihr gewachsen durch das Herz und die Seele, hat durchgangen
alle ihre Adern, ist in ihr blühend geworden und hat die vollkommene Frucht aller Tugenden an ihr getragen; denn von
Anfang an ward ihre Seele erleuchtet mit dem Lichte der Erkenntniß in der Gnade, von der sie nie genug sagen konnte,
als daß sie sprach: „Ich empfand solchen Trost und solche
Süßigkeit in der Gnade, daß mir recht geschah wie dem Jä-
gerhunde; wenn er das Gewild erschmecket, wird er so begierig
nach ihm, daß er sich selber zu Tode liefe, ehe er von ihm
abließe, und würde ihm nicht das Eingeweide gegeben, er

stürbe hin. Gleicher Weise geschah mir. Als ich gewahr ward
der Süßigkeit in dieser Gnade, wurde mein Herz so hitzig und
so begierlich, daß ich Leib und Leben verzehret habe, und
Fleisch und Blut und das Mark in meinem Gebein vertrocknet,
damit ich auf die Tugend käme, in der die Süßigkeit der
Gnade beschlossen ist, so daß ich eine jegliche Tugend brächte
zu ihrer obersten Vollkommenheit." Um diese lichte Höhe zu
erreichen, setzte sie drei Kräfte ihrer Seele in Thätigkeit, denen
die göttliche Gnade kräftigend zur Seite stand. Mit der einen
Kraft, irascibilis oder der heilige Zorn genannt, warf sie
mit einem kräftigen Mißfallen von sich und vertilgte in sich
Alles, was der Tugend mochte zuwider sein; mit der zweiten,
constans oder Festigkeit genannt, ward sie bestätigt in einem
festen Vorsatz, mit größtem Fleiß allzeit aufzugehen in allen Tu=
genden; mit der dritten, rationabilis oder die Vernünftigkeit
genannt, erkannte sie, wie sie ihr Leben einrichten müsse, um
eine jegliche Tugend zur höchsten Vollendung zu bringen, wie
solche an sich selber ist. Diese Uebungen befolgte Schwester
Elsbeth Heimburg und erhob sich von Stufe zu Stufe zu immer
höherer Vollkommenheit des Lebens. Ihre Mitschwestern, die
sie 33 Jahre lang beobachteten, geben uns von ihren Tugen=
den folgendes Bild [1]: Sie hielt die willige Armuth in aller
Vollkommenheit, so wie sie unser Vater Sanct Dominicus ge=
stiftet hat in seinem Orden, als er sprach: Ihr sollt die willige
Armuth besitzen als einen Schatz und Hort! Dieß befolgte sie
vollkommen an ihr; denn sie brach ihr selber des Nothdürftig=
sten Vieles ab, das ihr sonst der Orden und die Regel gar
wohl erlaubt hätte, und besaß nicht das Geringste, das ihr
eigen war. Eine blühende Blume, die in ihr vollkommene
Frucht brachte, war ihre jungfräuliche Reinigkeit, die sie so
würdig und minniglich in ihrem Herzen trug, daß sie Alles
auswarf und in sich tilgte, was dieser Tugend zuwider war im
Sehen und Hören, in Worten und Gedanken. Beflissen, wie
sie war, diese Tugend in sich zur obersten Vollendung zu brin=
gen, wurde sie der hohen Erkenntniß von Gott gewürdigt, daß

---

[1] A. a. O. S. 16.

Gott mit minniglicher Umhalsung und mit süßer Vereinigung
Geist an Geist allernächst gefüget wird in dieser Tugend, und
daß niemals ein Mensch noch ein Heiliger vollkommen wurde,
der die Blume mägdlicher Reinigkeit nicht hatte, und ohne sie
auch kein Weiser zu so hoher Erkenntniß kommen könne, wie
eine vollkommene Jungfrau sie erwirbt. Diese Tugend war
allzeit so süß und so minniglich in ihrem Herzen, daß ihr alle
übrigen Tugenden um so leichter und einfließender wurden.
Den Gehorsam übte sie in allen Stücken und beobachtete mit
emsigem Fleiße die Vorschriften des Ordens und der Regel.
Bei der Mette und in dem Chor war sie jederzeit die Erste und
vollbrachte da fröhlich und begierlich unseres Herrn Lob mit
Singen und mit Lesen, und sie sang über alle Maßen süß und
gut; ihre Stimme war allermänniglich lustig zu hören. Man
traf sie allzeit emsig an ihrer Arbeit und an ihrem Gebet, und
wenn ordensgemäß die Versammlung des Conventes abgehalten
wurde, fehlte sie nie, es wäre denn schwerer Krankheit wegen
geschehen; keine Noth mochte sie dazu bringen, daß sie zu irgend
einer Zeit oder an irgend einem Orte, wo man schweigen
mußte, je ein Wort gesprochen hätte. Was immer die Regel
vorschrieb — Großes oder Kleines — oder was die Oberen
des Klosters befahlen, das vollbrachte sie mit willigem Herzen.
Sie pflegte zu sagen: der Orden hat mich gefirmt und gestärkt
zu all' der Gnade und Süßigkeit, zu der ich gekommen bin;
und sprach dann gar würdig zu den Schwestern von dem Or=
den: Ihr sollt den Orden lieb haben und vor allen Dingen
halten; denn der Orden führt zu lauterer Reinigkeit und man
findet in ihm Gott und alle Tugend, die Süßigkeit der Gnade
und den sicheren Weg zum Himmelreich! Doch die Blumen
solcher Tugenden konnten nur auf den Dornen einer strengen
Abtödtung der sinnlichen Natur gedeihen, weil sie nur im Un=
tergang der Sinnlichkeit ihren Aufgang feiern können. Darum
hielt auch Schwester Elsbeth Heimburg ihren Leib in harter
Zucht und großer Strenge; keine Mette war so lang und kein
Winter so kalt, daß sie deßwegen ihr Gebet oder ihre Selbst=
züchtigung gemindert hätte. Sie nahm alle Nächte und alle
Tage nach der Mette und nach der Complet Disciplin; da

rann ihr dann oft das Blut über den Rücken herab wie aus einer offenen Ader, daß etliche Schwestern, die neben ihr saßen, davon besprengt wurden und ihr Gewand waschen mußten. Allzeit emsig im Gebete, weinte sie oft und viel von Liebe und Jammer, den sie nach Gott hatte, daß die Thränen, die vor ihr lagen, zu einer Runse zusammenflossen. Das Alles übte sie so still und verborgen, daß es kaum Jemand an ihr gewahren mochte. Lange Zeit hindurch, oft zwölf Wochen und noch länger, und die ganze Advent= und Fastenzeit und alle Freitage der Wochen sprach sie kein Wort, ohne daß es Jemand besonders merkte, weil sie überhaupt gar selten redete. In manchem kalten Winter kam sie nie an einen Ofen, oder an ein Feuer, noch an einen andern Ort, wo sie sich hätte erwärmen können. Sie erkannte wohl, daß der Eigenwille und die Sinnlichkeit Vieles begehren, dessen die Natur zu ihrem Bestehen nicht bedarf. Darum setzte sie sich selber zur Regel: was dem Munde reizend war, brach sie sich allzeit ab und nahm nur so viel, als der Nothbedarf erforderte, um das Leben durchzubringen und den Orden mit gesundem Leibe treu und willig halten zu können. Das sahen Alle wohl, die bei ihr waren, daß sie selten eine gute Speise genoß, und da sie in der Gnade stand, war sie mit sich selber so streng alle ihre Tage, daß sie weder Fische noch Eier, noch sonst was Gutes essen wollte, das man dem Convente zum Besten gab. Darüber sprach sie oft: O weh, das thut meiner Seele gar wohl; von je unschmackhafter und schwacher Speise der Leib lebt, desto mehr Süßigkeit und Freude hat meine Seele. Sie sammelte stets die Brodstücklein zusammen, die zerschnitten und verlegt auf dem Tische blieben, und aß sie dann, um der Mahnung des Herrn zu folgen, als er fünftausend Menschen mit fünf Broden speiste; auch die Brosamen las sie zusammen, damit sie nicht verdarben. Viele Wochen mochten vorübergehen, daß sie keinen Wein trank; sie enthielt sich dessen immer an allen Freitagen, in der Fasten und im Advent, außer es wäre ihr anders in besonderer Krankheit anbefohlen worden; wenn sie auch noch Wein trank, machte sie ihn so schwach mit Wasser, daß er ganz unschmackhaft zu trinken war. Wie einmal durch die reinigende Zucht die Abkehr

der Seele von der Creatur entschieden vollbracht ward, erfolgte
in ihr zugleich die ganze Hinkehr ihrer Seele zu Gott, und es
mußten in dieser Bewegung alle jene Tugenden zu Tage tre=
ten, welche der Mensch, eingepropfet in den Baum des Kreuzes
Christi, unter dem Sonnenschein der göttlichen Gnade zu tra=
gen vermag. Die willige Armuth zog die Erbarmung und
Milde nach sich, die jungfräuliche Reinigkeit verband sich mit
der Klugheit und Verständigkeit, der heilige Gehorsam führte
zur Geduld und Demuth, und über diesen Blumen erblühten
die göttlichen Tugenden des Glaubens, der Hoffnung und der
Liebe. Wohl wissend, daß Gott am sichersten in der Einsamkeit
zu finden ist, floh sie die Welt und den Umgang mit den Men=
schen so, daß sie von sich bezeugen konnte: sie sei, seit sie im
Kloster war, niemals an einen Ort gekommen, wo ein Mann
sich etwa eingefunden, außer wenn sie im Beichtstuhle dem
Beichtiger ihr Gewissen eröffnet habe; ihre Zelle war ihr Pa=
radies auf Erden. Ihr Herz war voll Erbärmde gegen ihre
Nebenmenschen; gerne hätte sie für jeden den Tod gelitten,
wäre ihm dadurch die Gnade der Seligkeit und die Vollkom=
menheit der Tugend zu Theil geworden, und sie wandte diese
Erbärmde auch den leidenden Seelen im Fegfeuer zu; denn es
verging kein Tag, daß sie ihnen nicht durch ihre Bußübungen,
Fasten, Wachen und Gebete liebevolle Hülfe zusandte. Und wenn
sie bedachte, wie die Seelen, die Gott nach seinem Ebenbilde
erschuf, in dem Feuer der Reinigung schmachten und leiden
müssen, ging ihr das so sehr zu Herzen und that ihr so wehe,
daß sie wünschte, all' die Schmerzen mit ihnen theilen zu kön=
nen. Auch mit den Sündern trug sie großes Erbarmen, wenn
sie gedachte, wie bitter und schmerzlich Gott sie erlöst habe mit
seinem Blute, und darum that sie über sie alle, die in der Noth
des Todes waren, einen besondern Ruf zu Gott, daß er ihnen
seine Erbärmde zu Hülfe sende und sie löse von allen ihren
Sünden und Mühen; denn sie hatte ein gar mildes Herz, und
nie sah sie einen Menschen in Betrübniß, Leiden oder Gebresten,
daß sie es nicht gerne für ihn getragen hätte, wäre es Gottes
Wille gewesen. Gütig und friedlich gegen alle Menschen, übte
sie diese Sanftmuth auch gegen ihre Schwestern im engeren

Kreise, und all' ihr Wandel war so stille, daß sie im Kloster wie ein sanftes Lämmlein wandelte und Niemand ihrer gewahrte. Sie ging immer mit gesenktem Haupte einher und wandte ihre Augen in Andacht auf die Erde, wie unser Herr auch gethan. In ihren öfteren Krankheiten litt sie geduldig große Schmerzen, und so viele Leiden durch Krankheiten oder andere Mühsale auf sie fielen, sie begehrte doch für Gott noch mehr zu leiden und bekannte, daß sie der Leiden nie satt werden könne. Sie strebte nach Gerechtigkeit; ihr Gewissen durchforschte sie in der obersten Lauterkeit nach dem Vollkommensten, was vom Orden und in allen Tugenden Vorschrift ist, ob sie darin irgend eine Schuld fände, eine kleine oder große, um sie dann auf das Strengste abzubüßen. War die Schuld noch so klein, daß Niemand anderer sie beachtet hätte, sie büßte selbe dennoch vollkommen, und ihre Buße war so freudig und willig, daß die Tugend und Gnade in ihr allzeit gemehrt wurde. Auf diesem Wege gelangte sie zur Demuth, die eine Wurzel aller Tugenden ist, aus welcher der herrliche Baum der Vollkommenheit aufwuchs, der in ihrem Leben so reiche Früchte trug. Sie war so demüthigen Sinnes, daß sie sich selber immer erniedrigte. Bei all' den Gnaden, die Gott leiblich in sie legte, und jenen, die er geistig in ihr wirkte, barg sie Alles mit stetem Fleiß und rechtem Ernst, daß Niemand etwas davon inne werde und sie von Niemanden darum ein Lob empfange. Und als die Gnade so überfließend in ihr wurde, daß sie sich nicht mehr enthalten konnte, und Gott wunderbare Dinge mit ihr wirkte, sprach sie dann gar schön und hoch von Gott, daß es Ungeübte kaum verstehen mochten. Wir alle sahen an ihr wohl, daß sie voll war des heiligen Geistes, denn ihr Antlitz war oftmal entzündet wie das eines Engels, wenn sie mit uns redete, und von rechter Gnade und von dem Ernste, womit sie redete, und dann weinte sie oft viel, daß die Thränen sich immer unter ihr Antlitz herniedergossen. Aller dieser Gnaden überhob sie sich niemals, sondern sagte Gott Dank dafür in ihrem Herzen und warf so die Gnade wieder in den Ausfluß auf, von wannen sie geflossen war. Ebenso demüthig war sie in ihrer Beichte, daß sie sich des Allerschwersten anklagte, das in ihrem Leben

war, und sprach dann von ihr selber, daß ihr kein Ding je so
begierlich gewesen außer unseres Herrn Frohnleichnam, als die
Beichte, damit sie darin die Demuth zur obersten Vollkommen=
heit brächte. Ihre Minne und Begierde war so groß gegen
Gott, daß sie Alles zu wenig dünkte, was sie in seinem Dienste
that. Sie hatte eine so große Herzenslust an allen guten Wer=
ken, daß sie aus Liebe zu unserem Herrn willig ihr eigenes
Leben in den Tod gegeben hätte; darum war sie so strenge
gegen sich mit Disciplin, mit Fasten, mit Wachen, mit Arbei=
ten, und mußte davon abbrechen, um Maß zu halten, wie von
einer großen Freude und einem lustigen Ding.“ Hatte diese
Auserwählte in solcher Weise alle Begierden der Sinnlichkeit der
Seele, die Seele aber Gott unterwürfig gemacht und von allem
Selbstischen abgelöst, so konnte sie nun die gelösten Kräfte in
Gott eintragen durch die Uebung der göttlichen Tugenden, durch
welche die Seele in Gott und Gott in der Seele lebt. „Sie
übte allzeit den festen Glauben, der in ihren Werken lebendig
war. Wenn Zweifel sie befielen, so ruhte sie nicht, bis sie das
Allersicherste fand, und konnte sie sich selbst nicht leiten, so holte
sie Rathes bei gelehrten Meistern und in der heiligen Schrift.
Ihr Herz war süßer Hoffnung voll. Wohl war Alles, was sie
Gutes that, in ihren Augen klein, aber die Zuversicht (Hoffnung)
auf Gott brachte ihr allzeit den reichsten Trost. Ueber allen
anderen Tugenden war die göttliche Liebe in ihr blühend und
trug volle Früchte. Von der Liebe Gottes war ihr Herz so
entzündet und so inbrünstig gemacht, daß alle ihre Begierden
und Gedanken ausgedehnt waren nach Gott, um das Aller=
süßeste und Allerbeste zu finden, das sie in ihm finden konnte
in seiner Gottheit und in seiner Menschheit, in seinem Leben
und in seinem Leiden und in allen seinen Werken; das Alles
zog sie in sich, so viel ihr Herz erfassen mochte. Dabei war
sie mit großer Lust und Freude bestrebt, daß alle leiblichen
Dinge in ihr stürben und ihr ganz unsüß und unlusthaftig
würden. Sie hatte ein gar minnigliches, fröhliches Herz und
wäre ihr wohl viel Liebe und Trostes von den Menschen ge=
worden, aber das vermied und überwand sie alles in ihr selber
und wollte ihr Herz Niemanden geben als Gott und von Nie=

manden Troſt empfangen als von Gott allein. Als ſie dann ihr ganzes Leben in ſolchen Uebungen vollbracht, ſprach ſie ſelber: Meine Seele hat den Sieg gewonnen und muß der Leib ihr unterthänig ſein; denn was meine Seele je begehrt, das hat mein Leib willig vollzogen! So bildete ſie ihr Leben nach dem Leben unſeres Herrn, ſo viel ihr möglich war, und wie unſer Herr ſchon in ſeiner Mutter Leib das Leiden an ſich nahm und nie einen guten Tag gewann auf dieſer Welt von der Stunde an, da die Gottheit mit der Menſchheit ſich ver= einigte, ſo richtete ſie all' ihr Leben mit ſtetem Fleiß, daß ſie mit Mühſalen und Leiden die Untugenden beſiege und die Tu= genden erkämpfe und dadurch unſerem Herrn die Leiden und Arbeiten wieder vergelte, die er für uns ertragen. Und gleich= wie unſer Herr ſein Blut vergoß an dem heiligen Kreuze in ſolchem Maße, daß kein Tropfen Blutes in ihm blieb, ſo war allzeit ihr ſehnendes Verlangen, daß ſie nicht ſterben möchte, ehe daß all' ihr Blut eingetrocknet wäre von der Liebe unſeres Herrn und leer würde aller irdiſchen Liebe und menſchlichen Dinge. Und das empfahl ſie Gott oft in ihrem Gebete, und beſonders, wenn ſie der Marter unſeres Herrn gedachte, wurde ſie ſo inhitzig und inbrünſtig von rechter Liebe und ihre Be= gierde ſo ausgedehnt nach Gott, daß ſie oft ſo dürre ward, als ob keine Kraft in ihrem ganzen Leibe mehr wäre." Auf der Unterlage dieſes vollkommenen Tugendlebens ſtellten ſich bei Schweſter Elsbeth Heimburg häufig auch die Erſcheinungen des myſtiſchen Lebens ein, Viſionen der Heiligen, Entrückungen und erhöhte Erkenntniß in göttlichen Dingen.

b. Die ſelige Königstochter Margaretha von Ungarn [1].

Die ſelige Schweſter Margaretha von Ungarn wurde ſchon in ihrem dritten Altersjahre von ihren königlichen Eltern dem Schweſterconvente Prediger=Ordens in der Stadt Vesprim an= vertraut. Als ſie noch im Mutterleibe war, hatte König Bela, ihr Vater, ſie für den Ordensſtand beſtimmt, damit Gott um

[1] Handſchr. C. 14. Jahrh. Leben der ſel. Schweſter Margaretha von Ungarn in Nr. 603 der St. Galler Stiftsbibliothek.

dieses Opfers willen die Einfälle der Tartaren von Ungarn ab-
wenden möchte. Außerordentlich früh entwickelten sich die Geistes-
kräfte des Kindes. Kaum war sie vier Jahre alt, so wollte sie
über die Bedeutung des heiligen Kreuzes unterrichtet werden,
und als sie vernahm, wie unser Herr für das Heil des ganzen
menschlichen Geschlechtes am Kreuze sein Blut vergossen, warf sie
sich vor ihm zur Erde nieder und betete es in aller Demuth
an, eine Andacht, die sie von da an durch ihr ganzes Leben
übte. Schon in ihrem kindlichen Alter war sie in den Abtödtungen kaum zu mäßigen, die sie ihrem schwachen Leibe auferlegte. Die ärmlichsten Gewänder waren ihr immer die liebsten,
und nie duldete sie, daß man sie „Königin" nannte. „Es
wäre mir lieber, pflegte sie zu sagen, ich wäre auf dem Lande
von armen Eltern geboren, damit ich Gott desto freier dienen
könnte." Inzwischen ließ König Bela für sie auf der Hasen-
insel an der Donau ein neues Kloster bauen und bedachte es
mit reichen Vergabungen. „In die neue Pflanzstätte übersetzt,
blühte Margaretha in allen Tugenden und Gnaden auf; hohe
Fürstinnen und edle Frauen kamen von allen Seiten herbei,
um sich an ihrem heiligen Leben zu erbauen und ihrem Gebete
sich zu befehlen. Huldreich von Angesicht, edel und ruhig in
ihrer ganzen Haltung, gab sie sich niemals weder einer unmäßigen Freude, noch allzugroßer Trauer hin. Dem Lobe,
das man ihr um ihres hohen Adels und heiligen Lebens willen entbot, war sie gram, und in dem Maße, als sie schon in
so früher Jugend sich selbst verschmähte, brannte das Feuer der
göttlichen Liebe voll auf in ihrem Herzen und verlieh auch ihrem
äußeren Wesen eine höhere Anmuth. Sie war gewohnt, von
der Prim bis zum Mittagsmahle dem Gebet obzuliegen; ging
sie aus dem Chor, so grüßte sie vorerst das heilige Kreuz und
küßte die fünf Wundmale des Herrn unter vielen Thränen.
Das Kreuzlein, das sie an sich trug, war von dem Holz des
heiligen Kreuzes genommen, daran wir von dem ewigen Tod
erlöset wurden. Bei Tische ließ sie niemals zu, daß ihr bessere Speisen gereicht wurden, als der gemeine Convent genoß,
und sie genoß davon nur so viel, als nöthig war, um das
Leben zu fristen. Kam ihre Mutter, die Königin, oder die

Herzogin, ihre Schwester, in das Kloster, so war sie kaum zu bewegen, sich mit ihnen an den Tisch zu setzen; sie wollte im Convente bei den Schwestern bleiben. Sie hielt den süßen Namen Jesu hoch in Ehren und nichts ging ihr über das heilige Opfer des Altares. Sobald die Stillmesse (Kanon) begann, vertiefte sie sich in volle Andacht und weinte oftmal bis zum Ende; zuweilen lag sie da, als ob sie verschieden wäre. Wenn sie den Frohnleichnam des Herrn empfing, fastete sie den Tag zuvor bei Brod und bei Wasser und brachte die ganze Nacht im Gebete zu; dann empfing sie unsern Herrn mit so großer Andacht und unter einem Strom von Thränen in innigster Vereinigung mit Gott, daß sie stundenlang kein Lebenszeichen mehr von sich gab; den übrigen Tag bis auf den Abend brachte sie sodann ununterbrochen im Gebete zu. Maria die Himmelskönigin war ihr vor allen Heiligen gar lieb; ihr widmete sie die höchste Verehrung ihres Herzens. Wo sie etwa ihr Bild gemalt sah, kniete sie davor nieder und sprach den englischen Gruß, oder wenn sie auch nur ihren Namen nennen hörte, neigte sie voll Ehrfurcht ihr Haupt. Diese Andacht wußte sie an den vier Hauptfesten unser lieben Frauen, im Advente und an Weihnacht zu verdoppeln, und so viele Opfer und Mühen sie sich auferlegte, diese minnigliche Jungfrau konnte mit St. Paulus sagen: Ich vermag Alles in dem, der mich stärket. Denn ihr schwacher zarter Leib hätte aus eigener natürlicher Kraft nicht ausgehalten, was sie ihm zu leiden gab; aber sie wurde von ihrem göttlichen Gemahl gestärkt, der ihr Kraft und Trost verlieh. Getreu einhaltend die Tagzeiten, die Messe und die Predigt, stand sie meistens schon vor der Mette auf, um zu beten, und schlief die übrige Nachtzeit selten, ohne ihren Schlaf durch das Gebet zu unterbrechen; wenn sie schlief, legte sie ihr Haupt auf einen Stein. Die Gabe der Thränen ward ihr in so reichem Maße verliehen, daß ihr die Augen und Wangen wie vom Feuer gebrannt schienen, und oft waren die Tücher, die sie bei sich trug, und der Schleier auf dem Haupt so von Thränen genetzt, als wären sie aus einem Brunnen gezogen worden. In der Fastenzeit übte sie sich besonders in der Betrachtung der Leiden unseres Herrn; man mußte ihr dann die Leidensgeschichte der Evangelien auslegen, und sie wurde davon allzeit im Innersten gerührt. Während das Wort Gottes verkündet oder die Passion am Palmsonntag gesungen wurde, war ihr Ernst so groß, daß sie oftmal außer sich kam und man für ihr Leben fürchtete. Wenn am stillen Freitag der Priester das heilige Kreuz erhob, konnte man ihren Jammer und ihre Klage in der Ferne hören. Vom hohen Donnerstag bis an den heiligen Osterabend kam sie nie in ihr Bett, sondern legte sich auf den Estrich hin, um ein wenig auszuruhen. Zu der hohen Vollkommenheit, in der sie vor Aller Augen leuchtete, stieg sie auf dem Wege der strengsten Buße hinan. Es war keine Art der Abtödtung aufzufinden, die sie an sich nicht übte. Oft, wenn ihre Mitschwestern am Tische saßen, genoß sie wenig oder nichts und verhüllte dann ihr Angesicht, um zu beten, während die Andern aßen. Außer in schwerer Krankheit, genoß sie von Kindheit an niemals Fleischspeisen; an den Aposteltagen und alle Mittwoch und Freitage in der Fasten nahm sie nichts zu sich als Wasser und Brod und zog sich in einen verborgenen Winkel zurück, damit sie von Niemanden gesehen werde. Wollte die Priorin sie zum Essen zwingen, so bat sie dieselbe unter vielen Thränen, daß sie es ihr erlassen wolle. Von ihrem fünften Lebensalter an trug sie kein Leinenzeug mehr auf ihrem Leibe, sondern ließ sich aus Roßhaaren härene Hemden wirken und trug auf ihrem bloßen Leibe einen Bußgürtel; der Weihel, den sie auf dem Haupte, und das Gewand, das sie an sich trug, waren von grobem, hartem Tuch; oft legte sie spitzige Steinlein in die Schuhe, wenn sie stand oder einherging, und wurde davon so versehrt, daß ihr das Blut von den Füßen rann. Sie schlug sich selber mit Ruthen und ließ sich oft von Andern schlagen; wurde sie dann gemahnt, in ihren Bußwerken Maß zu halten, um ihr Leben noch länger zum Dienste Gottes zu fristen, so antwortete sie: „Wer da weiß, wie lang er lebt, mag den Dienst, den er Gott schuldet, auf morgen verschieben; ich weiß nicht, wie lang ich lebe oder wann mich mein Schöpfer von hinnen nimmt. Gemächlichkeit und Ehren in dem Kloster suchen, ist schmählich, denn das Kloster soll eine Wohnstätte Solcher sein, die nicht die sichtbaren Güter suchen, sondern jenes höchste Gut, das ewig und zukünftig ist." Sie hielt den Orden in allen Dingen vollkommen ein; ward etwas von der Priorin anbefohlen, so war sie die Erste, die es vollzog, so niedrig auch das Werk war, das sie zu vollbringen hatte. Sie bot sich willig für alle Dienste an. In der Küche bestellte sie den Herd, zündete das Feuer an und bereitete dem Convente die Kost. Das Fleisch holte sie selber bei der Pforte ab und trug es auf dem Kopfe oder auf der Achsel in die Küche. Wollte eine andere Schwester aus besonderer Ehrfurcht für sie die Arbeit verrichten, so antwortete sie: „Das soll nicht sein; du möchtest gewiß den Lohn der Demuth damit gewinnen, ich aber würde dessen beraubt; das will ich nicht, jedem Menschen wird nach seinen Werken gelohnet." Sie trug selber das Wasser und Holz in das Krankenhaus, um den kranken Schwestern Bäder zu bereiten; nichts war namentlich im Krankendienste so niedrig und ekelerregend, was sie nicht freudig verrichtete. Gegen die Armen war sie überaus barmherzig, mitleidig mit allen Betrübten. Schickten ihre Verwandten ihr Gold und Silber und Kleinode zu, so wollte sie es kaum berühren und befahl, daß die Priorin es austheile an arme Priester, arme Kirchen und arme Leute überhaupt, die in Noth und Mangel wären. Das Brod, das sie aß, den Rock, den sie trug, gab sie oft, wenn die Priorin es erlaubte, den Armen. Kamen beim Besuche ihrer hohen Verwandten kostbare Speisen auf den Tisch, so behielt sie ihren Antheil zurück und brachte ihn den kranken Schwestern. Nie sah sie eine Schwester in Betrübniß, ohne daß sie ihr reichen Trost entbot; kamen über ihre Verwandten und Freunde Krankheit, Unglück oder Tod, so klagte sie es Gott mit andächtigem Gemüthe, und wenn sie Blinde, Lahme oder andere bresthafte Leute sah, so weinte sie und sprach: „Ich sage Gott Gnade und Dank; er konnte auch mich so bresthaft werden lassen, und seiner Güte habe ich es zu danken, daß ich wohlgestaltet bin." Diese Demuth zog sie aus dem Leben der Altväter, deren Vollkommenheit, wie sie oftmal sagte, darin bestand, Gott zu minnen, sich selber zu verschmähen und niemand Andern zu verurtheilen oder zu verschmähen. Die selige Margaretha gedachte oft ihrer königlichen

Ahnen und des vielen Guten, das sie für den christlichen Glau=
ben einst vollbracht; ihre heilige Base Elisabeth von Thüringen
hielt sie als ihr Vorbild stets vor Augen und war glühend von
Begierde, ihr nachzufolgen. So untilgbar war das Angedenken
an ihre Tugenden, daß, wenn in späterer Zeit eine Schwester
nicht that, wie sie sollte, man zu sagen pflegte: dies ist nicht
nach der Regel unserer heiligen Schwester, der Königin Mar=
garetha. König Bela, durch die Tartaren bedrängt, hatte das
Bündniß und die Hülfe der umliegenden Fürsten von Nöthen.
Margaretha hatte damals wohl das Ordenskleid, aber noch
nicht die Ordensgelübde angenommen. Um jene Bündnisse zu
Stande zu bringen, sollte sie ihre Hand das eine Mal dem
Könige von Böhmen, das andere Mal dem Herzoge von Polen
reichen. Aber beide Male siegte ihre Liebe zum himmlischen
Bräutigam über die Lockungen der Welt. Sie sah wohl ein,
wie gut die Hülfe des Königs von Böhmen ganz Ungarn zu
statten käme; allein wie wehe es ihr auch that, den wieder=
holten Bitten ihres Vaters und ihrer Mutter zu widerstehen,
so antwortete sie dennoch mit einem entschiedenen Entschlusse:
„Was wollt ihr euch so lange mit dieser Sache bekümmern?
Ich versichere euch, das feierliche Versprechen, das ich Gott ge=
than, die Reinigkeit meines Leibes und die Heiligkeit des Or=
dens zu bewahren, will ich halten bis in den Tod, und eher
wollte ich sterben, als davon lassen." Was half es, daß der
König sie an den Gehorsam erinnerte, den das Kind seinen
Eltern schuldig sei? Sie antwortete: „Billig soll ich Euch gehor=
sam sein in Dingen, die nach Gottes Willen sind; in Allem
aber, was gegen seinen Willen ist, darf ich Euch nicht als mei=
nen Vater anerkennen." War so ihre reine Seele in voller Liebe
und Andacht zu Gott emporgehoben, so folgte ihr auch der Leib
im gleichen Zuge nach; man sah sie oft wohl eine Elle hoch
über der Erde schweben, und sie hielt sich längere Zeit in der
Luft; nur eine besondere Kraft Gottes konnte dieß bewirken.
Dieses Zeichen widerfuhr ihr öfter, besonders aber an dem stil=
len Freitag, an Mariä Himmelfahrt, am Allerheiligen=Abend,
am Festtag Allerheiligen selbst und an ihrem Namenstage.
Wenn sie dem Gebet oblag, ward sie oft verzückt und lag dann

da, als ob sie todt wäre. In diesem Zustande traf eine Schwester sie einst; sie lag ganz unbeweglich und die Schwester konnte einen ganzen Psalter beten, bis sie wieder zu sich selber kam. Da sprach sie: „Ich bin nur eine kleine Weile gelegen." In diesen Entrückungen und Verzückungen wurde ihr Antlitz oft so klar und wonniglich, als hätte ein Lichtschein vom Himmel sie umstrahlt. Einmal in der Adventszeit leuchtete eine Feuerflamme gleich einer Kugel auf ihrem Haupte; auch die Schwestern, die bei ihr waren, sahen diese Flamme und glaubten, sie brenne, wie es auch wirklich war. Dennoch wurde sie von keinem körperlichen Feuer entzündet, sondern ihr Herz brannte so sehr in göttlicher Minne, daß der Leib davon äußerlich erleuchtet und entzündet ward. In diesem Zustande sahen sie auch die Schwestern, die vom Chore herbeieilten; sie lobten Gott über dem Wunder, das sie an ihr beobachteten. Man suchte sie mit lautem Rufen aus dem Schlafe aufzuwecken; sie blieb aber innigst mit Gott vereint und die äußeren Sinne versagten ihr den Dienst. Endlich kam sie wieder zu sich selber, wie aus einem süßen Schlaf erwachend. Die Schwestern riefen ihr zu: „Euch brennt ein Feuer auf dem Haupt!" Ohne betroffen zu sein, strich sie mit der Hand das Feuer von dem Haupte, die Feuerflamme war gelöscht und hinterließ den allersüßesten Wohlgeruch. Sie sagte den Tag voraus, an dem sie sterben werde. Mitten in dem starken Fieber, das ihre Kräfte allmählich verzehrte, lag sie ihren heiligen Gebeten und Beschauungen ob, empfing sodann mit großer Andacht den heiligen Frohnleichnam unseres Herrn und das heilige Oel. Noch in ihren letzten Augenblicken betete sie den Psalm: in te Domine speravi — auf dich, o Herr, habe ich gehofft und werde nicht zu Schanden werden; und als sie zu dem Verse kam: in deine Hände empfehle ich meinen Geist — schied ihre heilige Seele von ihrem reinen Leib unter den Gebeten und dem Klaggeschrei ihrer Mitschwestern am 18. Januar des Jahres 1271."

# Fünftes Buch.

## Die Schule des beschaulichen Lebens unter den Schwestern von Töß bei Winterthur.

---

Einsam und dem Auge des Menschen verborgen ruht im Schooße der Erde das Saatkorn, das der Säemann ausgeworfen hat; vor den Einflüssen jener Kräfte gesichert, die nur auf der Oberfläche der Erde ihr Spiel treiben, wird es unter der Wirkung der Wärme in sich selber aufgelöst; allein das scheinbare Sterben führt bald durch eine innere Umwandlung zu einem höheren Leben. Neue, bisher noch unbekannte Kräfte wachen in ihm auf, die Hülse wird gebrochen, der Grundkeim dringt hervor und wird zum Mittelpunkte einer neuen Bildung. Denn mit der Wurzel, die sich in die Tiefe der Erde senkt, erhebt sich der Stamm nach oben, bildet an sich die Zweige, Blätter und Blüthen aus und bringt unter dem Einflusse der Sonne oft hundertfältige Frucht. Unter diesem Bilde zeichnete unser göttlicher Erlöser die Geschichte des Lebens, das im Gebiete der Natur und des Geistes nach gleichen Gesetzen sich entwickelt. Wer den erhabenen Berg der Beschauung ersteigen will, kann nach der gewöhnlichen Ordnung nur auf dem Wege der christlichen Vollkommenheit dahin gelangen; wer aber in diese Bahn eintritt, muß sich von der Oberfläche der Welt zurückziehen und in dem verborgenen Leben jene schweren Prüfungen bestehen, worin der natürliche Mensch mit seinen Fehlern und Begierden sterben und der geistige mit der Hülfe der göttlichen Gnade zu einem neuen Leben erstehen soll. Die Seele kann sich erst im Sonnenstrahle der Beschauung wiegen, wenn sie die schweren Prüfungen und Mühen des übenden Lebens probehaltig durch= gemacht hat. Diese Weise wurde auch von den seligen Schwe= stern im Kloster Töß eingehalten, deren Leben wir in diesem Buche nach den Mittheilungen schildern wollen, welche die geist= reiche Schwester Elsbeth Stagel von Zürich uns überliefert hat. Wie sie den Prediger=Orden aufgefaßt, gibt sie im Ein= gang ihrer Schrift mit den Worten zu verstehen [1]: „Ihr sollt vollkommen sein, wie euer himmlischer Vater vollkommen ist! Diese Worte sprach unser lieber Herr Jesus zu seinen lieben Jüngern, als er auf dem Erdreich war, und meinte mit ihnen zugleich auch alle seine Auserwählten, die vor dieser Zeit ge= wesen und noch geboren werden sollen bis an den jüngsten Tag. Und weil er ist über alle Zeit und unzeitlich und ein Wirker aller Vollkommenheit und seine natürliche Güte ohne Zufall be= steht, so ist ihm möglich, über tausend Jahre zu wirken, was er will, wie vor tausend Jahren. Daß er aber das nicht allein in einer bloß vermögenden Gewalt besitzt, sondern es auch wirk= lich gewirkt hat und noch allzeit wirket, das mag man offenbar schauen an dem brennenden Minnefeuer unseres heiligen Vaters Dominicus, der nach Gottes Geburt im Jahre 1215 in die ersten Fußstapfen der heiligen Zwölfboten trat, als er unsern heiligen Orden gründete, der eigentlich eingerichtet ist nach der heiligen Jünger Leben.“ Einer der vielen Blumengärten voll von Wohlgeruch und Farbenschmuck, die im Umkreise dieses Ordens in Deutschland angebaut worden, war das Schwesterkloster Töß bei Winterthur in der alten Grafschaft Kyburg. Ueber ein volles Jahrhundert wurde in ihm das tugendübende und das gottschauende Leben mit ungeschwächtem Eifer betrieben; die Blüthen, die es getragen, werden im folgenden Bilde uns er= bauen.

---

[1] Handschr. A. S. 1 in Nr. 603 der St. Galler Stiftsbibliothek.

# 1. Das übende Leben der Schwestern in Töß.

## Die Vorbereitung zum Eintritt in den Orden.

Viele von den Schwestern, die im Kloster Töß den Schleier nahmen, wurden schon von früher Jugend an zum Ordensleben aufgezogen; Margaretha Fink von Zürich war vier Jahre alt, Willi von Konstanz nur drei Jahre, Elsbeth von Köllikon sechs Jahre alt, als sie in das Kloster Töß trat. Elsbeth Bächli wurde in ihrem elften, Elsbeth von Elgg in ihrem vierzehnten, Königin Elsbeth von Ungarn in ihrem dreizehnten Altersjahre in den Orden aufgenommen. Dagegen war Schwester Mezi Sidwibri eines guten Alters, als sie in das Kloster kam [1]; Ita von Wetzikon, „eine edle Frau von freiem Geschlechte, die vormals einem edeln Herren angetraut war"; Adelheid von Liebenberg war Wittwe, als sie in das Kloster kam. — Bei aller Strenge eines büßenden Lebens, das die Schwestern führten, erreichten dennoch manche von ihnen ein hohes Alter; Schwester Elsbeth Bächli lebte 62 Jahre in dem Kloster; Margaretha Fink brachte darin 70 Jahre ihres Lebens zu; Elsbeth von Köllikon erreichte ein Alter von 90 Jahren, und Adelheid von Lindau war „wohl 100 Jahre alt, als sie starb" [2]. Der Austritt aus der Welt war für Viele mit um so herberen Prüfungen verbunden, je inniger und zarter ihre bisherigen Beziehungen mit der Welt waren, die zerrissen werden mußten. Schwester Ita von Wetzikon [3] „war eine Frau von freiem Geschlecht und einem edeln Herren in der Welt angetraut, bei dem sie hoher Ehren genoß; ihren Leib hielt sie in großer Zärtlichkeit. Nun fügte es Gott, daß sie Wittwe ward, und Gott gab ihr den Muth, eine geistliche Schwester zu werden; darum kam sie oft nach Töß, um zu sehen, wie es ihr gefiele. Allein sie gewann eine Anfechtung, denn was sie da sah oder hörte, gefiel ihr gar übel und war ihr widerzam; besonders wenn sie die

---

[1] Handschr. A. S. 23.

[2] A. a. D. S. 131.

[3] A. a. D. S. 6.

Conventkost sah, widerstand sie ihr so sehr, daß ihr Antlitz und ihre Farbe darob verändert ward. Mit der Hülfe Gottes jedoch überwand sie ihr Herz in diesem großen Streit, und wiewohl sie früher, wie sie selber sagte, leichter ertragen hätte, daß man ihr das Haupt abgeschlagen, als daß sie in das Kloster fahre, so entsagte sie nachmals dennoch allen Dingen so gänzlich, daß sie dem Convent freiwillig Alles hingab, was sie hatte, und für sich selber nichts behielt, wiewohl sie großes Gut besaß. Als sie in das Kloster eingetreten war, nahm sie sich da so gut an, daß, so viel zärtlich sie bisher in der Welt gelebt, sie um so strenger nun in dem Kloster lebte. Sie hielt den Orden in allen Dingen so vollkommen, daß keine andere Schwester ihn besser einhielt. Gar oft war sie die allererste in dem Chor und hielt sich da mit großem Fleiß im Neigen und im Stehen, und obwohl sie nicht wohl singen konnte, sang sie doch Alles selber, so gut sie konnte." Schwester Beli von Liebenberg [1] „war schon eine Wittwe, als sie in das Kloster Töß kam. Als ihr Mann noch lebte, war sie eine gar weltliche Frau. Allein Gott sendet den Menschen oft widrige Geschicke, um ihnen die Hinfälligkeit der Welt vor Augen zu legen. Es fügte sich, daß ihr Mann starb und großes Leid über sie kam, denn er war im Banne [2] und man durfte ihn nicht begraben, sondern nur in das Beinhaus stellen. Dorthin ging sie alle Tage und setzte sich zu ihm an die Todtenbahre. Nach einiger Zeit sah sie, daß gar viele Würmer aus dem Todtenbaum herauskrochen und zur Erde fielen. Dieß erwog sie ernstlich bei sich und gedachte: Wehe, was ist aus all' deinen Hoffnungen geworden? und nahm sich fest vor in ihrem Herzen, daß sie nicht mehr zur Welt zurückkehren wolle. Nun war ihre Mutter eine gar selige Frau, die in Burgund saß, und sie fuhr zu ihr hin. Der Prediger-Orden war damals (um das Jahr 1225) noch unbekannt in diesem Lande und kam ein Bruder daher, der Aquilus hieß; er war der ersten Prediger-Brüder einer, die in

---

[1] A. a. O. S. 26.
[2] Welchen Papst Innocenz IV. über Kaiser Friedrich II. und seine Anhänger verhängt hatte.

deutsche Lande kamen. Als sie ihn sahen, wunderten sie sich ob ihm, wessen Ordens er wäre, und nachdem sie von ihm vernommen, was der Prediger=Orden sei und seine Predigten gehört, namen sie ihn mit großer Ehre in ihr Haus auf. Schwester Beli losete auf seine Worte und folgte seinem Rathe so ganz, daß sie nach Töß vor das Kloster kam, das man damals zu bauen angefangen hatte. Die ersten Schwestern saßen noch bei der Brücke [1] in einem Häuslein. So saß auch sie 30 Jahre vor diesem Kloster. Nun hatte sie aus ihrer Ehe ein einziges Töchterlein, das sie einst Gott für das geistliche Leben geopfert hatte; allein gegen ihren Willen bestimmte es der Vater für die Welt. Ihre Mutter in Burgund hatte noch fünf Töchter, sie kamen alle nach Töß und die Mutter mit ihnen. Da trat auch die selige Schwester Beli in das Kloster Töß, und sie alle lebten da tugendlich und selig."

Schwester Adelheid von Frauenberg fühlte schon in früher Jugend eine entschiedene Neigung zum Ordensleben; allein „da sie eines Freiherrn Tochter war, wurde sie nach der Welt Gewohnheit von ihren Verwandten einem edlen Herrn angetraut, bei dem ihre Ehre groß und mannigfaltig war. Nun spricht Christus: Niemand mag zu mir kommen, er werde denn gezogen von meinem himmlischen Vater! — und diese Worte gingen an ihr in Erfüllung; denn es war in ihrem Leben offenbar, mit welch' besonderen Gnaden der himmlische Vater in ihr gewirkt, und wie er sie sich selber ewiglich hat auserwählt, und wie minniglich er sie gezogen hat durch seinen eingebornen Sohn von ihren kindlichen Tagen an." Wohl schien das Band der Ehe, in der sie lebte, jede andere Verbindung mit Gott im Ordensstande für sie unmöglich zu machen; „doch ließ unser Herr von seinem Werke nicht ab, das er in ihr so lieblich wirkte, und gab ihr die Gnade, wie viel der Ehre und der Freude sie auch in der Welt genoß, daß sie dennoch in jeder Rücksicht eine Bitterkeit und eine Bestrafung empfand, und daß ihr Herz immer nach dem einigen Gute einen steten Jammer trug. Sie unterließ es bei Tag und bei Nacht nimmer und

---

[1] Tößbrücke.

bat Gott von ganzem Herzen, daß er ihr von der Welt weg=
helfe, und möchte dies anders nicht geschehen, über sie verhän=
gen wolle, daß sie aussäßig würde, damit sie von der Welt
wegkäme. Schon als sie kaum 14 Jahre alt war, las sie alle
Morgen vor dem Mittagsmahl zu unseres Herrn Minnezeichen
(Wundmalen) fünfzig Pater noster, und konnte sie diese nicht
entrichten, versagte sie sich zur Buße die beste Speise beim
Imbiß. Sie übte sich auch besonders in den Werken der
Barmherzigkeit und erwies einem Feldsiechen Dienste, die ihm
die eigene Mutter nicht erweisen wollte; denn er war sehr miß=
gestaltet und gräulich anzusehen. Das Alles that sie ihm aus
großer Gottesliebe so freudenreich, daß es sie bedünkte, sie gehe
mit Gott selber um, wenn sie diesen Kranken pflege. Als sie
sich lange in der Welt in diesen Tugenden geübt, wollte auch
unser Herr sie sich näher ziehen und ihre Begierde erfüllen; er
verhängte, daß ihr Mann starb. Doch wollte Gott ihr Ver=
langen auch jetzt noch nicht alsogleich erfüllen, sondern sie noch
weiter prüfen; denn ihre Verwandten drangen ungestüm in sie,
daß sie einen andern edlen Herrn nehmen solle, und da dieser
Herr großen Liebreiz in sich vereinigte, fiel ihr die Prüfung
doppelt schwer. Die göttliche Gnade aber half ihr endlich, daß
sie sich überwand und der Welt gänzlich den Abschied gab."
— Schwester Ida von Sulz war gleichfalls eine Wittwe, als
sie in das Kloster trat. Neben den vielen Tugenden, die sie
schon übte, als sie noch in der Welt lebte, gab sie viele Almo=
sen an arme Leute. Als sie dann den Entschluß faßte, in das
Kloster zu gehen, suchte der Böse sie mit aller List davon ab=
wendig zu machen; er legte ihr vor die schweren Mühen, die
sie in allen Gebresten werde zu bestehen haben; sie werde darin
in Ungeduld fallen, oft zum Gottesdienste träge werden, die
Pflege selbst versehen müssen, die ihr jetzt ihre Kammerzofen
trügen. Allein sie entwand sich dem Allem, kam in das Kloster
Töß und lebte da in williger Armuth und in einem heiligen
Wandel. — Schon in früher Jugend kündete sich der höhere

---

¹ Handschr. A. S. 10.

Beruf zum Ordensleben bei Schwester Elsbeth Bächlin an [1]: „Als sie kaum acht Jahre alt war, schien ihr, wie sie selbst er= zählte, im Schlafe, als ob sie unsere liebe Frau vor sich sehe; sie ging alsbald zu ihr hin, und die reine Magd nahm sie unter ihren Mantel wie eine Mutter ihr herzliebes Kind und sprach zu ihr: „Siehe, aus diesem Mantel will ich dich nimmer lassen!" Ihr kindliches Herz ward von da an mit Gna= den so gestärkt, daß, so oft ihr nachmals etwas Widriges im Kloster begegnete und sie darüber in Ungeduld verfiel, sie dann zuhand bei sich gedachte: Ach, willst du unserer lieben Frauen aus dem Mantel fliehen? Als sie zehn Jahre alt war, merkte sie, daß ihr Vater sie für die Welt bestimmen wolle; sie trat keck vor ihn hin und sprach: „Vater, du sollst wissen, wenn du mich der Welt hingibst, so werde ich am jüngsten Tage auf dich schreien!" Im dreizehnten Altersjahre kam sie in das Klo= ster und lebte darin 62 Jahre so fröhlich und so willig, daß, so viel Armuth und Leiden sie auch während dieser langen Zeit zu dulden hatte, ihr nie ein Gedanke von Reue in das Herz gekommen war, die Welt verlassen zu haben." — Die Anmuth und Schönheit des Lebens, welches unter der Wärme der Be= schaulichkeit zu Tage trat, zog eine Menge Jungfrauen des Adels an, wie schwer es ihnen auch fiel, sich aus den Armen ihrer lieben Eltern und Bekannten loszureißen; sie eilten den Klöstern Prediger=Ordens zu, um hier in den Minnedienst der ewigen Weisheit einzutreten. Dieß mochte die Gefühle mancher Eltern hart berühren und zog auch dem liebetrauten Heinrich Suso bittere Feindschaft zu. Davor warnte ihn einst einer sei= ner Mitbrüder mit den Worten [2]: „Ich war kürzlich auf einer Burg, und der Herr fragte Euch nach; dann hob er seine Hand auf und schwur vor männiglich, wo er Euch fände, wolle er ein Schwert durch Euch stechen; das Gleiche schwuren auch die übrigen Ritter, die bei ihm waren. Denn dem Herrn wurde gesagt: Ihr hättet ihm seine Tochter wie auch viele Andere verkehrt in ein sonderbares Leben, das da heißt der Geist, und

---

[1] A. a. O. S. 133.
[2] H. Suso's Schriften B. I. Kap. 30.

die in dieser Lebensweise sind, heißen Geister und Geiste-
rinnen, und ist ihm vorgelegt, daß dieß das allerverkehrteste
Volk sei, das auf dem Erdreich lebt. Noch mehr; ein anderer
grimmer Mann war auch da, und der redete von Euch also:
Er hat mir einen Raub gemacht an einer lieben Frau; sie zieht
nun den Schleier vor (das Gesicht) und will mich nicht mehr
ansehen, sie will nur einwärts sehen. Das Alles macht der
Mönch, und das soll er büßen!" Wir sehen an diesem alten
Bilde, daß die Welt sich immer gleich geblieben ist. — Hatten
die Schwestern die Hindernisse auch überwunden, die ihrem
Eintritte in das Kloster sich entgegenstellten, so blieben für
manche in der Klosterzelle selbst noch ernstere Kämpfe vorbehal-
ten. Die Laienschwester Ida Sulzer [1] hatte längere Zeit im
Kloster große Anfechtung zu leiden, ob sie im Kloster Töß bleiben wolle, oder Gott etwa anderswo besser dienen könnte. Man
kennt die Ordalien oder Gottesurtheile, die in älteren Zeiten
in Deutschland stattgefunden, um in zweifelhaften Dingen von
Gott den Entscheid durch ein wunderbares Einwirken zu erzielen. Einer solchen Feuerprobe gedachte auch Schwester Ida
Sulzer sich zu unterziehen. „Als sie eines Tages in der Küche
ihren Dienst verrichtete, kam die Anfechtung sie wieder an, daß
sie anderswo Gott besser dienen könnte, und gedachte dabei:
Herr, mein Gott! ohne deinen Willen will ich nichts thun;
offenbare mir denn deinen Willen. Nun fiel ihr ein, sie wolle
brennende Kohlengluth in ihre Hände nehmen, damit ihr das
zur Urkunde diene, ob ihr Leben anderswo Gott genehmer wäre
als im Kloster Töß. Sie griff daher in das Feuer, füllte ihre
beiden Hände mit frischer Gluth, saß eine Weile nieder, stand
wieder auf, ging in den Kreuzgang und hielt die ganze Zeit
über die Kohlen immer in ihren Händen, und um sie vor den
vorübergehenden Schwestern zu verbergen, legte sie dieselben nachher in den Scapulier und drückte sie fest an sich; und als
sie wieder in die Küche zurückkam, war weder an den Händen
noch an dem Scapulier irgend ein Brandmal wahrzunehmen.
Davon gewann sie dann volle Sicherheit, daß ihr Leben Gott

---

[1] Handschr. A. S. 120.

nirgendswo so genehm wäre als im Kloster Töß." Der Sieg über alle Hindernisse war gesichert, wo immer der wahre Beruf von Oben zum Ordensleben vorhanden war. „Denn der einige Gott [1], wie Schwester Elsbeth Stagel schreibt, der mit der Kraft seiner Gewalt aus voller Freiheit seiner überfließenden Güte eine Creatur nach dem Bilde seiner selbst erschaffen wollte, um sie von Gnaden empfänglich zu machen des wahren Gutes, das er von göttlicher, ewiger Natur hat und auch ist, hat sich zugleich von Anbeginn her gewürdiget, in der grundlosen Weisheit seiner väterlichen Vorsehung allen seinen Auserwählten die Weisen und die Wege anzuordnen und aufzulegen, mit denen er sie bereiten will, das unvergänglich selige Leben zu empfangen, welches sie in der freudenreichen Süßigkeit seines minniglichen Angesichtes ewiglich mit ihm besitzen sollen. Das hat er mannigfaltig an seinen Heiligen und seinen allerliebsten Freunden bewährt, denen er in diesem irdischen Zeitleben auferlegte, das schwere Joch mancherlei Leiden zu tragen, das auch er ihnen im Elend dieser Welt durch sein ganzes Leben vorangetragen hat; denn dadurch will er sie bringen an das Ziel, damit sie das Erbe ergreifen mögen, das er ihnen vorbereitet hat in dem himmlischen Vaterland, Jeglichem besonders nach der Würdigkeit, wie es in der göttlichen Ordnung ewiglich vorgesehen ist." — Schwester Elsbeth von Ungarn [2] gab für diese Lehre einen glänzenden Beweis. Eine Jungfrau von königlichem Geblüte und künftige Erbin von Leuten und von Landen, wie sie war, dazu mit allen Vorzügen leiblicher Schönheit und geistiger Gaben ausgestattet, schien sie schon durch alle diese natürlichen Beziehungen zur Welt auch für die

---

[1] S. 150.

[2] Sie war die erstgeborne Tochter des Königs Andreas III. von Ungarn, der nach dem Tode seiner ersten Frau Fenna, einer polnischen Prinzessin aus dem Hause der Plasten, sich im Jahre 1294 mit Agnes, der Tochter König Albrechts I., verehelichte und im Jahre 1300 in Folge von genossenen Speisen starb, die mit einem vergifteten Messer geschnitten waren. Elsbeth war im Jahre 1292 geboren und rechtmäßige Thronerbin von Ungarn.

Welt bestimmt zu sein. Allein „Gott der Allmächtige ordnete
es gegen alle menschliche Berechnung anders und bewies in
seiner wunderbaren Führung, daß er sie sich selber zum Lobe
und nicht der Welt zur Freude erschaffen hatte." Zwar wurde
sie schon als Kind, als sie noch bei ihrem Vater auf der Kö=
nigsburg zu Ofen weilte, einem Herzoge von Polen und nach
dem Tode ihres Vaters von ihrer Stiefmutter, der Königin
Agnes, dem Herzoge Heinrich von Oesterreich mit reicher Mor=
gengabe versprochen, allein auch dieser Plan scheiterte; denn
der Vater ihrer Stiefmutter, König Albrecht I., wurde bei Win=
disch an der Reuß (1. Mai 1308) von seinem Neffen, Herzog
Johann von Schwaben, und dessen Mitgenossen ermordet, und
Königin Agnes zog von Wien hinauf nach Schwaben und in
den Aargau hinab, um an den Mördern ihres Vaters Rache
zu nehmen. Sie nahm ihre Stieftochter Elsbeth mit sich, „ließ
dieser aber ihres eigenen Willens nicht mehr, als daß sie unter
den Klöstern in Schwaben eines für sich auswählen durfte, und
sie entschied sich für das Kloster Töß. Elsbeth war in ihrem
dreizehnten Altersjahre [1], als sie dem Convent von Töß nach
der Uebung des Ordens unter das Joch des Gehorsams ge=
geben war, und sie neigte sich demüthig dazu, Allem gehor=
sam zu sein, was Gott und der Orden von ihr verlangte.
Sie war die erste Frau, welcher vor dem Frohnaltar in der
neuen Kirche zu Töß der Orden angelegt wurde, und ward
zugleich damals der Altar geweiht zu Ehren unserer lieben
Frauen Verkündigung und Sanct Elisabethen, die auch eine
Königstochter von Ungarn und eine Landgräfin von Thüringen
und ihre Verwandte war. Schon nach 15 Wochen gebot ihre
Stiefmutter, die mittlerweile das Kloster Königsfelden gestiftet
hatte, daß man sie weihele vor der Zeit und sie Gehorsam ge=
loben sollte. Sie neigte sich demüthig dazu. Nun fügte es
sich, daß Herzog Heinrich von Oesterreich in das Land kam
und sie aufsuchte; er fand sie im Kloster zu Töß, und weil sie
schon in den Orden eingetreten, ward ihm versagt, mit ihr zu
sprechen; er wollte aber nicht ablassen, und in ihre Gegenwart

---

[1] Soll heißen: in ihrem sechzehnten Altersjahr.

kommen. Als er nun sah, daß sie schon geweihelt sei, wurde er gar zornig, zog ihr den Weihel vom Haupte weg, warf ihn auf die Erde und trat ihn mit den Füßen; denn er hatte ein ganzes Wohlgefallen und eine innige Begierde zu ihrer leutseli= gen Person. Sie war auch in der That sehr geschickt, am Leibe wohlgestaltet, im Antlitz adelich, zart an den Gliedern und wonnesam an gnadenreichen Weisen und Geberden edler Frauen. Darum sprach er gar ernstlich mit ihr und bat sie, sie würde noch so wohl thun, wenn sie mit ihm beim nach Oesterreich führe; er wolle ihr nicht entgelten lassen, daß sie eine geweihelte Frau gewesen. Sie antwortete ihm, sie wolle sich darüber bedenken, ging sobann in den Chor vor unseres Herrn Frohnleichnam, fiel auf ihre Kniee und bat Gott innig= lich, daß er ihr seinen allerliebsten Willen zu erkennen gebe, was sie thun solle. Da ward ihr zuerst in ihren Gedanken vorgelegt, sie möge es wohl thun, weil sie eine Frau von Leu= ten und von Landen und eine rechtmäßige Erbtochter des Kö= nigreiches Ungarn sei. Dagegen aber gab ihr Gott wieder zu erkennen, daß es sein liebster Wille wäre, wenn sie im Kloster bliebe und arm und elend um seiner willen wäre, wie auch er selber arm und elend war um ihrer und des ganzen menschlichen Geschlechtes willen. Und sie gab ihren Willen gänzlich in den Willen Gottes. Ihr geschah aber in dieser Stunde der Ent= scheidung so weh, daß sie wie todt da lag, und schoß ihr das Blut zu Mund und Nase heraus. Als man sie wieder zu sich brachte, sagte sie dem Herrn ab und ließ ihn wissen, daß sie nicht mit ihm ziehen, sondern im Kloster ein armes Leben nach der Ordnung Gottes führen wolle. Der himmlische Vater gab ihr dann die Heimsteuer, die er seinem eingebornen Sohne gab, und sie bestand in Elend, Leiden und Armuth. Sie lebte 28 Jahre im Kloster zu Töß in so heiliger Weise, daß der ge= sammte Convent und jede Schwester von ihr gebessert wurde; denn ihr geistliches Leben hatte einen so gnadenreichen Anfang, daß durch ihr tugendreiches Beispiel ihre Mitschwestern gar sehr gehoben und getröstet wurden."

### Die tägliche Beschäftigung und Erholung der Schwestern.

Das Leben der Schwestern von Töß wechselte zwischen der Arbeit, den Tugenbübungen und Gebeten. Zur Arbeit wie zum gemeinsamen Gebet gab die Glocke jedesmal das Zeichen; darauf begaben sie sich in das Arbeitshaus, spannen da ihren Flachs oder lagen anderen weiblichen Arbeiten ob [1]. „Wiewohl Schwester Adelheid von Frauenberg von hohem Abel war, stellte sie sich, gar oft mit krankem Leibe, zur gemeinsamen Arbeit der Ersten eine ein, und spann da so emsig, daß ihr oft die Finger davon aufschwollen. Unter der Arbeit beteten die Schwestern oder sangen geistliche Lieder oder unterhielten sich, wenn das Stillschweigen nicht geboten war, in erbauenden Gesprächen. Was auch um sie vor sich gehen mochte, sie hielten ihre Augen stets in sich gekehrt, und Manchen rannen oft die Thränen über die Wangen herab von tröstlicher Rührung, die sie aus den Gesprächen oder aus der inneren Betrachtung schöpften. Schwester Metzi Sidwibri [2] war bei ihrem Spinnrade so voll Andacht, daß sie von Gefühlen wie zerfloß und sprach dann oftmal: „Herr, ich bitte dich, daß du um einen jeden Faden, den ich spinne, eine Seele erlösen mögest!" Zuweilen fing sie an süße Worte zu sprechen, als: Propter Sion non tacebunt, und wurde ihr dann so freudenreich zu Muthe, daß sie mit den Händen schlug, daß es weithin wiederhallte. Ihr Mund überfloß von süßen Worten, ihre Augen gossen reichliche Minnethränen aus; sie that in Worten und in Wandel so, als ob Niemand als Gott und sie allein in der Welt wären. „Herr, pflegte sie zuweilen zu sagen, wärest du Metzi Sidwibri und wäre ich Gott, so wollte ich dich doch Gott sein lassen und ich wollte Metzi Sidwibri sein." Sie sang auch in der Arbeitsstube oft gar süße Lieder von unserem Herrn wohlgemuth, besonders oft sang sie das Lied von der falschen Minne:

> Weises Herz, flieh' die Minne,
> Die mit Leide muß zergan;

---

[1] S. 21.
[2] S. 18.

Zum höchsten Gut richt' deine Sinne,
Das mit Freuden mag bestan.
Bist du falscher Minne voll,
Dir wird davon nimmer wohl;
Reiß' dich los von ihr,
Gott verleide sie dir!"

Fleiß und Pünktlichkeit bei der Arbeit wurden für besondere Tugenden angesehen[1]; von Schwester Anna von Klingnau wird gerühmt[2], daß sie nach Beendigung der gemeinsamen Arbeit noch gar viel in der Zelle bei ihrem Bette spann; an ihrer Kunkel war der Denkspruch zu lesen: „Je kränker du bist, je lieber du mir bist; je verschmähter du bist, je näher du mir bist; je ärmer du bist, je gleicher du mir bist!" Im Arbeitshause wurden die Schwestern beaufsichtigt; wer anderswohin gehen wollte, mußte mit dem Benedicite bei der Subpriorin um Erlaubniß fragen. Benedicite heißt wohlreden, sagte einmal die Subpriorin Beli von Winterthur[3]; darum mußt du nur von guten Dingen reden, und hast du dein Geschäft gethan, so kehre sogleich wieder an deine Arbeit zurück! Wenn Schwester Elsbeth Schäfli von Zürich bei den Gesprächen eine Hinterrede hörte und es nicht verbessern mochte, stand sie auf und ging von dannen; denn sie wußte wohl, daß solche Reden unter Schwestern den Herzensfrieden und die göttliche Minne zerstören[4]. Der Reihenfolge nach hatte jede den Dienst der Wochnerin in der Küche zu versehen[5], in der Morgenfrühe gleich nach der Mette sich in die Küche zu verfügen, dort auf dem Kochherde das Feuer anzuzünden und zu verrichten, was ihres Dienstes war. Unter dieser Wochnerin stand die Laienschwester, welche die Speisen zubereitete. Eine solche war Schwester Beli von Schalchen[6], die von ihren kindlichen Tagen an und bis an das Ende ihres Lebens im Kloster Töß lebte. Sie hatte den allerbesten Fleiß, daß sie dem Convent gut kochte, und mahnte auch ihre Mitgehülfen zu verständiger Achtsamkeit. Fand sie etwa

---

[1] S. 33.   [2] S. 37.
[3] S. 43.   [4] S. 15.
[5] S. 123.   [6] S. 127.

Muße, so ging sie in das Refectorium, wenn man zu Tische
las, und losete begierlich auf die Lesung. So viel Arbeit sie
auch zu verrichten hatte, sie betete dennoch recht fleißig und
weinte dabei oft so reichlich, als ob sie im Chore selbst gestan=
den wäre. Auch die Laienschwester Elli von Elgg [1] legte alle
ihre Mühe und Sorge daran, wie sie dem Convent getreulich
dienen möge. Wohl 50 Jahre lebte sie im Kloster Töß und
Niemand sah sie je ein anderes Werk verrichten, als daß sie
des Gadems und der Seelen pflag, und hatte doch keine Hel=
ferin; allein Alles ging ihr gar wohl aus den Händen. Wenn
sie ihre Dienste für den Convent verrichtet hatte, so eilte sie in
den Chor bis vor den Altar, legte ihre Hand auf den Altar
recht, als gedächte sie: „Lieber Herr, möchte ich dir doch näher
kommen, ich thäte es so gerne!" — und vergoß dann alsbald
so viele Thränen, daß sie auf den Boden rannen. So große
Mühe sie mit dem Convent hatte, arbeitete sie sich noch mit
strengem Fasten und vielem Beten ab. Sie wachte nach der
Mette immer so lange, daß sie darnach kaum zwei Vigilien lang
schlief, und betete dann mit der größten Andacht zum Nutzen
des Conventes. Neben der gewöhnlichen Tagesarbeit wußten
die Schwestern die freie Zeit zur weiteren Ausbildung ihres
Geistes zu benützen. Aufgenommen in den Verband des Do=
minicaner=Ordens, der in Zürich, Konstanz und Basel in voller
Blüthe stand, wurden sie zuweilen von Bruder Wolfram,
dem Provincialen von Schwaben, besucht und durch dessen Vor=
träge [2] erfreut; Bruder Hugo von Staufenberg, Lesemeister
zu Konstanz, war längere Zeit ihr Beichtvater [3], und Heinrich
Suso leitete von Zürich oder Konstanz aus die Schule der
ewigen Weisheit unter den Schwestern von Töß mit dem glück=
lichsten Erfolge. Unter solcher Leitung mußte ihre Bildung
eine mehr als gewöhnliche Stufe erreichen. Sie waren beflis=
sen, „Bücher abzuschreiben", und manche von ihnen geschickt
genug, „Bücher zu verfassen". Die meisten waren des Latei=

---

[1] S. 126.
[2] S. 96.
[3] S. 72.

nischen kundig und in den Schriften des beschaulichen Lebens wohlerfahren. Schwester Margaretha Fink „lehrte das Latein und schrieb Bücher ab"; Anna von Klingnau war bestellt, „ihre Mitschwestern im Latein und im Lesen zu unterrichten"; Beli von Winterthur „war im Lateinischen gut bewandert" und Metzi von Klingenberg verfaßte „viele deutsche Bücher". Elsbeth von Köllikon konnte „gar gut schreiben; sie schrieb gern gute Sachen ab, und aus dem Erlös, den sie von den Büchern gewann, konnte man das große Crucifix anschaffen, das im Kreuzgange stand". Der Schwester Willi von Konstanz wohnte Gott „so süß inne, daß sie voll Innigkeit von ihm redete und auch von ihm reden hörte, und was sie so hörte, behielt sie im Gedächtniß und machte daraus ein schönes Buch." Vor allen Anderen zeichnete sich Schwester Elsbeth Stagel von Zürich durch ihre Geistesgaben und den Reichthum ihrer Kenntnisse aus; wir erfuhren schon oben, wie sie Heinrich Suso half, „seine Büchlein zu vollbringen". Gesang und Dichtkunst wurden in Töß eifrig gepflegt. Schwester Adelheid von Lindau sang ihren Mitschwestern oft „schöne Lieder"; solche wurden unter den Arbeiten von Einzelnen und im Vereine abgesungen, und als Schwester Elsbeth Schäflin „in ihrem Ende lag, mußte man ihr süße Lieder von dem Himmelreiche [1] singen". Der Kirchen- und Choralgesang wurde mit besonderer Salbung vorgetragen; Schwester Metzi von Klingenberg war Obersängerin [2]; sie sang die Meßgesänge mit solcher Rührung, daß ihr die Thränen reichlich über die Wangen herabbrannen. Der Chorgesang wurde von ihr auf das Beste geordnet; auch in ihrer Krankheit sang sie oftmal geistliche Lieder und kurz vor ihrem Sterben noch.

Mit den Mühen des Tages wurde die nöthige Erholung verbunden, allein auch diese sollte zugleich ein Mittel zur Erbauung sein. Nach dem Mittagsmahle ergingen sich die Schwestern an heitern Tagen in dem Baumgarten und saßen da zu-

---

[1] S. 14.
[2] S. 50.

weilen in der Runde um eine Mitschwester, die sie mit schönen Gesprächen zu unterhalten wußte. Eine solche war Anna von Klingnau [1]; auch in ihren alten Tagen war sie von der göttlichen Liebe so entzündet, daß sie nur von Gott zu reden und zu hören begierdete. Oft ging sie im kalten Winter in den Garten und saß auf eine alte Bank. Dann eilten die andern Schwestern herbei und drangen in sie, ihnen von göttlichen Dingen zu erzählen. Sie saßen bei solchen Erzählungen oft so lange beisammen, bis ihnen das Gewand gefror. Allein man durfte sich darüber gar nicht wundern, denn obwohl sie sonst so pünktlich das Stillschweigen hielt, daß sie selten ein unnützes Wort redete, gab ihr Gott zur rechten Zeit die Gnade, daß sie wie hinfloß von übersüßen Worten, und alle Herzen kamen davon in eine Bewegung, denn ihre Worte kamen aus einem vollen Herzen, und von seinem Ueberflusse sprach ihr Mund. Ließ etwa bei ihren Gesprächen über göttliche Dinge eine Schwester ein unnützes Wort fallen, dann pflegte sie zu sagen: „Ach, nun bist du das Fährle, von dem das Wort Gottes zertreten wird." Sie wußte auch Gottes Wort bei gewöhnlichen Unterhaltungen gar schicklich in das Gespräch einzuflechten und dadurch unnütze Reden ganz zum Schweigen zu bringen. Oft wurden bei solchen Unterhaltungen Stellen aus geistlichen Liedern oder Verse aus dem Psalterium [2] vorgetragen, wofür Schwester Anna Mansaseller eine besondere Fertigkeit besaß. — Kamen Verwandte oder Freunde auf Besuch im Kloster an, so begaben sich die Schwestern an das Redefenster und unterhielten sich mit ihnen. Doch hatten Manche von ihnen Allem, was ihnen in der Welt am theuersten war, so ganzen Urlaub gegeben, daß sie darauf verzichteten, die Ihrigen je wieder zu sehen, oder dann erst nach vollendeten Tagesgebeten vor ihnen erschienen, wenn die Sehnsucht, sie wieder zu sehen, auch noch so groß bei ihnen war. Schwester Jützi Schulteß von Zürich [3] hatte

---

[1] S. 37.
[2] S. 52.
[3] S. 100.

jedoch ihren Verwandten und Freunden so ganz entsagt, daß sie wohl auf dreißig Jahre nie zum Redefenster ging. Die Abge= schlossenheit (Clausur) wurde auf das Strengste eingehalten; die Schwestern durften nirgendwo als im Weichbilde des Klo= sters sich erholen; nur bei der Königin, Schwester Elsbeth von Ungarn [1], fand eine Ausnahme von der Regel statt. Sie hatte nämlich so schwere Krankheitstage bestanden, daß die Aerzte riethen, sie nach Baden im Aargau zu führen, um dort die warmen Bäder zu gebrauchen. Demüthig nahm sie Urlaub bei dem Meister Prediger=Ordens zu dem hohen Kapitel und zog darauf mit ehrwürdiger Gesellschaft nach Baden. Da wurde ihr gar viel geschenkt und große Ehre ihr entboten von den Landsherren und Umsäßen, die ihre hohe Herkunft und dabei ihre Armuth wohl kannten. Auch lud Königin Agnes, ihre Stiefmutter, sie von Baden nach Königsfelden und ließ ihr da alle Kleinode schauen, die ihr Vater, König Albrecht, von allen Landen ihr gebracht, und gedachte doch ihrer mit keines Hellers Werth. Diese Härte that ihr weher, als ihr einst das Scheiden von ihrem Vaterland gethan. Mit verlassenem und betrübtem Herzen fuhr sie wieder von dannen. Zu Zürich wußte man wohl, daß sie in Baden gewesen war, und beide, die Stadt und der Prediger=Orden, hatten große Begierde und Liebe, sie zu sehen, denn sie wußten wohl, daß sie die würdigste Person war, die damals lebte, und eine Königin von vier Ahn= herren; sie kannten auch ihr gutes Leben und ihren heiligen Leumund, der durch alle Lande erschollen war. Darum sie be= gehrten, sie zu sehen und sich in ihr heiliges Gebet zu befehlen. Als sie dann zu ihnen kam, geschah ihr große Ehre von der Stadt und auch von dem Prediger=Orden, und das war nach Gottes Schickung eine Erquickung ihrer zarten, edlen Natur. Darnach führte man sie zu unserer lieben Frauen nach Ein= siedlen, daß sie sich ihrer selbst desto besser vergesse; von da ward sie wieder nach Töß zurückgeleitet und wurde von dem Kloster, wie billig war, mit großen Ehren und Freuden em= pfangen. Sie sagte später noch oft: wäre die große Ehre nicht

---

[1] S. 160.

gewesen, die man ihr überall angethan, sie wäre sicher in große
Krankheit gefallen um der Untreue willen, die ihre Stiefmutter
ihr erwiesen, und hatte sie schon vor dieser Erholungsreise ein
sehr strenges Leben geführt, so fing sie darnach ein noch viel
strengeres und heiligeres Leben an."

In kranken Tagen wurden die Schwestern ärztlich gepflegt [1];
bei der Schwester Beli von Sur erkannte jedoch der Arzt schnell,
„daß sie keine leibliche Krankheit hätte; nur sei ihr Herz von
einer übermäßigen Liebe ergriffen und mit einer Sehnsucht nach
etwas erfüllt, das über alle ihre Kräfte gehe, und das werde
auch ihr Tod sein; und in der That mochte sie mit Recht sagen: ich bin krank in der Minne meines Herrn Jesu Christi
mit willigen Schmerzen." Schwester Offmia von Münchwylen
hatte in ihren alten Tagen eine besondere Wärterin [2]. Mit
großem Fleiße und schwesterlicher Liebe versah Schwester Reichin
von Jugend auf den Dienst der Kranken; schon in der Morgenfrühe zur Mettezeit ging sie zu jeder kranken Schwester ein-
zeln im Krankenzimmer, um sich nach deren Befinden umzusehen;
Tag und Nacht war sie ihnen diensthaft mit fröhlichem und
willigem Herzen. Wiewohl Schwester Elsbeth von Kölliken [3]
beinahe immer selber kränklich war, „ging sie mitleidigen Herzens gerne zu den Schwestern, die in Leiden waren, und sprach
ihnen dann tröstliche Worte zu: Gott thut dir es zu herzlieb,
denn er schickt seinen auserwählten Kindern Leiden. Mir ist
es, sprach sie zu einer schwer kranken Schwester, als hätte ich
es von Gott vernommen, daß er dieses Leiden dir nur darum gab,
damit du ihm nicht entrinnest, sondern ganz sein eigen bleibest."
Für diese große Liebe war der Umkreis des Klosters viel zu
enge; sie suchte auch außerhalb desselben einen Kreis für ihr
beseligendes Wirken aufzufinden, und fand ihn bei den Armen.
So weit die Kräfte ausreichten, wurden reiche Almosen an die
Armen gespendet. Um der vielen Almosen willen wurde Schwester Gertrud von Winterthur [4] eine Mutter der Armen und eine

---

[1] S. 47.  [2] S. 30.
[3] S. 81.  [4] S. 56.

Freundin der Freunde unseres Herrn genannt. Was man ihr gab, theilte sie wieder unter die Armen aus, daß sie selber oft des Nöthigen entbehren mußte. Sie hielt sich selber der Ehre unwürdig, den Armen beizuspringen, und für die größte Unehre, wenn man nach ihrem Tode etwas von Werth bei ihr finden sollte, das sie den Armen vorenthalten hätte. Der reiche Trost, den sie in den Tagen ihres Lebens verbreitet, trat bei ihrem Begräbniß zu Tage; denn der Jammer um sie war bei den Armen groß, und man fand in ihrer Zelle beinahe nichts, als sie starb. Arm mit den Armen ward sie vor Gott reicher, als wenn sie ein Königreich zum Seelengeräth gegeben hätte. Selber von Hause arm, bewahrte Schwester Elsbeth von Köllikon große Milde [1] gegen die Armen. Wenn sie oft kaum fünf Denare hatte, gab sie drei davon den Armen, und hatte sie auch nur einen einzigen, so gab sie diesen her um Gottes willen. Als einmal eine Schwester im Kloster umging, für einen armen Menschen Almosen zu sammeln, hatte Schwester Elsbeth eben keinen Pfenning; sie zog ein Tüchlein von dem Haupte und sprach: Nimm dieses, es ist wohl ein Denar werth, und sie hatte doch deren sehr wenige zu ihrem Nothbedarf.“

### Das reinigende Leben.

Hatten die Schwestern einmal ihre Beziehungen zur äußeren Welt gelöst und in der Einsamkeit die höheren mit Gott angeknüpft, so richteten sie die Uebungen der reinigenden Ascese nun im nächsten Umkreise gegen die eigene Sinnlichkeit und Selbstsucht, um diese unter die willige Dienstbarkeit des Geistes, diesen aber unter den Dienst Gottes zu bringen, oder wie die alten Meister lehrten: res mihi, me autem tibi Deus, und die Mittel hiefür faßten sie in die drei Worte zusammen: fliehe, schweige, dulde! In dieser ascetischen Schule für das höhere Leben mußte nun Abbruch geschehen an Allem, was die Sinnlichkeit erfreut, dagegen aber Alles geübt werden, was

---

[1] S. 142.

ihr zuwiderlief. Weder die Liegerstätte noch der Schlaf, weder
Speise noch Trank, weder der Leib noch die höheren Sinne
des Gehöres und Gesichtes durften bei diesen Beschränkungen
unbeachtet bleiben. Erst nachdem die sinnliche Natur überwun=
den und nach innen gezogen zum willigen Werkzeug der edlen
Seele geworden war, wurde diese selber für die Tugend freier
und für die Eindrücke der Gnade von Oben empfänglicher
gemacht.

Schwester Margaretha Willi [1] „bewährte durch ihr Leben die
alte Lehre des Zwölfboten, daß der Herr seine Gnade Niemand=
den versaget, der sie mit rechtem Ernste sucht. Sie war in
ihren jungen Tagen so leichten Lebens, wie keine gleiche sonst
im Kloster war. Allein noch in guter Jugend gab ihr unser
Herr die Gnade, daß sie ihr altes Leben auf einmal verschmähte
und sich sammenthaft zu Gott kehrte. Das geschah in so kur=
zer Frist, daß sich Alle darüber sehr verwunderten, denn sie
fing ein sehr hartes Leben an. Ihr genügte nicht des Ordens
Strenge, den sie genau einhielt, sie arbeitete sich noch viel
strenger in die Uebungen der Abtödtung ein. Aller Gesellschaft
gab sie einen freien Urlaub, hatte des Redefensters und aller
auswärtigen Leute keine Acht; selbst wenn ihr eigener Bruder,
der im Prediger=Orden war, sie besuchte, schwieg sie die meiste
Zeit still. Sie hatte auf ihrem Lager ein hartes Hauptkissen
und eine Hürde von Holz mit einem alten Betisack, der ganz
mit Steinen wie ein Esterich belegt war; darauf ruhte sie. Sie
trug ein härenes Hemd mit gräulichen Knöpfen und eine starke
eiserne Kette um ihren Leib. Zwischen Tag und Nacht nahm
sie drei Disciplinen, aß wenig Speise und trank selten Wein,
und wenn sie trank, vermischte sie ihn so stark mit Wasser, daß
er wenig Kraft mehr hatte; sie schlief oft keine Vigilie lang.
So das Leiden Christi an ihrem sterblichen Leibe übend und
dieses Leiden in ihren Betrachtungen täglich sich vergegenwär=
tigend, sah sie einst in einem Gesichte, daß unser Herr durch den
Schlafsaal gezogen werde, wie ihm die Juden gethan, die ihn
gefangen nahmen, und das ging ihr so gründlich zu Herzen,

daß sie zu dieser Stunde nie mehr schlafen wollte. Sie betete oft die ganze Nacht im Schlafsaal, bis man am Morgen früh den Chor erschloß, und auch noch nach der Mette blieb sie in ihrem Gebete. War es gar kalt, so nahm sie die Bettdecke um sich und kam bis zum Anbruch des Tages gar nie aus dem Chor. Zuweilen warf sie den Scapulier über das Haupt und setzte den Weihel darüber, und ging oftmalen so, bis auf die Augen verhängt, auch bei Tage herum. Wenn man zur Arbeit läutete, ging sie sogleich in's Arbeitshaus, spann da fleißig, und was auch um sie herum geschah, sie wandte ihre Augen nie darnach; ebenso pünktlich stellte sie sich zum Chore ein, wenn das Glockenzeichen ertönte. Im Sommer nahm sie nach dem Tischsegen vor jedem Heiligenbild im Chor eine Venie (Kniefall mit Gebet), legte sich dann auf ihre Hürde und ruhte bis zur Non. Nie sah sie zu einem Fenster hinaus, und wenn zuweilen die jüngeren Schwestern sie versuchten und thaten, als ob sie draußen was Sonderbares sähen, wandte sie doch ihre Augen nie darnach. Bei diesem strengen Leben setzte sie sich selber kein Ziel, daß sie gedachte: nun beite nur bis morgen. Verwies man ihr etwa diese Strenge, die sie gegen sich selbst übte, so sprach sie: „Ich muß es thun; denn ließe ich etwas davon ab, würde ich bald Alles unterlassen." Bei all' diesen schweren Entsagungen genoß sie selten eines leiblichen Trostes, allein unser Herr tröstete sie dafür oftmal mit sich selber und besonders mit seiner leiblichen Gegenwart im Sacramente, wie er im Chore stets bei uns ist Gott und Mensch. Als sie eines Tages im Convente ihren Dienst zu verrichten hatte, und vernahm, daß man unsern Herrn im Sacramente in die Kirche übersetzen wolle, damit er immer da bliebe, war ihre Klage und ihr Jammer so groß, als wenn ihr das Herz im Leibe brechen wollte, worüber die Schwestern alle herzlich weinten. Sie hatte zu dem Bilde unseres Herrn, wie er vor Gericht stand (Eccehomo-Bild), große Andacht und bat ihn gar inniglich, daß er sie am jüngsten Tage doch gnädiglich richten wolle. In diesem Gebet vernahm sie einmal die Antwort: „Du bist schon jetzt gerichtet, wie du einst wirst gerichtet werden!" Auch von unserer Frauen Bild in der Kapelle hörte sie einst in ihrem

Gebete die Stimme: „Mein Kind, wisse, du sollst von mir nicht mehr geschieden werden." Sie brachte ihr strenges und heiliges Leben auf ein gutes Ende; denn als man ihr in ihrer letzten Krankheit unerschrocken sagte, daß sie sterben müsse, lachte sie gütlich, schlug an ihr Herz und sprach wohlgemuth: „Das ist das herrlichste Leben, das je war!" So schied sie selig von dieser Welt. In der Nacht, da sie starb, kam einem auswärtigen Menschen, der von ihren Bußübungen nichts wußte, vor, sie sei auf einer Hürde auf dem allerlautersten Wasser hinweggefahren, und wahrlich ist ihre reine Seele auf der Hürde ihres strengen Lebens zu Gott in die ewige Freude hinaufgefahren."

Alle die Tugenden eines strengen Lebens, welche Schwester Margaretha Willi in sich vereinigte, bildeten andere Schwestern im Einzelnen aus. Beli von Liebenberg[1] „war mit Gnaden so ganz durchgossen, daß sie recht hinfloß von Thränen, und darnach ward ihr Herz wieder von dem Ueberflusse der Tröstung so voll Freuden und von dem göttlichen Geschmacke so gesättigt, daß sie dann geraume Zeit wenig Speise genoß; sie hungerte vielmehr nach einer geistigen Speise und begehrte, daß ihr einige Erkenntniß von der heiligen Dreieinigkeit werden möchte. Da schien ihr einmal, sie werde auf ein gar wonnigliches, schönes Feld geführt, darauf sich viele seltsame Leute fröhlich ergingen. Auf dem Felde standen viele freundliche Blumen, die wie lauteres Gold zusammenglänzten. Ein wonniglicher, klarer Brunnen wallte aus der Erde hervor, der dreifach sich ergoß und immer wieder in den Ursprung zurückfloß. Das Wasser war unaussprechlich süß und sie wäre sehr gerne da geblieben; allein es wurde ihr gesagt: Du mußt vorher noch Vieles leiden! Doch blieb ihr davon der Süßigkeit so viel, daß sie wohl vier Wochen lang wenig Speise genoß." Zu den ganz alten Schwestern zählte Beli von Winterthur[2]; sie war so ordenhaften strengen Lebens, daß sie stets die Fasten nach der Ordensregel hielt, und wiewohl man damals, in der ersten

---

[1] S. 31.
[2] S. 43.

Zeit des Klosters, nur zweimal in der Woche Wein zum Mit=
tagsmahle gab, wollte sie ihn doch ihrem alten Leibe entziehen,
und man konnte nie bemerken, daß sie ein einziges Mal im
Krankenhaus gewesen war. Gewöhnlich las sie täglich nach
der Mette noch einen Psalter, und mit der gemeinsamen Dis=
ciplin sich nicht begnügend, schlug sie sich im Geheimen mit
Rekholterruthen. — So sehr Schwester Ida von Sulz ehevor in
der Welt leiblicher Gemächlichkeit gepflegt, lebte sie im Kloster in
großer Strenge bis an ihr Ende. Ueberdieß hatte sie die Ge=
wohnheit, kaltes Wasser in die Speise zu schütten und sie erst
dann zu essen, wenn sie gar unlustlich anzusehen und zu essen
war. Das süße Leben, das Schwester Adelheid von Frauen=
berg einst [1] in der Welt genoß, hatte sie im Kloster in ein sehr
hartes umgetauscht. Beinahe allzeit kränklich, ging sie immer
in das Refectorium zum Essen, und wollte man ihr eine Speise
zum Besten geben, welche die Gemeinde der Schwestern nicht
hatte, so war sie nie dazu zu bringen, etwas davon zu ver=
kosten. Sie fastete gar fleißig, und wenn es sie dann oft so
stark dürstete, daß ihr das Herz im Leibe hätte dorren mögen,
wollte sie doch nie zur unrechten Zeit trinken. Wenn man zu
Tische ging und sie dann gar sehr fror, stieß sie ihre Füße in
heiße Asche, daß sie bald erwärmen möchten. Um ihre zärtliche
Natur ganz zu brechen, that sie, so viel sie konnte, die gering=
sten Dienste den Schwestern zusammt und jeder einzelnen, und
erbot sich demüthiglich und begierlich dazu. Einer armen Schwe=
ster that sie Dienste, die ihr keine der Anderen verrichten wollte,
wie sehr es ihr auch widerstand. Sie war gewöhnt, nach der
Mette zu wachen, und was sie in äußerer Uebung und Arbeit
zu verrichten hatte, that sie so fleißig, daß man wohl merken
konnte, daß sie aller leiblichen Gemächlichkeit völlig entsagt habe,
darum sie auch würdig war, daß der Herr ihr Herz mit beson=
derer Begierde zu sich entzündete. Zu all' den starken Discipli=
nen, die Beli von Schalchen nahm,[2] und zu der schweren Ar=
beit, die ihr in der Küche oblag, hielt sie genau die Fasten

---

[1] S. 60.
[2] S. 128.

nach der Regel bis an ihren Tod, und es waren wohl dreißig Jahre, daß sie einmal etwas trank, ob sie fasten oder etwas essen mochte, und litt dann vor Durst gar harte Pein. Von Durst geplagt, ging sie einmal an ihr Gebet und schlief ein wenig ein. Da schien es ihr, ein glänzender Kopf (Krug) sei vor sie hingestellt, mit dem klarsten Brunnenwasser gefüllt, und eine gar süße Stimme sprach zu ihr: „Nimm von dem Wasser, das aus meinem Herzen fließt!" Darauf trank sie begierlich, und als sie zu sich selber kam, war ihr der Durst gänzlich vergangen. Ida von Wezikon [1] genoß einst großer Ehren und Freuden bei ihrem edlen Herrn in der Welt, darum widerstand ihr auch im Anfang die gemeinsame Kost, die den Schwestern aufgetragen wurde. Dennoch aß sie immer mit ihnen, und änderte daran selten etwas, außer wenn sie zur Ader gelassen hatte oder wegen einer andern redlichen und wichtigen Ursache. Weil sie aber gute Speisen gewohnt war, litt sie viel Hunger und Mangel wegen der Ungewohnheit der Speisen, daß sie oft hungriger vom Tische ging, als sie zu Tische gesessen war, und vor Hunger oft nicht schlafen konnte. Bei alle dem war sie fröhlich und wohlgemuth und zur gemeinsamen Arbeit so fleißig, daß ihr die Kunkel selten aus der Hand kam, ob sie beim Redefenster oder sonst wo sein mochte. Sie übte große Demuth in allen Dingen und trug niemals besseres Gewand, als wie es der Convent allen Schwestern gab, und das ihrige war oft gar so schwach, daß sie viele Stücke darauf nähen mußte."

Die Schwächen des Alters und die Leiden der Krankheiten waren selten im Stande, diesen Heldinnen der göttlichen Minne einige Milde und Nachsicht gegen sich abzunöthigen. Als Margaretha Fink [2] „vor Alter und Krankheit nicht mehr fasten konnte, aß sie mit den Kindern, aber nur so viel, als nöthig war, das Leben zu erhalten. Elsbeth von Köllikon [3] wandte ihrem Leib wenig Zärtlichkeit und Nachsicht zu, so leidend und krank sie auch war. Sie bekannte einer Schwester, sie könne sich nicht

---

[1] S. 7.
[2] S. 33.
[3] S. 143.

erinnern, jemals ein Huhn gekauft oder andern Wein als den gewöhnlichen des Conventes getrunken zu haben. Gaben die Leute es ihr um Gottes willen, so nahm sie es dankbar an und aß es. Oft, wenn sie krank war, kaufte ihr die Kranken= meisterin Hühner, und dann meinte sie, sie wären ihr um Got= teswillen gegeben worden. Wenn man sie fragte, ob sie nicht dieß oder jenes essen möge, sprach sie: „Ich darf nicht, es ist mir zu hart." Fragte man sie, was sie im Krankenhause esse, sprach sie verlegen [1]: „Ich esse gar wundergerne Brod", womit sie verhindern wollte, daß man ihr bessere Speisen brächte. In solcher strengen Lebensweise machte sich besonders Schwester Katharina Platin [2] bemerkbar; sie lebte gegen sich so hart, daß es zum Verwundern war, wie es ihr alter Leib erleiden mochte. Mit stetem Wachen und Fasten und mit emsigem Ge= bete sich übend, nahm sie so starke Disciplinen, daß man das Blut oft auf ihrem Gewande sah, wenn sie es von sich legte. Sie beobachtete das Schweigen gar viel, besonders in der Ad= vent= und Fastenzeit." Auch der tägliche Schlaf wurde auf das Unerläßlichste beschränkt und das Wachen so weit ausge= dehnt, als es der natürliche Nothbedarf gestattete. In der ersten Morgenfrühe begannen mit den Metten und den Laudes die Tagzeiten im gemeinsamen Chorgebete, doch trafen manche schon lange vor der Mette im Chore ein; andere blieben nach der Mette noch längere Zeit, um ihre Andachten und Betrach= tungen fortzusetzen. Schwester Mechtild von Stanz [3] war in hohen Tugenden und wunderbaren Zuständen von Gott ganz besonders begnadiget. „Obwohl sie von Natur fröhlich war, hatte sie sich selber doch so überwunden, daß sie keine Freude mehr in dieser Welt begehrte. An Feiertagen war sie den ganzen Tag im Chor, und mußte sie aus Gehorsam anderswo sein, dann that sie wie ein Kind, das vor Zärtlichkeit der Mut= ter nimmer gern aus dem Schooß gehen will. Sie war bis an ihren Tod gewohnt, wenn sie nicht krank zu Bette lag, immer

---

[1] Handschr. — bläulich.
[2] S. 48.
[3] S. 84.

vor der Mette und der Prim aufzustehen, und ihr Engel weckte
sie sicher zu diesen Stunden; hätte sie dann auch von Herzen
gerne noch länger ausgeruht, so war ihr, als thäte er sie recht
stoßen, daß sie aufstehen solle. Dann gewann sie aber große
Gnade, daß ihr Herz von Andacht ganz inbrünstig war. Sie
verrichtete alle Tage 200 einfache und dazu noch 30 strafe [1]
Venien. Oft weinte sie laut im Chore, wenn sie an hohen
Festen nach der Complet am Abend ihrer gewohnten Andacht
oblag. An den Tagen, wo sie den Herrn empfing, und an
allen Feiertagen in dem Advent und in der Fasten schwieg sie
allzeit. Mußte sie Gesellin bei dem Redefenster sein, so be=
obachtete sie das Stillschweigen lange vorher, um dann reden
zu können, was etwa nöthig war. Schon im ersten Jahre, als
Schwester Elsbeth Schäflin [2] in das Kloster kam, war sie gar
krank. Dennoch hielt sie das Schweigen so pünktlich, daß sie
es selten um ihrer Krankheit willen brach. Auch in ihren ge=
sunden Tagen redete sie wenig und nannte keine andere, selbst
ihre eigene Schwester nicht, bei ihrem Namen, sondern einfach
— Schwester.“ Die Zunge wird, wie der Apostel lehrt [3], im
Dienste der Leidenschaft eine Welt voll Ungerechtigkeit, ein
Feuer, das die Seele verletzt und ihren Lebenslauf entzündet.
Drei Jahre lang, sprach der Altvater Apollonius, habe ich
einen Stein im Munde getragen. Schweigen hat mich in mei=
nem ganzen Leben nie gereut, aber das Reden hat mich gar
oft gereut. Was das Schweigen in der mystischen Ascese zu
bedeuten habe, drückte eine Schwester in folgendem Spruche aus:

> Schweig' gern still, das ist dir gut
> Und bringt dem Herz' gar hohen Muth;
> Zwing' deinen Sinn zur Innigkeit,
> Da schaust du Gott, das höchste Gut, in aller Süßigkeit.

Die Bilder und Gestalten der sinnlichen Welt, die durch
das Auge unaufhörlich in die Seele eindringen, können ver=
äußernd oder verinnernd, reinigend oder befleckend auf sie wir=

---

[1] Kniefall mit einer Prostration auf die Erde.
[2] S. 13.
[3] Jac. 3, 6.

ken; darum wurde der Zucht der Augen in der Schule der Beschaulichkeit die größte Wichtigkeit beigelegt. In dieser Uebung hatte es Schwester Beli von Winterthur [1] so weit gebracht, daß „sie immer im Innern des Klosters sich aufhielt und nie mehr in den Baumgarten zu den gemeinsamen Erholungen ging. Bei trübem wie bei heiterem Wetter blieb sie stets in sich gekehrt, und wenn im Frühlinge die Bäume auch noch so schön blühten, konnte man nie bemerken, daß sie ihre Augen darauf gerichtet habe. Auch Margaretha Willi [2] sah nie aus einem Fenster hinaus, und wenn Mechtilde von Stanz, als sie Gesellin beim Redefenster war [3], sich von den Gästen und Fremden zurückzog, hatte sie schon im Kreuzgange Alles vergessen, was sie gesehen und gehört hatte, so tief war sie allzeit in die Innigkeit zurückgezogen."

Wurde in diesen Uebungen der Abtödtung die Uebermacht der sinnlichen Natur gebrochen und alle Bezüge der Seele zur äußeren Welt theils gelöst, theils nach innen gewendet und in Gott eingetragen, so übersah die reinigende Zucht auch den engsten Kreis nicht, worin die Seele sich selber und in diesem Selbst den Eigenwillen als diejenige Macht findet, welche im vollkommenen Gehorsam Gott zum Opfer gebracht werden muß. Die Schwestern betrachteten die genaue Befolgung ihrer Ordensregel auch in minder wichtigen Dingen als eine unerläßliche Bedingung ihrer Heiligung, in ihren Oberen verehrten sie den Herrn selbst, in deren Weisungen achteten sie seinen allerhöchsten Willen. Schwester Mechtilde von Stanz brachte die Tugend des Gehorsams auf eine hohe Stufe. „Alles, was sie zu verrichten hatte, that sie im Geiste des Gehorsams und hatte dabei so großen Eifer, daß nichts Anderes sie in ihrem Geiste irre machen konnte. Sie war so emsig in dem Chor, daß sie das Chorgebet niemals versäumte, außer wenn sie krank zu Bette lag, und läutete man zur Arbeit, so machte sie sich sogleich auf und ging aus dem Chor in das Arbeitshaus. Ebenso

---

[1] S. 43.
[2] S. 21.
[3] S. 85.

fleißig war sie im Dienste des Refectoriums; aber sobald sie ihren Dienst verrichtet und gegessen hatte, kehrte sie wieder in ihre Verborgenheit zurück. Was man sie aus Gehorsam thun hieß, verrichtete sie schnell, denn sie hatte ihren ganzen Willen zu freudigem Gehorsam geneigt. Schwester Ida von Sulz [1] war von reichem und angesehenem Hause und nach der Welt Ehre eine der ersten unter den Schwestern; ihr Gehorsam hatte eine schwere Probe zu bestehen. Zu ihrer Zeit war nämlich der Chor der Klosterkirche zu Töß für die große Anzahl der Schwestern viel zu enge; die Priorin hieß unsere Ida aus dem Stuhle gehen, der ihr sonst angewiesen war, und einen andern Platz hinter dem Altare nehmen. Das that ihr weher, als ihr einst das Scheiden von Haus und Hof that; doch war sie gehorsam und widerredete mit keinem Worte. Sie wurde darauf auch zur Kellnerin bestimmt; darüber wurde sie sehr besorgt, die große Unmuße dieses Dienstes werde sie an ihren Andachts= übungen hindern. Sie ging in den Chor, klagte es unserem Herrn und wurde von ihm gar wohl getröstet. Sie nahm das Amt gutwillig an, und Gott verlieh ihr größere Gnaden als je zuvor. Es wollte der Schwester Beli von Winterthur [2] sehr zuwiderfallen, daß sie Gesellin beim Redefenster werden mußte; denn sie hätte, nachdem sie lange Zeit das Amt als Subpriorin verwaltet hatte, sich gerne zur Ruhe gesetzt; dennoch war sie gehorsam, und um sich selbst stets zu erinnern, wie angenehm der Gehorsam Gott sei, heftete sie an ihren Aermel einen Zet= tel, darauf geschrieben stand: „So viel der Mensch aus seinem eigenen Willen ausgeht, so viel nimmt er im vollkommenen Le= ben zu, und nicht mehr." Der Schwester Elsbeth Schäflin [3] wurde einmal ein Amt übertragen, das ihr ihre Kräfte zu über= steigen schien; sie dachte aber: „Herr mein! nun will ich aus Liebe zu dir gehorsam sein, wie du aus Liebe zu mir deinem himmlischen Vater wolltest gehorsam sein." Vor allen Tugen= den hatte Schwester Elsbeth von Köllikon [4] zum Gehorsam eine

---

[1] S. 11.  [2] S. 44.
[3] S. 17.  [4] S. 144.

besondere Begierde; sie hielt den Orden in allen Stücken auf
das Genaueste, besonders die Tagzeiten, die sie immer im
Chore mit den übrigen Schwestern beging."

Gott offenbart seinen heiligsten Willen auch in den Leiden
und Prüfungen, die er hienieden über die Seinen verhängt,
und verharren sie darin in Geduld und Ergebung, so tritt an
die Stelle des Eigenwillens Gottes Wille, der sie auf dem
Wege der Leiden Christo seinem eingebornen Sohne gleichförmig
macht. Hatte Schwester Elsbeth Schäflin [1] „den großen Widerspruch auch muthvoll überwunden, den sie von Seite ihrer
Verwandten erlitt, als sie für das Ordensleben sich entschloß,
so sprach der böse Versucher nun aus einem besessenen Menschen
entmuthigend zu ihr: „Fahre nur in das Kloster, ich will dich
schwer prüfen!" Sie antwortete beherzten Muthes: „Es muß
gewagt werden!" Wie einst über den geduldigen Job ließ der
Herr dem bösen Geiste große Gewalt über sie, daß sie mit
mannigfachen Leiden am Leibe gepeinigt wurde; der Seele aber
konnte er nicht schaden. Mit derlei Leiden wollte Gott sie besonders ehren; denn das größte Lob für einen guten Menschen
besteht darin, daß er ein leidender Mensch in dieser Zeitlichkeit
gewesen sei. Sie litt viele Unruhe von dem Gewürm in ihrem
Leibe und war oft so krank, daß sie ganze halbe Tage in Ohnmacht darniederlag, und man meinte, sie habe ein böses Uebel
an sich, weßwegen sie sehr verschmäht wurde. Oft erschrack sie
in ihrer Krankheit und meinte, sie sehe Nattern und Gewürme
in ihrem Bette liegen, aber sie litt Alles mit Gelassenheit; war
der Anfang ihres Lebens so hart, so sollte ihr Ende um so
ruhiger sein. Wie sehr die göttliche Minne in ihrem Herzen
brannte, mochte der sehnende Jammer beweisen, mit dem sie
von ihrem nahen Tode redete. Als sie in ihrem Ende lag,
mußte man ihr süße Lieder von dem Himmelreiche singen; dann
sprach sie begierlich: „Nun bin ich dem Tode näher", und
schied mit einem andächtigen Ende aus dieser Welt. Schwester
Mechtild von Wädischwyl [2] hatte schweres Kopfleiden vor ihrem

---

[1] S. 13.
[2] S. 130.

Tode zu bestehen; der Kopf mußte ihr wegen der unsäglichen Schmerzen immer gehalten werden. Einmal von großen Schmerzen angefallen, bat sie den Herrn, daß er sie doch nicht alles Trostes entbehren lasse. Da sah sie vor sich des Herrn Marter, wie er mit der Dornenkrone gekrönet war. Er legte sein verwundetes Haupt vor sie und sprach gar minniglich zu ihr: „Nun schaue, wie mir mein Haupt verwundet war von der Liebe, die ich zu dir hatte, und erwäge, ob mir weher gewesen sei, als dir jetzt ist"; davon empfing sie unermeßlichen Trost. Schwester Iba von Wetzikon [1] wurde zum Priorat des Klosters berufen und stand schon wegen ihrer hohen Geburt in größtem Ansehen. Das machte ihrem Herzen viel Kummer, und sie bat Gott oft, daß er eine Wandelung an ihr vollbringe, damit sie ein armer Mensch würde und viel zu leiden bekäme. Der Herr verhängte über sie hierauf eine solche Krankheit, daß ihre Schmerzen unerträglich wurden und kaum Jemand bei ihr bleiben wollte. Sie besaß auch nichts, als was Gott zu lieb die Schwestern ihr etwa gaben; die Leiden, so groß sie auch waren, ertrug sie geduldig und sie tröstete sich dann selber mit den Worten: „Wessen gebricht dir denn? Du hast ja das Nothwendige in allen Dingen!" Wiewohl ihr immer das Bett gehörig zugerichtet wurde, war ihr allzeit, als ob sie auf Steinen läge. Oft bewunderten die Schwestern ihre standhafte Geduld, die sie in den größten Schmerzen bewies; sie konnte es aber nicht leiden, daß man sie für einen geduldigen Menschen ansah, und sprach: „Wer weiß, wie ich in meinem Herzen bin!"

„Die edle Adelheid von Frauenberg [2] leuchtete allen anderen Schwestern als ein glänzender Spiegel der vollkommenen Geduld voran. Gott suchte sie besonders gegen das Ende ihres Lebens durch große Schmerzen auf einen seligen Tod vorzubereiten. Wohl ein halbes Jahr vor ihrem Tode lag sie an Hektika darnieder; die großen Leiden, die sie zu tragen hatte, litt sie mit bewunderungswürdiger Geduld. Wie weh ihr auch oft war, so benahm sie sich gegen die Schwestern immer gar

[1] S. 7.
[2] S. 62.

freundlich und lobte Gott für jeden Schmerz und dankte, daß sie etwas zur Ehre seiner Marter leiden könne. Alle Anfech=tungen zur Ungeduld überwand sie standhaft mit den Worten: „Ich will meinen Willen ganz in Gottes Willen geben." Schwester Adelheid von Lindau [1] brachte es auf ein Alter von mehr als hundert Jahren, war in ihren letzten Jahren erblin=det und mußte drei Jahre lang vor ihrem Tode allzeit das Bett hüten. Man traf sie immer im Gebete und in der Be=trachtung; zuweilen sang sie fröhlich geistliche Lieder, zuweilen redete sie mit Gott so minniglich, als ob er vor ihr stünde: „Ach, lieber Gott, du bist mein Vater und meine Mutter und meine Schwester und mein Bruder; ach, Herr, du bist mir Alles, was ich will, und deine Mutter ist mein Gespiel!" So fröhlich war sie eines Tages beschaffen, als ihre Wärterin nach der Mette zu ihr kam; befragt, was ihr geschehen wäre, ant=wortete sie: „Was sollte mir Größeres geschehen? Unser Herr und unsere Frau waren bei mir und haben mich getröstet, daß ich nimmer von ihnen soll geschieden werden." Einer Schwester, die mit ihr im Krankenhause lag, rief sie einst mitten in der Nacht zu: „Ist Jemand hier, der stehe auf; unser Herr und unsere Frau und das himmlische Heer sind hier gegenwärtig!" Dieß mußte sie mit den Augen des Geistes gesehen haben; denn mit den leiblichen sah sie nicht. Maria zu Ehren verfaßte sie die Antiphon: Ave stella matutina; denn sie hatte zur mil=den Himmelskönigin große Andacht. Als dann unser Herr sie ihres langen und getreuen Dienstes wegen mit ihm selber be=lohnen wollte und sie in einem heiligen Tode von dem Elende dieser Welt geschieden war, erschien sie im Schlafe einer Schwe=ster und sang mit einer fröhlichen Stimme den Vers: Quam magna multitudo dulcedinis tuae — wie ist die Mannigfal=tigkeit deiner Süße so groß, o Herr, die du denen behalten hast, die dich fürchten! Schwester Jützi Schulteß [2] besaß von Minne ein so mitleidiges Herz, daß, wenn ein Mensch zu ihr kam in Lieb oder Leid, sie mit ihm weinte wie ein Kind. Als

---

[1] S. 131.
[2] S. 101.

dann Gott mit ihr besondere Gnaden wirken wollte, legte er ihr schwere Krankheiten auf, daß man glaubte, sie müsse sterben. Sie wünschte aber noch länger zu leben und empfand dazu große Trockenheit bei allen ihren Andachten. Sie flehte ohne Aufhören um Trost und in Bälde wurde ihr diese Härte durch Gottes Erbärmde in volle Süßigkeit aufgelöst. Mit dem Gebete verband sie die Betrachtung unseres Herrn und begann damit, wie unser Herr auf den Oelberg ging, durch alle seine Leiden, seinen Tod und seine Urstände, bis da er zum Himmel fuhr. Zu dieser Andacht gewann sie so großen Ernst und kehrte ihre ganze Kraft so sehr darauf, daß ihr oft bedünkte, von dem Uebermaß der Anstrengung müsse es ihr Tod sein. Dabei war ihre Minne so groß, daß sie gerne alle die Leiden würde gelitten haben, die je ein Mensch litt, und wäre ihr nichts fröhlicher gewesen, als wenn sie alle Marter hätte bestehen können, die unser Herr für uns erlitt. Von diesem Ernste ward ihr oftmal so wehe, daß sie glaubte, sie komme nicht mehr lebend von der Stelle, und darum fürchtete sie oft, wenn sie so stürbe, wäre sie selber an ihrem Tode schuldig. Diesen Kummer legte sie Bruder Hugo vor, der Provincial und ihr Beichtvater war. Er sprach: Komme dieser Schmerz ihr von einer äußeren Uebung, so müsse sie es unterlassen; komme er ihr aber von der Liebe zu Gott, so solle sie nur fortfahren, wenn sie daran sterbe, wolle er vor Gott für sie Antwort geben. So nahm sie alle Tage zu an Gnade und an Minne, und wurde ihr unseres Herrn Marter so süß, wenn sie betrachtete und erkannte, was Gutes davon ihr und allen Menschen widerfahren war, daß sie dünkte, auf Erden und im Himmelreich bedürfe sie größerer Freuden nimmer. Zu den Tröstungen gesellte der Herr aber auch Seelenleiden. Sie hatte mit der Anfechtung zu kämpfen, daß sie das Angesicht Gottes niemals schauen werde. Dadurch versank sie in eine solche Verschmähung ihrer selbst, daß sie den Himmel nicht ansehen durfte und sich unwürdig hielt, daß die Erde sie trage. Diese Gedanken plagten sie Tag und Nacht und wurde ihr keine andere Linderung zu Theil, als daß sie zuweilen ein wenig aß und schlief. Doch ließ sie von ihrer Andacht nicht ab, und gelobte

sie treu und pünktlich zu halten, wenn sie auch bis zum jüng=
sten Tage leben sollte, obwohl sie doch keine Hoffnung hatte,
daß ihr Gebet Gott genehm sei; doch gereichte ihr Alles zum
Besten, was ihr begegnete. Von Allem, was sie sah oder hörte,
wuchs ihre Minne zu Gott und ihr Herz war allzeit seines
Lobes voll. Wenn sie einen Menschen fröhlich sah, gedachte
sie: „Gesegne dich Gott; es ist billig, daß du fröhlich seiest,
denn Gott hat dich dazu erschaffen und geordnet, um einst
Gottes Angesicht und die ewigen Freuden zu nießen, deren ich
armer Mensch unwürdig bin." Diese Pein litt sie vom Tage
an, da man Alleluja weglegt [1], bis an den großen Donnerstag
in der Mette; da ward ihr gar weh, weil ein neues Fieber zu
der Krankheit trat, an der sie bisher litt. An diesem Tage
mußte sie vor unmäßigen Schmerzen das gewohnte Gebet unter=
lassen, das sie bisher täglich und größtentheils im Chore ver=
richtet hatte. In der Nacht wollte sie es nachholen; sie ver=
suchte dieß zweimal, es gebrach ihr aber die Kraft dazu. Da
vernahm sie eine Stimme: „Du sollst ruhen und sollst mich
wissen lassen, was du von mir begehren willst." Und weiter
sprach die Stimme: „Du sollst bitten um deine vergessenen
Sünden und um deine ungebeichteten Sünden und um deine un=
erkannten Sünden und daß du ein Ding mit ihm werdest, wie
er und der Vater ein Ding war, ehe er Mensch wurde, und
sollst bitten, daß er ein Mittler zwischen dir und dem Vater
werde, — und wie er heute (am Abendmahle) eine Zukunft
geworden ist und eine Speise für die ganze Christenheit, daß er
auch deine Zukunft werde und eine ewige Speise, und er selber
zu deinem Ende kommen, dieß Alles vollbringen und ewiglich
bestätigen wolle." Davon empfing sie nicht nur für ihre Seele
große Tröstung, sondern auch neue Kraft für ihren Leib."

Königin Elsbeth [2] hatte im Verlaufe ihres Lebens schwere
Heimsuchungen zu bestehen. „Geziert mit den Gnaden von
Oben, war sie adelicher an mannigfaltigen Tugenden als an
hoher Geburt; am alleredelsten aber erwies sie sich, daß sie den

---

[1] Am Sonntag Septuagesima.
[2] S. 171.

Fußstapfen ihres Schöpfers in schweren Leiden bis an ihr Ende
nachging und sich darin in großer Geduld übte. Da sie von
Gott zu hoher Seligkeit erwählt und geschaffen war, wollte er
sie im zeitlichen Leben vorbereiten, das unvergängliche Gut einst
im Himmel zu empfangen und ewig zu nießen. Darum fing
er an, sie in großes Elend einzuführen, worin sie von Kindheit
an ihr Leben vertrieb. Fremd geworden dem Lande und den
Leuten, wo sie einst geboren, wußte sie wohl, daß sie immer
es bleiben sollte, und weil sie gar jung und von zarter Natur
war, wäre ihr das Leiden oft über die Kraft ihres Leibes und
Herzens gegangen, hätte sie es mit Gott nicht überwunden, der
da ein starker Helfer ist in allen Nöthen, ein weiser Lehrer in
allen Zweifeln und ein süßer Tröster in aller Betrübbe. Er
gab ihr von dem überwallenden Brunnen seiner Gnade, daß
sie ihm zu lieb dem unsteten Wankelmuthe dieser Welt und
all' der Herrlichkeit entsagte, darin sie geboren ward. Doch
fiel ihr auch mancher Widermuth ein, womit ihr Elend erschwert
wurde; sie suchte aber bei Niemanden ein Ergötzen, als bei dem
allein, vor dessen Augen tausend Jahre sind wie ein Tag.
Wiewohl sie Gott zum Lobe Allem in der Welt entsagte, wollte
ihm ihr geistliches und armes Leben noch nicht genügen. Er
that recht wie ein Mann, der angefangen hat, sich selber ein
Haus zu bauen, und es auch nach seinem Willen zubereiten
will, um mit Freuden darin immerdar zu wohnen. Darum
griff er sie noch stärker an mit mancher Krankheit und man=
chen schweren Leiden, so daß wenige Zeit frei war, in der Gott
sie inwendig oder auswendig ohne Leiden ließ. Kaum in das
Kloster eingetreten, fiel die edle Königin [1] in eine schwere Krank=
heit, die ihr an dem Leibe und an den Sinnen große Schmer=
zen bereitete. Schon nach vier Jahren kehrte die Krankheit
wieder. Sie litt von Pfingsten bis an Sanct Elisabethen=Tag,
wo ihre Schmerzen den höchsten Grad erreichten. „Ach, mir ist
gar übel, besonders in dem Haupte," klagte sie und rief zu
ihrer Muhme Sanct Elisabethen, von der sie alsbald wunder=
bare Hülfe erhielt. Von da an und bis zu ihrem Tode war

---

[1] S. 176.

sie keinen Tag mehr recht gesund, ihr Leben war eine ununterbrochene Reihe von Leiden und Krankheiten mancher Art, allein
nie wurde ein ungeduldig Wort aus ihrem Munde vernommen.
Als einst die Schwester, die sie pflegte, aus Mitleid über sie am
Bette weinte, sprach sie gütig zu ihr: „Sei nur ruhig, Gott
legt dem Menschen keine Leiden auf, außer er wisse wohl, daß
er sie ertragen mag!" Zu einer andern sprach sie in ihren
Schmerzen: „Ich bin gerne krank, damit ich mit den Leiden
und Schmerzen es dem Herrn ersetzen möge, was ich jetzt im
Orden nicht halten kann, wie ich sollte." Die letzten Jahre
ihres Lebens legte sie sich ganz zu Bette, so daß sie bis an
ihren Tod keinen Fußtritt mehr that, außer wohin man sie hob
und legte. So erlahmten ihr die Füße und die Beine und
darnach auch die Hände, und sie wurde wohl zwei Jahre vor
ihrem Tode ihrer selber so ganz unmächtig, daß sie sich selber
von einer Seite auf die andere nicht mehr helfen mochte. Diese
Bitterkeit wuchs noch mit der zunehmenden Noth; denn die
Krankheit begann an ihrem Leibe auszubrechen und an gar
manchen Stellen in Geschwüre überzugehen, die so zahlreich
wurden, daß sie davon oft zehn Wunden mit einander erhielt.
In dieser schmerzlichen Noth wandte sie sich an des Herrn
Marter und sprach dann oft mit herzlicher Begierde: Herr, ich
lobe dich und sage dir Dank, daß ich meiner Glieder und meines Leibes um deiner willen soll unmächtig sein, wie auch du
um meiner willen am heiligen Kreuze deiner Glieder und deines Leibes unmächtig werden wolltest!"
So suchten und fanden die Schwestern in ihrem Leiden bei
jener Quelle Labung und Trost, die ihnen ihr göttlicher Bräutigam an seinem heiligen Kreuze erschloß; aus seinen heiligen
Wundmalen floß ihnen das lindernde Oel herab, das ihre
Schmerzen erleichterte, ihre Leiden milderte. Durch stete Geduld sie wieder in Gott eintragend, wollten sie dem Sohne
Gottes gleichförmig werden, der von der Wiege bis zu seinem
Grabe ihnen das Kreuz vorangetragen und auf Erden niemals
einen guten Tag gewann. Er war edel und dennoch arm,
er war zart und dennoch elend, er war in der ewigen Freude
geboren und dennoch voll der Leiden, so lange er auf Erden

lebte. In diesen Spiegel der Leiden des Gekreuzigten blickten sie und erkannten, daß sie ihm um so gleicher werden, je geduldiger sie litten. An das Kreuz der Schmerzen geschlagen, führten sie, um mit Heinrich Suso zu sprechen [1], mit den gedehnten Saiten ihrer Seele ein Saitenspiel auf, das mit seinen Tönen süß zum Himmel erklang. Leiden ertödtet den irdischen Sinn und ruft den himmlischen in's Leben, und ob auch der Leib zusammendorret, grünet die Seele in den Leiden auf, wie im süßen Morgenthau die schöne Rose. Geduld im Leiden ist ein lebendiges Opfer, ein süßer Geruch des edelsten Balsams vor Gottes Angesicht, ist größer als Todte erwecken oder Wunder wirken. Die Geduld kleidet die Seele mit rosigem Kleide, schmückt sie mit dem Scepter der immergrünen Palme, mit der Krone rother Rosen, mit dem goldenen Halsschmucke der Jungfräulichkeit; mit dieser Gezierde ausgeschmückt, wird sie einst in der Ewigkeit vor Gott ihr Freudelied singen, das die Engel selbst nicht singen können, weil sie nie gelitten haben.

## 2. Das religiöse Leben der Schwestern.

Das Opfer der heiligen Messe wurde im Kloster Töß täglich gefeiert [2], dahin waren alle Gebete und Andachten der Schwestern gerichtet. „Hatten sie oft wenig leiblichen Trostes, so tröstete sie unser Herr süße mit sich selber, besonders mit seiner leiblichen Gegenwart, wie er im heiligen Sacramente stetiglich bei ihnen war [3]. An hohen Festtagen wurde das Amt der Messe feierlicher begangen, die Schwestern begleiteten es mit ihrem Gesange und manche sangen dann mit solcher Rührung, daß ihnen selbst und Anderen Thränen über die Wangen herabflossen. Schwester Metzi Sidwibri [4] war Obersängerin, sie richtete den Chorgesang vortrefflich ein und behielt ihre helltönende Stimme bis an ihren Tod. War ihr besonders wehe, dann

---

[1] Buch der Weish. Kap. 23.
[2] S. 22.
[3] S. 25.
[4] S. 51.

ging sie in den Chor, sang die Mette und ihr wurde wieder
besser; der Tod erreichte sie, als sie eben im Chore dem Gebete
oblag [1]. Eine andere Schwester war gar elend und genoß von
keiner Seite eines Trostes; als der heilige Tag zur Weihnacht
erschien, wurde sie plötzlich krank. Sie bat die Krankenmeiste=
rin, daß man ihr zur Christmesse in den Chor verhelfe; diese
vergaß es aber, und die Kranke hatte ein inniges Verlangen,
daß sie im Chore bei dem Convent wäre, und richtete diese Be=
gierde an den Herrn. Als sie in dieser Sehnsucht lag, sah sie
eine Wolke über sich und in der Wolke ein minnigliches Kind=
lein, als wäre es erst geboren. Das wandte sich gar zärtlich
zu ihr hin, bot ihr die Händlein und die Füßlein, ließ sie sein
zartes Leiblein recht wohl durchschauen und sprach zu ihr: „Nun
schaue mich an und nieße mich nach all' deiner Begierde", und sie
ward gar inniglich hievon getröstet. In den heiligen Zeiten des
Adventes und der Fasten und an allen hohen Festen wurde den
Schwestern das Wort Gottes verkündet. Schwester Metzi Sib=
wibri war besonders begierig, Gottes Wort zu hören [2], und
mochte auch noch so einfach geprediget werden, immer ging
etwas Sonderbares in ihr vor, das sie äußerlich erzeigte. Bald
stieß sie die Schwestern neben ihr und sprach: Loset, loset! hört
ihr nicht, welche Wunder? So gab sie oft ihre Verwunderung
in Worten und Geberden zu erkennen und rühmte die Herren,
die so gut predigen konnten. In einem Advente predigte einst
der Provincial gar schön über das Wort: ecce Deus noster
adveniet — siehe, unser Gott wird kommen! Das Wort ging
ihr so zu Herzen, daß sie vor lauter Begierde wohl tausendmal
ecce Deus sprach. Unter den mannigen heiligen Uebungen,
denen Schwester Gutta von Schönenberg [3] oblag, hatte sie eine
besondere Begierde, Gottes Wort zu hören; sie unterließ keine
Predigt und wurde davon oft so ergriffen, daß sie in Ohnmacht
sank. Sie war auch gar andächtig im Gebete, und als sie
einmal in inniger Betrachtung unseres Herrn Marter stand,

[1] S. 52.
[2] S. 24.
[3] S. 35.

sah sie ein wonnigliches Licht über dem Haupte einer andern Schwester schweben, wovon sie ganz umleuchtet war."

Mit dem Gottesdienste war das gemeinsame Chorgebet der sieben Tagzeiten verbunden, die theils laut gebetet, theils gesungen wurden. In der ersten Morgenfrühe wurden die Metten und am Morgen vor der heiligen Messe die Laudes, darauf im Laufe des Tages die übrigen canonischen Stunden abgehalten. Die Vesper folgte Nachmittags und spät am Abend endete die Complet den heiligen Dienst des Tages; zum Schlusse wurde das Salve Regina oder eine andere Sequenz zum Lobe der göttlichen Mutter gesungen [1]. Die Erfüllung dieses Chorgebetes wurde von den Schwestern als eine heilige Pflicht angesehen, und wenn manche oft dringende Arbeiten zu verrichten hatten, suchten sie dennoch um jeden Preis in den Chor zu kommen; das daherige Verdienst war hoch geschätzt [2]. Sie glaubten Gottes Stimme zu vernehmen, wenn die Glocke sie zum Chorgebete rief; dann legten sie ihre Arbeit sogleich bei Seite und begaben sich in die Kirche [3]. Schwester Margaretha Fink [4], die wie ein irdischer Engel unter den Schwestern wandelte, war stetiglich im Chor, so daß sie selbst gestand, sie habe in ihrem ganzen Leben die Tagzeiten nie versäumt, es sei denn aus gegründeter Ursache und mit Erlaubniß geschehen. Leicht eine Vigilie lang pflegte sie vor der Mette aufzustehen und betete dann drei Pater noster, wie sie unser Herr auf dem Oelberge betete; das erste zum Lobe der Verlassenheit, die sein zartes Herz empfand, als er aller menschlichen Gesellschaft und aller Hülfe der Creaturen entblößet war; das andere zur Erinnerung der großen Noth, als er aus dem Schutze seines himmlischen Vaters trat und sich der unmilden Gewalt seiner Feinde übergab; das dritte, daß er sich dem Troste des heiligen Geistes entzog und so seine Marter und Leiden auf das Höchste brachte. Mit diesen Betrachtungen ging sie bis zur Mette um, dann las sie die Mette mit den Schwestern und wachte stetiglich auch

---

[1] S. 24.    [2] S. 21.
[3] S. 15.    [4] S. 32.

nach der Mette noch. Fragte man sie, warum sie so lange
wache, so sprach sie: „Oft, wenn ich mich niederlege, um zu
ruhen, ist mir, als höre ich die Heerhörner an dem jüngsten
Tage blasen; dann kann ich nicht mehr ruhen und stehe wieder
auf." Seit sie das Psalterium gelernt bis an ihren Tod, ließ
sie keinen Tag vorübergehen, ohne die Tagzeiten zu beten; so=
gar am Tage, da sie starb, und als sie in ihrem Ende lag,
mußte man ihr aus dem Bette helfen, wann sie ihre Tagzeit
beten sollte; das unterließ sie nur an ihrem Todestage. Schwe=
ster Adelheid von Liebenberg [1] hielt den Chor fleißig ein, und
wenn man ihr die Verse zu den Tagzeiten schrieb oder was sie
sonst zu singen hatte, vollbrachte sie Alles mit großer Begierde.
In der Mette saß sie vor dem Lector [2] und zündete ihr wie
das mindeste Kind, da sie doch von hohem Adel war. Die
hochbegnadigte Schwester Mechtild von Stanz [3] erwies sich im
Eifer für das Chorgebet als der ersten eine; wenn sie nicht
krank zu Bette lag, stand sie immer schon vor der Mette und
der Prim auf zum besonderen Gebete und gewann darin so
große Andacht, daß ihr Herz von Andacht ganz inbrünstig war.
Von vielen Tugenden, die Schwester Elsbeth von Köllikon [4]
übte, war ihre große Andacht zu den Tagzeiten besonders be=
merkbar; obwohl sie alt und krank war, ging sie doch alle Tage
zur Mette. Als sie 90 Jahre alt und dazu krank im Kran=
kenhause lag, wäre sie nur höchst ungerne im Sommer oder
auch im kalten Winter zur Mettezeit vom Chore weggeblieben,
und da sie vor Alter wenig mehr sah und hörte, stieß sie sich
zuweilen, daß sie niedergeworfen wurde oder sich verirrte und
nicht wußte, wo sie wäre. Darum ließ sie doch nicht ab; sie
wollte alle Tage zur Mette gehen, und kurz bevor sie auf das
Todbett kam, bat sie eine Schwester, ihr es zu sagen, wenn
man zur Mette läute, weil sie nicht gut hörte. Dieß vergaß
die Schwester einmal; als die Mette schon ausgesungen war,

---

[1] S. 60.
[2] Der Schwester, welche die Lection zur Nocturn zu lesen hatte.
[3] S. 85.
[4] S. 143.

kam sie vor den Chor und klagte dann so bitter, daß wir sie nicht getrösten konnten, und wollte von da an nicht mehr sich zur Ruhe legen. Mit dem Gottesdienste und Chorgebete wur= den noch andere Andachten verbunden. Im Chore und im Kreuzgange waren Heiligenbilder aufgestellt, unter diesen das Eccehomo=Bild, das Bild der Muttergottes, und in einer Ne= benkapelle stand das Bild der Epiphania — Maria mit dem Jesuskinde und die heiligen drei Könige mit ihren Opfergaben[1]. Vor diesen Bildern verrichteten die Schwestern ihre besonderen Gebete und verbanden diese mit Venien[2]. Wurde die heilige Ursula mit ihren eilftausend Mägden[3] und nicht minder die heilige Katharina und Elisabeth von ihnen besonders verehrt, so war der heilige Johannes Evangelist zunächst der Lieblings= heilige der Schwestern von Töß, wie er es in allen Schwester= klöstern des gesammten Prediger=Ordens war.

Zu Ehren der seligsten Jungfrau wurde täglich das Offi= cium unserer Frauen gehalten; ihr weihten die Schwestern vor allen Heiligen die höchste Verehrung. Um von ihr diese oder jene Gnade zu erwirken, verrichteten sie an bestimmten Tagen eine bestimmte Anzahl Ave Maria, oft 50, oft dreimal so viel, was sie dann einen Psalter nannten[4]. Diese Ave beteten sie in der Weise des Rosenkranzes ab, sie abzählend an Ringlein eines Kranzes, den sie in der Hand hielten[5], und betrachteten dabei die Geheimnisse des Lebens, des Leidens und der Ver= herrlichung unseres Herrn. Unter den Dienerinnen der selig= sten Jungfrau zeichnete sich besonders Schwester Metzi Sidwibri aus[6]; sie fand sich öfter im Chore bei unserer lieben Frauen Bild ein, neigte sich da und sah über sich wie ein Mensch, der keine Dinge mehr beachtet. Wenn man sie dann fragte, weil sie so viel vor unserer Frauen Bild kniete, ob sie nie mit ihr rede, antwortete sie in ihrer Einfalt: „Sie redet oft mit mir und lacht mich an." Zuweilen lief sie in dem Chore umher, als wäre sie außer sich, und kam, wenn man das Salve regina sang, zu den Schwestern und rief: „Singet, singet, die Mutter

---

[1] S. 17.　　[2] Von venia = Abbitte.　　[3] S. 12.
[4] S. 36.　　[5] S. 122.　　[6] S. 24.

Gottes ist hier!" Und die Schwestern hielten auch dafür, daß
sie ihr erschienen sei; denn ihre Geberden waren dem gleich.
Schwester Beli von Lütisbach ¹ betete der milden Mutter unse=
res Herrn gewöhnlich alle Tage dreimal 50 Ave Maria. Un=
sere liebe Frau wollte ihr erzeigen, wie angenehm dieser Dienst
ihr sei; denn als Schwester Beli im Krankenhaus zu Bette
lag, erschien ihr die allerschönste Frau, die ein menschliches
Auge je gesah, in einem schneeweißen Gewande und setzte sich
gar traulich zu ihr nieder auf das Bett. Sie wunderte sich
über die unmäßige Schöne dieser Frau und wer sie wäre. Da
gab die milde Jungfrau sich ihr zu erkennen und sprach: „Ich
bin deine Mutter vom Himmelreich, die du so oft geehret hast,
und das weiße Kleid hast du mir mit dem englischen Gruße
geflochten, den du so oft mit Andacht sprachest." Davon ward
sie vor Freude ganz durchgossen. Die zarten Formen jung=
fräulicher Innigkeit, in welche die Andacht der Schwestern so
oft sich kleidete, können nur von Jenen verstanden werden, die
sich in die Tiefe jener gemüthreichen Zeit zurückzuversetzen wis=
sen, unter deren Sonne und Klima diese Pflanzen ausgebildet
wurden. Schwester Adelheid von Frauenberg ² hatte eine große
Minne und Andacht zu unseres Herrn Kindheit und zu unserer
lieben Frauen. Kam die Weihnachtszeit heran, dann erbot sie
sich unserer lieben Frauen, daß sie ihr und ihrem Kinde möchte
zu Hülfe sein, und begehrte dann mit herzlicher Begierde, daß
all' ihr Leib gemartert würde, dem süßen Kindlein zum Dienste.
Sie war bereit, daß ihr die Haut abgezogen würde unserem Herrn
zu einer Windeln, ihre Adern zu Fäden gelöst ihm zu einem
Röcklein, ihr Blut vergossen ihm zu einem Bädlein, ihre Gebeine
verbrannt ihm zu einem Wärmefeuer, und alle ihre Kräfte
und ihr Leib zusammenschwinden würden für alle Sünder in der
Welt. Königin Elsbeth zeichnete sich hierin vor allen anderen
Schwestern aus ³; denn sie lag dem Dienste Maria's mit dem
fleißigsten Ernste ob, besonders an den Festtagen (Dulten) der=

¹ S. 129.
² S. 61.
³ S. 161.

selben. An Mariä Verkündigung betete sie ihr zu Freud' und
Lob tausend Ave Maria mit ebenso viel Venien; das Gleiche
an den übrigen Festen. Während dem Advent betete sie gewöhnlich siebentausend Ave Maria mit ebenso viel Venien zur
Ehre aller Stunden, die unser Herr im reinen Leibe seiner
süßen Mutter beschlossen war; und wenn der heilige Tag zur
Weihnacht kam, ging sie zur Mette an einen verborgenen Ort
in dem Chore, stand da allein, bis die ganze lange Mette zu
Ende war und betete tausend Ave Maria zum Lobe der heiligen Geburt und der wahren Hülfe, die unsere Frau allen
Menschen in die Welt gebracht. Dazu betete sie durch das
ganze Jahr ohne die anderen Gebete 33,000 Ave zu Lob und
Ehre aller der Jahre, die unser Herr auf Erden verlebte. Oft
wenn die jüngeren Schwestern bei ihr Kurzweil suchten, sprach
sie zu ihnen: „Kinder, ich will gehen und etwas in das künftige Leben voraussenden, damit ich es wieder finde, wenn ich
dahin komme", ging dann in den Chor und betete mit großer
Innigkeit. Sie hatte die Gewohnheit, drei Pater noster zu
beten; das erste der allmächtigen Gewalt unseres Herrn, vor
den alle Menschen zu Gericht kommen müssen; das andere seiner strengen Gerechtigkeit, mit der alle Menschen gerichtet werden; das dritte seiner grundlosen Erbärmde, mit der alle Menschen sollen errettet werden. Dazu betete sie sieben Ave mit
folgenden Mahnungen voll sinniger Bedeutung:

„Ich mahne dich [1], reine Frau Gottesmutter, an all' das
Gute, zu dem dich Gott erschaffen hat, allen Menschen zu
einem Mittel wider das ewige Uebel, darein wir gefallen
waren; und bitte dich, milde Mutter, daß du in mir all' das
Uebel vertreibest, das deine Gnade in mir hindern möchte.

Das andere: Ich mahne dich aller der Lauterkeit, zu
der Gott dein menschlich heiliges Leben von Anfang der Welt
angeordnet hat wider alle die Finsterniß unserer Seele, und
bitte dich, reine Mutter Gottes, daß du mir mit deiner Hülfe
das Licht rechter Erkenntniß und Reue aller meiner Sünden
erwerbest.

---

[1] Erinnere dich.

Das dritte: Ich mahne dich an all' deine Minne, mit der Gott dein Herz erfüllte für des Menschen ewiges Heil wider den großen Zorn unserer Schuld, und bitte dich, gnädige Frau, daß du mir verleihest, allzeit ein minnendes Herz gegen dich und dein Kind zu haben für all' das Gute, so wir von dir empfangen haben.

Das vierte: Ich mahne dich an alle die Würdigkeit, mit der sich die göttliche Dreifaltigkeit neigte in deinen mägdlichen Leib für die große Verschmähung unserer verdienten Schuld, und bitte dich, Frau aller Ehren, daß du mir alle die Unehre vergebest, die ich mit meinen Sünden dir und deinem lieben Kinde je erboten habe.

Das fünfte: Ich mahne dich an alle die Demuth, mit der dir Gott in diesem Leben ist unterthänig geworden für unsere verfallene Hoffart, und bitte dich, Mutter aller Güte, daß du mir mit deiner Gnade helfest, meinen Willen mit ganzer Demuth zu dir zu neigen um des Heils meiner Seele willen.

Das sechste: Ich mahne dich an all' die Sicherheit, die du bei Gott ewiglich empfangen hast, uns volle Sicherheit des ewigen Lebens zu erwerben, und bitte dich, Frau aller Gewalt, daß du mir mit deiner Hülfe volle Begierde des ewigen Lebens für mein Herz erwerbest.

Das siebente: Ich mahne dich, Frau, an all' die Zuversicht, die uns Gott in dir für Seele und Leib gegeben hat wider die ewige Verzweiflung, und bitte dich, milde Mutter, daß du meine Begierde ansehest und mich behütest vor zufallendem Schaden und vor künftigem Uebel jetzt und ewiglich. Amen."

Das Geheimniß des Altars war für die Schwestern der Gegenstand der Anbetung und der Liebe. In den höheren Zuständen des Schauens erkannte Schwester Jützi Schulteß [1] klar, wie der Herr uns seinen Frohnleichnam gab Gott und Mensch, und in welcher Minne er ihn gab; wie groß die Erkenntniß und die Gnade sei, die wir davon empfangen; das

---

[1] S. 101.

Alles schaute sie klar, konnte aber Alles nicht zu Worte bringen.
Sie erkannte, wie jeder Mensch Gott empfanget eigentlich wie
er ist, und daß jeder Mensch nach dem jüngsten Tage, wenn
wir zum Himmelreich kommen, so eigentlich den Herrn, Gott
und Mensch habe, wie er ihn hier aus des Priesters Händen
empfangen hat, der eine viel mehr und viel minniglicher als
der andere, so viel größer seine Minne hienieden war. An
allen hohen Festen unseres Herrn und seiner Mutter, der seli=
gen Apostel und der besonderen Schutzheiligen und außer die=
sen Tagen in der Advent= und Fastenzeit empfing der ganze
Convent bei gemeinsamer Andacht den Leib des Herrn; den
Kranken wurde er im Krankenhause dargereicht. Schwester
Mechtilde von Stanz[1] hielt die strengste Einigung und Stille
an den Tagen ein, wann sie unsern Herrn empfing, und hatte
sie ihn empfangen, war ihre Andacht und Ueberhebung so groß,
daß man sie oft mit Gewalt aus dem Chor führen mußte, oder
sie wäre gefallen. Welche heiße Sehnsucht die Schwestern nach
der Speise des Lebens trugen, mag aus dem Leben der Schwe=
ster Offmia von Münchwyl[2] und ihrer Communion entnommen
werden, die sie geistiger Weise in dem Medium des Schauens
empfing. Sie war der ersten Schwestern eine im Convente
von Töß und stand wegen ihrem tugendhaften heiligen Leben
bei den Schwestern in hohen Ehren. In dieser wirkte unser
Herr mit seinen besonderen Gnaden, weil auch sie ihres Her=
zens Begierde gänzlich nach ihm kehrte; denn es zeigte ihr seli=
ges Leben vollkommen, daß die göttliche Minne ihr Herz so er=
füllet hatte, daß sie äußeren Trost ganz verschmähte. Wie
süßiglich Gott mit ihr wirkte, das können wir nicht wissen, als
nur einen kleinen Theil. Sie übte sich so gar inniglich in
rechter Andacht und ward ihr Herz davon so voll göttlichen
Trostes und Süßigkeit, daß ihr die Wege freudenreich und leicht
wurden, die gemeiniglich Anderen hart erscheinen. Wenn sie
zur Beichte ging und dann gedachte, daß der Beichtvater an
Gottes Statt dasitze, ward ihr so minniglich zu Muthe, daß sie

---

[1] S. 86.
[2] S. 29.

zuweilen die Beicht aussetzen mußte. Einst kniete sie vor dem Altar und man sagte ihr, daß ihre Mutter gekommen wäre, und weil sie fern von ihr saß (wohnte), kam sie sehr selten zu ihr. Da that sie aber dem nicht gleich, bis ihr Gebet zu Ende war. In ihrem Gebete wurden ihre äußeren Kräfte zuweilen so hineingezogen und ward der Geist so kräftig, daß sie schwebend wurde in der Luft. Sie wurde auch vor ihrem Tode gar krank, daß sie die Speisen nicht behalten mochte, darum durfte man ihr nicht unsern Herrn geben, und dennoch hatte sie herzlichen Jammer nach ihm. Eines Tages, an einem großen Festtag, wollte sie die Schwester, die ihr pflag, nicht bei sich lassen, und als diese in die Messe ging, gewann sie große Begierde nach unserem Herrn. Als sie dann so lag und ihre Begierde aufgerichtet hielt mit ganzem Ernste, sah sie ein Licht und in dem Lichte ließ sich ein schönes Handtuch auf ihr Bett vor sie herab. Sie gedachte: Ach, Herr, was bedeutet das? blickte aufwärts und sah ein noch schöneres Licht, und aus dem Lichte ließ sich eine schöne Patene auf das Leintuch nieder. Also gedachte sie mit andächtigem Herzen: Unser Herr will sich recht über dich erbarmen, — und wurde ihre Begierde da noch größer gegen Gott. Da kam ein so wonnigliches Licht auf sie herab, daß es sie dünkte, die Stube sei ganz erleuchtet, und in dem Lichte ließ sich unseres Herrn Frohnleichnam auf die Patene herab. Dessen ward sie gar unmäßig froh, und doch war sie in Sorgen; denn sie wußte nicht, wie er ihr werden sollte. Da kam zum vierten Mal das allerschönste Licht, das sie zuvor je gesehen, und in dem Lichte kam eine rechte Hand und gab ihr unsern Herrn, gerade so, wie sie ihn am Altare hätte empfangen sollen, und davon ward sie so voll Gnaden und Trostes, daß ihre Pflegerin, als sie wieder kam, wohl sah, daß ihr irgend eine Gnade geschehen wäre, und sie wollte mit Nichts es ihr erlassen, sie mußte ihr sagen, was ihr geschehen wäre. Da sagte sie es ihr und bat, daß sie es aber Niemanden sagen sollte, dieweil sie noch am Leben wäre."

Ein solches Leben voll der Tugend, voll der reinsten Gottesliebe, das die Schwestern in ihrer Einsamkeit übten, mußte

auch mit einem feligen Tode enden. Als für Schwester Margaretha Fink [1] „die Zeit gekommen war, daß sie sterben sollte,
und deffen die Schwestern nicht gewahrten, rief sie ihnen ganz
sanft herzu und sprach: Kinder, ich will sterben; und als der
Convent herbeigekommen war, verschied sie sanft, wie auch ihr
Leben es gewesen war. Schwester Beli von Winterthur [2]
las gewöhnlich alle Jahre dem heiligen David einen Psalter,
daß ihr Ende füß würde, und als sie an ihren Tod kam, lag
sie da als ob sie keine Schmerzen empfinde, und als sie plötzlich sterben sollte, sprach eine Schwester: sie ziehet hin. Da
sprach sie: wer ziehet? und die Schwester sprach: das thut Ihr.
Und sie lächelte und sprach: deffen muß ich lachen; und alsbald,
als der Convent gekommen war, verschied sie sanft und gütlich.
Schwester Anna Manfafeller [3] vollbrachte ihr Leben seliglich
bis auf ihr Ende. Ihre treue Gespielin, die selige Schwester
Luzie, hatte unserer Frauen tausend Salve regina gebetet, um
für sie beide ein gutes Ende zu erflehen, und zugleich ein anderes Gebet angefangen, daß sie v o r der Schwester Anna stürbe,
und deffen gewährte sie der Herr, denn in der Stunde, da man
sie begrub, kam Schwester Anna der Tod an, und sie starb an
dem fünften Tag darauf und nahm das schönste End, das wir
an einer Schwester je sahen. Sie erzeigte mit Worten und
mit Wandel, daß sie eine große und minnigliche Zuversicht zu
Gott hatte und dabei auch eine demüthige Furcht. Zuweilen
redete sie gar tröstlich und süße und sprach die Verse gar begierlich und oft: Quoniam mille anni — Herr, vor deinen
Augen sind tausend Jahre wie ein Tag; quoniam suavis —
o Herr, wie süß und wie sanftmüthig und wie voll Erbärmde
bist du allen denen, die dich anrufen! Und so man sie etwa
mühen wollte mit Reden, so sprach sie: Weffen bekümmert ihr
mich? Wenn ich noch heute vor Gericht muß und ich Gott
Rede muß geben für alle meine Worte und Werke, so wird das
genug sein. Sie redete auch nicht mehr, bis daß sie verschied.

---

[1] S. 31.
[2] S. 44.
[3] S. 53.

Als man sie fragte, ob unser Herr gegenwärtig wäre, hub sie ihr Haupt auf und ihre Hände, und legte andächtiglich die Hände zusammen und neigte sich tief. Da fragte die Priorin sie, ob unsere Frau auch da wäre, und sie gab es auch zu verstehen wie zuvor, machte ein Kreuz auf das Angesicht, legte ihre Hände übereinander und verschied noch in derselben Stunde. Eine andächtige Erregung erfolgte unter dem Convent der Schwestern, der bei ihrem Tode zugegen war.

Besonders erbauend war der Tod der edlen Königin, Schwester Elsbeth [1]: Sie lag die letzte Zeit in zunehmender Noth ohne alle Erleichterung, denn die strenge Krankheit ließ nicht ab, bis in ihrer Natur Alles verdarb, daran das Leben sich fristen mochte. Das legte sie sich so verständig zu Herzen, daß sie selber sprach: „Ich bin dazu gekommen, dessen begehren zu müssen, darob sonst alle Menschen von Natur erschrecken, und das ist der Tod." Als nun die Zeit nahete, daß Gott sie von dem Elend dieser Welt wegnehmen wollte, bat sie, daß man ihr bei der Bettstatt ein Fenster öffne, und sie sah den Himmel an und rief begierlich zu Gott: „Herr, mein Gott, mein Schöpfer, mein Erlöser und mein Erhalter! Sieh mich heute mit deiner grundlosen Erbärmde an und nimm mich auf in dein ewiges Vaterland aus dem Elend dieser Welt durch dein würdiges Leiden und durch deinen bitteren Tod, und laß es mich genießen, daß ich seit meinem Scheiden aus der Heimath mit Wissen nie einen Menschen sah, der mir durch Verwandtschaft angehörte." Als sie so in diesen peinlichen Todesschmerzen lag und die Zeit gekommen war, daß Gott sie mit sich selber ergötzen wollte für Alles, was sie von angehender Jugend an wegen ihm vermieden, gethan und gelitten hatte, gab er ihr das allerschönste, minniglichste Ende. Sie hatte nicht allein volle Vernunft und Erkenntniß gegen den Orden und Convent, dem sie noch in der letzten Stunde ihres Lebens für alle die Ehre, Zucht und Gnaden dankte, die sie von ihnen je empfangen hatte, sie erzeigte auch große Minne und Andacht zu Gott, den sie in ganzer Zuversicht mit Herz und Sinn anrief um die

---

[1] S. 182.

Hülfe seiner göttlichen Erbärmde und seines gegenwärtigen
väterlichen Trostes. In dieser Andacht schied die würdige
Seele von dem durchmarterten Leib und fuhr, wie wir hoffen,
von der großen Armuth dieser vergänglichen Welt in den wah=
ren Reichthum, von diesem Jammerthal in die ewige Freude,
von der Krankheit dieses tödtlichen Lebens in die ungebrechliche
Gesundheit, von dem Elend dieser unsichern Zeit zu der väter=
lichen Heimath des himmlischen Reiches, wo sie das Erbe ewig=
lich besitzen und genießen soll, das ihr von Anbeginn der Welt
bereitet ist. Als nun die gnadenreiche Königin verschieden war,
entstand große Klage und Geschrei von dem ganzen Convent,
wie billig war, und wurde ihr Leichnam acht Tage auf dem
Erdreich behalten. — Als man ihren Tod vernahm, kamen
viele fromme Leute, auch ihre Stiefmutter Königin Agnes von
Königsfelden, nach Töß, und in der Nacht kam die selige
Schwester Elsbeth ansichtiglich vor ihre Bettstatt, darin sie lag;
auch ihre Hofjungfrauen konnten es sehen und hören, die im
gleichen Zimmer waren. Der Schein ihres Geistes war klar
und weiß und schwebte zwei Ellen hoch über dem Erdreich.
Was sie aber mit der Stiefmutter redete, wollte diese Niemand=
den sagen; sie sprach einzig: es müsse mit ihrem Herzen ster=
ben, denn sie könne es leider nicht mehr verbessern. Darauf
erwies sie bis zu ihrem Tode dem Kloster Töß viel mehr
Gnaden und Gutes, als sie zuvor je gethan. Nachdem die
selige Königin Elsbeth längere Zeit in der Erde gelegen, wollte
man ihr ein in Stein gehauenes Grab machen, darin ihr Ge=
bein über dem Erdreich ruhen sollte, wie es ihrem königlichen
Adel wohl geziemte. Als man sie nach dreißig Wochen aus
dem Grab enthob, begehrten die Schwestern aus großer Liebe
zu ihr sie zu sehen; allein man durfte es ihnen nicht rathen,
denn ihr Leib war durch die langen und schweren Krankheiten
allzusehr zergangen, daß man besorgen mußte, ein Theil davon
wäre wohl schon ganz zerfallen. Darum thaten sie heimlich
den Todtenbaum auf und fanden ihren Leib so ganz erhalten,
daß die Haut an keiner Stelle gebrochen war, wiewohl ihr Ge=
wand am ganzen Leib verfault war. Sie nahmen sie daher
frischweg bei den Armen und unten bei den Füßen und hoben

den würdigen Leib aus dem Todtenbaum in den Stein, so daß
weder ihrem Haupte noch ihren Gliedern das Geringste geschah,
oder irgend ein Theil auseinander getreten wäre, was Alles
wohl wunderbar war, da der Leib bei seiner Lebzeit in so
vielen und langen Krankheiten an mancher Stelle versehret und
doch nach dem Tode in dem feuchten Erdreich so lange Zeit
weder verfault noch gebrochen ward [1]."

So hatte der Herr unter den Schwestern von Töß einen
schmuckvollen Blumengarten angelegt, der in den verschiedenen
Tugenden ihres übenden und religiösen Lebens herrlich erblühte.
Während sie alle im gemeinsamen Streben geeinigt nach der
höheren Vollkommenheit aus allen Kräften rangen, bildete Jede
wieder je nach ihrer persönlichen Eigenthümlichkeit eine besondere Tugend aus, so daß der allgemeinen Schönheit, welche

---

[1] Die Kaiserin Maria Theresia ließ die irdischen Ueberreste ihrer er-
lauchten Ahnen, die in den verschiedenen Klöstern der Schweiz einst ihre
Ruhestätte gefunden, im Jahre 1770 sammeln und in die Abtei St. Bla-
sien im Schwarzwald übersetzen, von wo sie nach der Zerstörung dieses
herrlichen Stiftes 1806 in die Benedictiner-Abtei St. Paul in Steier-
mark gebracht wurden. In der Kirche von Königsfelden im Aargau erhob man damals die Ueberreste der Königin Agnes, die unter dem Chor-
bogen der dortigen Klosterkirche in einem steinernen Grabmal ruhten;
auch in der Kirche von Töß, K. Zürich, öffnete man damals auf Ansuchen
des k. k. Gesandten Freiherrn von Nagel die Gruft, um die Gebeine der
sel. Königin Elsbeth zu entheben. Bei der amtlichen Nachschau (21. Okt.
1770) fand sich jedoch nichts mehr vor. Vermuthlich wurde das Grab
im Jahre 1703 beim Neubau der Klosterkirche von Töß versetzt. Ein
Denkstein, den man damals noch traf, wurde unter die Kanzel der neuen
Kirche gestellt und darauf ein hölzerner Deckel gelegt. Er besteht aus
einer Grabstein-Platte mit dem habsburgischen Wappenschilde und der
Jahrzahl 1364 (Königin Agnes starb zu Königsfelden 11. Juni 1364),
woraus zu entnehmen ist, daß dieser Stein nicht zum Monumente der
Königin Elsbeth gehörte, sondern zur dankbaren Erinnerung der Königin
Agnes gewidmet war, da das Kloster Töß sie zu seinen besondern Gut-
thätern zählte. Zum Andenken an die sel. Königin Elsbeth führte das
Kloster Töß das ungarische weiße Doppelkreuz in seinem Wappenschilde.
Vergl. Abt Gerbert, De translatis Habsburgo-Austriac. principum
eorumque conjugum cadaver. p. 60. Werdmüller, Stadt und Landschaft Zürich. 1790. S. 159.

diese mystische Schule entfaltete, auch der Reiz der mannigfal=
tigen Bildungsformen nicht mangelte. Denn die Einen wan=
delten unter ihren Mitschwestern wie sanfte Tauben, Ruhe und
Frieden überallhin verbreitend, die Andern übten in höherem
Grade die schwesterliche Liebe und Barmherzigkeit gegen die
Kranken und Armen; an dem hohen Adel, dem Manche von
ihnen angehörten, leuchtete die Demuth um so herrlicher wie=
der, und in den Schmerzen langwieriger Krankheiten bestund
die Geduld Vieler die glänzendste Probe. Jene siegten durch
strenge Buße über die Welt und sich selber, diese wurden in
außerordentlicher Andacht hoch zu Gott emporgetragen; aller
Tugenden letztes Ziel und lebendige Mitte war ihnen die gött=
liche Liebe, „welche, wie Schwester Elsbeth Stagel schreibt,
eine Zierde aller Tugend ist, und wo ihr Feuer brennt, nicht
verborgen bleiben kann. Das bewährte sich im Leben der über=
süßen Schwester Beli von Sur [1], die besonders mit der Tu=
gend der göttlichen Minne geziert war. Sie hatte jederzeit ein
gar minnereiches Herz, und ihre Worte und ihr Wandel er=
zeigten vollkommen, daß sie von der göttlichen Liebe ganz ent=
zündet war. Andern Trost mochte sie nicht leiden, denn der
Herr hatte sie so lieblich mit seinem zarten Trost gewöhnt, daß
fremder Trost ihr rauh und hart war. Wenn ihr daher etwas
widerfuhr, das sie betrübte, klagte sie es Niemanden; sie ging
zu ihrem einigen Lieb, von dem sie in Lieb und Leid ergötzt
wurde. Sie that Alles williglich, was der Orden ihr vor=
schrieb, daß an ihr vollkommen bewährt ward, daß die Liebe
nicht arbeite, denn sie hielt den Orden strenge in allen Dingen
auch mit krankem Leibe. Aber der freien Minne ist es eigen,
daß sie mit leichtem Muth trägt schwere Bürde. Sie war so
wohlgemuth, daß sie einherging, gerade als ob sie fliegen wollte;
besonders wenn sie in den Chor gehen sollte, war es ihr so
begierlich, daß sie oft kaum auf den Boden zu treten schien.
Mit welcher Süßigkeit Gott in ihr wirkte, ist nicht auszuspre=
chen, denn ihr Leben war ganz hinfließend von Minne und
Süßigkeit. Zuweilen weinte sie gar herzlich, und wenn man

---

[1] S. 45.

sie dann fragte, was ihr wäre, so war es nichts Anderes, als ihre jammernde Sehnsucht nach Gott. Sie sagte auch einer Schwester, daß nichts sie verdrieße, weil ihr die Zeit dazu mangle, und gab ihr dann die Lehre: hab' Gott lieb und diene ihm mit Ernst, und wisse, daß ein Mensch mit Minne und Ernst in Einem Jahre Gott so nahe kommen kann, daß ihm Gott dafür einen Lohn verleiht, wofür er sonst dreißig Jahre länger leben und des Angesichtes Gottes entbehren müßte. Sie lag vor ihrem Tode wohl anderthalb Jahre so krank darnieder, daß man sie tragen mußte, war aber dabei ganz fröhlich, redete gar süße von Gott und brannte unter ihrem Antlitz recht wie eine Rose. Als sie so in ihrer Krankheit lag, sprach eine Schwester zu ihr: du bist recht minnekrank; sie antwortete aus vollem Herzen: es wäre mir leid, wäre unser Herr nicht die Minne. Sie hatte große Sehnsucht nach dem Tode. Nun lag zur gleichen Zeit eine andere Schwester am Sterben und Schwe= ster Beli weinte gar herzlich und sprach: Soll ich nicht weinen, daß Schwester Sebach vor mir in das Himmelreich will? In ihrer Krankheit führte man einen Arzt zu ihr, der sprach: sie hätte keine Krankheit, außer daß ihr Herz ergriffen wäre von einer unmäßigen Minne und von einer Sehnung nach etwas, das über alle ihre Kräfte gehe, und das werde ihr Tod sein. Sie mochte wohl sagen: In Christi amore langueo volenti dolore — Ich bin krank von der Liebe meines Herrn Jesu Christi mit willigen Schmerzen. Als nun die Zeit gekommen war, da unser Herr ihre Begierde vollbringen und sie bald sterben wollte, lag sie da, als ob sie keinen Schmerz empfinde, und wie die Schwester, die bei ihr war, uns sagte, verschied sie so freundlich, als ob sie lachte, was wohl billig war, denn ihr ganzes Leben war ein Sterben gewesen und eine stete Seh= nung nach dem einigen Gut; darum ihr auch die heiß ersehnte Stunde, in der sie mit ihm sollte vereinigt werden, zu einer Freude verwandelt wurde, denn die göttliche Minne ist stärker als der Tod. Diese auserwählte Schwester war wohl dreißig Jahre alt, als sie starb, und hat ihre blühende Jugend verzehrt in göttlicher Innerlichkeit."

    Wir haben sonach die „Lichter" gesehen, die nach der from=

men Sage an der Stelle geleuchtet, wo später das Schwesterkloster Töß errichtet wurde; „mit diesen Lichtern wollte, wie
Schwester Elsbeth Stagel sie sinnreich deutet [1], unser Herr zeigen, daß er die heiligen Personen an diese Stätte verordnet
habe, in denen er auf ewig leuchten wollte. Sie alle hatten
die Mahnung der ewigen Weisheit sich zur Aufgabe ihres Lebens
gestellt: seid vollkommen, wie euer himmlischer Vater vollkommen ist. Wie selig nun jene alten Schwestern gelebt haben,
war gut und lustlich zu hören, aber, wie die gleiche Verfasserin
weiter erzählt, es ist nicht möglich, Alles zu sagen. Denn ihr
Herz entbrannte und ihr Leben leuchtete so kräftig, daß es offenbar zeigte, wie fruchtbar jene Mahnung des Herrn in ihnen
ward. Weil sie aber wohl erkannten, daß Niemand vollkommen
werden kann, ohne die drei Stücke, darauf unser Orden und
das vollkommene Leben überhaupt gegründet ist, das ist: willige
Armuth, vollkommener Gehorsam und rechte Lauterkeit, darum
wandten sie den allergrößten Fleiß zu diesen Dingen, besonders
aber zur willigen Armuth. Diese hatten sie so begierlich lieb,
daß sie sich mit allem Fleiße hüteten, etwas Ueberflüssiges an
Gewand oder an andern Dingen zu haben. Wurde auch Einzelnen von ihren Verwandten etwas zugesendet, das gaben sie
Allen gemein. Auch wurde die Regel und die Satzungen und
was sie aus Gehorsam thun mußte, so pünktlich und getreu
gehalten, daß sie davon in rechter Lauterkeit standen. Sie be-
hielten das Wort, das Sanct Augustin schreibt: Ihr sollt die
irdischen Dinge lassen und euer Herz und Gemüth zu den
himmlischen Dingen erheben. Groß und mannigfach war ihre
heilige Uebung im Wachen und im Gebete, und sie überflossen
reich von herzlichen Thränen. Auch außer der bestimmten Zeit
nahmen sie oft so starke Disciplinen, daß zuweilen nach der
Mette wohl ihrer zwölf Schwestern zusammen sich so stark schlugen, daß es vor dem Capitelhause grausig zu hören war.
Einige schlugen sich mit eisernen Ketten, Andere mit Geißeln,
Viele mit Reckholtern. Dabei waren sie gar sanft und still in
Worten und in Werken, daß es während dem Tage so stille

---

[1] S. 4.

in dem Kloster war, als ob es nach der Complet gewesen wäre. Sie pflogen keines Sonderwerkes und saßen bei der gemeinsamen Arbeit mit solcher Andacht, daß sie auch bei der Arbeit in Thränen zerflossen, als ob sie in der Messe gestanden wären. Bei der dürftigen Speise und Trank, die ihnen verabreicht wurde, blieben sie geduldig, denn man gab ihnen damals nur zweimal in der Woche Wein. Sie waren demüthig in ihrem Gewande und in allen Dingen, und diejenigen, welche die vornehmsten in der Welt gewesen, beflissen sich, die verschmähtesten Dienste zu thun. Wie mannigfaltig ihre heilige Uebung, auch derjenigen war, die zu unseren Zeiten lebten, darüber wäre gar viel zu schreiben. Der Herr, der es Alles gewirkt hat, weiß es Alles wohl und hat es geschrieben in das lebendige Buch, wo es nimmer vertilget wird. Darum sei er immer und ewig gelobt und geehrt." Die Blüthen dieses heiligen, gottgeweihten Lebens traten in den außerordentlichen Erscheinungen des mystischen Lebens zu Tage.

3. Die Erscheinungen des mystischen Lebens unter den Schwestern von Töß.

Wer leichtfertig alles Uebersinnliche läugnet und jede Verbindung der diesseitigen Welt mit der ewigen als Fabel erklärt, wird in den Erscheinungen des mystischen Lebens nur Phantasiebilder und eitle Träume erblicken; geht ja, wie schon der heilige Augustin schreibt [1], bei einem irdischgesinnten Menschen die Einsicht nicht höher als sein irdischer Gesichtskreis; wie sollte er über diesen hinaus sich zu erheben vermögen? Wohl mahnen zu besonnener Prüfung die argen Täuschungen, die auch in diesem Gebiete nicht selten sind; allein vor einer wegwerfenden Verurtheilung warnt der Hinblick auf ähnliche Thatsachen und Offenbarungen, die uns die heiligen Bücher, die Schriften der Kirchenlehrer, die Leben der Heiligen berichten, und wer wollte überhaupt so thöricht sein, darum, weil unter den wahren und ächten Edelsteinen und Münzen zuweilen auch falsche cursiren,

---

[1] S. August. Serm. 147.

ohne Weiteres alle Edelsteine und Münzen als falsch und un=
ächt zu erklären? Durch die vieljährigen Uebungen der mysti=
schen Ascese in den Zug einer andern Schwere als der irdischen
versetzt, wird die Auserwählte den Grenzen der übernatürlichen
Welt immer näher gestellt und in diese in dem Maße immer
tiefer versenkt, als sie in der natürlichen immer mehr entwurzelt
wird. Aus dem tieferen Gebiete in das höhere hinüberragend,
wird sie, wie Görres bemerkt[1], zum Organe dienen, durch
welches das Licht und das Leben des Göttlichen in die irdische
Welt nach einer zweifachen Modalität hineinleuchtet, entweder
durch das Medium der Erscheinung, oder durch das Mittel
der Erhebung der Auserwählten in die Beschauung; zwischen
beide werden die umsonst verliehenen Gnadengaben zu stehen
kommen.

## Die Visionen.

Im magnetischen Schlafe folgt die Seele dem Zuge jener
tieferen Naturkräfte, die in den Nervencomplexen der vegeta=
tiven Systeme walten, und tritt durch diese in außergewöhnliche
Bezüge zu ihrem eigenen Leib, zu andern Personen und zu den
äußeren Naturgebieten ein. Diesem Zustande analog ist der
mystische Schlaf, der die Seele in ihre tieferen Bezüge zur
überirdischen Welt einführt und für die Wahrnehmung der von
daher auftauchenden Erscheinungen sie befähigt. In diesem
Schlafe zieht die Seele die äußeren Sinne ein, jedoch nicht
gänzlich, sondern gleicht Jemanden, der halb schläft und halb
wacht, der sieht, ohne scharf zu unterscheiden, und fühlt, ohne
zu begreifen. „Sie nimmt in diesem Zustande, wie der heilige
Bonaventura schreibt[2], nichts genau wahr, außer wenn sie sich
Gewalt anthut, klarer zu sich selbst zu kommen." Die An=
schauung des sichtbaren Gegenstandes wird für das Auge durch
das Licht vermittelt, das von weitester Ferne her das Organ
berührt und es für die Aufnahme des äußeren Gegenstandes
befähiget. Wie es nun Zustände und Vorkehrungen gibt, durch

---

[1] J. Görres, die christl. Myftik. II. Bd. S. 5.
[2] S. Bonav. Process. relig. VII. cap. 14.

welche das leibliche Auge in den ihm innewohnenden Kräften gestärkt und gesteigert wird, so kann dies im mystischen Schlafe dem Auge der Seele und dem inneren Gegensinn geschehen, dem das körperliche Auge gegenübersteht. Wenn nun der natürliche Gesichtssinn in seiner Art nur Sinn ist für das Natürliche und um das Geistige sich nicht kümmert, dann wird dagegen der mystisch gesteigerte innere Gegensinn, tiefer eindringend, einerseits den Widerschein des Höheren im Natürlichen wie in einem Spiegel erblicken, andererseits aber auch das hinter der Hülle des Natürlichen etwa sich bergende Geistige unmittelbar wahrnehmen. In dieser Wirkungsweise ist das Durchschauen seiner selbst und anderer Personen begründet, sowie die Wahrnehmungen von Erscheinungen der Abgestorbenen, der Engel, Heiligen, der seligsten Jungfrau und unseres Herrn selbst in den verschiedensten Gestalten. Das sichtbare Erscheinen derselben kann, wie die Mystik deutet, in zweifacher Art geschehen, entweder indem die Erscheinungen durch Annahme eines ätherischen Körpers selbst Gestalt gewinnen, oder durch innere Rührung des Gesichtsorganes. Denn wie Geistiges, dem Gesichtssinn sich anbequemend, in Herablassung ihn innerlich rührt und bewegt, wird diese Bewegung auch dem Organe, dem Auge, sich mittheilen, und es wird sich nun, wie Görres lehrt [1], das Umgekehrte ereignen, was im äußeren Sinne sich begibt. Wie in diesem das, was das Organ sich von Außen angeeignet, der Seele einbildet, so wird hier, was die Seele von Innen und von Oben her sich angeeignet hat, dem Gesichtsorgane unter Vermittlung eines höheren Lichtes eingebildet. Die Folge davon ist, daß, wie in der äußeren Wahrnehmung die Seele das Bild, um es in sich aufzunehmen, entbildet, so das Organ seinerseits das Bildlose (das Geistige) überbildet und überformet, ihm daher äußere, räumliche Gestalt gibt, und diese Gestalt außer sich stellend, sie sofort dahin projicirt, wohin die Richtung der geistigen Rührung gegangen. Wie aber die körperliche Erscheinung als der unterste Grad im geistigen Gebiete betrachtet wird, weil auch die Sinne selbst dort am tiefsten

---

[1] A. a. O. S. 102.

stehen, so gelten solche Bilder (Visionen) nicht als sichere Zei=
chen der Gottesfreundschaft, weil bei ihnen Blut und Einbil=
dungskraft sich leicht einmischen, Krankheit und Manie Aehn=
liches hervorrufen, selbst bei Bösen — Erscheinungen dieser Art zum
Vorschein kommen. — Wenden wir uns nach diesen Vorbegrif=
fen zu dem mystischen Leben der Schwestern von Töß zurück.

Das Durchschauen ihrer selber und Anderer trat bei der reich=
begnadigten Schwester Elsbeth Schäfli ein [1]; „bei der großen
Reinigkeit, in der ihr Herz stand, ward ihr zuweilen zu erken=
nen gegeben, wie rein und wie lauter einzelne Schwestern vor
Gott waren. Sie sah die Schwester Elli von Wurmenhausen,
als diese im Gebete war, lauter wie ein Krystall scheinen.
Schwester Elli hatte in jenem Augenblicke sich vor unserem
Herrn verneigt und gedacht: Herr mein, könnte ich doch thun,
was dir zum Lobe wäre, ich thäte es gar gerne! Als Elsbeth
Schäfli einst in der Kapelle ihrem Gebete oblag, sah sie die
selige Schwester Elsi von Elgg vor dem Bilde unserer Frauen
knieen; ihr Leib war oberhalb dem Gürtel lauter wie ein Kry=
stall, und in der Klarheit ihres Leibes bewegte sich ein Licht
spielend hin und her, das schön und klar wie die leuchtende
Sonne war. Sie erkannte zugleich, daß das Licht die Seele
jener Schwester sei, und dachte bei sich: Gesegne dich Gott,
selige Schwester! Ach, ich arme Sünderin, wie steht es wohl
um meine Seele? Und sogleich sah sie ihren eigenen Leib in
derselben Klarheit und in einer spielenden Freude. Der Schwe=
ster Ita Sulzer [2] wurde in ihrem Gebet die Lauterkeit ihrer
Seele zu erkennen gegeben; sie wurde dem Leibe entrückt, und
als sie wieder zu ihm zurückkehren sollte, schwebte sie lange
über dem Leibe und schaute, wie verschmäht und unedel er sei,
und wie tödtlich und in Allem der Erde gleich. Als sie dann
wieder zu dem kranken Leib gefüget werden sollte, that sie es
sehr ungerne und gedachte: O weh, mußt du nun wieder zu
dem gräulichen Leib zurückfahren! So kam sie wieder zu sich
selber und war ein Mensch wie früher. In dem Angesichte der

---

[1] Handschr. A. S. 17.
[2] A. a. O. S. 123.

sterbenden Schwester Ita von Wetzikon [1] sah eine Mitschwester ein schönes Licht leuchten, das sich in spielender Freude hin und her bewegte; ein solches wurde auch über ihrem Grabe wahrgenommen. Es war in der Form eines kleinen Schiffleins gebildet; in dem Schifflein leuchtete ein anderes Licht, viel glänzender und schöner als das erste, das einer Kugel glich. Als Schwester Beli von Winterthur [2] an einem Frühmorgen nach der Mette betete, wurde sie von einem wonniglichen Licht umflossen und der göttliche Geist zog alle ihre Kräfte so zu sich hinan, daß ihr Leib im Lichte und in der Luft schwebte. Schwester Elli von Elgg [3] betete gar viel für die Sünder und die Abgestorbenen, darum kamen die Seelen gar oft zu ihr, redeten mit ihr und sie mit ihnen. Dasselbe wurde mehreren andern Schwestern nachgerühmt [4]. Während Schwester Mechtild von Hof am Sterben lag, wurde der herrlichste Gesang vernommen; die Engel trugen ihre Seele in den Himmel. Erscheinungen von Heiligen wußten die Schwestern der Menge nach zu erzählen. Am Festtage der heiligen Ursula lag einst Schwester Elsbeth Schäfli [5] schwer krank darnieder. Vor der Mette ward ihr, als würde zu ihr gesprochen: Steh auf und geh' zur Mette! Ihr wurde sogleich so wohl, daß sie aufstehen und zwei große Bücher mit in den Chor nehmen konnte. Beim andern Glockenzeichen zur Mette sah sie die Chorthüre aufgehen und Sanct Ursula und ihre Jungfrauen je zwei und zwei zusammen in den Chor gehen. Sie neigten sich vor den Schwestern zu beiden Seiten des Chors und traten gar freundlich vor sie hin. Eine Jede trug eine grüne Palme in der Hand; die Blätter glänzten wie leuchtende Sterne, von den Zweigen ging ein überaus süßer Geruch aus und war der Glanz so wonniglich und der Geruch so zart, daß es nicht auszusprechen ist. Aller frommen Uebungen beflissen, war Schwester Margaretha [6] von Zürich auch mit der Gabe der Thränen geschmückt; durch vieles Wachen, Weinen und Beten schien sie im Gesichte, als ob sie geschwollen wäre. Obwohl sie so kränklich war, daß

---

[1] S. 9.  [2] S. 44.  [3] S. 127.
[4] S. 40. 48. 129.  [5] S. 27.  [6] S. 36.

man sie überallhin in einem Stuhle tragen mußte, war sie in
allen ihren Uebungen bennoch überaus genau. Die Schwestern
in Töß waren nach alter Uebung gewohnt, zur Abventzeit dem
kommenden Christkinde das Bäblein herzurichten, das Bettlein
zu erstellen und Alles zuzubereiten, dessen es auf dieser Welt
entbehren mußte. Als nun Schwester Margaretha in einem
Abvent die Babwanne wirklich zubereitete und aus herzlicher
Anbacht viele Thränen vergoß, sah sie im Geiste das Christ-
kindlein in der Babwanne sitzen; jede Thräne, die sie weinte,
wurde sogleich in ein golbenes Knöpflein verwandelt, fiel in
das Babwasser herein und das zarte Kinblein schlug es mit
ben Händlein unter das Wasser, daß es gar wonniglich anzusehen war. Sie sah auch einmal ihre Mitschwester Juliana
Ritter ganz durchleuchtet und wohl eine Elle hoch in der Luft
schweben. Kurz vor ihrem Tobe sprach Schwester Willi von
Konstanz [1] zu ihrer Wärterin: Hier geht ein gar hübsches Kinblein im Zimmer herum! Als die Wärterin barob erwachte, sah
sie über dem Bette der Kranken ein Licht scheinen, so schön wie
der Morgenstern, das Kindlein aber konnte sie nicht sehen.

Schwester Anna Mansaseller [2] pflegte öfters vor dem
Capitelhause bei dem Eccehomo-Bild die Sequenze Salve
Deitatis zu beten; wenn sie bann zu dem Verse kam: te Sa-
luto milies — ich grüß' dich tausenbmal — neigte sie anbäch-
tiglich ihr Haupt und wiederholte es oft mit begierlichem Herzen. Da redete einmal eine Stimme aus dem Antlitz unseres
Herrn und sprach zu ihr: „Du sollst mich bitten, daß ich dir
beine Sünden vergebe, wie ich sie an dir erkenne, und baß ich
bir meine Marter zu ehren gebe, wie ich sie erlitten habe, und
baß ich dich meiner Mutter und Sanct Johannes empfehle, wie
ich sie einander am Kreuze befohlen, und baß ich selber zu bei-
nem Ende komme." Schwester Gertrud von Winterthur [3] sah
oft gar schöne und wunderbare Gesichte; als sie einmal am
stillen Freitag mit dem Convent gemeinsam den Psalter las,

---

[1] S. 56.
[2] S. 53.
[3] S. 56.

gingen ihr die Augen zu kaum ein Ave Maria lang, und
es dünkte sie, wie ein langer, zierlicher Herr durch das Refec=
torium ging. Sein ganzer Leib war voll von Wunden; er
war mit Blut ganz überronnen und hatte ein mitleiderregendes
Aussehen. Dann ging er vor die Schwestern hin, die den
Psalter gemeinsam lasen, und sprach gar sanft: „Mit diesem
Gebete werden mir meine Wunden geheilt." Zu den Schwe=
stern, die nicht gemeinsam beteten, sprach er nichts, um anzu=
deuten, wie wohlgefällig ihm das gemeinsame Gebet sei. Ueber
Schwester Adelheid von Liebenberg verhängte der Herr kurz vor
ihrem Tode ein schweres, unmäßiges Leiden, weil er mit großen
Gnaden zu ihr kommen wollte. Das Leiden bestand in einem
äußerst starken Gesüchte, das alle ihre Glieder erschütterte und
ihren Leib aufwarf, als wollte sie aus dem Bette fallen. Sie
litt mit großer Geduld und trug Alles dem Herrn auf zu
Ehren seiner heiligen Marter. In jener Nacht ward ihr so
weh, daß ihr zwei Schwestern wachen mußten. Als sie eine
Weile ganz still gelegen, sprach sie gar andächtig: „O Frau
aller Welt, Königin des Himmelreiches und des Erdreiches!"
und bald darauf fügte sie inniglich hinzu: „Gerne, Frau, gerne!
O wie war das so kurz!" und weinte darauf gar sehr. Als
die Schwestern sie fragten, ob ihr so weh wäre, sprach sie:
„Geht von mir um Gottes willen, ich bedarf euer nicht mehr!"
Und sie neigten sich nieder, als ob sie schliefen. Darauf rich=
tete sie sich wieder auf, hob andächtig ihre Hände empor und
that wie ein Mensch, der sich herzlich über ein Ding freut.
Sie legte ihre Arme zärtlich über einander und drückte sie gar
begierlich an ihr Herz. Dann sprach sie: „Minniglicher Herr,
zerreiß' mir Hände und Füße, das Haupt, das Herz und alle
meine Glieder!" Dann weinte sie gar inniglich, als ob sie
vor großem Jammer weine. Nachdem dieß eine Weile gewährt,
sprach sie zu den zwei Schwestern gar fröhlich und gütlich:
„Schlafet, Kinder, und seid meiner ohne Sorgen!" Darauf
ging eine der Schwestern, die ihr besonders hold war, zu ihr
hin und mahnte sie, um der Liebe Gottes willen ihr zu sagen,
was ihr geschehen wäre. Nach längerem Zögern eröffnete ihr
sodann Schwester Gertrud: „Was willst du mehr, unser Herr

und unsere Frau waren hier. Unsere Frau tröstete mich gar gütlich und sprach: Gehab dich wohl; ich und mein Kind wollen dein ewiger Lohn sein, du mußt aber vorher noch Vieles leiden. Darauf antwortete ich: Gerne, Frau, gerne! Sogleich sah ich sie nicht mehr und sprach darauf: O weh, wie war das so kurz! und weinte. Darnach sah ich unsern Herrn gar kläglich, denn ich sah ihn an dem Kreuze mit blutenden Wunden über meinem Bette schweben. Unsere Frau stand bei ihm und hielt den einen Arm über das Kreuz hingelegt. Da ließ sich unser Herr vom Kreuz herab, umfing mich gar lieblich, drückte mich gar zärtlich an sein göttliches Herz und sprach gar süße zu mir: Gehab dich wohl, ich will dein ewiger Lohn sein! O wehe, wann, o Herr? fragte ich. Und er sprach: Du mußt vorher noch mehr leiden — und ich antwortete darauf: Herr, zerreiße mir Hände und Füße, Herz und Haupt und alle meine Glieder, das will ich gerne leiden. Hierauf hub unser Herr sich wieder empor und wurden ihm alle Wunden zugeheilt, und er sprach zu mir: Siehe, du hast mir alle meine Wunden geheilt mit deinen Minnethränen, die du so oft vergossen hast aus Erbärmde über meine Marter, und mit deiner Geduld, daß du deinen Schmerz so fröhlich zum Lobe meiner Marter gelitten. Nachdem unser Herr verschwunden war, sah ich nach unserer Frau; sie war gar schön gekleidet, so minniglich anzusehen und so zärtlich und gütlich beschaffen, daß alle Zungen es nicht voll künden könnten. Sie entfaltete den Mantel, ließ mich den himmelfarbenen Rock sehen, den sie trug, und sprach: Siehe, diesen Rock trage ich von dir, weil du für den Convent der Schwestern so fleißig arbeitetest, und da du mir mein Kind so getreu erziehen halfest, will ich deine Begierde erfüllen und will dich tränken mit der Milch, mit der ich mein heiliges Trautkind säugte. Als mir diese unaussprechliche Süßigkeit entzogen ward, wuchs mein Jammer so sehr, daß ich bitter weinte. Doch ward sie bald wieder von der großen Gnade neu gestärkt und so voll Freude und Süßigkeit, daß sie sprach: mich dünkt, ich ginge wohl, wohin ich immer wollte; die Welt ist meinem Herzen zu Koth geworden, und säße mein einziger Sohn vor mir, den ich in der Welt so sehr geliebet habe,

oder meine Freunde und Verwandten, die ich je gewann, ich
würde kein Auge hinwenden, um sie zu sehen. Nach dieser
Gnade lebte sie noch sechs Wochen in Freude und Trost und
schied darauf von dieser Welt mit einem seligen Ende.“

Schwester Elsbeth Bächlin [1] erzählte ihrer nachforschen-
den Mitschwester Elsbeth Stagel: „Ich war zu einer Zeit so
taub, daß man mich in großer Hut halten mußte, weil ich oft
ohne Verständniß war und nicht wußte, ob ich recht oder unrecht thäte; dieses Leiden währte einige Zeit. Da empfing einmal der ganze Convent unsern Herrn (in der Communion);
als ich ihn empfangen hatte und in den Stuhl zurückkam, erinnerte ich mich an das Gebet, das der gute Leutpriester von
Bichelsee [2] mir in trostlosen Zuständen zu beten empfohlen
hatte, und das lautete: Herr, ich ermahne dich, daß dein Herz
und deine Hände gegen mich offen standen, und daß du mir
deine Gnaden nicht versagen mögest! Als ich dieses Gebet gesprochen, hörte ich in mir eine Stimme sprechen: „Was willst
du, daß ich dir thun soll?“ Da antwortete ich: „O Herr, ich
will, daß du dich nimmer von mir scheidest!“ Und er sprach:
„Das will ich thun, ich will nimmer von dir scheiden!“ Darauf
ward mein Herz und mein Leib von seinen Gnaden so gestärkt,
daß mich das Leiden seither nie mehr berührt hat und nie
mehr war ich des Lebens überdrüssig. Nun bin ich auf die
73 Jahre gekommen und hatte von Gott die Gnade, daß mir
seither des Trostes nie gebrach. Wenn mir auch zuweilen
was geschah, so war es bald wieder weg, wenn ich mich zu
ihm kehrte. Darnach erzählte sie ihre Gesichte. Es dünkte sie
einmal, sie sehe unsern Herrn von dem Altar herabgehen, wie
er ein Kindlein war; er trug ein seidenes Röcklein von der
Farbe eines braunen Sammets, und ging zu ihr gar heimlich
und setzte sich auf die Bank, die vor ihr stand. Vor großer
Begierde sprang sie auf wie ein Mensch, der von ihm selbst
gekommen ist, zog ihn zu sich und setzte ihn in ihren Schooß.
Sie saß nun an die Stelle, wo er gesessen war, und that ihm

[1] S. 135.
[2] Pfarrdorf bei Fischingen im Thurgau.

gütlich, was sie konnte, außer daß sie ihn nicht küssen durfte. Darum sprach sie aus herzlicher Minne: „Ach, Herzenstraut, darf ich dich küssen?" Er sprach: „Ja, nach der reinen Begierde deines Herzens!" Sie war auch einmal sehr krank, und dünkte sie, daß unsere Frau zu ihr käme, brachte aber ihr Kind nicht mit. Da sprach sie: „Ach, Frau, wo ist dein Kind? Gehe hin und bring' es mir!" Darnach im Advent dünkte sie wieder, daß unsere Frau komme, und brachte ihr ihr liebes Kind, gab es ihr in den Arm und sprach: „Nun nimm es, und thue ihm so gütlich, wie du es magst!" Dieß war ein so minniglicher Anblick, besonders war ihm die Kehle unter dem Kinn gar zart und minniglich. Dieß hielt sie für einen Traum, aber es ist glaublich, daß sie in Gott entschlafen war. Die Liebe, die ihr unser Herr in solchen Dingen erzeigte, nahm sie zwar dankbar an, aber sie stellte nicht mit Gebet darnach, denn sie sagte, der sicherste Weg, den der Mensch wandeln könne, sei, daß er sich vor den Sünden hüte und sich in Tugenden übe. Als die Schwestern einmal im Doppelchore das Gloria in excelsis sangen, sah sie, wie der Herr am großen Crucifix die Augen öffnete und jedwede Chorabtheilung ansah. Dann sprach er mit ernsthafter Stimme: „Warum neiget ihr euch nicht? Lobet und danket mir für die viele Arbeit, die ich für euch und wegen euch erlitten habe!" Und darauf neigte er sein Haupt auf das ihrige. In jenem Jahre hatte der Convent großen Mangel an Wein und an Korn, und sie hielt dafür, das wäre der Undankbarkeit wegen ihnen so geschehen. Als sie Kellnerin war, starb ihr Bruder, und sie hätte seiner Seele gerne geholfen. Sie ward an einem Beine krank und konnte nicht mehr Kellnerin sein. Da war ihr, als käme ihr Bruder und hieße sie zur Pforte gehen, und er spräche: „Ich habe dir einen Arzt gebracht." Als sie zur Pforte kam, stand ein Jüngling da in schneeweißem Kleide; er trug eine Büchse, mit einer edlen Salbe gefüllt, und er salbte sie und sie wurde wirklich so gesund, daß sie noch viele Jahre Kellnerin bleiben konnte. Sie gedachte dann, der Jüngling sei ihres Bruders Engel und ihr Gehorsam seiner Seele nützlich gewesen. Sie hatte auch Sanct Blasius beson=

ders lieb und sah ihn einmal vor seinem Altare in der Kirche
stehen im bischöflichen Kleide; die Füße waren ihm bloß. Sie
fiel nieder, küßte ihm die Füße und stand wieder auf. Er
sprach zu ihr: „Kniee nieder und empfange den Segen! Trage
allzeit Jammer und Begierde zu den Dingen, wofür du erschaffen bist!" Sie aber sprach: „O Herr, ich wäre von ganzem Herzen gerne schon jetzt ewig mit Gott vereinigt!" Er
sprach: „Du mußt es Gott überlassen, wann er es thun will,
jedoch allzeit Jammer und Begierde darnach haben!" Diese
selige Schwester hatte vor allen Dingen besonders ein minnereiches Herz gegen Gott und die Leute; was sie Gutes that,
that sie Gott zu Lob und sprach: „O Herr mein, was ich thue,
das gib wem du willst; nur sei mir allzeit hold; daran hab' ich
übergenug!" Sie hatte die besondere Uebung, während den
40 Tagen, da der Herr in der Wüste weilte, zu ihm zu gehen
und besondere Gebete zu verrichten. Sie nahm dann in geistlicher Betrachtung seine Füße an ihren Busen und durchwärmte
sie ihm ganz wohl, und davon empfing sie große Andacht. Als
eines Tages mehrere Schwestern bei einander saßen und mit
dem Herrn in der Wüste zu sein wünschten, sprach Schwester
Elsbeth Bächli zu ihnen: „Das könnet ihr so gut, wie ich
es kann; denn ich gehe zu ihm in die Wüste und nehme ihm
da seine Hände und Füße und wärme sie ihm in meinem
Schooß; dem Haupte kann ich nichts Gutes thun, das Haar
ist ihm so verwalket, daß ich ihm keinen Rath weiß." Sie
sprach auch: „Unser Herr hat sich mir mit seinen Gnaden oft
freundlich erzeigt; aber nie war er minniglicher und begierlicher,
als da ich ihn in der Wüste suchte und fand. Er gab mir in
der Betrachtung vor meinen Augen zu erkennen die große Demuth, die er um unserer willen übte, als er von dem bösen
Geiste versucht wurde, und ließ mich die Steine sehen, mit
denen der böse Geist ihn versuchte, als er sprach: Wenn du
Gottes Sohn bist, so sprich, daß diese Steine Brod werden.
Er gab mir auch zu empfinden das Leiden und die Noth, die
er durch den Hunger litt." Eine Schwester klagte ihr einst, daß
sie nicht so viel Trostes von ihren Freunden empfange, als sie
gerne gehabt und auch bedurft hätte. Da rieth sie ihr, daß

sie zu unserem Herrn sich wende, und sagte ihr, daß sie auch
einmal mit einem solchen Leiden versucht worden sei; da sei sie
aber zu unserem Herrn gegangen und habe ihn mit Ernst ge=
beten, daß er ihr darin zu Hülfe käme, und sogleich sei sie ge=
tröstet worden; denn der Herr habe ihr den Gedanken in das
Herz gegeben, als er zu Levi sprach: Verzichte auf deinen
Vater, auf dein Erbe und weltliches Gut; ich will selber dein
Erbe sein! Und da entsagte sie willig um Gottes willen
aller Ueberflüsse und ließ ihr unser Herr an ihrem Nothbedarf
nichts gebrechen."

Schwester Anna von Klingnau[1] wußte von vielen Er=
scheinungen zu erzählen, die ihr in ihrem gottgeweihten Leben
zu Theil geworden. „Dem Convent war einmal ein Schaden
widerfahren, und dessen nahm sie sich sehr an; betrübt davon
und bekümmert ging sie in den Chor und hätte gern dem
Beichtiger ihre Betrübbe eröffnet. Da sah sie unsern Herrn
vor sich hergehen in der Gestalt, wie man es an dem Veronika=
bilde sieht. Er sah sie mit einem ernsthaften Blicke an und
sprach: „Nun bin ich doch immer der, von dem Alles ab=
hängt." Als die Schwestern einmal in besonderen Sorgen wa=
ren, sprach sie fröhlich zu ihnen: „Gehabet euch wohl, euch
wird nichts geschehen; denn mir hat geträumt, wie der aller=
schönste Herr vor dem Altare gestanden und sich gegen den
Convent gekehrt, ihn gesegnet und dann mich getröstet hat, daß
uns nichts geschehen solle." Ich sprach: „Ach, lieber Herr, wer
seid ihr?" Er sprach: „Ich heiße Reparator, das heißt auf
deutsch: ein Wiederbringer." Sie übte sich allzeit gern in ihrer
Andacht je nach der Festzeit, die begangen wurde; zur Weih=
nacht saß sie einst in dem Chor und dachte über unseres Herrn
Kindheit nach, und alsbald sah sie das allerminniglichste Kind=
lein auf dem Altar einhergehen; sein Haupthaar war wie Gold,
und wenn es auftrat, bewegten sich die Locken, und von seinen
Augen ging ein ausbrechender Glanzschein aus, daß sie dünkte,
der ganze Chor sei erleuchtet. Sie wäre gerne zu ihm hinge=
gangen, war aber von der Andacht so durchgossen, daß sie nir=

[1] S. 39.

gendshin mochte kommen. Als sie in dieser Begierde war, hob
sich das Kindlein auf und ging in der Luft in die Höhe so
hoch der Altar war, kam zu ihr und setzte sich auf ihr Gewand,
wie es von ihr gespreitet war. Als sie aber aus großer Begierde es umfangen wollte, sah sie es nicht mehr. Es war
auch eine gute Klausnerin bei Klingnau, die hieß von Endin-
gen; diese hatte Schwester Anna nie gesehen, und doch gab
Gott ihr sie so zu erkennen, daß sie ihrem Beichtiger, Bruder
Berchtold, alle Gewissenssachen derselben sagen konnte, und
sie sagte ihm, daß sie die Klausnerin geistlich in dem Spiegel
der Gottheit gesehen habe und daß ihr Lohn bei dem Höchsten
im Himmel sein werde. Sie gestand auch der Schwester Willi
von Konstanz, die ihr gar vertraut war: wenn sie zuweilen in
die Innerlichkeit gekommen sei, und hätte Einer ein Heerhorn
ihr in die Ohren geblasen, sie hätte es nicht gehört. Daraus
mag Jedermann entnehmen, wie ferne sie mußte gezogen sein
von allen leiblichen Sinnen und wie tief versenkt in die grundlose Gottheit, wo sie solche Wunder schaute, die man mit keinen
Worten aussprechen kann. Sie mochte wohl mit Sanct Paulus
sprechen: Ob ich in dem Leibe war oder nicht, das weiß ich
nicht, Gott aber weiß es wohl. Als nun die Zeit kam, da
Gott sie setzen wollte in ein stetes, ewiges Bleiben, wo sie so
oft mit herzlicher Begierde gewohnet hat, gab er ihr einen gar
strengen Tod. Er wollte sie jetzt seinem eingebornen Sohne
gleich machen und entzog ihr allen inwendigen Trost. Darum
mahnte sie unsern Herrn seines Leidens gar oft, und sprach
dann eine Schwester zu ihr: „Schwester Anna, du ermahnest
unsern Herrn so oft seines Leidens“, und glaubten die Schwestern, es geschehe aus Ungeduld, so sprach sie: „O weh, mir ist
so weh, daß mich dünkt, als wenn mich in jeglichem Gliede
tausend Messer schneiden.“ Die Schwester sprach darauf: „Gedenkest du nicht, wie oft du Gott gebeten hast, daß er dir bei
deinem Tode des Leidens zu empfinden gebe, das er bei seinem
Tode litt?“ Da schwieg sie, und über eine Weile kehrte sie
sich schnell um und sprach: „Omnis Spiritus laudet Dominum
— alle Geister sollen Gott loben!“ Dann lag sie sanft da,
bis sie verschied.“

### Die Gaben des heiligen Geistes.

Unter den Gaben des heiligen Geistes, welche der Apostel [1] aufzählt, erscheinen auch die Gaben des Glaubens, der Weisheit und der Wissenschaft; diese setzen das Erkenntnißvermögen des damit Begabten in ein erhöhtes Licht, während die übrigen Gaben dem Willensvermögen eine erhöhte Kraft verleihen. Glaube, Wissenschaft und Weisheit werden oft den Berufenen verliehen, um die gleichen Gaben auch Anderen mitzutheilen. Der Glaube schließt die Grundlehren in sich, deren reiche Entfaltung die Wissenschaft in der Erkenntniß und die Weisheit in der Anwendung auf das Leben anstrebt. An den Glauben schließt sich daher nothwendig die Weisheit an, welche jene Wahrheiten, die der Glaube als schlechthin Gegebenes in der Schauung mit subjectiver Ueberzeugung hingenommen hat, zum Behufe objectiver Anwendung einer höheren Erkenntniß als Stützpunkte zu Grunde legt, um diese Erkenntniß der göttlichen Dinge auch Anderen mitzutheilen. In das Gebiet der Wissenschaft fällt dagegen Alles, was die Erkenntniß des Natürlichen zur Einsicht in das Uebernatürliche beitragen mag; sie ist ein Licht, wie der heilige Thomas lehrt [2], welches dem Geiste geeignete Gründe und Gleichnisse darbietet, um Anderen die übernatürlichen und göttlichen Gründe zu beweisen und zu erklären und sie in ihren Handlungen zur Tugend anzuleiten. Die Gabe tieferer Erkenntniß von den ewigen Geheimnissen des Glaubens trat besonders bei der reichbegnadigten Schwester Jütßi Schulteß zu Tage [3], die in hohen Tugendübungen ihr Leben zugebracht. Sie hatte einst in ihrer Andacht außerordentliche Tröstung empfangen, durch die sie an Leib und Seele gestärkt wurde. Nicht ganz sicher darüber und beunruhigt, ob jene Tröstung von Gott sei oder nicht, blieb sie nach der Mette früh Morgens allein in ihrer Ruhe, und als sie in dieser Besorgniß war, hörte sie eine Stimme über ihrem

---

[1] 1 Kor. 12, 8—10.

[2] S. Thom. Sum. I. 2. quaest. 3. art. 4.

[3] Handschr. A. S. 107.

Haupte, welche so unmäßig süße deutsche Worte sang, daß beide — Stimme und Worte — keinen leiblichen Dingen gleichen mochten. Sie richtete sich auf und wollte losen, ob sie der Worte etwa merken könnte, allein die Stimme zog sich in die Ferne, daß sie kein Wort begreifen mochte, und wohin sie sich auch kehrte nach der Stimme, dünkte sie, daß es anderswoher wäre. Da gedachte sie: Herr, Gott! ich kann nicht denken, was dieß anders sein möge, denn deine ewige Güte, daß du mich willst sichern, daß ich keinen Zweifel daran haben solle, daß der Trost von dir gekommen. Darauf hörte sie die Stimme nicht mehr und ward ihr die Anfechtung ganz benommen. Nach diesem Vorfalle gingen alle Tage neue Wunder und neue Erkenntnisse Gottes in ihr auf, daß sie klar erkannte alle die Wunder, die Gott je gewirkt im Himmelreich und auf Erden. Sie war auch so weise, daß sie erkannte und verstand alle Künste, es wäre in der Schrift oder in äußerlichen Werken; das alles konnte sie besser denn alle Meister, die je davon gelehrt, von jeglichem insbesondere. Sie erkannte klar, wie das ewige Wort war Fleisch geworden in der Jungfrauen Leib, und in welcher Minne der göttliche Sohn es gethan, und wie große Seligkeit den Menschen ward von seiner Geburt, und schaute eigentlich, wie wir seine Glieder geworden sind und zu ihm gefüget und geheftet wie die Aeste an den Baum. Sie erkannte aus dem Grunde, welche Gnade auch immer der Mensch habe von Schöne und von Weisheit oder von Tugend, daß diese wieder an Gott zurückfällt, wenn der Mensch stirbt, wie sie auch von ihm ausgeflossen war. Sie erkannte ferner, in welcher Meinung Gott den alten und den neuen Bund gab und wie er das zum Nutzen und Heile des Menschen nach dem Allerbesten und nach dem Allerhöchsten gethan, daß kein Engel oder Heiliger noch irgend eine Creatur einen höheren oder besseren Weg finden mochten, und wie wir alle einander gleich und ganz ein Ding seien, und wie der Mensch dem Andern alles Gute, wie ihm selber, schuldig sei. Die Erkenntniß, die sie in den Dingen hatte, die Gott je gethan hat oder noch thun will, war ihr wundersam in Jeglichem so offenbar wie den Engeln im Himmelreich, und sie schaute es so klar, wie sie es nach diesem Leben in der Ewigkeit sollte schauen. Wenn diese Erkennung vorkam, ging sie so vor sich, daß ihr Herz nie daran einen Trost gewann, als wäre sie nie geschehen. Sie erkannte insbesondere auch, wie Gott in allen Dingen ist und in allen Creaturen, und daß kein Ding vollbracht werden mag, außer in Gottes Gegenwärtigkeit, selbst in den leiblichen Dingen. Sie erkannte daher, wie Gott gegenwärtig ist in jeglichem Grashalm und in jeglichem Blümlein und Laub und wie er allenthalben um uns und in uns ist. Sie erkannte und verstand zumal alle Künste und jegliche insbesondere, nicht zusammen, sondern von einer zu der andern auf das Allerhöchste, und das konnte sie alles besser denn alle die Meister, die je davon ge= lehrt. Einmal saß sie in ihrem Bette in großer Krankheit, und kam in so große Minne und Gnade und Gott so nahe, daß sie große Dinge von Gott begehrte, die überschwänglich waren. Als sie in dieser Begierde war, hörte sie eine Stimme, die sprach: „Was weißt du, ob dich Gott dazu erwählt hat?" Da sie diese Stimme hörte, erschrak sie so sehr, daß sie in gar große Verschmähung ihrer selber kam und ganz in sich zu Nichte wurde. Sie erkannte, daß sie verschmähter wäre als ein Wurm und von ihr selber nichts habe als Sünden. In dieser großen Verschmähung ihrer selber erkannte sie dennoch, was Gott war, und fand keine Stelle in ihr selber, noch in der Hölle oder im Himmelreich, deren sie sich würdig dünkte, außer in dem Grunde der Hölle allein. Da setzte sie sich in ein ewig Bleiben; denn sie war mit Gott so sehr vereinet, daß sie gar nichts wollen mochte, als was Gott wollte. In dieser Stimmung blieb sie bis am Morgen in der Messe. Da hörte sie wieder eine Stimme inwendig, welche sprach und ihr lauter zu erkennen gab das Wort, das ihr im Gebete einst zugesprochen ward: daß der Sohn und der Vater ein Wesen war, ehe daß er je den Men= schen schuf oder selber Mensch wurde, und wie er ein Wille und eine Minne sei, auch sie mit ihm ein Wille und eine Minne sollte werden. Da kam sie in ein stetes Bleiben und vereinte ihren Willen mit ihm. Sie erkannte auch, daß Gott nichts verborgen sein mag und er das mindeste Mücklein klar schauet, dessen Füßlein sonst Niemand sieht; und so unmöglich es wäre, daß ein Mensch dem andern das Auge aussteche oder ihm es ausbreche, ohne daß dieser es wüßte, — tausendmal unmöglicher wäre es, daß Gott nicht alle Dinge wüßte. In ihrer Erkenntniß ward ihr klar, wie der Herr uns seinen Frohnleichnam gab Gott und Mensch, und in welcher Minne er ihn gab, wie groß die Erkenntniß war und die Wunder und die Gnade, die wir davon empfangen. Davon konnte sie aber nicht reden, wiewohl sie es klar schaute, wie ein jeglicher Mensch Gott empfanget eigentlich wie er ist, und wie ein jeglicher Mensch nach dem jüngsten Tage, wenn wir zum Himmelreich kommen, so eigentlich Gott und Mensch habe, wie er ihn hienieden empfängt aus des Priesters Händen, jedoch einer viel mehr und minniglicher denn der andere, so viel auch seine Minne hienieden größer war.

Sie hörte auch einmal eine Stimme in ihr, welche sprach: „Bitte, daß du wohnest in mir und ich in deiner Seele!" Damals war sie auch in das Himmelreich verzückt, und sie sah den Gottmenschen, wie er ist auf seinem Thron, und sah zwei Predigerbrüder in weißen Kleidern Predigergewandes vor ihm stehen. Sie standen vor seinem Antlitze, verwunderten sich und fielen dann nieder und lobten Gott; dann standen sie wieder auf und schauten neue Wunder in Gott. Als dieß geschah, ging sie hinzu und wollte auch sehen wie jene; wohin sie aber ging, daneben oder davor, sie mochte nicht gesehen, was sie sahen, denn er hielt immer seine Rechte vor ihr Auge, daß sie sein Antlitz nicht sähe, und das Gesicht verschwand. Darnach schaute sie klar, daß tausend und tausend Jahre im Himmelreiche nur ein Augenblick sind, und sah in Gott alle Dinge und immer neue Wunder in ihm und diese ewig stete in ihm bleiben. Sie erkannte auch die Engel und die Seelen von einander, wie die heiligen Martyrer für Gott gelitten, welche Gnaden er ihnen gab und was er an ihnen vollbracht; ebenso die großen Wunder, die er wirkte in den Kindern, die Herodes wegen Christi Namen tödtete. Diesen gab er so große Gnade, daß er sie zu den Höchsten im Himmel erhob. Sie erkannte auch, daß hunderttausend Seelen nicht so viel leiblichen Raumes bedürfen, als eine Nadelspitze groß ist. Wie oft sie in das

Himmelreich kam, oder wie es geschah, daß sie diese Wunder klar und lauter schaute, wußte sie nicht zu sagen; sie sprach: „Ich weiß es nicht, Gott weiß es wohl!" Sie schaute auch, was das ist: Gott sehen von Aug' zu Aug'; davon konnte sie nicht mehr sprechen. Sie schaute auch, wie der Sohn ewiglich geboren wird von dem Vater, und daß alle Freude und Wonne, die da ist, in der ewigen Geburt gegründet ist. Wie sie tiefer kam in das ewige Wesen, konnte sie nicht sagen, noch wußte sie etwas davon, denn sie verlor sich selber da so sehr, daß sie nicht wußte, ob sie ein Mensch wäre. Darnach kam sie aber wieder zu sich selber und war ein Mensch wie ein anderer Mensch, und mußte glauben und alle Dinge thun wie ein anderer Mensch. Das that ihr so weh und war ihre Minne und ihr Jammer so groß, daß sie es oft versuchte und alle ihre Kräfte daran legte, ob ihr etwa ein Gesicht werden möchte; allein es entfernte sich zuweilen von ihr, daß sie es nicht gesehen mochte. Als sie so in diesem Jammer lag, kam sie zu ihrem Beichtiger, Bruder Hugo, dem Provincial, und sagte ihm weinend unter großer Klage, daß Gott so große Wunder mit ihr gethan, und daß ihr das so ganz entrückt wäre. Da sprach er: „Du weinest gar ungestüm — wie soll es Gott von dir zu gut haben? Wäre, daß du es mit Sünden verloren hättest, so ließe Gott nimmer nach, er gäbe es dir zu erkennen; wäre es um der Leute willen, so wärest du da unter den Leuten wie jetzt; wäre es von Krankheit, wahrlich, so wärest du da kränker, als du jetzt bist. Du sollst Gott allen deinen Sinn und deine Begierde geben; sollst ihn aus dir machen lassen Saueres und Süßes, wie er will." Sie folgte ihm darin, so viel sie konnte. In diesem Jammer hörte sie wieder eine Stimme: „Du sollst all' dein Leben nach dem **Glauben** richten und sollst wissen, das ist der allersicherste und der allerbeste Weg", und zugleich erkannte sie klar, daß der Glaube größer ist, als die (durch Gesichte erhaltene) Sicherheit und die Schauung, die sie gehabt. Da richtete sie all' ihr Leben nach dem Glauben, und in dieser Weise hat sie siebenundzwanzig Jahre vertrieben, daß sie auf dem Glauben wirkte und Vieles übte, was doch über ihre Kraft war und oft ganz ohne allen menschlichen Trost.

Zu jener Zeit ward ihr auch diese Gnade, die ich hier beschreiben will. In den sieben Jahren, da Gott diese Wunder mit ihr wirkte, kam sie fünf Jahre lang in keine Stube, noch blieb sie je eine Weile bei den Leuten. Einmal war es gar kalt; da bat sie die Schwester, die ihr pflegte, mit Ernst, daß sie ihr in die Stube helfe, dieweil die Schwestern in der Vesper wären, und weil sie gar krank war, folgte die Schwester ihr und führte sie in die Stube zu dem Ofen. Darauf sprach Schwester Jützi zu ihrer Pflegerin: „Nun gehe du in die Vesper und laß mich hier, damit Gott etwas Lobes davon geschehe"; denn es war ein heiliger Tag. Als sie nun so allein blieb, sah sie, daß unser Herr in die Stube einging; er war in den Jahren, als er auf Erden umherging und predigte. Mit ihm ging Sanct Johannes und Sanct Jacobus der Größere. Sie erkannte sie zusammt und doch ihrer ein jegliches Antlitz besonders. Sie führten ihn wie einen Herrn, dessen sie sorgten, und hielten ihn umschlungen mit den Armen, den einen Arm hinten, den andern vornen. Als sie eingetreten waren, ließen sie ihn aus den Armen los, und er ging und stand vor sie hin und sprach: „Nun schaue, wie mein Leben auf Erden war!" Da schaute sie klar, daß er so jammervoll war. Seine Augen waren eingefallen und seine Wangen waren blaß von überschwänglichem großem Schmerze. Er saß nieder und wandte ihr den Rücken. Als er sich niedersetzen wollte, erkannte sie, daß er gar müde wäre von großer Arbeit, daß sein Rücken und alle seine Glieder erkrachten, und er war in sich selber grießgram [1]. Als er niedergesessen war, setzte sich Sanct Johannes und Sanct Jacobus zu ihm, und nachher sah sie die Schwestern wie gewöhnlich aus- und eingehen, keine sprach jedoch: Gott grüß' euch! oder: Was wollt ihr? Und das nahm sich so verschmäht und trübselig aus, daß es kein Herz betrachten konnte. Als die Schwestern also ein- und ausgingen, standen die Jünger auf, aber unser Herr saß still. Sie sah,

---

[1] Betrübt.

daß unseres Herrn Kleid und Sanct Johannes' Kleid gleich und von innen roth, von außen aber wie ihre Ordenskleider waren. Die Jünger waren gar wohl gestaltet an dem Leib. Als sie in dieser Beschauung war, kam eine Schwester, redete mit ihr und brachte sie wieder zu sich; da sah sie nichts mehr. — In denselben sieben Jahren war sie einmal in das Himmelreich verzückt; da erkannte und schaute sie, daß das ganze Erdreich so klein ist gegen das Himmelreich, so klein der Raum, den eine Hand bedecken mag, gegen das ganze Erdreich ist. Sie erkannte klar, daß ein jeglicher Stern so breit ist und so groß, als das ganze Erdreich zumal. Nun wollte sie für einen großen Sünder bitten, kam aber in einen Zweifel, daß es unmöglich wäre, sein Heil zu vollbringen, für das sie über ihn gebetet hatte. Von dem Zweifel kam sie in eine Trockenheit, daß sie über jenen Sünder nicht mehr beten mochte. Da segnete Gott sie mit so großer Erkenntniß, wie er ist Gott und Mensch im Himmelreich, und sprach zu ihr gar minniglich: „Darum bin ich auf das Erdreich gekommen und bin auch darum hier, daß ich Alles thue, was ihr wollet." Hievon empfing sie so große Freude und Süßigkeit, daß sie aller Creaturen da vergaß. Als sie einmal auch in ihrem Gebete war, erkannte sie lauter von unserer Frauen: wie groß die Freude ist, die sie vor allen Creaturen hat, an Gottes Menschheit; wie aber die Seele unserer Frauen mit dem göttlichen Wesen verbunden ist, das konnte sie nicht recht erkennen. Daß unsere Frau mit Leib und Seele im Himmelreiche sei, erkannte sie wohl, aber es ward ihr kürzlich benommen, daß sie nach der Wahrheit eigentlich davon nicht sprechen konnte, außer daß sie sicher dafür hielt, sie habe unsere Frauen da leiblich gesehen. Als kurz darnach ein Prediger davon gar wohl predigte, erkannte sie wieder Alles zur Stunde klar, aber darnach nicht mehr. Im Sommer ging sie einmal in den Baumgarten und sah die Sonne an mit der Andacht ihres Herzens, und in einem Augenblicke erkannte und begriff sie gar viel von Gott, und wäre es um einen Punkt länger gegangen, sie wäre an der Stelle zersprungen, weil sie ihre Sinne mit allen ihren Kräften in sich zog. Dadurch wurde ihr so weh, daß sie sprach: niemals habe eine Gnade ihr die Kräfte so benommen, denn sie hatte da noch wirkliches Verständniß.

Darnach, als der Streit vor Winterthur geschah (1292) und der Krieg versöhnet war, wurde ein Turner (Gefangener) nach Zürich weggenommen und man fürchtete für sein Leben, darum auch eine Schwester sie bat, sie möchte für ihn zu Gott beten. Das wollte sie aber nicht thun und sprach mit harten Worten: sie hätte genug über den Ernst gebetet und wolle sich um den Muthwillen der Menschen nicht mehr kümmern; dennoch ließ die Schwester nicht ab, sie ging ihr nach und bat sie mit großem Ernste, allein sie wurde immer härter und härter. Als sie diese Härte gewonnen, daß sie nicht mehr über die Sünder beten wollte, fiel sie in ihrem Gebete in solche Härte, daß sie sich selber nicht mehr kannte und nicht wußte, ob es von Gott komme oder wohin sie sich kehren sollte. Da hörte sie eine Stimme, welche mit ganzer Härte sprach: „Alles, was Gott je in dir gewirkt oder mit dir je gethan, das ist sein und nicht dein." Nun erkannte sie, daß sie aller Gnaden und des Guten gar bloß sei, das Gott geleisten mag. Vor Scham wollte sie zurücktreten, aber auf dem ganzen Erdreich fand sie keine Stelle, ihren Fuß darauf zu setzen. Die Stimme fuhr fort und sprach: „Gott hat dich in dieses Leben geordnet und gesetzt, worin du alles Nöthige ohne allen Kummer hast! Du hast gute Gesellschaft, das haben die Menschen in der Welt nicht. Du hast zu aller Zeit gute Bildung und Lehre, das haben sie nicht. Niemand stellt dir nach, das haben sie nicht. Sie peinigen sich wechselseitig und Einer will vor dem Andern sein; du hast deinen leiblichen Nothbedarf ohne alle Sorge. Es ist dir Alles zubereitet, das haben sie nicht. Du hast Gott, wann du willst, das haben sie nicht, er ist ihnen gar fremd, denn Einer zieht den Andern zur Sünde nach." Da wurde sie noch innerlicher verzückt in sich selber, und sie sah Gott, wie er im Himmelreiche ist Gott und Mensch, und sah ihn bis unter seine Brust. Wie minniglich sie sein Antlitz sah, könnten alle Zungen nicht zu Worte bringen. Sie erkannte die große Minne, die er zu den Menschen hat, und wie unermeßlich und wie groß sie ist, ist unmöglich auszusprechen. Sie sah auch,

28 *

wie die Leute der Welt vor unserem Herrn waren; alle hatten
die Seiten gegen ihn gekehrt und ihr Antlitz in das Erdreich
gesteckt, wo sie nichtige Dinge suchten, wie Einer, der auf dem
Boden Nadeln sucht, Gottes hatten sie aber keine Acht, wie
nahe er ihnen auch war. Er hielt seine Rechte gütig und
minniglich über sie dahin und sprach zu mir: „Nun siehe, wie
recht lieb sie mir sind und bitte für sie.“ Da war aber kein
Gebet, sondern nur ein Gottschauen möglich, und das Gesicht
ging ein; doch blieb ihr in ihrem Herzen so große Freude, daß
sie noch längere Zeit davon großen Trost gewann. Dem Turner widerfuhr nichts Böses. Von diesem Gesichte bekam sie
gar viele Gnaden und sie suchte ihren Trost so darin, daß sie
alle ihre Kräfte darauf dehnte, daß es ihr auch nur noch einen
Augenblick wieder werden möchte, und es widerfuhr ihr auch
zuweilen einen Augenblick. Dann war sie so froh und so sicher,
daß es sie dünkte, daß zwischen ihr und Gott nichts mehr
wäre. Ward es ihr aber nicht gegeben, dann gewann sie so
große Traurigkeit und so innigen Jammer darnach, daß sie
endlich erkannte, diese Sehnsucht könnte sie zu Irrungen führen, weil sie nur ihren eigenen Trost und Nutzen darin finde
und nicht wahre Minne noch Gottes Lob darin suchte. Da
opferte sie Gott auf, daß sie es von ihm nimmermehr begehren
wollte, und bereute, daß sie es je gethan. Darnach lebte sie,
wie Gott wollte, ob ihr Saures oder Süßes widerfuhr, und
nach dem seligen Leben, das sie oft mit jammervollem Herzen
nach dem ewigen Gute verlebte, nahm sie unser Herr aus diesem Elend, damit sie es in der Ewigkeit völliglich ohne Ende
nießen möge, dazu uns Gott verhelfe durch die Liebe seiner
Kinder und unserer geliebten Schwestern. Amen.“

### Die Ekstase.

Es gibt zwei Grundzustände des Menschen; in dem einen
— dem gewöhnlichen — bleibt er Herr über alle Einwirkungen dessen, was außer und über ihm ist, er beherrscht sie und
bewahrt vollkommen das Bewußtsein seiner selbst; in dem andern aber — in dem außergewöhnlichen — gewinnen die Ein-

wirkungen von Außen, von Unten oder Ober her Macht über
ihn, und sein Selbstbewußtsein geht in das vorwiegende Be=
wußtsein dieses Andern über. Im ersten Falle sagt man: der
Mensch ist bei sich; im zweiten: er ist außer sich oder im
Zustande der Ekstase. Außer sich gekommen in solcher Weise,
ist der Mensch in Wahrheit über sich gekommen, wenn die
Macht, die ihn beeinflußt hat, über ihm steht. Ueber ihren
Ursprung schreibt Richard von St. Victor [1]: „Bald ist die
Größe der Andacht, bald die Größe der Bewunderung, bald
die Größe der Freude die Ursache, daß der Geist sich selbst nicht
mehr zu fassen im Stande ist und, über sich selbst gehoben, in
Entäußerung übergeht. Durch die Größe der Bewunderung
wird die menschliche Seele über sich selbst hinausgeführt, wenn
sie von einem göttlichen Lichtstrahle erleuchtet und, von Bewun=
derung der höchsten Schönheit hingerissen, von einem so hefti=
gen Staunen ergriffen wird, daß sie ganz aus ihrem natür=
lichen Standpunkte hinausgebracht und, über sich selbst empor=
getragen, zum Höheren erhoben wird. Durch die Größe der
Andacht wird der menschliche Geist über sich selbst erhoben,
wenn er von dem Feuer himmlischen Verlangens so sehr ent=
zündet wird, daß die Flamme innigster Liebe auf übermensch=
liche Weise wächst und er, wie Wachs zerschmolzen, von seinem
früheren Standpunkte ganz abfällt und wie Aether verdünnt
znm Höheren und Höchsten emporstrebt. Durch die Größe der
Freude und des Jubels wird der Geist des Menschen sich
selbst entfremdet, wenn er voll, ja trunken von der Fülle inner=
ster und innigster Süßigkeit ganz vergißt, was er ist oder ge=
wesen ist, durch die übergroße Wonne ganz zur Entäußerung
hingeführt und überdieß in einen gewissen göttlichen Affect im
Zustande wunderbarer Glückseligkeit plötzlich umgestaltet wird."
Immer höher steigt dann die berufene Seele, von dem oberen
Zuge fortgezogen, bis zur vollkommenen Liebeseinigung mit
Gott empor, und die Wirkungen solcher Einigung stellen sich
nicht nur in den inneren Berührungen der Seele dar, sondern

---

[1] Richard. de S. Vict. de contemplat. lib. V. cap. 5—14.

wie diese von den göttlichen Einwirkungen zu göttlichen Affecten angeregt wird, so fördern diese göttlichen Affecte auch im Leibe entsprechende Ausdrücke zu Tage, wie die Wundmale, die Dornenkrone, die Seitenwunde und andere dieser Art. Die Seele wird in diesem Zustande im erhöhten Grade die Bildnerin ihres Leibes und man kennt im tieferen Gebiete die plastische Macht natürlicher Seelenerregungen auf die Ausbildung des Embryo's; sie sind im höheren Gebiete nicht minder mächtig. Wir haben den ekstatischen Zustand schon bei mehreren Schwestern von Töß und namentlich bei Schwester Jützi Schulteß wahrgenommen; wir führen zum Schluß noch zwei ebenso merkwürdige Lebensbilder zur Betrachtung vor.

Schwester Sophia von Klingnau (im Aargau) [1] kam in ihren jungen Tagen in das Kloster Töß. Schon von ihrem Eintritt her fing unser Herr an, mit ihr wunderbare Gnade zu wirken, und das währte bis an ihr Ende. Wiewohl wir nicht Alles davon wissen können, wollen wir doch davon etwas sagen. Als sie von der Welt in dieses Kloster kam, gab ihr unser Herr die Gnade, daß sie große Erkenntniß ihrer selber hatte. Mit Bitterkeit und betrübtem Herzen betrachtete und beweinte sie ihre Sünden und die verlorene Zeit, die sie in der Welt üppig vertrieben hatte. Das that ihr so weh und ging ihr so nahe zu Herzen, daß sie darnach etlichen Schwestern, die ihr vertraut waren, gestand: sie habe ein ganzes Jahr lang nach keinem andern Dinge gelüstet noch einer Kurzweil begehrt, als daß sie in ihrer Einigung gewesen und bitterlich geweint habe. Ihr Herz war allzeit zum Weinen so bewegt, daß, wenn sie auch bei den Schwestern sein mußte, im Chor oder in dem Werkhaus oder anderswo, sie sich nicht enthalten mochte, wie leid es ihr auch war, sie mußte weinen. Das bezeugten auch die Schwestern, die in dem Chor bei ihr standen, daß sie zur Genüge oft weinte, und wenn sie sich dann neigte, ihr die Thränen auf die Erde entfielen. Als sie das Jahr in so großer Bitterkeit vertrieben, sagte sie Niemanden, welchen Trost sie darin von

---

[1] Handschr. A. S. 71.

Gott empfing, bis sie in dem Tode lag und bald sterben wollte. Da kam eine Schwester zu ihr, der sie lange besonders vertraut und hold gewesen und die selbst oft an ihr befunden hatte, daß sie von Gott getröstet war. Diese bat sie dringend, daß sie ihr von Gottes wegen sage, wie der Trost wäre, den sie von Gott empfangen. Darüber antwortete sie und sprach: „Wüßte ich, daß es Gottes Wille wäre, so würde ich dir wohl etwas sagen; das weiß ich aber nicht, und darum mag ich dir jetzt nichts davon sagen. Komme bald wieder her, und was dann Gottes Wille ist, das sage ich dir." So ging die Schwester von ihr weg und betete, bis man die Complet gesungen und es ganz Nacht geworden war. Dann kam sie wieder zu ihr und fragte, wessen sie sich mit Gott berathen hätte? Sie sprach: „Richte mich auf und gib mir Wasser in den Mund, daß ich reden mag, dann sage ich dir, was du gerne hören wirst."

Als dieß geschehen war, hub sie an und sprach: „In dem andern Jahr, nachdem ich Gehorsam gelobet hatte, an dem Hochfest der heiligen Weihnacht, vereinte ich mich eines Tages nach der Mette in dem Chor, ging hinter den Altar und legte mich da an eine Venie und wollte mein Gebet sprechen nach meiner Gewohnheit, und in dem Gebete kam mir zu Sinn mein altes Leben, wie viele und wie lange Zeit ich in der Welt üppig einst vertrieben. Besonders begann ich zu betrachten und zu erwägen die Untreue, die ich Gott dadurch erzeiget, daß ich des edlen und würdigen Schatzes meiner Seele so übel gepflegt habe, für welche er sein heiliges Blut an dem Kreuze vergoß und die er mir zu so großer Treue anbefahl, und daß ich sie mit so mancher Sünde und Untugend entreinigt und befleckt habe, so daß sie widerwärtig sein müsse seinen gött= lichen Augen, die ihm einst so wohl gefiel. Von diesen Ge= danken kam ich in so große Reue, daß mein Herz voll war des bittern und ungewöhnlichen Schmerzes, und dieser wuchs so sehr, daß mich dünkte, leibliche Schmerzen zu empfinden, als ob mein Herz eine leibliche Wunde hätte. In diesem Leide rief ich mit klagendem Seufzen meinen Gott an und sprach: weh mir, weh mir, daß ich dich je erzürnte, mein Gott! Möchte

ich das wenden, ich wollte dafür mir erwählen, daß eine Grube
hier vor meinen Augen wäre, die bis in den Abgrund ginge,
und darin ein Pfahl geschlagen wäre, der bis an den Himmel
reichte, und ich wollte mich an dem Pfahle immer aufwinden
bis an den jüngsten Tag. Diese Arbeit wollte ich gerne leiden
dafür, daß ich dich, meinen Gott, nie erzürnet hätte. Als ich
in dieser Weile und Begierde zu Gott war, begann der Schmerz,
den ich am Herzen fühlte, so zu wachsen, daß mich dünkte, ich
könnte es nicht mehr erleiden, das Herz müsse mir entzwei
brechen. Da dachte ich: Steh auf und sieh, was Gott mit dir
thun wolle. Und als ich aufgestanden, war der Schmerz so
groß und die Ueberkraft des Seres, daß mir alle leibliche Kraft
und aller Sinn entging. Da fiel ich meiner unmächtig nieder
und kam in Ohnmacht, daß ich weder sah noch hörte noch
sprechen mochte, und als ich so lange lag, als Gott wollte,
kam ich wieder zu mir und stund auf. Sobald ich aber wieder
aufgestanden war, gebrach mir die Kraft und ich fiel wieder in
Ohnmacht, und so geschah mir zum dritten Mal. Als ich darauf wieder zu mir selber kam, besorgte ich, wenn ich an der
Stelle eine Weile bleibe, möchten die Schwestern über mich
kommen und inne werden, wie mir geschehen wäre. Darum
begehrte ich von unserem Herrn, daß er mir so viel Kraft gebe,
um an einen verborgenen Ort zu kommen, wo Niemand meiner
inne würde, wie es mir ergangen sei. So stund ich auf und
mit großer Mühe kam ich vor den Altar und sprach zu unserem
Herrn: O Herr, mein Gott! nun bete ich gerne um Gnade,
denn ich erkenne mich selber ganz unwürdig aller der Gnaden,
die du irgend einer Creatur auf Erden thuest, und achte mich
selber vor deinen Augen unwürdiger und verschmähter denn ein
Wurm, der auf dem Erdreich hinschleichet; dieser erzürnte dich
nie, wie ich dich über alle Maßen erzürnet habe. Darum darf
ich dich nicht bitten, ich will mich ganz an deine göttliche Erbärmde ergeben! Als ich das gesprochen, neigte ich mich und
ging in das Dormitorium an mein Bett, wo mich dünkte, am
allerheimlichsten zu sein. Als ich vor das Bett kam, fühlte ich
mich so krank, daß ich dachte: dir wird wehe, darum sollst du
eine Weile ruhen, und ich machte ein Kreuz vor mir und wollte

mich zur Ruhe legen und las den Vers: in manus tuas — in
deine Hände, o Herr, empfehle ich meinen Geist. Als ich diesen gelesen, sah ich, daß ein Licht vom Himmelreich herabkam,
das war ohne Maßen schön und wonniglich; es umgab mich
und durchleuchtete und durchgläßete mich allzusammt, und wurde
mein Herz recht jähling verwandelt und erfüllet mit einer ungewöhnlichen und unaussprechlichen Freude, so daß ich ganz
und gar den Widermuth und den Schmerzen vergaß, den ich
vorher je gewann. In dem Lichte und in den Freuden sah ich
und empfand, daß mein Geist aufgenommen ward von dem
Herzen und geführet zu dem Munde hoch in die Luft, und da
wurde mir gegeben, daß ich meine Seele klar und genauer mit
geistlichem Gesicht sah, als ich mit leiblichen Augen je ein Ding
gesehen. Ihre ganze Gestalt und ihre Gezierde und ihre Schönheit ward mir völlig gezeigt, und welche Wunder ich an ihr
schaute und erkannte, könnten alle Menschen nicht zu Worten
bringen." Darauf mahnte die Schwester sie bei aller Treue
und bat sie mit allem Ernst, daß sie ihr sage, wie die Seele
beschaffen wäre? Sie antwortete und sprach: „Die Seele
ist ein so ganz geistiges Ding, daß man sie mit keinen leiblichen Dingen eigentlich vergleichen mag. Weil du aber dessen
so sehr begehrest, will ich dir ein Gleichniß geben, an dem du
ein wenig verstehen magst, wie ihre Form und ihre Gestalt
war. Sie war ein rundes [1] schönes und durchleuchtendes Licht,
der Sonne gleich, von einer goldfarbenen Röthe; das Licht war
so unermeßlich schön und wonniglich, daß ich es mit nichts vergleichen kann. Denn wären auch alle Sterne, die am Himmel
stehen, so groß und so schön als die Sonne, und glänzten sie
alle in einen Stern zusammen, der Glanz aller möchte der
Schönheit nicht gleichen, die in meiner Seele war. Es dünkte
mich, daß ein Glanz von mir gehe, der alle die Welt erleuchtete; ein wonniglicher Tag ging über alles Erdreich auf. In
diesem Lichte, welches meine Seele war, sah ich Gott wonniglich leuchten wie ein schönes Licht aus einer schönen, glänzenden

---

[1] Handschr. ßnwel.

Laterne [1] leuchtet. Ich sah auch, daß er sich so minniglich und zärtlich zn meiner Seele fügte, daß er recht geeinbart wurde mit ihr und sie mit ihm. In dieser minniglichen Einigung ward meine Seele von Gott gesichert, daß mir alle meine Sünden vergeben wären und ich so rein und lauter wäre und so ganz ohne alle Flecken [2], wie ich war, als ich aus der Taufe kam. Hievon wurde meine Seele so hohen Muthes und so ganz freudenreich, daß ihr schien, sie besitze alle Wonne und alle Freude und habe solche Wunschesgewalt, daß sie nichts mehr wünschen mochte, noch könnte, noch wollte. Als meine Seele in dieser Freude war, sah ich ganz jäh, daß sich ein Geist von der Erde erhob und mir zu nahen begann. Und es wurde mir zu erkennen gegeben, daß es eine Seele wäre von dem Ort der Strafen [3], die von mir Hülfe begehren wollte. Als sie mir nahte, hörte ich sie mit kläglicher Stimme rufen und Hülfe begehren. Sie sprach: edle und würdige Seele, bitt' Gott für mich! Mich dünkte, das wolle mich ein wenig beirren, und ich eilte und bat meinen Gott, daß er mir den Geist abnehme, der mich in meiner Freude störte — und sogleich sah und hörte ich ihn nicht mehr. Darnach sah ich, daß sich der Himmel über mir öffnete und wonnigliche Striemen [4] von dem Himmel bis an die Stelle herabflossen, wo ich war. Ich hörte viele Stimmen, beide, von Engeln und von Heiligen, die mit lauter Stimme von dem Himmel zu mir herabriefen und sprachen: danke es Gott, hochgemuthe Seele, was dir Gott Gutes hat gethan und noch thun will. Davon wurde meine Seele noch mehr erfüllet mit unzähliger Freude, und als ich jetzt in der besten und obersten Freude war, begann meine Seele sich niederzulassen, wie Gott wollte, und kam schwebend über den Leib, der vor dem Bette wie ein todter Leichnam lag, und ward ihr Frist gegeben, daß sie nicht sogleich wieder zu dem Leibe käme, und sie schwebte eine gute Weile ob dem Leibe,

---

[1] Handschr. Luzernen.
[2] Handschr. Masen.
[3] Handschr. Wizze.
[4] Handschr. Greten.

bis sie seine Ungestalt und sein Ungetön ganz gesehen hatte.
Als sie ihn recht wohl beschauet, wie tödtlich und wie jämmer=
lich er war, und wie an ihm Haupt und Hände und alle Glie=
der wie an einem Todten lagen, da gefiel er ihr gar übel und
er dünkte sie gar ungeheuer und schmählich; sie kehrte ihr Ge=
sicht bald von ihm ab und zu sich selber hin. Als sie nun sich
selber ansah, und sich so schön und so edel und so würdig ge=
genüber dem Leibe fand, fuhr sie über ihn spielend hin mit
solcher Freude und Wonne, die alle Herzen nicht erdenken könn=
ten. Als ihr jetzt am besten war und sie sich in der obersten
Wonne ihrer selbst und Gottes erfreute [1], den sie mit sich ver=
einigt sah, kam sie wieder in den Leib, sie wußte nicht, wie,
und als sie zu dem Leibe zurückgekehrt, ward sie dieser fröh=
lichen Beschauung nicht beraubt, sondern auch in dem Leibe
wohnend schaute sie sich selber und Gott in ihr so lauter und
genau, als wenn sie von dem Leibe verzückt wäre. Diese
Gnade währte acht Tage in mir, und als ich zum ersten Mal
wieder zu mir kam und ich inne wurde, daß ein lebendiger
Geist in mir wäre, da stand ich auf und war, wie mich dünkte,
der freudenreichste Mensch, der je auf Erdreich war. Denn ich
achtete alle die Freuden, welche die Menschen je gewannen oder
noch gewinnen mögen bis an den jüngsten Tag, so klein gegen
meine Freude, so klein das Kläuelein einer Mücke ist gegen die
ganze Welt. Von dem Ueberflusse der unermeßlichen Freude
war mein Leib so leicht und schnell geworden und so ganz ohne
alle Gebrechen, daß ich diese acht Tage über nie empfand, ob
ich einen Leib habe, so daß ich keiner leiblichen Krankheit, weder
einer kleinen noch einer großen, inne wurde. Auch hat mich
nie gehungert noch gedürstet noch habe ich Schlaf begehrt, und
ich ging doch zu Tische und zu Bette und zum Chore und
gleichte mich ganz den Andern, damit meine Gnade verborgen
bleibe und ihrer Niemand inne werde. Als ich die acht Tage
so wonniglich vertrieben, ward mir die Gnade entzogen, daß
ich das Gesicht von meiner Seele und von Gott in meiner
Seele nicht mehr hatte, und jetzt empfand ich erst, daß ich einen

---

[1] Handschr. nietet.

Leib habe. Darnach zuhand, als ich der Gnade beraubt ward, begann ich in mich selber zu gehen und betrachtete, wie groß die Gnade war, die mir widerfahren, und wie unwürdig ich ihrer war. Gott verhängte über mich, daß ich in einen Zweifel fiel und ich mit nichts mochte glauben, daß Gott einem so sündigen Menschen je solche Gnade erwiese, sondern es müsse das vom bösen Geiste sein. Hievon fiel ich in so große Traurigkeit, daß ich ganz ohne alle Freude und ohne allen Trost war, und Niemand auf dem Erdreich wußte meinen Kummer, und ich wollte auch Niemanden etwas davon sagen. So blieb ich lange in Trostlosigkeit und in großer Bitterkeit meines Herzens, bis daß sich Gott über mich erbarmen wollte. Da fügte es sich, daß ich eines Tages zu dem Fenster kam, und ich hörte einen auswärtigen Menschen reden mit einer unserer Schwestern. Er sprach: wißt ihr nicht, welch' wunderbare Dinge unserem Wächter zu Winterthur in einer sonderbaren Nacht geschehen sind? Als er bis Tagesanbruch gewachet, sah er sich am Himmel um, ob es tagen wolle, und sah ob dem Kloster ein Licht aufgehen; das war so gar schön und wonniglich, daß ihn dünkte, sein Glanz leuchte über das ganze Erdreich und mache einen schönen Tag. Es schwebte lange ob dem Kloster sehr hoch in der Luft, dann ließ es sich auf das Kloster nieder und darnach sah er es nicht mehr. Und darüber ist große Verwunderung unter den Leuten, was es sein möge. Als ich dieses hörte, ward mein Herz recht erfüllt mit Freude, und ich sprach zu mir selber: Gott sei Dank, das ist mir ganz recht! Diese Freude wich nachher nie mehr von mir, wenn ich mich mit Gott im Verborgenen vereinigte."

„Ihres Herzens Süßigkeit (fährt Schwester Elsbeth Stagel fort) merkten wir an einigen Dingen wohl. Wenn Schwester Sophia in dem Werkhaus saß bei dem Convent, sang sie oft gar süße Worte von unserem Herrn, und das hörten die Schwestern gar begierlich und gern. Wenn sie auch am Redefenster Antwort geben mußte und man dann läutete, sprach sie von der übermäßigen Fülle ihrer Herzensandacht: beite, lieber Herr mein, ich komme bald wieder. Sie begehrte auch längere Zeit, daß Gott sie empfinden lasse etwas von den Schmerzen unserer

Frauen, und als sie einmal in ihrem Gebete war, empfand sie plötzlich einen so unmäßigen Schmerzen, daß sie dünkte, ihr würde ein Nagel durch das Herz geschlagen. Davon wurde ihr so wehe, daß sie laut aufschrie ohne Unterlaß. Man mußte sie in das Krankenhaus tragen und besorgte, sie müsse sterben. Da begehrte sie unsern Herrn, und als der Priester ihr unsern Herrn in den Mund bot, ward ihr, als ob man ihr sogleich den Nagel aus dem Herzen ziehe, und sie genas zur selben Stunde. Dennoch sprach sie: sie habe solchen Schmerzen empfunden, daß nie ein Mensch ihn begehren sollte. Man gab auch einmal dem Convent eine Art Obst, das sie gar gerne aß; sie saß damals zu Tisch neben einer Schwester, die ihr etwas gethan, das sie betrübte. Nun gedachte sie: gerade dieser Schwester sollst du dieses Obst geben und ihr damit danken, daß sie dich betrübet hat. Als sie es der Schwester bot, bot sie es ihr wieder zurück, und dadurch wurde sie so stark angefochten und nahm es doch wieder an. Als sie darauf mit dem Convent in den Chor kam mit dem Tischsegen, sah sie unsern Herrn von dem Altar herabgehen, wonniglich und schön; er ging zu ihr hin und umfing sie und drückte sie gar zärtlich an sein Herz und dankte ihr, daß sie aus Liebe seiner der Schwester Liebe erwiesen habe, durch die sie vorher war betrübet worden. Nach vielen andern hohen Gnaden, die ihr unser Herr gethan, schied sie mit einem heiligen, andächtigen Tod hin zu Gott."

Einige Züge von der hochbegnadigten Schwester Mechtild von Stanz sind uns schon aus dem Früheren bekannt; wir lassen hier ihr reichgeschmücktes Leben im ungetheilten Zusammenhange folgen [1]. „Wer alle Dinge, spricht der Herr, um meines Namens willen läßt, der soll sie hundertfältig wieder erhalten und dazu das ewige Leben gewinnen. Dies hat sich vollkommen bewährt an der heiligen und alten Schwester Mechtilde von Stanz, die in ihrem ganzen Thun und Lassen vollständig bewies, daß ihre Seele allem Troste dieser Welt entsagt hatte. Darum kam ihr auch das einige Gut, das Gott selber ist, in so reichlicher Weise entgegen, daß in ihr ein aufwallen-

---

[1] S. 84.

der Brunnen des ewigen Lebens zu Tage trat. Als diese auserwählte Schwester zuerst in das Kloster kam, hatte sie Niemanden, der ihr besonders tröstlich und behülflich war, und
weil sie ein fröhliches Herz hatte, that ihr das gar weh und
sie kehrte sich an den Herrn alles Trostes und begehrte, daß er
sie tröste, was er auch vollkommen that, wie hier nach ihrer
heiligen Uebung geschrieben steht. Wie heilig und ordenhaft
sie in allen Dingen lebte vom Tage an, als sie in das Kloster
trat, bis an ihr Ende, wäre wohl gut und freudig zu hören,
aber es ist unmöglich, Alles zu schreiben. Denn wiewohl man
einen kleinen Theil von ihren heiligen äußeren Uebungen mag
wissen, so kann doch Niemand erkennen und sagen, wie inbrünstig ihr Herz und ihre Begierde zu Gott gekehrt war. Zu
Allem, was sie im Gehorsam thun sollte, hatte sie so großen
Eifer, daß nichts sie darin irren mochte. Sie war auch so
emsig in dem Chor, daß man nicht beachten konnte, daß sie je
eine Tagzeit versäumte, außer wenn sie krank zu Bette lag.
Läutete man zur Arbeit, so ging sie eilig mit dem Chor in das
Werkhaus, und läutete man wieder, so ging sie ebenso eilig in
den Chor zurück. In dem Refectorium war sie fleißig; fand
sie bei ihrer Arbeit noch Zeit, so ging sie ein- oder zweimal in
die Krankenstube, und wenn sie kaum gegessen hatte, an ihren
abgeschiedenen Ort. Was man sie im Gehorsam thun hieß,
vollbrachte sie schnell, denn sie hatte ihren ganzen Willen zumal
zu willigem Gehorsam geneigt. Sie war viele Jahre Gesellin
bei dem Redefenster; sobald sie aber in den Kreuzgang kam,
hatte sie schon wieder vergessen, was sie dort gesehen oder gehört, und kehrte schnell zu ihrer ersten Andacht zurück. Sie
war so milden Herzens, daß, wenn sie einen betrübten Menschen sah, sie mit ihm betrübt wurde, mit den Frohen aber war
sie froh. Ihre übrige Zeit vertrieb sie so ganz mit Gott, daß
man sie selten bei Jemanden sah, wie sonst auch gute Leute
thun zu ihrer Erholung, und obgleich sie von Natur aus fröhlich war, hatte sie sich selbst so sehr überwunden, daß sie keine
Freude in dieser Welt begehrte. An den Feiertagen war sie
stets im Chor, außer wenn sie im Gehorsam anderswo sein
mußte, und glich so dem Kinde, das aus Zärtlichkeit seiner

Mutter nimmer aus dem Schooß kömmt. Lag sie nicht krank zu Bette, so übte sie bis an ihren Tod die Gewohnheit, immer vor der Mette und der Prim aufzustehen. Zu diesen Zeiten weckte sie ihr Engel, und war sie auch oft so krank, daß sie gerne noch geruhet hätte, so setzte er ihr zu, bis er sie dazu brachte, aufzustehen, und davon gewann sie so große Gnade, daß ihr Herz ganz inbrünstig wurde. Sie nahm alle Tage zweihundert Venien und dazu noch dreißig strafe Venien auf bloßen Knieen. Viele Jahre ging sie in den Chor, wenn sie der Engel weckte, und da begann der Teufel sie oft in so manniger Weise zu erschrecken, daß sie vor dem Bette stehen blieb. Oftmal sumsete und schweglete er; oftmal that er, als ob er das Gewölb niederwerfen wolle. Sie kam auch öfters nach den Hochfesten, besonders nach der Complet, in so große Andacht, daß sie anfing, laut zu weinen. Einigung und Schweigen liebte sie von Herzen. An den Tagen, da sie unsern Herrn empfing, und an allen Feiertagen, im Advent und in der Fasten schwieg sie genau, und wenn sie Gesellin war, so schwieg sie vorher lang, damit sie dann lebig wäre und die ganze Zeit das Schweigen beachten möchte. Sie übte sich auch emsiglich in unseres Herrn Marter mit hitzigem Ernst, und sein Leiden hatte ihr Herz und ihre Kräfte so durchdrungen, daß, wenn man zu Tische etwas von unseres Herrn Leiden las, ihr Herz tief bewegt wurde und sie nichts mehr essen mochte. Sie kam dann in ein innigliches Weinen und von überfließender Andacht so von ihr selber, daß man sie, wenn der Convent abgetreten war, von dannen führen mußte. Dieß geschah ihr oft von dem inbrünstigen und unmäßigen Schmerzen, den sie von unseres Herrn Marter empfand, so daß sie ihrer Kräfte unmächtig wurde. Besonders in der Leidenswoche durfte sie selber nicht mehr zu den Schwestern kommen, denn das geschah ihr bereits alle Tage und an dem stillen Freitag, wenn sie zu dem Kreuze ging, und wenn sie unsern Herrn empfing, und gar oft nach der Complet mußte man sie mit Gewalt aus dem Chore führen, oder sie wäre gefallen. Sie vergoß auch so viele Thränen von den überfließenden Gnaden, daß sie ein Tuch damit so füllte, daß man daran keinen Finger breit trocken fand, sondern man es wohl hätte auswinden können. Wenn sie unsern Herrn empfing, hatte sie so viel Gnade und Süßigkeit, daß ihr ganz weh wurde [1]. Sie gab der Schwester, die ihrer Acht hatte, jedesmal ein Zeichen, wenn sie ihr an ihren abgeschiedenen Ort verhelfen sollte, und blieb dann dort bis zur Non, aß wenig und sah den ganzen Tag keinen Menschen gern bei sich, und war ihr alle Süßigkeit dieser Welt so bitter als ein Wermuth. Besonders an einer Ostern war sie mit Gnaden so durchgossen, daß sie vom Mittwoch bis an den heiligen Tag zu Nacht weder aß noch trank. Hier sind ihre heiligen Uebungen zu Ende und fangen die außerordentlichen Gnaden und Wunder an, die der Herr der Natur übernatürlich mit ihr wirkte.

Als diese reine, auserwählte Schwester erst in das Kloster gekommen war und die ganze Welt Gott zu lieb verlassen hatte, trug sie das Alles unserem Herrn adelich auf und sprach mit inniglichem Herzen: O Herr, mein Gott, nun habe ich um deiner Liebe willen gelassen die ganze Welt und Alles, was mir darin zu Lieb und zu Troste mochte kommen; ich bitte dich durch deine göttliche Erbärmde und durch deine unbegreifliche Güte, daß du mein Trost sein wollest, weil ich sonst nirgends einen Trost auf dem Erdreich habe. So bat sie unsern Herrn mit ganzem Ernst und mit emsiger Begierde und mit unsäglichen Thränen um seine Gnade, und kurz darauf in einer Nacht nach der Mette, als sie zu ihrem Bette trat, kam ein gar leutseliger Herr und mit ihm eine große Schaar von Herren. Der Herren einer trug ein großes Kreuz, das so lauter wie ein Krystall war, und er sprach gar freundlich zu ihr: Schwester Mechtild, du sollst dich nicht fürchten, dir mag nichts schaden. Geh' mir nach muthig und ohne Furcht! Und dieser Herr ging mit dem herrlichen Kreuze voran in den Chor, die andern Herren gingen ihm gar schön nach und sangen gar andächtig den Gesang Vexilla regis, den man an dem stillen Freitag singt. Im Chore angekommen, ging der eine Herr auf den Altar und hub das Kreuz gar hoch empor. Die Andern sangen wonniglich und knieten zu jeglichem Verse nieder und

---

[1] Handschr. — daß ihr gebrast.

neigten sich, wie man an dem stillen Freitag es thut. Als ihr
Herz darob in großer Verwunderung war, blickte sie aufwärts
und sah, daß sich unser Herr von dem Himmel herabließ an
das Kreuz, das der Herr trug, gerade so, wie er in der Mar=
ter stand, mit allen seinen Wundenzeichen. Sie stund fern von
unserem Herrn, und er sah sie an mit einem minniglichen Blicke
und sprach gar freundlich zu ihr: Schwester, glaubest du, daß
ich wahrer Gott und Mensch bin? Sie sprach: Genade, o
Herr, ich glaube es wohl! Da sprach unser Herr: So geh'
herzu! Denn der Herren waren so viele, daß sie nicht hinzu
kommen mochte. Als sie aber unser Herr hieß hinzugehen,
wichen sie Alle aus, bis sie vor unsern Herrn kam. Da stellte
sich unser Herr gar ernstlich und sprach zu ihr: Schwester Mech=
tild, begehrst du einen andern Trost als den meinen? Sie
sprach: Gnade, o Herr, nein! Darauf sprach unser Herr gar
süße: Weil du keinen andern Trost begehrest als den meinen,
und allen andern Trost willst fahren lassen, so will ich dich
selber trösten mit meinem heiligen Leib und mit meinem heili=
gen Blut, mit meiner heiligen Seele und mit meiner heiligen
Gottheit, und will dir all' den Trost geben, den ich meinen
lieben Jüngern gab an dem hohen Donnerstag, und du sollst
wissen, daß ich deiner Seele und deines Leibes selber pflegen
will. Ich habe Niemanden so lieb, dem ich dich anvertraue,
als mir selber allein. An meinem Troste soll es dir nie ge=
brechen und wenn dir etwas Widerwärtiges zustößt, so kehr'
nur in dein Herz ein; da findest du mich mit allem Trost und
mit allen Freuden. Meine viel Liebe und meine viel Selige!
Du sollst wissen, daß das Himmelreich dein eigen ist, wenn
du von dieser Welt scheidest. Ich gebe dir meinen ewigen
Segen! Diesen empfing sie fröhlich und freudig, und da
fuhr unser Herr von ihr in den Himmel hinauf, und er
führte ihr Herz und ihren Sinn mit ihm, daß ihr von nun
an an göttlichen Gnaden und himmlischen Sehnungen selten je
gebrach, denn ihr Herz brannte ganz von der Gegenwart un=
seres Herrn, daß sie daran kein Genüge finden konnte, wie er
auch ihre Seele und ihr Gemüth durchgossen hatte mit seiner
göttlichen Süßigkeit.

Greith, Myst.

Sie begehrte auch vom Grunde ihres Herzens, daß er ihr
leiblich zu empfinden gebe etliche seiner fünf Minne=
zeichen, damit sie den Schmerz um seiner Liebe willen trage
und ihm für sein Leiden damit danke; und einmal, am St. Ka=
tharinatag, als sie auch vor der Mette in ihrem Gebete lag,
ward sie verzückt und in einem Schiff über ein gar schönes
Wasser geführt und kam dann auf ein weites schönes Feld, das
voll der allerschönsten wonniglichsten Blumen war. Auf diesem
Felde sah sie gar viele freundliche Leute; alle hatten weiße
Kleider an und waren so fröhlich beschaffen, daß sie großen
Trost von ihnen empfing. Als sie zu ihnen hinkam, wichen sie
gar würdiglich aus und machten ihr einen Weg, daß sie zwi=
schen ihnen hingehen mochte. Alsdann hörte sie eine süße
Stimme von dem Himmel, die gar zärtlich zu ihr sprach:
Schwester Mechtild, du sollst wissen, daß Gott deine Begierde
erhören will, und wie du begehrt hast, daß er dir etliche seiner
Minnezeichen zu tragen gebe, das will er dir gewähren. Du
sollst sein Zeichen an dem Herzen empfangen und es
tragen um seiner Liebe willen, so lang du lebest! Und so=
gleich empfand sie der Wunde Schmerz an ihrem
Herzen. Da hob sie den Scapulier auf, um nachzusehen,
und sah und empfand, daß ihr Herz durchwundet war,
und sah, daß die Wunde in der Breite wohl eines Fin=
gers Maß breit und so tief war, daß sie bis in den Rücken
ging und zwei Runsen [1] daraus flossen, eine von Wasser und
eine von Blut. Da dachte sie: ach, wie sollst du dieß immer
heimlich tragen? und bat unsern Herrn gar inniglich, daß er
ihr die Wunden auswendig abnehme, ihr jedoch den Schmerz
im Herzen lasse, den wollte sie gerne tragen. — Und plötzlich,
als sie das begehrte, kniete ein Engel vor sie hin; er hatte ein
himmelfarbiges Werglein in seiner Hand, das er ihr gar zärt=
lich in die Wunden legte, und sogleich ward die Wunde von
Außen zugeheilt. Sie sah aber die Runsen des Wassers und
des Blutes, wie es von ihrem Herzen geronnen war. Als
man darauf zur Mette läutete und sie auch wollte lesen, war

---

[1] Kleine Abflüsse.

ihr Schmerz so unmäßig und so unerträglich, daß es über alle
ihre Kräfte ging. Sie konnte sich nicht mehr enthalten, es
wurde ihr wehe von der Ueberkraft und sie schrie so laut auf,
daß der Schwestern viele zu ihr kamen. Da wollte sie ihnen
nichts sagen, außer daß sie sprach: mir ist gar sehr weh. Die
Schwestern führten sie an ihr Bett, denn sie war seliger
und heiliger Weise minnewund. Christus hatte ihr Herz inbrünstig entzündet mit seinem göttlichen Herzen, wie man offenbar sehen konnte. Sie mochte wohl sprechen, was man von
dem hohen Lehrer Sanct Augustin liest: Die Minne Christi
hat mein Herz verwundet und nimmermehr werde ich gesund,
bevor ich von der göttlichen Runse trinke, von der die Brunnen
des Lebens fließen und sich in alle minnenden Herzen ergießen. Die sich ihm allein ergeben, denen gibt er hienieden Freude und dort das ewige Leben. Obwohl ihr unser
Herr zu der Zeit nur das eine Zeichen an dem Herzen gab,
mochte es doch von seiner Gnade und von der Ueberkraft des
brennenden Schmerzens, den ihr Herz trug, gar wohl geschehen,
daß er ausbrach und ausschlug auch an den Händen und an
den Füßen und auch diesen kräftiglich des Schmerzes und
der Minne Zeichen gegeben wurden. Denn man sagte offen,
daß sie die fünf Minnezeichen habe, und dem gleich war auch
ihr Gebahren. Ihr Gang war nämlich so jämmerlich, als ob
sie bei jedem Tritt einen besondern Schmerz empfände. Sie
mochte auch kein kräftiges Werk mit den Händen thun, und
kleine Dinge, auch nur eine Schüssel, mochte sie kaum tragen
und konnte die Hände nicht biegen, um die Finger in die Hand
zu legen. Auch sagte eine Schwester, als sie einmal ihre Hand
gegen die Sonne gehalten, habe sie ihr durch die Hand gesehen.
Sie selber klagte oft über große Schmerzen an den Händen
und an den Füßen, daß ihr aber die Zeichen wirklich gegeben
worden, wie das Zeichen an dem Herzen, das sagte sie nie.
Doch ist es nicht allein glaublich, daß ihr das Herz, die Hände
und die Füße verwundet waren, es ist sehr wahrscheinlich,
daß alle ihre Glieder und Kräfte ganz durchdrungen und versehrt waren, da sie empfindlich inne ward, wie scharf ihr Schöpfer und ihr einiges Lieb um ihrer willen verwundet wurde.

Doch soll Niemand wähnen, daß einzig der durchschneidende Schmerz, den ihr Herz trug, ihr gegeben worden; denn derjenige, der mit seinem göttlichen Herzen ihr Herz leiblich verwundete, verwundete auch ihr Gemüth geistlich mit der brennenden Hitze seiner göttlichen Minne, und je größer das leibliche Ser ihres Herzens war, je stärker und inbrünstiger war geistlich die Minnebewegung ihres Gemüthes, und so hatte sie ein stetes Einfließen in den Ursprung, von woher sie geflossen war."

„Darnach, an dem ersten Fasttag, ward sie so sehr krank, daß man ihr in das Krankenhaus das Bett verlegte. In dieser Fastenzeit offenbarte ihr unser Herr alle die Marter, die er je gelitten von da an, als er gefangen ward, und wie er gefangen war, bis daß er ab dem Kreuze genommen worden. Sie sah ihn, als er in der Marter stand, wie sein ganzer Leib und sein Antlitz so schwarz war, daß er kaum einem Menschen glich. Davon kam ihr Herz in einen so übergroßen Schmerz, daß er über ihre Kräfte ging, und sie hätte es nicht erlitten, hätte unser Herr sie nicht getröstet und mittlerweile angesehen mit einem so lieblichen und freundlichen Gesichte, daß ihr Herz gestärkt ward, und als er ihr zeigte, wie er ab dem Kreuze genommen und unserer Frauen in den Schooß gelegt wurde, war sein Leib und sein Antlitz so ganz jammervoll, daß Niemand es vollkommen aussprechen könnte. Sie sah auch, daß der Schmerz unserer Frauen so groß und überschwänglich war, daß ihre menschliche Kraft es nicht mehr erleiden mochte, sondern ihr von großer Ueberkraft geschwand durch das Mitleiden, das sie mit unserer Frauen und auch mit unserem Herrn hatte. Wie es unser Herr wollte, kam ihre Krankenwärterin und brachte sie wieder zu sich. Darnach begehrte sie gar inniglich von unserem Herrn, daß er ihr etwas von den Schmerzen zu empfinden gebe, den unsere Frau an seiner Marter nahm, und das gab er ihr vollkommen zu empfinden, und von den überschwänglichen Schmerzen ward sie so ganz krank, daß man glaubte, sie wolle sterben, und wurde darum geölet; sie mochte weder essen noch trinken, oder dann so wenig, daß es über Menschenkraft war. Sie wollte aber nur Wasser trinken oder ein wenig

Milch, und was sie auch noch genoß, wollte nicht bei ihr blei=
ben. So zog sie Gott in so hohe und übernatürliche Gnade, daß
sie dreizehn Wochen und ein Jahr lang bereits alle Tage von
der Non bis zur Vesper so ganz verzückt war, daß man kaum
das Leben an ihr merken konnte. Wenn sie in dieser Verzückung
lag, war ihr Antlitz so ganz wohlgeton und so gar freundlich
und fröhlich anzusehen, daß man daran bemerken mochte, daß
sie lebe. Wenn sie dann wieder zu sich selber kam, geschah es
mit einem herzlichen Weinen. Darüber wunderten sich sowohl
die Schwestern als die gelehrten Leute, ob ihr das von Krank=
heit oder von Gnaden geschähe. Inzwischen kam ein weiser
Arzt her, dem wurde ihr Wandel erzählt, und als er ihre Adern
berührte, sprach er: „Sie hat keine Krankheit, sondern vielmehr
eine große Sehnung nach einem unbegreiflichen Dinge, und ihre
ganze Natur ist so stark darauf gedehnet, daß davon all' ihr
Blut zu dem Herzen gestiegen ist, um dem Herzen zu Hülfe zu
kommen", und er sprach: „Es ist so unmöglich, daß sie das be=
greifen mag, wornach sie sehnet, als es unmöglich ist, daß ich
begreifen möge, daß das Gras grün ist." Damals kam Bruder
Wolfram, unser Provincial, zu ihr und befahl ihr gar ernstlich,
daß sie sich der Gnaden erwehre; sie war ihm gehorsam und
that es. Allein darauf wurde sie so krank und wurde ihr so
weh, daß man ganz an ihr verzweifelte und ihres Endes war=
tete; denn das eine Auge war an ihr ganz todt. Darnach an
dem Auffahrtstage befand sie sich viel besser, daß sie nachher
viele Jahre zum Chor und zum Refectorium ging."
    „Späterhin fragte die Priorin sie: wie ihr wäre, dieweil sie
so (in der Verzückung) läge? Da sprach sie: „Ich war in
so großen und hohen Freuden, die der menschliche Sinn nicht
denken mag, und daß ich so weinte, wenn ich wieder zu mir
kam, geschah mir davon, weil ich von bannen scheiden mußte,
und hätte man mich nicht geheißen, mich der Gnaden zu er=
wehren, so hätte Gott mit mir Wunder begangen, von denen
immer wäre zu sagen gewesen." Wie nun das nicht geschah,
mag sich daher jegliches reine Herz verwundern und bedenken,
welche übergroße Wunder ihre Seele schaute, als sie in das
grundlose Gut so tief und so ganz gezogen wurde; denn es ist

ihrem Tode, daß sie es für die größte der Gnaden, die Gott
ihr je erwiesen, halte, daß sie mit Wissen nie Hoffa:: empfu::=
ben und geübet habe." Das Andenken an die hochbegnabigte
Schwester Mechtild von Stanz wurde im Kloster Töß heilig
gehalten[1]; man zählte sie zu den Seligen Gottes, rief sie
in Nöthen um ihre Fürbitte bei Gott an, und die Schwe=
stern und das Klostergesinde und nicht minder die Landleute von
Feldheim und Bülach wußten von vielen Gnaden und Heilun=
gen zu erzählen, die ihnen durch die Fürbitte der gottseligen
Schwester Mechtilde von Stanz verliehen worden.

_____

[1] S. 101.

www.ingramcontent.com/pod-product-compliance
Lightning Source LLC
Chambersburg PA
CBHW031822270326
41932CB00008B/513